I0887402

ÉTUDES DE PHILOSOPHIE MÉDIÉVALE

Collection fondée par Étienne Gilson

Dirigée par

Joël Biard
Olivier Boulnois
Marta Cristiani
Alain De Libera

L'IMPUISSANCE DU POSSIBLE

DANS LA MÊME COLLECTION

CALVET A., *L'alchimie au Moyen Âge, XXIIe-XVe siècles*, 282 p., 2018.

Miroir de l'amitié. Mélanges offerts à Joël Biard, éd. Ch. GRELLARD, 568 p., 2017.

MANGIN É., *La nuit de l'âme. L'intellect et ses actes chez Maître Eckhart*, 256 p., 2017.

ROQUES M., *L'essentialisme de Guillaume d'Ockham*, 228 p., 2016.

TREGO K., *La liberté en actes. Éthique et métaphysique d'Alexandre d'Aphrodise à Jean Duns Scot*, 384 p., 2015.

Marguerite Porete et le Miroir des simples âmes, dir. S. L. FIELD, R. E. LERNER et S. PIRON, 368 p., 2014.

KALUZA Z., *Études doctrinales sur le XIVe siècle. Théologie, Logique, Philosophie*, 392 p., 2013.

JOLIVET J., *Medievalia et arabica*, 364 p., 2012.

BIARD J., *Science et nature. La théorie buridanienne du savoir*, 404 p., 2012.

STANCATO G., *Le concept de désir dans l'œuvre de Thomas d'Aquin. Analyse lexicographique et conceptuelle du « desiderium »*, 176 p., 2011.

TREGO K., *L'essence de la liberté. La refondation de l'éthique dans l'œuvre de saint Anselme de Cantorbéry*, 304 p., 2010.

DI MARTINO C., Ratio particularis. *Doctrines des sens internes d'Avicenne à Thomas d'Aquin*, 192 p., 2008.

BERMON P., *L'assentiment et son objet chez Grégoire de Rimini*, 432 p., 2007.

Exempla docent. *Les exemples des philosophes de l'Antiquité à la Renaissance*, éd. Th. RICKLIN, 432 p., 2007.

CASTEIGT J., *Connaissance et vérité chez Maître Eckhart. Seul le juste connaît la justice*, 480 p., 2006.

JOLIVET J., *Perspectives médiévales et arabes*, 320 p., 2006.

VIAL M., *Jean Gerson, théoricien de la théologie mystique*, 256 p., 2006.

GRELLARD C., *Croire et savoir. Les principes de la connaissance selon Nicolas d'Autrécourt*, 340 p., 2005.

KÖNIG-PRALONG C., *Avènement de l'aristotélisme en terre chrétienne*, 288 p., 2005.

CAIAZZO I., *Lectures médiévales de Macrobe. Les* Glosae colonienses super Macrobium, 352 p., 2003.

Les méthodes de travail de Gersonide et le maniement du savoir chez les scolastiques, éd. C. SIRAT, S. KLEIN-BRASLAVY et O. WEIJERS, 392 p., 2003.

SUAREZ-NANI T., *Connaissance et langage des anges selon Thomas d'Aquin et Gilles de Rome*, 272 p., 2003.

CÔTÉ A., *L'infinité divine dans la théologie médiévale (1220-1255)*, 272 p., 2002.

SUAREZ-NANI T., *Les anges et la philosophie. Subjectivité et fonction cosmologique des substances séparées à la fin du XIIIe siècle*, 208 p., 2002.

FALQUE E., *Saint Bonaventure et l'entrée de Dieu en théologie*, 224 p., 2001.

COUNET J.-M., *Mathématique et dialectique chez Nicolas de Cues*, 456 p., 2000.

ÉTUDES DE PHILOSOPHIE MÉDIÉVALE

CVIII

L'IMPUISSANCE DU POSSIBLE

ÉMERGENCE ET DÉVELOPPEMENT DU POSSIBLE D'ARISTOTE À L'AUBE DES TEMPS MODERNES

par

Kristell TREGO

Ouvrage publié avec le soutien de l'Institut Universitaire de France et du Laboratoire PHIER de l'Université Clermont Auvergne

PARIS
LIBRAIRIE PHILOSOPHIQUE J. VRIN
6 place de la Sorbonne, V[e]

2019

En application du Code de la Propriété Intellectuelle et notamment de ses articles L. 122-4, L. 122-5 et L. 335-2, toute représentation ou reproduction intégrale ou partielle faite sans le consentement de l'auteur ou de ses ayants droit ou ayants cause est illicite. Une telle représentation ou reproduction constituerait un délit de contrefaçon, puni de deux ans d'emprisonnement et de 150 000 euros d'amende.

Ne sont autorisées que les copies ou reproductions strictement réservées à l'usage privé du copiste et non destinées à une utilisation collective, ainsi que les analyses et courtes citations, sous réserve que soient indiqués clairement le nom de l'auteur et la source.

© *Librairie Philosophique J. VRIN*, 2019
Imprimé en France

ISSN 0249-7921
ISBN 978-2-7116-2845-2

www.vrin.fr

« they [les elfes] hold that all Creation of any sort must be in Eä,
proceeding from Eru in the same way,
and therefore being of the same Order.
They do not believe in contemporaneous non-contiguous worlds
except as an amusing fantasy of the mind.
They are (say they) either altogether unknowable,
even as to whether they are or are not,
or else if there are any intersections (however rare)
they are only provinces of one Eä »

J. R. R. Tolkien, notes du manuscrit de
Laws and Customs among the Elders [1993],
éd. C. Tolkien, *Morgoth's Ring*, Londres, Harper Collins, 2015, p. 252

PRÉSENTATION

L'étant possible, c'est ce qui n'est pas, et peut être.
(…) *L'étant contingent, c'est ce qui est, et peut n'être pas en cessant d'être.*
(…) *Mais on confond bien souvent le possible et le contingent.*

Théophraste Bouju, *Corps de toute la philosophie*,
1re partie, *Métaphysique universelle*, livre II, chap. 87,
Paris, Vve Orry, 1614, p. 278

À la croisée de la logique, des mathématiques et des sciences de la nature, de l'éthique, de la politique ou encore de l'esthétique, le possible est une notion polymorphe. Parce qu'elle nous paraît la plus radicale et parce qu'elle implique toutes les autres, nous privilégions la perspective métaphysique. Le présent livre analyse la genèse et les mutations du concept de possibilité, de son émergence antique à l'aube des temps modernes.

Nous faisons l'hypothèse que la possibilité dit certes ce qui n'est pas, mais n'en contribue pas moins à expliciter l'être de ce qui est. En un mot, le non-être du possible ne signifie pas son inanité métaphysique, ce dont témoigne avec éclat l'imposante littérature contemporaine sur les mondes possibles : la considération du possible n'implique nullement de négliger le réel, pour s'enfermer dans le fictif, l'irréel ou l'imaginaire. Que nous donne à penser sur notre monde le fait d'affirmer que l'orange pourrait être bleue ? Quel sens y a-t-il à dire que, dans un autre monde possible, les vaches pourraient voler, ou que l'eau posséderait la composition moléculaire XYZ, plutôt qu'H_2O ? Il n'est pas nécessaire d'adhérer au réalisme modal extrême d'un David Lewis (et d'attribuer la même réalité aux mondes possibles qu'à notre monde actuel) pour reconnaître au possible une portée métaphysique. Ainsi ces mondes possibles, tels que les entend Saül Kripke, mettent en évidence ce qui constitue le noyau dur des choses, ce qui fait l'essence *de re*. Et Nicholas Rescher d'expliquer quant à lui que les mondes possibles sont construits, pour nous permettre de mieux appréhender ce que sont, essentiellement, les individus. C'est ainsi que le possible se conçoit à partir de l'être actuel et ne cesse d'y renvoyer, gagnant ainsi ses lettres de noblesse en métaphysique.

Et pourtant, la notion ne va pas de soi et ne s'est pas imposée d'emblée. C'est pourquoi nous nous proposons d'adopter une démarche historique, pour mettre au jour les potentialités métaphysiques du concept de possibilité. Pourquoi et comment le possible peut-il nous apprendre quelque chose sur ce qui est, s'il se conçoit comme ce que l'on pense ou imagine pouvoir être ? Nous soutenons que l'histoire du concept permet de répondre à cette interrogation. Le possible n'est en effet pas seulement, ni même d'abord une fiction de l'esprit, ou une œuvre de l'imagination ; il renvoie à un pouvoir, ou une puissance réelle. Mettons-nous un instant à l'écoute du mot : dans le vocable français « possible », résonne le latin *posse* ; ce qui se peut concevoir ou imaginer n'est-il pas d'abord ce qui se peut faire ? La question de la possibilité nous confronte ainsi inmanquablement à celle de la puissance.

Le concept de possible est né de la rencontre de la conceptualité aristotélicienne de l'être-en-puissance et de la thématique théologique de la toute-puissance divine. Historiquement, le possible s'est d'abord présenté comme le contrepoint d'une puissance, avant d'être considéré selon sa teneur intrinsèque. En deçà de cette alternative, largement discutée par Duns Scot et ses successeurs, il nous faut revenir sur le recours à une conception du possible, distinguée de la puissance. Derrière le possible, il faut en effet reconnaître une puissance, non pas seulement la potentialité de devenir autre, mais plus décisivement une certaine puissance de faire. Partant, penser le possible requiert de démêler les relations qu'il entretient avec la puissance. Certes, le possible s'appréhende en référence à une puissance, productrice, ou simplement cogitative ; reste qu'il ne saurait se réduire à la puissance. Le possible se dit donc à partir de la puissance, mais il ne s'identifie pas à elle. Ainsi donc, l'histoire du possible est l'histoire de sa séparation à l'égard de la puissance.

La réception de la philosophie d'Aristote déploie le cadre général au sein duquel la question du possible émerge, et prend toute son ampleur. Encore convenait-il de prendre acte de la distance qui, pour ce faire, dut être prise à l'égard de la perspective propre au Stagirite. Pour le dire d'un mot : dans le cadre de la métaphysique aristotélicienne, le couple de la puissance et de l'acte présente la puissance (*dunamis*) comme la condition de possibilité de l'*energeia* comprise comme achèvement. Avec le possible, l'*energeia* se pensera moins comme achèvement de ce qui était toujours déjà en puissance, que comme un effet, le résultat ou le produit d'un acte. Loin de se concevoir comme une potentialité intrinsèque tendant naturellement à s'accomplir, à actualiser son essence, le possible découvre un domaine vide, ouvert pour des actes. En d'autres termes, le possible révèle une altérité ontique des substances créées.

L'avènement du possible en métaphysique transforme la manière dont nous explicitons l'être de ce qui est. Avec le possible, la métaphysique apparaît au fondement de considérations pratiques comme épistémiques.

Si le possible n'est pas le contingent, il permet cependant d'en rendre compte. Nous postulons en effet que l'irruption de la contingence, pour qualifier ce qui advient d'une manière non-nécessaire, suppose une certaine conception du possible. Dans cette optique, celui-ci apparaît étroitement lié à une puissance entendue d'une manière poiétique, c'est-à-dire comme une puissance active décidant de produire autre chose qu'elle-même. Le possible se détermine ainsi d'abord comme l'effectuable. Dans cette perspective, penser le possible est requis pour appréhender le choix qui s'offre à un agent libre.

Or, si le possible désigne ce qui peut être effectué, une seconde détermination doit lui être reconnue : il n'est pas simplement l'effectuable, mais il s'identifie au pensable. En conséquence, la science ne se limite pas à interroger seulement ou par priorité ce qui est effectivement, mais considère tout aussi bien le champ du possible. S'intéresser au possible ne revient pas à se laisser aller à son imagination, mais permet de relever le défi paradoxal d'établir une science certaine des réalités contingentes et instables. Une science du contingent est envisageable, qui ne se limite pas à dire ou à décrire l'être actuel en sa contingence, mais qui prend en compte le possible entendu comme ce qui peut être. Ce faisant, la science pourra prétendre prédire ce qui pourrait advenir le plus probablement. C'est en cette mesure que la promotion de la contingence comme modalité ontologique fonde la possibilité d'une science de la nature. Le fait que les étants du monde sont produits par une puissance libre ne contredit en rien au projet d'une science qui en rende raison. Ainsi posée au fondement de la contingence elle-même, la possibilité nous permet de comprendre comment une puissance, pour libre et incompréhensible qu'elle soit, s'appuie toutefois sur une science ou sagesse. Si la puissance, en son acte producteur, nous reste impensable et inconnue, elle ne doit pas nous amener à méconnaître l'intelligibilité du champ des possibles.

Les pages qui suivent examinent la manière dont le concept de possible, tel que nous en usons aujourd'hui, s'est progressivement constitué dans l'horizon de la philosophie grecque, puis au cours de sa longue maturation médiévale, en terres arabe et latine. Nous n'entendons donc pas, à la manière d'un Jules Vuillemin, confronter des « systèmes » philosophiques, pour déterminer la place qu'ils ont, ou non, faite à la contingence. L'hypothèse qui anime notre entreprise est autre et procède de la conviction que les concepts ne sont pas des entités données, mais qu'ils sont pour ainsi dire faits, constitués au fil d'une histoire qui n'est certes pas linéaire et entremêle de multiples fils théoriques.

Les commentateurs grecs d'Aristote ont discuté et travaillé la notion de potentiel pour le penser indépendamment de son actualisation. Les auteurs latins de l'Antiquité tardive ont vu dans la *possibilitas* une forme de fragilité affectant la créature. Alors que, de l'autre côté de la Méditerannée, les « gens du *kalâm* » s'interrogeaient sur ce qui est en la puissance de Dieu et sur ce que l'on peut admettre qu'il fasse, leurs contemporains philosophes proposaient une métaphysique qui a fait de la possibilité la condition de ce qui est dans le monde en tant qu'il est causé et tient son être d'un autre. Au sein des Universités médiévales, des facultés de théologie ou des arts, le possible s'arroge droit de cité pour penser ce qui est à la fois effectuable et pensable.

On mesure alors le retournement qui s'est accompli. Loin de nous renvoyer à l'inanité des chimères ou de connoter une indétermination ou une indécision, le possible est devenu un objet de science.

Cet ouvrage, issu d'une Habilitation à diriger des recherches (École Pratique des Hautes Études, 2016), a été rédigé dans le cadre d'une délégation à l'Institut Universitaire de France (2013-2018).

Mes remerciements s'adressent en premier lieu à tous les collègues et amis qui ont lu des premières versions de cet ouvrage : Olivier Boulnois, Elisa Coda, Philippe Hoffmann, Tobias Hoffmann, Dan Ilies, David Lefebvre, John Marenbon, Issam Marjani, Alain Petit, Marwan Rashed, Anca Vasiliu.

Je remercie, pour leur accueil et leur aide, les bibliothécaires et conservateurs de la Bibliothèque Nationale de France, de la bibliothèque de l'Ecole Normale Supérieure, de la bibliothèque des langues et civilisations (Inalco), de la bibliothèque de l'Ecole Pratique des Hautes Etudes, ainsi que de la Bodleian Library, et de l'Oriental Institute Library (Oxford). Je remercie tout particulièrement Daniel Gimaret pour la mise à disposition de son riche fonds concernant le *kalâm*.

Je dédie enfin cet ouvrage à Jean-Christophe Bardout, qui a accompagné son auteur à différents titres.

ABRÉVIATIONS USUELLES

AL	*Aristoteles Latinus*, Bruges-Paris/Leiden, Desclée/Brill, 1961 *sq.*
CAG	*Commentaria in Aristotelem graeca*, Berlin, Reimer, 1882-1909
CCSG, CCSL, CCCM	*Corpus Christianum, series graeca, series latina,* et *continuatio mediaevalis*, Turnhout, Brepols
CSEL	*Corpus scriptorum ecclesiasticorum latinorum*, Vienne, Gerold, 1866 *sq.*
OO	*Opera omnia*
PG et PL	*Patrologia Graeca* et *Patrologia Latina* (éd. J.-P. Migne), Paris, Migne, 1857-1866 et 1844-1855
SC	*Sources Chrétiennes*, Paris, Cerf

CHAPITRE PREMIER

L'AVÈNEMENT MODERNE

Que l'on nous permette de commencer par la fin de l'histoire – par la fin, nous voulons dire par la situation métaphysique telle que nous pouvons la découvrir au commencement des temps modernes, singulièrement avec Descartes.

Un constat s'impose : la métaphysique en sa formulation cartésienne se caractérise par un double mouvement, paradoxal de prime abord, puisque l'on assiste, pour un temps du moins, à la fin du potentiel, ou de l'étant en puissance, au moment même où la possibilité et la contingence se voient largement exacerbées [1], comme des déterminations fondamentales de l'étant fini, ou créé. La fin du potentiel, Descartes l'assume explicitement, pour qui l'être potentiel n'est proprement rien : « esse potentiale, quod proprie loquendo nihil est » [2]. Mais, l'avènement de la possibilité et de la contingence, Descartes nous le donne tout aussi bien à penser, lorsqu'il affirme l'impossibilité de concevoir une chose hors d'un certain rapport à l'existence : « in omnis rei idea sive conceptu continetur existentia… continetur existentia possibilis sive contingens in conceptu rei limitatae… » [3]. Aussi, si l'existence délimite le cadre du pensable (penser, c'est toujours penser sous la raison de l'existant), et se dit aussi bien pour Dieu que pour sa créature, une division métaphysique vient préciser cette appréhension existentielle de toute chose : le couple du possible ou (*sive*) contingent d'une part [4], et du nécessaire de l'autre. Le déclin de l'être potentiel, proprement réduit à néant, ne s'accompagne pas d'un délaissement du possible, puisque, aussi bien, l'être possible, rapproché du contingent, est

1. Descartes use toutefois avec parcimonie du vocabulaire de la contingence ; *contingens* est absent des *Méditations* (exception faite des *IIndes Réponses*).

2. *Meditatio* III, AT VII, 47, 21-22.

3. *IIae responsiones*, Abrégé géométrique, 10 [e] axiome, AT VII, 166, 14-18.

4. Sur l'identification du possible et du contingent, voir J.-C. Bardout, « Représentation et existence. Eléments d'un débat entre Descartes et les scolastiques », *in* J.-L. Marion (éd.), *Descartes*, Paris, Bayard, 2007, p. 293-324, en part. p. 322-323.

élévé au rang de diviseur de l'étant, et apparaît comme le premier de ces diviseurs de l'étant, ou, mieux, de la chose conçue sous la raison de l'existant. Car, si Descartes ne parle pas ici de l'*ens*, ou du *conceptus entis*, c'est sans doute bien dans la lignée de l'interrogation scotiste, et ainsi scolastique, sur les « passions disjointes »[1] que l'on peut situer sa réflexion[2]. Le concept d'une chose nous donne de penser son existence, possible ou contingente lorsqu'il s'agit de l'étant « limité », c'est-à-dire fini. Dès lors, le possible et le contingent, ainsi opposés au nécessaire, ne valent pas simplement comme des modalités logiques ; elles revêtent, indéniablement, une portée métaphysique, que renforce encore leur arrimage à l'existence. Avec Descartes, donc, la possibilité et la contingence investissent l'interrogation métaphysique, en se disant essentiellement des étants mondains.

La métaphysique ne repose dès lors plus sur l'antique couple aristotélicien de la *dunamis* et de l'*energeia*, de l'étant en puissance ou potentiel, et de l'étant en acte ; mais elle promeut le possible ou contingent au titre d'attribut fondamental de tout ce qui est créé. L'existence des étants mondains se voit ainsi frappée, non pas seulement de finitude ou de limitation, mais tout aussi bien de possibilité et de contingence.

Cette substitution de la possibilité et de la contingence à la *dunamis* aristotélicienne, à l'*esse potentiale* que Descartes reçoit de la « philosophie de l'Ecole », laisse plusieurs interrogations ouvertes. En premier lieu, le possible n'est-il pas en effet classiquement un autre nom, ou une autre traduction de l'étant en puissance, ou « potentiel »[3] ? Or, Descartes semble au contraire tirer le possible du côté du contingent, ce qu'atteste leur coordination par la

1. Voir A. B. Wolter, *The Transcendentals and their Function in the Metaphysics of Duns Scotus*, Saint-Bonaventure (New York), The Franciscan Institute, 1946 ; J. Aertsen, *Medieval Philosophy as Transcendantal Thought*, Leiden-Boston, Brill, 2012, p. 387-388.

2. Voir Suárez, *Disputationes metaphysicae*, XXVIII, I, 8. Mentionnons aussi Eustache de Saint-Paul (m. 1640) dont Descartes mentionne la « Philosophie » [1609] comme « le meilleur livre qui a jamais été fait en cette matière » (*à Mersenne*, 11 novembre 1640, AT III, 232, 5-8) ; Eustache traite le nécessaire et le contingent, au même titre que l'acte et la puissance, au nombre des propriétés complexes de l'étant (*Summa Philosophiae*, quarta pars : Metaphysica, tertia pars, tertia disputatio, p. 51 *sq.*). L'existence fait, avec l'essence, partie des principes incomplexes de l'étant (Metaphysica, secunda pars, disputatio posterior, p. 25). *Cf.* René de Ceriziers (m. 1652), *Le philosophe français*, Paris, 1643, Métaphysique, IIIe partie, p. 33.

3. Léonard de Marandé divise l'être réel en actuel et possible : « L'être réel est celui qui de soi possède une existence indépendamment de l'intellect ; il est actuel ou possible ; l'actuel est celui qui est en acte et présent en quelque lieu ; tel est l'arbre qui est dans votre jardin ; soit que vous y pensiez ou non, il ne laisse pas d'être dans votre jardin. Le réel possible est celui qui peut être actuellement et n'est pas encore produit ; telle est la rose qui doit éclore au printemps prochain » (*La clef des philosophes. Abrégé curieux et familier de toute la philosophie* [1642], Lyon, Antoine Cellier, 1648, Métaphysique, « être », p. 486). Martin Meurisse (m. 1644) propose un développement sur le possible et ses significations dans l'examen de l'acte et de la puisance (*Rerum metaphysicorum libri tres*, II, chap. 3, sexta pars, q. 2, t. II, p. 450-456). *Cf.* Marin Mersenne (m. 1648), *L'impiété des déistes*, Paris, Billaine, 1624, t. I, p. 470 : « bien qu'il n'y eût aucune créature ni en acte, ni en puissance, c'est-à-dire bien qu'il n'y eût aucune créature possible… ».

préposition *sive*. Le possible ne se dirait donc pas de ce qui a en soi une certaine puissance d'advenir en acte, il ne se dirait peut-être pas d'abord de ce qui est pensable ou non-contradictoire, mais plutôt de ce que l'on conçoit exister en ayant pu ne pas être, ou en n'étant pas toujours (car le contingent chez Descartes semble s'opposer à l'éternel tout autant qu'au nécessaire)[1].

L'existence et la conception : nous avons sans doute ici deux éléments déterminants de la conception cartésienne, mais peut-être aussi bien moderne, de la possibilité entendue en conjonction avec la contingence[2].

Il convient donc de reprendre un à un ces différents prétendants pour penser la possibilité : le potentiel tout d'abord, fût-il présenté comme « rien », le possible lui-même, et enfin le contingent.

L'ÊTRE POTENTIEL RÉDUIT À NÉANT ?

C'est un lieu commun que de le dire : Descartes ouvre une nouvelle époque de la métaphysique. Il rompt en effet avec la métaphysique aristotélicienne, reprise au Moyen Âge, et encore relayée par la scolastique contemporaine. Mais cette rupture, explicite et revendiquée, ne dispense pas notre auteur d'un dialogue à distance avec Aristote[3] ; il se doit dès lors d'affronter certains des

1. Le passage parallèle des *Principia*, I, 14 (AT VIII-1, 10, 5-11) oppose le possible et contingent au nécessaire et éternel. La traduction de Picot omet la contingence (AT IX-2, 31). Le sommaire de l'article ne retient que la contingence, qu'il oppose à la nécessité. Voir aussi *Notae in programma*, AT VIII-2, 361, 23-26. Dans tous ces textes, le redoublement, quasi constant, de la possibilité par la contingence est notable.

2. Kant reprendra cette détermination cogitative du possible. Voir C. Serban, « Le statut du possible dans le discours critique de Kant et la "philosophie transcendantale des Anciens" », *Les Études Philosophiques*, CV, 2013, p. 159-177.

3. On se reportera à E. Gilson, *Index scolastico-cartésien* [1979], Paris, Vrin, 2006, et au collectif *Descartes et le Moyen-Âge*, éd. par J. Biard et R. Rashed, Paris, Vrin, 2000. Descartes fait référence à la détermination aristotélicienne du mouvement comme acte de ce qui est en puissance (*Physique*, III, 1) ; voir à X (Boswell ?), 1646 ? (1641 d'après E. Gilson, *Discours de la méthode*, p. 381-382), AT IV, 697-698 ; voir à Mersenne, 16 octobre 1639, AT II, 597 : « (…) celui qui se promène dans une salle, fait bien mieux entendre ce que c'est que le mouvement, que ne fait celui qui dit : *est actus entis in potentia prout in potentia* » ; voir *Monde*, VII, AT XI, 39 ; *Regulae*, XII, AT X, 426 ; *cf.* lettre de Morin à Descartes, 22 février 1638, AT I, p. 548 ; concernant la réaction de Morin, voir D. Garber, « Descartes et les aristotéliciens en 1637 », *in* H. Mechoulan (éd.), *Problématique et réception du Discours de la méthode et des Essais*, Paris, Vrin, 1988, p. 199-212, en part. p. 207-209. La critique cartésienne de la physique scolastique combat l'hylémorphisme, les formes substantielles, et ce faisant la conception aristotélicienne de la matière comme puissance (à Mersenne, 28 octobre 1640, AT III, 212). Sur cette critique de la forme, comme de la qualité et de l'action, au profit d'une attention au mouvement, voir *Monde*, I, AT XI, 3, 1-8. Voir E. Gilson, *Etudes sur le rôle de la pensée médiévale dans la formation du système cartésien*, Paris, Vrin, 1984, p. 143 *sq.* Pour le contexte, voir R. Pasnau, *Metaphysical Themes* (*1274-1671*) [2011], Oxford, Clarendon Press, 2013, p. 565-566.

concepts qu'Aristote, ou ses successeurs, ont mis en œuvre [1]. Cette dette envers l'ancienne philosophie se remarque ainsi au fait que la mention de la « réalité (...) actuelle ou formelle » dans la IIIe *Méditation* [2] se voit précisée, dans la traduction du duc de Luynes, par l'ajout : « que les philosophes appellent » [3]. On notera qu'une première rédaction de la *Méditation* V redoublait le vocabulaire de l'existence de celui de l'acte [4].

Dans ces conditions, on pourrait s'attendre à ce que Descartes ne puisse pas faire l'économie d'un examen de l'être potentiel, l'*esse potentiale.* Pourtant, la première partie des *Principia philosophiae* n'y consacre pas un article, comme elle le fait pour les universaux (art. 59), ou encore les distinctions (art. 60 *sq.*). La discrétion avec laquelle notre philosophe s'attelle à l'antique question de l'être potentiel est sans aucun doute symptomatique d'un désintérêt pour cette conceptualité. Elle ne doit cependant pas occulter les quelques passages qui y font écho.

Le maintien du vocabulaire de l'actualité pour décrire ce qui existe a de ce point de vue valeur d'indice : ce qui n'existe pas actuellement ne nous invite-t-il pas à prendre en considération ce qui précisément, dans le vocabulaire d'Aristote, se laisse dire comme n'étant qu'en puissance, l'être potentiel donc ?

Notons donc tout d'abord comment Descartes décrit encore en termes d'actualité ce qui existe, hors de moi [5], ou de mon esprit, pour reprendre ses expressions les plus typiques. Un double lexique, l'un aristotélicien, l'autre plus spécifiquement cartésien, s'entrecroise ainsi ; et notre auteur ne se montre pas rétif à l'usage de la conceptualité de l'Ecole. Les *Ires Réponses*, adressées à Caterus, sont remarquables à cet égard. Descartes reprend en effet les expressions « existence actuelle » (*existentia actualis*), ou « exister en acte » (*existere actu*) utilisées par son correspondant [6].

Sans doute la *Méditation* III se livre-t-elle à une réécriture des concepts classiques de la métaphysique. On le sait, c'est le moment où Descartes

1. La *Ia pars* des *Principia Philosophiae* examine les universaux ; voir J.-C. Bardout, « Le déclin des universaux dans l'école cartésienne », *in* V. Carraud et S. Chauvier (éd.), *Le réalisme des universaux, Cahiers de philosophie de l'Université de Caen*, XXXVIII-XXXIX, 2002, p. 275-300.

2. *Meditatio* III, AT VII, 41, 3. Le même redoublement de l'actualité par la formalité se retrouve plus bas (AT VII, 41, 15-16 ; 47, 22-23). La teneur aristotélicienne de cette équivalence ne fait guère de doute. La critique des formes substantielles n'interdit pas de penser en termes de forme l'être actuel.

3. *Ibid.*, AT IX, 32.

4. La 1re édition parle à propos de Dieu d'une existence en acte (« existat actu », ou « actu existentem »), avant de remplacer *actu* par *semper* (*Meditatio* V, AT VII, 65, 24), ou de l'omettre pour dire Dieu simplement *existens* (AT VII, 66, 7).

5. *Extra me* : *Meditatio* II, AT VII, 18 ; *ibid.*, III, 35, 26 ; 37, 24 ; 38, 4 ; 38, 12 ; 39, 7 ; 39, 26-27...

6. *Iae Objectiones*, AT VII, 99-100. Voir ainsi *Iae Responsiones*, AT VII, 117, 6. Cf. *IIae Responsiones*, abrégé géométrique, axiome 3, AT VII, 165, 7-9.

introduit, dans les *Méditations*, la *substantia*[1]. Mais la thématique de l'acte et de la puissance n'est pas davantage absente de ces pages. Car, si Descartes révoque l'être potentiel, s'il le réduit finalement à néant, c'est en lui substituant une conceptualité en mesure de prendre à sa charge la problématique à laquelle la thématique de l'acte et de la puissance entendait répondre[2]. Notre philosophe moderne ne se dispense pas, dès lors, d'un travail sur la puissance et l'acte.

Ce couple conceptuel révèle d'une manière remarquable l'écart qui sépare la substance finie que je suis et la substance infinie qu'est Dieu : « Nam primo, ut verum sit cognitionem meam gradatim augeri, et multa in me esse potentia quæ actu nondum sunt, nihil tamen horum ad ideam Dei pertinet, in qua nempe nihil omnino est potentiale »[3]. Clairement, la potentialité ne se présente pas ici – et donc d'abord – comme un néant ontique, puisqu'au contraire sa mention sert à supposer un surcroît d'être. L'être en puissance caractérise la créature, donc l'*ego*, quand Dieu, conformément à la tradition aristotélicienne qui l'interprète comme « acte pur »[4], ne se laisse appréhender selon aucune forme de potentialité. La division de l'être en acte et de l'être en puissance permet ainsi de ressaisir la distance qui sépare l'*ego* fini du Dieu infini, quand bien même l'un et l'autre se laisssent saisir en tant que substances, et quand bien même je puis m'attribuer à moi-même, dans une certaine mesure, certaines des perfections que je découvre dans l'idée de l'étant infini. La potentialité témoigne ainsi d'une déficience de la substance finie, mais revêt une

1. *Méditations*, AT VII, 44, 20 *sq.* Voir J.-L. Marion, *Sur le prisme métaphysique de Descartes*, Paris, P.U.F., 1986, p. 161 *sq.*

2. Dire que l'être potentiel n'est rien nous renvoie au questionnement scolastique sur le statut de l'être en puissance. Voir Scipion Dupleix (m. 1661), *La métaphysique ou science surnaturelle* [1610], Paris, Fayard, 1992, II, chap. 1, p. 119 : « Mais il y a encore un terme qui est entre l'acte et rien ou néant ; c'est à savoir ce que les grecs appellent *dynamis*, les latins *potentia*, que nous pouvons dire puissance. Car quand on dit qu'une chose est par puissance, ce n'est point un acte ou étant réel, et n'est pas aussi rien ou néant. (...) Cette puissance a donc relation à l'acte ou réalité en tant qu'elle peut être un jour réduite en acte, quoiqu'elle ne le soit pas encore. Elle a aussi de la relation ou affinité avec rien ou néant en tant qu'elle n'est point encore réellement ou actuellement ». Le *princeps Scotistarum*, le franciscain Mastrius (m. 1673), distinguera l'*esse possibile*, qui apparaît comme un *esse reale potentiale*, de l'*esse cognitum* des créatures, simple être de raison : « Creatura tandem si praecise accipitur secundum illud esse possibile est ens reale potentiale » (*Cursus philosophicus, Disputationes in Metaphysicam*, disp. VIII, q. 1, a. 2, n. 21, t. V, p. 24). La possibilité octroie une certaine « réalité » à ce qui n'existe pas actuellement, dans le monde, mais est en la science divine. L'être possible est déjà réel ; il n'est pas seulement intermédiaire entre l'être réel et l'être de raison : « (...) nomine entis realis non solum intelligendum venit quod est existens natura extra causas (...), sed etiam id cui non repugnat esse sic in rerum natura » (*ibid.*). Voir M. Forlivesi, « La distinction entre concept formel et concept objectif : Suárez, Pasqualigo, Mastri », *Les Études Philosophiques*, 2002, p. 3-30, en part. p. 28-29. *Cf.* Georges de Rhodes (m. 1661), *Philosophia peripatetica*, IV, d. II, q. II, s. II, p. 634aD.

3. *Meditatio* III, AT VII, 46, 29-47, 1. Voir D. Arbib, *Descartes, la métaphysique et l'infini*, Paris, P.U.F., 2017, p. 142-144.

4. Voir Thomas d'Aquin, *Summa contra Gentiles*, I, 16, 5. Voir également Suárez, *Disputationes metaphysicae*, XXX, s. III, 2.

certaine positivité (l'être en puissance décrit ce par quoi l'*ego* pourrait se rapprocher de son Créateur). Cette potentialité est donc déficience, avant que d'être néant – ce qu'elle sera finalement[1] –. Elle apparaît en fin de compte, et « à proprement parler », comme néant en vertu de l'écart infini qui sépare l'*ego*, en sa quête même de la perfection, et Dieu :

> Nam primo, ut verum sit cognitionem meam gradatim augeri, et multa in me esse potentia quæ actu nondum sunt, nihil tamen horum ad ideam Dei pertinet, in qua nempe nihil omnino est potentiale; namque hoc ipsum, gradatim augeri, certissimum est imperfectionis argumentum. Prætera, etiamsi cognitio mea semper magis et magis augeatur, nihilominus intelligo nunquam illam idcirco fore actu infinitam, quia nunquam eo devenietur, ut majoris adhuc incrementi non sit capax; Deum autem ita judico esse actu infinitum, ut nihil ejus perfectioni addi possit[2].

L'argument de la perfectibilité, que rendait possible l'attention à l'être en puissance, se renverse à présent : cette perfectibilité manifeste l'infranchissable écart qui sépare l'*ego* de Dieu. L'augmentation des connaissances témoigne d'une imperfection. Ma connaissance peut bien s'accroître progressivement, indéfiniment si l'on veut[3]; elle ne sera jamais infinie en acte, infinité en acte qui caractérise proprement Dieu.

Notons dès à présent la détermination idéale de la potentialité. La potentialité est déniée non pas tant à l'être divin qu'à l'idée que nous en avons. Dans une perspective similaire, on peut constater que l'être en puissance se découvre en moi, certes, mais qu'il se rapporte, plus spécifiquement, à mon pouvoir cognitif. La question, aristotélicienne, de la puissance se voit ainsi traitée par Descartes dans un cadre que l'on qualifiera d'eidétique. C'est en ce sens qu'il convient de comprendre l'affirmation finale selon laquelle l'être potentiel, proprement, n'est rien. Il n'est rien, entendons : il n'est rien, hors de l'idée que je m'en fais; il n'est rien qui existerait (en acte donc) hors de mon esprit[4]. Il est dès lors dénué de tout pouvoir productif : « Ac denique percipio esse objectivum ideæ non a solo esse potentiali, quod proprie loquendo nihil est, sed tantummodo ab actuali sive formali posse produci »[5]. L'être potentiel ne

1. *Meditatio* III, AT VII, 47, 21-22.

2. *Ibid.*, 9-20.

3. Sur la différence entre l'infini et l'indéfini, voir *Iae Responsiones*, AT VII, 113, 1-8 ; *Principia philosophiae*, I, 26-27, AT VIII-1, 14-15.

4. Reconnaissons l'équivoque du terme *nihil*. Ainsi, le *modus essendi*, par lequel la chose est objectivement dans l'intellect par l'idée, n'est pas absolument rien (*plane nihil*), nous dit Descartes (*Meditatio* III, AT VII, 41, 26-29). Voir Caterus, *Iae Objectiones*, AT VII, 93, 25-94, 4. L'être objectif ne serait pas une simple chimère. Il se présente comme un *ens reale*, sans pour autant dispenser la métaphysique de se confronter aux étants existants ; voir J.-C. Bardout, « Représentation et existence », art. cit., p. 312-318 ; ou encore J.-F. Courtine, « La doctrine cartésienne de l'idée et ses sources scolastiques », in *Les catégories de l'être*, Paris, P.U.F., 2003, p. 241-265, notamment p. 249 *sq*.

5. *Meditatio* III, AT VII, 47, 20-23.

s'entend donc pas de ce qui peut produire un être en acte, mais de ce qui se laisse appréhender par la pensée, sous la forme d'une idée, sans pour autant exister *extra me*.

La démarche adoptée par Descartes en ces pages est en effet exemplaire : si la *Méditation* III met en place les éléments d'une métaphysique, elle s'appuie pour ce faire sur un travail sur les idées que je découvre en moi. Ce travail sur le statut des idées constituera l'un des fils directeurs principaux de la discussion avec Caterus.

L'approche résolument eidétique suivie dans la IIIe *Méditation* s'accompagne d'un travail sur la cause efficiente de ce dont on reconnaît la réalité[1], non seulement pour les effets dotés d'une réalité « actuelle ou formelle », mais aussi pour les idées, auxquelles Descartes accorde une « réalité objective »[2]. Cette précision intègre de plein droit les idées au questionnement aitiologique : à propos des idées elles-mêmes, il convient de s'interroger sur leur cause[3]. Être ou exister, c'est alors être l'effet d'une cause, présentée comme efficiente[4]. Partant, si l'idée est pourvue de « réalité », l'enquête causale s'avère légitime pour penser sa genèse.

Descartes reprend ainsi la question de la genèse, comprise, en un sens radical, comme commencement dans l'être, comme advenue à l'être de ce qui n'était pas[5], tout autant que la question, plus classiquement aristotélicienne, de la génération, interprétée comme une transformation, ou plus précisément avec Descartes comme l'arrivée d'une qualité nouvelle dans un sujet[6]. Or, si Aristote pouvait alors faire appel à l'idée d'une *dunamis*, inscrite en l'*ousia*, Descartes porte le regard sur ce qui, autre que la chose concernée, produit (*producit*) la réalité nouvelle. Le lieu théorique qui correspondait au

1. Aucune chose existant ne peut avoir le néant pour cause de son existence ; voir *IIae Responsiones*, abrégé géométrique, axiome 3, AT VII, 165, 7-9.

2. *Meditatio* III, AT VII, 40, 21-41, 4. Cf. *IIae Responsiones*, abrégé géométrique, axiome 5, AT VII, 165, 13-27. Sur la *realitas objectiva* et ses sources scolastiques, voir F. Marrone, *Res e realitas in Descartes*, Lecce, Conte editore, 2006.

3. Voir V. Carraud, *Causa sive ratio. La raison de la cause, de Suárez à Leibniz*, Paris, P.U.F., 2002, p. 205 *sq*.

4. L'interprétation de l'*existentia* comme *sistere extra causas suas* est classique. Voir Suárez, *Disputationes metaphysicae*, XXXI, IV, 6. Voir J.-C. Bardout, *Penser l'existence*, Paris, Vrin, 2013, t. I, chap. VIII. L'être en acte de l'existence est réinterprété comme un être hors des causes ; voir Eustache de Saint-Paul, *Summa philosophiae quadripartita*, Metaphysica, q. IV, pars II, q. 6, p. 25, qui définit l'existence comme un mode intrinsèque de l'essence « quo formaliter res dicitur esse actu, sive extra suas causas », et ajoute : « antequam enim res existat dicitur potestate et quasi latere in suis causis ; tunc autem incipit existere cum virtute causarum foras prodit ». Le remaniement de la conceptualité aristotélicienne de l'acte et de la puissance s'appuie sur la reconnaissance d'une cause extérieure.

5. Il est question de la pierre, qui auparavant n'était pas, mais qui commence à être (*Meditatio* III, AT VII, 41, 5-6).

6. C'est le second exemple, celui de la chaleur (*ibid.*, AT VII, 41, 8-9). Le modèle subjectif de la substance, afférent à la doctrine aristotélicienne des catégories, est à l'arrière-plan de cette réflexion (« calor in subiectum »).

questionnement sur la potentialité fait donc d'emblée l'impasse sur ce concept pour s'interresser à un « producteur » extérieur, et ce faisant à une *causa efficiens.*

Un double geste, caractéristique de l'approche métaphysique de Descartes, nous donne donc de prendre dès à présent la mesure de la distance prise à l'endroit d'Aristote : l'interrogation sur la si peu aristotélicienne[1] *causa efficiens*, au détriment de la puissance, ou potentialité, vient relayer la prise en considération des idées, comprises comme modes de la pensée[2], et non comme formes des choses[3].

La puissance se dit dès lors de ce qui produit, et donc efficie.

1) En ce sens, et bien évidemment, elle se rapporte en premier lieu au Dieu, tout-puissant[4], qui a donné l'être aux choses créées[5] – en y incluant les vérités dites éternelles[6] –. Mais il y a plus : indemne de toute potentialité[7], Dieu possède cependant la force d'exister par soi (*vis per se existendi*), ainsi que de posséder en acte toutes les perfections dont il a l'idée, ou que je conçois être en lui[8]. La puissance divine permet ce faisant de sortir du domaine de la pensée (de l'idée, ou de la conception), au profit du domaine de ce qui est posé dans l'être, comme existant, ou étant en acte. À Dieu, plutôt qu'à l'*ego*[9], il revient donc d'être doté d'une force efficiente, qui fasse être et conserve dans l'être[10].

2) L'*ego* n'est toutefois pas dépourvu de toute puissance[11]. Sans doute même exemplifie-t-il l'être en puissance : cet être en puissance, que Descartes

1. Sur les limites des « genres des causes » reçus d'Aristote pour penser l'efficience en sa spécificité, voir *Sextae Responsiones*, AT VII, 436, 3-12.

2. *Meditatio* III, AT VII, 41, 20.

3. Dans l'abrégé des *Secondes Réponses*, l'idée se définit précisément comme « forme de la pensée » (*cuiuslibet cogitationis forma*, déf. 2, AT VII, 160, 14-15).

4. Le Dieu tout-puissant est évoqué dès la Ire *Méditation* (AT VII, 21, 1-2) ; la IIIe inclut immédiatement la toute-puissance au nombre des attributs divins, qui accompagne l'idée de substance infinie (AT VII, 45, 11-13).

5. Mon existence elle-même se doit rapporter à un tel auteur (*ibid.*, AT VII, 48), dont je dépends.

6. La thèse, signalée par E. Gilson, est établie dans les lettres à Mersenne d'avril-mai 1630 (AT I, 145-152), et n'est jamais démentie. Voir *Sixièmes Réponses* (n. 8, AT VII, 435-436). Sur cette thèse et sa réception, voir G. Rodis-Lewis, *Idées et vérités éternelles chez Descartes et ses successeurs*, Paris, Vrin, 1985.

7. Dieu est doté d'une puissance active, mais non de puissance passive, explique Thomas d'Aquin (*Summa contra Gentiles*, I, chap. 16, et II, chap. 7).

8. Voir *Meditatio* III, AT VII, 50, 1-3. Cette immensité de la puissance divine, que nous découvrons dans son idée, est telle que nous le pensons agir à l'égard de soi-même sur le modèle de la cause efficiente par rapport à son effet ; voir *Iae Responsiones*, AT VII, 110-111.

9. Sur la force comme efficience, que Descartes attribue à Dieu, au détriment de l'*ego*, voir *Meditatio* III, AT VII, 49, 13.

10. La substance a besoin de la même force ou action pour être conservée que pour être créée (*ibid.*, 5-11).

11. Une certaine spontanéité caractérise l'*ego* cartésien, doté d'une puissance de connaître, et d'accroître ses connaissances (*Ibid.*, 47, 1 *sq.*).

distingue encore, à la manière aristotélicienne, de l'être en acte, est présenté comme un être *in aliqua facultate*, plus précisément (*in*) *nostra cogitandi facultate*[1]. La cogitation nous donne donc de découvrir l'être en puissance comme puissance de faire advenir en acte ce qui ne nous est d'abord donné qu'en puissance (les idées dites innées). L'être en puissance se dit ainsi d'une manière notable de ce qui est en la puissance de l'*ego*. Comme le montre la IIIe *Méditation*, celui-ci donne à ses idées leur réalité formelle[2], si ce n'est leur réalité objective[3]. L'idée est partant un « ouvrage de l'esprit »[4]; si l'existence du corrélat extérieur échappe à la puissance de l'*ego*, force est toutefois de reconnaître la capacité dont jouit l'*ego* de transmettre[5] une certaine réalité, leur réalité formelle[6], aux idées dont il dispose. À l'instar du Dieu, créateur non seulement des étants mondains, mais également des vérités éternelles, l'*ego* cartésien est doté d'une puissance de donner aux idées leur réalité formelle.

Tant Dieu que l'*ego* font preuve d'une puissance, ou force, leur. Le remaniement du concept aristélicien de puissance (*dunamis*) n'aboutit donc pas à la dépossession par l'*ego* de toute puissance, pour la réserver à celui qui seul donne l'être en acte aux choses qui existent hors de l'esprit. L'arrimage de l'existence à une causalité efficiente décrit un sens de l'être, qui est encore à l'œuvre, *mutatis mutandis*, lorsqu'il s'agit de penser la réalité des idées en leur dépendance envers l'*ego cogitans*.

L'être potentiel peut donc bien être dit n'être proprement rien; Descartes confère à la fois à Dieu et à l'*ego* une puissance faiseuse de réalité. Ce faisant, Descartes n'érige pas simplement la détermination aitiologique de l'existence en mode d'être fondamental; plus radicalement, il découvre dans la réalité, effective (chose existente) ou pensée (idée), la manifestation d'une puissance, efficiente (Dieu) ou pensante (l'*ego*). Le double fondement de la métaphysique cartésienne découvre son unité théorique dans cette attention à une puissance conçue comme opératrice. Gageons que le basculement, caractéristique de l'époque moderne, se joue dans ce dédoublement de la puissance œuvrante : à l'efficience divine, répond désormais l'activité de l'*ego cogitans*.

1. Voir *Notae in programma*, AT VIII, 361, 1-7 : « (...) nobis repreasententur per ideas non aliunde advenientes quam a nostra cogitandi facultate, ac proinde cum illa nobis innatas, hoc est potentia semper nobis inexistentes : esse enim in aliqua facultate, non est esse actu, sed potentia dumtaxat, quia ipsum nomen facultatis nihil aliud quam potentiam designat ».

2. Voir *Meditatio* III, AT VII, 41, 17-20.

3. La réalité objective de l'idée exhibe l'insuffisance de l'*ego* à la causer, et ce faisant suppose l'existence (*existere*) d'une autre chose (*res*) que l'*ego* (ce qui apparaîtra dans l'idée d'infini) ; voir *Meditatio* III, AT VII, 42, 18-24.

4. Selon l'expression de la traduction française du duc de Luynes (*Meditatio* III, AT IX, 32).

5. Descartes dit : « mutuatur » (*Meditatio* III, AT VII, 41, 19).

6. Dans le cas de l'idée, Descartes ne redouble pas le qualificatif formel par celui d'actuel. Descartes reconnaît la différence entre le pouvoir créateur divin et la puissance dont jouit l'*ego cogitans*. L'idée que je forme a une « réalité formelle », mais elle ne se laisse pas dire comme étant « en acte ».

Dans ces conditions, le déclin de l'être potentiel ne saurait masquer l'importance, au sein de la métaphysique cartésienne, et à sa suite, de la possibilité [1], plus précisément de l'« existence possible ». La substitution de celle-ci à celui-là révèle en effet, selon nous, la manière dont l'être, compris comme existence, ne se doit pas seulement rapporter à une cause efficiente, mais se détermine à partir de la sphère de la pensée, sans bien évidemment s'y réduire [2].

L'EXISTENCE POSSIBLE ET LA PENSÉE

La discussion avec Caterus s'organise autour de la question du statut de l'être objectif, en sa différence d'avec l'être actuel. Une question ne manque pas de se poser : l'idée peut-elle, par delà l'essence qu'elle offre à notre regard, nous donner à penser un existant ? En même temps qu'il nous invite à nous interroger sur l'essence ainsi prise en considération (ce que nous concevons appartient-il à la vraie et immuable essence, ou ne lui est-il attribué que par une fiction de l'entendement ?) [3], Descartes distingue alors l'*existentia possibilis* et l'*existentia necessaria* [4]. Cette dichotomie est remarquable en ce qu'elle indexe d'emblée la question des modalités logiques (le possible et le nécessaire) sur celle de l'existence. L'existence et la possibilité ne s'opposent donc pas (le possible n'est pas ce qui n'est pas, ou pas encore, réel, ou existant) ; l'être possible décrit plutôt une manière d'exister, une manière d'exister, ou peut-être plus précisément une manière de penser l'exister de certains étants. La possibilité nous donne donc indéniablement de penser un certain rapport à ce qui existe.

La question de la possibilité se joue clairement à la jointure entre l'existence et la pensée [5]. La possibilité nous renvoie en effet à l'existence, plutôt qu'elle ne

1. Sur la possibilité des choses matérielles, voir M. Gueroult, *Descartes selon l'ordre des raisons*, Paris, Aubier, 1968, t. II, p. 22 *sq.*

2. Rohault tente de concilier Aristote et Descartes (*Entretiens sur la philosophie*, *in* P. Clair (éd.), *Jacques Rohault (1618-1672)*, Paris, CNRS, 1978, I, p. 114) : « Parce que le mot de puissance est un de ces noms substantifs, aussitôt que vous l'entendez, vous vous figurez quelque chose de réel et d'existant, au lieu qu'il ne vous doit faire comprendre qu'une simple vérité, qui n'a point d'entité réelle, mais qui, de même que toutes les autres vérités, réside seulement dans l'esprit, en tant qu'elle est connue ; ce que vous comprendrez encore mieux, si au lieu de vous servir de ces mots *la pure puissance d'une chose*, vous vous servez de ceux-ci : *le pouvoir être d'une chose* ». *Cf.* la présentation des concepts d'acte et de puissance dans la préface, *ibid.*, p. 104-105. Pour découvrir l'harmonie des philosophies aristotélicienne et cartésienne, il conviendrait de se rapporter au texte d'Aristote, plutôt qu'aux commentaires (p. 105).

3. Voir *Iae Responsiones*, AT VII, 116, 12-15, puis 18-19 ; *cf.* AT VII, 117, 10-12.

4. *Iae Responsiones*, AT VII, 116, 21-22.

5. Sur le lien entre existence possible et réalité objective, voir L. Alanen, « Some Questions concerning Objective Reality and Possible Being in Descartes and his predecessors », *in* R. Työrinoja *et al.* (éd.), *Knowledge and the Sciences in Medieval Philosophy*, Helsinki, Annals of the Finnish Society, t. III, p. 553-565, en part.p. 564-565.

porte sur, ou du moins s'identifie à, l'essence[1], que l'idée nous donne à connaître[2]. Reste toutefois que c'est à partir de l'idée que j'en ai que l'existence se fait connaître comme possible ou nécessaire :

> (...) notandumque in eorum quidem omnium, quæ clare et distincte intelliguntur, conceptu sive idea, existentiam possibilem contineri, sed nullibi necessariam, nisi in sola idea Dei. Qui enim ad hanc diversitatem quæ est inter ideam Dei et reliquas omnes diligenter attendent, non dubito quin sint percepturi, etiamsi cæteras quidem res nunquam intelligamus nisi tanquam existentes, non tamen inde sequi illas existere, sed tantummodo posse existere... [3].

Reconnaître l'existence possible de ce que nous concevons ne nous assure donc pas de son existence actuelle. Pour le dire d'un mot, l'existence possible ne se limite pas au domaine de ce qui existe effectivement. L'existence possible relève plutôt de la pensée de l'existence, précisément de l'idée qu'une chose peut exister. Notons-le : elle est d'ailleurs présentée comme un contenu de pensée (« in (...) conceptu sive idea (...) contineri »). L'existence possible désigne en ce sens une possibilité d'existence, qui apparaît pensable au vu de l'idée claire et distincte. Aussi, penser peut bien se faire toujours sous la raison de l'existant; cet horizon existentiel de l'intelligibilité ne suffit pas à établir l'existence de ce qui est appréhendé par la pensée. L'existence possible témoigne en effet du manque de nécessité que nous découvrons dans la liaison entre l'existence actuelle et les propriétés envisagées dans et au travers de l'essence[4]. La possibilité fait donc signe vers un défaut de nécessité dans la liaison cognitive. La nécessité, au contraire, s'affirme de l'existence que la pensée découvre

1. Descartes prend ses distances par rapport à une certaine tradition scolastique, qui identifie la possibilité à l'essence. Citons Léonard de Marandé : « L'essence dans les choses créées est proprement la possibilité, c'est-à-dire la constitution intérieure d'une chose précise et dénuée de ses modes, propriétés et accidents. » (*La clef des philosophes*, *op. cit.*, Métaphysique, p. 499). L'essence et l'existence se distingueraient comme le possible et l'acte : « L'existence d'une chose créée est le mode, vêtement, ou la marque par laquelle l'essence est actuée, c'est-à-dire que la chose possible et qui n'était pas encore est poussée hors de ses causes internes, et passe de la possibilité à l'acte, ou de l'être possible à l'être actuel » (p. 501), ou encore : « La rose qui nous paraitra au printemps prochain demeure pendant tout l'hiver enclose et renfermée dans ses propres causes, je veux dire dans le rosier. Que si en cet état elle possède quelque être, il est purement essentiel et possible, et non pas actuel, c'est-à-dire qu'elle a de son essence la seule possibilité de l'être, et de son existence le privilège de se produire, se publier et se manifester actuellement » (p. 503). Léonard de Marandé refuse l'idée d'existence possible : « Quelques subtils se figurent une existence possible, mais cela est trop métaphysique ; aussi ne peut-elle être autre chose que l'essence du sujet, qui n'est pas encore actuellement dans la nature, et en l'ordre des choses créées » (p. 501).

2. On n'oubliera pas la réticence de Descartes à séparer l'essence et l'existence ; voir, à la suite des *Iae Responsiones*, AT VII, 116, 9-10, les précisions de l'*Entretien avec Burman*, sur la Meditatio V, AT V, 161 : « reipsa separari non possunt, at solum distingui ». Descartes reprend l'exemple classique de la rose, que l'on peut concevoir *sine actuali existentia*. Il rend en quelque manière caduc le débat scolastique sur le type de distinction entre l'essence et l'existence. Voir la lettre à X, 1645-1646, AT IV, 350. Sur les distinctions, voir *Principia*, I, 62.

3. *Iae Responsiones*, AT VII, 116, 22-117, 3.

4. Voir *ibid.*, AT VII, 117, 3-5.

suivre logiquement (*sequi*) de l'essence conçue [1]. La dichotomie de la possibilité et de la nécessité, que Descartes adjoint à l'existence, ne se doit par conséquent pas tant comprendre comme portant sur des modes d'être, que sur des manières de penser [2].

Le possible signifie donc d'abord ce qui ne répugne pas à la pensée humaine [3]. Une telle détermination idéale de l'existence possible n'a toutefois pas pour corollaire un abandon de la détermination causale de l'existence, comme le précise une lettre à Mersenne : « Il me semble bien clair qu'*existentia possibilis continetur in omni eo quod clare intelligimus, quia ex hoc ipso quod clare intelligimus, sequitur illud a Deo posse creari* » [4]. La clarté de l'idée nous donne à penser l'existence possible [5] en ce qu'elle témoigne de ce que Dieu peut créer la chose ainsi conçue : je conçois clairement pouvoir être ce qui peut être causé ou créé par Dieu. Partant, le critère cognitif ou cogitatif qui préside à la présentation de l'existence possible reprend le critère causal vers lequel il fait signe, bien loin de le remplacer.

L'abrégé géométrique des *Secondes Réponses* ne dit pas autre chose, lorsqu'il établit que « (Deus) potest efficere id omne quod clare percipimus » [6]. La clarté de ma perception révèle la possible efficience divine. L'idée de la puissance divine justifie ainsi la détermination cogitative du possible : « Est autem in nobis idea tantæ alicujus potentiæ, ut ab illo solo, in quo ipsa est, cœlum et terra, etc. creata sint, et alia etiam omnia, quæ a me ut possibilia intelliguntur, ab eodem fieri possint » [7]. Ce que je conçois possible se voit fondé dans la reconnaissance de la puissance de Dieu, qui peut l'effectuer.

Cette articulation du possible que je conçois et de la puissance divine [8], en elle-même incompréhensible [9], ne fait-elle pas écho à la thèse de la création

1. Voir *Iae Responsiones,* AT VII, 117, 5-8.

2. Inversement, l'impossibilité marque les limites de notre pensée, qui ne peut conjoindre des idées contradictoires ; voir *IIae Responsiones*, 6, AT VII, 152, 12-17, et *Entretien avec Burman*, sur la Meditatio V, AT V, 161.

3. Voir *IIae Responsiones*, AT VII, 150, 19-21 : « Vel enim, ut vulgo omnes, per possibile intelligitis illud omne quod non repugnat humano conceptui… ». Descartes reconnaît la possibilité d'une autre acception du possible, *ex parte obiecti*, mais qui, si elle échappe ainsi à l'intelligibilité humaine, s'avèrerait dès lors inopérante (AT VII, 150, 25-151, 3).

4. À Mersenne, 31 décembre 1640, AT III, 274, 9-11.

5. L'impossibilité réside dans nos pensées obscures et confuses (*IIae Responsiones*, 6, AT VII, 152, 19-20 ; *Entretien avec Burman*, sur la Meditatio V, AT V, 161).

6. *IIae Responsiones*, abrégé géométrique, proposition 3, corollaire, AT VII, 169, 7-8.

7. *Ibid.*, AT VII, 14-17. La mention du possible (des possibles intelligés) rend compte de ce que je conçois clairement ; voir M. Kobayachi, *La philosophie naturelle de Descartes*, Paris, Vrin, 1993, p. 40.

8. Voir à Mersenne, 15 septembre 1640 AT IV, 181, 5-6 : « Il est certain que tout ce qu'on conçoit distinctement est possible, car la puissance de Dieu s'étend au moins aussi loin que notre pensée » ; cf. *Meditationes*, VI, AT VII, 78, 2-6.

9. Voir L. Alanen, « Descartes, Conceiveibilty and Logical Modality », p. 67-68. On distinguera le domaine de l'intelligible, de celui de l'incompréhensible ; voir G. Rodis-Lewis, *Idées et vérités éternelles…*, *op. cit.*, p. 127-128. Sur la différence entre concevoir (*intelligere*) et comprendre

des vérités éternelles établie dans les lettres d'avril-mai 1630 adressées à Mersenne ? Le possible en effet dépend de la puissance divine, qui l'a ainsi institué [1] : « Pour les vérités éternelles, je dis derechef que *sunt tantum veræ aut possibiles, quia Deus illas veras aut possibiles cognoscit, non autem contra veras a Deo cognosci quasi independenter ab illo sint veræ* » [2]. Le possible se pense comme vérité (*verae aut possibiles*) [3], vérité connue par l'homme, mais d'abord établie en la connaissance divine [4]. Descartes n'affirme pas ainsi l'univocité des connaissances, humaine et divine, qui accèderaient aux mêmes possibles. Une dissymétrie doit être reconnue, car si la connaissance humaine constate les vérités, la connaissance divine les établit [5], ou les dispose, en vertu de la puissance de sa volonté [6]. Le recours au possible, pour rendre compte de la vérité, invite à voir dans le vrai, ou possible, l'effet d'une puissance : « Dieu est une cause dont la puissance surpasse les bornes de l'entendement humain, et (...) la nécessité de ces vérités n'excède point notre connaissance, (...) elles sont quelque chose de moindre, et de sujet à cette puissance incompréhensible » [7]. De la sphère cogitative (le possible est vérité pensée), nous voici donc reconduits à une détermination aitiologique du possible, qui fait droit à une puissance transcendante. Cet arrimage du possible en une puissance permet de faire le départ entre ce que l'*ego* peut et ne peut penser : il peut penser les effets de la puissance (les étants mondains créés, mais aussi les vérités éternelles [8]), sans pour autant concevoir leur cause efficiente [9], la puissance infinie divine, proprement incompréhensible [10].

L'évidence de la vérité, qui se donne à connaître indubitablement [11], ne saurait donc faire oublier combien ces vérités dépendent en leur être d'un autre

(*comprehendere*), voir H. Gouhier, *La pensée métaphysique de Descartes*, Paris, Vrin, 1962, p. 208-214.

1. Cf. *Entretien avec Burman*, AT V, 160, sur Dieu comme *causa possibilium*.

2. À Mersenne, 6 mai 1630, AT I, 149, 21-24.

3. Sur cette formule, voir J.-L. Marion, *Sur la théologie blanche de Descartes* [1981], Paris, P.U.F., 1991, p. 30.

4. Cette thèse répond à la promotion d'essences en Dieu, qui possèderaient par elle-même un certain être, l'*esse essentiae* d'Henri de Gand. Voir J.-L. Marion, *Sur la théologie blanche...*, *op. cit.* Sur l'arrière-plan médiéval, voir L. Alanen, « Descartes, Duns Scotus and Ockham on Omnipotence and Possibility », *Franciscan Studies*, XLV, 1985, p. 157-188 et N. Wells, « Jean Capreolus et ses successeurs sur les vérités éternelles », *in* G. Bedouelle *et al.* (éd.), *Jean Capreaolus en son temps*, Paris, Cerf, 1997, p. 259-273.

5. Voir à Mersenne, 30 avril 1630, AT I, 145, 7-10.

6. Le vouloir, l'entendre et le créer ne font qu'un en Dieu. Voir à Mersenne, 6 mai 1630, AT I, 149, 28-29 ; à Mersenne, 27 mai ou 3 juin 1630, AT I, 153, 1-3. Voir encore à Mesland, 2 mai 1644, AT IV, 119, 6-14.

7. À Mersenne, 6 mai 1630, AT I, 150, 18-22.

8. Voir encore à Mersenne, 27 mai ou 3 juin 1630, AT I, 152, 26-153, 1

9. Sur la causalité efficiente, voir à Mersenne, 27 mai ou 3 juin 1630, AT I, 151, 1-152, 2.

10. Voir à Mersenne, 27 mai ou 3 juin 1630, AT I, 152, 9-19.

11. La vérité est une « notion transcendantalement claire » (à Mersenne, 16 octobre 1639, AT II, 596, 23-297, 7).

qu'elles-mêmes. Dieu pourra dès lors être présenté comme un « fondement » pour les connaissances humaines[1]. La question du possible nous convie dans cette optique à reconnaître une articulation entre la sphère cogitative, qui s'ouvre devant l'*ego* et s'offre à son investigation, et son fondement, la cause (efficiente) de ce que l'*ego* peut penser, qui échappe toutefois à ce dernier[2]. La puissance divine est en effet non seulement infinie, mais aussi « incompréhensible »[3]; Descartes ne cesse de le répéter[4]. Dans cette incompréhensibilité de la puissance, réside sans doute l'une des clefs essentielles de la conception cartésienne du possible[5] : si le possible (et donc l'existence possible) se dit relativement à notre pensée, il se trouve en réalité fondé en une puissance qui se soustrait à notre propre rationalité, frappée de finitude[6].

La possibilité constitue ainsi l'horizon de la rationalité humaine, mais elle ne doit pas faire oublier qu'elle n'est rien d'autre que cet horizon, que Dieu a ainsi voulu instituer[7]. Descartes y revient dans sa lettre à Mesland du 2 mai 1644 :

> (...) la puissance de Dieu ne peut avoir aucunes bornes (...) notre esprit est fini, et créé de telle nature, qu'il peut concevoir comme possibles les choses que Dieu a voulu être véritablement possibles, mais non pas de telle, qu'il puisse aussi concevoir comme possibles celles que Dieu aurait pu rendre possibles, mais qu'il a toutefois voulu rendre impossibles. Car la première considération nous fait connaître que Dieu ne peut avoir été déterminé à faire qu'il fût vrai que les contradictoires ne peuvent être ensemble, et que, par conséquent, il a pu faire le contraire; puis l'autre nous assure que, bien que cela soit vrai, nous ne devons point tâcher de le comprendre, parce que notre nature n'en est pas capable[8].

L'impossibilité, dont doit prendre acte l'esprit humain, est établie comme telle par Dieu. En ce sens, quoiqu'il nous apparaisse inconcevable, l'impossible ne l'est peut être pas « entièrement », mais par suite de la volonté divine[9]. De là le double aspect qui caractérise le possible en son acception cartésienne : la possibilité se présente certes comme contingente (ou librement instituée) si on la

1. Dieu, « tout parfait et véritable », apparaît ainsi comme « fondement de vérité » (*Discours de la méthode*, AT VI, 40, 9-11) ; il est « fondement métaphysique » (*Principia*, IV, 206, AT VIII-1, 328, 19) ; voir aussi *Vae Responsiones*, AT VII, 352, 9-10. Voir H. Gouhier, *La pensée métaphysique de Descartes*, *op. cit.*, p. 241 *sq.*

2. Voir F. Alquié, *La découverte métaphysique...*, *op. cit.*, p. 87 *sq.*

3. La 1re des lettres à Mersenne de 1630 (lettre du 30 avril) insistait déjà sur ce point (AT I, 146, 4-10).

4. Voir encore *Iae Responsiones*, AT VII, 110, 26-27 et *Vae Responsiones*, AT VII, 368, 3-4.

5. Voir J.-C. Bardout, « Remarques sur l'impossibilité... », art. cit., p. 47-48.

6. La *Méditation* III marque l'écart entre la substantialité qui se peut accorder à l'*ego* et celle dont jouit sans cesse l'étant infini, Dieu ; voir M. Gueroult, *Descartes selon l'ordre des raisons*, *op. cit.*, t. I, p. 229-231.

7. Voir par ailleurs *VIae Responsiones*, AT VII, 436, 15-19.

8. À Mesland, 2 mai 1644, AT IV, 118, 11-25.

9. *Ibid.*, AT IV, 119, 1-8.

rapporte à Dieu, mais elle n'en est pas moins « nécessaire » si on la rapporte à l'esprit humain [1].

La position cartésienne apparaît à présent clairement : la possibilité et l'impossibilité n'ont ainsi pas de sens par rapport à Dieu [2], mais bien par rapport à notre entendement, et à ce qu'il peut concevoir en vertu des vérités établies par Dieu [3] :

> Omnis enim implicantia sive impossibilitas in solo nostro conceptu, ideas sibi mutuo adversantes male conjungente, consistit, nec in ulla re extra intellectum posita esse potest, quia hoc ipso quod aliquid sit extra intellectum, manifestum est non implicare, sed esse possibile [4].

La possibilité se donne donc à l'*ego* comme la pensée d'une non-contradiction. Cette détermination cogitative du possible n'implique pas l'abandon de toute attention à l'existence des choses hors de l'esprit. Ce qui est *extra intellectum* se manifeste en effet d'emblée comme possible, et exclut ainsi toute impossibilité. Du réel au possible, la conséquence est bonne, pourrions-nous dire. Mais pénétrer en son cœur la thèse cartésienne sur le possible demande sans doute d'aller plus loin. La possibilité relève de notre conception, mais elle implique un certain rapport à une existence, au moins possible, hors de l'esprit [5]. Ainsi, la possibilité ne renferme pas l'*ego cogitans* en lui-même, mais, parce qu'elle est ultimement fondée en une puissance transcendante, elle l'ouvre aussi à un monde, existant hors de lui-même [6]. La double détermination du possible, cogitative (le possible comme non-contradictoire) et causale (le possible comme effet d'une puissance incompréhensible), nous donne à penser en nous-même un possible, qui peut bien exister hors de nous-même. En d'autres termes, l'existence possible, que nous constatons comme telle en

1. *Ibid.*, AT IV, 118, 25-119, 1. Voir J.-M. Beyssade, *La philosophie première de Descartes*, *op. cit.*, p. 110-113.

2. Voir ainsi à Arnauld, 29 juillet 1648, AT V, 223-224.

3. Les vérités éternelles sont « mentibus nostris ingenitae » (à Mersenne, 30 avril 1630, AT I, 145, 18-19).

4. *IIae Responsiones*, AT VII, 152, 12-14.

5. Dans cette optique, Descartes distingue les mathématiques et la physique : la première considère son objet, l'*ens verum et reale*, en tant que simplement possible, indépendamment de son existence actuelle, quand la seconde l'envisage en acte, et comme existant (*Entretien avec Burman*, sur la Meditatio V, AT V, 160). Les mathématiques considèrent ce qui peut exister (*posse existere*), voir *Meditationes*, VI, AT VII, 71, 15. Reste à déterminer ce qui existe effectivement.

6. Il n'y a pas de doute que Dieu ait la puissance de produire ce que je conçois distinctement, dit la *Méditation* VI (AT VII, 71, 16-20) Il y a une certaine corrélation entre les idées (mathématiques) en nous et les étants matériels hors de nous ; voir M. Kobayachi, « Création et contingence selon Descartes et Duns Scot », *in* J. Biard et R. Rashed (éd.), *Descartes et le Moyen Âge*, Paris, Vrin, 1997, p. 75-89, en part. p. 79. Mais reconnaître l'existence possible des étants mondains (*Méditation* III, et les explications des *Iae Responsiones*) n'est pas encore s'assurer de leur existence effective, ni même de l'existence effective d'un monde hors de nous (*Méditation* VI). Notre connaissance claire et distincte de la substance étendue nous fait savoir qu'elle peut exister, mais non savoir avec certitude qu'elle existe effectivement (*Principia*, I, 60, AT VIII-1, 28, 23-29).

notre pensée, nous invite à faire droit à des étants mondains contingents. La question de la possibilité nous reconduit ainsi à celle de la contingence.

POSSIBILITÉ ET CONTINGENCE

On l'a dit, Descartes interprète, en métaphysique, la possibilité comme contingence. Il n'en reste pas au constat, classiquement effectué en logique, d'une concomitance du possible et du contingent (ou, comme dit Scipion Dupleix, de « l'advenant ») [1], lorsque du moins le possible ne porte pas sur le nécessaire [2]. Que la possibilité soit contingence ne doit pas alors se prendre au sens où elle est librement instituée par Dieu. Bien plutôt, on entendra par là que ce qui est reconnu possible est ce qui peut être ou ne pas être, de telle sorte que je ne puis savoir avec certitude s'il existe actuellement [3].

Sans doute la métaphysique a-t-elle depuis longtemps fait droit à la distinction du nécessaire et du contingent : le nécessaire et le contingent ne décrivent alors pas seulement des modalités logiques, mais un certain rapport à l'être ; cette distinction permet ainsi d'exhiber l'indigence ontique du créé [4], avant même que le contingent ne signifie ce qui a été librement produit. Descartes reprend cette appréhension métaphysique du contingent. Il intègre alors pleinement à sa métaphysique la distinction du nécessaire et du contingent, en voyant dans le contingent une existence qui, librement produite, échappe aux prises de l'intelligibilité humaine.

La question de la contingence nous reconduit ainsi au cœur de la métaphysique cartésienne ; elle exhibe la tension, constante dans l'œuvre de Descartes, entre deux approches distinctes de l'existence, l'approche causale (existe ce qui est l'effet d'une cause efficiente) et l'approche cogitative (l'idée claire et distincte permet de découvrir des existences).

Pour Descartes, ce qui existe dans le monde est contingent [5]. Il se situe ce faisant indéniablement dans le sillage de la pensée scotiste. Pourtant, en dépit de cette reconnaissance de la contingence du créé, Descartes ne recourt que rarement dans ces traités à ce concept. En effet, une difficulté ne manque pas

1. Ainsi Scipion Dupleix reprend-il le propos du *De interpretatione* d'Aristote (chap. 13 notamment) dans sa *logique ou art de discourir et raisonner* [1603], Paris, Fayard, 1984, livre IV, chap. 13-14). Le possible et l'advenant apparaissent comme des modes d'énonciation.

2. Il y a une homonymie du possible ; le constat est classique au sein de la tradition aristotélicienne. Voir Scipion Dupleix, *La logique*, *op. cit.*, IV, chap. 14, p. 197.

3. Sur la possibilité comme vraisemblance, voir Y. Belaval, *Leibniz critique de Descartes*, *op. cit.*, p. 509 *sq.*

4. Voir la manière dont Suárez rend compte de cette distinction lorsqu'il en fait des diviseurs de l'étant (*Disputationes metaphysicae*, XXVIII, i, 8). Le contingent ne se dit alors pas, strictement, de ce qui est l'effet d'un agent libre, mais d'abord de ce qui ne tient pas son être de soi-même.

5. Voir *Entretien avec Burman*, sur les *Principia*, I, 48, AT V, 167. On peut distinguer les connaissances des choses qui ont quelque existence des vérités (éternelles) qui ne sont rien hors de notre pensée, sans avoir à rajouter un troisième genre, celui des vérités contingentes.

de se poser, que les *Regulae* pointaient déjà, en nous invitant précisément à substituer à la contingence la probabilité [1] : la science, en tant qu'elle aspire à la certitude, peut-elle accéder à la contingence [2] ? Dans ces conditions, la parcimonie avec laquelle Descartes traite de la contingence, lors même qu'il en fait une détermination fondamentale de l'étant créé, ou fini, prend sens [3]. La contingence ou possibilité décrit en effet une forme de déficience de la pensée, qui ne peut se satisfaire de la seule considération de l'idée de la chose pour s'assurer de son existence [4].

Le déséquilibre entre la présence du vocabulaire de la nécessité et l'absence de celui de la contingence dans les six *Méditations* est à cet égard symptomatique. L'usage de la notion de nécessité fait ressortir, en creux, le sens que revêt l'idée même de contingence. La nécessité dont il est alors question concerne l'ordre de la pensée. Descartes nous invite à nous intéresser à la nécessité qui règle la venue et la succession des idées que l'*ego* se représente. Cette nécessité ne leur vient pas d'abord des choses extérieures [5]. La nécessité de la pensée apparaît plutôt comme la nécessité de l'enchaînement logique qui lie les idées entre elles [6]; l'existence nécessaire de Dieu s'établit ainsi au terme d'une démonstration dont elle se présente comme la conclusion [7]. Cette appréhension cogitative de la nécessité intègre toutefois en son sein une interrogation causale, relative à l'émergence des idées. L'idée d'infini révèle à l'esprit attentif l'existence nécessaire de la cause qui l'a produite en lui [8]. De l'idée, reconnue nécessaire, l'on pourra donc inférer l'existence de la cause.

1. *Regulae*, II ; voir J.-L. Marion, *Sur l'ontologie grise de Descartes*, Paris, Vrin, 1976, p. 37 *sq.* Dans la VIe *Méditation*, la probabilité témoigne de l'incapacité à conclure d'une manière nécessaire à l'existence du corps (AT VII, 73, 23-27). Le probable se substitue au contingent comme opposé du nécessaire.

2. Sur le traitement de la question dans les *Principia*, voir V. Carraud, « L'esistenza dei corpi è un principio della fisica cartesiana ? », *in* J. R. Armogathe et G. Belgioioso (éd.), *Descartes. Principia Philosophiae (1644-1994)*, Naples, Vivarium, 1996, p. 153-177.

3. Le sommaire de l'article 15 de la première partie des *Principia* rappelle la contingence des étants créés : « Non eodem modo in aliarum rerum conceptibus existentiam necessariam, sed contingentem duntaxat contineri » (AT VIII, 10). Le vocabulaire de la contingence est absent dans la version française, laquelle parle d'un « pouvoir d'être » (AT IX-2, 31). La question de l'existence contingente se trouve, ici comme ailleurs, posée dans le cadre de son exception aux conceptions que nous avons de ces choses.

4. En cela, elle s'oppose à l'existence nécessaire ; voir *Principia*, I, 16 ; il peut ainsi y avoir idée d'une chose qui n'a jamais été et ne sera jamais (AT VIII-1, 11). Descartes nous invite à distinguer l'idée de Dieu de toute idée forgée, ou dont l'existence ne serait pas comprise en l'essence (AT VIII-1, 11), la traduction française glosant l'idée de fiction par celle de possibilité (AT IX-2, 32).

5. *Meditationes*, III, AT VII, 39, 6-8.

6. *Ibid.*, AT VII, 42, 22-24 : « ... hinc necessario sequi, non me solum esse in mundo, sed aliquam aliam rem, quæ istius ideæ est causa, etiam existere ». Cette nécessité portera sur la vérité des idées claires et distinctes (*Meditationes*, V, AT VII, 70, 12-13).

7. *Meditationes*, III, AT VII, 45, 17-18. Voir aussi *Meditationes*, V, AT VII, 66-67.

8. Voir *Meditationes*, III, AT VII, 47, 26-29.

Dans cette optique, l'éclipse de la contingence ne signifie pas son inadéquation théorique à décrire l'être de ce qui existe dans le monde, mais plutôt son exception à la sphère de la pensée démonstrative. Les *Méditations* décrivent ainsi, nous semble-t-il, l'inaccessibilité de la contingence à l'idée représentative; connaître par idée une chose contingente n'apparaît pas suffisant pour nous faire savoir qu'elle existe – telle est la difficulté qui constituera le fil directeur du chemin parcouru par Descartes [1].

Envisageant de front l'existence nécessaire de Dieu et l'existence des étants mondains, la *Méditation* V montre comment l'idée que nous nous faisons de ces derniers peut bien nous donner à penser leur essence, mais non point leur existence [2]. La cogitation de l'*ego* n'impose aucune nécessité aux choses, comme Descartes le précise lui-même [3] : elle se plie à ce que la chose est en son essence [4]. Reconnaître ainsi les limites de la pensée humaine nous donne de faire le départ entre ce sur quoi l'*ego* a prise et ce qui lui échappe. Assurément, l'*ego* ne se contente pas de penser des choses existantes (des montagnes et des vallées); il peut concevoir un cheval ailé (variante cartésienne de l'*hircocervus* d'Aristote, ou plus largement de la chimère médiévale [5]). Il pourrait ainsi sembler, dans une certaine mesure, produire des « essences » – ou du moins, feignant ces idées, d'accéder à des essences [6] –, mais cette capacité productrice d'idées ne peut porter sur l'existence [7]. Une telle conception est au pouvoir de l'*ego*, indépendamment du fait qu'il y ait un tel cheval dans le monde [8]. La liberté de l'*ego* s'exerce dès lors, et précisément, hors de tout rapport au

1. Le doute de la I re *Méditation* révèle cette difficulté. Nous rejoignons F. Alquié, *Leçons sur Descartes*, *op. cit.*, p. 121. La question directrice reste celle de l'accès à l'existence de ce qui apparaît comme contingent. Voir *Principia*, I, 10, AT VIII-1, 8 ; les notions simples, antérieures au *cogito*, comme celles de pensée, de certitude, ou d'existence, ne nous font encore connaître « aucune chose qui existe ».

2. *Meditationes*, V, AT VII, 66-67.

3. Voir *ibid.*, AT VII, 66, 21-22. Voir aussi *ibid.*, 67, 5-6.

4. Je ne puis concevoir une montagne sans vallée, de même que je ne puis concevoir un triangle dont les trois angles ne soient pas égaux à deux droits (*Meditationes*, V, AT VII, 66, 9-11).

5. Sur le bouc-cerf, voir Aristote, *Physique*, IV, 1, ou *Peri hermeneias*, 1. Pour la chimère, voir notamment Scot, *Reportata parisiensia*, IA, d. 43, q. 1, éd. Hoffmann, p. 319. Avec l'idée de l'étant souverainement parfait, l'*ego* cartésien ne se forge précisément pas un être « chimérique », mais une vraie et immuable nature, dont l'existence est nécessaire ; voir *Principia*, I, 15, AT VIII-1, 10. Descartes emploie le terme « chimère » en deux sens distincts. Les *Vae Responsiones* supposent qu'elles ne peuvent pas exister (AT VII, 383, 19-20). Les *Iae Responsiones* reconnaissent, à ces êtres feints par l'esprit (qui les compose), l'existence possible (AT VII, 119, 8-11) ; ainsi, « les chimères mêmes n'ont point en elles de fausseté » (à Clerselier, 23 avril 1649, AT V, 354, 14-15). Cf. *Discours de la méthode*, VI, AT VI, 64, 17-19.

6. Ce qui n'a pas d'existence peut ne pas être un « pur néant », mais bien avoir une nature vraie et immuable (*Meditationes*, V, AT VII, 64, 6-11). Par delà ce que je feins, se découvre une certaine consistance de ce qui est pensé (*ibid.*, AT VII, 64, 11-18). Ma pensée atteint une essence des choses, indépendante d'elle, et indépendamment de toute existence.

7. Voir *Discours de la méthode*, IV, AT VI, 39-40.

8. Voir *Meditationes*, V, AT VII, 66, 22-24, et 67, 10-11.

monde[1]. Ma pensée est en effet, proprement, dénuée d'efficience[2]. Pour le dire d'un mot, elle s'inscrit dans le cadre de ce qui est pensable : elle en reste tout au plus aux essences des choses contingentes, dont l'existence lui échappe.

Une certaine nécessité s'impose ainsi à la pensée humaine, bien loin qu'elle l'impose aux choses. Dans cette perspective, l'existence contingente des étants mondains témoigne d'un dehors de la pensée humaine, dehors que celle-ci ne peut saisir à elle-seule, laissée à ses propres ressources, ou à son propre trésor[3].

Pour pallier l'incapacité de la conception intellectuelle à affirmer avec certitude l'existence des étants contingents du monde, entendons des « choses corporelles », il convient de faire droit, en sa spécificité, à une autre puissance de l'âme. La « pure intellection » est repli sur soi, quand l'imagination constitue un appel à se tourner vers les corps, si du moins ils existent[4]. Ma faculté d'imaginer les corps semble toutefois échouer à m'assurer avec nécessité de leur existence ; elle ne me la donne, précisément, que comme probable – telle est la difficulté sur laquelle s'ouvre la VIe *Méditation*[5]. Un autre mode de la *cogitatio* doit partant être pris en considération. La sensation, dont dépend l'imagination, saurait-elle jouer ce rôle ? Peut-elle nous donner un accès à l'existence des choses corporelles[6] ? Reconnaissons d'ores et déjà que la dualité de l'intellection et de la sensation (ou de l'imagination) révèle l'irréductibilité de l'existence contingente des étants corporels à l'ordre de la pensée intellectuelle.

Les limites du présent travail nous interdisent de rentrer dans le détail des analyses ; aussi retiendrons-nous simplement comment Descartes en appelle à une *magna propensio* à croire que nos sensations viennent des choses[7]. Une *magna propensio* à croire : toute la difficulté tient en ces quelques mots, car, si cette grande propension s'appuie sur la véracité de Dieu pour être garante de certitude concernant l'existence des choses matérielles[8], cette existence, contingente, reste hors de prises, *stricto sensu*, de la cogitation de l'*ego*, lequel doit s'en référer à une autre instance, le Dieu, véridique, et tout-puissant, créateur de toutes choses.

1. Il y a une indifférence de ces idées à l'existence ou à la non existence ; voir *ibid.*, AT VII, 67, 1 : « sive existant, sive non existant ».

2. *Ibid.*, AT VII, 67, 5 : « non quod mea cogitatio hoc efficiat ».

3. Sur le trésor de mon esprit, voir *Meditationes*, V, AT VII, 67, 22-23.

4. Voir *Meditationes*, VI, AT VII, 73, 14-20.

5. *Ibid.*, AT VII, 23-28.

6. Voir *Ibid.*, AT VII, 74, 9-10.

7. *Ibid.*, AT VII, 79, 28-80, 2.

8. Cf. *Principia*, II, 1 ; *videmur videre*, dit Descartes (AT VIII, 41, 5-6). Sur ce passage, voir F. de Buzon et V. Carraud, *Descartes et les Principia II. Corps et mouvement*, Paris, P.U.F., 1994, p. 36-40. On notera que les *Principia* présentent l'existence d'une chose étendue, du corps ou de la matière donc, comme une conclusion (AT VIII, 41, 9). Voir les précisions de l'*Entretien avec Burman* (AT V, 168).

En résumé, l'existence, contingente, des choses corporelles dépend de la puissance (efficiente) du Dieu tout puissant; or, parce que cette existence échappe à l'intellection, je dois m'en remettre à sa véracité, connexe de sa toute-puissance, pour m'assurer de ce que m'indiquent mes sensations.

Ainsi donc, en instituant le possible, la toute-puissance divine établit l'horizon de la rationalité humaine. Mais cet horizon de l'intellection demande à être dépassé pour accéder à ce qui existe effectivement. La sensation nous assure de cette existence contingente, pour autant que nous pouvons nous fier à la véracité divine. Dans ces conditions, l'accès à un dehors de la pensée doit faire l'objet d'une supposition, par la reconnaissance des effets sur nous, nos sensations, de ces choses extérieures, que l'on suppute être des substances [1].

En un mot, si la possibilité se donne à penser, le fait de la contingence échappe à l'intelligibilité. À même la conjonction du possible et du contingent, se découvre donc l'écart de ce qui se laisse concevoir, et de ce qui se soustrait, sans doute irrémédiablement, à l'entreprise d'en rendre raison.

L'ÊTRE POSSIBLE DU CONTINGENT

Descartes donne sans nul doute à la métaphysique un nouveau visage. Il reconnaît à la possibilité, qui se décèle derrière toute existence contingente, une dimension cogitative. Si Descartes conjoint la possibilité et la contingence, c'est en définitive pour exhiber la déficience de la pensée humaine lorsqu'elle prétend accéder à la raison de l'existence de ce qui aurait pu être autrement [2].

Prendre plus avant la mesure du geste cartésien demande à présent de revenir quelques années en arrière. Il ne sera pas question d'exposer pour elle-même, après d'autres, la « querelle des possibles » qui, encore à l'époque de Descartes, agitait les philosophes scolastiques [3]. Nous voudrions plus particulièrement nous intéresser à la manière dont le questionnement sur la contingence a pu, et dû, s'ancrer dans une certaine conception de la possibilité. Nous verrons ainsi comment, en un contexte encore largement aristotélicien, la question de la contingence s'est élaborée sur fond d'une certaine réinterprétation de la question de la puissance. Or, si la contingence, en tant qu'elle porte sur l'être effectif, demandait d'être abordée prioritairement selon une approche causale (existe, d'une manière contingente, ce qui est l'effet d'une cause efficiente libre), la possibilité s'est définie comme ce qui peut être parce qu'il est d'abord pensable, et pensable au premier chef par l'entendement divin.

1. Voir *Meditationes*, VI, AT VII, 79.

2. Si ce qui est dans le monde est frappé de contingence, on cherchera malgré tout, à travers le calcul des probabilités, à en rendre compte ; voir C. Chevalley, *Pascal. Contingence et probabilité*, Paris, P.U.F., 1995.

3. Nous renvoyons à la thèse de J. Schmutz, *La querelle des possibles* (Paris, EPHE, 2003) et aux textes qu'il édite.

L'articulation de la contingence et de la possibilité nous reconduit ainsi au problème de l'articulation de l'être entendu selon l'efficience ou selon l'intelligibilité : si ce qui existe a été effectué, peut-on assigner, avant cette effectuation, un être possible à ce qui est contingent ?

L'excès du contingent par rapport à toute détermination essentielle, la philosophie scolastique l'a reconnue, au moment où elle s'est intéressée à la prescience divine. Sous la plume de Suárez (m. 1617), la difficulté s'énonce de la manière suivante : « quod contingens est, quamdiu factum non est, non habet determinatam veritatem scibilem »[1]. Le contingent, avant d'être, n'est sans doute pas prédéterminé[2] ; on peut toutefois le reconduire à son être intelligible, en l'entendement divin, être intelligible dans lequel consiste proprement son être possible. L'intelligibilité des étants nous découvre en effet leur être possible : « huiusmodi res sunt intelligibiles, quia sunt entia saltem possibilia, et unumquodque sicut est ens ita est intelligibile »[3]. Par l'intermédiaire donc du concept de possibilité, le *doctor eximius* reconnaît une intelligibilité au cœur de tout étant contingent. Mais cette intelligibilité rend compte de ce que l'étant est, et non point de la cause de son advenue, contingente, à l'existence.

Que l'étant soit intelligible, c'est ce que nous donne à penser le *conceptus entis*, que Suárez présente comme le sujet de la métaphysique[4]. Or, l'étant ainsi pris en considération désigne non seulement ce qui est, mais plus largement ce qui peut être[5]. Distinguons en effet l'*ens* en tant que participe, ou en tant que nom. En ce second sens, l'étant ne se limite pas à ce qui existe effectivement, mais à ce qui peut exister. Telle apparaît la *ratio entis* : « consistit in hoc quod sit habens essentiam realem, id est non fictam nec chymericam, sed veram et

1. *Disputationes metaphysicae*, XXX, xv, 31, Vivès, XXVI, 179.

2. Il a toutefois, de toute éternité, une vérité déterminée, par laquelle il est connaissable ; voir *De scientia Dei*, I, II, 6, Vivès, XI, 297. Voir W. L. Craig, *The Problem of Divine Foreknowledge and Future Contingent from Aristotle to Suárez*, Leiden, Brill, 1988, chap. VIII.

3. *Disputationes metaphysicae*, XXX, xv, 22, Vivès, XXVI, 176. Voir J. P. Doyle, « Suárez on the Reality of Possibles », *Collected Essays*, p. 21-39 : la possibilité se pense fondamentalement comme non-contradiction.

4. L'étant de raison, qui échoue à être pensé, échappe au domaine de la métaphysique entendu *stricto sensu*. Voir *Disputationes metaphysicae*, I, I, 4-6, Vivès, XXV, 3-4 ; cf. *Disputationes metaphysicae*, LIV, 1, sur le traitement malgré tout des étants de raison dans les *Disputes*. Voir C. Shields, « Shadows of Beings : Francisco Suárez's *Entia rationis* », *in* B. Hill et H. Lagerlund (eds.) *The Philosophy of Francisco Suárez*, Oxford, OUP, 2012, p. 57-74 », et, plus largement J. Aertsen, *Medieval Philosophy...*, *op. cit.*, p. 589-592. Voir au contraire Petro Hurtado de Mendoza, *Universa philosophia*, III : De ente transnaturali, disp. I, section 2, ss. 1, p. 700. Voir I. Mandrella, « « Le sujet de la métaphysique et sa relation au *conceptus entis trancendentissimi* aux XVIe et XVIIe siècles », *Medioevo*, XXXIV, 2009, p. 123-140. Voir en outre J. P. Doyle, *On the Borders of Being and Knowing. Some Late Scholastic Thoughts on Supertranscendental Being*, éd. V. M. Salas, Louvain, Leuven UP, 2012, p. 101 *sq*.

5. Sur le sujet de la métaphysique, voir J.-F. Courtine, *Suárez et le système...*, *op. cit.*, notamment p. 195-227.

aptam ad realiter existendum »[1]. L'essence réelle, constitutive de l'étant, témoigne d'une aptitude à exister[2]. L'étant se dit donc de tout ce qui est doté d'un tel être possible[3].

Ce qui est intelligé est par conséquent l'essence de l'étant, ainsi déclaré apte à exister. Sans méconnaître l'existence, à l'aune de laquelle est mesurée l'essence réelle[4], Suárez laisse toutefois dans l'ombre la raison de l'advenue à l'existence, pour ne rendre intelligible que sa possibilité.

En métaphysique, la question de la contingence est d'abord abordée dans un cadre causal, plus précisément au cours du long traité *De causis*, qui occupe les *Disputes* XII à XXVII[5]. Le contingent intervient comme un nom métaphysique de l'être parce qu'il dit l'effet d'une cause efficiente libre. Plus encore : la première apparition du contingent en fait un qualificatif de la cause ; il se présente alors comme un synonyme de libre (*Dispute* XIX). La disjonction du contingent et du nécessaire porte ainsi en premier lieu sur les causes, avant qu'elle ne se présente comme une division de l'étant (*Dispute* XXVIII). En d'autres termes, si le contingent peut se dire de l'étant, c'est en vertu de cette compréhension aitiologique de l'être qui irrigue, en son ensemble, la métaphysique suarézienne[6], jusqu'à définir l'exister comme être à partir des causes[7].

Le possible et le contingent nous donnent ainsi de découvrir deux manières d'appréhender l'étant, respectivement à partir de la pensée et à partir de la cause. Leur distinction révèle dès lors la tension interne à la métaphysique suarézienne, qui privilégie l'étant en sa concevabilité, mais ne peut *in fine* faire l'impasse sur l'étant en tant qu'il advient effectivement à partir de ses causes. L'irréductibilité de l'exister à l'essence, et ce faisant à ce qui est intelligible, se laisse apercevoir dans l'excès du contingent vis-à-vis du possible.

1. Voir *Disputationes metaphysicae*, II, IV, 5, Vivès, XXV, 89.

2. Sur cette aptitude à exister, voir L. Honnefelder, *Scientia transcendens. Die formale Bestimmung der Seiendheit und Realität in der Metaphysik des Mittelalters und der Neuzeit*, Hambourg, Meiner, 1990, p. 235-240. Cette attention au possible, avant l'existence, se retrouve jusque chez Wolff, voir E. Gilson, *L'être et l'essence*, *op. cit.*, p. 172 *sq.*

3. Voir P. Aubenque, « Suárez et l'avènement du concept d'être », *Problèmes aristotéliciens*, *op. cit.*, I, p. 336-337. L'essence se caractérise par la possibilité entendue comme non-répugnance à l'être, voir L. Honnefelder, *La métaphysique comme science transcendantale, entre le Moyen-Âge et les Temps modernes*, Paris, P.U.F., 2002, p. 84-85. Il convient de ne pas identifier l'être en puissance, ou l'être possible (opposé à l'être en acte), avec l'étant « réel », l'*ens* pris au sens nominal ; voir *Disputationes metaphysicae*, II, IV, 11, Vivès, XXV, 91, et les précisions de J.-F. Courtine, *Suárez et le système…*, *op. cit.*, p. 297-298.

4. Voir J.-C. Bardout, *Penser l'existence*, *op. cit.*, t. I, chap. VIII. Il faudrait nuancer l'essentialisme suarezien que dénonçait E. Gilson, *L'être et l'essence*, *op. cit.*, chap. V.

5. Sur l'importance des développements sur la cause, voir V. Carraud, *Causa sive ratio*, *op. cit.*, p. 105-114.

6. Le début de la *Dispute* XII non seulement présente l'étude des causes comme du ressort du métaphysicien, mais tout aussi bien affirme que tout étant demande à être envisagé à l'aune de la question de la cause (Vivès, XXV, 372). Une première division de l'étant se met en place : « Nullum autem est ens quod non sit vel effectus, vel causa » (*ibid.*, 372-373).

7. *Disputationes metaphysicae*, XXXIV, IV, 23, Vivès, XXVI, 367.

Un écart s'est ainsi creusé, entre le possible, qui exprime le pensable[1], et le contingent, qui dit l'effectivité. En apparence, l'étant possible redouble l'étant en puissance[2]; en réalité, il s'y substitue. L'étant, qui pour un temps encore est reconnu « en puissance », se laisse en effet désormais appréhender à partir de sa concevabilité :

> ens (...) in potentia dicit etiam reale ens, quantum ad realem essentiam, contractum et determinatum non per aliquid positivum, sed per privationem actualis existentiae. Ens autem sic contractum, seu prout in tali statu conceptum, non significatur per hanc vocem ens, nec per aliquam incomplexam quae mihi nota sit, sed solum per hos terminos complexos : ens possibile, ens in potentia, et similes[3].

Ce passage est remarquable à plus d'un titre. Tout d'abord, il témoigne du recouvrement de la conceptualité de l'être en puissance par celle de la possibilité[4], en même temps que l'actualité se laisse décrire en termes d'existence. D'autre part, si l'on peut parler de l'étant en puissance comme d'un étant réel, son étantité n'est pas pleine (l'étant en puissance n'a plus le titre d'étant *simpliciter*). Elle se pense plutôt à même la considération d'une essence réelle : privée d'existence actuelle, l'étant potentiel apparaît alors connexe d'une conception de l'esprit (« in tali statu conceptum »)[5]. Partant, si l'étant est orienté vers son existence[6], une certaine étantité peut être affirmée de ce qui n'existe pas, mais peut exister, dès lors qu'il est conçu. On reconnaît un mode d'être à ce qui n'existe pas. L'existence n'épuise pas le champ de l'étantité. Mais cet étant « possible » n'est plus simplement l'étant « en puissance », qui, en son acception originelle, s'extrait du domaine de ce qui est établi, défini, donc pensable[7]. La thématique de l'« en puissance », qui suggère un certain dynamisme vers l'être en acte, se trouve donc supplantée par la détermination intellective du possible, comme essence réelle privée d'existence[8].

1. Sur la détermination cognitive du possible, voir par exemple Jean Du Douet, *Formalitatum Doctoris subtilis Scoti, Ant. Sirecti,* Venise, Melchiore Sessa, 1587, II, chap. 17, p. 117 : « Illud enim esse quod habuerunt creaturae ab aeterno est tantum esse cognitum et possibile ».

2. Sur la division de l'étant selon l'étant actuel ou potentiel, voir *Disputationes metaphysicae,* XXVIII, I, 15, Vivès, XXVI, 5. L'étant potentiel se dit aussi de l'étant qui est en acte, mais qui enveloppe de la puissance et de la potentialité.

3. *Ibid.*, II, IV, 12, Vivès, XXV, 91. Voir *ibid.*, XXXI, II, 10 : « Essentia ergo creaturae secundum se est ens reale primo modo, scilicet in potentia » (Vivès, XXVI, 232).

4. Voir L. Honnefelder, *Scientia transcendens, op. cit.*, p. 256 *sq.*

5. Voir G. Olivo, « L'impossibilité de la puissance : les conditions de la pensée de l'individu chez Suárez », *in* G. M. Cazzaniga et Y. Ch. Zarka (éd.), *L'individu dans la pensée moderne* XVIe-XVIIIe *siècles - L'individuo nel pensiero moderno secoli* XVI-XVIII, Florence, Edizioni ETS, 1995, p. 157-171.

6. Voir encore *Disputationes metaphysicae,* XXXI, II, 10, Vivès, XXVI, 232 : « ... Dicitur tamen illa natura creabilis vel possibilis, quatenus secundum se realis est, et apta ad existendum ».

7. Voir G. Olivo, « L'impossibilité de la puissance », art. cit.

8. William Chalmers (m. 1678) peut encore en 1630 revisiter la thématique de l'être potentiel pour appuyer ses considérations sur la possibilité comme non-contradiction (*Selectae disputationes*

Que l'étant en puissance cède la place au possible, la *Dispute* XXXI en donne une confirmation patente. Suárez refuse alors en premier lieu que l'étant en puissance ait quelque réalité positive : « illud esse in potentia seu illa potentia obiectiva non possit esse res aliqua vera et positiva in ipsa re quae in potentia esse dicitur »[1]. Accorder une réalité positive à cette puissance reviendrait en effet à supposer un substrat de la création, une réalité antérieure à l'être, ce qui contredirait l'idée de production à partir de rien[2]. La substitution du possible à l'être en puissance ratifie cette dénégation de toute positivité ontique : « est in essentia possibili, priusquam fiat, nihil rei esse (proprie loquendo de re positiva et actuali) ; ergo non potest in ea esse potentia realis positiva »[3]. Le néant ontique du possible découvre une essence, dénuée de puissance propre. Le possible pourra alors se dire, avec Thomas d'Aquin, en référence à une puissance active, en premier lieu la puissance divine ; il se comprendra en lui-même comme ne consistant en rien d'autre qu'en la non-contradiction :

> Quapropter (ait Div. Thomas) omnes creaturae, antequam essent, non erant possibiles esse per aliquam potentiam creatam, cum nullum creatum sit aeternum, sed per solam potentiam divinam, in quantum Deus potest eas in esse producere. Ex parte igitur creaturarum solum supponitur non repugnantia ut ita fiant, quia nihil rei in eis requiri aut supponi potest[4].

La concession à Thomas ne doit pas faire méconnaître le geste effectué ici par Suárez en vue de promouvoir comme possible par soi le non-contradictoire[5].

La déréalisation de l'être en puissance atteste la dimension logique, et ce faisant intellective du possible. Or, si l'on peut ainsi parler d'un possible par soi, la considération de la cause n'est pas pour autant, chez Suárez du moins, caduque. Le néant ontique du possible impose en effet de reconnaître une

philosophicae, Metaphysica, q. IV, n. 4, p. 338). Sur Chalmers, jésuite, devenu oratorien, voir F. Ferrier, *William Chalmers 1596-1678*, Paris, P.U.F., 1968.

1. *Disputationes metaphysicae*, XXXI, III, 3, Vivès, XXVI, 233.

2. L'étant en puissance (objective), interprété comme étant possible, n'est rien de positif distinct de la cause productrice, explique Suárez, relisant Scot ; voir *Disputationes metaphysicae*, XXXI, III, 2, Vivès, XXVI, 233 : « Scotus enim nunquam intellexit potentiam pure objectivam esse aliquid reale positivum distinctum a causa producente, et praesuppositum ad actionem eius ex parte rei possibilis. (...) Unde solum in nomine differt vocando ens in potentia objectiva, quod nos vocamus ens potentiale, et de illa potentia objectiva existimat loquit Arist. 9 Metaph, cum dicit potentiam et actum esse in eodem genere ». La différence de mot trahit sans doute une modification en profondeur du sens même de l'être potentiel hérité d'Aristote.

3. *Disputationes metaphysicae*, XXXI, III, 3, Vivès, XXV, 233.

4. *Ibid.* Voir Thomas d'Aquin, *Summa Theologiae*, Ia, q. 9, a. 2.

5. Chalmers distingue deux niveaux de possibilité : « possibilitas enim duplex potest intelligi : una quidem secundum quam res dicitur esse potentia quae dicit negationem existentiae, et possibilitatem habendi existentiam ; altera autem est possibilitas, quae est veluti radix prioris illius possibilitatis secundum quam essentia in se ipsa nullam involvit contradictionem » (*Selectae disputationes philosophicae*, Metaphysica, q. IV, n. 4, p. 337-338). Plus radicale que la possibilité comme puissance, apparaît la possibilité comme absence de contradiction.

puissance autre, qui justifie de parler de puissance objective[1]. Une certaine aliénation sise au cœur du possible se découvre ainsi[2] :

> Neque illa potentia respectu cuius dicuntur esse in potentia obiectiva, potest esse aliquid in ipsis, sed in causa a qua fieri possunt, quia esse in potentia obiectiva nihil aliud est quam posse obiici alicui potentiae, vel potius actioni aut causalitati alicuius potentiae[3].

Le possible n'est précisément pas quelque chose en lui-même, mais plutôt en vertu de sa cause. L'être dans la puissance objective dit l'ob-jection du possible par une puissance active, exerçant une causalité. Du possible, nous voici donc ramené à la considération d'une cause.

Une tension entre deux aspects, conceptuellement distincts, est ainsi au cœur de la détermination suarézienne du possible : dépossédé de toute positivité ontique, le possible, qui relaye l'être en puissance, ne dit pas un dynamisme ontique de ce qui tend à réaliser ce dont il est déjà gros ; c'est dès lors à une puissance autre qu'il revient de faire advenir le possible comme possible, en en faisant un objet pour l'exercice de sa causalité[4]. Mais, ce faisant, on s'en aperçoit, une telle réduction du potentiel au possible fait surgir un problème, si ce n'est nouveau, du moins en toute sa complexité : celui du sens, ou de la raison, de l'advenue à l'existence de ce qui d'abord n'était que possible.

La tension entre ces deux aspects ne doit pas faire méconnaître le déséquilibre qui progressivement s'installe au commencement des Temps modernes, jusqu'à faire prévaloir la détermination cogitative du possible. Contemporain de Suárez, isolé en son temps, mais ne tardant pas à ouvrir une nouvelle voie, Vazquez (m. 1604) avait insisté sur l'indépendance du possible à l'égard de toute puissance, fût-elle simplement intellective[5]. Après lui, se diffuse cette

1. Le possible se dit tel par une dénomination extrinsèque (*Disputationes metaphysicae*, XXXI, III, 4, Vivès, XXVI, 234). Voir J.-P. Doyle, « Prolegomena to a Study of Extrinsic Denomination... », in *Collected Studies...*, *op. cit.*, p. 123-160.

2. Petro Hurtado de Mendoza affirmera la productibilité du possible, et ce faisant des essences elles-mêmes ; voir *Universa philosophia*, III : De ente transnaturali, dispute VIII, § 3 et § 7, p. 827-828. Dans leur être objectif, et en tant qu'en puissance, les essences sont bien improductibles ; mais en tant qu'elles existent, elles sont produites (§ 8, p. 828). L'être à partir d'un autre de ce qui existe découvre une productibilité à même l'essence. Il y a bien une nécessité du possible quand bien même les essences sont produites librement.

3. *Disputationes metaphysicae*, XXXI, III, 4, Vivès, XXVI, 233-234.

4. Cette configuration et double détermination de la possibilité est décisive. Au XVIIe siècle, le frère minime Emmanuel Maignan (m. 1676) reconnaît une double détermination du possible, intrinsèque (comme non-répugnance), ou extrinsèque (en fonction de sa cause) ; voir *Cursus philosophicus*, chap. 12, p. 117. Si la pure possibilité n'est pas proprement réelle, une certaine positivité se découvre dès lors que l'on fait droit à cette force externe.

5. Discutant avec Duns Scot, et le radicalisant, Vazquez découvre, avec le possible, du non-contradictoire par soi, antérieurement à tout acte de connaissance, fût-il divin : « res non sunt possibiles quia cognoscuntur, sed ideo cognoscuntur quia sunt possibiles. (...) per locum (...) intrinsecum creaturae essent possibiles, hoc est ex se ipsis non implicaret contradictionem talis aut talis naturae esse, possentque in tempore produci » (*Commentaria in Iam partem*, disp. CIV,

acception intrinsèque du possible comme ce qui par soi peut exister, selon une intelligibilité qui à certains égards ne manque pas de s'imposer à Dieu lui-même. L'existence effective requiert dès lors, à son fondement, la non-contradiction à l'existence, que dit le terme de possible [1] – tel se définit, aux yeux d'un Rodrigo de Arriaga (m. 1667), l'étant en commun, que prend en considération la métaphysique [2]. La considération de ce qui existe, fût-il Dieu lui-même, se trouve précédée par la reconnaissance de sa possibilité [3]. La possibilité s'impose ainsi au commencement des Temps modernes pour rendre compte de la manière dont ce qui est doit d'abord ne pas être contradictoire. Si Goclenius (m. 1628), définissant en ces termes le possible [4], peut réécrire la doctrine de l'acte et de la puissance [5], on ne saurait méconnaître comment l'attention au possible invite à faire droit à une autre thématique : « possibilia, eo modo quo sunt in potentia, habent veritatem » [6]. Ainsi donc, si la possibilité décrit une certaine potentialité, elle se laisse appréhender comme vérité. La vérité n'est donc pas cantonnée à ce qui brille de l'éclat de l'actualité, mais a ce qui est en puissance d'être parce qu'il s'avère non-contradictoire qu'il soit.

La possibilité découvre dès lors une intelligibilité au cœur de ce qui est. Promoteur de concept d'« état de choses », un Sebastián Izquierdo (m. 1681) la considère dans son *Pharus scientiarum*, au même titre d'ailleurs que la

chap. 3, n. 10, t. I, p. 783). Le possible se déleste de sa dépendance envers une puissance intellective. Voir J. Schmutz, « Un Dieu indifférent. La crise de la science divine durant la scolastique moderne », *in* O. Boulnois, J. Schmutz et J.-L. Solère (éd.), *Le contemplateur et les idées*, Paris, Vrin, 2002, p. 185-221, en part. p. 194 *sq.* Le possible l'est d'une manière intrinsèque, et non pas *principiative*, par référence à un principe d'intellection. *Cf.* le scotise irlandais John Punch (Poncius, m. 1661), *Philosophiae ad mentem Scoti cursus integer, Métaphysique*, dispute II, q. 5, concl. V, § 53, p. 903 : « illud esse diminutum non producitur per actum divini intellectus » ; Poncius reconnaît que sa thèse n'est pas celle de beaucoup de scotistes, ni sans doute de Scot ; *cf.* Claude Frassen (m. 1711), *Scotus academicus*, trad. II, disp. I, art. II, s. I, t. II, p. 32 *sq.* (en particulier concl. 2, p. 36). Sur cette discussion, qui a notamment opposée Poncius et Mastrius, voir T. Hoffmann, *Creatura intellecta. Die Ideen und Possibilien bei Deuns Scotus mut Ausblick auf Franz von Mayronis, Poncius und Mastrius*, Münster, Aschendorff, 2002, p. 263 *sq.*

1. Voir J. Coombs, « The Ontological Source of Logical Possibility in Catholic Second Scholasticism », *in* R. I. Friedman et L. O. Nielsen (eds.), *The Medieval Heritage in Early Modern Metaphysics and Modal Theory (1400-1700)*, Dordrecht-Boston-Londres, Kluwer, 2003, p. 191-229. La détermination du possible comme non-contradiction prévaut sur sa détermination comme corrélat d'une puissance extérieure, au premier chef celle de Dieu, comme l'établit le jésuite lyonnais Georges de Rhodes (m. 1661), *Philosophia peripatetica*, IV, d. II, q. II, s. III, p. 636.

2. Voir Rodrigo de Arriaga, *Cursus philosophicus*, Métaphysique, dispute II, n. 1, p. 740.

3. Alsted (m. 1638) distingue trois manières pour la chose d'être en acte : l'existence, mais aussi la quiddité, et enfin la non-répugnance ; voir *Metaphysica*, I, chap. 13, p. 120-121. Plus radicale que l'existence, plus radicale que l'essence, apparaît la non-répugnance que l'une et l'autre présupposent.

4. *Lexicon philosophicum*, Francfort, Becker, 1613, reprint : Hildesheim, Olms, 1980, p. 833-834.

5. Voir *ibid.*, p. 834 : « Si me non docente dicem possibile me docere ».

6. *Ibid.*

contingence, comme un « objet de l'intellect humain »[1]. La possibilité et l'existence relayent alors l'antique couple de la puissance et de l'acte[2]. D'emblée, la question de la possibilité est abordée à l'aune de la probabilité de l'existence à laquelle elle renvoie. Ce qui est en puissance d'exister (*potens existere*) peut ou non admettre la non-existence[3]. Le possible *connexum cum sua existentia*, selon l'expression même d'Izquierdo, ne dit pas seulement l'être qui est toujours : il revêt également une détermination physique (ce dont l'effet est inévitable), mais aussi morale[4]. Le possible qui n'est pas « connexe » de son existence se dit en un double sens, soit de ce qui n'est jamais existant (ce qui est *pure possibile*, ou *possibile non existens*), soit de ce qui est parfois existant (*aliquando existens*), le *possibile existens*[5]. La possibilité se voit ainsi détachée de l'existence à laquelle elle se rapporte.

Izquierdo s'attache à appréhender le possible antérieurement même à toute puissance qui le porterait à l'être. Il convient pour ce faire de réfuter la thèse selon laquelle la possibilité serait dénommée à partir de la toute-puissance divine[6] : « Esse possibiles creaturas possibilitate primaria, seu remota, seu radicali, non est denominatio extrinsece illis proveniens ab omnipotentia divina »[7]. La possibilité en son sens le plus radical ne requiert pas d'être soutenue par Dieu[8]. À cet égard, l'interprétation scotienne de l'être objectif comme être diminué tenant sa teneur ontique de son être intelligé, autrement dit de la science divine[9], demeure encore en deçà de la saisie de la possibilité en sa radicalité.

1. Le traité III du *Pharus scientiarum* porte sur l'objet de l'intellect humain, et considère successivement l'étant, l'essence, l'existence, le non-étant (dispute IX), le *status entium*, ou *rerum* (dispute X), la possibilité l'impossibilité, la contingence, la nécessité (dispute XI), puis les étants de raison (dispute XII). Sur Izquierdo, voir J. Schmutz, « Sebastian Izquierdo », *in* J.-C. Bardout et O. Boulnois (éd.), *Sur la science divine*, Paris, P.U.F., 2002, p. 412-433., notamment, pour le concept de *status rerum*, p. 416, et « Un Dieu indifférent », art. cit., p. 203. Voir plus largement *La querelle des possibles…*, *op. cit.*, chap. XI.

2. *Pharus scientiarum*, trad. III, disp. XI, q. 1, n. 2, t. I, p. 269. Sur l'acte et l'existence, voir déjà. trad. III, disp. VIII, q. 2, n. 10, t. I, p. 168. La question de l'acte conduit à une doctrine des modalités de l'être, qui fait droit au possible, à l'impossible, au contingent, et au nécessaire (*ibid.*, q. 3, div. 4 et 5, p. 170-171).

3. *Pharus scientiarum*, trad. III, disp. XI, q. 1, n. 3, t. I, p. 269.

4. *Ibid.*, n. 4, t. I, p. 269. Concernant cette tripartion : métaphysique, physique, morale, *cf.* la division *simpliciter, naturaliter, moraliter*, appliquée à l'acte, trad. III, disp. VIII, q. 3, div. 4, n. 26, p. 170, et div. 5, n. 27, p. 171.

5. *Pharus scientiarum*, trad. III, disp. XI, q. 1, n. 5, t. I, p. 269.

6. Voir l'exposé de cette position, *ibid.*, q. 1, n. 10, t. I, p. 270

7. *Ibid.*, q. 1, prop. 1, n. 17, t. I, p. 270.

8. Voir *ibid.*, q. 1, prop. 1, n. 18, t. I, p. 271 : en un sens secondaire, mais précisément non radical, on parlera du possible, ou du faisable (*factibile*), en référence à une puissance extrinsèque.

9. Celle-ci est présentée comme la seconde opinion, *ibid.*, q. 1, n. 11, t. I, p. 270. Voir la proposition 2, n. 22, t. I, p. 271 : « Esse possibiles creaturas possibilitate primaria seu radicali non est denominatio extrinsece illis proveniens a scientia Dei ».

Dès lors, le sens premier de la possibilité nous renvoie aux essences mêmes des choses ; celles-ci, par opposition aux chimères, impossibles[1], se caractérisent par leur non-contradiction[2]. On reconnaîtra toutefois une dénomination « semiextrinsèque » du possible à partir de la puissance productrice, qu'il s'agisse de la toute-puissance divine, ou des causes secondes[3].

Izquierdo fait donc prévaloir l'interprétation intellective du possible, au détriment de l'approche causale. Cette conception radicale de la possibilité, comme non-contradiction, indépendamment de toute puissance actuante, s'accompagne d'une disjonction remarquable de la possibilité et de la contingence[4], quand bien même l'une et l'autre sont présentées comme objets de l'intellect humain. Izquierdo définit la contingence en ces termes : « Contingens dicitur universè id quod ita potest existere ut etiam possit non existere »[5]. La possibilité de la non-existence caractérise donc l'être contingent. En cela, le contingent est irréductible au possible, entendu simplement comme ce qui peut exister. La contingence témoigne donc d'une indétermination, ou mieux d'une indifférence à l'existence ou à la non-existence[6] ; elle suppose, toujours, à son origine, la liberté[7]. Dès lors, une nette bipartition se met en place, entre, d'une part la possibilité, qui relève du domaine de l'essence (ou de la quiddité), et, d'autre part, la contingence, qui concerne l'existence effective. La doctrine des états de choses reproduit cette bipartition. On distinguera ainsi l'état de choses quidditatif et l'état de choses existentiel. Quand le premier relève d'un plan de l'objectité, le second caractérise ce qui dépend d'une cause efficiente[8]. À la nécessité du possible, s'oppose l'indétermination du second[9]. Par-delà la contingence de ce qui existe, se découvre, à travers le possible, un ordre nécessaire, celui des essences ou quiddités.

Ainsi donc, au commencement des temps modernes, on assiste à un double mouvement : en même temps que la contingence se voit élevée au rang de mode d'être fondamental de ce qui existe dans le monde, la possibilité manifeste une forme de nécessité, légitimant ainsi l'entreprise scientifique.

1. Sur le traitement des objets impossibles dans la scolastique tardive, voir J. P. Doyle, *On the Borders...*, *op. cit.*, p. 95 *sq.*

2. *Pharus scientiarum*, trad. III, disp. XI, q. 1, prop. 1, n. 19, t. I, p. 271 : « Prima [potentia ou possibilitas] est ipsa essentia creaturae, prout non ferens secum contradictionem, hoc enim ipso praecisis aliis discriminatur a chimera impossibili... ». Voir *ibid.*, trad. III, disp. XI, q. 1, prop. 6, n. 34, t. I, p. 272.

3. *Ibid.*, q. 1, prop. 1, n. 20, t. I, p. 271.

4. Sur la différence entre le possible et le contingent, voir *ibid.*, disp. VIII, q. 3, n. 28, p. 171.

5. *Ibid.*, disp. XI, q. 3, n. 96, t. I, p. 283.

6. *Ibid.*

7. *ibid.*, n. 97, t. I, p. 283.

8. *ibid.*, disp. IX, q. 5, prop. 21, t. I, p. 211.

9. Voir *ibid.*, disp. X, q. 1, n. 5, t. I, p. 221 (sur le *status existentialis*, qui se divise en nécessaire ou contingent), et n. 6, t. I, p. 221 (le *status* quidditatif découvre des vérités objectives, qui apparaissent nécessaires, d'une manière absolue ou conditionnée).

L'IDÉE DE POSSIBILITÉ

Avec la possibilité, découvrons-nous des objets conceptuels, ainsi déconnectés de l'existence effective des étants contingents ? On sait la faible adhésion que rencontra la thèse de la création des vérités éternelles chez ceux que l'on a coutume d'appeler les grands post-cartésiens [1].

En premier lieu, Spinoza occupe sans doute une place à part, qui refuse qu'il y ait quelque « contingence réelle » dans les choses [2]. Dès lors, la contingence, comme la possibilité [3], ne seraient pas des affections des choses, mais révèleraient les « défauts de notre entendement » [4]. Or, une telle interprétation négative des concepts de possible et de contingent laisse malgré tout percevoir les deux traits majeurs qui structurent l'approche moderne du possible et du contingent. Celle-ci se caractérise non seulement par la perspective cogitative qu'elle adopte, mais aussi par une certaine considération de la cause. D'une part, en effet, apparaît contingent ce dont l'examen de l'essence ne suffit pas à nécessairement poser ou exclure l'existence ; d'autre part, la possibilité se rapporte à l'ignorance de la nécessité de la causation [5]. La possibilité comme la contingence sont ainsi abordées à partir de notre faculté de connaître.

Sans nul doute, ce primat de l'interprétation intellective du possible se retrouve, en un autre sens toutefois, chez Malebranche [6]. La question du possible nous reconduit à la thèse malebranchiste cardinale de la vision en Dieu des idées. Les idées, par lesquelles nous connaissons le monde, ne nous le font en effet connaître que comme possible [7]. Ce que Dieu voit dans son

1. Voir J.-L. Marion, « Création des vérités éternelles. Principe de raison : Spinoza, Malebranche, Leibniz », *Questions cartésiennes II*, *op. cit.*, p. 183-219

2. Voir *Cogitata metaphysica*, I, chap. 3 : « si enim ad naturam attendat, et quomodo ipsa à Deo dependet, nullum *contingens* in rebus esse reperiet, hoc est, quod ex parte rei possit existere, et non existere, sive, ut vulgò dicitur, *contingens reale* sit ». Cf. *Ethica*, I, prop. 29 : « In rerum natura nullum datur contingens sed omnia ex necessitate divinae naturae determinata sunt ad certo modo existendum et operandum. ».

3. La contingence et la possibilité se distinguent, mais peuvent aussi être prises l'une pour l'autre. Voir *Cogitata metaphysica*, I, chap. 3, puis *Ethica*, I, prop. 33, scolie et IV, déf. 3 et 4. Le possible est redoublé par le contingent dans l'explicitation de l'axiome 6 dans la première partie des *Principes de la philosophie de Descartes*.

4. Voir *Cogitata metaphysica*, I, chap. 3 : « (…) haec duo [possibile et contingens] non nisi defectus nostrae perceptionis, nec aliquid reale esse. »

5. L'*Ethique* confirme les *Pensées métaphysiques* (I, chap. 3) ; voir *Ethique*, IV, déf. 3 et 4.

6. Malebranche, affirmant avec Leibniz l'univocité des entendements humain et divin, envisage la manière dont Dieu choisit le monde parmi d'autres possibles ; voir *Traité de la nature et de la grâce*, I, 13, OC V, 28. Sur les difficultés posées par la conception malebranchiste du possible, voir J.-C. Bardout, « Malebranche et les mondes impossibles », art. cit.

7. « Dieu ne nous découvre pas seulement par l'idée de l'étendue le monde qu'il a créé ; il nous représente encore une infinité de mondes qu'il n'a pas faits. Car l'étendue intelligible est l'archétype d'une infinité de mondes possibles », *Entretiens sur la mort*, II, OC XIII, 409, voir aussi *Traité de la nature et de la grâce*, I, 55, OC V, 57. Les idées intelligibles portent ainsi sur « tous les

essence, ce sont « les idées ou les essences de tous les êtres possibles », quand il voit « dans sa volonté leur existence »[1]. Dès lors, si le possible décrit l'étant en son intelligibilité, se laissent percevoir, au travers de la volonté, la contingence de l'existence[2], mais aussi, et consécutivement, son mystère, ou son inintelligibilité[3]. Le possible échappe en effet à la puissance[4], pour décrire un plan de l'objectité, en-deçà de toute effectivité. Avec Malebranche, s'exprime donc la nette séparation du possible, en tant qu'il relève de la sagesse (divine) ou du savoir (de l'homme), et de l'existant, contingent, du domaine de la puissance, c'est-à-dire de la volonté[5]. La question de la possibilité se déploie ainsi indépendamment de toute reconnaissance d'une puissance inscrite dans les choses[6]. Risquons une hypothèse : la contingence se sépare de la question de la possibilité, quand celle-ci laisse derrière elle la reconnaissance d'une puissance interne.

Venons-en, enfin, et peut-être surtout, à Leibniz. Ce dernier nous donne en effet de penser plus avant l'articulation des concepts de possibilité et de contingence[7].

Force est de reconnaître que le projet métaphysique leibnizien ne se pense pas seulement dans le sillage de Descartes, mais se joue aussi dans une certaine confrontation avec Aristote. Ainsi, Leibniz n'hésite pas à réinvestir des concepts fondamentaux de la métaphysique du Stagirite[8]. De là, assurément,

ouvrages possibles » (*Entretiens sur la métaphysique et la religion*, VIII, § 8, OC XII, 185). Voir J.-C. Bardout, *Malebranche et la métaphysique*, *op. cit.*, p. 168 *sq.*

1. *Recherche de la vérité*, IV, chap. 11, § 3, OC II, 98.

2. Si Malebranche recourt peu au vocabulaire de la contingence, il marque la non-nécessité caractéristique de ce qui existe dans le monde en tant qu'il dépend d'une volonté ; voir *Recherche de la vérité*, IV, chap. 5, § 2, OC II, 47. Sur l'être créé comme « pure libéralité », voir *Traité de l'amour de Dieu*, OC XIV, 8.

3. L'existence est en ce sens invisible, à l'instar de l'incompréhensibilité de la puissance qui porte le créé à l'être. Seul le sentiment donne accès à l'existant, quand la perception pure ne met au contact que du possible (VIe *Eclaircissement*, OC III, 66). Les « vérités contingentes », distinguées des « vérités nécessaires », ne sont pas susceptibles de démonstrations incontestables ; voir *Recherche de la vérité*, I, chap. 3, OC I, 62-63.

4. *Entretien d'un philosophe chrétien et d'un philosophe chinois*, OC XV, 22.

5. Sur cette équivalence de la puissance et de la volonté, voir XIIe *Eclaircissement*, OC III, 174.

6. Le refus de l'efficace des causes secondes se présente comme un refus de toute puissance sise en les corps. Le XVe *Eclaircissement* discute alors Aristote : « la puissance des créatures [est] une fiction de l'esprit » (OC III, 207) ; *cf.* OC III, 223 « la nature que ce philosophe [Aristote] a établie est une pure chimère ».

7. Si le possible désigne ce qui peut être, le contingent désigne ce qui peut ne pas être. Voir *Lingua philosophica*, Ak VI-4/A, 902 : « *Kan*, und *mag*, distingui videntur ut possibile et contingens ; *es kan seyn* id est *possibile est*, *es mag seyn* id est *potest non esse.* »

8. Voir E. Rudolph, « Die Bedeutung des aristotelischen Entelechiebegriffs für die Kraftenlehre von Leibniz », *in* A. Heidekamp (Hrsg.), *Leibniz' Dynamica*, Stuttgart, F. Steiner, 1984, p. 49-54 et H. G. Reinhard, *Admirabilis transitus, a potentia ad actum. Leibniz' Deutung des Aristotelischen Entelechiebegriffs*, Würzburg, Königshausen und Neumann, 2011. Voir aussi G. H. R. Parkinson, *Logic and Reality in Leibniz's Metaphysics*, Oxford, Clanredon Press, 1965, p. 173-176.

l'un des intérêts majeurs pour nous de l'œuvre du philosophe de Hanovre : sa lecture nous donne de mieux mesurer la manière dont le concept de possibilité[1] auquel il recourt ne se superpose pas simplement au concept aristotélicien de puissance tel qu'il peut lui-même le réinvestir.

La difficulté qui nous intéresse est condensée dans cette formule des *Nouveaux essais*[2] : « la puissance en général est la possibilité du changement ». La formule peut de prime abord sembler non-problématique, et clarifier d'une manière pertinente le concept aristotélicien de *dunamis* (ce que Leibniz cherche ici à faire). Ainsi donc, la puissance aristotélicienne se laisserait légitimement dire, pour un moderne, dans le vocabulaire de la possibilité. Or ce recours à la possibilité pour rendre compte de la puissance ne va pas autant de soi qu'il paraît tout d'abord. Plus précisément : si le concept de possibilité vient ainsi éclairer le concept aristotélicien de puissance, il ne va pas pour autant de soi que la possibilité se ramène à la puissance.

Un premier constat s'impose[3] : la possibilité, qui d'une certaine manière a relayé la puissance[4], est devenue une détermination fondamentale de l'être[5]. Nous avons une preuve de cette remarquable promotion métaphysique de la possibilité dans le fait que l'existant se présente comme possible, ce que le traité *De veritatis realitate* d'août 1677 exprime en cette brève formule : « Quicquid existit, est possibile »[6]. Le possible constitue ainsi un « mode

1. Sur l'attention à la *possibilitas existendi*, en réaction à Spinoza, voir F. Piro, *Varietas identitate compensata. Studio sulla formazione della metafisica di Leibniz*, Naples, Bibliopolis, 1990, p. 198 *sq*.

2. *Nouveaux essais*, II, 21, § 1, Ak VI-6, 169.

3. Pour un premier parcours, voir J.-B. Jeangène-Vilmer, « Possibilité et existentiabilité chez Leibniz », *Revue Philosophique de Louvain*, CIV, 2006, p. 23-45.

4. Le possible intervient comme réécriture de la puissance, voir *Brouillon de la Theoria motus abstracti*, Ak VI-2, 168 : « a potentia ad actum, seu a possibili non existente ad existens. (…) Potentia (seu possibilitas existentia carens)… ». Le possible se pense ainsi par opposition à ce qui existe en acte. Cf. *De divisione orbis scientiarum universi*, Ak VI-4/A, 524 : « tractatque de rerum possibilitate sive essentia ; vel praeterea indiget experimentis sensuum, tractatque de his quae facti sunt atque actu existunt. » ; cf. les *Remarques à propos de Weigel*, Ak VI-4/B, 1168. Leibniz réinvestit l'exemple de la rose en hiver (qui permettait de rendre compte du concept aristotélicien d'être en puissance) pour penser la possibilité (*De synthesi et analysi*, Ak VI-4/A, 542). La possibilité permet similairement de repenser la « puissance objective » ; voir *De distinctionibus*, Ak VI-4/A, 1147 : « Potentia objectiva (est rei possibilitas) activa et passiva. ».

5. Voir *Definitiones*, Ak VI-4/A, 400 : « Ens est possibile positivum, ut Homo, Sphaera, Calor, magnitudo ». Cf. *Inquisitiones generales*, Ak VI-4/A, 744.

6. *De veritatis realitate*, Ak VI-4/A, 18. Voir *Inquisitiones generales*, Ak VI-4/A, 762, ou bien sûr le *De existentia* (Ak VI-4/B, 1354). Voir *Genera terminorum*, Ak VI-4/A, 568 : « Ens seu possibile, Existens est illa possibilium series quae plus involvit realitatis, et quicquid illam ingreditur. » Voir *Meditationes de cognitione*, Ak VI-4/A, 589, sur la double façon de connnaître, *a priori* par la non-contradiction, *a posteriori* par l'existence. Voir enfin ces *Definitiones*, Ak VI-4/A, 867 : « Ens. Terminus possibilis. Possibile quod non implicat contradictionem. Existens compossibile perfectissimo » ; ou encore Ak VI-4/A, 871. *Cf.* la discussion avec Wagner, Grua, t. I, p. 390 : « Quot series rerum fingi possunt non implicantes contradictionem, tot mundi possibiles sunt ».

d'exister »[1]. L'existant est donc pour le philosophe de Hanovre possible; il est aussi (et dès lors) intelligible[2], et se donne par conséquent comme éminemment pensable. Ainsi que le présente en 1688-9 une liste de *Definitiones* : « Possibile est quicquid distincte cogitari potest, seu cujus notio non involvit contradictionem »[3]. Leibniz insiste en effet fortement sur ce point : le possible est intelligible, voire est seul intelligible, comme va jusqu'à le suggérer le § 225 des *Essais de Théodicée* : « les objets de l'entendement ne sauraient aller au-delà du possible, qui en un sens est seul intelligible ». Le possible, arrimé en l'entendement divin, délimite par conséquent le domaine du pensable.

Dans ces conditions, il convient de découvrir, à la racine de ce qui existe d'une manière contingente[4], une possibilité, qui permet de lui conférer une intelligibilité[5].

Mais une tension ne tarde pas à se manifester. Leibniz écrit en 1686 à Arnauld : « Quant à la réalité des substances purement possibles, (...) ils n'ont point d'autre réalité que celle qu'ils ont dans l'entendement divin, et dans la puissance active de Dieu »[6]. D'un côté donc, le possible s'appréhende comme objet de pensée, et ce d'abord pour l'entendement divin; de l'autre il se dit en référence à une puissance. Entre une détermination intellective du possible et une détermination dynamique, ne faudrait-il pas ici choisir ? Or, il nous semble précisément que cette tension est remarquable. Si, à certains égards, elle reprend une difficulté soulevée par Scot sur le statut ontique du possible (le possible l'est-il par soi, ou constitué par la puissance divine ?[7]), elle révèle, plus décisivement, les strates théoriques qui ont permis l'avènement du possible. Celui-ci peut bien désormais se dire comme pensable, reste qu'il s'est d'abord dit en référence à une puissance. Tentons dès lors de comprendre comment Leibniz élabore le concept de possible, ainsi que sa distinction d'avec celui de puissance.

1. *De totae cogitabilium varietatis complexione*, Ak VI-4/A, 600.

2. *De iis quae per se concipiuuntur*, septembre 1677, Ak VI-4/A, 26 : « Quemadmodum existentia per se concipitur, ita videtur etiam per se concipi essentia seu realitas in genere sive possibilitas (vel intelligibilitas). ».

3. *Definitiones*, Ak VI-4/A, 938 ; Ak VI-4/A, 939.

4. Leibniz insiste : si l'existant est possible, tout possible n'existe pas. Voir ces deux axiomes donnés dans des *Definitiones*, Ak VI-4/A, 931 : « Omne Existens est possibile. Quoddam possibile est non-existens. » Un fragment datant probablement de 1677 le dit avec netteté : « Quod non omnia possibilia ad existentiam perveniant, seu quaedam esse possibilia, quae nec sunt, nec fuere, nec erunt » (Ak VI-4/B, 1352).

5. L'intellection saisit l'essence ou possibilité, quand la sensation accède à l'existence : « ubi notandum intelligi esse signum essentiae verae seu possibilitatis ; et percipi esse signum existentiae verae et [actualis]... » (*Enumeratio terminorum simpliciorum*, Ak VI-4/A, 392). Cf. *De illatione et veritate*, 2 e version, Ak VI-4/A, 864. Sur cette détermination cogitative du possible, permettant des définitions réelles, voir *De synthesi et analysi*, Ak VI-4/A, 540-541 ; cf. *Ad scientiam generalem*, Ak VI-4/A, 549.

6. 14 juillet 1686, Ak II-2, 78.

7. Voir F. Mondadori, « "Il ne faut point dire avec quelques scotistes" : Leibniz on the Reality and the Possibility of the Possible », *Studia Leibnitiana*, XLVI/2, 2014, p. 206-233.

1) Notons en tout premier lieu comment Leibniz restaure l'antique concept d'être en puissance [1], non sans critiquer au passage l'interprétation scolastique de la *potentia* [2]. Aux yeux de Leibniz, les philosophes scolastiques se seraient rendus coupables d'avoir « mis à nu » la puissance aristotélicienne ; entendons que la puissance ne se doit pas penser comme réceptivité, mais plutôt s'interpréter comme un effort ou une tendance vers l'action [3]. Contre la réduction cartésienne de la matière à l'étendue [4], il convient en effet de restaurer l'idée d'une force [5], ou puissance, irréductible à une « possibilité » qui serait « comme morte » [6]. D'une manière remarquable, la métaphysique leibnizienne met donc en question l'interprétation scolastique de la puissance aristotélicienne comme possibilité.

2) La possibilité ne se trouve pas pour autant dévaluée, et frappée d'inanité. L'entendement divin constitue ainsi un « pays des possibles » [7]. Des lors, on assiste sans doute avec Leibniz à la séparation des concepts de puissance (inscrite dans les choses) et de possible (relevant de l'entendement, en premier lieu de l'entendement divin). Si la puissance se rapporte à un individu, le possible se voit en quelque manière jeté hors du monde existant. Cette tension

1. La métaphysique leibnizienne n'est toutefois pas un simple retour à Aristote. Voir V. Carraud, « Connaître comme Dieu connaît », art. cit., p. 268.

2. Voir A. Latour, « Le concept leibnizien d'entéléchie et sa source aristotélicienne », *Revue Philosophique de Louvain*, 2002, p. 698-722, p. 715.

3. Mai 1702, GP IV, 396 : « Vis activa, quae et absolute vis dici solet, non est concipienda ut simplex potentia vulgaris scholarum seu ut receptivitas actionis, sed involvit conatum seu tendentiam ad actionem, ita ut nisi quid aliud impediat, actio consequatur. Et in hoc proprie consistit entelekheia, parum scholis intellecta ; talis enim potentia actum involvit neque in facultate nuda persistit, etsi non semper integre procedat ad actionem ad quam tendit, quoties scilicet objicitur impedimentum ». Voir de même *De primae philosophiae emendatione*, GP IV, 469 : « Differt enim vis activa a potentia nuda vulgo scholis cognita, quod potentia activa Scholasticorum, seu facultas, nihil aliud est quam propinqua agendi possibilitas, quae tamen aliena excitatione et velut stimulo indiget, ut in actum transferatur. Sed vis activa actum quendam sive entelekheian continet, atque inter facultatem agendi actionemque ipsam media est, et conatum involvit ; atque ita per se ipsam in operationem fertur ; nec auxiliis indiget, sed sola sublatione impedimenti ». Voir à Des Bosses, GP II, 306.

4. Concernant le passage de l'interprétation mécaniste à une interprétation dynamique, voir A. Boehm, *Le* « vinculum substantiale » *chez Leibniz*, Paris, Vrin, 1962, I re partie, notamment p. 20 *sq.* ; Y. Belaval, *Leibniz critique de Descartes*, *op. cit.*

5. Au père Bouvet, 1697 : « (...) il faut considérer dans la nature non seulement la matière, mais aussi la force, et (...) les formes des Anciens ou entéléchies ne sont autre chose que la force ». Voir à lady Masham, 10 juillet 1705, GP III, 368 : « la substance incorporelle a une énergie, ou force active interne ».

6. Voir *Système nouveau pour expliquer la nature des substances*, GP IV, 471-472. Leibniz précise son rapport à la philosophie scolastique.

7. Correspondance avec Arnauld, 13 mai 1686, GP II, 42. La réalité des essences ou possibilités se trouve dans quelque chose d'existant ou d'actuel, explique la *Monadologie*, § 44. Voir aussi à Bernoulli, de mai 1699, Ak III-8, 134. Sur la racine de la possibilité, voir R. M. Adams, *Leibniz. Determinist, Theist, Idealist*, New York-Oxford, OUP, 1994, p. 177 *sq.*

entre la puissance et le possible est manifeste dans le *Dialogue entre Théophile et Polidore* (octobre 1679 ?), lorsqu'il est question de la prétention des possibles à l'existence :

> S'il y avait quelque puissance dans les choses possibles pour se mettre en existence, alors ces quatre l'emporteraient (...). Mais les choses possibles n'ayant point d'existence n'ont point de puissance (...), par conséquent, il faut chercher le choix et la cause de leur existence dans un être dont l'existence est déjà fixe et par conséquent est nécessaire d'elle-même. Cet être doit contenir en lui les idées des choses possibles pour choisir [1].

Ces lignes témoignent de l'impuissance du possible : l'admission de la possibilité d'une chose n'impose pas de lui attribuer une quelconque puissance. Leibniz nous propose en effet une bipartition nette entre la puissance et le possible : la puissance demande à être rapportée à une existence, quand la possibilité se voit réinterprétée à partir de l'idée, indépendamment de l'existence. Ce qui est possible n'est donc doté d'aucune puissance. Ainsi, le possible n'a pas à « avoir lieu », comme le dit le *De libertate*, « dans la série de l'univers que Dieu a choisie » [2]. Tout au plus ces possibles recèlent en eux-mêmes, tel un vestige de la puissance, une prétension ou exigence à l'existence, pour reprendre certains des termes qui reviennent fréquemment sous la plume de Leibniz [3]. Il convient en effet de ne pas séparer radicalement l'essence et l'existence. Le concept de possible assure au contraire l'articulation de ces deux plans. Il permet de reconnaître comment l'essence, entendue comme possibilité, recèle en elle une certaine quête de l'existence. La possibilité ou réalité contient, nous dit Leibniz, une exigence d'exister [4]. Les termes peuvent varier ; l'idée est constante dans le corpus leibnizien : ce qui est possible aspire à accéder à l'existence. Les *Notationes generales* utilisent pour leur part le

1. *Dialogue entre Théophile et Polidore,* Ak VI-4/C, 2232, éd. Grua, t. I, p. 286.

2. *De libertate, contingentia et serie causarum, providentia*, Ak VI/4B, 1654 : « (...) etsi non inveniant locum in hac serie universi quam Deus delegit ». La réalité du possible désigne son être essentiel, et non une quelconque existence, et renvoie à la possibilité d'une intellection distincte ; voir *De libertate et necessitate*, Ak VI-4B, 1447, éd. Grua, t. I, p. 289 : « Dico igitur : possibile est, cuius aliqua est essentia, seu realitas, seu quod distincte intellige potest ». Sur le lien étroit entre la possibilité et la réalité, voir *Elementa verae pietatis :* « Res tantum habent possibilitatis quantum realitatis » (Ak VI-4B, 1362, éd. Grua, t. I, p. 16). Il y a dès lors des possibles qui n'ont pas été, ne sont, ni ne seront jamais ; voir également *Notes à propos de Bellarmin*, Ak VI-4/C, 2575 (éd. Grua, t. I, p. 297) : « Petrus Abaelardus dixit Deum non posse facere nisi ea quae facit. – *Hoc falsum, alioquin nihil esset possibile nisi quod actu educeretur* ».

3. Voir *De originatione radicali omnium*, GP VII, 303 ; sur cette exigence d'exister, voir aussi la 5e des *24 thèses*. Le *De libertate et necessitate* parle aussi d'une *exigentia* (Ak VI-4/B, 1446, éd. Grua, t. I, p. 288). Voir V. Carraud, « Connaître comme Dieu connaît », art. cit., p. 265-268, ainsi que P. Rateau, *La question du mal chez Leibniz*, Paris, H. Champion, 2008, p. 213 *sq.*, qui examine les variations terminologiques et la constitution progressive de la doctrine leibnizienne.

4. « Possibilitas seu realitas continet exigentiam existendi. Hinc existunt, quae plus dant realitatis », d'après l'indication portée en tête de page du manuscrit de la *Tabula notionum praeparanda*, Ak VI-4/A, 631.

vocabulaire du *conatus* : « Et omne possibile non tantum involvit Possibilitatem, sed et conatum actu existendi »[1]. Mais toutes ces formulations ne doivent pas nous conduire à une méprise. La considération d'une exigence à l'existence interne au possible ne signifie pas le retour à une conception dynamique du possible qui le rapprocherait de la puissance[2]. Le possible n'est pas par lui-même puissant. Sis en l'entendement divin, il requiert en effet, en dépit de cette prétension à l'existence, une puissance autre, précisément la puissance divine pour être actualisé. Autrement dit, le *conatus* n'implique pas la puissance, et la prétension ne se pense pas comme une force[3].

Cette « utopie » du possible, ou, plus précisément, sa localisation hors du monde existant, permet d'établir la contingence de ce dernier[4]. Ceci témoigne d'une étroite corrélation de ces deux concepts[5]. On remarque en effet que ces deux termes sont fréquemment associés sous la plume de Leibniz, qui parle des « possibles contingents »[6]. Le contingent se dit donc à partir du possible. À cet égard, la question du contingent doit être abordée dans le cadre d'une considération des mondes possibles[7], et de la prétention[8] des essences à l'existence. Ainsi, penser le contingent signifie d'abord l'appréhender dans sa notion complète, *sub ratione possibilitatis*[9]. Pierre peut bien avoir librement péché; cette action contingente relève toutefois de sa notion complète possible, telle que Dieu peut l'envisager, et qu'il a choisi de créer.

1. *Notationes generales,* Ak VI-4/A, 557. Leibniz parle de *conatus* dans la 5e des *24 thèses* (conjointement à l'idée d'exigence). Tout possible aspire à exister ; voir *Definitiones notionum metaphysicarum atque logicarum*, Ak VI-4/A, 626. Les *Elementa verae pietatis* (qui introduisent cette idée en 1677-1778) utilisent le vocabulaire de la *propensio*, puis reconnaissent une *dispositio*. L'idée peut venir de Spinoza (*vis existendi*) qu'il annote en 1678 (*Notes sur l'Ethique*, Ak VI-4/B, 1735) ; reste que Leibniz modifie la formule ; après avoir écrit dans ses *Elementa verae pietatis virtus existendi* et *existendi vis*, Leibniz se reprend pour parler de propension (Ak VI-4/B, 1363) ; voir P. Rateau, *La question du mal chez Leibniz, op. cit.*, p. 213. La réalité de ces possibles se pense, dans tous ces textes, en termes de perfection, celle-ci ne se réduisant donc plus à l'actualité : il y a une perfection de l'essence, antérieurement à tout accès à l'existence.

2. Voir G. Grua, *Jurisprudence universelle et théodicée selon Leibniz*, Paris, P.U.F., 1953, p. 319-321, ainsi que D. Blumenfeld, « Leibniz's Theory of the Striving Possibles », *Studia Leibniziana*, V, 1973, p. 163-177 ; N. Rescher, *The philosophy of Leibniz*, Englewood Cliffs, Prentice Hall, 1967, p. 29-30, qui y voient une formulation figurée.

3. Voir P. Rateau, *La question du mal chez Leibniz, op. cit.*, p. 219.

4. *De libertate, contingentia et serie causarum, providentia*, Ak VI/4B, 1654.

5. Voir H. Schepers, « Zum problem der Kontingenz bei Leibniz. Die beste der möglichen Welten », in *Leibniz. Logik und Metaphysik*, Darmstadt, Wissenschaftliche Buchgesellschaft, 1988, p. 193-222.

6. Voir *Causa Dei*, § 15, GP VI, 440.

7. Voir G. Olivo, « "Le mystérieux critère de la distinction des vérités nécessaires et des vérités contingentes", ou l'embarras d'une solution », *Cahiers de Philosophie de l'Université de Caen*, 42, 2006, p. 93-130, en part. p. 97.

8. Voir aussi *Théodicée*, § 7 ; *Monadologie*, § 43 et § 54.

9. Voir *Principia logica-metaphysica*, Ak VI-4/B, 1646.

Or, la question du contingent [1], comme celle du possible, nous reconduit à la question de notre accès aux vérités [2]. Le contingent se rapporte en effet à des vérités, qu'on oppose aux vérités nécessaires. Or, quand ces dernières se laissent reconduire à des identités, les vérités contingentes échappent à la démonstration, et nous ouvrent à l'infini [3]. Pourtant, une certaine intelligibilité du contingent, d'abord objet de la science de Dieu [4], demande à être reconnue. Lorsqu'il mentionne cette rationalité du réel dans une lettre qu'il écrit en 1692 à Pelisson, Leibniz ne manque pas de soulever le risque de nécessitarisme qui semble s'ensuivre : « J'ai été longtemps en doute s'il y avait moyen de sauver la contingence (…), puisqu'en effet tout événement est déterminé par des raisons » [5]. Tout ce qui est admet des raisons. En effet, alors que les vérités nécessaires nous ramènent au principe de non-contradiction, les vérités contingentes appellent le principe de raison [6]. Ce sera une *ratio*, non nécessitante, mais inclinante, que l'on alléguera dès lors pour les existants contingents [7]. Par conséquent, la notion complète de l'individu peut bien englober en elle les propriétés contingentes (selon le principe de l'inhérence de l'ensemble des prédicats dans le sujet) [8] ; cela n'implique pas leur nécessité [9].

Dans ces conditions, les vérités contingentes nous donnent de reconnaître comment tout possible n'accède pas à l'existence, ce que le *De contingentia*, daté de 1689, exprime en ces termes : « Veritates contingentes non possunt reduci ad principium contradictionis ; alioqui omnia forent necessaria, nec alia essent possibilia quam quae actu ad existentiam perveniant » [10]. L'irréductibilité des vérités contingentes au principe de contradiction témoigne du fait que les possibles n'ont pas à exister [11]. L'idée même de vérité contingente, distinguée d'une vérité nécessaire, exhibe donc un domaine des possibles dont on ne peut assurer la réalisation. On le voit, la rationalité de ce qui existe

1. Voir P. Maher, « Leibniz and Contingency », art. cit.

2. Voir *Inquisitiones generales*, Ak VI-4/A, 761.

3. Voir *ibid.*, Ak VI-4/A, 758. Leibniz mentionne les propositions possibles : « Possibiles sunt de quibus demonstrari potest nunquam in resolutione occursuram contradictionem. » (*ibid.*) ; cf. *Methodus synthetica*, Ak VI-4/A, 779. Voir en outre *Specimen inventorum*, Ak VI-4/B, 1616 ; *De contingentia*, Ak VI-4/B, 1649-1650 ; *De libertate, contingentia et serie causarum*, Ak VI-4/B, 1656 ; *De origine veritatum contingentium*, AK VI-4/B, 1660.

4. Voir *Inquisitiones generales*, Ak VI-4/A, 776.

5. 6 août 1692, Ak I-8, 554. Cf. *Discours de métaphysique*, § 13, Ak VI-4/B, 1546.

6. Voir *Inquisitiones generales*, Ak VI-4/A, 777. Cf. *Discours de métaphysique*, § 13, Ak VI-4/B, 1549.

7. Voir *De contingentia*, Ak VI-4/B, 1650.

8. Voir *Principia logica-metaphysica*, Ak VI-4/B, 1646. La vérité des propositions, nécessaires comme contingentes, nous renvoie à l'inhérence du prédicat dans le sujet, voir *De libertate, contingentia et serie causarum*, Ak VI-4/B, 1654.

9. Voir *De principiis praecipue contradictionis et rationis sufficientis*, Ak VI-4/A, 806. Voir aussi *De libertate et necessitate*, Ak VI-4/B, 1445-1446 ; *De natura veritatis*, Ak VI-4B, 1516. Le § 13 du *Discours de métaphysique* parle d'une nécessité *ex hypothesi* (Ak VI-4/B, 1548).

10. *De contingentia*, Ak VI-4/B, 1649.

11. *Cf. ibid.*, AK VI-4/B, 1651.

n'interdit pas de lui reconnaître une forme de contingence, mais elle permet de préserver un domaine du possible qui, précisément, n'a pas à advenir. Le champ des possibles déborde donc le monde des existants contingents.

Le *Discours de métaphysique* l'établissait en ces termes : « Quoique Dieu choisisse toujours le meilleur, cela n'empêche pas que ce qui est moins parfait ne soit et demeure possible en lui-même, bien qu'il n'arrivera point » [1]. Leibniz peut en effet bien reconnaître une forme de prétention des possibles à l'existence ; il revient en réalité à Dieu, librement, de choisir parmi les possibles ceux qu'il fait être [2]. Ainsi, l'interprétation cognitive du possible, comme objet intellectuel, s'accompagne de la reconnaissance d'une puissance choisissant, pour certaines raisons, de le faire exister. En un mot, parce que la détermination intellective du possible a pour revers son impuissance, est convoquée une puissance extérieure libre pour l'effectuer.

Ainsi donc, Leibniz nous fait voir comment contingence et possibilité doivent s'entendre de pair. Les possibilités ouvertes par la considération du non-contradictoire se laissent refermer par les faits contingents, par lesquels le principe de raison impose une nouvelle forme de détermination dans le monde. Ce faisant, se laisse percevoir l'écart entre le questionnement, aristotélicien, sur la puissance, et la question du possible et du contingent telle que Leibniz l'envisage.

Résumons.

1) La possibilité est irréductible à la puissance. Ou, si l'on préfère, la question de la possibilité telle qu'elle se trouve posée à l'époque moderne déborde le cadre de la conceptualité aristotélicienne de la *dunamis*.

2) La possibilité ouvre sur la contingence. Plus précisément, nous voulons suggérer que la question de la contingence trouve son plein épanouissemment dès lors qu'elle s'articule à l'affirmation d'une possibilité antérieure à l'advenue à l'être. Ainsi, en leur opposition même, contingence et possibilité s'appellent mutuellement. Tandis que la contingence laisse place à la libre initiative d'un agent, la possibilité découvre une nécessité essentielle des choses, dont peut traiter la science. Si ce qui accède à l'existence pourrait ne pas être, il n'en demeure pas moins doté d'une essence qui le rendait, d'emblée, compatible avec l'être. La possibilité décèle ainsi une rationalité du contingent, quand bien même celui-ci dépend d'une libre volonté.

3) La contingence décrit l'être comme causable ; la possibilité le présente comme intelligible, ou pensable. Deux sens de l'être se découvrent ainsi au travers du couple de la possibilité et de la contingence. Sans nul doute, cette

1. *Discours de métaphysique*, § 13, Ak VI-4/B, 1548.

2. Voir *Discours de métaphysique*, § 13, Ak VI-4/B, 1548 ; *cf.* § 31, Ak VI-4/B, 1579. Voir aussi *De libertate, contingentia et serie causarum*, Ak VI-4/B, 1656.

dualité de l'être comme possible et comme contingent révèle une tout autre approche que celle qui transparaît au travers du concept aristotélicien d'*energeia*. Ce qui est ne s'accomplit pas : il est fait. Il n'est pas l'épanouissement de ce qui est en puissance, mais effectué par une puissance efficiente ; il n'est pas le fruit d'un processus naturel, mais l'expression d'une activité fondamentalement libre, d'un être pensant, qu'il s'agisse de l'homme, ou plus radicalement du Créateur.

Il apparaît ainsi que la possibilité et la contingence révèlent une dichotomie au cœur de l'être créé, là où le couple de la puissance et de l'acte permettait de penser une unité fondamentale de ce qui est, par delà le changement qui l'affecte.

Prendre la mesure de cet écart entre la conceptualité de la possibilité et de la contingence et celle de l'étant en acte ou en puissance requiert en premier lieu de revenir aux origines aristotéliciennes de la métaphysique. Il deviendra ainsi loisible d'examiner comment la conceptualité de la possibilité et de la contingence se superpose aux concepts aristotéliciens de puissance et d'acte pour les recouvrir, s'y substituer, et ultimement les dépasser.

CHAPITRE II

TO DUNATON: LA PUISSANCE ET SON DOUBLE, CHEZ ARISTOTE ET SES EXÉGÈTES ANCIENS

Les spéculations sur la possibilité et la contingence trouvent, en terre aristotélicienne, deux principaux lieux textuels, et ce faisant théoriques, où prendre racine. Revers de l'*energeia*, la *dunamis* décèle une modalité de l'étant irréductible à l'être en acte, tel qu'il se manifeste dans sa présence immédiate. Dès lors, l'être ne se dit pas seulement de ce qui est *ousia*, ou *parousia*, de ce qui se tient là; l'être se dit de ce qui n'est pas encore, mais qui pourrait être. Tandis que l'*energeia* décrit l'éclosion de l'*ousia*, la *dunamis* découvre le bourgeonnement de l'être, riche en promesses à venir.

Découvrant ainsi l'être en puissance (*dunamis*), Aristote fait non seulement droit à ce qui est porteur de cette potentialité, le *dunaton*[1]; il s'intéresse tout autant à l'advenir, à ce que l'on peut proprement « prendre sur soi » (*endekhomai*), autrement dit à l'éventuel, *to endekhomenon*[2].

Deux termes donc, qui l'un et l'autre, mais sans doute de manière différente, font signe vers le possible. Si le concept de *dunaton* n'apparaît pas

1. Le concept de possible ne recouvre pas celui du *dunaton*. Voir S. Chauvier, *Le sens du possible*, Paris, Vrin, 2010, p. 15-24. Voir en outre J. Mc Ginnis, « What Underlies the Change from Potentiality to Possibility? A Select History of the Theory of Matter from Aristotle to Avicenna », *Cadernos de História e Filosofia da Ciência*, XVII, 2007, p. 259-278, en part. p. 259-260.

2. La différence entre le *dunaton* et l'*endekhomenon* dans la doctrine logique des propositions modales n'est pas aisée à déterminer. Aristote distingue six modes dans le *De interpretatione* (*dunaton / mè dunaton / endekhomenon / mè endekhomenon / adunaton / anankaion*) ; mais il est seulement question de deux dans les *Analytiques premiers* (*anankaion / endekhomenon*). Voir O. Hamelin, *Le système d'Aristote*, Paris, Alcan, 1920, p. 193-194. Les commentateurs grecs se sont interrogés sur le nombre de modes (*tropoi*) admis par Aristote. Voir aussi H. Janssens, *L'entretien de la sagesse*, *op. cit.*, p. 174 *sq.* Sur la difficulté de distinguer *to dunaton* et *to endekhomenon*, qu'Aristote lègue à la postérité, et que l'on rencontre encore chez Avicenne, voir I. Madkour, *L'organon d'Aristote dans le monde arabe* [1934], Paris, Vrin, 1969, p. 174.

encore radicalement distingué de celui de *dunamis*[1], auquel il ne cesse en effet de renvoyer, si du moins cette conceptualité n'a pas acquis son autonomie à l'égard de l'interrogation métaphysique sur la puissance et l'acte, si dès lors le *dunaton* doit être appréhendé à l'aune de l'*energeia* vers laquelle il tend, la question de l'*endekhomenon* semble ouvrir un domaine nouveau, celui de l'éventuel[2], qui ne tardera pas à devenir celui du « contingent » – *contingens*, tel est en effet le terme employé par Boèce dans sa traduction du *De interpretatione*[3].

La potentialité ou possibilité d'une part ; l'éventualité ou la contingence de l'autre : dans quelle mesure ces deux thématiques peuvent-elles être amenées à se rejoindre, par delà la détermination métaphysique de la *dunamis*, orientée vers l'*energeia* ?

Deux termes aristotéliciens : *dunaton*, *endekhomenon*

Esquissons ici simplement à grands traits la manière dont la question de ce qui peut être s'envisage chez le Stagirite. Nous nous bornerons à exhiber certaines orientations fondamentales de la pensée aristotélicienne[4], pour pouvoir mieux appréhender la manière dont il a été lu, et retravaillé. Considérons tout d'abord les deux termes principaux utilisés pour ce faire.

Dunaton et *endekhomenon*[5] : les acceptions de chacun de ces deux termes ne sont pas sans se recouper[6]. Ainsi l'un peut-il éclairer la signification de l'autre : pensons ici au livre I des *Premiers analytiques*, chapitre 13, qui définit l'*endekhomenon* par le *dunaton* : sans être pour autant nécessaire, l'éventuel est ce dont l'être n'est pas impossible (*adunaton*)[7]. Plus encore, on notera qu'un

1. Sur la *dunamis* et ses sources, voir D. Lefebvre, Dynamis. *Sens et genèse de la notion aristotélicienne de puissance*, Paris, Vrin, 2018.

2. L'expression de la contingence requiert d'ajouter à *to endekhomenon* la précision *to einai kai mè einai* ; l'expression doit se prendre au sens de ce qui admet d'être et de ne pas être. Ackrill propose de traduire par « admissible » ; peut-être faudrait-il alors plutôt traduire, si la traduction n'était pas alors rocailleuse, par « l'admettant ».

3. Voir *De interpretatione*, 12, 22a12, translatio Boethii, AL II, 1-3, p. 29, l. 5 ; 13, *passim*, p. 29-30.

4. Pour une vue d'ensemble, voir J. Hintikka, *Aristotle on Modality and Determinism*, Amsterdam, North Holland Publishing Company, 1977. Sur les concepts de *dunamis* et d'*energeia*, voir J. Beere, *Doing and Being. An Interpretation of Aristotle's* Metaphysics *Theta*, Oxford, OUP, 2009 ; S. Makin, *Aristotle. Metaphysics, Book ϑ*, Oxford, Clarendon Press, 2006 ; M. Burnyeat, « *Kinèsis* vs *energeia*. A much read passage in (but not of) Aristotle's *Metaphysics* », *in* D. Sedley (ed.), *Oxford Studies in Ancient Philosophy*, XXXIV, Oxford, OUP, 2008, p. 219-292.

5. Sur l'emploi du verbe *endekhestai*, voir A. Becker-Freyseng, *Vorgeschichte des philosophischen Terminus « contingens »*, art. cit., p. 38 *sq*.

6. Voir A. Faust, *Der Möglichkeitsgedanke*, *op. cit.*, Bd. I, p. 175 *sq*.

7. Voir *Premiers analytiques*, I, 13, 32a18-21.

même éventail de sens se rencontre pour le possible et pour l'éventuel[1] : à côté de ce qui est indéterminé, qui peut être ou ne pas être, le possible comme l'éventuel se disent aussi de ce qui est d'une manière nécessaire. Aristote expliquait en effet au chapitre 3 – avant donc d'en restreindre le sens – que l'*endekhomenon* se prend en de multiples acceptions (*pollakhôs*), calquées sur celles de l'*endekhesthai* : il se dit du nécessaire (*anagkaion*), du non-nécessaire (*mè anagkaion*), et du possible (*dunaton*)[2]. Mais le « potentiel » – si l'on me permet de traduire ainsi *dunaton* – peut aussi concerner le nécessaire, tout en pouvant signifier, plus précisément, ce qui peut ne pas être[3]. Si les puissances se disent d'une manière homonyme, le terme *dunaton*, reconnaît également Aristote, dans le *De interpretatione* cette fois, n'est pas univoque : il se dit à la fois de ce qui est en acte (*energeia*), comme de ce qui peut se réaliser; il ne s'applique dès lors pas seulement aux mobiles (*kinètoi*), mais tout aussi bien, dans le cas de la première acception, à ce qui est immobile (*akinètos*), à ce qui, donc, est nécessaire en un sens absolu (*haplôs*)[4].

L'étroite imbrication de ces lexiques n'implique pas la synonymie des deux termes que nous entendons prendre en considération. Sans doute pourrait-on dire que le *dunaton* s'épanouit en site métaphysique (*Métaphysique*, Δ, 12, et Θ, en particulier), quand l'*endekhomenon* apparaît davantage pertinent dans un cadre logique[5]. Pourtant, on se gardera de trop radicalement distinguer ces deux domaines, lorsqu'on examine l'œuvre et la pensée du Stagirite; cette division scolaire des disciplines, et des ouvrages qui en traitent, est assurément davantage le fruit de la tradition exégétique[6] qu'elle ne nourrit de l'intérieur et

1. On notera un parallélisme dans l'examen de la négation pour ce qu'il est possible d'être ou éventuel d'être (*De interpretatione*, 12, 21b23-25). Si la négation de « il est possible que cela soit » n'est pas « il est possible que cela ne soit pas » (ces deux propositions pouvant s'appliquer au même sujet), il en va de même pour l'éventuel. Le possible et l'éventuel témoignent, l'un et l'autre, de leur bivalence. On pourra ainsi reconnaître une réciprocité, ou une équipollence, entre les propositions portant sur le possible et sur l'éventuel ; voir *De interpretatione*, 12, 22a15-16.

2. *Premiers analytiques*, I, 3, 25a37-39.

3. Le *dunaton* peut s'avérer duel, apte à l'être comme au non-être. Voir *De coelo*, I, 12, 281a27 *sq*.

4. *De interpretatione*, 13, 23a6-18.

5. Telle est la distinction classique des deux termes depuis T. Waitz, *Aristotelis Organon graece*, t. I, Leipzig, Hahn, 1844, p. 376.

6. La question de la place de la logique, partie ou instrument de la philosophie, est classique au sein de la tradition exégétique ; voir Alexandre d'Aphrodise (m. ca 215), *In Analytica Priora*, CAG II-1, 1-2 ; Ammonius (m. ap. 517), *In Analytica Priora*, CAG IV-6, 8-11 ; Philopon (m. ap. 568), *In Analytica Priora*, CAG XIII-2, 6-9 ; Elias (m. ap. 565), *In Analytica Priora*, éd. Westerinck, p. 134, 4-138, 13. Sur la logique comme partie de la philosophie, voir Sénèque, *Epistula ad Lucilium*, LXXXVIII, 24, ou LXXXIX, 9. Alexandre attribue à Aristote la thèse selon laquelle la logique est un instrument (*organon*) de la philosophie (*In Topica*, CAG II-2, 74, 29-75, 3), cf. *Topiques*, 163b9-11.

organise la réflexion d'Aristote [1] ; dès lors, elle ne détermine pas strictement les concepts qu'il met en œuvre [2]. L'un et l'autre termes, d'ailleurs, se laissent aborder à l'aune de l'être, et engagent une certaine façon de le nommer : le *dunaton* nous renvoie, comme la *dunamis* [3], à l'être entendu comme *energeia* [4], quand l'*endekhomenon* se satisfait plus aisément du vocabulaire de l'*huparkhein* [5], déjà largement attesté avant Aristote [6].

Certes, pas davantage que le vocabulaire de l'*endekhesthai*, le verbe *huparkhein* n'est absent des livres de la *Métaphysique*. De surcroît, il intervient dans la détermination de l'*energeia* : « ἔστι δὴ ἐνέργεια τὸ ὑπάρχειν τὸ πρᾶγμα, μὴ οὕτως ὥσπερ λέγομεν δυνάμει » [7]. L'*energeia* dit une certaine manière d'exister pour la chose [8] ; rappelons en effet que c'est à l'aide du verbe *existere* que les Latins rendront le grec *huparkhein* de ce passage [9]. Et le *dunaton* lui-même se laisse définir comme ce dont l'*energeia* peut exister (*huparkhein* encore) [10]. Ces occurrences du vocabulaire de l'*huparkhein* au sein des développements sur l'*energeia* autorisent un premier constat : indéniablement, l'*huparkhein* n'est pas cantonné au domaine de ce qui est en acte ; il peut aussi s'attribuer plus largement à ce qui n'a l'être qu'en puissance. L'*huparkhein* indique donc sans doute une certaine position dans l'être, fût-elle seulement en puissance ; il ne recouvre donc pas simplement la thématique de l'être-en-acte.

Sans doute l'*huparkhein* n'a-t-il pas encore atteint chez Aristote la technicité que les philosophes ultérieurs lui donneront [11] : pour englober à la fois l'être-en-acte et l'être-en-puissance, l'*huparkhein* n'a pas pour autant un sens

1. Celui-ci peut toutefois faire référence, dans les textes de philosophie première, à d'autres recherches qu'il qualifie d'analytiques, et qui devraient être effectuées en premier (*Métaphysique*, Γ, 3, 1005b3-5).

2. W. D. Ross, *Aristotle. Metaphysics*, *op. cit.*, t. II, p. 245, constate que le *dunaton* se pense en référence à une *dunamis* réelle ; mais il reconnaît que *dunaton* peut parfois être pris en un sens logique (*ibid.*, t. I, p. 322).

3. La possibilité ne serait jamais absolument détachée de la potentialité. Voir J. Hintikka, *Aristotle on Modality and Determinism*, *op. cit.*, p. 25-26.

4. Les termes *dunamis* et *energeia* constituent un couple conceptuel dès le *Protreptique*, fr. 14 Ross, B79-83 Düring (*to kata dunamin, to kath'energeian*). Voir B. Dumoulin, *Analyse génétique de la Métaphysique d'Aristote*, Montréal/Paris, Bellarmin/Les Belles Lettres, 1986, p. 186.

5. *Huparkhein*, tel est ainsi le terme employé dans les *Premiers analytiques*, I, 13. Voir, à la suite de T. Waitz, A. Stevens, « La *dunamis* en *Métaphysique*, Δ, 12 », art. cit., p. 299.

6. Sur les origines du terme, voir J. Glucker, « The Origin of Ὑπάρχω and Ὑπάρξις as Philosophical Terms », *in* F. Romano et D. P. Taormina (eds.), *Hyparxis e Hypostasis nel neoplatonismo*, Florence, Olschki, p. 1-23.

7. *Métaphysique*, Θ, 6, 1048a30-32

8. Le verbe *huparkhein* peut ainsi s'appliquer à l'*energeia*, comme d'ailleurs à la *dunamis*. Voir encore *De coelo*, I, 12, 283b.

9. Translatio anonyma, AL XXV-2, 174, 15-16, suivie par Guillaume de Moerbeke, AL XXV-3.2, 185, 183.

10. *Métaphysique*, Θ, 3, 1047a24-25

11. Sur la promotion de l'*huparxis* comme nomination de l'être chez l'Exégète aristotélicien Alexandre d'Aphrodise, voir G. Guyomarc'h, *L'unité de la métaphysique selon Alexandre d'Aphrodise*, Paris, Vrin, 2015, p. 129 *sq.*

indéterminé ou indistinct. Il s'intègre au contraire de plein droit à une conception de la substance (*ousia*) comme ce à quoi échoient certaines propriétés, autrement dit comme sujet d'inhérence. Dès lors, en dépit de cette collusion lexicale, parallèle d'ailleurs à certains égards à la collusion du lexique du *dunaton* et de celui de l'*endekhomenon*, l'*energein* et l'*huparkhein* renvoient indéniablement à deux approches distinctes pour penser l'être comme advenir : quand le premier indique une éclosion, un épanouissement, ou une efflorescence de ce qui déjà était en germe, ou « en puissance » (*dunamei*), le second pense l'advenir comme un survenir, comme quelque chose qui nous tombe dessus, qui nous arrive, plutôt que comme ce qui viendrait de nous. Si l'*huparkhein* se dit de ce qui est en puissance comme de ce qui est en acte, sans doute est-ce donc en vertu d'une indifférence à cette distinction. Cette neutralité sémantique de l'*huparkhein* à l'égard de l'acte et de la puissance se retrouve au demeurant avec l'*endekhomenon*, qui ne se dit pas seulement de ce qui pourrait être, mais aussi bien de ce qui, déjà, est.

Une différence d'accent se remarque à cet égard dès lors que l'on passe d'une considération sur le *dunaton* à une réflexion sur l'*endekhomenon*. L'*endekhesthai* suggère une réception (*dekhesthai*) dans (*en*), autrement dit une structure d'inhérence[1]. Dès lors, l'*endekhomenon* semble à certains égards esquisser une conception de l'être advenu comme accueil, ou ouverture à l'autre, à ce qui échoit, quand le *dunaton* nous invite plutôt à envisager ce qui, de soi, aspire à se réaliser.

Sans doute l'*endekhomenon* et le *dunaton* correspondent-ils à deux modèles théoriques distincts.

L'*endekhomenon*, plus spécifiquement envisagé dans les *Premiers analytiques*, se laisse en effet clairement aborder selon le modèle de l'inhérence de l'attribut dans un sujet, qu'Aristote présente comme un appartenir à, ou un relever de (*huparkhein*)[2]. L'absence du vocabulaire de l'*hupokeimenon* ne signifie pas l'abandon du modèle subjectif. L'idée d'*hupokeimenon* se trouve au contraire, nous semble-t-il, relayée par la reconnaissance d'un *huparkhein*.

On le sait : ce modèle de l'inhérence, souvent appelé modèle de la subjectité, n'est pas propre aux textes de logique. Il se retrouve au sein des livres de la *Métaphysique*. En particulier, le livre Z le présente comme l'une des manières d'envisager l'*ousia*. Il le déclare toutefois rapidement insuffisant, en tant précisément que l'*ousia*, comprise comme sujet, devrait être dite en premier lieu de la matière (Z, 3)[3]. La prise en considération de l'*eidos* (livres Z et H), puis de

1. Celle-ci se retrouve avec le verbe *enhuparkhô*, largement attesté dans le corpus aristotélicien. Citons certains de ses usages non-logiques : *Histoire des animaux*, VI, 23, 577a14-15 ; *De caelo*, II, 9, 291a9-3 ; *Physique*, II, 3, 194b23-26 ; *Métaphysique*, A, 5, 986b6-7 ; Δ, 3, 1014a26 ; Δ, 4, 1014b 16-18.

2. Voir *Premiers analytiques*, I, 3, 25b5-24 ; I, 13, 32a15 *sq.*

3. Voir R. Boehm, *La Métaphysique d'Aristote*, *op. cit.* Cf. *Métaphysique*, H, 1, 1042a26-27, ainsi que 32-34.

l'*energeia* (livres H et Θ) [1], enjoint dès lors de dépasser le modèle de la subjectité [2], qui a pourtant rendu possible l'émergence de cette conceptualité [3]. L'*energeia* n'inhère pas dans l'*ousia* au sens où l'accident peut être dit inhérer dans une substance-sujet : l'*energeia* accomplit l'*ousia* ; elle ne lui échoit pas. Dès lors, ainsi essentiellement orienté vers son *energeia*, le *dunaton* décrit sans doute une conception de l'étant [4] qui, à certains égards du moins, rompt avec le modèle subjectif de l'*ousia*.

En ce sens, le *dunaton* et l'*endekhomenon* font signe en direction de l'être, certes, mais selon deux approches distinctes, sans qu'elles soient pour autant antinomiques. Dire ou constater cela permet de rendre compte de ce qui fait la spécificité du possible, selon qu'on l'envisage comme *dunaton*, ou comme *endekhomenon*, sans simplement les distinguer comme le possible métaphysique et le possible logique.

1) Quand l'élucidation du *dunaton* en la multiplicité de ses acceptions s'avère inséparable d'une attention à l'*energeia*, vers laquelle il est orienté [5], l'*endekhomenon* désigne la possibilité qu'un certain état du monde advienne, sans pour autant devoir s'enraciner en une tendance d'ores et déjà sise en la chose. L'éventualité se découvre en ce sens indépendamment de toute potentialité. On comprend dès lors sa pertinence en un contexte logique.

L'*endekhomenon* permet en effet tout d'abord de décrire ce qui est, ou qui pourrait arriver. Il intervient ainsi au sein de la doctrine des modalités de l'être, pour désigner, en un sens spécifique, ce qui est, en pouvant être autrement. Le verbe *endekhesthai* apparaît à cet égard au cours du chapitre 9 du *De interpretatione* pour exprimer la susceptibilité des contraires (*ta enantia*) [6] de ce qui peut être l'un ou l'autre. L'*endekhomenon* décrit donc les possibilités futures, sans se mettre en quête de ce qui, dans l'état actuel du monde, annonce ce qui adviendra. Ainsi, s'il désigne ce qui arrive naturellement, ou le plus souvent, il peut aussi signifier ce qui est indéterminé, *aoriston* [7], terme qui manifeste la

1. Sur le second modèle, reconnu par Aristote, annoncé par l'attention à la forme, et approfondi avec l'acte et la puissance, voir D. W. Graham, *Aristotle's Two Systems*, Oxford, Clarendon Press, 1987, 2010, en part. p. 119 *sq.* (sur le tournant hylémorphique) et p. 183 *sq.* (sur l'apport de l'acte et de la puissance).

2. Voir I. Olivo-Poindron, « Οὐσία ὡς ἐνέργεια, ou de l'existence chez Aristote », *Quaestio*, III, 2003, p. 71-109.

3. La matière est en puissance par rapport au *tode ti* en acte (*Métaphysique*, H, 1, 1042a27-28 et H, 2, 1042a9-10).

4. C'est de l'étant, plutôt que de l'*ousia*, qu'il est question au livre ϑ ; voir *Métaphysique*, ϑ, 1, 1045b27-35.

5. Quoique le possible (*to dunaton*) puisse intervenir aux côtés de l'éventuel (*to endekhomenon*) dans l'examen des propositions modales (*De interpretatione*, 12-13), il est remarquable qu'il soit alors fait appel au couple de la *dunamis* et de l'*energeia* (*De interpretatione*, 12, 21b14-17).

6. *De interpretatione*, 9, 19a34.

7. Aristote distingue ainsi deux significations de l'*endekhomenon* (*Premiers analytiques*, I, 13, 32b4-13).

béance ontique de ce dont rien n'explique qu'il ne devienne ceci, plutôt que cela : « τὸ δ'ἀόριστον τῷ μηδὲν μᾶλλον οὕτως ἢ ἐκείνως »[1].

On notera par ailleurs, outre les verbes précédemment cités, l'emploi du vocabulaire de l'advenir, *sumbanein*, largement présent au cours des chapitres 9, 12 et 13 du *De interpretatione*. Ce terme fait écho au substantif *sumbebèkos*, l'accident; et la question de l'*endekhomenon* ne manque en effet pas de se poser, en logique, dans le cadre d'une approche du devenir (*gignesthai*) comme advenir à une chose déjà existante. Dans cette optique, le lexique du *sumbanein* renforce la conception de l'être que suggérait le vocabulaire de l'*huparkhein*. Le modèle de la subjectité, qui, au moins négativement, avait présidé à la détermination de l'*ousia* dans les *Catégories*, apparaît ainsi encore prégnant dans ces chapitres du *De interpretatione*.

Remarquons toutefois qu'à côté de l'*endekhomenon*, qu'il analyse longuement, le *De interpretatione*, en raison de l'examen du *dunaton* qu'il effectue, ne manque pas de réinvestir conjointement la conceptualité de la puissance et de l'acte (chapitres 12 et 13).

2) Sans doute le *dunaton* témoigne-t-il d'un autre regard sur l'être que celui qui transparaît avec l'*endekhomenon*. Cette différence d'approche se remarque tout d'abord dans le fait que le *dunaton* dépend d'une conception dynamique de l'être[2]. Il convient d'être particulièrement ferme sur ce point : le *dunaton* se dit d'abord chez Aristote en référence à une *dunamis*[3]. L'élucidation des sens de *dunaton* se calque ainsi explicitement en *Métaphysique*, Δ, 12, sur les divers sens précédemment répertoriés de la *dunamis* (1018b32 *sq.*). Le *dunaton* émerge donc aux côtés de la *dunamis*, sans jamais totalement s'émanciper de cette tutelle. C'est bien encore à partir de la *dunamis* que le *dunaton* se trouve défini, en *Métaphysique*, θ, 3 : « ἔστι δὲ δυνατὸν τοῦτο ᾧ ἐὰν ὑπάρξῃ ἡ ἐνέργεια οὗ λέγεται ἔχειν τὴν δύναμιν, οὐθὲν ἔσται ἀδύνατον… » (1047a24-26). Le *dunaton* se pense relativement à un acte, qui se trouve lui-même envisagé à partir d'une puissance intérieure à la chose[4]. Derrière l'apparent cercle théorique[5], nous découvrons un élément central, dont il convient de prendre acte : il n'y aurait pas de *dunaton* sans *dunamis* !

1. *Premiers analytiques*, I, 13, 32b17-18.

2. Voir J.-L. Solère, « Le possible selon Aristote », *Revue de philosophie ancienne*, XXII/2, 2004, p. 37-96, en part. p. 38-39.

3. La polysémie du terme *dunaton*, qui désigne autant le possible que le puissant, a été soulignée par les commentateurs. Voir G. Aubry, *Dieu sans la puissance*, *op. cit.*, p. 120. Sans doute une telle polysémie est-elle révélatrice de l'inséparabilité du *dunaton* à l'égard d'une *dunamis* : le *dunaton*, neutre de *dunatos*, ce qui peut pour avoir une puissance, se dit aussi, précisément en tant que neutre, du corrélat de l'exercice d'une puissance, le possible donc.

4. Achevant la réflexion ousiologique amorcée dans les livres Z et H, le livre Θ de la *Métaphysique* affirme l'unité de la *dunamis* et de l'*energeia*, sans pour autant les identifier, ou les confondre, à l'instar des mégariques. Voir D. Lefebvre, Dynamis…, *op. cit.*, p. 487-488.

5. Voir P. Aubenque, *Le problème de l'être chez Aristote*, *op. cit.*, n. 1 p. 453.

Et pourtant Aristote peut affirmer, dans ces mêmes pages, qu'il est des *dunata* qui ne se disent pas par rapport à la puissance : « ταῦτα μὲν οὖν τὰ δυνατὰ οὐ κατὰ δύναμιν » [1]. Il semble ainsi que le *dunaton* s'étende au-delà de la *dunamis*. Dans le cas des *dunata* géométriques, Aristote peut reconnaître que la puissance se dit par métaphore [2] – on reconnaîtra alors une similitude (*homoiotès*) entre la puissance géométrique et la puissance en son acception métaphysique – [3] : il y aurait partant proprement homonymie.

Mais émerge également un sens du *dunaton* qui ne se présente pas en référence à une *dunamis*, fût-elle simplement à entendre par métaphore : *dunaton* se dit aussi de ce qui n'est pas nécessairement faux, de ce qui est vrai, ou peut l'être (*to endekhomenon alèthes einai*) [4]. Or, si ce sens est appelé à un riche avenir (une fois revu), reste qu'il semble constituer une exception au discours métaphysique sur le *dunaton* associé à une *dunamis*, un ajout (introduit par la réflexion sur l'*adunaton*) qu'Aristote ne cherche d'ailleurs pas à développer plus avant [5]. Peut-être est-ce que l'être comme vrai, ou comme l'étant éventuellement, ne cesse de renvoyer au plan de l'être [6]. Rien ne suggère en effet qu'il

1. *Métaphysique*, Δ, 12, 1019b34-35. Sur ce décrochage du concept de *dunaton* par rapport à celui de *dunamis*, voir A. Faust, *Der Möglichkeitsgedanke*, *op. cit.*, Bd. I, p. 165 *sq.* La traduction arabe d'Ustadh, que lit Averroès, maintient toute la difficulté : « hâdhâ al-ashyâ', allatî nuqâlu qawiyya lâ bi-l-quwwa » (*Tafsîr*, éd. Bouyges, t. II, p. 592). L'apparence paradoxale de la formule suscite une explicitation du Commentateur, qui explique ce que veut dire (*yurîdu*) Aristote : il s'agit de ce que l'on appelle en puissance par métaphore. Notons toutefois comment Averroès mêle alors à l'élucidation de l'être en puissance des réflexions qui recourent à la conceptualité du possible, *al-mumkin* (p. 591-592).

2. *Métaphysique*, Δ, 12, 1019b33-34. Voir J. Beere, *Doing and being*, *op. cit.*, p. 38-40. Cette acception géométrique du *dunaton* (ou de l'*adunaton*) est aussi mobilisée dans le *De coelo*, I, 12, 281b5-7.

3. Cf. *Métaphysique*, ϑ, 1, 1046a6-7. Une « unité focale de signification » irriguerait donc les différentes acceptions de la puissance, et ce faisant aussi du *dunaton* ; voir les indications de V. Carraud, « Impossibilité, incapacité, disproportion », art. cit., n. 3 p. 159. Voir, en outre, les analyses de David Lefebvre, Dynamis..., *op. cit.*, p. 442 *sq.*, qui examine les différents sens de la puissance en *Métaphysique*, Δ, 12 et ϑ, 1.

4. *Métaphysique*, Δ, 12, 1019b31-33.

5. Ce sens non-dynamique du *dunaton* n'apparaît que subrepticement en ϑ, 1 (1046a7-9) ; il faut suivre la leçon de Schwegler : « καὶ δυνατὰ καὶ ἀδύνατα λέγομεν τῷ εἶναί πως ἢ μὴ εἶναι » (1046a8-9 ; on les appelle potentielles ou non-potentielles du fait qu'elles sont d'une certaine manière ou ne sont pas). Il ne s'agirait pas ici de la puissance géométrique, mais bien d'un *dunaton* qui ne se dit pas à partir de la puissance, mais dans un certain rapport à l'être. Sur cette reconnaissance en ϑ, 1 d'un sens modal du *dunaton*, de surcroît à l'acception géométrique, voir S. Makin, *Aristotle. Metaphysics, book ϑ*, *op. cit.*, p. 22. Le terme *dunaton* intervient ici, comme en Δ, 12, pour indiquer une irréductibilité de ce qui est ainsi nommé à la puissance. La traduction arabe du texte dont dispose Averroès (lorsqu'il rédige son *Tafsîr*) recourt, non au vocabulaire du possible, mais à un terme dérivé de la puissance : « qawiyya » (éd. Bouyges, t. III, p. 1106, l. 10), mais ne distingue pas un sens séparé de la puissance géométrique.

6. Le vrai (ou faux) est l'une des acceptions de l'étant ; voir *Métaphysique*, E, 2, 1026a33b2, ou encore ϑ, 10, 1051a34-b2.

faille ici faire prévaloir une dimension cognitive[1]. Il nous semble en effet que cette acception non-dynamique du *dunaton* ne marque pas une rupture dans le discours métaphysique aristotélicien ; elle suggère plutôt combien les développements logiques[2] ne sauraient être détachés de l'attention à ce qui est, ou peut effectivement être. Peut être vrai ce qui peut être, mais peut-il être s'il n'y a pas en la chose une certaine puissance ? Dès lors, le silence sur la puissance n'en signifie pas nécessairement l'absence.

Concluons-en que le domaine des *dunata* n'est pas radicalement distinct, et autonome, par rapport à celui de la *dunamis*. Aristote ne cherche pas à exacerber un champ des possibles hors de toute irrigation par la puissance[3]. Le *dunaton*, originellement, s'enracine dans une puissance, et se dit ainsi selon la multiplicité des acceptions de la puissance.

Remarquons dans cette même perspective une tension caractéristique du traitement aristotélicien du *dunaton* et de l'être « en puissance » (*dunamei*). En un sens, la détermination métaphysique de la puissance semble étroitement corrélée à l'usage physique du terme[4]. L'unité du terme « puissance », malgré la multiplicité de ses acceptions, doit ainsi être cherchée du côté de l'idée de « principe du mouvement ». Or, l'attention à l'*energeia*, entendue comme acte immobile, introduit une nouvelle acception de la puissance. Dès l'ouverture du livre Θ, la question de la puissance, associée, si ce n'est d'emblée à l'*energeia*, du moins à l'*entelekheia*[5], se trouve intégrée à un questionnement sur l'étant, en ses multiples acceptions[6]. Aristote reconnaît alors immédiatement combien l'acte et la puissance dépassent le champ de ce qui relève du mouvement[7]. Mais cet élargissement du domaine d'investigation ne saurait faire oublier combien le concept de puissance se trouve d'abord élaboré à partir du principe du mouvement (*kinèsis*), ou du changement (*metabolè*)[8] (*Métaphysique*,

1. Alexandre d'Aphrodise interprète cette acception du *dunaton* comme de l'exister (*huparkhein*), ou de l'éventuel (*to endekhomenon*), *In Metaphysicam*, Δ, CAG I, 394-395.

2. Ces *dunata* ne sont pas ainsi parce qu'ils auraient une puissance quelconque, mais selon une certaine proposition (*en protasesi*), explique Alexandre d'Aphrodise, *In Metaphysicam*, Δ, CAG I, 395.

3. Heidegger affirme l'homonymie du terme *dunamis*, et insiste sur son sens premier de « force » (*Aristote. Métaphysique, ϑ, 1-3*, p. 64 *sq.*).

4. Aristote présente la puissance « au sens le plus propre » (*malista kuriôs*), tout en reconnaissant que la considération de cette signification n'est pas « très utile » (*khrèsimôtatè*, si l'on suit la leçon retenue par Jaeger ; une autre tradition manuscrite dit simplement : « utile » (*khrèsimè*)) pour le but ici recherché (*Métaphysique*, ϑ, 1, 1045b35-1046a). Le peu d'utilité pour appréhender l'être en puissance de la puissance comme principe du mouvement ne doit pas faire oublier qu'il s'agit pourtant du sens rigoureux et originaire du terme « puissance ».

5. Sur ces deux termes, voir E. Berti, *Aristotele. Dalla dialettica alla filosofia prima* [1962], Milan, Bompiani, 2004, p. 550 *sq.*

6. Voir *Métaphysique*, ϑ, 1, 1045a32-35.

7. *Ibid.*, 1046a1-2 : « ἐπὶ πλέον γάρ ἐστιν ἡ δύναμις καὶ ἡ ἐνέργεια τῶν μόνον λεγομένων κατὰ κίνησιν ».

8. *Métaphysique*, Δ, 12, 1019a15 ; voir Alexandre d'Aphrodise, *In Metaphysicam*, CAG I, 389, 38. Cette dualité se retrouve pour l'explication de *dunaton* (1019a34-35) ; Aristote précise (comme ensuite Alexandre d'Aphrodise) qu'il s'agit ainsi de faire droit au repos.

Δ, 12 [1], et encore Θ, 1 [2]). L'émergence du sens proprement métaphysique de la puissance et du *dunaton* qui lui correspond [3] se fait donc sur fond de l'examen de la puissance prise selon sa détermination physique [4], sans qu'il se laisse toutefois tout entier reconduire à cette détermination.

Cette conception du *dunaton*, qui laisse encore entendre la *dunamis*, permet, nous semble-t-il, de saisir ce qui fait la spécificité du propos aristotélicien sur ce qui peut être, et marque sans doute ce qui le distingue du possible.

Indéniablement, le *dunaton* se dévoile, essentiellement, en tension vers son être-en-acte [5]. Si le *dunaton* s'appréhende d'abord d'une manière archéologique – à partir de l'idée de principe (*arkhè*) du changement –, il est également téléologiquement orienté, vers l'*energeia*, ou encore l'*entelekheia*. En envisageant, dans le livre θ, l'*energeia* comprise comme *entelekheia* [6], parachèvement (conformément au sens du terme *telos*), Aristote nous indique combien le *dunaton*, loin d'ouvrir des possibles, contient déjà en lui la fin qu'il permettra de réaliser. La puissance, assurément, déborde l'acte, ainsi qu'Aristote l'établit contre les mégariques (*Métaphysique*, θ, 3) ; il n'y a toutefois pas de puissance qui ne se rapporte à un acte, au moins futur (*Métaphysique*, θ, 4, 1047b3-9). La puissance rationnelle, apte aux contraires (*ta enantia*), ne fait pas exception [7]. Un déséquilibre entre les deux membres de l'alternative ne manque en effet pas de se révéler [8], puisque l'opposition se laisse reconduire au couple *pragma / sterèsis* (chose / privation) [9]. En nous révélant le *logos*, ou l'*eidos* de la chose, la science nous donne de pouvoir l'effectuer, mais aussi bien son contraire.

1. De même, les *dunata* qui se disent *kata dunamin* se disent selon le premier sens de la puissance, autrement dit comme principe du changement (1019b34-1020a2). Et Aristote d'ajouter que les autres choses ne sont dites *dunata* que parce qu'une autre chose exerce sur elles une puissance de ce genre (1020a2-4).

2. Voir *Métaphysique*, ϑ, 1, 1046a9-11. L'*energeia* par excellence (*malista*) est le mouvement (*ibid.*, ϑ, 3, 1047a32). L'*energeia* se détache, en son acception proprement métaphysique, à partir d'une approche cinétique, et en ce sens pour une large part « physique ».

3. Concernant le dépassement de l'approche physique, centrée sur la puissance comme principe du mouvement, voir *ibid.*, θ, 5, 104825-30. L'acte ne se dit pas seulement du mouvement relativement à la puissance, mais aussi de l'*ousia*, relativement à la matière (*ibid.*, ϑ, 6, 1048b8-9).

4. Pour un traitement physique du concept de *dunaton*, voir *De coelo*, I, 12. On notera toutefois que, y compris dans ce texte, le *dunaton* se dit relativement à l'être.

5. L'*energeia*, entendue comme *ergon* (donc comme encore en mouvement), sera elle-même présentée comme « tendant » (*sunteinei*) vers l'*entelekheia* (*Métaphysique*, ϑ, 8, 1050a21-23). Un mouvement de tension vers l'*entelekheia*, vers l'acte achevé, caractérise donc ce qui est dans le monde, en étant emprunt de potentialité.

6. Aristote affirme, si ce n'est l'identité de ces deux concepts, du moins leur étroite proximité : l'*entelekheia* va toujours avec l'*energeia* (*Métaphysique*, ϑ, 3, 1047a30-31).

7. Voir *ibid.*, ϑ, 5, 1048a8-21.

8. *Ibid.*, ϑ, 2, 1046b7-15. Le *dunaton* est envisagé par rapport à ce qui est effectivement, et non pas en soi, constate J.-L. Solère, « Le possible selon Aristote », art. cit., p. 43-44.

9. *Métaphysique*, ϑ, 2, 1046b8-9.

Ainsi donc, l'*energeia* apparaît finalement comme la clef permettant de saisir le *dunaton* en sa spécificité. Si la *dunamis* se dit au sens propre du terme comme principe du mouvement, reste qu'Aristote nous invite, avec l'être-en-puissance et le potentiel, à aller au-delà. Une tension se manifeste dès lors : si le *dunaton* se conquiert à partir de la puissance, dont le sens propre est cinétique, il ne saurait s'identifier à elle, dès lors qu'il s'appréhende comme sens de l'être. Aristote nous convie, avec le *dunaton*, à un dépassement du modèle cinétique de la puissance. Dans cette optique, l'outrepassement de la puissance par l'en-puissance ou le potentiel se présente comme le revers de l'attention à l'*energeia* accomplie, ou *entelekheia*. Ce faisant, s'esquisse sans doute, conjointement à l'irréductibilité de l'acte au mouvement, une irréductibilité similaire du *dunaton* à la puissance comprise comme principe du mouvement. Le *dunaton* dit plus que la *dunamis* qui lui a permis de voir le jour, comme l'*energeia* dit plus que le mouvement qui l'annonçait. Ce *dunaton*, qui n'est plus proprement dynamique, se dit en référence à un être-en-acte qui pourra se révéler, se donner comme vrai, sans qu'il faille prendre en compte, pour elle-même, une puissance, principe du mouvement, de faire advenir à l'être. En d'autres termes, c'est dans son rapport étroit à l'*energeia* que le *dunaton* parvient à se soustraire à l'emprise de la puissance du mouvement.

En un mot, avec le *dunaton* non-dynamique, Aristote ne nous invite pas à envisager la possibilité, au sens de la non-contradiction logique à être[1] : ce *dunaton* ne révèle pas une intelligibilité, antécédante à ce qui est ; il nous ouvre plutôt à la splendeur de l'être comme *energeia*. Le *dunaton* non-dynamique ne met pas en évidence un plan logique, distingué du plan de l'être. C'est bien une certaine manière d'être, et non l'autre de l'être, qui est ainsi prise en considération.

CE QUE L'HOMME PEUT FAIRE

Après ce qui peut être, envisageons brièvement ce qui peut être fait. La portée métaphysique du concept de *dunaton* ne saurait en effet faire oublier sa dimension pratique, que nous découvre sa proximité avec les concepts de *prakton* et d'*eph' hèmin*[2] : « δυνατὰ δὲ ἃ δι' ἡμῶν γένοιτ' ἄν »[3]. Le *dunaton*

1. Les possibilités non-dynamiques ne sont pas des possibilités logiques, clamait ainsi J. Hintikka, *Aristotle on Modality and Determinism*, *op. cit.*, p. 90 *sq.*

2. Le « faisable » (*prakton*) et « à notre portée » (*eph' hèmin*) décrit le champ qui s'offre à la délibération (*Ethique à Nicomaque*, III, 5, 1112a30-31) ; les hommes délibèrent sur ce qui est faisable par eux-mêmes (*peri tôn di' hautôn praktôn*, 1112a34) ; voir encore 1112b32. Cf. *Ethique à Eudème*, II, 10, et *Rhétorique*, I, 4. Concernant certains écarts entre l'*Ethique à Nicomaque* et l'*Ethique à Eudème*, voir D. Charles, « The *Eudemian Ethics* on the Voluntary », *in* F. Leigh (ed.), *The Eudemian Ethics on the Voluntary, Fridenship and Luck*, Leiden-Boston, Brill, 2012, p. 1-27, en part. p. 17-18.

3. *Ethique à Nicomaque*, III, 5, 1112b27.

révèle ce que l'on peut faire (*prattein*), ce qui est à notre portée (*eph' hèmin*) [1]. L'éthique nous donne ce faisant de penser d'une manière renouvelée l'articulation du potentiel, ou faisable, et du contingent.

Avec le *prakton* et le *poièton* [2], deux éléments principaux sont mis en place, qui entrouvrent une nouvelle problématique.

1) En premier lieu, le *prakton* et le *poièton* se disent de ce qui peut être autrement qu'il est : « τοῦ δ'ἐνδεχομένου ἄλλως ἔχειν ἔστι τι καὶ ποιητὸν καὶ πρακτόν » [3]. En ce sens, il semble que le faisable suppose comme sa condition de possibilité le contingent. Notons à cet égard que, s'il est question d'*endekhomenon*, Aristote ne manque pas ici de préciser que cet advenue pourrait être autrement. L'éventuel, selon la traduction que nous avons choisi d'adopter, renvoie ainsi à une forme de contingence. En un mot, le faisable ne décrit plus seulement le potentiel, qui tend naturellement à s'accomplir ; il suppose une alternative [4].

2) En second lieu, l'advenue à l'être de ce qui peut arriver autrement se laisse rapporter à un principe externe : ainsi que le constate Aristote, avec l'art, comme production, le principe est dans celui qui fait (*en tô poiounti*), et non pas dans ce qui est fait (*en tô poioumenô*) [5]. L'absence d'œuvre dans le cas de l'agir invite sans doute plus encore à penser le *prakton* en référence à l'agent. De fait, Aristote n'hésite pas à l'affirmer : si le principe (*arkhè*) des *poièta* est *en tô poiounti*, celui des *prakta* est *en tô prattonti* [6].

La reconnaissance d'une alternative s'accompagne donc de l'attention à l'extranéité. Autrement dit : pour que l'éventuel se fasse contingent, le potentiel s'ouvre à l'altérité. Affleure ainsi, à même le concept de *dunaton*, une certaine acception du possible.

1. Voir *Ethique à Nicomaque*, V, 3, 1112b26-28. La question du *eph'hèmin* est l'un des lieux où la question du possible sera appelée à se poser ; c'est le cas chez l'évêque syriaque Sévère Sebokht, lorsqu'il cherche à défendre, dans une lignée visiblement inspirée d'Alexandre d'Aphrodise, l'existence du possible ; voir H. Hugonnard-Roche, « Questions de logique au VIIe siècle. Les épîtres syriaques de Sévère Sebokht et leurs sources grecques », *Studia graeco-arabica*, 5, 2015, p. 53-104, en part. p. 89 *sq*.

2. Sur le lien entre la question de l'action (*praxis*) et celle de la production (*poièsis*), voir R. A. Gauthier et J.-Y. Jolif, *Ethique à Nicomaque*, *op. cit.*, t. II-1, p. 200-201.

3. *Ethique à Nicomaque*, VI, 4, 1140a1-2.

4. L'idée de puissance des contraires, que l'on rencontre en *Métaphysique*, ϑ, 2, s'esquisse dès les *Topiques*, et présente ainsi d'emblée un enjeu non seulement logique, mais aussi éthique ; voir D. Lefebvre, Dynamis..., *op. cit.*, p. 363 *sq*.

5. *Ethique à Nicomaque*, VI, 4, 1140a10-14.

6. *Métaphysique*, E, 1, 1025b22-24. Est reconnue, dans celui qui effectue, une *dunamis* ; l'*arkhè* du producteur se présente comme l'intellect, l'art, ou une certaine puissance (*dunamis tis*). Il s'agit de penser comment ce qui advient ne devient pas seulement selon une potentialité interne, mais dépend d'une activité externe.

Le *dunaton*, que découvre le *prakton*, ne signifie en effet pas quoi que ce soit qui serait déjà là, attendant son éclosion. Avec le *prakton*, sur lequel porte la délibération, se découvre un « principe des actions » (*arkhè tôn praxeôn*) [1], distinct et irréductible à celles-ci. Les *prakta* décrivent donc le champ de ce qui est faisable par l'homme, sur lequel il peut agir. Comme dans le cas du *poièton*, le principe de l'action ne se trouve pas en ces choses.

Sans doute une nouvelle articulation des concepts de *dunamis* et d'*energeia* se joue-t-elle ici. L'éthique déplace les lignes, en développant une potentialité de la conceptualité métaphysique qu'Aristote s'attache à élaborer. À cet égard, ces réflexions de l'éthique, qui visent à élucider l'agir (*prattein*) – mais peuvent conjointement convoquer le faire (*poiein*) –, font écho à certaines analyses de la *Métaphysique*, en particulier du livre Z, chapitre 7, lorsqu'il est question du faire (*poiein*). Ce chapitre travaille en effet d'une manière remarquable le concept de puissance pour penser ce qui est au pouvoir de celui qui produit. La question de la *poièsis* se trouve ainsi intégrée au questionnement métaphysique, jusqu'à permettre une progression dans l'élucidation du sens de l'*ousia* (sensible) [2]. Il convient évidemment de ne pas confondre l'agir (*prattein*) et le faire (*poiein*), mais les considérations sur le faire proposées dans ces pages de la *Métaphysique* nous donnent de saisir en quoi l'éthique, avec l'agir (*prattein*), peut découvrir un sens du *dunaton* qui ne se laissait pas réduire à une tendance, sise en ce qui est, vers son *energeia*.

Notons en effet dans ce chapitre 7 du livre Z deux indications qui laissent affleurer une nouvelle acception du *dunaton*.

1) Aristote veut, en ces pages, rendre compte de la priorité de la forme dans tout type de devenir. Qu'il soit naturel, artificiel, ou le fruit du hasard (1032a12-13) [3], il apparaît que le devenir se fait à partir d'autre chose : « πάντα δὲ τὰ γιγνόμενα ὑπό τέ τινος γίγνεται καὶ ἔκ τινος καὶ τί » (1032a13-14). On devient quelque chose par et à partir de quelque chose d'autre. Or, ce devenir témoigne d'une potentialité, inscrite en la chose, et assignable à la matière : chacun d'eux est ainsi *dunaton kai einai kai mè einai*, pouvant à la fois être et ne pas être (1032a21-22). Le *dunaton* ne décrit pas seulement ici ce qui aspire à l'être, mais ce qui aurait tout aussi bien pu ne pas être. Les étants en devenir rèvèlent ainsi en leur cœur une fragilité ontique. Si le devenir semble requérir

1. *Ethique à Nicomaque*, III, 5, 1112b32. Sur la manière de comprendre cette *arkhè* comme origine, voir R. Sorabji, *Necessity, Cause and Blame. Perspectives on Aristotle's Theory*, Itaca (NY), Cornell UP, 1980, p. 227 *sq*. L'interrogation sur les actions (*praxeis*), en tant qu'elles supposent à leur origine une délibération, semble nous amener à devoir revoir l'enchaînement causal nécessaire que l'on peut par ailleurs reconnaître.

2. Sur la place des chapitres 7 à 9 au sein du livre Z de la *Métaphysique*, et leur apport à l'analyse de l'*ousia*, voir S. Mansion, « Sur la composition ontologique des substances sensibles chez Aristote (*Métaphysique*, Z, 7-9) », *in* R. B. Palmer et R. Hamerton-Kelly (éd.), *Philomathes*, La Haye, Nijhoff, 1971, p. 75-87.

3. La causalité formelle permet de rendre compte de la production technique, comme de la génération naturelle ; voir D. Lefebvre, Dynamis…, *op. cit.*, p. 392 *sq*.

d'ouvrir l'*ousia* sur autre chose, à partir de quoi il s'effectue, il rend compte aussi d'une potentialité duelle à l'être comme au non-être. L'être (ou l'être ceci) n'est ainsi pas une donnée inamissible.

2) La *poièsis* désigne le second type de devenir, après la génération naturelle. Rappelons que l'analyse de la *poièsis* a pour but de ratifier la prévalence de l'*eidos* pour rendre compte de l'*ousia* sensible. Celle-ci est dans l'âme (*en tè psukhè*), et se présente comme la quiddité (*to ti èn einai*) et l'*ousia* première (1032b1-2). Le centre de gravité de l'examen de l'*ousia* se trouve ainsi déplacé [1], de la chose sensible à la forme dans l'âme de celui qui se propose de la produire. Une ouverture similaire à l'altérité se retrouve lorsqu'il est question de la puissance : « ὑπάρχει δὲ τοδὶ δυνάμει. τοῦτο δὲ ἤδη ἐπ' αὐτῷ. » (1032b21). Aristote use ainsi du vocabulaire de la puissance, indépendamment de la conceptualité de l'*energeia*. Si ce qui est en puissance a déjà un mode d'être (*huparkhei*), elle n'a pas pour corrélat un être-en-acte (*energeia*), mais un faire (*poiein*) et un faisant (*poioun*) extérieur à elle. Le *poioun* nous fait ainsi accéder à un principe extérieur [2], faisant de la puissance moins ce qui accède par soi à son accomplissement que ce qui s'offre à l'activité d'un autre.

Notre chapitre peut bien ainsi constituer une étape dans la reconnaissance de l'*ousia* comme *eidos*, et ce faisant ratifier le dépassement du modèle subjectif (*Métaphysique*, Z 3) [3] ; il n'en demeure pas moins qu'un nouvel aspect se découvre ici, à même l'attention à ce qui est potentiel : l'*ousia* n'est pas close sur elle-même, mais dépend de ce qui l'entoure, qui agit sur elle. La rareté du terme *praxis* lorsqu'est établie l'*energeia* (il n'apparaît qu'à titre d'hapax en *Métaphysique*, Θ, 6, dans ce texte que Rémi Brague qualifiait d'« aérolithe ») [4] ne saurait faire méconnaître comment le faire (*poiein*) trouve place en métaphysique [5], et dessine les contours d'une nouvelle conception de l'étant. Le *dunaton* comme offert à un agent, ou producteur (*poioun*), contrebalance à certains égards le *dunaton* comme virtualité tendant à s'accomplir en acte (*energeia*). Une nouvelle approche de la puissance, ou du potentiel, s'esquisse ainsi en ces lignes.

En un mot, un double modèle du potentiel est à l'œuvre dans la métaphysique aristotélicienne : un premier, assurément prépondérant, pense le potentiel en référence à ce qui est en acte, vers lequel il tend ; un second, plus

1. L'*ousia prôtè* n'a pas ici le même sens que dans les *Catégories* ; voir G. Aubry, *Dieu sans la puissance*, *op. cit.*, p. 76-78.

2. Sur ce principe, agent, voir *Métaphysique*, Z, 7, 1032b21-22 ; 24.

3. Voir R. Boehm, *Le fondamental et l'essential*, *op. cit.*

4. Voir *Aristote et la question du monde*, Paris, P.U.F., 1988, p. 454-456. Voir aussi M. Burnyeat, « *Kinèsis vs Energeia* », art. cit.

5. La doctrine causale reconnaît le *poiein*, lorsqu'il s'agit de penser la cause du mouvement, sans pour autant nommer cette dernière à partir du faire ; voir *Métaphysique*, Δ, 2, 1013a30-33, et notre article « La métaphysique de la cause. Note sur la cause agente, et la (re-)naissance de la cause efficiente », *Khôra – Revue d'études anciennes et médiévales*, 2014, p. 145-169.

discret, ouvre sur l'idée de possibilité d'une action. Le *dunaton* se dit donc relativement à l'*energeia*, ou à des actions, *praxeis* ou *poièseis*. Ces deux acceptions ne se recouvrent pas l'une l'autre. Quand la première constitue sans doute le maître mot d'Aristote sur l'étant (l'*ousia* est fondamentalement en étant *energeia*)[1], la seconde laisse s'immiscer, ou s'esquisser, au cœur de la métaphysique, une attention aux actes de l'homme.

Nous pressentons ainsi que l'interprétation de l'acte-*energeia* à partir de l'agir, *poiein* ou *prattein*, de l'homme[2] tendra à donner à cette seconde acception du potentiel une portée nouvelle[3], permettant ainsi l'émergence du « possible », et avec lui sans doute de la contingence.

LE *DUNATON* DANS LE MONDE ET SON ACTUALISATION

La question du *dunaton* apparaît donc inséparable de celle de la réalisation de ce qui est ainsi reconnu potentiel. Dans ces conditions, une question surgit immédiatement : peut-on parler de *dunaton* lorsque la chose ne peut avoir lieu, en vertu de certaines circonstances notamment[4] ? Autrement demandé : la paille dans la mer est-elle combustible ? Le coquillage dans les abysses est-il visible ? Y-a-t-il du connaissable lorsqu'il n'y en a aucune connaissance[5] ?

On sait comment, après Aristote, se développa, anticipant les médiévales ou scolastiques « querelles des possibles »[6], une large discussion *peri tôn*

1. Voir I. Olivo-Poindron, « Οὐσία ὡς ἐνέργεια », art. cit. A. Kosman, *The Activity of Being. An Essay on Aristotle's Ontology*, Harvard, Harvard UP, 2013, insiste sur la dimension active du concept d'*energeia*.

2. Je renvoie à mon ouvrage *La liberté en actes*, qui constitue le premier volet (centré sur le concept d'acte) de l'enquête que je mène ici.

3. Alcinoos insiste sur le lien entre le *dunaton* et l'*eph' hèmin* ; voir *Didaskalikos*, XXVI, éd. Whittaker, p. 52 : le *dunaton* apparaît ainsi comme indéterminé.

4. Le *dunaton* ne se dit, chez Aristote, que de ce qui a lieu au moins à un moment donné. Sur cette idée, et ses difficultés, voir J.-L. Solère, « Le possible selon Aristote », art. cit., p. 45-47. On parle de « principe de plénitude » (selon l'expression de A. O. Lovejoy, *The Great Chain of Being*), principe qui, selon J. Hintikka, est à l'œuvre chez Aristote (*Time and Necessity*, *op. cit.*, chap. V). Telle apparaît la conception « statistique » du possible, comme ce qui a été, est ou sera ; voir le maître-ouvrage de S. Knuutila, *Modalities in Medieval Philosophy*, *op. cit.* Le possible signifie ce qui arrive à un moment, et le nécessaire ce qui est toujours le cas ; voir S. Waterlow, *Passage and Possibility. A Study of Aristotle's Modal Concept*, Oxford, Clarendon Press, 1982. R. Sorabji nuance toute lecture déterministe du concept aristotélicien de possibilité (*Necessity, Cause and Blame*, *op. cit.*, p. 128 *sq.*).

5. Cf. *Métaphysique*, ϑ, 3, 1047a4 *sq.* : le sensible n'existe pas en dehors de la sensation.

6. La discussion ayant opposé Alexandre d'Aphrodise et Galien sur le possible relèverait d'une forme de légende, voir S. Fazzo, « Alexandre d'Aphrodise contre Galien. La naissance d'une légende », *Philosophie Antique*, 2002/2, p. 109-144.

dunatôn[1]. Alexandre d'Aphrodise (m. ca 215)[2], Jean Philopon (m. ap. 568)[3], Simplicius (m. 560)[4], et enfin Boèce (m. 524)[5], chacun à sa manière, rappellent les principaux éléments de ce débat[6], qui a tout d'abord opposé Philon de Mégare à Diodore[7], mais dans lequel ils font tout aussi bien intervenir Aristote[8] (voire les Stoïciens)[9]. Le questionnement aristotélicien sur le *dunaton* se voit ainsi nourri à l'aide d'une conceptualité nouvelle, qui n'est pas sans ouvrir la réflexion sur des éléments restés discrets dans l'œuvre du Stagirite[10].

Ainsi qu'Alexandre nous présente les positions respectives en jeu dans son commentaire aux *Premiers analytiques*, Philon, attentif à « l'aptitude du sujet » (*epitèdeiotès tou hupokeimenou*)[11], acceptait de parler de potentialité pour cela qui ne pourra jamais se réaliser, du fait d'empêchements externes : la paille, divisée en atomes, ou plongée dans les abysses, a la potentialité d'être brûlée, même si elle s'en trouve empêchée[12] par ce qui l'entoure, nécessairement (*kôluomenon hupo tôn periekhontôn auto ex anankès*)[13].

1. L'expression se retrouve chez Cicéron (*De fato*, i, 1, p. 1 ; *Epistulae ad familiares*, IX, 4). *Cf.* Leibniz, *Essais de Théodicée*, II, § 169-170.

2. *In Analytica Priora*, I, 15, 34a12, CAG II-1, 183, 29-184, 18.

3. *Ibid.*, CAG XIII-2, 169,17-23.

4. *In Categorias*, 7, 7b15, CAG VIII, 195, 31-196, 33.

5. *In De interpretatione* (II), III, 9, éd. Meiser, p. 234, l. 10-235, 9 et V, 12, p. 412, l. 8-21.

6. Voir R. Sharples, « Alexander of Aphrodisias : Problems... », art. cit., I, p. 89-96.

7. Sur les données historiques concernant Diodore et Philon, voir R. Muller, *Les mégariques*, Paris, Vrin, 1985, p. 38-53 ; sur ce débat, voir p. 47-51 (fragm. 130A-139), et les éléments de commentaire p. 141-158 concernant l'argument Dominateur (ou Souverain : *kurieuôn*). Voir S. Bobzien, *Determinism and Freedom in Stoic Philosophy* [1998], Oxford, Clarendon Press, 2005, p. 97 *sq.*

8. Aristote mentionne les mégariques en *Métaphysique*, Θ, 3, 1046b29-32, et leur attribuent la thèse selon laquelle il n'y a puissance que lorsqu'il y a acte. Sur l'écart entre la position aristotélicienne, pour qui le *dunaton* doit avoir lieu à un moment donné, et la position mégarique, qu'il rejette, voir S. Waterlow, *Passage and Possibility*, *op. cit.*, p. 3-4.

9. Boèce, *In De interpretatione* (II), III, 9, éd. Meiser, p. 234, l. 27. Cicéron invite Chrysippe à dialoguer avec Diodore (*De fato*, vi, 12-vii, 13). Voir Diogène Laërce, VII, 75, qui présente le *dunaton* comme *to epidektikon tou alèthes einai.* Voir aussi Plutarque, *De stoicorum repugnantiis*, 46, 1055d-e (SVF II, 202). Voir par ailleurs Aquilius, *Définitions*, 23, éd. Rashed, p. 133, et le commentaire p. 146-147. Sur la position stoïcienne, voir J.-B. Gourinat, *La dialectique des stoïciens*, p. 203-206.

10. Ces discussions n'hésitent pas à mettre l'accent sur la dimension « ontologique » du *dunaton*, voir R. Muller, *Les mégariques*, *op. cit.*, p. 148-149.

11. CAG II-1, 184, 7. Boèce usera du substantif *aptitudo* pour rendre l'*epitèdeiôtès*, parfois aussi comme équivalent latin d'*hormè* ; voir H. Merle, « Aptum natum esse. Aptitudo naturalis », *Bulletin du Cange, Archivium latinitatis Medii Aevi*, XLIII, 1984, p. 122-141, en part. p. 125.

12. Le ps-Plutarque, *De fato*, chap. 6, 571B-C (éd. Valgiglio, p. 34-36), divise les *dunata* selon qu'ils ne peuvent être empêchés et sont nécessaires, ou peuvent être empêchés, et sont *endekhomena* (et aptes aux contraires).

13. CAG II, 1, 184, 6-10.

Aristote aurait tenu une position plus mesurée, intermédiaire entre Diodore [1] et Philon [2]. Est *dunaton* ce qui peut advenir, en n'étant pas empêché [3], même s'il n'advient finalement jamais [4] : « δυνατὸν γὰρ καὶ τὸ οἱόν τε γενέσθαι ακώλυτον ὄν, κἂν μὴ γένηται » [5]. La paille, indivise, a la potentialité d'être brûlée, mais non plus celle qui est divisée en atomes [6]. Alexandre reconnaît ainsi, chez Aristote lui-même, un *dunaton*, qui ne s'actualisera pas. Tout *dunaton* n'est pas voué à advenir.

On notera en ces lignes l'absence du vocabulaire de l'*energeia*, et la préférence accordée à celui du devenir ou de l'advenir (*genesthai*). Le *dunaton* se trouve orphelin de l'*energeia*, qui, chez Aristote précédait la puissance et lui donnait son sens. Le *dunaton* peut ainsi décrire une potentialité qui ne constitue pas la fin destinée à s'accomplir.

La disjonction du *dunaton* et de l'*energeia* est cruciale. Désormais, la mesure du *dunaton* n'est pas ce qui est, ou sera. S'il nuance l'acception philonienne du *dunaton*, Alexandre, à la suite de ce qu'il présente comme la position d'Aristote, maintient sans doute l'idée d'un *dunaton* qui fait partie de la chose. Le concept d'*epitèdeiotès* est à cet égard central [7] ; Alexandre l'associe ici à l'idée de sujet (*hupokeimenon*). Le *dunaton* s'ancre ainsi dans une disposition du sujet; celui-ci ne saurait se réduire au nu substrat, apte à recevoir, de manière indéterminée, des accidents divers; il se trouve lui-même en quelque sorte déjà

1. Pour Diodore, seul est *dunaton* ce qui a été ou sera ; je puis être Corinthe si j'y suis, ou bien quoi qu'il arrive m'y trouverai ; un enfant a la potentialité de devenir lettré s'il le sera, quoi qu'il arrive (CAG II, 1, 183, 34-184, 5). *Cf.* Cicéron, *De fato*, vii, 13, p. 7 (à propos de Diodore) : « Ille enim id solum fieri posse dicit quod aut sit verum aut futurum sit verum » ; cela seul peut arriver qui est vrai ou sera vrai.

2. Alexandre semble attribuer à Aristote une position qui serait sans doute d'abord celle des Stoïciens ; voir R. Sharples, « Alexander of Aphrodisias : Problems… », art. cit., I, p. 92. L'attribution de cette position aux Stoïciens par Boèce est confirmée par Diogène Laërce, VII, 75.

3. Sur la question de l'empêchement de la *dunamis* chez Aristote, voir *Métaphysique*, ϑ, 5, 1048a16-20, et 7, 1049a9-14. Voir J. Hintikka, *Aristotle on Modality and Determinism, op. cit.*

4. Alexandre reprend cette compréhension du *dunaton* dans son *De fato*, 10, p. 19, et *Quaestiones*, I-4, CAG suppl. II-2, 9, 5 *sq.* et I-18, 30, 27-28. *Cf.* Cicéron, *De fato*, VII, 13, p. 13 (s'adressant à Chrysippe) : « Tu et quae non sint futura, posse fieri dicis, ut frangi hanc gemmam, etiamsi id nunquam futurum sit ».

5. CAG II-1, 184, 11-12.

6. CAG II-1, 184, 12-15.

7. Sur l'usage de ce terme, en lieu et place de celui de puissance, voir R. B. Todd, « Alexander and the Alexandrian *Quaestiones*, II, 12 », *Philologus*, CXVI, 1972, p. 293-305. Alexandre les emploie conjointement. Voir *De fato*, 27, p. 52, l. 24 ; ou *Quaestio*, I-18, CAG suppl. II-2, 30, 30 et 31, 8-9 ; *Quaestio*, II-7, 52, 29-30. Voir Alcinoos, *Didaskalikos*, xxvi, éd. Whittaker, p. 52, l. 25. Ce terme se retrouve chez Plotin, *Ennéades*, VI 4 [22], 11, 4 ; 15, 15-16, et II 5 [25], 2, 21-22 ; voir G. Aubry, *Dieu sans la puissance, op. cit.*, p. 252-256 et *Genèse et Dieu souverain*, Paris, Vrin, 2018, p. 60-61 ; l'*epitèdeiotès* dit alors une aptitude déterminée, ou une convenance. Voir en outre E. Gannagé, « Matière et éléments dans le commentaire d'Alexandre d'Aphrodise *In De generatione e corruptione* », *in* C. D'Ancona et G. Serra (eds.), *Aristotele e Alessandro di Afrodisia nella tradizione araba*, Padoue, Il Poligrafo, 2002, p. 133-149, p. 146-147.

qualifié, ou pré-qualifié, par cette aptitude, que celle-ci, finalement, s'actualise, ou non.

Le concept d'*epitèdeiotès* se retrouve chez les autres commentateurs d'Aristote[1] pour rendre compte qu'un *dunaton* puisse ne pas arriver[2], ainsi dans le commentaire au *De generatione et corruptione* de Jean Philopon.

Deux aspects doivent être retenus dans le traitement philoponien du *dunaton* aristotélicien.

1) Dans son commentaire aux *Premiers analytiques*, Philopon propose une interprétation « chronologique » du débat concernant le potentiel; entendons que les différentes thèses sont présentées comme prenant position sur l'effectivité ou seulement la possibilité du *dunaton*. Aristote nous aurait enseigné la signification appropriée du *dunaton* : « ce qui n'est pas encore arrivé, mais peut arriver / ὃ μήπω μὲν ἐξέβη δύναται δὲ ἐκβῆναι »[3]. Philopon introduit d'une manière notable le vocabulaire de l'*ekbebèkos*, de ce qui « débarque »[4]. La question du *dunaton* pose ainsi la question de ce qui arrive. Si le *dunaton* est envisagé à partir de ce qui est le cas (de l'*huparkhon*), celui-ci se trouve réinterprété comme *ek-bainen*[5], et non plus seulement comme *sumbainen*. Le *dunaton* s'ouvre ainsi à une forme d'extériorité. Il est la capacité d'accepter un certain « événement », terme qui traduit peut-être le plus adéquatement l'*ekbebèkos*.

1. C'est encore le terme que Simplicius emploie pour la conception de Philon (*In Categorias*, 7, 7b15, CAG VIII, 195, 33-34 ; 196, 21), puis pour l'idée d'aptitude non-entravée (196, 2) ; voir encore 196, 11, sur la pure aptitude, puis 196, 16. Avec l'*epitèdeiotès*, c'est le concept de nature, ou de nature propre (*hè oikeia phusis*) qui se trouve exhibé (196, 2-3, puis 17).

2. Le *dunaton* désigne ce qui est par nature indéterminé (*aoriston*) chez Alcinoos, *Didaskalikos*, XXVI, éd. Whittaker, p. 52.

3. CAG XIII-2, 169, 22-23.

4. Comme l'indique le dictionnaire Bailly, *ekbainein* signifie initialement « sortir (d'un vaisseau) », « débarquer » ; il a pu ensuite signifier « arriver » ; *ta ekbainonta* désigne les événements. Voir aussi le Thesaurus Graecae Linguae, Paris, Didot, 1835, vol. III, col. 369-370. Ammonius emploie le terme, ou le substantif *ekbasis* (*In De interpretatione*, 9, CAG IV-5, 136, 26 ; 136, 28 ; 141, 13 ; 143, 5-6, 8 et 9 ; 151, 26 ; 152, 1, 2, 3 ; 154, 26) ; ce verbe vaut pour l'*endekhomenon* en tant que l'une ou l'autre partie de la contradiction peut également arriver (*homoiôs ekbènai dunaton*, 143, 5-6). Ammonius use d'un vocabulaire divers et précis de l'être, comme le montre la variété du lexique employé selon les différents contextes ; ainsi ce qui survient par le hasard, en surplus, se dit par les verbes *parhuphistasthai* et *episumbainein* (142, 15-16, 20-21 et 25-26). Dès lors, l'emploi d'*ekbainein* et de ses dérivés à propos de l'*endekhomenon*, en tant qu'il peut aussi bien arriver que ne pas arriver (c'est le cas de ce qui se fait par la *prohairesis*), est remarquable. Les auteurs arabes feront écho à ce lexique, qui parleront semblablement d'une « sortie de la puissance vers l'acte » (*khurûj min al-quwwa ilâ al-fi'l*).

5. Pour Diodore, nous dit Philopon, le *dunaton* désigne l'*ekbebèkon*, « que nous appelons *huparkhon* » (169, 19) ; pour Philon, il est ce qui est arrivé (*ekbebèkon*), ou qui peut arriver (*to dunamenon ekbènai*) même s'il n'arrive jamais, tel le coquillage dans les abysses dont nous nous disons qu'il est visible (169, 19-21).

2) Dans son commentaire au *De generatione et corruptione*, Philopon reprend le concept d'aptitude (non entravée) pour penser tant le *dunasthai* que l'*endekhesthai*[1]. Le critère du potentiel et de l'éventuel n'est dès lors plus le fait effectif, l'*ekbasis* selon le terme qu'emploie ici Philopon[2]. Une pensée renouvelée de l'*endekhomenon* se joue dès lors, à travers ce travail sur le *dunaton* aristotélicien. Philopon affirme résolument la contingence de l'advenue, *ekbasis* : « … διότι ἐνδεχομένη ἦν ἡ ἔκβασις »[3]. Ainsi donc, la relecture du *dunaton* à partir de l'événement (*ekbebèkos*) se double-t-il d'une attention à la contingence de ce qui, ainsi, arrive : si l'épi de blé peut croître (*dunaton phunai*), il peut arriver qu'il ne croisse pas (*endekhetai mè phunai*)[4]. L'entrecroisement de la potentialité de croître et de l'éventualité de la non-croissance est remarquable. Le *dunaton* indique une possibilité, qui se trouve marquée du sceau de la contingence, la branche opposée de l'alternative (la non-réalisation) pouvant aussi bien advenir.

Au travers de ces nouveaux champs lexicaux (*epitèdeiotès*, *ekbebèkos*), Philopon nous propose donc une pensée de l'évènement, qui ouvre sur une attention à la contingence de ce qui peut advenir ou ne pas arriver. Conjointement, la question du potentiel, qui est à l'arrière plan de ces analyses, prend son indépendance vis-à-vis de l'interrogation sur l'acte[5]. Clairement donc, même si les passages que nous venons de lire s'inscrivent dans des analyses logiques, ou physiques, un nouveau sens de l'être est ici en jeu.

NATURE ET DYNAMISME

D'Alexandre d'Aphrodise à Jean Philopon, le *dunaton* conquiert son autonomie vis-à-vis de l'acte, ou de ce qui advient, pour renvoyer à une aptitude propre de ce qui est concerné, quoi qu'il en soit, *in fine*, de sa venue au jour. Plusieurs interrogations, sans nul doute corrélatives, s'ouvrent à nous. En premier lieu, la potentialité, ainsi appréhendée comme aptitude, se doit-elle interpréter comme une tendance interne à la chose, aspirant naturellement à se réaliser ? Ou bien plutôt comme une possibilité ouverte, attendant l'action d'un

1. *In De generatione*, II, 11, 337a34, CAG XIV-2, 302, 31-32.
2. Voir aussi Simplicius, *In Categorias*, 7, 7b15, CAG VIII, 196, 6, 13, 18, 22.
3. CAG XIV-2, 303, 5.
4. CAG XIV-2, 303, 4-5.
5. L'*energeia* est mentionnée dans l'exposé du commentaire de Simplicius aux *Catégories*, sur la nécessité du connaissable pour qu'il y ait connaissance (7, 7b15, CAG VIII, 196, 15, puis 26-27, avec l'opposition de l'*epistèmè kat'energeian*, et de l'*epistèton dunamei*). Simplicius expose la co-existence (*sunhuparxis*) des relatifs.

autre sur elle, et dépendant de cette action pour être effective ? L'idée de nature se trouve ici engagée [1].

On sait comment Alexandre d'Aphrodise n'hésite pas à retravailler la physique et la cosmologie aristotéliciennes au moment où il prétend les exposer. Deux concepts centraux sont réutilisés, d'une manière qui conduit sans doute à modifier la perspective originelle : il s'agit des concepts de *teleiotès*, de finalité [2], et d'*ephesis*, de tendance [3]. Cette dernière est attribuée à la matière, tendant vers la forme, et est régulée par la puissance de chaque chose, ainsi que l'indique la reconstitution par Alexandre de la cosmologie aristotélicienne telle qu'on peut la lire chez Simplicius [4].

Deux éléments doctrinaux, caractéristiques de la manière dont Alexandre reçoit l'hylémorphisme, doivent ici retenir notre attention.

1) En premier lieu, la forme (*eidos*) est présentée comme divine, bonne et ce vers quoi l'on tend (*epheton*), quand la matière (*hulè*) tend (*ephietai*) vers elle selon sa nature propre (*kata tèn autès phusin*) [5]. Lisant *Physique* I, 9, Alexandre aurait ainsi découvert dans la dualité matière-forme une relation de tension de l'une vers l'autre. La nature de la matière l'oriente vers la forme. En un deuxième temps, cette tension, ou tendance vers la forme (séparée) est attribuée à tout ce qui est composé, en vertu de sa nature, et ainsi de la puissance qu'il possède (*kath' hèn ekhei dunamin*) [6]. Assignant la tendance à la nature, Alexandre fait *ipso facto* droit à la puissance. L'*ephesis* se voit ainsi régulée par ce que la chose est en puissance.

1. C'est de la nature, explique Alexandre (*De fato*, 27, p. 52, 24-25), que l'on tient la *dunamis* et l'*epitèdeiotès* d'acquérir la vertu, ce qui signifie qu'on l'acquiert naturellement, comme nous acquérons la marche, la pousse des dents et la barbe (p. 53).

2. L'âme est *ousia kata to eidos*, Aristote appelle la forme *teleiotès* et *entelekheia*, explique le *De anima Mantissa*, CAG suppl. II-1, 103, 3-4 ; cf. *De anima*, CAG suppl. II-1, 16, 1. Sur l'utilisation du terme *teleiotès*, en lieu et place de l'*energeia* ou de l'*entelekheia*, voire de l'*eidos*, voir R. B. Todd, « Lexicographical Notes on Alexander of Aphrodisias'Philosophical Terminology », *Glotta*, 1974, p. 207-215, en part. p. 213-214, ainsi que R. Wisnovsky, *Avicenna's Metaphysics in Context*, Londres, Duckworth, 2003, p. 43-44. Alexandre distingue la *teleiôsis* de la *teleiotès*.

3. Le terme *ephesis* prend la place de l'*orexis* ; voir Théophraste, *Métaphysique*, § 7, 5a14 *sq.* Aristote employait *epheton* en *Physique*, I, 9, 192a17. La *Quaestio*, I, 25, d'Alexandre parle d'une *ephesis*, plutôt que d'une *boulèsis* (comme le faisait la *Physique*), en direction du premier moteur ; ailleurs, le terme *boulèsis* est maintenu, voir le témoignage de Simplicius, *In Physicam*, VI, 2, CAG X, 941, 20-942, 2. Sur ces variations, voir M. Rashed, *Alexandre d'Aphrodise, commentaire perdu à la Physique d'Aristote (livres IV-VIII). Les scholies byzantines*, Berlin-New York, W. de Gruyter, 2011, p. 131-133. L'*ephesis* s'applique aux étants inanimés, voir *Quaestio*, II, 23, CAG suppl. II-2, 74, 28-30. Sur une certaine tension entre ces textes, voir S. Fazzo, *Aporia e sistema*, art. cit., n. 340 p. 160.

4. Si l'on en croit M. Rashed, *Alexandre d'Aphrodise, commentaire perdu...*, *op. cit.*, p. 136.

5. *In Physicam*, I, 9, 192a16, CAG IX, 250, 10-12.

6. *Ibid.*, 13-17.

2) Corrélativement, il convient de s'attacher à la finalité (*teleiotès*) : Alexandre la comprend comme disposition (*stasis*) selon la forme[1] : la *teleiotès* est donc *stasis*, entendons qu'elle constitue l'arrêt de la tendance, ce dans quoi le composé trouve son repos[2]. *Ephesis* et *teleiotès* rendent donc compte de ce mouvement par lequel ce qui est en puissance atteint ce à quoi il aspire à s'assimiler. Si le composé trouve sa cohésion dans une disposition formelle, la matière qui le constitue présente en tant que telle une affinité (*neneuke*) et une aptitude (*epitèdeiôs ekhei*) pour cette forme[3]. Ainsi donc, si la puissance oriente ou régule la tendance vers la forme, Alexandre reconnaît une certaine aptitude à même la matière. Ainsi, bien évidemment la matière ne fait-elle proprement rien ; mais elle se révèle toujours prédisposée à une certaine information. Redoublée par la reconnaissance d'une aptitude, la puissance ne s'appréhende plus comme le simple revers de l'acte[4]. Bien plutôt, l'accès à la *teleiotès* se voit soumis à l'aptitude de la puissance.

La matière n'est donc pas pure ouverture et attente, indéterminée, d'une forme, mais plutôt disponibilité pour la forme[5]. Au travers de cette puissance adaptée reconnue à la matière, notre texte semble donc lui octroyer une certaine consistance[6]. Le *Peri pronoias* marquait à cet égard la résistance de la matière à l'activité de l'agent qui imprime en elle la forme[7]. Le risque de substantialiser la matière (pour ne faire de la forme qu'une qualité qui lui adviendrait), à la manière de Boéthos de Sidon[8], est indéniablement

1. *Ibid.*, 18.

2. Voir M. Rashed, *Alexandre d'Aphrodise, commentaire perdu…*, *op. cit.*, p. 137.

3. *In Physicam*, CAG IX, 250, 19. On retrouve au long de la tradition aristotélicienne cette attention à une orientation de la matière vers la forme ; citons, à l'autre bout de la chaîne, la scolastique hébraïque du XVe siècle, d'inspiration scotiste, mais qui reçoit tout autant l'héritage d'Averroès et de la tradition arabe de la philosophie. Abraham Bibago (m. 1498/9), dans son traité sur la pluralité des formes, s'attache à la prédisposition (*hakanah*) de la matière : ainsi, mis à part l'agent premier, les agents particuliers requièrent quelque chose de prédisposé à leur action, voir mns Paris, BNF, hébreu, 1004, f. 10v, voir M. Zonta, *Hebrew Scholasticism in the Fifteenth Century*, Dordrecht, Springer, 2006, p. 64. Pour sa part, Judah Messer Leon (m. 1498) s'interroge sur le désir (*hishtoqequt*) de la matière pour la forme (*ha-ṣurah*), voir mns Milan, Ambrosiana, S38sup., 225v-226v, voir M. Zonta, *Hebrew Scholasticism…*, *ibid.*, p. 276.

4. Alexandre d'Aphrodise insiste sur la réceptivité (*dektikè*) de la matière, au détriment de sa potentialité, voir R. B. Todd, « Alexander and the Alexandrian *Quaestiones*, II, 12 », art. cit., p. 299.

5. La matière et la forme se disent l'une par rapport à l'autre, *pros allèla* (*Quaestio*, I-8, CAG suppl. II-2, 18-19). Sur la matière, et la recherche d'une doctrine unifiée, jusque dans le lexique, voir S. Fazzo, *Aporia e sistema. La materia, la forma e il divino nelle Quaestiones di Alessandro di Afrodisia*, Pise, Edizioni ETS, 2002, p. 43 *sq*.

6. Voir M. Rashed, *Alexandre d'Aphrodise, commentaire perdu…*, *op. cit.*, p. 136-137.

7. Voir *Peri pronoias*, p. 23, l. 17 *sq*. (texte arabe). Les choses d'ici-bas tiennent leur être (*wujûd*) de la matière (p. 23, l. 20).

8. Boéthos prend au sérieux l'idée que, pour être *ousia*, il faut être dans, ou être dit d'un sujet ; dès lors, seuls la matière et le composé sont *ousiai* ; la forme est quant à elle à l'extérieur (*ektos*) de l'*ousia*, et tombe dans une autre catégorie, ainsi que nous l'indique le témoignage de Simplicius, *In Categorias*, 5, 2a11, CAG VIII, 78, 4-24. Voir M. Rashed, *Essentialisme. Alexandre d'Aphrodise*

présent[1]. Sans doute, le glissement de la matière au composé tendrait à répondre à cette difficulté posée par une autonomie trop grande (tendant vers une substantialité) accordée à la matière[2].

Clairement, la matière ne suffit pas, et ne saurait suffire, à assurer le dynamisme caractéristique du monde[3]. Alexandre distingue à cet égard deux sens de la forme : l'*eidos* se dit soit au sens de la configuration (*to hôs morphè*), c'est-à-dire ce qui définit (*to horizon*), entoure (*perigraphon*) et délimite (*peratoun*) la matière, soit au sens de la puissance et de la raison (*to hôs dunamis kai logos*) ; si l'on prend l'exemple du plomb, on peut l'appréhender soit par sa surface, soit par sa pesanteur[4]. La forme se voit donc dotée d'un sens dynamique, qui l'extrait de toute individualité assignable – la *dunamis* se trouve ainsi associée, par opposition à la *morphè*, au *logos*[5].

Ce faisant, Alexandre opère un déplacement, puisque la forme-*dunamis* nous mène au-delà de l'individu, pour désigner une sorte de flux cosmique[6], celui de l'espèce, qui est tout entière en toutes ses instanciations, sans se réduire à aucune d'elles[7]. Le geste n'est sans doute pas neutre, qui permet en

entre logique, physique et cosmologie, Berlin-New York, W. de Gruyter, 2007, p. 22 *sq*. Il faudrait ici s'interroger sur le statut de la substance seconde des *Catégories*.

1. La forme est la cause de l'être-en-acte (*energeia*) de la matière ; celle-ci ne peut être dans l'existence (*en hupostasei*) sans la forme, explique la *Quaestio*, I-8, CAG suppl. II-2, 17, 9-10. On ne peut concevoir le rapport de la forme à la matière sur le modèle de l'inhérence en un sujet (*en hupokeimenô*) des accidents. Voir en outre les *Quaestiones* I, 17, CAG suppl. II-2, 29, 31 *sq*., et I-26, CAG suppl. II-2, 42, 10 *sq*., ainsi que *De anima Mantissa*, 5, CAG suppl. II-1, 119, 21-122, 15. Sur ce problème, ses sources aristotéliciennes et sa résolution alexandrienne, voir J. Ellis, « Alexander's Defence... », art. cit. ; la forme naturelle (à distinguer de la forme de l'artefact) n'est pas dans la matière comme dans un sujet, pour autant que la matière qui l'accueille n'est pas encore un *tode ti* (p. 77). Sur Alexandre et Boéthos, voir en outre I. V. Kupreeva, *Alexander of Aphrodisias on Soul as Form*, thèse de doctorat, Université de Toronto, 1999, p. 106 *sq*.

2. Alexandre évite la position de Boéthos, pour qui la matière est sujet, et la forme vient simplement s'ajouter à elle. Plotin reprendra cette discussion en *Ennéades*, II, 4 [12], 16.

3. Le *De generatione*, II, 3, 736b29-737a8, distingue l'âme de la matière dans laquelle elle réside (la chaleur dans les vivants n'est ni du feu, ni ne provient du feu). Galien distingue la *dunamis* de l'*ousia*, en la présentant comme provenant de cette dernière (*De placitis Hippocratis et Platonis*, VII, 4, éd. de Lacy, p. 448). Si donc l'âme est une puissance, elle n'est pas pour autant une *ousia* ; voir M. Rashed, *Essentialisme*, *op. cit.*, p. 21 (à propos d'Andronicos de Rhodes).

4. Simplicius, *In Physicam*, IV, 2, 209b5, CAG IX, 538, 14-19. *Cf.* Alexandre d'Aphrodise, *De anima*, CAG suppl., II-1, 5, 4-18, sur la légèreté comme puissance et nature du corps.

5. Lorsqu'on saisit la forme de l'homme sans les circonstances matérielles, on accède à l'homme commun ; les formes selon lesquelles les hommes sont des hommes ne présentent pas de différence (*De anima*, CAG suppl., II-1, 85, 15-20).

6. Alexandre compare le mouvement de la nature à celui que l'on voit dans le cas des montreurs d'automates ; voir *Peri pronoias*, p. 19, l. 17-22 (texte arabe). Le mouvement naturel n'enclôt pas l'étant en lui-même, mais l'ouvre sur une extériorité, qui agit sur lui.

7. La génération des choses particulières permet la conservation de l'espèce ; Socrate est, de sorte que l'homme est, et Xanthos, de sorte que le cheval est, voir *Peri pronoias*, p. 21, l. 2-9 (texte arabe). Il peut y avoir un être commun de la nature, pour ce dont il n'existe qu'un seul individu ; voir *Quaestio*, I-3, CAG suppl. II-2, 8, 12-16. Sur l'éternité des espèces, voir Aristote, *De generatione animalium*, II, 1, 731b33-35 ; *cf.* Plotin, *Ennéades*, II 1 [40], 1, 27.

quelque manière un dédoublement de la puissance, d'une part la puissance comme potentialité sise en les choses, et qui marque une faiblesse [1], d'autre part une puissance divine, la providence [2], la « nature », qui influe sur leur être.

Assurément, ces deux sens de la puissance s'articulent l'un à l'autre. Si une puissance (divine) s'exerce sur le corps, ce dernier a aussi bien la puissance et la capacité de la recevoir : « L'engendrement de la puissance qui vient de Dieu dans le corps corruptible qui possède la puissance et la capacité de recevoir à sa mesure (...), cette puissance peut se trouver dans les choses qui sont ici-bas / kawn al-quwwa allatî 'an Allah fî l-jism al-fâsid alladhî la-hu quwwa wa tamassuk 'alâ qubûl dhalika ilâ al-miqdâr (...) wa-wujûd hâdhâ al-quwwa bi-kawni-hâ fî al-ashyâ' » [3]. Divine [4], la puissance advient à l'être dans le corps, à la mesure de sa capacité, ou puissance, réceptive. Un double sens de la puissance est à l'œuvre, puisque celle-ci désigne soit la puissance divine, aussi appelée nature [5], soit la capacité réceptive à même les corps. Si le divin est acte pur, il faut aussi reconnaître une puissance divine, qui influe sur les étants du sublunaire [6] (elle apparaît en ce sens comme providence), mais aussi bien agit sur leur être. L'attention à une puissance divine, extérieure aux étants et intervenant sur ce qu'ils sont, invite à les penser non seulement en référence à ce qu'ils peuvent devenir, mais également en référence à cet autre (« les dieux »), qui les font être tel, ou tel.

Ce dédoublement de la puissance (*quwwa*) s'accompagne de l'attention à une certaine acception de la possibilité (*imkân*) comme ne s'inscrivant pas immédiatement dans ce qui est (l'arabe [7] marque ici lexicalement une différence conceptuelle que le grec ne pouvait sans doute accuser, qui parlait de *dunamis* et de *dunaton*). Il est des choses (*ashyâ'*) dont le non-être (*'adam*) est nécessaire (*ḍarûrî*), et l'être (*wujûd*) n'est pas possible (*ghayr mumkin*) [8] ; ainsi de la commensurabilité de la diagonale avec le côté du carré, l'infériorité de la

1. *Peri pronoias*, p. 23, l. 15-17 (texte arabe).

2. Sur la puissance divine comme providence, voir *Peri pronoias*, p. 23, l. 13 (texte arabe).

3. *Peri pronoias*, p. 20, l. 23-25 (texte arabe), trad. légèrement modifiée. Ce dédoublement de la puissance se retrouve dans les *Fuṣûl muntaza'a* de 'Abd al-Laṭîf al-Baghdâdî (médecin-philosophe, m. 1231), qui reprend des questions d'Alexandre : « kull mukawwan fa-la-hu quwwa qâbila li-l-kawn min fâ'il, la-hu quwwa 'alâ al-takwîn / tout engendré a en lui une puissance de recevoir la génération d'un agent, lequel a la puissance d'engendrer » (q. 4, éd. Rashed, p. 81). Sur ce texte, et la fidélité à Alexandre, voir M. Rashed, *L'héritage aristotélicien*, *op. cit.*, p. 31 *sq.*

4. Sur la puissance divine, et son activité causale, voir la *Quaestio* II-3, et S. Fazzo, *Aporia e sistema*, *op. cit.*, p. 175 *sq.*

5. Cf. *Fî al-qawl fî mabâdi' al-kull*, 128, éd. Genequand, p. 91.

6. *Cf.* Ps-Aristote, *De mundo*, 6, 397b24. Le néoplatonisme réinvestira cette idée d'une puissance investissant le monde. Porphyre (*Sententiae*, IV, éd. Brisson, t. I, p. 308) parle d'une puissance seconde (*deutera dunamis*), supposant ainsi une puissance première. Voir A. Smith, *Porphyry's Place in the Neoplatonic Tradition*, La Haye, Nijhoff, 1974, p. 6-7.

7. L'original grec du *Peri pronoias* est perdu ; nous ne disposons que de la traduction arabe, effectuée, via le syriaque, par Abû Bishr Mattâ.

8. *Peri pronoias*, p. 5, l. 8 (texte arabe).

dyade par rapport à l'unité, l'égalité de trois et de quatre, de l'entente des couleurs, de la vue des sons, du non-être ou de la mortalité des dieux. Alexandre reconnaît ce faisant des choses impossibles par nature, et qui s'imposent comme telle aux dieux [1]. Ce qui est impossible n'est pas davantage possible aux dieux. Alexandre fait donc émerger un plan de la possibilité, indépendant de celui de l'être, et qui décrit le champ de ce qui s'offre à l'action divine. Une consistance du possible se détache dès lors, qui invite à s'interroger sur cette nature des choses, avant même qu'elles ne soient.

Alexandre associe étroitement la nature et le *dunaton*. Plus précisément, la nature est la mesure du *dunaton* et de l'*adunaton* [2]. On prêtera ainsi son attention à « ce qui a dans sa nature propre de pouvoir advenir, ou non /to en tè oikeia phusei ekhon to dunasthai genesthai te kai mè » [3]. Ainsi donc, la *phusis* détermine le champ de ce qui peut advenir. La « nature propre », dit ici Alexandre, selon une expression qu'il ne cesse de répéter [4]. Cette *oikeia phusis* [5] délimite ce que peut être, faire ou recevoir, un individu donné [6]. Or, il est à remarquer que cette potentialité naturelle laisse ouverte la seconde partie de l'alternative, la non-advenue. Sans doute se joue ici, conjointement à ce travail sur le *dunaton*, une certaine interprétation de l'*endekhomenon* [7]. Avant de devenir vertueux, il était vrai qu'il était « éventuel qu'on ne le devienne pas » (*to endekesthai kai mè genesthai toiouton*) [8].

On le voit donc, Alexandre effectue un travail précis et rigoureux sur le concept de *dunaton*, pour le dissocier de celui d'acte, mais aussi de *teleiotès* (tout ce que l'on a par nature la potentialité de devenir n'est pas voué à s'accomplir nécessairement, ni naturellement [9]). Ce faisant, ce qui est *dunaton*, potentiel, laisse découvrir de l'*endekhomenon*, de l'éventuel, qui peut aussi bien être que ne pas être.

À cet égard, il est à remarquer qu'Alexandre porte une attention particulière à la bi-directionalité de la puissance, appelée depuis Aristote rationnelle. Ainsi que l'explique la *Quaestio* I-18 [10] : si le *dunaton* désigne ce qui peut

1. Cf. *De fato*, 30, p. 56, l. 25-p. 57, l. 5. La nature divine ne souhaite pas ce qui n'est pas possible (« laysa yalîqu bi-l-ṭabîʿa al-ilâhiya an tashâ'a mâ laysa mumkin » (*Fî al-qawl fî mabâdi' al-kull*, 140, éd. Genequand, p. 95).

2. *De fato*, 27, p. 52, l. 18.

3. *Ibid.*, 30, p. 57, l. 6-7.

4. Outre le *De fato*, voir *Quaestio* I-18, CAG suppl. II-2, 31, 8, et *Quaestio* II-3, CAG suppl. II-2, 48, 1-5.

5. Sur la nature propre, voir aussi *Fî al-qawl fî mabâdi' al-kull*, 139, éd. Genequand, p. 95.

6. On parlera ainsi de l'*oikeia phusis ekastou* (*De fato*, 27, p. 52, l. 19-20).

7. Alexandre associe les deux termes (*De fato*, 10, p. 19, l. 4). Voir aussi *ibid.*, 30, p. 57, l. 8-11.

8. *De fato*, 27, p. 51, l. 22.

9. Voir *ibid.*, p. 52.

10. Si toutes les *Quaestiones* ne sont pas de la main d'Alexandre, comme les commentateurs s'accordent à le reconnaître (P. Moraux, *Alexandre d'Aphrodise, exégète de la noétique d'Aristote*, Liège/Paris, Faculté de Philosophie et Lettres/Droz, 1942, p. 19-24 ; ou encore R. B. Todd, « Alexander and the Alexandrian *Quaestiones*, II, 12 », art. cit.), elles manifesteraient toutefois son

devenir ceci (*genesthai tode ti*), sans en être empéché, il désignerait aussi la potentialité de ne pas le devenir (*mè genesthai*) [1]. Ce disant, Alexandre laisse de côté le *dunaton* uni-directionnel, qui pouvait s'appliquer au nécessaire. L'éventualité, qu'Alexandre pense corrélativement à une telle puissance, donne dès lors à penser ce qui arrive, en pouvant ne pas arriver : « ὅ γὰρ οἱόν τε γενέσθαι, ἐνδέχεται τοῦτο καὶ μὴ γενέσθαι » [2]. L'éventuel, *endekhomenon*, apparaît par conséquent éminemment duel, comme le pouvoir de ne pas advenir de ce qui advient, et inversement le pouvoir d'advenir de ce qui n'advient pas [3]. Dans ces conditions, la potentialité et l'éventualité ne décrivent pas seulement ce qui est, entendons : ce qui est déjà là, comme devant naturellement advenir, mais ce qui aurait pu advenir autrement qu'il n'advient *in fine* [4].

Sans doute Alexandre déplace-t-il donc le centre de gravité du couple puissance / acte, pour le placer désormais non plus dans l'acte, mais dans la puissance elle-même. Interrogeant la puissance des opposés (la *dunamis tôn enantiôn*), il découvre une certaine co-existence de la potentialité à même l'actualité [5]. Pour autant que la nature (*phusis*) de ce qui admet les opposés (*enantia*) est concernée, explique la *Quaestio*, I-19, l'advenue de l'un des deux n'enlève pas la puissance de l'autre [6]. Le changement de l'un des contraires en l'autre suppose le maintien de la puissance de ce dernier [7].

Récapitulons. Alexandre d'Aphrodise retravaille la conception aristotélicienne du *dunaton*. L'associant à la nature propre, il lui donne une autonomie remarquable à l'égard du plan de l'être-en-acte, ou de ce qui advient ou arrive dans le monde. Une nouvelle articulation des concepts de *dunaton* et d'*endekhomenon* se noue ainsi, puisque l'*endekhomenon*, l'éventuel, ce qui est prêt à arriver, apparaît comme pouvant aussi bien ne pas arriver. Dans cette reprise du matériau aristotélicien, Alexandre a sans doute fait droit à une part de l'outillage conceptuel fourni par les Stoïciens, avec lesquels il dialogue constamment. Notamment, il a réinterprété le *dunaton* à partir de l'*epitèdeiotès*, l'aptitude. Mais cette aptitude ne signifie pas nécessairement une

influence. Voir R. B. Sharples, « The School of Alexander ? », *in* R. Sorabji (ed.), *Aristotle Transformed*, Ithaca, New York, Cornell UP, 1990, p. 83-111.

1. *Quaestio*, I-18, CAG suppl. II-2, 31, 1-2.

2. *Quaestio*, I-4, CAG suppl. II-2, 9, 33-34.

3. Voir encore *ibid.*, CAG suppl. II-2, 12, 25-27.

4. Voir la discussion sur la manière de comprendre que ce qui est mû pourrait (*endekhetai*) se mouvoir plus rapidement ou plus lentement (*Physique*, VI, 2, 232b20-23) : cela peut-il s'appliquer aux astres ? Pour Alexandre, d'après le témoignage de Simplicius, la question concerne le pouvoir, de même que les gens biens peuvent accomplir toujours de bonnes actions, cela ne leur retire pas la puissance des contraires (*In Physicam*, CAG X, 941-942). Voir M. Rashed, « Thâbit Ibn Qurra, la *Physique* d'Aristote et le meilleur des mondes », in *id.* (ed.), *Thâbit Ibn Qurra. Science and Philosophy in Ninth-Century Baghdad*, Berlin, W. de Gruyter, 2009, p. 675-714, en part. p. 692-693.

5. Voir les *Quaestiones*, I-19, II-15 et II-20.

6. CAG suppl. II-2, 32, 27-30.

7. CAG suppl. II-2, 33, 10-17.

tendance naturelle à se réaliser si les circonstances ne l'interdisent pas. Si la potentialité est une aptitude non-entravée, reste que son actualisation peut tout aussi bien requérir une intervention extérieure, celle d'un agent qui, par sa puissance, la fait advenir telle ou telle, selon ce qu'elle est susceptible d'admettre. En ce sens Alexandre met au centre de sa réflexion moins l'*energeia*, compris comme achèvement de l'être que la potentialité, comprise comme ouverture des possibles pour un monde qui pourra bientôt se dire contingent.

Puissance et causalité

La potentialité indique donc ce que l'on peut par nature, ce à quoi un étant est apte, ou adapté. Mais, pour naturelle qu'apparaisse ainsi la potentialité, sa réalisation, ou son effectuation, n'est pas pour autant nécessaire, mais peut être laissée à notre pouvoir[1], ou dépendre d'une autre puissance. Dans ces conditions, une nouvelle question ne manque pas de se poser. L'être pensé comme être-en-acte (*energeia*) indiquait l'achèvement, ou l'accès à sa propre finalité (*entelekheia*)[2]. Dès lors, octroyer à la question de l'être potentiel une certaine indépendance à l'égard de son actualisation (tout ce qui est potentiel n'est pas voué à s'accomplir), en comprenant la nature moins comme « principe du mouvement et du repos »[3] que comme aptitude (*epitèdeiotès*)[4], ne conduit-il pas à remettre en question l'inscription de la finalité au cœur de l'étant[5] ? En un mot, le recul de l'*energeia* (dans la limite que des commentateurs d'Aristote peuvent bien évidemment se permettre), comme l'attention à la *teleiotès* (plutôt sans doute qu'à l'*entelekheia*) ne modifie-t-il pas en profondeur la manière dont la question de la fin peut intervenir ? Gageons que la

1. Les (médio, ou néo)-platoniciens réinvestissent la formule de Platon (*Théétète*, 176b) sur l'assimilation au dieu *kata to dunaton*, pour penser la fin (*telos*) mise à la portée de l'homme. Ainsi, Alcinoos voit dans l'assimilation *kata to dunaton* ce que l'homme peut faire, selon ses vertus (*Didaskalikos*, XXVIII, éd. Whittaker, p. 56).

2. Aristote rapproche les deux concepts d'*energeia* et d'*entelekheia* ; voir *Métaphysique*, ϑ, 3, 1047a30-31.

3. Les commentateurs marquent leur insatisfaction à l'égard de cette définition aristotélicienne : elle indique moins ce que la nature est (*ti estin hè phusis*), que ce qu'elle fait, son activité (*hè energeia tès phuseôs*) ; voir Philopon, *In Physicam*, II, 1, 192b8, CAG XVII, 197, 30-198, 8.

4. Après Alexandre, Simplicius définit la nature à partir de l'*epitèdeiotès* : la *phusis* est une cetaine aptitude (*epitèdeiotès tis*) à l'être mû et ordonné (*pros to kinesthai kai diakosmeisthai*), voir *In Physicam*, II, 1, 193b22, CAG IX, 287, 13-23. Voir P. Golitsis, *Les commentaires de Simplicius et de Jean Philopon à la Physique d'Aristote*, Berlin-New York, W. de Gruyter, 2008, p. 144-145. Sur ce repli du couple *dunamis* / *energeia*, au profit d'*epitèdeiotès* et *teleiotès*, voir R. Wisnowsky, *Avicenna's Metaphysics in Context*, *op. cit.*, p. 49.

5. Sur l'usage de l'adjectif (*epitèdeios*), ou de l'adverbe, chez Aristote, (*Physique*, II, 8, 198b25 ; 198b30), voir G. Giardina, « Jean Philopon, Commentateur d'Aristote, *Physique* II 8 », *Revue de Philosophie Ancienne*, XXXII, 2014, p. 179-224, en part. p. 183-184. Chez Proclus, l'*epitèdeiotès* désigne la puissance passive à recevoir l'acte d'un agent extérieur ; voir C. Steel, « Puissance active et puissance réceptive chez Proclus », art. cit.

doctrine de la cause ne saurait rester indemne de ses transformations de la philosophie aristotélicienne. Le statut de la cause finale, notamment, demande à être pris en considération, comme la manière dont se laisse aborder la cause motrice d'Aristote, que nos commentateurs réinterprètent comme effectuante (*poiètikon*)[1].

Alexandre d'Aphrodise nous a invités à penser le rapport entre la potentialité et l'être effectif à partir d'une certaine articulation entre l'*epitèdeiotès* et les circonstances extérieures[2]. Avec Jean Philopon[3], nous découvrons une nouvelle manière d'aborder la question des rapports entre l'intériorité et l'extériorité[4]. Anticipant la doctrine de l'*impetus*[5], il soutient en effet, contre Aristote[6], qu'une transmission de la force motrice du projetant a lieu dans le projeté[7] : lorsqu'on lance une pierre (*lithos*), selon un mouvement, on ne la

1. Alexandre d'Aphrodise, *De fato*, 3, éd. Thillet, p. 5, et *In Metaphysicam*, Δ, CAG VI-2, 345-346 ; Philopon, *In Physicam*, II, CAG XVI, 246-247 ; Simplicius, *In Physicam*, II, 3, 194b29, CAG IX, 315, 6. Voir mon article « La métaphysique de la cause », art. cit. On notera la précision de Simplicius, qui reconnaît ultimemement le mouvement ou le changement comme plus général que la production (CAG IX, 25-28). La *poièsis* revêt une portée ontologique ; elle apparaît comme *ousiôdès* (315, 27), concernant un changement quant à l'*ousia*.

2. Sur l'importance des circonstances, que l'on retrouve chez Boèce, voir mon article « Inhérence ou relation ? L'*ad aliquid* et la doctrine catégoriale de la substance chez Boèce », in *Quaestio* (Actes du colloque : *L'ontologie de la relation*), 13, 2013, p. 125-148, en part. p. 141-144.

3. Sur l'œuvre de Philopon, on se reportera à R. Sorabji, « John Philoponus », in *id.* (ed.), *Philoponus and the Rejection of Aristotelian Science*, Londres, Duckworth, 1987, p. 1-40.

4. Une théorie de la composition des forces, entre une puissance du projectile (*tou rhiptoumenou dunamis*) et une force (*ischus*) projetante, semble avoir été soutenue par Hipparque de Nicée (m. -125), à en croire le témoignage de Simplicius, *In De caelo*, I, 8, CAG VII, 264, 25-265, 3. *Cf.* la question 32 du traité pseudo-aristotélicien, la *Mechanica*, 858a13-16. Alexandre aurait, en partie du moins, partagé la position d'Hipparque. Voir M. Wolff, « Philoponus and the Rise of Preclassical Dynamics », in R. Sorabji (ed.), *Philoponus and the Rejection...*, *op. cit.*, p. 84-120, en part. p. 100-102.

5. Outre P. Duhem, *Le système du monde*, Paris, Hermann et fils, t. VIII, 1958, p. 169 *sq.*, voir S. Pinès, *Studies in Abu'l-Barakât al-Baghdâdî Physics and Metaphysics, The Collected Works*, vol. I, éd. S. Stroumsa, Jérusalem /Leiden, The Magnes Press/Brill, 1979, p. 31 *sq.* ; M. Wolff, « Philoponus and the Rise... », art. cit. ; F. Zimmermann, « Philoponus'Impetus Theory... », art. cit. Sans forcément le mentionner, les auteurs arabes auraient été influencés par Philopon, « Yaḥyâ al-Naḥwî » (Jean le Grammairien), dont des gloses accompagnent la traduction arabe de la *Physique*, comme dans le manuscrit de Leyden. Simplicius pose la question de l'opportunité d'admettre que le mouvement est imprimé dans l'air, plutôt que dans le mobile (*In Physicam*, VIII, 10, CAG X, 1349, 26-29). Comme le remarque M. Wolff, « Philoponus and the Rise... », art. cit., p. 103-104, l'usage de l'expression *endotheisa dunamis* que l'on repère chez Alexandre, Themistius ou encore Simplicius ne suffit pas à y voir des précurseurs de la doctrine de l'*impetus*.

6. On distingue deux périodes chez Philopon. Si le commentaire aux *Premiers analytiques* et celui au *De generatione* datent d'avant 517, le commentaire à la *Physique* serait postérieur et Philopon marque davantage ses distances par rapport à Aristote. Sur cette chronologie et cette évolution philosophique, voir P. Golitsis, *Les commentaires...*, *op. cit.*, p. 22 *sq.* ; K. Verrycken, « The Development of Philiponus'Thought and its Chronology », *in* R. Sorabji (ed.), *Aristotle Transformed*, Itaca-New York, Cornell UP, 1990, p. 233-274, fait l'hypothèse d'une révision du texte.

7. Voir R. Sorabji, « John Philoponus », art. cit., p. 7-13.

contraint pas à se mouvoir contre nature en poussant l'air derrière elle [1], mais en imprimant en elle une puissance motrice : « ...ἐνδίδωσι (...) δύναμιν κινητικὴν » [2]. Philopon fait ainsi droit, à une force, ou une puissance, non seulement interne, mais imprimée de l'extérieur [3].

Indéniablement, l'organisation de la doctrine causale ne manque pas de subir une refonte significative chez les commentateurs néoplatoniciens d'Aristote [4]. Ainsi, Simplicius fait prévaloir les causes poiétique et finale, au détriment de la forme et de la matière, ou les éléments, compris comme *sunaitia* [5]. Mais, à cette première dichotomie, qui exhibe deux causes, pour mettre de côté deux autres [6], s'ajoute une attention plus spécifique à la cause poiétique, associée à la nature [7] : si la nature se laisse dire selon plusieurs significations [8], et s'applique ainsi aussi à la matière et à la forme, sa signification principale renvoie à la cause poïétique [9]. La fin elle-même se voit abordée à partir de cette conception de la nature qui insiste sur ce qu'elle effectue [10].

1. Philopon destitue le lieu de la puissance. Rappelons son refus de l'idée aristotélicienne d'un lieu (*topos*) conçu comme quelque chose (*ti*) de doté d'une puissance (*dunamis*), ce qui expliquerait la motion des quatre éléments vers leur lieu propre (*Physique*, IV, 1, 208b8-14) ; voir *In Physicam*, IV, 4, corollarium de loco, CAG XVII, 579, 27-580, 7. A la suite de Théophraste, Philopon préfère voir le monde comme un organisme recherchant un certain ordre. Il reconnaît, à la place du désir pour une surface (*epiphaneia*), position qu'il estime ridicule, un désir pour un certain ordre (*taxis*) établi par le Créateur (*dèmiourgios*) ; voir *ibid.*, 581, 18-31. Contre Aristote, il faudrait admettre la possibilité d'un mouvement dans le vide. Voir *In Physicam*, IV, 8, 632, 4-634, 2.

2. *In Physicam*, IV, 8, 214b28, CAG XVII, 641, 13-16, et 642, 3-5. Philopon confirme sa doctrine de l'existence du vide, comme condition même de possibilité du mouvement (CAG XVII, 675, 12-695, 8). Voir P. Golitsis, *Les commentaires...*, p. 188-190.

3. En cela, il se distingue d'Alexandre d'Aphrodise, ou de l'auteur du traité pseudo-aristotélicien de la *Mechanica*. Voir R. Sorabji, « John Philoponus », art. cit., p. 10-11.

4. Ceux-ci mentionnent, en fidélité à Platon, deux autres causes, l'instrument et le paradigme. Voir Philopon, *In Physicam*, II, 3, 194b16, CAG XVII, 241, 17-19.

5. *Ibid.*, I, proemium, CAG IX, 3, 16-17.

6. Dans le sillage d'Alexandre, Simplicius insiste sur l'extériorité (la séparation et la distinction : *kekhorismenon* et *exèremenon*) du producteur par rapport à son œuvre, par opposition à la forme, présentée comme inhérente (*enhuparkhon*) ; voir *ibid.*, II, 3, 194b29, CAG IX, 315, 10-12.

7. *Ibid.*, I, proemium, CAG IX, 3, 25-27 ; cf. *In De caelo*, CAG VII, 2, 18-24. Simplicius défend toutefois, contre Eudème, qui met l'accent sur le sujet (*hupokeimenon*) et l'initiateur du mouvement (fragment 52 Wehrli), le maintien de la fin (*In Physicam*, II, 3, 195a23, CAG IX, 322, 6-12).

8. *In Physicam*, II, 2, CAG IX, 282, 31-285, 29.

9. *Ibid.*, II, 2, 193b22, CAG IX, 285, 14-15. Simplicius reproche à Aristote d'avoir omis cette signification, pourtant principale (*kuriôtaton*). La matière, la forme, le composé, la pousse (qui correspondent aux quatre premières significations) contribuent à la cause du mouvement, à la causalité productrice de la nature (cinquième et principale signification). Simplicius peut s'appuyer sur Eudème (fragment 51 Wehrli) pour reconnaître la participation de la matière et de la forme, en tant que principes élémentaires, à l'activité (*energeia*) de la nature (*ibid.*, 284, 33-285, 2).

10. La causalité productrice de la nature apparaît corrélée à l'attention à la fin. Si la forme se présente aussi comme une fin (*ibid.*, 285, 3-5), l'intervention du composé dans la causalité motrice de la nature s'explique par le fait qu'il est principe en tant que fin (*ibid.*, 285, 5-7).

Une bipartition similaire se retrouve chez Philopon. La matière et la forme sont présentées comme *sunaitia*; seules les causes poiétique et finale sont des causes au sens plein du terme (*kuriôs*) [1].

Dans son commentaire de la *Physique* [2], Philopon associe d'abord la nature à la forme (la forme de chaque chose est la nature de chaque chose [3]), pour immédiatement reconnaître que la nature n'est pas seulement une cause formelle (*eidikon aition*), mais aussi poiétique (*poiètikon*) et finale (*telikon*) [4]. L'examen de la détermination aristotélicienne de la nature donnée dans le livre second, chapitre 1, de la *Physique*, s'ouvre ainsi d'emblée par la reconnaissance d'une causalité [5], qui ne saurait être réduite à la forme, mais qui se pense tout aussi bien sous l'angle de l'efficience et de la finalité [6]. L'interprétation résolument eidétique que propose Philopon de la nature ne le conduit pas à minorer sa dimension effectuante, selon le terme même employé ici (Philopon ne parlant pas en termes de mouvement).

Retravaillant la détermination aristotélicienne de la nature, Philopon propose les principes d'une nouvelle physique. Il affirme en effet que les corps simples, la terre et le feu, sont le principe naturel de leur déplacement vers leur lieu propre. Sans nul doute, Philopon discute ainsi la téléologie d'Aristote [7], pour découvrir en chaque corps une puissance propre [8]. Il insiste ainsi fermement sur la suffisance à soi del'étant naturel, fût-il inanimé. À l'instar des étants animés, qui ne sont pas mus par quelque chose d'extérieur à eux (*exôthen*), les étants inanimés ont en eux (*en autois*) une inclination naturelle (*phusikè rhopè*) qui rend compte de leurs mouvements [9]. On distinguera ainsi les étants naturels des étants artificiels, dont la cause du mouvement se trouve à l'extérieur, tel le charpentier à l'égard du lit qu'il produit [10]. Quand la nature agit de l'intérieur, l'art produit (*poiein*) de l'extérieur.

L'opposition n'est peut-être pas aussi frontale qu'il y paraît de prime abord. Sans doute convient-il en effet de reconnaître un rôle joué, dans le cas des

1. *Ibid.*, II, 3, 194b16, CAG XVII, 241, 3-5.

2. Sur l'importance de ce texte pour la réception arabe de la *Physique*, voir P. Lettinck, *Aristotle's Physics and its Reception in the Arabic World*, Leiden-New York-Cologne, Brill, 1994.

3. *In Physicam*, II, 1, 192b8, CAG XVII, 194, 18-19.

4. *Ibid.*, 195, 3.

5. Voir *Physique*, II, 1, 192b8-9.

6. Philopon rappelle la proximité de ces trois causes, aux dires mêmes d'Aristote (II, 7, 198a24) ; voir *In Physicam*, II, 1, 192b8, CAG XVII, 195, 4-5.

7. Philopon n'hésite pas, à l'occasion, à marquer ses distances vis-à-vis d'Aristote. Voir *In Physicam*, II, 8, 198b10, CAG XVII, 310, 5-15.

8. Déjà la physique du poids de Straton fait l'économie des causes formelle et finale ; voir D. Lefebvre, « Straton sur le poids », art. cit.

9. *In Physicam*, II, 1, 192b8, CAG XVII, 195, 24-196, 6. Sur la nature comme puissance, voir A. Lammer, « Defining Nature : from Aristotle to Philoponus to Avicenna », *in* A. Alwishah et J. Hayes (eds.), *Aristotle and the Arabic Tradition*, Cambridge, CUP, 2015, p. 121-142, en part. p. 122-124.

10. *In Physicam*, II, 1, 192b8, CAG XVII, 196 6-12.

étants naturels eux-mêmes, par l'extérieur : si la cause est à l'intérieur (*to aition entos*), elle peut être aidée par l'intervention de ce qui est à l'extérieur (*exôthen*), comme le soleil : sans celui-ci, va jusqu'à dire Philopon, les étants inanimés ne pourraient pas même être : « μηδὲ εἶναι δύνανται » [1]. La question de la puissance affleure ainsi, sous la forme radicale de la puissance d'être (et pas seulement de se mouvoir de telle ou telle façon). La puissance d'être découvre, au cœur de ce qui est, la dépendance envers un autre. À travers un jeu entre l'intérieur et l'extérieur, et par delà l'opposition initiale entre ce qui est naturel et ce qui est artificiel, Philopon découvre combien ce qui est naturellement, et se meut ainsi par soi, tient d'avoir pu être d'un autre que de lui-même.

Nous sommes ici à un tournant : d'un côté, Philopon maintient certains éléments classiques de la tradition exégétique néoplatonicienne d'Aristote ; d'un autre côté, il entrevoit de nouvelles potentialités, qu'il développera plus avant dans ses écrits plus tardifs, tel le *De aeternitate mundi contra Proclum*, et qui le conduiront à prendre ses distances à l'égard d'éléments doctrinaux précédemment admis.

Dans le commentaire à la *Physique*, quelle que soit la date de sa rédaction, et les possibles réécritures du texte, Philopon conserve, indéniablement, certaines des thèses classiques de l'aristotélisme de son temps. Celui-ci s'est vu reconfiguré par l'admission en son sein de certaines idées, stoïciennes [2], ou néoplatoniciennes [3], mais il a, à plus d'un égard, conservé un visage classique, et largement reconnaissable pour tout lecteur de l'œuvre du Stagirite. Rien, notamment, ne laisse ici penser à un refus quelconque de l'éternité du monde.

Par petites touches, Philoppon égraine toutefois au sein de cette physique présentée comme celle d'Aristote l'idée d'une dépendance du monde envers un autre, en ce qu'il est et fait. Le dynamisme de la nature s'ouvre ce faisant sur une puissance autre, qui l'ordonne de l'intérieur. Suggestive apparaît l'expression de *dunamis katadedukuia*, quoique sa signification exacte ne soit pas aisée à établir : la nature est en effet présentée comme une vie [4], ou une puissance « descendue » dans les corps [5]. À même cette détermination de la nature, Philopon laisse à penser une forme de transcendance : « descendue »

1. *In Physicam*, II, 1, 199, 3-6.

2. Voir *ibid.*, 198, 3 (la nature a pour rôle de tenir ensemble, *sunekhein*).

3. Voir *ibid.*, 197, 34-35 (la nature est vie, elle est *diaplastikè* et *dioiketikè*).

4. Ce point est teinté de néoplatonisme ; voir Simplicius, *In Physicam*, II, 2, 193b22, CAG IX, 287, 20-23.

5. *Ibid.*, II, 1, 192b8, CAG XVII, 197, 34-35. Sur cette expression, et le sens de « puissance descendue », plutôt que « diffusée » (qui correspondrait à une perspective stoïcienne), voir E. M. Macierowski et R. F. Hassing, « John Philoponus on Aristotle's Definition of Nature », art. cit., p. 82-86. Sur le christianisme de Philopon, au moment de la rédaction des commentaires aristotéliciens, voir la position de E. Evrard, « Les convictions religieuses de Jean Philopon et la date de son commentaire aux *Météorologiques* », *Bulletin de la classe des lettres et des sciences morales et politiques de l'Académie Royale de Belgique*, 1953, p. 299-357.

dans les corps, la puissance leur serait donc venue de plus haut qu'eux. La puissance naturelle des corps ne les enferme pas en eux-même, mais les ouvre au-delà d'eux-mêmes.

Nous le voyons donc, le concept de puissance s'avère crucial dans le remodelage de la physique aristotélicienne. Si Philopon insiste fortement sur la puissance interne des choses, comme principe de leurs mouvements, force est de reconnaître que cette puissance ne renforce pas simplement la spontanéité des mouvements, puisque, aussi bien, cette puissance vient d'ailleurs, ainsi que notre commentateur ne cesse de le répéter. On comprend dans cette perspective la promotion de la cause poiétique [1] (qui suppose d'abord une extréiorité du producteur à l'égard de ce qu'il produit [2]), et l'intérêt renouvelé, conjointement, pour la cause instrumentale [3]. La causalité poiétique (et non plus seulement finale) s'applique ainsi, chez Philopon [4], comme déjà chez son maître Ammonius (m. ap. 517) [5], au divin, dans sa relation au monde, qui tient de lui son être sans commencement. La dualité de la puissance permet de penser à la fois la potentialité sise dans ce qui est, et sa dépendance envers l'activité d'un autre.

La matière et ses potentialités

La réinterprétation de la puissance interne à partir de ce qu'elle a reçu appelle un examen renouvelé du concept de matière. Dès lors que la matière s'avère créée, se pose la question de son statut, et du sens que revêt la potentialité qu'on lui attribue. La potentialité de la matière serait ainsi soumise en son origine à une puissance effectuante.

À cet égard, dès le commentaire à la *Physique*, Philopon travaille le concept de matière. Au livre second, il voit en effet, à la suite d'Aristote, dans la nature la forme de chaque chose [6], plutôt que sa matière ou son

1. Dans une optique proche, Simplicius reconnaît une primauté, dans le domaine de la causalité poiétique, de celui qui planifie sur celui qui agit (*In Physicam*, II, 3, 194b29, CAG IX, 315, 22-23).

2. La cause poiétique est *exôthen*, voir *In Physicam*, II, 3, 194b23, CAG XVII, 244, 1. *Cf.* Simplicius, *In Physicam*, II, 3, 194b29, CAG IX, 315, 10-11, sur la cause poiétique, au sens rigoureux du terme, comme *kekhôrismenon* et *exèremenon*.

3. Voir *In Physicam*, II, 3, 194b29, CAG XVII, 245, 23-26. *Cf.* Simplicius, *In Physicam*, II, 3, 194b29, CAG IX, 315, 15-22, sur la question de l'inclusion des instruments au nombre des causes poiétiques ; Simplicius note la mention de « premier » (principe premier du changement et du repos) dans le texte aristotélicien.

4. *In De Generatione*, I, 6, CAG XIV-2, 136, 33-137, 3, et II, 9, 286, 7.

5. Simplicius nous informe qu'il aurait écrit un livre à ce sujet (*In Physicam*, VIII, 10, CAG X, 1363, 8-12 ; *In De caelo*, I, 8, 271, 18-26). Voir, dans cette lignée ouverte par Ammonius, Simplicius, *In Physicam*, I, 9, CAG IX, 256, 16-25 ; VIII, 10, CAG X, 1363, 8-24 ; *In De caelo*, I, 8, CAG X, 271, 13-23, et Elias, *In Categorias*, proemium, CAG XVIII-1, 120, 15-19.

6. Telle est l'opinion d'Aristote, et la droite opinion, dit Philopon, *In Physicam*, II, 1, 193a9, CAG XVII, 207, 23.

substrat[1]. S'ensuit dès lors une analyse qui s'appuie sur l'hylémorphisme aristotélicien. Celle-ci constitue l'occasion pour Philopon de prendre en considération le concept de matière, que la tradition néoplatonicienne n'avait manqué, elle-aussi, de réexaminer. Conjointement, se trouvent envisagés le modèle subjectif de l'inhérence des attributs en un sujet, comme la question de la potentialité de la matière. Quand, en effet, l'interprétation de la nature comme matière renforce le schème de la subjectité (la matière est *hupokeimenon*, et la forme réduite au rang de *pathos*, qui peut aller et venir[2]), la détermination eidétique de la nature conduit Philopon à réévaluer le couple de l'être-en-puissance et de l'être-en-acte[3]. Dès lors, ce qui est ne se présente pas comme ce qui « est dans » (*enhuparkhein*), mais comme ce qui est « en acte » (*energeia*)[4].

Philopon envisage donc la matière dans sa relation à la forme[5]. Dans cette perspective, il exhibe le sujet ultime, la matière première (*hè prôtè hulè*), qui, par delà les éléments constitutifs des corps, par delà l'être étendu selon les trois dimensions (*to trikhè diastaton*)[6], est sans forme (*aneideos*)[7].

Nous touchons ici au cœur de la réflexion philoponienne sur la matière. Dans ses écrits tardifs, le *De aeternitate mundi contra Proclum* notamment, notre auteur revient en effet sur cette informité de la matière première comme sujet ultime et indéterminé[8]. L'extension tridimensionnelle (*to trikhè diastaton*) est matière (*hulè*) et sujet premier (*prôton hupokeimenon*)[9].

Un double geste est ici à l'œuvre.

1) D'un côté, Philopon se livre, contre les néoplatoniciens[10], à une réévaluation ontologique de la matière : elle n'est pas rien[11], sans qualité, mais tri-

1. C'est le premier sens de la nature que rappelle Aristote, *Physique*, II, 1, 193a9-30. Philoppon renvoie à Antiphon ; voir *In Physicam*, II, 1, 193a9, CAG XVII, 207, 20-22, puis 25 *sq.*

2. Voir *In Physicam*, II, 1, 193a9, CAG XVII, 208, 11-19.

3. Voir *ibid.*, CAG XVII, 208, 32-209, 16.

4. Philopon réintroduit l'être-en-acte quand l'argument d'Aristote ne mentionnait que l'être-en-puissance, qui n'intervenait d'ailleurs qu'une seule fois (*Physique*, II, 1, 193a30-b5). Aristote mentionne ensuite, dans le second argument, l'*entelekheia* (193b6). Philopon assimile les deux arguments (*In Physicam*, II, 1, 193a9, CAG XVII, 209, 25-31).

5. Sur la matière et la forme comme des relatifs (*pros ti*), voir *In Physicam*, II, 2, 194a12, CAG XVII, 233, 1-2.

6. Voir *In Physicam*, II, 2, 194a12, CAG XVII, 235.

7. Voir *ibid.*, 232, 29-31.

8. La matière première n'est pas incorporelle et informe (*De aeternitate mundi contra Proclum*, XI, 3, p. 412, 15-17).

9. *De aeternitate mundi contra Proclum*, XI, 1, p. 406, l. 10-11 ; voir aussi XI, 3, p. 414, XI, 6, p. 425, XI, 7, p. 428, XI, 8, p. 433 et 440, et *De aeternitate mundi contra Aristotelem*, fr. 71-72.

10. Voir *Contra Proclum*, XI, 1, p. 409, l. 20-25, résumé de la position classique, qui n'est pas sans rappeller Ammonius, *In Categorias*, vi, CAG IV-4, 54, 4-9 ; voir aussi Philopon, *In Categorias*, VI, CAG XIII-1, 83, 14-19, ou v, 65, 17-19.

11. Voir au contraire Plotin, *Ennéades*, II 4 [12], 6 *sq.* La matière est « sans grandeur » (*amegethès*), ou plus précisément « ce qui a été rendu grand » (*to memegethusmenô eina*, § 8,

dimensionnelle. Notons dans cette perspective comment, reconnaissant un désir de la matière vers la forme[1], le commentaire à la *Physique* faisait de la matière la cause de l'action et de la passion[2]. Dans le *Contra Proclum* (XI, 5), la tridimensionalité de la matière est présentée comme quantité essentielle[3]. Indissolublement liée à la forme[4], la matière demande ainsi à être intégrée au nombre des *onta*[5]. Philopon va jusqu'à y voir « quelque chose de naturel posé-là » : « φυσικόν τι πρᾶγμα ὑφεστός »[6]. Indéniablement donc, Philopon, commentateur d'Aristote, ou penseur chrétien s'attaquant à la philosophie païenne, se montre constamment attentif à reconnaître une acception positive de la matière.

2) Toutefois, nulle autonomie ontique n'est ainsi affirmée. Philopon rend en effet la matière, en son origine, dépendante d'un autre, qui l'a portée vers l'être[7]. On sait comment Philopon, s'attaquant à la doctrine de l'éternité cosmique d'Aristote, affirme la périssabilité du monde en vertu de l'indigence ontique de la matière, qui ne saurait se suffire à elle-même. Le monde, étant un corps fini, a une puissance non pas infinie, mais finie[8] ; il doit son maintien dans l'être à la puissance de Dieu[9]. Semblablement, le monde étant fini[10], ses

11-12), ou « receptive de l'extension » (*diastematôs dektikè*, § 11, 18-19). Sur cette docilité de la matière, voir J.-M. Narbonne, *La métaphysique de Plotin*, Paris, Vrin, 1994, p. 38 *sq*. Voir aussi J. Laurent, *Les fondements de la nature selon Plotin*, Paris, Vrin, 1992, p. 107, et L. Lavaud, *D'une métaphysique à l'autre. Figures de l'altérité dans la philosophie de Plotin*, Paris, Vrin, 2008, p. 15 *sq*.

1. IV, 4, corollarium de loco, CAG XVII, 580, 8.

2. *Ibid.*, CAG XVII, 559, 10-18. L'extension seule n'est pas la cause de la division, mais l'extension avec la matière, c'est-à-dire le corps.

3. Telle est la réponse à l'objection visant à faire de la tridimensionalité un simple accident ; voir *Contra Proclum*, XI, 5, p. 424, l. 4-10 et la présentation de l'argument dans P. Mueller-Jourdan, *Gloses et commentaire du livre XI du* Contra Proclum *de Jean Philippon*, Leiden, Brill, 2011, p. 113-118.

4. La matière et la forme sont relatives l'une à l'autre (*pros ti*) ; voir *Contra Proclum*, XI, 1, p. 409, l. 13-18. Matière et forme sont dès lors intrinsèquement unies. Philopon privilégie l'approche des livres centraux de la *Métaphysique* (H, Z, Θ), plutôt que de la *Physique*, I, 6-9, qui marque leur distinction. Voir F. A. J. de Haas, *John Philoponus's New Definition of Prime Matter*, Leiden-New York-Cologne, Brill, 1997, p. 27.

5. *Contra Proclum*, XI, 7, p. 427, l. 5-428, l. 1.

6. *Ibid.*, l. 22. Refusant de voir dans le terme matière un nom vide, mais lui reconnaissant un certain mode d'être, qu'elle tient de la forme, Philopon refuse l'idée d'une informité de la matière. Voir F. A. J. de Haas, *John Philoponus's New Definition...*, *op. cit.*, p. 268. Sur la matière comme nom vide (*kenon onoma*), voir Plotin, *Ennéades*, II 4 [12], 12, 22.

7. Philopon mentionne le Dieu qui a fait advenir à l'être une matière informée (*pepoièmenè hulè*) ; voir *Contra Proclum*, XI, 1, p. 409, l. 12-13.

8. Voir le témoignage de Simplicius (s'opposant à Philopon), *In Physicam*, VIII, 10, CAG X, 1326, 38-1336, 34. Voir R. Sorabji, *Matter, Space and Motion*, Londres, Duckworth, 1988, p. 249 *sq*.

9. L'épitomé arabe d'un *De l'advenue du monde* va dans ce sens (plutôt que d'un *De contingentia mundi*, comme on a l'habitude de dire, il faut plutôt parler d'un traité *Sur l'advenue du monde*, puisqu'il s'agit de montrer que le monde a été après ne pas avoir été, plutôt que de montrer qu'il aurait pu être autrement).

10. Voir Aristote, *De caelo*, I, 7, 274a-276a.

puissances le sont aussi [1], le monde doit dès lors être advenu : il a été après ne pas avoir été [2].

À en croire l'*épitomè* arabe qui nous est parvenu, le traité perdu *Sur l'advenue du monde* se livrait à un travail sur le concept de puissance. Si l'en puissance marque une certaine défectuosité [3], ce qui est dans le monde demande à être rapporté à une puissance exogène. Le monde reçoit ainsi une puissance (*quwwa*) du Créateur (*al-bâri'*) [4]; la puissance qui conserve son essence (*dhât*) ne lui appartient pas par nature [5]. Se découvre ainsi l'extranéité originaire de la puissance qui maintient le monde dans l'être. Un double sens de la puissance se reconnaît donc : la puissance (*quwwa*) se dit en effet 1) soit (en un sens aristotélicien classique) de ce qui est en puissance, et qui requiert un étant en acte pour passer lui-même de la puissance à l'acte, 2) soit de la puissance du Créateur, dont dépend l'être de tout ce qui est dans le monde.

Cette dualité est certainement héritée de Plotin. Si l'Un est doté d'une puissance (la *dunamis pantôn*, la « puissance de toutes choses »), puissance doit alors s'entendre en un autre sens que lorsqu'on dit de la matière qu'elle est en puissance parce qu'elle reçoit les formes [6]. L'être en puissance se dit ainsi de la matière en tant que doit lui advenir une certaine forme la faisant autre qu'elle même [7]. Si la matière comme *hupokeimenon* indiquait une certaine forme de stabilité [8], Plotin la réinterprète, à travers le concept d'en puissance, comme ce qui ne coïncide jamais avec soi-même, mais se meut dans l'altérité, au travers des formes qu'elle revêt [9]. Proclus prend acte de cette impuissance de ce qui est

1. Voir Aristote, *Physique*, VIII, 10, 266a-266b.

2. Voir l'épitomé arabe du *Kitâb fi ḥadâth al-'âlam*, I, éd. Troupeau, p. 79, l. 22-22. Voir le témoignage d'Ibn Suwâr, éd. Badawi (Neoplatoni apud arabes, Le Caire, 1955), p. 244-248, p. 246, l. 11-18 ; voir B. Lewin, « La notion de *muḥdath* dans le *Kalâm* et dans la philosophie », *Orientalia Suecana*, 3, 1954, p. 84-93, en part. p. 91.

3. Les choses parfaites (*al ashyâ' al-tâmma*) sont celles qui sont en acte (*bi-l-fi'l*), et celles qui sont défectueuses (*nâqiṣa*) sont celles qui ne sont qu'en puissance (*bi-l-quwwa*), rappelle Philopon, en conformité avec Aristote (*Kitâb fi ḥadâth al-'âlam*, III, éd. Troupeau, p. 83, l. 14-15).

4. *Ibid.*, p. 79, l. 26.

5. *Ibid.*, p. 80, l. 1.

6. Voir *Ennéades*, V 3 [49], 15, 33-34. G. Aubry insiste sur cette émergence d'un nouveau sens de la puissance, appliqué au divin (*Dieu sans la puissance*, p. 211-212) ; encore convient-il de ne pas minorer le maintien de la conceptualité (aristotélicienne) comme être en puissance. Voir encore *Ennéades*, II 5 [25], 1, 21-26. ; quelque chose d'autre doit survenir à ce qui est en puissance pour le faire passer à l'acte (*heterou epelthontos*, II 5 [25], 3, 29). Sur le travail plotinien sur la puissance en son acception aristotélicienne, voir L. Lavaud, « L'Un puissance de toutes choses… », art. cit., p. 34, puis p. 35-41.

7. Ainsi Plotin retravaille-t-il la conceptualité aristotélicienne ; voir *Ennéades*, II 5 [25], 1.

8. Sur la difficulté léguée à Plotin, voir L. Lavaud, *D'une métaphysique à l'autre*, p. 17. Plotin reconnaît une certaine permanence de la matière, qui reçoit les formes : « Μένει δὲ τὸ δεξάμενον τὸ εἶδος τοῦ γενομένου… » (*Ennéades*, II 4 [12], 6, 7-8). Plotin n'en reste pas à une détermination subjective de l'être ; l'*ousia* est *energeia* au sens d'une activité ; voir L. Lavaud, *D'une métaphysique à l'autre*, *op. cit.*, p. 172-173.

9. Voir L. Lavaud, *D'une métaphysique à l'autre*, *op. cit.*, p. 22 *sq.* Comme le constatait Alexandre d'Aphrodise, selon le témoignage de Simplicius, la tradition platonicienne refuse de

en puissance, lequel requiert la puissance active d'un autre pour accéder à l'acte[1]. Si l'*energeia* est activité, cette activité est l'œuvre, en ce qui est puissance, d'un autre que lui. L'interprétation active de l'*energeia* aristotélicienne se double donc de l'affirmation d'une altérité au cœur du sensible, condamné à ne pouvoir devenir lui-même par lui seul.

Fortement influencé par le néoplatonisme (quoi qu'il en soit de la distance qu'il marquera avec ce courant), Philopon reprend donc la conceptualité d'Aristote en lui faisant subir certains réaménagements décisifs, qui vont constituer le cadre dans lequel la philosophie aristotélicienne va pouvoir être reçue. Or, nous postulons que le dédoublement de la puissance, en une puissance active et une capacité réceptive, offre un espace où peut affleurer la question de la possibilité. Le travail sur la matière et son extension, comme sans doute l'attention au vide, sont en effet autant de lieux permettant l'emergence d'une considération de la possibilité, en deçа de ce qui est (fût-il seulement en puissance).

1) La matière, donc, est étendue. Pour d'autres motifs sans doute, Simplicius partage une vue similaire[2]. Une telle interprétation de la matière sera de surcroît appelée à une riche postérité. Sans même qu'il soit nécessaire de convoquer Descartes, on mentionnera la philosophie d'expression arabe : pour rendre le terme grec *hulè*, celle-ci privilégie, à la transcription *hayûla*, ou à l'usage de *al-'unṣur*, l'élément, un terme signifiant, littéralement, le fait d'être étendu, à savoir *mâdda*[3]. Par ce terme, la *falsafa* retrouve la tradition coranique, qui affirme qu'Allah « a étendu la terre (*madda al-arḍa*) et y a fait surgir des montagnes et des rivières (*wa ja'ala fî-hâ rawâsiya wa anḥâran*) » (Coran, 13, 3)[4]. La matière comme étendue pourra ainsi apparaître comme le corrélat d'un acte d'extension divin, préalable à toute ordination et surgissement dans l'être des créatures. La matière, en ce sens, se livre donc à l'opération de celui qui agit sur elle, comme un champ ouvert.

penser une altération de la matière, conçue comme intransformable (*atrepton*) ; sans qualité, la matière ne saurait être altérée ; le composé n'est donc pas tant constitué d'une matière et d'une forme qu'il ne se pense comme une forme dans une matière ; voir Simplicius, *In Physicam*, II, 3, CAG VIII, 320, 20-36 ; *cf.* Platon, *Timée*, 51a-b ; lui-même sans forme, le réceptacle reste extérieur (*ektos*) aux formes qu'il reçoit. Pour Plotin, ainsi, la matière est impassible (*Ennéades*, III 6 [26], 12 et 14, 22) ; elle reste elle-même sans rien recevoir des formes qui, en quelque manière, ne font que glisser sur elle.

1. *Eléments de théologie*, prop. 77, éd. Dodds, p. 72.

2. Voir R. Sorabji, *Matter, Space and Motion*, *op. cit.*, p. 3 *sq.*

3. Sur ce lexique, voir S. Afnan, *Philosophical Terminology in Arabic and Persian*, Leiden, Brill, 1964, p. 115-117.

4. Voir de même Coran, 15, 19 : « Quant à la terre, nous l'avons étendue (*wa l-arḍ, madadnâhâ*), y avons jeté des montagnes (*wa alqaynâ fî-hâ rawâsiya*), et y avons fait pousser toute chose bien pesée (*wa-anbatnâ fî-hâ min kull shay' mawzûn*) ». La terre se présente en effet comme une sorte de tapis, selon l'image même de la sourate 71, v. 19 ; voir encore les images de la couche (Coran, 2, 21-22, ou 78, 7), ou du berceau (20, 53).

2) Il y a plus. Philopon s'attache en effet, par delà la matière, conçue comme potentialité, à l'espace, qu'il refuse de réduire à un contour des corps[1]. Dans cette optique, la considération sur le vide connaît de toute évidence un intérêt renouvelé[2]. Pour Philopon[3], le lieu ou l'espace se pense en effet comme une étendue tridimensionnelle immobile, qui, dans sa définition, est vide de corps[4] : le vide (*to kenon*) et le lieu (*ho topos*) sont le même selon le sujet (*kata to hupokeimenon*)[5]. Philopon marque ce faisant la différence (*heteron*) du lieu avec les corps qui adviennent en lui (*tôn sômatôn tôn empiptontôn*)[6] Sans qu'il soit ainsi question d'affirmer, *de facto*, l'existence du vide, Philopon donne les moyens de s'attacher à cela même qui précède, et rend possible, l'advenue des corps. Il fait émerger, avec le lieu, un plan logiquement antérieur à celui de l'être effectif, mais également à celui de la potentialité attribuée à la matière[7]. S'annonce ainsi un champ du possible, disjoint de celui de la puissance. Le lieu ou l'espace se voit en effet dépourvu de la puissance que pouvait lui reconnaître le Stagirite ; lui-même ne fait rien[8].

Un nouveau cadre conceptuel se met en place. L'attention à l'extension tridimensionnelle conduit en effet à une disjonction entre d'une part la possibilité, comme espace où pourront advenir des corps, et d'autre part la puissance, comprise comme force, extérieure à l'étant advenu, et le faisant précisément être. Philopon ne se contente donc pas de marquer la radicale dépendance de ce qui est envers un autre, et d'affirmer l'extranéité de la puissance efficiente sur ce qu'elle fait être ; il accompagne ce déplacement de l'émergence d'un plan de ce qui rend possible toute chose, sans rien faire lui-même. Dès lors, si la puissance se pense comme efficience, se découvre, distinct de cette puissance, un espace pour le possible, lequel ne saurait ce faisant être confondu avec le potentiel aristotélicien.

1. Pour le lieu comme contour, voir Aristote, *Physique*, IV, 4.

2. Sur le refus du vide chez Aristote, voir *Physique*, IV, 6-9, et *De caelo*, I, 9. Sur la question du vide et de l'espace au Moyen Âge, voir E. Grant, *Much Ado about Nothing*, *op. cit.*, p. 5 *sq.* ; voir aussi P. Duhem, *Le système du monde*, *op. cit.*, t. VIII, p. 7-168.

3. Philopon s'oppose vigoureusement à Aristote, voir *In Physicam*, IV, 4, corollaire sur le lieu, CAG XVII, 557 *sq.*

4. Voir *In Physicam*, IV, 4, CAG XVII, 567, 30-32.

5. *Ibid.*, CAG XVII, 567, 32-33. *Cf.* Simplicius, *In Physicam*, CAG IX, 601, 24 et 618, 24.

6. *In Physicam*, IV, 4, CAG XVII, 567, 30-31. Le vide n'est pas le corps, fût-il dépourvu de qualités, mais l'espace vide de tout corps ; voir encore *In Physicam*, IV, 8, corollaire sur le vide, CAG XVII, 687, 30-35.

7. Philopon distingue la matière et l'espace, et maintient à la matière ses prérogatives ; elle assure la consistance des corps, et se présente comme cause de l'agir et de l'être agi (*In Physicam*, IV, 4, 211b19 *sq.*, CAG XVII, 559, 10-14).

8. Voir *In Physicam*, IV, 4, 211b19 *sq.*, CAG XVII, 559, 14-16.

Très clairement donc, d'Aristote à Philopon, la conceptualité de la puissance et du potentiel a pris un tour nouveau.

1) Le *dunaton* désigne chez Aristote ce qui est en attente de s'accomplir en acte. Ce lien étroit du *dunaton* et de l'*energeia* tend à se déliter chez les commentateurs grecs. Il est des « potentiels » qui ne s'actualiseront jamais. Le potentiel ne se dit donc plus à l'aune de son actualisation. Un autre critère est requis.

2) La tradition exégétique aristotélicienne se livre sans doute à un dédoublement de la puissance. À la puissance, comme potentialité interne à la chose, s'ajoute l'attention à une puissance, externe et efficiente, seule à même de donner l'être à la chose « potentielle ». La substance, advenue à l'être, découvre, en son cœur, une altérité originaire, signe de sa dépendance envers une puissance exogène.

3) Un nouveau plan s'esquisse, progressivement, celui d'une possibilité, dénuée de puissance ou de potentialité. Philopon découvre en effet le lieu, ou l'espace, en son irréductibilité vis-à-vis des choses qui adviennent en lui. Cet espace, comme étendue, est ce dans quoi toutes choses peuvent advenir, sans lui-même dépendre en son être de ces choses. Nous suggérons que cet espace annonce la reconnaissance d'une forme de possibilité, qui ne fait rien, mais est la condition d'advenue de toutes choses.

Ainsi donc, la possibilité pourra-t-elle être amenée à se développer hors du cadre théorique aristotélicien de la puissance et de l'acte, du « potentiel » tendant à s'actualiser.

CHAPITRE III

POTENTIA, POTESTAS, POSSIBILITAS LES PREMIERS PAS LATINS

« Il est plus aisé qu'un chameau passe par le trou d'une aiguille qu'il ne l'est qu'un riche entre dans le royaume de Dieu »[1]. La suite de ce verset initie une réflexion sur le possible et l'impossible : « Cela est impossible aux hommes, mais non pas à Dieu, car toutes choses sont possibles à Dieu »[2]. L'impossible pour les hommes ne l'est pas pour Dieu[3]. Comme il est encore dit : « Il n'y a rien d'impossible à Dieu »[4]. On sait comment les textes bibliques affirment en effet résolument si ce n'est la toute-puissance divine[5], à tout le moins sa suprême puissance[6], pour laquelle rien n'est « impossible » ou « difficile »[7]. Or,

1. Mc 10, 25 ; Mt 19, 24 ; Lc 18, 25 (Nous suivons la traduction donnée dans la Bible de Sacy). Voir notamment le commentaire de Sedulius Scottus, *In Matthaeum*, 19, 24, éd. Löfstedt, t. II, p. 446-447. On trouve la même image dans le Coran 7, 40, si l'on entend bien par *jamal* le chameau, et non la corde, conformément d'ailleurs à une lecture ancienne (Ibn Abbâs, *Tafsîr*, p. 127) ; notons que l'interprétation de la corde (*kamilon*) se retrouve aussi pour le chameau (*kamèlos*) biblique ; Cyrille d'Alexandrie adopte cette interprétation, qu'Origène ne faisait que mentionner ; voir S. Levin, « Le chameau et le trou de l'aiguille », *L'Information Grammaticale*, 51, 1991, p. 35-38. Voir quelques indications dans R. Grant, *Miracle and Natural Law*, *op. cit.*, p. 133.

2. Mc 10, 27 ; *cf.* Mt 19, 26 ; Lc 18, 27.

3. Voir Irénée de Lyon, *Adversus haereses*, II, x, 4 PL V, 653, qui cite Lc 18, 27.

4. Lc 1, 37.

5. Sur l'émergence de cette thématique dans la patristique, à partir de l'idée de *pantokrator*, voir J.-P. Batut, *Pantokrator. Dieu le Père tout-puissant dans la théologie pré-nicéenne*, Paris, IEA, 2009.

6. Voir Jb 42, 2 : « Je sais que vous pouvez toutes choses et qu'il n'y a point de pensée qui vous soit cachée ». Voir en outre 1 Sm 14, 6.

7. « Y a-t-il rien de difficile à Dieu ? Je vous reviendrai voir (...) ; je vous trouverai tous deux en vie et Sara aura un fils » (Gn 18, 14). Le grec dit « adunatei », qui a pu être traduit par « impossibile », plutôt que par « difficile » ; voir *Vetus Latina*, éd. B. Fischer, t. II, p. 200. Voir aussi Jr 32, 17 ; Jr 32, 27. Voir en outre Za 8, 6.

il est clair que l'affirmation de la toute-puissance divine s'avère dans le christianisme inséparable d'une réflexion sur la possibilité et ses limites [1].

La Vulgate parle à cet égard bien en termes de possible (*possibile*) : « apud homines impossibile est sed non apud Deum ; omnia enim possibilia sunt apud Deum. » [2]. La tradition théologique ne manquera dès lors pas de stimuler puissamment la réflexion philosophique. L'usage du terme, et du concept de possible, dans la traduction latine de la Bible ne tarde pas à rencontrer un usage philosophique de ce vocable.

Les auteurs latins n'ont pas été ignorants de la conceptualité aristotélicienne de la puissance et de l'acte. Saint Jérôme y renvoie : « Aliud namque est esse posse, quod Graece dicitur τῇ δυνάμει ; aliud est esse, quod ipsi appellant τῇ ἐνεργείᾳ. Possum esse medicus ; sed interim non sum. Possum esse faber ; sed necdum didici. Quidquid igitur possum : licet necdum sim, tamen ero si voluero. » [3]. Jérôme distingue ainsi l'être et le pouvoir être. Si la distinction grecque à laquelle se réfère notre docteur est métaphysique, il donne au concept de pouvoir une portée anthropologique. On notera comment, d'une manière significative, l'actualisation est rapportée au vouloir : on devient ce que l'on veut [4].

Or, ces deux conceptualités, de la possibilité d'une part, de la *dunamis* aristotélicienne d'autre part, ne vont pas manquer de se rencontrer. Le terme *possibilitas* pourra alors être employé comme traduction du grec *dunamis*.

Les pages qui suivent entendent interroger cette émergence de la *possibilitas*, aux côtés de la *potentia* et de la *potestas*. Que dit, ou donne à penser la possibilité, que les concepts de pouvoir, ou de puissance, sont insuffisants à décrire ?

1. Voir O. Boulnois, *La puissance et son ombre*, Paris, Aubier, 1994. Le lien des possibles et de la toute-puissance est déjà clairement reconnu par Augustin, *De genesi ad litteram*, II, I, 2, BA XLVIII, 148 : « Neque quisquam istos debet ita refellere, ut dicat secundum omnipotentiam Dei, cui cuncta possibilia sunt... ».

2. Mc 10, 27. Voir Mt 19, 26 : « Apud homines hoc impossibile est ; apud Deum autem omnia possibilia sunt » (le texte de la Vetus Latina tel qu'on le trouve dans le manuscrit Saint-Gall 1394, f. 61b est concordant), et Lc 18, 27 « Quae impossibilia sunt apud homines, possibilia sunt apud Deum ». Voir *Itala*, éd. Jülicher, t. II (Mc), p. 94 ; t. I (Mt), p. 139 ; t. III (Lc), p. 206.

3. *Dialogus adversus Pelagianos*, I, 8, PL XXIII, 502B, CCSL LXXX, 11, 9-13.

4. *Cf.* Charisius, *Ars grammatica*, V, éd. Barwick, p. 395, l. 6 : « potens quia quod vult potest ». La puissance est médiatisée par un certain vouloir.

DU GREC AU LATIN

Le couple aristotélicien de la *dunamis* et de l'*energeia* n'était certes pas ignoré des auteurs latins de l'Antiquité tardive, quoique sa présence soit, pour le moins, discrète en leurs écrits[1]. Examinons tout d'abord la question des traductions du grec au latin[2].

On sait comment Cicéron recourt au grec *dunaton* sans immédiatement le traduire[3]. Le terme « possible » (*possibilis*) appartient pourtant au latin classique ; il pouvait donc se présenter comme un équivalent naturel pour les *dunata* aristotéliciens, ce que mentionne et confirme au demeurant Quintilien lui-même : « melius qui tertiam partem dixerunt *dunaton*, quod nostri possibile nominant »[4]. Or, par une sorte d'effet de retour, un terme construit à partir de ce « possible », la *possibilitas*, fait concurrence à la *potestas* ou à la *potentia* pour dire la *dunamis* aristotélicienne.

Force est de constater la diversité des choix de traduction à la fin de l'Antiquité[5]. *Vis*[6], *virtus*, *potestas*, *potentia*[7]... : les termes, apparemment, ne manquaient pas[8] pour dire dans la langue des Romains un concept philosophique devenu classique chez les Grecs[9]. Nous postulons que, derrière les

1. Sur la manière dont Augustin propose, appliquée à la vie psychique, une distinction qui fait écho au couple conceptuel aristotélicien, voir J. R. San Miguel, « Los términos "acto" y "potencia" en la filosofía neoplatónica y agustiniana », *Augustinus*, IV-11, 1959, p. 203-237, en part. p. 224 *sq.*

2. Hrotswitha de Gandersheim (m. ap. 973) recourt à la distinction sans en proposer de traduction : « Unde non denego praestante gratia Creatoris per dynamin me artes scire, quia sum animal capax disciplinae, sed per energiam fateor omnino nescire. » (*Epistulae*, PL CXXXVII, 973).

3. *Epistulae ad familiares*, IX, 4 : « *Peri dunatôn* me scito *kata Diodôron krinein*. Quapropter, si venturus es, scito necesse esse te venire ; sin autem non es, *dunaton* est te venire ». Cf. *De fato*, I, 1, p. 1.

4. *Institutio oratoria*, III, 8, 25, éd. Bonnell, t. I, p. 139.

5. Plaute transcrit le terme, et l'emploie au sens de quantité, d'abondance (conformément non au sens du terme grec, mais à l'un des usages possibles du latin *vis*) : « amatores oliui dunamin domi habent maxumam » (*Pseudolus*, I, sc. 2, 210, t. VI, p. 29).

6. J. R. San Miguel, « Los términos... », art. cit., p. 225, rapproche l'usage de ce terme, dans le *De quantitate animae* notamment, du concept néoplatonicien de *dunamis*.

7. Le terme est attesté pour la première fois chez Cicéron (si on laisse de côté l'occurrence d'*impotentia* chez Térence), comme l'indique l'article *potentia* du Dictionnaire historique et encyclopédique du Latin (DHEL). *Potentia* se trouve chez Sénèque et Pline l'Ancien pour dire la puissance naturelle que Lucrèce ou encore Vitruve peuvent préférer dire en termes de *potestas* (ou *vis*).

8. Nicolas de Cuse (m. 1464) forgera (pour l'appliquer à Dieu en qui le pouvoir et l'être s'unissent) le néologisme *posssest* (*Trialogus de possest*, § 27), ce qui ne l'empêche pas de mobiliser encore les concepts de *potentia* et de *possibilitas* (§ 6-7). Ainsi faut-il reconnaître au monde une *possibilitas essendi* avant d'être (§ 28).

9. Ces possibilités multiples de traduction de *dunamis* sont attestées en d'autres contextes. Voir Quintilien, *Institutio oratoria*, II, xv, éd. Bonnell, t. I, p. 85 : « Est igitur frequentissimus finis : "rhetoricen esse uim persuadendi". Quod ego uim appello, plerique potestatem, nonnulli facultatem uocant : quae res ne quid adferat ambiguitatis, uim dico *dynamin.* », et Isidore de Séville, *Etymologies*, IV, x, 3-4, éd. Lindsay, t. I, p. 177 : « Dinamidia, potestas herbarum, id est vis

décisions lexicales qui seront prises, qu'elles aient fini par s'imposer, ou qu'elles soient restées sans postérité, se révèlent certaines manières différentes d'appréhender l'être de ce qui est.

1) *Dunamis* peut en premier lieu être rendu par *potentia*. C'est le choix des *Decem categoriae* (milieu du IVe siècle), qui mentionnent une *potentia naturalis* : « Omnia enim quae sunt, aut naturali potentia dicuntur esse aut operatione faciendi, quas Graeci *dunamin kai energeian* vocant. »[1]. Dans ses œuvres théologiques[2], Marius Victorinus (m. ap. 363) traduit l'être en puissance (*dunamei*) par *in potentia*[3], ou parfois *potentialiter*[4]. Cette décision lexicale est chez lui inséparable d'une réflexion sur la puissance du Père[5], réflexion qui réinvestit, en site théologique, certains éléments néoplatoniciens[6]. Le Père, puissance de l'être, ou de l'existence[7], est en puissance, il donne l'existence, sans l'être lui-même[8] ; il donne ce qu'il n'a

et possibilitas. Nam in herbarum cura vis ipsa *dunamis* dicitur ; unde et dinamidia nuncupatur. » Les premières traductions latines de la Bible peuvent rendre *dunamis* par *virtus* ; ainsi pour Os 10, 13, dans le mns BNF lat. 7293, éd. H. J. Frede, *Vetus latina*, t. XXVIII, p. 176 ; sur la pluralité des traductions de *dunamis*, voir p. 142. Le terme *virtus* est encore utilisé dans la Vulgate ; lorsque le livre de la Sagesse, sans doute d'ailleurs écrit par un juif héllénisé du Ier siècle av. J.-C., mentionne la *dunamis* et *energeia* (chap. 13, 4), le latin dit « virtutem et opera ». Sur cette multiplicité lexicale, voir encore Roger Bacon (m. 1292), *De multiplicatione specierum*, I, 1, éd. Lindbergh, p. 2.

1. *Decem categoriae*, 102, AL I, 1-5, 156, 16-18.

2. Voir P. Hadot, *Marius Victorinus*, *op. cit.*, p. 253 *sq.* Dans l'*Isagogè*, *dunamei* est traduit par *potestate* (§ 23, éd. Hadot, in *Marius Victorinus*, p. 379).

3. « in potentia et actione » (*Adversus Arium*, I, 43, SC LXVIII 314, 40). Voir aussi *Adversus Arium*, I, 33, SC LXVIII 286, 7 : « in potentia exsistens ». Cette existence du Père est préexistence (286, 8-9 : « Potentia enim omnia praexsistens »).

4. Voir *Adversus Arium*, I, 25, SC LXVIII 258, 25-34. Marius Victorinus retravaille en profondeur la conceptualité aristotélicienne. L'être *potentialiter*, ou *potentia*, s'oppose à l'être en acte, *in energia*, ou *in operatione*. Le dynamisme est ensuite très fortement marqué, par la reconnaissance de ce qui « sort dans l'action » (*in actionem exit*). L'être en acte n'est pas statique. Sur les sources plotiniennes, voir L. Lavaud, « Substance et mouvement », art. cit., p. 176-177. Voir par ailleurs mon article « Substance, sujet, mouvement », art. cit., p. 237-246. *Potentialiter* indique une activité ; voir Augustin, *Contra epistulam fundamenti*, XXV, 27, BA XVII, 454 ; *De Genesi ad litteram*, VI, IV, 5, BA XLVIII, 450. Voir, par opposition à *localiter*, Alcuin, *De fide*, PL CI, 57A, ou Angelome de Luxeuil, *In Genesin* (rédigé entre 830 et 850), chap. I, v. 2, PL CXV, 116A : « ferebatur non localiter, sed potentialiter, regendo et sustentando ipsam informem materiam » ; *cf.* Alcuin, *Interrogationes et responsiones in Genesin*, 29, PL C, 519D.

5. Victorinus parle d'une certaine « puissance paternelle active » (*patrica activa quaedam potentia*, *Ad Candidum*, 17, SC LXVIII, 154, 2). Le Père et le Fils, un par la substance, se distinguent comme la puissance et l'acte ; voir *Adversus Arium*, I, 59, SC LXVIII 372, 7-10.

6. Voir P. Hadot, *Porphyre et Victorinus*, *op. cit.*, t. I, p. 147 *sq.* Sur cette attention à la puissance, voir A. Vasiliu, « Penser la réalité, réalité de la pensée entre l'acte et la puissance (Aristote, Plotin, Marius Victorinus », *in* J.-C. Bardout (éd.), *Quaestio*, XVII, 2017, p. 57-81.

7. Voir *Adversus Arium*, I, 49, SC LXVIII 258, 12-13 : « potentia eius quod est esse, id est exsistentiae ».

8. Marius accuse le paradoxe en parlant de son « existence inexistente » (*Adversus Arium*, I, 50, SC LXVIII 344-345, 17-18). L'existence est, prise au sens strict et rigoureux que construit notre

pas[1]. La dualité de sens de la puissance, selon qu'elle désigne la potentialité, ou une certaine force, se met ici au service d'une conception de l'étant comme profusion ou effusion. Notre rhéteur devenu théologien met l'accent sur le dynamisme de la puissance. La distinction de la puissance et de l'acte ne doit pas être interprétée comme une opposition; bien plutôt la puissance se fait acte : « Ubi enim actio, aut unde, nisi in potentia atque ex potentia ? »[2]. L'acte (l'action) est non seulement en la puissance, mais à partir de (*ex*) la puissance, qu'il rend manifeste. Victorinus nous donne dans ces conditions de penser une dépendance de ce qui est envers un autre, une puissance, pour être; cette dépendance ne marque toutefois chez lui pas tant l'indigence de ce qui n'est qu'en puissance[3], que la profusion de la puissance, qui donne en abondance[4] et même surabondance[5].

2) Une autre option était de recourir au terme *potestas*, le pouvoir[6]. Le vocable apparaissait dans l'expression *in nostra potestate*, traduction de *eph' hèmin*. On le retrouve comme équivalent latin de *dunamei* dans la traduction par Boèce (m. 524)[7] du chapitre 13 du *De interpretatione* : « quae actu sunt potestate priora sunt. Et haec quidem sine potestate actus sunt, ut primae

auteur, le propre du Fils. Voir V. Carraud, « L'invention de l'existence », art. cit. et J.-C. Bardout, *Penser l'existence*, *op. cit.*, t. I, p. 35 *sq*.

1. Voir *Ad Candidum*, 16 (SC LVVIII, 154, 18-26) sur le Logos comme *on*, et Dieu le Père, comme puissance de ce qui est (« potentia ipsius quod ὄν est », 154, 23).

2. *Adversus Arium*, III, 1, SC LXVIII, 438, 33-34. Inversement : « Et quando aut ubi potentia nisi cum actione et in actione ? » (438, 34-35). Victorinus affirme alors leur identité (438, 36).

3. Ce qui est *in potentia* ou *potentialiter* est puissance, en premier lieu le Père. Victorinus réinvestit aussi la distinction de la puissance et de l'acte pour les choses qui sont « après Dieu », pour le monde sublunaire ; ce qui est en puissance est ce qui a, par sa force propre (*vi sua*), ce qui lui permet d'accéder à la maturation des actes de son développement ; voir *Adversus Arium*, IV, 12, SC LXVIII, 534-536, 17-25. L'être potentiel, ou en puissance, et la puissance de, ne font qu'un.

4. Marius cite l'épître aux Ephésiens, 3, 14-21 (*Adversus Arium*, I, 2, SC LXVIII, 192, 6-19).

5. Voir *Candidi epistula*, 7, SC LXVIII, 118, 15-32.

6. Les deux termes, *potentia* et *potestas*, se rencontrent sous la plume de Marius : « Ponamus visum vel visionem, per se, vi sua atque natura, potentialiter exsistentem, hoc est eius esse, potentiam habentem vivere ad videndum, quod erit eius vivere, et item, potentiam habentem videndo, visa quaeque discernere, quod est eius intellegere. Haec si potentia sunt, nihil aliud quam esse dicuntur, et manent et ut quieta sunt (…). At, cum eadem visio operatione videndi uti coeperit, quasi progressione sui, visio – quasi, inquarn ; non enim progreditur, nec a se exit, sed intentione ac vigore propriae potestatis, quod est ei vivere, omnia quae sunt ei obvia, vel quibus incurrendo obvia conspexerit – officio cum videndi fungitur, vita ipsius visionis est… » (*Adversus Arium*, III, 5, SC LXVIII, 450-452, 1-15). La *potentia* se fait *potestas* dès lors qu'on ne l'envisage plus en elle-même, mais plutôt dans son propre exercice, corrélativement à l'acte qu'elle permet. Une distinction similaire semble se retrouver chez Boèce : « Ante enim quam scriberem erat mihi scribendi potentia sed ex potestate scribendi veni ad actum scribendi » (*In De interpretatione*, Iia ed, livre V, éd. Meiser, p. 413).

7. Le lexique boécien n'est pas stable. L'*Institutio arithmetica* use du vocabulaire de la *virtus* et de la *potentia* (par exemple en I, XX, 8-9, éd. Guillaumin, p. 45), conjointement aux termes *potestas* (II, VIII, 2, p. 96, ou II, XII, 1, p. 99, par exemple), parfois accompagné également de *vis* (II, IX, 1, p. 97 ; ou encore II, XXIII, 6, p. 111, et II, XXIV, 2, p. 113).

substantiae, alia vero cum possibilitate, quae natura priora sunt, tempore vero posteriora, alia vero numquam sunt actu sed potestate solum. »[1]. Le choix en faveur de la *potestas* apparaît ici connexe d'une certaine attention à la *possibilitas*, bien loin que les deux s'excluent. Le chapitre 9 portait plus spécifiquement son attention sur des *possibilia*, lors donc qu'il est question de ce qui peut être l'un ou l'autre (*utrumlibet*).

3) En outre, le terme *possibilitas*[2] a également pu être utilisé pour dire la *dunamis* elle-même. Nous en avons une première attestation chez Calcidius (IVe siècle). Présentant la définition aristotélicienne de l'âme, celui-ci dit : « prima perfectio corporis naturalis organici possibilitate vitam habentis »[3]. Il explique alors cette définition en disant que son intervention dans la matière permet à ce qui n'avait que la possibilité d'accéder à l'être effectif : « hac enim obveniente silvae quae olim fuerant in sola possibilitate perveniunt ad effectum »[4]. Quand l'*energeia* se dit comme *effectus*, la *dunamis* se dit donc en termes de *possibilitas*[5]. La matière apparaît dans cette optique comme le lieu même de la possibilité[6]. Calcidius insiste à cet égard sur sa non-corporéité : « possibilitate corpus, et item possibilitate non corpus »[7]. Le néoplatonicien Calcidius emploie donc le terme « possibilité » pour dire cette matière qui n'est rien, qui se soustrait à toute qualité, y compris à la corporéité ou incorporéité. La *possibilitas*, à distinguer de la *potentia*, insiste donc sur une réceptivité[8]. Si ce choix de traduction ne s'imposa pas, il ne fut toutefois pas sans aucun lendemain. Rufin d'Aquilée, traducteur d'Origène, emploie également le terme *possibilitas* pour rendre compte de la *dunamis* :

1. *De interpretatione*, 13, AL II, 1-2, 33, 18-21. Guillaume de Moerbeke restaure le vocabulaire de la *potentia* (59, 15-18).

2. F. F. Bruce, « Marius Victorinus and his Works », *The Evangelical Quarterly*, XVIII, 1946, p. 132-153, en part. p. 141, met *possibilitas* au nombre des inventions lexicales de Marius Victorinus. On rencontre le terme dans le *De physicis* (XIV, PL VIII, 1303B) : « Et possibilitas ejus etiam hoc requirit ut omnipotens ostenderetur. Si enim est aliquid quod non potuit, possibilitas ejus diminuta excludit omnipotentiam : omnipotentia autem omnia praevalet : et cum omnia praevalet, etiam in hoc ipso praevalere necesse est, ut qui fecit ex nihilo, revocet ex morte. » ; voir aussi *ibid.*, XXIV, 1308A. Le terme n'est toutefois pas inédit ; mentionnons ainsi Arnobe, *Contra gentes*, I, 44, PL V, 775A : « Atqui constitit Christum sine ullis adminiculis rerum, sine ullius ritus observatione, vel lege, omnia illa, quae fecit, nominis sui possibilitate fecisse. » F. Hudry constate que la *possibilitas* désigne ici la « puissance (...) contenue », par opposition à la *potestas*, comme puissance « déployée » (*Le livre des XXIV philosophes*, p. 60).

3. *In Timaeum*, CCXXII, éd. Bakhouche, p. 448. *Cf.* Aristote, *De anima*, II, 1

4. *In Timaeum*, CCXXII, éd. Bakhouche, p. 448-450.

5. Quelques lignes plus bas, Calcidius oppose semblablement la *possibilitas* à l'*effectus* ou *operatio* (p. 450).

6. Voir *In Timaeum*, CCCXXI, éd. Bakhouche, p. 544. Voir J. Jolivet, « La matière et l'idée », in *Medievalia et arabica*, Paris, Vrin, 2013, p. 193-202, en part. p. 195.

7. *In Timaeum*, CCCXX, éd. Bakhouche, p. 544.

8. *Cf.* Ambroise de Milan (m. 397), *Hexaemeron*, II, I, 3, PL XIV, 145D.

Debemus etiam scire aliud est possibilitatem esse in aliquo, aliud efficaciam vel efficientiam, quod Graeci δύναμιν et ἐνέργειαν vocant. Verbi causa : parvulus nuper natus possibilitate rationabilis homo est : potest enim esse rationalis si adoleverit. Et possibilitate etiam faber, et gubernator, et grammaticus dicitur : possibile enim est ut horum aliquid sit [1].

Si l'*energeia* est efficace ou efficience, la *dunamis* n'est rien d'autre que possibilité. On remarquera que cette entente de la *dunamis* ne la restreint pas à ce qui doit s'accomplir (l'enfant devenant rationnel), mais elle indique l'ouverture des possibilités (être artisan, gouvernant, ou lettré).

Un double aspect caractérise la possibilité : d'une part, à l'instar de la *dunamis*, elle dit ce qu'il est admis qu'il advienne (tels fruits pour tel arbre) [2]; mais, d'autre part, la *possibilitas*, opposée à l'œuvre, décrit une absence, ou une *privatio*. En des lignes qui, s'inspirant d'Augustin [3], laissent cependant résonner, comme en sourdine, la conceptualité aristotélicienne, Wigbald (fin du VIIIe siècle) recourt à ce vocable pour expliciter, dans le récit de la création, la nuit par opposition au jour, ou la lumière par rapport aux ténèbres : « Nox autem hic privatio operis est, aut nox ipsa possibilitas appellata est, quae inest rebus factis, unde fieri potest, etiamsi non mutentur » [4]. L'interprétation des ténèbres en termes de *possibilitas* montre combien le lexique de la possibilité suggère la vacuité, ou la nudité de ce qui n'a pas acquis l'être [5], bien loin d'être l'annonciatrice d'un épanouissement à venir. La possibilité, ainsi distinguée de l'acte, est carence, dira encore Jean de Salisbury (m. 1180) [6].

D'une manière remarquable, parmi les nombreuses traductions qui ont vu le jour pour dire l'être en puissance, le terme *possibilitas* continue à être fréquemment mobilisé jusqu'au XIIe siècle [7]. En des contextes assurément

1. *In epistulam ad Romanos*, VIII, 2, PG XIV, 1162C.

2. Voir Adalhard de Corbie (1re moitié du IXe siècle), *Statuta pro monachis suis*, PL CV, 550C : « Similiter fenum, vel quae in arboribus gratis nascuntur, ut est pastio, vel diversi generis fructus, quantum possibilitas admittit, data fuerint, secundum qualitatem vel quantitatem singularum rerum, iuxta quod tempus permiserit, sufficere possint. »

3. *De Genesi ad litteram*, II, XIV, 28, BA XLVIII, 192.

4. *Quaestiones in Octateuchum*, PL XCVI, 1120C ; *cf.* Augustin, *De Genesi contra manichaeos*, I, VII, 11, BA L, 182.

5. Au milieu du IXe siècle, Angelome de Luxeuil le rappelera : les ténèbres ne sont pas une *res substantialis*, mais elles sont précisément l'absence de la lumière, comme la nudité est l'absence de vêtement (*In Genesin*, chap. I, v. 2, PL CXV, 115C) ; *cf.* Augustin, *De Genesi contra manichaeos*, I, IV, 7, BA L, 172-174.

6. Voir *De VII septenis*, PL CXCIX, 961D-962A : « secundum principium : materia quae quia apta est recipere omnes formas, dicitur possibilitas ; tertium principium forma, quae quia materiam in alicuius statum terminat, dicitur finalitas ; quartum principium spiritus creatus, qui, quia motus est rerum universalis, dicitur actualitas (…). Aristoteles quoque dicit quod materia dicitur possibilitas et carentia ; carentia ideo quia in se informis, ex se caret formis ; possibilitas, id est apta recipere formas ».

7. Après avoir utilisé, par opposition à *in essentia*, l'expression *in potentia* (*Glosae super Platonem, in Timaeum*, 34c, § LXXIV, éd. Jeauneau, p. 150), Guillaume de Conches (m. ca 1150) dit « non essentia sed possibilitate » (35a, § LXXV, p. 150). Voir *in Timaeum*, 52e, § CLXXV,

divers, ce terme intervient en contrepoint de l'acte[1]. Thierry de Chartres (m. ca 1150), lecteur de Boèce, fait un large, et significatif, usage du terme[2]. Ce faisant, Thierry nous donne de percevoir plus avant les connotations afférentes au terme *possibilitas*. Il nous semble en effet que Thierry n'emploie pas par hasard le terme *possibilitas*, de préférence aux autres traductions qu'il aurait pu reprendre, à l'instar de certains de ses contemporains qui alternent pour leur part l'usage des vocables. Le recours massif au terme de possibilité dans son œuvre, terme qu'il élève à la dignité d'un concept, lui permet en effet d'insister sur la faiblesse ontologique de la matière.

Deux points se signalent à cet égard à notre attention.

1) Thierry voit dans la possibilité l'« aptitudo recipiendi status diversos »[3]. La possibilité sert alors pour mettre en avant le caractère versatile[4], ou encore muable[5], de la matière[6]. La possibilité signale en effet proprement une indifférence à être ceci ou cela[7]. Elle signifie dès lors l'indigence de la matière[8], qui par elle-même n'est pas[9], mais doit être portée dans l'être : « Ea enim quae

p. 288 : « non habet propriam formam (...), sed habet possibilitatem suscipiendi omnia ». Guillaume peut encore utiliser l'adverbe *potentialiter* (30b, § LIV, p. 124). L'image naturelle de Dieu en l'homme consiste, pour Achard de Saint-Victor (m. 1171), *Sermones*, I, 3, éd. Châtillon, p. 29 : « in potentia vel possibilitate cognoscendi Deum » (par opposition à la connaissance elle-même, qu'est l'image due à la grâce).

1. Voir ainsi Guillaume de Saint-Thierry (m. 1148), *Orationes meditativae*, PL CLXXX, 231B : « Sufficit enim affectus, si res non exigit, vel possibilitas deest, ut exerceatur actus. » Signalons, dans le cadre d'un traité de logique, l'usage du terme « possibilitas », distingué de l'acte, dans cet exemple donné par Guillaume du Mont (Willelmus de Monte, m. 1213) pour penser qu'une chose peut à la fois être A et non A : « iste est bonus possibilitate, iste non est bonus actu » (*Fallacie Magistri Willelmi*, éd. De Rijk, p. 695, l. 34-35).

2. *Commentum super De Trinitate*, II, 18 *sq.*, éd. Häring, p. 74 *sq.* ; voir aussi IV, 11, p. 98. Cf. *Lectiones in De Trinitate*, II, 9, p. 157, qui distiguent la *possibilitas absoluta* de la *possibilitas determinata* ; cf. *Glosa in De Trinitate*, II, 17 *sq.*, p. 272-273. Voir N. Häring, « The Creation and Creator of the World according to Thierry de Charres and Clarembaldus of Arras », *Archives d'Histoire Doctriale et Littéraire du Moyen Âge*, 22, 1955, p. 137-216.

3. *Commentum super De Trinitate*, II, 19, éd. Häring, p. 74, l. 96. On trouve une thématique et des formules similaires chez Clarembaud d'Arras (m. ca. 1187), *Tractatus super De Trinitate*, II, 26, éd. Häring, p. 117.

4. *Commentum super De Trinitate*, II, 19, éd. Häring, p. 74, l. 97.

5. *Ibid.*, II, 22, éd. Häring, p. 75. Cf. *Lectiones in De Trinitate*, II, 40, p. 167. *Cf.* Clarembaud d'Arras, *Tractatus super De Trinitate*, II, 29, éd. Häring, p. 118 : « possibilitas aliud non est quam vertibilitas aut mutabilitas ».

6. *Commentum super De Trinitate*, II, 20, éd. Häring, p. 74, l. 9.

7. Voir Clarembaud d'Arras, *Tractatus super De Trinitate*, II, 26, éd. Häring, p. 117.

8. Sur cette *carentia*, voir aussi Bernard Silvestre, *Cosmographia*, II, 2, éd. Dronke, p. 99. Voir B. Stock, *Myth and Science...*, *op. cit.*, p. 107 *sq.*

9. *Abbreviatio Monacensis in Contra Eutychen*, I, 28, éd. Häring, p. 445 : « Materia enim primordialis non est ens, sed possibilitas essendi ».

complicata sunt in simplicitate divinae mentis possibile fuit duci ad actum et possibilia sunt »[1].

2) Conjointement, la possibilité investit d'une manière remarquable (et riche d'avenir) le domaine de la science divine pour désigner ce qui précisément n'est pas (n'est pas en acte), mais pourra être conduit vers l'acte. La distinction aristotélicienne de la puissance et de l'acte qui permet d'abord de penser le rapport de la matière et de l'acte (et Thierry ne manque pas d'y faire référence) est donc retravaillée pour désigner ce qui, n'étant encore que dans l'esprit divin, pourra recevoir l'être.

L'aristotélisme s'acclimate ainsi à un nouvel univers, et devra répondre à de nouvelles problématiques. L'usage du terme de possibilité, plutôt que celui de puissance, permet sans doute de décrire non pas seulement ce qui revêt des formes différentes, mais cela même qui d'abord n'est pas, mais sera conduit dans l'être[2]. La possibilité se pense ainsi comme ce qui attend un acte pour être. En un mot, la possibilité semble appelée à s'épanouir dès lors que l'on fait droit à un agent extérieur producteur du monde[3].

Les choix de traduction ne sont sans doute pas neutres. L'examen des différents termes utilisés, en latin, pour rendre la *dunamis* aristotélicienne nous permet d'émettre l'hypothèse suivante : la puissance aristotélicienne se fait possibilité, dès lors qu'elle désigne moins une tendance de la substance vers une certaine actualité, que le corrolaire d'un acte ne venant pas d'elle. Il se pourrait bien que l'avènement de la possibilité, en lieu et place de la puissance, invite à accorder une large place à la contingence, comme le Moyen Âge latin ne manquera pas de le faire.

Constatons pour le moment combien l'intérêt pour la possibilité ne se démentira pas. Le second Moyen Âge maintient la dualité de la *potentia* et de la *possibilitas*.

Remarquons à cet égard comment Richard Rufus de Cornouailles (m. 1260), qui commente dans les années 1237-1238 la *Métaphysique*, peut assigner la puissance à ce qui a la possibilité d'être ou de ne pas être : « potentia proprie dicta non est nisi in rebus possibilibus esse et non esse; sed nihil possibile est et non esse nisi per materiam »[4]. Dans ce passage, Richard éclaire le concept aristotélicien de puissance en recourant au lexique

1. *Glosa in De Trinitate*, II, 17, éd. Häring, p. 272, l. 10-11. Sur cette *possibilitas absoluta*, *cf.* Clarembaud d'Arras, *Tractatus super De Trinitate*, II, 46, éd. Häring, p. 125.

2. Voir Clarembaud, *Tractatulus super librum Genesis*, 22, éd. Häring, p. 234 : « possibilitas suscipiendi formas, scilicet veniendi de non esse ad esse ».

3. Clarembaud distingue possibilité et aptitude : « Possibilitas namque ex materia, aptitudo vero ex artifice, scilicet Deo, rebus inest » (*Tractatulus super librum Genesis*, 27, éd. Häring, p. 238). La possibilité est en ce sens plus radicale que l'aptitude.

4. *Scriptum in Metaphysicam*, redactio brevior, V, pars X, mns Prague, M80, f. 11 vb, transcription R. Wood *et al.*, projet Richard Rufus of Cornwall.

du possible[1] que les Latins reçoivent, en métaphysique, d'Avicenne (le possible par soi étant alors retravaillé pour désigner la possibilité d'être ou de ne pas être). Assurément, le possible, qui n'apparaît d'ailleurs que subrepticement, vient ici en appui de la puissance. L'intervention du possible dans l'élucidation de la puissance apparaît pour le moins discrète. Mais ce possible ne tardera sans doute pas à devenir prépondérant, et à subsumer la conceptualité de la puissance.

Lorsqu'il explique ainsi dans son commentaire du chapitre 12 du livre Δ de la *Métaphysique* la définition et les modes de la puissance, Thomas d'Aquin (m. 1274) accompagne cette dernière de l'idée de possible : « Exponuntur proprie et improprie ratio ac modi potentiae et possibilis... »[2]. La question de la puissance, *potentia* ou *potestas* (les deux termes sont employés tant par Thomas que dans la traduction latine du texte), se redouble ainsi de celle du possible, sans que le vocable lui-même, utilisé comme traduction du grec *dunaton*, n'apparaisse parfaitement à même de restituer toutes les nuances du terme utilisé par Aristote[3]; et l'Aquinate ne manque d'ailleurs pas, dans son commentaire, de préciser ce terme en l'accompagnant de celui de *potens* :

> Deinde cum dicit dicta vero ponit modos possibilis correspondentes praedictis modis potestatis. Primo autem modo potestatis respondent duo modi possibilis. Secundum potestatem enim activam aliquid dicitur potens agere dupliciter. Uno modo, quia ipse per seipsum agit immediate. Alio modo, quia agit mediante altero, cui potentiam suam communicat, sicut rex agit per ballivum. Dicit ergo, quod, cum potentia tot modis dicatur, possibile etiam et potens pluribus modis dicetur[4].

Expliquant l'articulation aristotélicienne du *dunaton* au regard de la *dunamis* (la multiplicité des acceptions du *dunaton* reproduit celle de la *dunamis*), notre auteur semble constater l'inadéquation de la traduction employée (*possibile*) pour rendre compte de l'une des acceptions du terme grec, et lui substitue alors *potens*. Il synthétise ensuite l'examen en juxtaposant ces deux termes (*possibile et potens*) là où le texte commenté ne parlait que du *possibile*[5]. Clairement donc,

1. La puissance se laisse semblablement éclairer par la possibilité chez Robert Grosseteste (m. 1253), *De actu et potentia*, éd. Baur, p. 126 : « Omne quod est, aut est ens actu, aut ens potentia, id est aut est in complemento, aut non est in complemento, possibile est tamen esse. Quod enim non est in complemento, neque possibile est ut sit in complemento, simpliciter non est. Omne itaque possibile esse, cum adhuc non sit, dico esse in potentia ; et omne, quod est in potentia, possibile est esse. »

2. *In libros Metaphysicorum*, livre V, lectio XIV.

3. Les traductions latines de la *Métaphysique* hésitent elles-mêmes entre l'usage de *possibile* et de *potens*. Voir les index gréco-latin, AL XXV-3.2, p. 371 (Guillaume de Moerbeke) ; AL XXV-2, p. 315 (translatio media).

4. *In libros Metaphysicorum*, livre V, lectio XIV, n. 961.

5. 1019a33 *sq*. La translatio anonyma disait *possibile* (AL XXV-2, p. 100, l. 5-6), que Guillaume corrige en mettant *potens* (AL XXV-3.2, p. 108, l. 412-413). Rappelons que, lorsqu'il rédige son commentaire, Thomas n'a sans doute pas constamment la version révisée de la traduction due à Guillaume de Moerbeke ; notamment, il ne semble pas connaître le livre K (XI) que procurera au monde latin la traduction de Guillaume, et qu'il commentera ensuite ; voir A. Mansion, « Pour

le concept de possible ne saurait simplement être identifié au *dunaton* aristotélicien : il ne dit pas le fait d'être « pouvant ». En un mot, le possible apparaît dénué de puissance.

Le possible intervient donc, non sans poser problème, pour dire le *dunaton* aristotélicien. La *dunamis*, elle, ne se dit pas en termes de *possibilitas*[1]. La possibilité s'inscrit en effet dans un autre champ que celui de la *dunamis*, comme l'atteste le commentaire des *Sentences* :

> Est autem considerare duplicem possibilitatem : unam secundum id quod habet res; alteram secundum id quod nata est habere. Prima consequitur naturam secundum quod habet esse ab alio; omne enim quod esse suum ab alio habet, non est per se necesse esse, ut probat Avicenna; unde, quantum est in se, est possibile, et ista possibilitas dicit dependentiam ad id a quo est[2].

Sans entrer davantage dans le détail pour le moment, nous pouvons dire que la possibilité donne ici de penser une certaine dépendance, plutôt qu'elle n'indique l'idée de potentialité. Le contexte théorique est, explicitement, avicennien, ce qui ne dispense pas de nous interroger sur la tradition latine du concept de possibilité.

POSSIBILITAS VERSUS *POTESTAS* : AUGUSTIN EN DIALOGUE AVEC PÉLAGE

Le terme *possibilitas* ne s'imposa pas comme équivalent latin de la *dunamis* aristotélicienne. Il eut toutefois d'autres lieux d'application. Tout d'abord il fut employé dans un cadre moral. Ainsi, le moine breton Pélage (m. ca. 420) s'attache-t-il à l'idée d'une *possibilitas boni*[3]. Discutant[4]

l'histoire du Commentaire de saint Thomas sur la *Métaphysique* d'Aristote », *Revue néo-scolastique de philosophie*, 1925, p. 274-295, en part. p. 280 *sq.* ; sur l'usage des différentes traductions au cours du commentaire, voir M.-D. Chenu, *Introduction à l'étude de s. Thomas d'Aquin*, Paris, Vrin, 1993, p. 185-186. Thomas d'ailleurs utilise d'abord le terme « possible ». *Cf.* Albert le Grand (m. 1280), *Metaphysica*, V, trad. II, chap. 14, éd. Geyer, p. 252a : « *Dicta vero* tot modis *potestate, etiam possibile* sive potens dicitur multis modis ».

1. Le substantif *possibilitas* est absent du commentaire à la *Métaphysique*, à une exception, non signifiante (livre XII, l. X, n. 2597).

2. *In Sententias*, I, d. 8, q. 3, a. 2, co.

3. Jean Cassien (m. 433/5) fait un usage remarquable du vocabulaire de la *possibilitas* (*Collationes*, XIII, XVIII, PL XLIX, 946B ; XIX, 952D). Voir aussi *De incarnatione*, VII, IV, PL L, 204A-B : « Non intelligis de quo dicas, non vides de quo loquaris : quia auctor utique omnium conditionum et cunctarum lex naturarum est, per quem est, et quidquid homo potest, et quidquid non potest ; quia ipse utriusque rei penitus modum statuit, et usquequo accedere facultas, et quo ulterius non progrederetur infirmitas. Quam insane ergo tu ei impossibilitatem humanam objicis, cui possibilitas ipsa debetur ? ».

4. Augustin ne reprend guère la distinction aristotélicienne de l'acte et de la puissance. On en trouve quelques échos avec l'usage de l'expression *in actu*, par exemple dans le *De musica*, VI, VI, 16, BA VII, 392 : « quomodo eos ab illis discernis, quos in actu esse animadvertimus, etiam cum in silentio non recordans agit aliquid anima per temporalia spatia numerosum ? ». Le *Contra*

avec ce dernier, Augustin (m. 430) préfère parler, pour sa part, en termes de *potestas*[1] ; la *possibilitas* pélagienne ne serait jamais qu'une abstraction[2].

La position de Pélage nous est d'abord connue par les citations d'Augustin. Dans son *De natura et gratia*, le saint Docteur se propose en effet d'examiner les thèses du *De natura* de Pélage[3].

La question de la *possibilitas* se pose d'une manière radicale[4]. Pélage nous invite ainsi à dégager de l'être la question du pouvoir, sous la figure de la « seule possibilité » : « Nam prius distinguit "aliud esse quaerere an possit aliquid esse, quod ad solam possibilitatem pertinet, aliud, utrumne sit" »[5]. D'emblée donc, la question de la possibilité nous extrait de la question de l'être. L'être n'a plus à être donné, sous quelque forme que ce soit. Le concept revêt alors une portée éthique : l'homme peut-il être sans péché ? La question, qui concerne la possibilité, ne doit pas être confondue avec celle du fait (y a-t-il un homme sans péché ?)[6]. L'enjeu concerne la manière d'appréhender le libre arbitre de l'homme[7] en même temps que sa nature. La possibilité que cherche à

Academicos suggère qu'un état présent de ce qui est anticipe un état futur ; cet arbre-ci ne peut devenir subitement un arbre d'argent : « Nam scio arborem istam modo argenteam fieri non posse… » (II, XI, 27, BA IV, 106). Augustin recourt, en outre, au concept de *capacitas*. Sur ce terme, voir G. Aubry, *Genèse…*, *op. cit.*, p. 59 *sq.*

1. Il emploie aussi *potentia*, moins fréquemment toutefois. Voir les notices d'I. Bochet sur *potentia* et sur *potestas* dans l'Augustinus Lexikon. Augustin reconnaît un pouvoir de faire, qui ne se limite pas à l'œuvre effectuée ; ainsi l'*habitus* est-il irréductible à l'agir : « Ipse est enim habitus, quo aliquid agitur, cum opus est ; cum autem non agitur, potest agi, sed non opus est. » (*De bono coniugali*, XXI, 25, BA II, 80).

2. Sur la discussion entre Augustin et Pélage, voir I. Bochet, « Quel pouvoir du libre arbitre ? Augustin en débat avec Pélage », *in* C. Brouwer et O. Gilon (éd.), *Liberté au Moyen Âge, Annales de l'Institut de Philosophie de l'Université Libre de Bruxelles*, 2017, p. 53-77.

3. Le concept de possibilité se retrouve dans la discussion avec Julien d'Eclane. Comme Pélage, Julien fait un large usage du terme et du concept de possibilité. Voir *Opus imperfectum contra Iulianum*, I, 47, PL XLV, 1047 : « Haec igitur voluntas, quae alternatur, originem possibilitatis in libero accepit arbitrio ; ipsius vero operis existentiam a se suscipit, nec est prorsus voluntas antequam velit, nec potest velle antequam potuerit et nolle ; nec utrumque habet in parte peccati, id est, velle et nolle, antequam usum rationis adipiscitur ».

4. Pour une première approche, voir D. Ogliari, *Gratia et certamen*, p. 235-237.

5. *De natura et gratia*, VII, 8, BA XXI, 254. Augustin accepte cette idée.

6. *Ibid.*, BA XXI, 256 : « Nam nullus, inquit, mundus est a sorde ; et : Non est homo qui non peccet ; et : Non est iustus in terra ; et : Non est qui faciat bonum ; et cetera his similia, inquit, ad non esse, non ad non posse proficiunt. Huiusmodi enim exemplis ostenditur, quales homines quidam tempore aliquo fuerint, non quod aliud esse non potuerint ; unde et iure inveniuntur esse culpabiles. Nam si idcirco tales fuerunt, quia aliud esse non potuerunt, culpa carent. ».

7. Voir *ibid.*, IX, 10, BA XXI, 258-260. La liberté se laisse dire comme *possibilitas* ; voir (après 1130) Vivien de Prémontré, *Harmonia*, PL CLXVI, 1328B. Sur la *possibilitas* d'œuvrer placée en l'homme, voir aussi Hildegarde de Bingen (m. 1179), *Liber divinorum operum simplicis hominis*, PL CXCVII, 891D. Sur la *possibilitas peccandi* qu'introduit la possession de la liberté de l'arbitre, voir en outre Bernard de Clairvaux, *De gratia et libero arbitrio*, 22, SC CCCXCIII, 296 ; une telle possibilité n'a évidemment pas vocation à s'accomplir.

penser Pélage est antérieure à tout exercice effectif[1]. La possibilité pour l'homme d'être juste doit être pensée indépendamment de la grâce, conçue comme moyen de la justice[2], comme la possibilité qu'a l'homme de parler doit être pensée indépendamment de la langue, ou la possibilité pour l'oiseau de voler indépendamment des ailes : « Ait enim : "Nunc si dixero : Homo disputare potest, avis volare, lepus currere, et non etiam per quae haec effici possint commemoravero, id est, linguam, alas, pedes, num ego officiorum qualitates negavi, qui officia ipsa confessus sum ?" »[3]. Pélage peut sembler faire appel à une conceptualité proche de celle de l'acte et de la puissance[4] ; on ne saurait toutefois en méconnaître les différences décisives : la possibilité, en effet, ne suffit pas à l'effectuation de ce qu'elle permet, mais elle requiert la présence de certains moyens par lesquels seuls elle peut devenir effective. Pélage disjoint donc la possibilité et l'effectivité, qu'il réfère à un élément distinct. En un mot, l'effectuation vient d'ailleurs.

Cette *possibilitas* découvre un domaine qui relève de la nature, échappe à notre pouvoir, est en deça de notre volonté, et s'avère ainsi proprement inamissible. Pélage affirme en effet que la *possibilitas* est inséparable de ce que nous sommes, et que nous n'avons pas pouvoir sur elle : « "Hoc" inquit "et de auditu, odoratu vel visu sentiri possibile est, quod audire, odorari, videre potestatis nostrae sit, posse vero audire vel odorari vel videre potestatis nostrae non sit, sed in naturali necessitate consistat" »[5]. Entendre, sentir, voir sont en notre pouvoir, mais non point de pouvoir entendre, sentir, voir. La possibilité nous donne de penser une nécessité naturelle, au fondement de ce sur quoi nous avons prise, de ce qui relève de notre volonté et de notre libre arbitre[6]. La possibilité rend possible un pouvoir, mais elle s'impose elle-même à nous, avec nécessité. Antérieure au pouvoir (*potestas*), et comme sa condition, est la *possibilitas* qui nous est donnée par notre nature.

La radicalité de la *possibilitas* que cherche à exhiber Pélage en fait sans doute toute la difficulté, que ne manque pas de repérer Augustin :

1. On trouve, en plein XIIe siècle, une opposition entre la *possibilitas* de choisir (lieu de la liberté), et la *potestas* de faire (sous la juridiction divine) chez Bartholomée d'Exeter (m. 1184), *Contra fatalitatis errorem*, LIII, 1, CCCM CLVII, 57.

2. *De natura et gratia*, X, 11, BA XXI, 260 : « Potest quidem esse, sed per Dei gratiam, inquies, Deinde velut respondendo subiungit : "(…) Nam dicere : Potest quidem, sed per illud aut illud, quid aliud est quam non solum consentire quod possit esse, verum etiam quomodo vel qualiter possit ostendere ? Nullus itaque magis alicuius rei possibilitatem probat quam qui eius etiam qualitatem fatetur, quia nec absque re esse qualitas potest" ».

3. *Ibid.*, XI, 12, BA XXI, 262.

4 Sur les lectures de Pélage, voir G. de Plinval, *Pélage. Ses écrits, sa vie et sa réforme*, Lausanne-Genève, Payot, 1943, p. 72 *sq.* ; il n'est toutefois pas question d'Aristote. G. de Plinval note comment Pélage ignore le néoplatonisme, qui connaissait alors une certaine vogue (p. 111).

5. *De natura et gratia*, XLVII, 55, BA XXI, 346.

6. Voir aussi *ibid.*, LV, 53, BA XXI, 342-344.

> « Quia nulla » inquit « adimere voluntas potest, quod inseparabiliter insitum probatur esse naturae ». (...) Ubi est possibilitas, quae inseparabiliter insita probatur esse naturae ? Ecce homines non ea quae volunt faciunt. Et de non peccando utique agebat, non de volando, quia homines non alites erant. Ecce homo quod vult bonum non agit, sed quod non vult malum, hoc agit ; velle illi adiacet, perficere autem bonum non adiacet. Ubi est possibilitas, quae inseparabiliter insita probatur esse naturae [1] ?

L'inséparabilité naturelle de la possibilité que défend Pélage apparaît ainsi à Augustin proprement utopique [2].

Reprenant Pélage, Augustin peut assurément réinvestir le terme *possibilitas* [3]. Mais, dans la discussion qu'il engage avec celui-ci, il préfère remplacer le terme par celui de *potestas.* Si la *possibilitas* apparaissait ainsi à Pélage comme une exigence de la nature ne dépendant pas de notre pouvoir, l'évêque d'Hippone objecte l'obturation des oreilles qui témoigne que pouvoir ou ne pas pouvoir entendre est bien en notre pouvoir :

> Item si quod audire possumus vel non possumus in nostra potestate non est, sed in naturae constrictione, quod vero audimus vel non audimus, hoc est propriae voluntatis, cur non adtendit, quanta audiamus inviti, quae penetrant in sensum nostrum etiam auribus obturatis, sicuti est de proximo serrae stridor vel grunnitus suis ? Quamquam obturatio aurium ostendit non in potestate nostra esse apertis auribus non audire, facit etiam fortasse talis obturatio, quae ipsum sensum nostrum adimat, ut in nostra potestate sit etiam audire non posse [4].

Le changement de vocabulaire est notable. En même temps que le terme, Augustin refuse l'idée d'une possibilité inséparable de la nature, sur laquelle nous n'aurions pas prise, et qui délimiterait ce que nous pourrions toujours faire ou ne pas faire.

1. *De natura et gratia,* L, 58, BA XXI, 352-354.

2. La possibilité ne suffit pas à pouvoir faire. Un commentaire à saint Paul, longtemps attribué à s. Jérôme, la déclare « infirme » sans le secours de la grâce : « Infirma enim est nostra possibilitas, nisi doctrina sancti Spiritus adjuvetur » (*In Epistulam ad Romanos,* VIII, PL XXX, 684B). Sur la perte de la possibiluté naturelle, voir Alcuin, *Confessio fidei,* III, XXXII, PL CI, 1077A.

3. L'*Epistula* CLXXVII, adressée au pape Innocent, s'interroge sur cette *possibilitas naturae* (9-11, PL XXXIII, 768-769) : « Si ergo ad faciendam perficiendamque justitiam, jam erat naturae possibilitas per liberum arbitrium, jam erat Legis Dei sanctum et justum bonumque mandatum, jam erat promissum praemium sempiternum ; ergo Christus gratis mortuus est. » (10, PL XXXIII, 769). Cf. *Epistula* CLXXXVI, X, 36, PL XXXIII, 830. Notons un emploi de *possibilitas* dans le *Contra Faustum Manicheum :* « in eo genere ista rationalia facta sunt, ut inesset eis possibilitas frenandi delectationem ab illicito, quam non frenando peccaverunt. » (XXII, XXVIII, PL XLII, 419).

4. *De natura et gratia,* XLVII, 55, BA XXI, 346-348.

Ce qui est visé à travers ces réflexions anthropologiques est la possibilité actuelle pour l'homme de ne pas pécher [1]. Il s'agit dès lors de s'interroger sur la permanence d'une nature dotée d'une telle possibilité inséparable [2] : « non debuit illa natura dici, quae vitiari posset, et medicum quaerere, qui caeci oculos sanaret et videndi possibilitatem restitueret, quae fuerat amissa per caecitatem, quoniam caecus puto quod velit videre, sed non potest ; si autem vult et non potest, inest voluntas, sed amissa est possibilitas. » [3]. La volonté peut demeurer, quand bien même la possibilité fait désormais défaut. Augustin refuse donc l'idée d'une possibilité permanente qui serait antérieure à tout ce que nous avons le pouvoir de faire ou de ne pas faire. Le déplacement de la question, de l'être en notre pouvoir à celui de la volonté, conduit donc à refuser de voir la possibilité comme le préalable à tout ce que l'homme déciderait de faire.

La différence de vocabulaire entre nos deux penseurs n'est donc pas négligeable. Elle révèle deux manières distinctes de penser le pouvoir de l'homme. 1) L'auteur qui recourt massivement au vocabulaire de la possibilité (*possibilitas*) est aussi celui qui croit au pouvoir de l'homme, qu'il détiendrait en vertu de sa nature. La possibilité dit dans ces conditions la totalité de ce qui est donné à son pouvoir, et qu'il peut faire selon sa volonté. 2) L'auteur qui préfère recourir au vocabulaire du pouvoir (*potestas*) est par ailleurs celui qui a mûrement réfléchi sur la déficience post-lapsaire de notre nature, qui requiert le secours de la grâce divine pour pouvoir bien faire. Il s'attache dès lors à prendre en considération non pas une possibilité *in abstracto*, mais ce qu'il considère comme les conditions réelles requises pour l'effectivité du pouvoir.

La possibilité ne dit donc pas le pouvoir, ou une quelconque puissance, mais cela même qui rend possible le pouvoir, autrement dit, ce à partir de quoi, plutôt que ce par quoi il peut y avoir agir.

Assurément, Augustin ne s'interdira pas l'emploi du terme *possibilitas* [4]. Absent de ses premiers écrits, celui-ci apparaît à l'occasion dans les traités tardifs [5]. S'il a refusé le concept pélagien de *possibilitas*, il réinvestit donc le vocable, non sans toutefois le charger d'une signification spécifique.

1. « "Ipsa" inquit "non peccandi possibilitas non tam in arbitrii potestate quam in naturae necessitate est". » (*De natura et gratia*, LI, 59, BA XXI, 354). Voir *ibid.*, XLVIII, 56, BA XXI, 348. Augustin met en évidence, contre Pélage, que l'homme a perdu sa nature intègre et saine.

2. Voir les réflexions d'Augustin sur cette possibilité inséparable de la nature reconnue par Pélage en *De natura et gratia*, LI, 59, BA XXI, 356.

3. *Ibid.*

4. On trouve un écho des discussions anti-pélagiennes avec l'idée que ne pas pouvoir pécher relève d'un bienfait de Dieu, et non d'une possibilité de la nature (« non suae possibilitate naturae », *De civitate Dei*, XXII, XXX, BA XXXVII, 710). Augustin oppose assez classiquement possibilité et nécessité (*ibid.*, XIII, XXII, BA XXXV, 314 ; XXII, XXIV, 2, BA XXXVII, 660).

5. Voir *De natura et corruptione*, XII, 38, BA XXIV, 356, sur la possibilité et la volonté de persévérer données par la libéralité de la grâce divine. Voir aussi *De praedestinatione sanctorum*, V, 10, BA XXIV, 496.

La possibilité renvoie en effet à une déficience ontologique[1]. Elle permet de rendre compte de la mutabilité de ce qui est créé : « An potius in ipsa re facta atque formata eadem mutabilitas, hoc est deficiendi, ut ita dixerim, possibilitas, nox appellata sit; quia inest rebus factis, etiamsi non mutentur, posse mutari ? »[2]. La mutabilité constitue la condition même de la créature; elle se laisse dire en termes de possibilité parce qu'elle est présente en la créature y compris si cette dernière ne change pas[3]. Il y a en effet possibilité lors même qu'il n'y a pas effectivité[4], ou, pour le dire autrement, lors même qu'il n'y a pas « faculté » (*facultas*)[5].

En des contextes non aristotéliciens, les occurrences pélagiennes et augustiniennes de la *possibilitas* permettent donc de dégager certains de ses traits principaux, et, conjointement, de mesurer les écarts de cette thématique par rapport à celle de la *dunamis* et du *dunaton* de la tradition aristotélicienne. La *possibilitas* pose en effet la question de ce que nous pouvons d'une manière radicale; elle se pose antérieurement à l'effectivité, non pas seulement au sens où la *dunamis* est le corrélat de l'*energeia*, mais au sens de la condition originaire de possibilité, de ce sans quoi il ne peut y avoir acte. Nos deux auteurs témoignent ainsi de la disjonction de la *possibilitas* et de la *potentia*. La possibilité ne signifie aucune force par soi.

1. En ce sens, Augustin utilise le concept de possibilité dans sa discussion avec Julien d'Eclane. Voir *Opus imperfectum contra Iulianum*, V, 42, PL XLV, 1479 : « Sed cum quaeritur, quare homo possit habere malam voluntatem, quamvis ut habeat non sit necesse, non origo quaeritur voluntatis, sed origo ipsius possibilitatis ; et invenitur ea esse causa, quia etsi magnum bonum est rationalis creatura, non tamen est quod est Deus, cuius solius est inconvertibilis incommutabilisque natura. Et huius rei causa cum quaeritur, hoc invenitur, quia non de se ipso, hoc est, de sua natura atque substantia genuit, sed de nihilo, hoc est, de nulla re fecit haec Deus. » La possibilité du mal dont dispose la volonté humaine témoigne de la déficience ontologique de sa nature, ainsi soumise à la mutabilité.

2. *De genesi ad litteram*, II, XIV, 28, BA XLVIII, 192.

3. Voir encore *De genesi ad litteram*, IV, I, 1, BA XLVIII, 276-278 : « mutatio in omni creatura sive possibilitate inest, etiamsi desit effectu, sicut in coelestibus superioribus ; sive ad implendam in infimis rebus pulchritudinem temporalem, per ordinatas vices quorumque mutabilium cessionibus successionibusque peragitur, sicut manifestum est in rebus terrenis atque mortalibus ».

4. Voir *De Trinitate*, XV, XV, 25, BA XVI, 494 : « Nisi forte dicendum est ipsam possibilitatem cogitationis, quoniam id quod scitur etiam quando non cogitatur potest tamen veraciter cogitari, uerbum esse tam perpetuum quam scientia ipsa perpetua est. »

5. Sur cette opposition *possibilitas / facultas*, voir *De genesi ad litteram*, VII, VII, 10, BA XLVIII, 522 : « An rationalis erat iam possibilitate, nondum facultate ? ». Augustin donne l'exemple de l'âme de l'enfant, qui est rationnelle, lors même qu'il n'a pas encore la faculté d'exercer la raison.

Boèce ou la possibilité faite aristotélicienne

Boèce ne traduit certes pas *dunamis* par *possibilitas*. L'examen de son œuvre exégétique met toutefois en évidence une attention à la possibilité, à côté de la question de la puissance. Si le vocabulaire du possible ou de la possibilité et celui de la puissance peuvent coexister, voire s'entremêler, ils ne doivent pas être confondus [1].

Constatons tout d'abord comment Boèce arrime la *possibilitas* à la *potestas* :

> possibile quod frequenter in rebus dicimus non simpliciter dicitur atque ideo quoniam possibile a potestate traductum est, ipsa quoque potestas aequiuoca est. Hoc hinc manifestum est, quod quaedam possibilitates ad hoc dicuntur non quoniam aguntur sed quoniam ut agantur nihil impedit, ut si de aliquo sano corpore omnibusque aliis quae impedire poterant remotis sedente dicatur possibile esse eum ambulare, non quoniam ambularet sed quoniam ut ambularet nihil omnino prohibet. Quaedam uero potestates ita dicuntur quoniam iam actu sunt atque aguntur, ut si quis de ambulante homine dicat possibile eum esse ambulare. Atque ideo illa possibilitas quae non secundum actum aliquem dicitur sed secundum id quod posset agere dicitur, eo quod agere non prohibetur, a potestate possibilitas nominatur. Haec uero quae iam agit atque in actu est, actus ipse, possibilitas appellatur [2].

Il est des possibilités non actualisées, constate Boèce. L'équivocité de la possibilité nous reconduit à la distinction de ce qui est *in potestate* ou *in actu*. Or, si le possible est tiré du pouvoir, un décrochage se produit, puisque Boèce nous invite à penser, *in fine*, une possibilité qui ne se dit pas à partir du pouvoir.

Un geste de torsion du discours aristotélicien est ici repérable. Le texte expliqué, dont Boèce vient de donner la traduction, parlait de l'équivocité de la *potestas*, et conjointement du *possibile*, qui ne se laisse pas dire *simpliciter* [3] ; il n'était pas question de *possibilitas* [4]. L'introduction du terme « possibilité » est donc le fait de Boèce, qui fait alors porter l'analyse sur ce concept : « Duae ergo significationes sunt possibilitatis : una quae eam possibilitatem designat quae est potestate, quae scilicet actu non sit, altera quae eam possibilitatem significet quae iam actu sit. » [5]. Discrètement donc mais sûrement, la possibilité

1. La *Consolatio* fait usage de ces deux termes, pour les différencier : « Huc accedit quod omnem potentiam inter expetenda numerandam omniaque expetenda referri ad bonum uelut ad quoddam naturae suae cacumen ostendimus. Sed patrandi sceleris possibilitas referri ad bonum non potest, expetenda igitur non est. Atqui omnis potentia expetenda est ; liquet igitur malorum possibilitatem non esse potentiam. » (*Consolatio philosophiae*, IV, II, 43-44, éd. Moreschini, p. 107, l. 125-131). Toute possibilité n'indique donc pas une puissance.

2. *In De interpretatione*, ed. IIa, II, 6, éd. Meiser, p. 453-454.

3. *Ibid.*, éd. Meiser, p. 452-453 = translatio Boethii, AL II, 1-2, 33, 1-12.

4. La traduction latine de Boèce ne parle de *possibilitas* qu'à la fin du chap. 13 (AL II, 1-2, 33, 19-20).

5. *In De interpretatione*, éd. IIa, II, 6, éd. Meiser, p. 454. La synthèse du commentaire boécien confirme ce déplacement : « possibilitas aequivoca est et multa significans. Est enim una possibilitas quae ipsa quidem non sit in actu, esse tamen possit atque ideo de ea possibilitas praedicetur,

prend le pas sur la *potestas* au sein du commentaire boécien. La possibilité dit non seulement ce qui est *in potestate*, mais aussi ce qui est *in actu*. Elle déborde en ce sens le pouvoir, envisagé sous la figure de l'*in potestate*. Elle se laisse ainsi rapporter à ce qui n'est jamais *in potestate*, mais toujours *in actu*[1]. Toute possibilité ne procède pas d'un être *in potestate*.

L'être se laisse par conséquent reconduire à la possibilité. Ce qui est, qu'il ait toujours été en acte, le soit devenu, ou puisse le devenir, relève du champ de la possibilité. Si Boèce traduit le terme *dunaton* par celui de possible, il introduit, dans le commentaire au texte d'Aristote, la possibilité, et lui donne une importance primordiale.

La question de la possibilité redouble donc, mais également subsume désormais la question de l'être *in potestate*. Boèce relit en effet la conceptualité de l'être *in potestate* en faisant droit à la possibilité. Approfondissant ainsi le premier sens de la possibilité (ce qui est *in potestate*, et pas encore *in actu*), Boèce la présente comme absence d'empêchement pour une action : « nihil impedit / prohibet ». Sans doute a-t-on ici un écho des discussions de la tradition exégétique concernant le *dunaton* comme ce qui n'est pas empêché (*kôluomenon*). On notera comment notre auteur associe cette possibilité au fait de pouvoir agir ; l'être en acte revêt ainsi une dimension active (« iam actu sunt atque aguntur », répète Boèce). L'interprétation active de l'être-en-acte aristotélicien semble partant ouvrir la voie à une réinterprétation de la *dunamis* à partir de la possibilité. Mais précisément la possibilité ainsi exacerbée ne dit nulle efficience ; elle indique l'absence d'obstacle. Ainsi déterminée négativement, elle se présente comme ce qui permet l'activité, sans pour autant l'accomplir. Elle déploie à proprement parler un champ d'action.

On comprend dès lors comment cette possibilité se voit associée à l'idée, assurément peu aristotélicienne elle-aussi, de libre arbitre[2]. La possibilité pourra dès lors offrir un cadre dans lequel l'idée de contingence trouve à se déployer. La possibilité ouvre des alternatives : « Et hanc eueniendi uel non eueniendi possibilitatem utrumlibet uocamus. », reconnaissait ainsi le premier commentaire au *De interpretatione*[3]. Boèce articule donc la question du possible et celle de la contingence : « Aliae autem sunt contingentes, quae cum non sint, eas tamen in futurum euenire possibile est »[4]. Dépossédée de toute

est autem alia quae iam est actu. » (p. 455). Voir *ibid.*, éd. Ia, II, 13, éd. Meiser, p. 202, où l'explication commence par la remarque : « Possibilitatis breviter diuisio facienda est. »

1. Voir *ibid.*, éd. IIa, II, 6, éd. Meiser, p. 454 : « Haec autem possibilitas quae iam actu est aut ex potestate ad actum transit aut semper in actu naturaliter fuit, ut cum homo ex eo quod sedet ambulat, potest ambulare atque ideo ex potestate in actum uertit, sol uero cum mouetur, numquam ex potestate in actum uertit (neque enim aliquando hunc motum non egit) neque ignis ut nunc caleret, aliquando non caluit. »

2. Voir *In De interpretatione*, éd. IIa, III, 9, éd. Meiser, p. 193. Ce rapprochement est acquis dès le premier commentaire (I, 9, éd. Meiser, p. 111).

3. *Ibid.*, ed. Ia, I, 9, éd Meiser, p. 106.

4. *Ibid.*, ed. Ia, I, 9, éd Meiser, p. 105-106.

puissance, la possibilité se laisse appréhender comme un espace pour des choix contingents.

La possibilité au cœur de la substance

Les premiers siècles de la philosophie latine voient l'avènement de la possibilité comme détermination essentielle de ce qui est dans le monde. La sourde présence de la conceptualité aristotélicienne de l'être en acte (*in actu* ou *opere*) et de ce qui n'est qu'en puissance (*in potestate* ou *potentia*) s'accompagne de l'émergence de la thématique de la possibilité, qui ne saurait être simplement reconduite à l'idée de potentialité.

L'œuvre de Jean Scot Erigène (m. ca 880) témoigne de cette inscription de la possibilité au cœur même de la substance. Le dynamisme de la nature ne doit en effet pas seulement nous amener à porter notre attention sur l'activité qu'elle déploie, mais également sur les possibilités qu'elle recèle [1]. La lecture des *Decem categoriae* [2] dans un cadre conceptuel fortement teinté de néoplatonisme permet de révéler certaines des potentialités cachées de ce texte. Si le paraphraste avait reconnu une *potentia naturalis*, le philosophe irlandais met l'accent sur une *possibilitas*, qui accompagne la substance, et précède ses actes. Erigène peut bien traduire *dunamis* par *virtus* [3] ; au sein de la division de la nature qu'il met en place, il octroie également une place non négligeable à la *possibilitas*. La possibilité peut ainsi être le pendant conceptuel de l'être en acte, ou en œuvre [4]. Les deux termes ne sont pas pour autant

1. Dans son *Homélie sur le prologue de Jean*, Erigène reconnaît une *possibilitas* universelle de croire au Christ, et d'être enfants de Dieu (xx, SC CLI, 300) ; cette « possibilité » se distingue du « pouvoir » (*potestas*), restreint à ceux qui reçoivent le Verbe. Erigène fait donc droit à la radicalité de la possibilité, antérieure au pouvoir. Les *Expositiones in Ierarchiam celestem* font aussi droit à une universelle *natualis posibilitas* de connaître (ix, CCCM XXXI, 144, 381). La *possibilitas* découvre une certaine liberté en l'homme, qui peut revenir au bien ; voir *Expositiones in Ierarchiam celestem*, IX, CCCM XXXI, 151, 618.

2. Voir J. Marenbon, *From the Circle of Alcuin to the School of Auxerre*, Cambridge, CUP, 1981, p. 20-21. Voir en outre J. Marenbon, « John Scottus and the *Categoriae decem* », *Aristotelian Logic. Platonism and the Context of early Medieval Philosophy in the West*, Aldershot, Ashgate, 2000, art. V.

3. Voir *Periphyseon*, I, 486B-C, CCCM CXLI, 62 : « Nam cum in omni rationabili intellectualique natura tria inseparabilia semperque incorruptibiliter manentia considerentur, ουσιαν dico et δυναμιν ενεργειανque (hoc est essentiam, uirtutem, operationem). » Voir encore (à propos de la même triade) *ibid.*, 490B, 67, ainsi que 505C-D, 88.

4. Voir *Periphyseon*, V, CCCM, CLXV, 87, pour l'opposition de *possibilitate* à *actu et opere*. Voir *Periphyseon*, IV, 778C, CCCM CLXIV, 54, qui oppose *sola possibilitate* à *re ipsa* ; cette connaissance qui subsiste « par la seule possibilité » ne tend précisément pas à naturellement s'actualiser en tout homme.

interchangeables[1]. La possibilité demande dès lors à être reconnue en sa spécificité vis-à-vis de la *virtus*.

Le livre I du *Periphyseon* procède à un remaniement en profondeur de l'ousiologie. Erigène ne se contente alors pas de retravailler la doctrine des catégories ; il en vient à redoubler le schème de l'inhérence par la reconnaissance d'un dynamisme de la substance. Une triade ousiologique se dégage ainsi :

> N. Putasne in his qui agunt aliud esse agentem, aliud posse agere, aliud agere, an unum idemque ? A. Non unum esse opinor, sed tria quaedam a se differentia. Amans enim (hoc est qui amat) substantia quaedam certae ac diffinitae personae est, cui accidit quaedam potentia per quam ipsa substantia potest agere, siue agat seu non. Si uero ipsa substantia per ipsam potentiam se mouerit ut aliquid agat, agere dicitur. Ac per hoc tria quaedam uidentur esse : substantia uidelicet, cui inest agere posse, cuius possibilitatis ueluti cuiusdam causae effectus est in aliqua re agere, siue ipsa actio reciproca sit, id est in eandem redeat, seu in alteram transeat personam[2].

Cet extrait est riche d'enseignements concernant l'ousiologie érigénienne. En premier lieu, le schème de l'accident inhérent (*accidit* ; *inest*) en une substance-sujet est à la fois repris et modifié par la reconnaissance d'une puissance (*potentia*) d'agir qui advient en la substance. L'idée de réceptivité qu'impliquait le modèle de la subjectité se voit ainsi dépassé par ce modèle dynamique, qui met au contraire l'accent sur l'activité. En second lieu, cette puissance d'agir s'interprète *in fine* comme une possibilité (*possibilitas*). La possibilité relaie ainsi la puissance. À cet égard, sans doute n'est-il pas anodin que cette puissance se soit d'abord présentée comme duelle, comme puissance d'agir ou de ne pas agir. À l'encontre d'un certain néoplatonisme, Erigène ne voit pas la procession comme un flux, ou une émanation nécessaire. La puissance qu'il reconnaît dans les substances se laisse dès lors penser comme une possibilité, qui peut se réaliser, mais aussi bien ne pas le faire.

La possibilité et l'activité qu'elle permet s'inscrivent à cet égard, et d'une manière remarquable, au sein d'un processus d'individualisation de la substance créée, qui se distingue ainsi de l'essence universelle[3] : « Cui etiam substantiae propria possibilitas inest, quae aliunde non assumitur nisi ex ipsa uniuersali uirtute ipsius praedictae uniuersalis essentiae »[4]. Si la substance,

1. La terminologie concernant la puissance est variée ; voir D. Moran, *The Philosophy of John Scottus Eriugena*, Cambridge, CUP, 1989, 2004, p. 223. Ces variations ne sont sans doute pas uniquement le fait du hasard.

2. *Periphyseon*, I, 505A-B, CCCM CLXI, 87.

3. Voir C. Erismann, *L'homme commun. La genèse du réalisme ontologique durant le haut Moyen Âge*, Paris, Vrin, 2011, p. 93 *sq*.

4. *Periphyseon*, I, 506B, CCCM CLXI, 89.

dotée de ses accidents, doit être distinguée de l'essence, la possibilité dit la puissance de la substance en ce qu'elle a de propre [1].

En sa différence d'avec la *virtus*, la possibilité permet donc tout d'abord de décrire l'être des substances mondaines : si elles supportent des accidents, elles recèlent en leur cœur des possibilités, qu'il leur reviendra d'accomplir, ou non [2].

Erigène fait jouer au concept de possibilité un autre rôle, non moins décisif [3]. Si le possible désigne ce qui peut être même s'il n'est pas [4], il sert aussi à dire ce que sont les choses, avant leur advenue à l'existence [5]. Ainsi Erigène peut-il reconnaître un être *in sola possibilitate* de tous les hommes, en l'homme universel, avant que chacun n'existe à titre individuel [6] :

> in ipso quippe generali et uniuersali homine ad imaginem dei facto omnes homines secundum corpus et animam simul et semel in sola possibilitate conditi sunt et in ipso omnes peccauerunt priusquam in proprias substantias prodirent, hoc est antequam unusquisque secundum angelicam multiplicationem in sua discreta differentia in anima rationali et spirituali corpore appareret [7].

1. La puissance comme possibilité se distingue de la *virtus*, qui, avec l'*operatio* qui l'accompagne, ne fait qu'un avec l'essence concernée. Voir *Periphyseon*, I, 506A, CCCM CLXI, 88 : « Ac per hoc aut illa tria, quae diximus unius eiusdemque substantiae esse, sola uereque sunt (id est essentia, uirtus et operatio), quae uero nunc a me addita sunt (id est substantia cum accidentibus, possibilitate uidelicet agendi ipsiusque possibilitatis effectu quod est agere) superflua esse nullaque ratione reperta arbitrandum ».

2. La même distinction lexicale entre la *virtus* et la *possibilitas*, cette fois associée à la *potestas*, se retrouve au livre troisième (657C, CCCM CLXIII, 57) ; sur la *vis* et la *potestas* ainsi reconnues au nombre, voir S. Nichols, « Remodeling Models... », art. cit., p. 60 *sq*.

3. La question de la possibilité et de l'impossibilité déborde le champ catégorial des philosophes ; voir *Periphyseon*, II, 596C-D, CCCM CLXII, 98, et 597B-C, 98-99. Ce questionnement s'effectue dans le cadre d'une réflexion sur la portée de la science (ou de l'ignorance) de Dieu, et sur sa puissance transcendante (596D).

4. Le possible est ce qui peut être, même s'il n'est pas ; voir *Periphyseon*, II, 597B, CCCM CLXII, 98 : « possibilia possunt in aliqua re fieri, etsi non sint ». Erigène renvoie au *De interpretatione* (597C, 98-99). Les possibles, comme également les impossibles, acquièrent le statut de choses (*res*) : « Possibilia quoque et impossibilia in numero rerum computari nemo recte philosophantium contradicet » (597B, 98). L'impossible est doté d'une certaine consistance, même s'il ne peut jamais advenir à l'existence, en apparaissant dans les choses sensibles ou intellectuelles : « Impossibilia uero sola uirtute impossibilitatis continentur ; eorum enim esse est impossibilitas in aliqua re intellectuali seu sensibili apparere. » (*ibid.*). Il y a un être des impossibles, qui consiste précisément à ne pas être ; voir *Periphyseon*, I, 442A, CCXL CLXI, 4 : « (...) inter possibilia ponitur, cuius esse est non posse esse ». Possibles et impossibles révèlent un plan ontique antérieur à l'existence.

5. Erigène a porté son attention sur l'exister des substances. Voir G. Allard, « The Primacy... », art. cit. et mon « Manifestation et existence », art. cit.

6. *Cf.* Maxime le Confesseur, *Ambigua*, II, 7, PG XCI, 1080-1081. Sur cet aristotélisme de Maxime, voir V. Karayiannis, *Maxime le Confesseur*, *op. cit.*, p. 206 *sq*.

7. *Periphyseon*, II, 582A-B, CCCM CLXII, 77.

Erigène parle donc le vocabulaire de la possibilité, plutôt que celui de la *virtus*, ou même de la puissance, lorsqu'il s'agit de rendre compte d'un être préalable à l'existence individuelle et propre[1]. La possibilité témoigne d'un plan ontologique distinct de celui des existants individuels[2].

La possibilité ne sert pas seulement à désigner ce qui n'est pas actuellement. Erigène lui accorde une consistance propre. Le champ du possible redouble ainsi en quelque sorte le champ des existants.

Ainsi donc, la question de la possibilité nous invite-t-elle à ne pas nous satisfaire de la doctrine des catégories. La possibilité est logée au cœur de la substance dotée d'accidents, non seulement au sens où la substance se révèle riche de potentialités multiples pour agir dans le monde, mais aussi, et plus radicalement, au sens où la substance advenue à l'existence, découlant de l'essence générale, suppose une telle possibilité.

IMPOSSIBILITÉ ET TOUTE-PUISSANCE

L'admission de la toute-puissance de Dieu invite à un bouleversement du cadre de la physique, notamment de la façon d'appréhender les rapports causaux : Dieu ne pourrait-il ainsi pas couper avec une scie molle[3] ? Ce qui se fait par les causes secondes ne pourrait-il se faire immédiatement par la cause première ? Ne pourrait-on pas avoir une vision sans qu'existe ce que l'on voit ? On connaît ces débats autour de la toute-puissance divine[4]. La question que nous voudrions plus précisément poser concerne les conséquences de la reconnaissance de la toute-puissance divine sur le concept de possibilité : en un mot, comment penser la possibilité, si Dieu peut tout, même ce qui semble aller contre le point de vue naturel, et ce faisant contre l'ordre du monde ?

Le premier Moyen Âge latin voit se développer des réflexions sur la toute-puissance divine. La traduction de *pantokrator* par *omnipotens* qui va

1. Le concept de posibilité rend compte de ce qui aurait pu être, si les choses s'étaient passées autrement ; voir *Periphyseon*, IV, 822B, CCCM CLXIV, 114 : « Cuius terra fertilis erat corpus immortale per possibilitatem. Corpus namque primi hominis potuit non mori, nec moreretur [si veneno praevaricationis non corrumperetur] ».

2. Le terme *possibilitas* se rencontre, conjointement à celui de *capacitas*, chez Ratramne de Corbie (m. ca. 868), à propos de la possibilité de rire que les hommes ont en commun (*De anima ad Odonem*, éd. Lambot, p. 75, l. 35-37). Il ne s'agit précisément pas d'insister sur un dynamisme propre, mais de marquer la communauté d'une capacité, indépendamment de son actualisation.

3. Discutant notamment avec Thomas d'Aquin, Duns Scot, attentif à la manière dont Dieu est agent « illimité », reviendra ainsi sur l'idée de causalité instrumentale (*Ordinatio* IV, d. 1).

4. Les études sur la toute-puissance et son histoire sont nombreuses ; voir I. M. Resnick, *Divine Power and Possibility in St Peter Damians's De divina omnipotentia*, Leiden, Brill, 1992 ; concernant la *potentia absoluta*, distinguée de la *potentia ordinata*, voire *ordinabilis*, aux XIIIe et XIVe siècles, voir bien sûr, E. Randi, *Il Sovrano e l'Orologiaio. Due Immagini di Dio del Dibattito Sulla «Potentia Absoluta» fra XIII e XIV Secolo*, Florence, La Nuova Italia Editrice, 1987.

s'imposer chez les Latins[1], quoique d'autres alternatives aient été proposées (Augustin parle également le vocabulaire de l'*omnitenens*[2] qu'il juge plus proche du grec[3]), invite à une interrogation renouvelée du concept de puissance, *potentia* ou *potestas*[4]. Quand le *pantokrator* renvoie à ce qui « omnium tenet potentatum », comme le conçoit encore Rufin d'Aquilée (m. ca. 410)[5], le traducteur d'Origène[6], l'*omnipotens* suggère que « impossibile [ei] nihil est », selon l'expression d'Hilaire de Poitiers (m. 367)[7]. Une redéfinition des limites entre le possible et l'impossible semble devoir s'ensuivre[8]. À la toute-fin du XIe siècle, Anselme de Cantorbéry (m. 1109) affirme ainsi sans ambage la sujétion à la volonté divine des catégories modales de la nécessité et de l'impossibilité[9] : « Omnis quippe necessitas et impossibilitas eius subiacet voluntati ; illius autem voluntas nulli subditur necessitati aut impossibilitati. »[10]. L'impossible dépend donc de Dieu, et de sa volonté. Une telle immixtion du vouloir dans la détermination de l'impossible est riche d'enjeux, et invite à redessiner les contours du possible et de l'impossible[11]. S'il

1. Voir J.-P. Batut, *Pantokrator, op. cit.*

2. Augustin n'hésite pas à employer *omnitenens* à côté d'*omnipotens*. Voir *Confessions*, XI, XIII, 15, BA XIV, 296 ; *De Genesi ad litteram*, IV, XII, 22, BA XLVIII, 308 et VIII, XXVI, 48, BA XLIX, 82. Voir J.-P. Batut, *Pantokrator, op. cit.*, p. 497 *sq.*

3. Voir *Tractatus in Ioannis evangelium*, CVI, 5, BA LXXV, 90-92 : « Quocirca quidquid potuit Pater, semper cum illo Filius potuit ; quoniam ille qui nunquam fuit et non potuit, nunquam sine Patre fuit, nunquam sine illo Pater fuit. Ac per hoc sicut Pater aeternus omnipotens, ita Filius coaeternus omnipotens ; et si omnipotens, utique omnitenens. Id enim potius verbum e verbo interpretamur, si proprie volumus dicere, quod a Graecis dicitur *pantocrator* quod nostri non sic interpretarentur, ut omnipotens dicerent, cum sit *pantocrator* omnitenens, nisi tantumdem valere sentirent. »

4. Sur la différence entre la *potestas* (renvoyant au grec *exousia*) et la *virtus* (traduction de *dunamis*) chez Tertullien, voir J.-P. Batut, *Pantokrator, op. cit.*, p. 311 ; sur la différence entre *potestas* (le pouvoir comme souveraineté) et *potentia* (la puissance comme force coercitive) chez Tertullien et Augustin, voir *ibid.*, p. 501-502.

5. *Commentarium in Symbolum Apostolorum*, 5, PL XXI, 341.

6. Rufin traduit *pantokrator* par *omnipotens* : « Ita ne omnipotens quidem deus si non sint in quos exerceat potentatum » (*Peri arkhôn*, I, 2, 10, SC CCLII, 132).

7. *De Trinitate*, VI, 21, SC CDXLVIII, 210.

8. Voir Augustin, *De civitate Dei*, XXI, VII, 1, BA XXXVII, 404 : « cum deus auctor sit naturarum omnium, cur nolunt fortiorem nos reddere rationem, quando aliquid uelut inpossibile nolunt credere eisque redditionem rationis poscentibus respondemus hanc esse uoluntatem omnipotentis dei ? ».

9. Sur le traitement anselmien du pouvoir et de la toute-puissance de Dieu, voir mon ouvrage *L'essence de la liberté*, p. 129-133, ainsi que C. Martello, *La dottrina dei teologi. Ragione e dialettica nei secoli XI-XII*, Catane, CUECM, 2005, p. 88 *sq.* et J. Marenbon, « Anselm and the Early Medieval Aristotle », in *Aristotelian Logic, op. cit.*, art. VIII, p. 10 *sq.*

10. *Cur Deus homo*, II, 17, éd. Schmitt, t. II, p. 122. Voir *Meditatio* III, t. III, p. 86 : « An aliqua necessitas coegit ut altissimus sic se humiliaret, et omni potens ad faciendum aliquid tantum laboraret ? Sed omnis necessitas et impossibilitas eius subiacet voluntati. »

11. Les usages anselmiens du terme *possibilitas* l'accompagnent régulièrement du possessif de la première personne : « tentabo pro mea possibilitate » (*Cur Deus homo*, I, 2, éd. Schmitt, t. II, p. 50) ; voir aussi *Monologion*, prol., t. I, p. 7 ; *Epistula de incarnatione Verbi*, XVI, t. II, p. 35 ;

faut reconnaître une possibilité qui précède l'être, le possible ne doit ainsi pas seulement se dire de ce qui a un pouvoir propre d'advenir : « multa dicuntur posse non sua sed aliena potestate » [1]. Le monde avant d'être avait la possibilité d'être, mais non pas au sens où le monde lui-même avait le pouvoir d'être [2]. La possibilité, comme ouverture à une altérité, renvoie non à un pouvoir sien, mais à la puissance de faire d'un autre [3].

Ainsi, la possibilité se dit-elle alors relativement à une activité, fût-elle étrangère. La considération de la puissance divine fait ressortir une détermination nouvelle de la possibilité : le possible n'est pas ce qui aspire à se réaliser, mais ce qui se laisse faire.

Dans ces conditions, la possibilité se rapporte à une puissance. Le possible désignera précisément ce que peut la puissance divine. Faut-il donc ainsi arrimer le possible à la puissance divine, bien plutôt que dans la nature de ce qui est ? Dieu peut-il tout, même ce qui nous apparaît impossible ? Autrement demandé (ou demandé en termes scotistes) : le possible serait-il tel, si Dieu n'existait pas ? La question, dont on peut trouver des préfigurations anciennes (que l'on pense ici au propos d'Agathon rapporté par Aristote) [4], trouvera sa réponse la plus radicale dans les lettres à Mersenne d'avril-mai 1630 dans lesquelles Descartes affirme la création par Dieu des vérités éternelles elles-mêmes. Sans aller jusqu'à une telle extrêmité théorique, la question de la puissance de Dieu et de ses limites fut largement débattue avec l'admission d'un donné révélé affirmant un Dieu créateur de toutes choses. On rencontre

Epistulae, XLIII, t. III, p. 155 ; XLIV, p. 156 ; LXIX, p. 189 ; CLXII, t. IV, p. 35 ; CXCII, p. 79 ; CXCIV, p. 84. Un autre possessif peut être utilisé (*Epistulae*, CLXXII, t. IV, p. 54 ; CCXVII, p. 118 ; CCXX, p. 122 ; CCXXXII, p. 138). La possibilité ne dit pas un absolu, mais est à la mesure du chacun.

1. *De casu diaboli*, 12, éd. Schmitt, t. I, p. 254, l. 4-5. Cf. *Fragments philosophiques*, 3, éd. Schmitt-Southern, p. 341.

2. Voir *De casu diaboli*, 12, éd. Schmitt, t. I, p. 253, l. 13-17 : « Et possibile et impossibile erat antequam esset. Ei quidem in cuius potestate non erat ut esset, erat impossibile ; sed deo in cuius potestate erat ut fieret, erat possibile. Quia ergo deus prius potuit facere mundum quam fieret, ideo est mundus, non quia ipse mundus potuit prius esse. »

3. *De casu diaboli*, l. 22-27 : « Ex qua improprietate loquendi fit ut sæpissime dicamus rem posse, non quod illa possit, sed quoniam alia res potest ; et rem quæ potest non posse, quoniam alia res non potest. Ut si dico : liber potest scribi a me : utique liber nihil potest, sed ego possum scribere librum. Et cum dicimus, iste non potest vinci ab illo, non aliud intelligimus quam : ille non potest vincere istum. » Anselme sera régulièrement convoqué comme autorité pour arrimer le possible en une puissance agente ; voir entre autres Matthieu d'Aquasparta (m. 1302), *Quaestiones disputatae de cognitione*, q. VIII, § 6, Quaracchi, p. 358 ; *Quaestiones disputatate de productione rerum*, q. IX, § 20, Quaracchi, p. 226-227. Ainsi convient-il de ne pas se contenter de la potentialité sise dans les choses (la puissance subjective), mais de faire droit a la puissance objective, appréhendée à partir de la puissance autre d'un agent ; voir ainsi Henry de Harclay (m. 1317), *Quaestiones ordinariae*, q. X, § 9, éd. Henninger, p. 444. Anselme offre ainsi de dépasser le cadre aristotélicien.

4. Pour Agathon, au témoignage d'Aristote, la puissance divine n'échoue qu'à faire que ce qui a été n'ait pas été (*Ethique à Nicomaque*, VI, 2 1139b). Alexandre d'Aphrodise reconnaît des impossibles à Dieu (*De fato*, 30, p. 56, l. 25-p. 57, l. 5).

en terre d'Islam comme dans la Chrétienté des réflexions sur ce qui est en la puissance de Dieu. Un même réquisit n'impose toutefois pas la mise en place d'une même conceptualité. Aussi, les auteurs du *kalâm* comme les théologiens latins pourront bien s'interroger sur ce qui est en la puissance divine; ils n'auront pas pour autant recours aux mêmes armes théoriques. En particulier, notons-le dès à présent, les théologiens latins font d'emblée appel au concept de « possible », présent dans les Ecritures, mais aussi en usage en philosophie (dans les textes logiques en particulier). Ils disposent ainsi, avec le possible, d'un concept déjà philosophique, mais dont le sens se voit profondément renouvelé par sa mise en relation avec le pouvoir divin.

La rencontre de la science et de la sagesse grecques avec le Christianisme ne se fit certes pas sans difficulté [1] et conduisit à revenir sur la délimitation du possible, en même temps que sur l'idée de nature. Galien (m. ca 216), déjà, présente le conflit en ces termes : Moïse, nous dit-il, rapporte les *dunata* à Dieu, qui pourrait faire de la cendre un cheval, quand notre médecin juge pour sa part qu'il est des *adunata* par nature (*phusei*) [2]. Le possible est-il donc tel par nature, ou en vertu du vouloir divin [3] ?

On le voit, la question sur la puissance divine et son extension engage une réflexion sur l'idée de nature : le possible ne doit-il se dire que selon la nature; ou bien faut-il plutôt voir dans le possible ce qui l'est pour la puissance divine, dotée d'une volonté telle qu'elle n'est pas assujettie à ce qui se fait naturellement ? Or, la question ne manque pas de se redoubler : la nature ne nous reconduit-elle pas en effet au vouloir divin [4] ? Peut-il y avoir une nature qui n'ait d'abord été voulue par Dieu ? L'opposition de la nature et de la volonté n'apparaît donc pas ultime. Comme ces penseurs ne manquent en effet pas de le répéter : la volonté divine fait la nature des choses. Augustin s'écrie ainsi : « quomodo est enim contra naturam, quod dei fit voluntate, cum voluntas tanti utique conditoris conditae rei cuiusque natura sit ? portentum ergo fit non contra naturam, sed contra quam est nota natura. » [5].

L'extranéité de la puissance, s'affirmant comme efficiente, mais aussi, désormais, sa transcendance, incita donc les penseurs chrétiens latins à retravailler le sens du possible. Au cœur de la discussion figure la question de

1. Sur l'histoire ancienne de la toute-puissance, voir R. Grant, *Miracle and Natural Law*, *op. cit.*, p. 128 *sq.*

2. Voir *De usu partium corporis*, XI, 14, éd. Kühn, t. III, p. 906. Pline conçoit dieu comme *potentia naturae*, et lui refuse de pouvoir tout (*Historia naturalis*, II, v, 27, t. II, p. 15-16). *Cf.* Macaire de Magnésie, *Apocritus*, IV, chap. 2.

3. Le Psaume 134, 6, insiste sur le vouloir divin : « Omnia quaecumque voluit Dominus, facit ». Voir Irénée de Lyon, *Adversus haereses*, II, XXX, 9, PL V, 738 : « fecit libere et ex sua potestate (…) omnia, et est substantia omnium voluntas eius ». Voir aussi Rufin le Syrien, *De fide*, XVI, éd. Miller, p. 72.

4. Voir Origène, *Contre Celse*, V, 23, SC CXLIII, 70-72.

5. Augustin, *De civitate Dei*, XXI, VIII, BA XXXVII, 412. Cf. *Contra Faustum*, XXVI, 3, PL XLII, 480-481.

l'abandon ou de la restriction du principe *ex nihilo nihil*[1] qu'implique l'adoption de l'idée d'un faire divin s'effectuant sans matière sous-jacente[2]. Si la matière était le lieu du potentiel, le possible apparaît dès lors plus radical que cette matière.

Un premier constat s'impose toutefois : la question du possible n'a pas d'emblée occupé une place de choix au sein des analyses sur la toute-puissance[3]. Affirmer la toute-puissance divine, c'est ne pas restreindre la puissance divine selon les limites humaines[4]. Or la toute-puissance divine n'implique pas le possible comme son corrélat nécessaire. En dépit des versets scripturaires qui suggèrent un bouleversement des contours du possible et de l'impossible au regard de la tradition grecque classique, les auteurs du premier Moyen Âge peuvent professer la toute-puissance sans pour autant s'engager dans une réflexion sur le possible. Si Dieu est tout puissant, il a fait le ciel et la terre, et ce qui s'y trouve. Si sa toute-puissance dépasse ce que nous pouvons concevoir, l'appel à sa toute-puissance n'a pas nécessairement conduit à une considération de ce qui n'est pas, mais était simplement « possible ».

Le premier Moyen Âge finira toutefois par faire se rencontrer deux interrogations initialement disjointes, l'interrogation théologique sur la toute-puissance divine et les analyses logiques sur le possible. L'apport conceptuel des penseurs versés dans l'art de la logique à l'analyse de la toute-puissance apparaît à cet égard déterminant. Sans doute n'est-ce ainsi pas un hasard si Pierre Damien[5], ardent défenseur de la toute-puissance, témoigne, en ce milieu du XIe siècle qui voit s'affronter « dialecticiens » et « anti-dialecticiens »[6], d'une

1. La question est encore présente à la fin du XIe siècle, chez Manegold de Lautenbach comme chez Pierre Damien et s. Anselme. Voir Manegold, *Liber ad Wolfelmum*, 8, MGH, p. 61 ; Pierre Damien, *De divina omnipotentia*, 13, SC CXCI, 448-450. Sur ce principe, voir V. Carraud, *Causa sive ratio*, *op. cit.*, p. 42 *sq.* ; J.-P. Batut, *Pantokrator*, *op. cit.*, p. 80 *sq.*

2. Voir Irénée de Lyon, *Adversus haereses*, II, x, 4 PL V, 653. Irénée insiste sur le vouloir divin. Refuser la création *ex nihilo* témoigne d'un refus de la toute-puissance divine, constate Augustin, *De fide et symbolo*, II, 2, BA IX, 20-24. Voir Lactance, *Institutio divina*, II, IX, PL II, 298, sur la faiblesse divine que révèlerait son faire s'il supposait une matière. Sur le lien entre la question de la toute-puissance et celle de la création *ex nihilo*, voir I. M. Resnick, *Divine power and Possibility*, *op. cit.*, p. 26-27.

3. Il n'est pas question de possible, ou même d'impossible, dans le célèbre énoncé d'Augustin, *Sermo* CCXIII, 2. Être tout puissant ne signifie pas pouvoir tout ; mais reconnaître ce point ne nécessite pas de parler d'*impossibilia*.

4. Voir Alcuin, *Adversus Felicis haeresin*, XIII, P CI, 92A-B. La question de la toute-puissance engage une réflexion sur la *potestas*, mais non point sur le *possibile*.

5. L'importance de Pierre Damien a été bien vue par A. Faust, *Der Möglichkeitsgedanke*, *op. cit.*, Bd. II, p. 72-95.

6. Voir A. Cantin, *Foi et dialectique au XIe siècle* , *op. cit.* (à titre de première approche), et *Les sciences séculières et la foi*, *op. cit.* (pour une approche plus approfondie). Plusieurs ardents critiques de la dialectique dans les sciences sacrées se furent passionnés pour les arts libéraux ; ce fut aussi le cas de Lanfranc, ou d'Othloh de Saint-Emmeran, voir T. Lesieur, *Devenir fou pour être sage. Construction d'une raison chrétienne à l'aube de la réforme grégorienne*, Turnhout, Brepols, 2003, p. 30-31.

connaissance précise de l'art de la logique. Dans cette optique, il pense, corrélativement à l'*omnipotentia* de Dieu, une forme d'*impossibilitas*, qui ne révèle pas une faiblesse divine [1].

Le traité *De omnipotentia divina* affirme une dépendance radicale de ce qui existe envers l'artisan du monde [2]. Ce qui est reconnu en propre à l'étant, sa force ou sa matière d'exister [3], doit dans ces conditions être rapporté à celui-là même qui a donné l'être à toutes choses. Pierre Damien met alors l'accent sur la volonté divine [4], dont dépend que soit ce qui est, et que ne soit pas ce qui n'est pas : « voluntas summi et omnipotentis opifex tam efficax causa est rebus existendi vel non existendi ut quod ille vult esse non possit non esse, et quod vult esse non valeat esse » [5]. La volonté, cause efficace de l'exister, apparaît donc fondamentalement duelle. L'émergence de l'idée d'une cause de l'existence, et son assignation à la volonté, permet de proposer une conception de l'être qui met en avant sa contingence, au sens où ce qui est aurait pu ne pas être [6].

Pierre Damien soutient à cet égard fermement l'excès du pouvoir sur le fait. Il ne saurait en effet être question de réduire ce que Dieu, comme l'homme d'ailleurs, peut à ce qu'il veut, et ce faisant à ce qu'il fait [7]. S'il est un domaine de l'*impossibilitas* (celui de ce qui est mal, que Dieu ne peut assurément faire), il convient de distinguer ce domaine de celui des biens, que Dieu peut faire, même s'il ne le fait que rarement ou jamais (« aut raro faciat, aut nunquam faciat ») [8]. Tel la « fleur » du bouquet, le « possible » est lexicalement absent, mais présent en idée, ou en creux.

La question du statut des modalités logiques demande à cet égard à être précisé. Pierre Damien revient en effet sur l'approche théorique des « sages de ce siècle », les rhéteurs et dialecticiens [9], et nous invite à distinguer le plan des

1. L'*impossibilitas* est introduite d'emblée, pour en montrer l'inconvenance si on l'assigne à celui qui peut tout (*potest omnia*), voir *De divina omnipotentia*, 2, 596, SC CXCI, 388. Restera à lui trouver sa place. Plutôt qu'une impossibilité de Dieu, il faut plutôt voir dans le mal que Dieu ne peut pas la marque de sa bonté et clémence (4, 600A, 400).

2. Pierre Damien insiste sur l'indigence ontique des créatures : « eo omnis indiget creatura » (*De divina omnipotentia*, 8, 605B, SC CXCI, 422). Voir *ibid.*, 9, 607A, SC CXCI, 428.

3. Sur la *vis existentiae*, voir *ibid.*, 10, 609A, SC CXCI, 436 : « Si enim quicquid est ab ipso est, ipse rebus hanc vim existentiae contulit ut, postquam semel extiterint, non extitisse non possint ». Sur la *materia existendi*, voir *ibid.*, 17, 618B, SC CXCI, 472.

4. Voir *ibid.*, 5, 599A, SC CXCI, 396 : « Voluntas quippe Dei omnium rerum, sive visibilium, sive invisibilium, causa est ut existant ».

5. *Ibid.*, 10, 608D-609A, SC CXCI, 434-436.

6. Voir *ibid.*, 7, 603A, SC CXCI, 412 : « Quae scilicet et his similia huius saeculi sapientes consueverunt utrumlibet appellare, quia solent aeque et contingere, et non contingere ».

7. Voir *ibid.*, 2, 597A-B, SC CXCI, 388-390. Dieu créé hors de toute nécessité (*ibid.*, 8, 605C, SC CXCI, 422).

8. *Ibid.*, 4, 600A-B, SC CXCI, 400-402. La puissance divine ne se réduit pas à ce qu'elle effectue ; voir *ibid.*, 600B, 402 : « Tamen etsi nunquam faceret, et velle et facere poterat ». Ainsi Dieu peut réparer la virginité perdue, comme il a pu faire sortir un fils du sein d'une vierge.

9. *De divina omnipotentia*, 7, 603A, SC CXCI, 412 ; 603C, 414 ; voir également 604A, 416. Utilisés avec impudence, les arts libéraux ne relèvent pas tant de l'étude, que de la sottise (lettre à

choses et l'ordre du discours[1] : « non a virtutem vel materiam rerum, sed ad modum et ordinem disserendi consequentiamque verborum »[2]. La contingence, l'*utrumlibet*, concerne ainsi la nature des choses[3], quand le discours décrit une forme de nécessité : « Secundum naturalem namque variae vicissitudinis ordinem potest fieri ut hodie pluat; potest et fieri ut non pluat. Sed quantum ad consequentiam disserendi, si futurum est ut pluat, necesse est omnino ut pluat, ac per hoc prorsus impossibile est ut non pluat »[4]. Le nécessaire et l'impossible que reconnaît Pierre Damien naissent dans le discours, mais ne portent pas sur la nature des choses. Une articulation originale de la contingence et de la possibilité se donne ainsi à penser : l'impossibilité qu'il en soit autrement du discours n'interdit pas une advenue *utrumlibet* dans les choses[5].

La même restriction de l'impossibilité à un ordre du discours se retrouve lorsqu'il s'agit de penser la puissance divine : « Haec plane quae ex dialecticorum vel rhetorum prodeunt argumentis non facile divinae virtutis sunt aptanda mysteriis... Quis enim manifeste non videat quia, si argumentationibus istis, ut sese ordo verborum habet, fides adhibetur, divina virtus in temporum quibusque momentis impotens ostendatur ? »[6]. Les raisonnements logiques aboutissent à ce paradoxe qu'ils présentent la puissance divine comme impuissante (*impotens*). Pour sortir de cette difficulté, il convient d'assigner au concept d'impossibilité sa place propre :

> nemo illorum in hanc ausus est prosilere vesaniam ut Deo notam impossibilitatis adscriberet, et praesertim si christianus fuit, de illius omnipotentia dubitaret, sed ita de consequentia necessitatis vel impossibilitatis iuxta meram solius artis disputavere virtutem[7].

L'impossibilité ne doit donc pas être attribuée à Dieu, sous peine d'y voir une limitation de sa puissance[8]. Pierre Damien nous invite ainsi à disjoindre le plan de l'impossibilité, qu'il présente comme relevant du raisonnement logique, d'un art du langage, et le plan de la puissance, effective et réelle, de Dieu.

Ariprand, *Opusculum 45*, PLCXLV, 695A). Voir A. Cantin, *Les sciences séculières et la foi*, *op. cit.*, p. 48 *sq.*

1. La *dialectica* n'est qu'un art du langage ; ses raisonnements et enchaînements logiques peuvent être infirmés par les faits, et la puissance divine ; voir *De divina omnipotentia*, 12, 610D-611B, SC CXCI, 442-444.

2. *De divina omnipotentia*, 7, 604A, SC CXCI, 416.

3. Voir *ibid.*, 7, 603A, SC CXCI, 412 : « haec utrumlibet magis dicuntur iuxta variabilem naturam rerum quam iuxta consequentiam dictionum ».

4. *De divina omnipotentia*, 7, 603A, SC CXCI, 412.

5. Voir T. Holopainen, *Dialectic and Theology...*, *op. cit.*, p. 23 *sq.* L'emploi du terme *utrumlibet* rappelle Boèce.

6. *De divina omnipotentia*, 7, 603D, SC CXCI, 414-416.

7. *Ibid.*, 7, 604A, SC CXCI, 416.

8. Voir T. Holopainen, *Dialectic and Theology...*, *op. cit.*, p. 15.

Corrélativement, l'*impossibilitas* se voit finalement ramener au plan de la nature, telle qu'elle a été établie de Dieu ; elle se détache ainsi de la puissance divine, qui ne se trouve pas soumis à l'ordre de la nature :

> Illud plane stupendum quod nunc homines, in Ecclesiae gremio (...) nati, tam audacter, tam impudenter, omnipententi Deo calumniam impossibilitatis obiuciunt. (...). Sciantque impossibilitatem istam in ipsa rerum esse natura, et verborum ex arte procedentium consequentia, non ad virtutem pertinere divinam, nihilque supernae maiestatis evadere posse potentiam [1].

Ce passage peut dans un premier temps laisser perplexe. Pierre Damien n'oppose plus ici le discours à la nature des choses, pour restreindre l'impossibilité à l'ordre du discours et en dédouaner ainsi la puissance divine, tout en maintenant au cœur des choses la contingence. L'impossibilité s'inscrit à présent dans la nature des choses. Pierre Damien le dit clairement en effet : « Haec porro impossibilitas recte quidem dicitur si ad naturae referatur inopiam ; absit autem ut ad maiestatem sit applicanda divinam » [2]. Il y a une nécessité de la nature, mais qui, précisément, dépend de la puissance divine et lui est soumise. En vérité, Pierre Damien nous invite ainsi à distinguer deux plans dans la *natura rerum* : d'une part, l'ordre de la nature, où se laisse percevoir une certaine forme de nécessité [3] ; d'autre part, l'existence des choses, où se joue, proprement, l'*utrumlibet.* Concluons-en que la question de l'impossibilité, comme donc en creux celle de la possibilité, se joue à un niveau infra-existentiel.

L'œuvre de Pierre Damien nous donne par conséquent d'approfondir l'essence de la possibilité. La question de l'impossibilité apparaît ici comme le revers de l'interrogation sur la toute-puissance divine. Les deux questionnements relèvent toutefois, dans l'esprit de notre auteur, de deux plans distincts, et qu'il serait imprudent de confondre. Pierre Damien marque ainsi fermement l'écart entre la possibilité et la puissance (divine). Il témoigne aussi de l'écart entre la possibilité et l'existence, puisque la possibilité décèle un plan en deça de l'existence contingente. S'interroger sur le possible et l'impossible nous fait sortir de l'attention à ce qui est, pour penser cela même qui en est la condition primordiale.

1. *De divina omnipotentia*, 14, 614D-615A, SC CXCI, 458-460.
2. *Ibid.*, 13, 612A, SC CXCI, 448.
3. Sur cette *necessitas* dans l'*ordo naturalis*, voir *ibid.*, 13, 612A, SC CXCI, 448.

Contingence et possibilité de la nature

L'avènement de la possibilité apparaît étroitement corrélé au développement de la contingence. Si la possibilité découvre un plan infra-existentiel, elle prend sens dès lors que ce qui existe finalement est pensé comme ayant aussi pu ne pas être. Dès lors, le *contingens* dira-t-il sans doute plus, ou autre chose, que l'*endekhomenon* aristotélicien. Notons à cet égard comment les commentateurs grecs d'Aristote pouvaient opposer l'*endekhomenon* (pris au sens propre) à ce qui existe (*huparkhei*) actuellement, pour le réserver à ce qui, simplement, peut être, à ce qui en a la potentialité [1]. Attentif à la possibilité, Boèce invente proprement, nous semble-t-il, la contingence : le « dernier des Romains » n'introduit pas seulement le terme (plus particulièrement le substantif) dans la philosophie d'expression latine, mais il annonce combien la contingence, distinguée de la possibilité, mais articulée à cette dernière, pourra constituer la détermination primordiale de ce qui est dans le monde qui nous entoure en tant qu'il pourrait en aller autrement.

Pour familière qu'elle nous apparaisse aujourd'hui, la traduction d'*endekhomenon* par *contingens* ne s'imposa pas sans difficulté. Tâchons simplement d'en retracer les étapes les plus significatives au cours des premiers siècles de la philosophie latine [2].

1) Le substantif ne fait, semble-t-il, pas partie du lexique philosophique classique ; on ne le rencontre ainsi pas dans l'œuvre de Cicéron et de Sénèque. Le verbe *contingere* renvoie à l'idée de toucher ou d'atteindre (*cum-tango*) [3], et sert donc, d'une manière assez large, à désigner ce qui arrive [4]. Notre verbe

1. Voir Alexandre d'Aphrodise, *In Analytica priora*, I, 2, 25a1-2, CAG II-1, 26, 18-24 (sens propre) ; Ammonius, *In Isagogèn*, CAG IV-3, 26, 21-27 (l'*endekhomenon* comme potentialité de l'existence des contraires) ; *In De interpretatione*, 13, CAG IV-5, 245, 8 (l'*endekhomenon*, comme le *dunaton*, n'est pas encore « arrivé »). Au sens large ou par homonymie, l'*endekhomenon* peut inclure ce qui l'est nécessairement ; voir Aristote, *Premiers analytiques*, I, 3, 25a37-39, commenté par Alexandre, CAG II-1, 38, 1-8 ; I, 13, 32a18-21 ; l'*endekhomenon* au sens propre (*kurios*) est ce qui n'est pas (*ho mè esti*), mais dont rien n'interdit (*ouden adunaton*) qu'il soit, explique Alexandre (CAG II-1, 156, 19-20). Sur l'*endekhomenon*, voir J.-P. Schneider, *La liberté dans la philosophie de Proclus*, thèse de doctorat, Université de Neuchâtel, 2010, p. 71 *sq.*

2. Outre M. Freundlieb, « Zur Entstehung des Terminus *contingens* », *Philosophisches Jahrbuch*, XLVII, 1934, p. 432-440, voir A. Becker-Freyseng, *Vorgeschichte des philosophischen Terminus « contingens »*, *op. cit.* ou encore P. Vogt, *Kontingenz und Zufall: Eine Ideen- und Begriffsgeschichte*, Berlin, W. de Gruyter, 2011, p. 43 *sq.*

3. C'est le premier sens reconnu dans le Dictionnaire de F. Gaffiot. Voir Virgile, *Enéide*, II, 239 ; V, 509 ; Cicéron, *De natura deorum*, II, 122 ; César, *Guerre des Gaules*, VII, 7, 5. L'idée de contact est encore présente chez Augustin, *De diversis quaestionus LXXXIII*, q. LXIX, 2, BA X, 286.

4. Le verbe est fréquent sous la plume de Sénèque, qui ne le restreint pas à ce qui est fortuit ; voir *Ad Lucillium*, ep. 7, 7 : « philosophiae servias oportet, ut tibi contingat vera libertas » ; ou encore ep. 19, 8. Le verbe désigne ce qui arrive aux êtres rationnels ; voir ep. 120, 20. Chez Cicéron, *contingere* renvoie à tout ce qui arrive à quelque chose ou quelqu'un (*De oratore*, II, 228, ou encore *De officiis*, I, 153…) ; voir aussi *De finibus*, III, 10.

s'avère alors très proche d'*evenire* et d'*accidere*[1]. Il peut indiquer l'idée d'advenue par hasard, si l'on prend du moins la peine de lui adjoindre la précision *casu* ou *forte*.

2) Comme souvent, Boèce constitue une plaque tournante de l'élaboration du lexique philosophique latin. On lui doit en effet l'emploi du substantif *contingentia*. On lui doit également d'avoir largement recouru au verbe *contingere*, comme à l'adverbe *contingenter*, pour désigner ce qui arrive d'une manière accidentelle. Boèce spécialise donc le vocabulaire du *contingere* pour lui faire exprimer ce qui arrive *kata sumbebèkos*. Son apport apparaît en ce sens décisif dans l'émergence de l'acception désormais admise de la contingence. Encore faut-il conserver à l'esprit que, dans son œuvre, *contingere* ne traduit pas uniquement *endekhesthai*, mais tout aussi bien *sumbainein*.

Boèce hérite sans doute de Marius Victorinus l'emploi du verbe *contingere* pour traduire *endekhesthai*[2]. Dans sa traduction de l'*Isagogè*[3], ce dernier rendait la définition aristotélicienne de l'accident en ces termes : « Accidens est quod contingit alicui et esse et non esse »[4] (« συμβεβηκός ἐστιν ἣ ἐνδέχεται τῷ αὐτῷ ὑπάρχειν καὶ μὴ ὑπάρχειν »)[5]. L'accident, en tant qu'il peut être ou ne pas être, se laisse donc dire selon le vocabulaire du *contingere*. Victorinus fait par conséquent entrer le lexique du *contingere* dans le champ de l'accidentel[6].

Une tension, ou une difficulté dans la réception et l'interprétation du *De interpretatione* d'Aristote se noue dans ce geste. Ayant pour sa part tendance à employer *contingere* pour *sumbainein*[7], Boèce reprend également l'usage victorinien, et donne ce faisant au terme *contingere* et à ses dérivés une importance nouvelle. Le grec *endekhesthai* s'applique à la potentialité duelle. Associé au *dunaton* au chapitre 9 du *Peri Hermeneias*, le verbe *endekhesthai* s'applique ainsi à ce qui peut à la fois être et ne pas être[8]. On notera que la *translatio composita* des *Catégories* peut recourir à *possibile esse* pour rendre le

1. *Contingere* et *accidere* peuvent être juxtaposés : « omnia quae contingunt acciduntque » (Sénèque, *Ad Lucillium*, ep. 66, 6).

2. Voir A. Becker-Freyseng, *Vorgeschichte des philosophischen Terminus « contingens »*, *op. cit.*, p. 14 *sq.*, suivi par P. Hadot, *Marius Victorinus*, *op. cit.*, p. 189-190.

3. Nous ne disposons pas de la traduction victorinienne du *De interpretatione*. Voir P. Hadot, *Marius Victorinus*, *op. cit.*, p. 188-189.

4. § 6, éd. Hadot, in *ibid.*, p. 374.

5. *Isagogè*, v, 4, éd. Libera-Segonds, p. 15 ; Boèce maintient la traduction victorinienne. Voir Aristote, *Topiques*, I, 5, 102b4-5.

6. Dans son commentaire aux *Premiers analytiques*, I, 2, 25a1-2, Alexandre distingue l'*endekhomenon* du nécessaire selon le critère de la séparabilité (CAG II-1, 26, 18 *sq.*).

7. Voir *De interpretatione*, 9, 18b20, AL II, 1-2, p. 15, 4 ; 18b26, p. 15, l. 9 ; 19a35, p. 17, l. 16 ; 11, 21a6, p. 24, l. 9. Voir aussi *Isagogè*, xiv, 5, éd. Segonds-Libera, p. 21.

8. *Ibid.*, 19a9-11 : « (...) ἐν τοῖς μὴ ἀεὶ ἐνεργοῦσι τὸ δυνατὸν εἶναι καὶ μὴ εἶναι, ἐν οἷς ἄμφω ἐνδέχεται καὶ τὸ εἶναι καὶ τὸ μὴ εἶναι ». Voir aussi *ibid.*, 19a34 et chap. 13, 22b19 et 24b6-8.

grec *endekhesthai*[1], ce qui témoigne de l'enchevêtrement de ces deux problématiques, et annonce la difficulté de les démêler, et d'assigner à chacun des deux concepts leur lieu propre.

Le *Peri Hermeneias* introduit le terme *endekhomenon* au chapitre 12, et en fait usage conjointement à celui de *dunaton* (21a35-36), sans fortement marquer leur différence. Boèce témoigne sans doute d'une certaine réticence à introduire le participe présent *contingens*, qui parle d'abord en termes de « contingere et non contingere », à côté de « possibile esse et non possibile »[2]. C'est avec un certain retard qu'il est recouru dans la traduction, pour l'énumération des modalités logiques, au terme *contingens*[3], et au couple qu'il forme avec le *non contingens*[4]. Pourtant, nous allons le voir, le *contingens* va revêtir une importance accrue[5] dans le commentaire boécien[6].

L'interprétation et la compréhension du *De interpretatione* posa sans nul doute de nombreux problèmes à Boèce. Ce dernier, après avoir écrit un premier commentaire, assez succint, consacra deux années à mieux en pénétrer le sens pour son second commentaire, plus approfondi[7]. Il tranche aussi, à cette occasion, certaines des difficultés restées irrésolues dans le premier commentaire.

Dès celui-ci, Boèce envisage la question des propositions contingentes[8] lors de l'explicitation du chapitre 9[9] « Aliae autem sunt contingentes, quae cum non sint, eas tamen in futurum evenire possibile est »[10]. Le contingent désigne

1. Voir *Categoriae*, ed. composita, 10, 12b40, AL I, 1-5, p. 72, l. 17-18, et 11, 14a11-12, p. 75, l. 8-9. La traduction par *contingere*, que préfère Boèce (14a11-12, AL I, 1-5, p. 36, l. 27-28), n'allait pas nécessairement de soi.

2. *Ibid.*, AL II, 1-2, p. 26, l. 6-7.

3. *Ibid.*, 22b24, AL II, 1-2, p. 27, 18.

4. *Ibid.*, 22a12, AL II, 1-2, p. 29, l. 5.

5. Ammonius indiquait l'importance de l'*endekhomenon*, non seulement pour la logique, mais aussi pour l'éthique, la science de la nature, et la philosophie première ; voir *De interpretatione*, 9, CAG IV-5, 130-131.

6. La *Consolatio*, qui reprend une problématique similaire en s'interrogeant sur la prescience divine (livre V), délaisse le vocabulaire de la *contingentia* ; *contingere* intevient pour l'advenue non nécessaire d'un événement (V, pr. 3, 9, éd. Moreschini, p. 141) ; son emploi ne semble pas spécialisé, voir V, pr. IV, 12, p. 147 ; V, pr. VI, 25, p. 158. On notera, dans ce passage sur la prescience divine et la question de la nécessité ou non des événements, la discrétion conjointe de la possibilité.

7. *In De interpretatione*, IIa ed, III, éd. Meiser, p. 186 ; IV, p. 250-251 ; VI, p. 421. Boèce annonce à la fin de son premier commentaire un travail plus approfondi (II, 14, éd. Meiser, p. 225). Voir S. Dominczak, *Les jugements modaux*, *op. cit.*, p. 35-37. Sur la tradition proprement latine, voir J. Isaac, *Le Perihermeneias en Occident de Boèce à saint Thomas. Histoire littéraire d'un traité d'Aristote*, Paris, Vrin, 1953, p. 20 *sq*.

8. Les propositions nécessaires ou contingentes reflètent une nécessité ou une contingence au cœur de ce qui est. Voir *In De interpretatione*, ed. IIa, III, 9, éd. Meiser, p. 188.

9. *Cf.* l'examen de l'*endekhomenon* chez Ammonius, *In De interpretatione*, 9, CAG IV-5, 141, 31 *sq*.

10. Ia ed., I, 9, éd. Meiser, p. 105, l. 28-106, l. 1.

ce à quoi il est possible au futur d'advenir, alors qu'il n'est pas[1]. L'entre-croisement de la question de la contingence et de celle du possible est patent, et confirmé par les précisions qui suivent : « hanc eveniendi vel non eveniendi possibilitatem, utrumlibet vocamus »[2]. La contingence, attribuée à la proposition, mais qui se retrouve aussi bien dans les choses elles-mêmes, prend acte d'une possibilité duelle.

Le second commentaire présente encore les contingents en ces termes « Contingentia autem sunt (...) quaecunque vel ad esse vel non ad esse aequaliter sese habent, et sicut ipsa indefinitum habent et esse et non esse, ita quoque de his affirmationes et negationes indefinitam habent veritatem vel falsitatem »[3]. Comme Ammonius[4], Boèce résout la difficulté posée par le principe de bivalence appliqué aux futurs contingents en affirmant que les propositions contingentes futures sont ou vraies ou fausses, mais non pas d'une manière déterminée[5]. L'indétermination n'est pas le seul fait du discours. Bien plutôt, elle se loge dans les choses[6].

Ainsi appréhendée comme indétermination, la contingence invite à envisager la possibilité sous un jour nouveau. Dans le second commentaire encore, Boèce recourt au concept de possible pour penser le contingent : « Contingens autem secundum Aristotelicam sententiam est, quodcumque aut casus fert aut

1. Le second commentaire maintient l'attribution du contingent au seul futur : « Quae enim euenerunt non euenisse non possunt et quae nunc fiunt ut nunc non fiant, cum fiunt, fieri non potest. In his autem, quae in futuro sunt et contingentia sunt, et fieri potest aliquid et non fieri » (Iia ed., III, 9, éd. Meiser, p. 190).

2. Ia ed., éd. Meiser, p. 106, l. 13-14. Boèce parle peu après le vocabulaire de la simple puissance : « haec huiusmodi eveniendi et non eveniendi potentia, utrumlibet vocatur » (l. 20-22).

3. IIa ed., III, 9, éd. Meiser, p. 200, l. 11-16.

4. Voir *In De interpretatione*, 9, 18a28-33, CAG IV-5, 136, 30-137, 1 : ce qui selon sa nature est *endekhomenon* n'apparaît pas aux dieux indéterminé (*aoriston*), mais déterminé (*hôrismenon*). P. Courcelle suggère une filiation entre Ammonius et le Boèce de la *Consolatio* (*La consolation...*, *op. cit.*, p. 215-219).

5. Les perspectives sont toutefois différentes ; voir R. Sorabji, « Boethius, Ammonius, and their different Greek Backgrounds », *Ammonius – Boethius, On Aristotle On Interpretation 9*, Londres, Duckworth, 1998, p. 16-23. Voir aussi J. Shiel, « Boethius'Commentaries on Aristotle », *in* R. Sorabji (ed.), *Aristotle tranformed*, Ithaca, New York, Cornell UP, 1990, p. 349-372, en part. p. 356-357. On trouve une anticipation, au moins terminologique, de cette idée dans la *Quaestio*, I-4, attribuée à Alexandre d'Aphrodise : on ne parlera pas d'une vérité qui le serait de manière déterminée (*aphorismenôs*) pour une chose qui peut arriver comme ne pas arriver (CAG II-2, 13, 2-5) ; sur ce texte, voir R. Sharples, « An Ancient Dialogue on Possibility », art. cit. Sur cette résolution boécienne de la difficulté aristotélicienne, et ses sources, voir N. Kretzmann, « Boethius and the Truth about Tomorrow's Sea Battle », in *Ammonius – Boethius...*, *op. cit.*, p. 26-28.

6. Voir le second commentaire, III, 9, éd. Meiser, p. 200, l. 11-201, 2, sur cette instabilité ontique. Elle se concilie avec une forme de nécessité qui se trouve à même les choses, en vertu de leur nature (p. 228, 3-23). Voir N. Kretzmann, « *Nos ipsi principia sumus.* Boethius and the Basis of Contingency », *in* T. Rudavsky (ed.), *Divine Omniscience and Omnipotence in Medieval Philosophy*, Dorcrechet, Reidel, 1985, p. 23-50, en part. p. 25-26. Boèce rejoint Alexandre d'Aphrodise pour admettre que le hasard, ou l'indétermination, n'a sa chance que dans le monde sublunaire (p. 219-220 ; p. 244-245).

ex libero cuiuslibet arbitrio et propria uoluntate uenit aut facilitate naturae in utramque partem redire possibile est, ut fiat scilicet et non fiat. »[1]. Si le possible révèle ici encore une dualité, celle-ci, qui permet de caractériser le contingent, se laisse ramener, dans une perspective présentée comme aristotélicienne, à trois origines[2], le hasard, le libre arbitre (ou la volonté propre), et enfin la faisabilité (*facilitas*) naturelle[3]. Cette faisabilité naturelle, Boèce n'hésite pas à l'appeler également « possibilité (*possibilitas*) de la nature » : « (...) illae sunt propriae contingentes, quae neque in natura sunt neque in necessitate, sed aut in casu, aut in libero arbitrio, aut in possibilitate naturae »[4]. L'expression « possibilité de la nature » peut surprendre en ce qu'elle semble introduire la contingence dans le domaine du nécessaire qu'est par excellence la nature. Il convient donc d'en préciser le sens. Constatons à cet égard que Boèce peut aussi ne pas faire état de la nature lorsqu'il mentionne ce troisième élément de la tripartition[5]. L'appel à la nature ne doit ainsi pas être surévalué, ou mésinterprété. La possibilité ne doit en effet précisément pas être comprise comme une potentialité naturelle tendant d'elle-même à s'accomplir. Boèce la présente ainsi : « Ex possibilitate, quod cum fieri possit, et non fieri possit, id antequam fiat quod utroque modo potest fieri, incertum sit »[6]. La possibilité dit donc une absence de détermination antécédante[7]. Elle va dès lors de pair avec l'idée d'*utrumlibet*[8]; à la différence du hasard ou du libre arbitre,

1. IIa ed., éd. Meiser, p. 190, l. 1-6.

2. Sur cette triparition, voir N. Kretzmann, « *Nos ipsi principia sumus* », art. cit., p. 28 *sq.*

3. Aristote faisait appel à une bipartition : ce qui est par hasard, ce qui est *hopoter etukhen* (ou dans la traduction de Boèce *utrumlibet*), voir *De interpretatione*, 9, 18b6, AL II, 1-2, p. 14, l. 10. Ammonius fait appel à la nature et à l'art (pour ce qui arrive *hôs epi to polu*), au hasard et à la spontanéité (*to automaton*) (pour ce qui arrive rarement), enfin au choix (*prohairesis*) (pour ce qui arrive *ep' isès*, à égalité), voir *In De interpretatione*, 9, CAG IV-5, 142, 5-143, 3 ; seule la troisième espèce d'*endekhomenon* est *hopoter etukhen* (143, 3-6). Dans les *Premiers analytiques*, I, 13, 32b4-13, Aristote distingue l'*endekheshai* selon qu'il arrive le plus souvent, ou qu'il est indéterminé, et peut être ainsi ou non ainsi ; voir le commentaire d'Alexandre, CAG 162-163 ; la *prohairesis* (162, 32) rend compte, avec la nature, de ce qui arrive fréquemment (*hôs epi to pleiston*).

4. IIa ed., éd. Meiser, p. 203, l. 2-5 ; voir encore p. 209, l. 2-4 : « sunt quaedam res quae necessitate non sint (uidemus autem quasdam esse casu, quasdam ex uoluntate, quasdam ex propriae possibilitate naturae). »

5. Voir IIa ed., éd. Meiser, p. 204, l. 6-7. Boèce peut désigner le troisième membre de la tripartition par « aliqua possibilitas », ainsi p. 204, l. 21 ; ou encore p. 207, l. 17-18 : « Nihil sit casu, neque libera uoluntate, neque aliqua possibilitate ».

6. *Ibid.*, éd. Meiser, p. 203, l. 9-10.

7. La nature impose une certaine nécessité aux choses (le feu est chaud), mais elle délivre aussi des qualités dont les choses peuvent se dispenser (*ibid.*, III, 9, éd. Meiser, p. 239, l. 3-8). Ces dernières qualités sont extérieures, et peuvent être admises ou démises (p. 239, l. 11-12).

8. N. Kretzmann, « *Nos ipsi principia sumus* », art. cit., p. 30, s'appuyant notamment sur le premier commentaire (éd. Meiser, p. 106, l. 13-15), note que Boèce associe d'une manière préférentielle l'idée d'*utrumlibet* à la possibilité, même si elle vaut pour les trois membres reconnus.

l'indécision qu'il s'agit de reconnaître est logée au cœur des choses [1] (ainsi faut-il sans doute comprendre le terme « nature » [2] lorsqu'il en est fait usage dans la tripartition) [3] : « Nam quod dicit utrumlibet possibilitatem et casum et liberum in significatione arbitrium tenet » [4].

Les mentions de la possibilité (de la nature) permettent dès lors d'exhiber certains traits caractéristiques de ce concept. La possibilité dit, dans les choses, ce qui échappe à la nécessité naturelle. Avec la possibilité de la nature ainsi comprise, la contingence fait signe en direction d'une indétermination inscrite dans la nature même des choses. Elle trouve aussi l'une de ses racines dans le libre arbitre et la volonté. Disant cela, Boèce va certainement au-delà de ce qu'il lit dans le texte aristotélicien. Un nouvel essor est du même coup donné à l'idée même de contingence : celle-ci ne désigne pas simplement une déficience de la nature, de ce qui ne parvient jamais à pleinement coincider avec son essence. Révélatrice d'une possibilité en ce qui est, témoin d'un libre arbitre [5], la contingence investit le monde.

La question de la contingence et celle de la possibilité apparaissent indissolublement liées. L'examen des commentaires aux chapitres 12 et 13 éclaire la manière dont ces deux concepts s'impliquent mutuellement, sans pour autant se confondre l'un avec l'autre. Le possible et le contingent ne font qu'un par la signification, mais se distinguent selon l'énonciation, affirme à ce sujet Boèce [6]. Si ce qui est possible est aussi contingent [7], l'on ne peut en effet identifier énonciation possible et énonciation contingente, ni passer de l'un à l'autre lorsqu'on

1. Boèce attribue aux aristotéliciens une telle compréhension de la possibilité comme d'abord sise dans la nature des choses ; voir le second commentaire, III, 9, p. 197, l. 18-23 : « Peripatetici autem non in nobis hoc sed in ipsa natura posuerunt, ut quaedam ita essent possibilia fieri, ut essent possibilia non fieri, ut hunc calamum frangi quidem possibile est, [sed] etiam non frangi, et hoc non ad nostram possibilitatem referunt sed ad ipsius rei naturam. »

2. Voir *ibid.*, III, 9, éd. Meiser, p. 239, l. 13-14 : « Ex natura igitur et ex materia ista in rebus possibilitas uenit. »

3. Notons l'ajout de la précision « propre » (« ex propriae possibilitate naturae »), *ibid.*, éd. Meiser, p. 209, l. 3-4.

4. *Ibid.*, éd. Meiser, p. 211, l. 19-21.

5. Ces trois origines mettent au premier plan le libre choix comme source de la contingence ; voir N. Kretzmann, « *Nos ipsi principia sumus* », art. cit., p. 36.

6. IIa ed., V, 12, éd. Meiser, p. 392, l. 17-19 : « Unde fit ut, cum possibile atque contingens idem in significationibus sit, diuersum esse in enuntiatiombus uideatur. » *Cf.* Ammonius, *In De interpretatione*, 13, CAG IV-5, 245, 5-8. Sur la question de la distinction du *dunaton* et de l'*endekhomenon* chez Ammonius, voir J.-P. Schneider, *La liberté dans la philosophie de Proclus*, *op. cit.*, p. 92 *sq.*

7. Sur l'identification ou la distinction de ces deux termes, voir S. Knuuttila, « Modal Logic », *in* N. Kretzmann, A. Kenny, J. Pinborg (eds.), *The Cambridge History of Later Medieval Philosophy* [1982], Cambridge, CUP, 1997, p. 342-357, en part. p. 342-343, et « Medieval Modal Theories and Modal Logic », *in* D. M. Gabbay et J. Wood (eds.), *Handbook of the History of Logic*, t. II, Amsterdam, Elsevier, 2008, p. 531 *sq.* Jean de Salisbury demandera de ne pas les confondre (*Metalogicon*, III, 4, PL CXCIX, 901).

présente les contradictoires [1]. Par delà la question du statut modal des propositions, Boèce s'attache dès lors à penser une contingence inscrite dans les choses (*quiddam in rebus*) [2] :

> Ut si qui dicat possibile est, quiddam in rebus dicit esse possibile, et rursus contingens est, quiddam in rebus dicit esse quod contingat, et rursus necesse est, esse quiddam dicit in rebus quod sit necesse : hic non de modo sed de solo esse tractatur [3].

Assurément, la possibilité se plie au dictat de la contingence : la possibilité d'être pour les choses contingentes est aussi possibilité de ne pas être. Mais la possibilité déborde le champ du contingent, pour concerner tout aussi bien le nécessaire. Elle décrit ainsi la condition d'être de tout ce qui est dans le monde.

Boèce reprend significativement le couple aristotélicien de la puissance et de l'acte pour l'intégrer à cette réflexion sur le possible et le contingent. Dans le commentaire du chapitre 9, le couple de l'être *in potestate* ou *in actu*, retravaillé à partir de la conceptualité de la possibilité, permet de rendre compte de ce qui peut être d'une manière ou d'une autre [4]. Ayant présenté ce qui est advenu en vertu de la nature, comme de l'art, comme ayant été fait, Boèce peut alors diviser ces étants faits selon l'être en acte ou en puissance : « in his ergo facturis alia quidem potestate sunt, alia actu : ut aqua calida quidem est possibilitate, potest enim fieri calida, frigida uero actu est, est enim frigida » [5]. Le vocabulaire de la possibilité prend donc le relai du pouvoir (*potestas*) pour désigner ce qui peut devenir autrement qu'il n'est. La possibilité s'immisce ainsi au cœur des étants naturels, pour rendre compte d'un pouvoir d'être autrement.

La matière joue à cet égard un rôle prépondérant [6] : « Hoc autem actu et potestate ex materia uenit. Nam cum sit materia contrarietatis susceptrix et ipsa in se utriusque contrarietatis habeat cognationem, si ipsa per se cogitetur, nihil eorum habet quae in se suscipit et ipsa quidem nihil actu est, omnia tamen potestate. » [7]. Susceptible donc des contraires, la matière introduit la possibilité de la contingence au sein du monde. La matière nous invite ainsi à penser une dualité en puissance au sein de ce qui est. Ce qui arrive (*contingit*)

1. Ainsi Boèce résout-il la difficulté posée par la proximité du contingent et du possible chez Aristote (IIa ed., V, 12, éd. Meiser, p. 393, l. 9-12).

2. Ammonius témoigne d'une même attention à la nature des choses (*tè phusei tôn pragmatôn*), voir *In De interpretatione*, CAG IV-5, 214, 25-215, 3. *Cf.* Proclus, *De decem dubitationibus circa providentiam*, 6, p. 144 : « contingens non nomen solum est, sed natura quaedam in entibus » ; voir J.-P. Schneider, *La liberté dans la philosophie de Proclus*, *op. cit.*, p. 100 *sq.*

3. IIa ed., V, 12, éd. Meiser, p. 396.

4. *Cf.* Ammonius, *In De interpretatione*, 9, CAG IV-5, 151 : tout ce qui est *endekhomenon* se caractérise par sa potentialité d'être et de n'être pas (*to dunasthai kai einai kai mè einai*, 151, 25-26).

5. *In De interpretatione*, IIa ed, III, 9, éd. Meiser, p. 238, l. 5-8.

6. Voir N. Kretzmann, « *Nos ipsi principia sumus* », art. cit., p. 31.

7. *In De interpretatione*, IIa ed, III, 9, éd. Meiser, p. 238, l. 8-13.

suppose cet être *in potestate*, rendu possible par cette matière qui par elle-même n'est rien en acte. La matière peut ainsi être conjointement les deux contraires, mais non pas en acte. Au travers de cet être *in potestate*, Boèce découvre donc comment l'advenue effective présuppose une possibilité au cœur des choses :

> Suscipiens autem contraria quamquam unam habeat contrarietatem, habet tamen et alteram simul sed non actu, ut in eadem aqua. Huius enim materia et caloris susceptrix est et frigoris sed cum utrumlibet horum susceperit uel calorem uel frigus, est quidem si ita contingit, calida, est etiam simul frigida sed non eodem modo. Nam fortasse actu calida est, frigida potestate. Ergo quod potestate est in rebus ex materia uenit [1].

Le lieu de l'*utrumlibet* est donc bien la matière ; elle rend en ce sens possible la contingence, comprise comme advenue de ce qui aurait pu aussi ne pas advenir.

Remarquons-le : le « dernier des Romains » relit donc la doctrine hylémorphiste aristotélicienne en privilégiant la matière au détriment de la forme. La forme est, d'une manière notable, presque totalement absente des analyses ici menées [2]. S'interrogeant sur le contingent, sur l'advenue, Boèce délaisse la forme [3], comme si celle-ci suggérait une certaine nécessité. Avec la matière ainsi considérée, le modèle subjectif semble révéler ses richesses conceptuelles. La matière témoigne en effet de la possibilité d'une advenue (l'usage du verbe *contingere* n'est sans doute pas neutre) ; l'eau peut ainsi recevoir la chaleur, en lieu et place de la fraîcheur. La possibilité dont elle fait preuve apparaît ainsi comme le corollaire requis par l'idée de contingence.

La possibilité est donc le revers de la contingence. Si l'un ou l'autre peut arriver, c'est en vertu du champ préalablement ouvert de la possibilité. Ainsi convient-il de voir dans la possibilité reconnue au cœur des choses la condition du libre arbitre : « Ex hac autem possibilitate etiam illa liberi arbitrii ratio uenit. » [4]. Ce passage est décisif, en ce qu'il nous fournit un enseignement clair sur la place de la possibilité dans le dispositif boécien : la possibilité d'un étant, loin de faire quoi que ce soit, s'offre à l'activité extérieure. Le *contingere* suppose la possibilité, et sa dualité.

Résumons. Boèce fait sans doute une large place au concept de possibilité, dans lequel il décèle le présupposé de la contingence. La possibilité ainsi reconnue déborde sans doute le domaine, aristotélicien, de l'être *in potestate*. Boèce voit dans cette possibilité l'absence de détermination, rendant possible la présence ou l'absence d'un caractère ; nous sommes ainsi aux antipodes de la

1. *Ibid.*, l. 14-22.

2. Il est question, incidemment, de la qualité (nécessaire) qui « informe » la substance (*ibid.*, p. 239, l. 8-9).

3. D'autres traités, comme le *De Trinitate*, font une plus large place à la forme. Voir mon « Substance, sujet, acte », art. cit., p. 251 *sq.*

4. *In De interpretatione*, IIa ed, III, 9, éd. Meiser, p. 239, l. 20-21.

potentialité, au sens de la virtualité de ce qui possède, dès le commencement, tel trait qu'il actualisera. Le changement de perspective est sans doute de taille, et ses enjeux ne sont pas minces. Si l'*energeia* s'est laissée dire comme *actus*, le passage conjoint de la *dunamis* à la *potestas*, et sa relecture en termes de possibilité, entrouve une pensée de la contingence, comme effet dans le monde d'une activité libre.

Ainsi donc, le passage de la tradition exégétique grecque à une pensée d'expression latine a conduit à un déplacement de l'interrogation, et à une manière nouvelle de penser l'être de ce qui est.

1) La possibilité que nos auteurs nous invitent à envisager n'est pas le simple décalque latin de la potentialité telle qu'elle fut élaborée par Aristote et ses commentateurs. Là où cette dernière recelait d'ores et déjà les caractères dont elle permettait la manifestation ou l'épanouissement, la première dit plutôt la nudité de ce qui n'est pas encore doté de ce qu'il pourra recevoir. Le modèle de la réception, qui caractérisait l'interprétation subjective de l'ousiologie, est pour ce faire élargi : il rend compte de cette possibilité au cœur de ce qui est, quand le couple de la *dunamis* et de l'*energeia* nous invitait plutôt à ne pas nous satisfaire de ce schème [1].

2) La possibilité ainsi comprise s'accompagne de l'avènement d'une pensée de la contingence. En sa nudité, la possibilité s'offre à l'exercice d'une libre activité. Quand l'*endekhomenon* témoignait de l'indécision de la matière constitutive du monde sublunaire, et devait dès lors être combattu [2], la *contingentia* manifeste que « quarundum actionum nos ipsi principia (...) sumus » [3]. La possibilité comme susceptibilité des contraires qu'introduit la matière permet une advenue *utrumlibet*, au bon vouloir d'un agent.

1. Voir *Métaphysique*, Z, 3, et R. Boehm, *Le fondamental et l'essential, op. cit.*
2. Voir P. Aubenque, *La prudence chez Aristote, op. cit.*, en particulier p. 85-91.
3. Boèce, *In De interpretatione*, IIa ed., III, 9, éd. Meiser, p. 196, l. 24-25.

CHAPITRE IV

AL-MAQDÛR, AL-JÂ'IZ, AL-MUMKIN: LE POSSIBLE ET LA PUISSANCE DE DIEU

Dans son *Guide des perplexes*, Moïse Maïmonide (m. 1204) reproche aux asharites [1] d'avoir méconnu « la nature du possible ». Enonçant les douze thèses cardinales des *mutakallimûn*, Maïmonide met au nombre de celles-ci la proposition suivante (proposition X) : « al-mumkin lâ yu'tabaru bi-muṭâbaqa hâdhâ al-wujûd li-dhâlika al-tasawwur / le possible n'est pas considéré selon une correspondance de cet être avec cette imagination » [2]. Ainsi donc, les asharites ne chercheraient pas à penser un possible qui s'inscrirait dans ce qui est, mais y verraient un effet de notre imagination.

1. Sur les rapports de Maïmonide au *kalâm*, voir H. A. Wolfson, *Repercussions of the Kalam in Jewish Philosophy*, Cambridge-Londres, Harvard UP, 1979, p. 178-189, S. Pinès, *La liberté de philosopher*, *op. cit.*, p. 210 *sq.*, H. A. Wolfson, *The Philosophy of the Kalam*, Cambridge (Mass.), Harvard UP, 1976, p. 43-58, et M. Fakhry, *Islamic Occasionalism and its Critique by Averroes and Aquinas*, Londres, Allen and Unwin, 1958, p. 83 *sq.*, qui invite à rapprocher la critique de Maïmonide de celle de son contemporain Averroès. L'asharisme ne s'est guère implanté dans la tradition juive, les auteurs se portant plutôt vers le mutazilisme ; voir, au tournant des Xe et XIe siècles, Levi ben Yefet (Abû Sa'îd al-Lâwî al-Baṣrî), et notamment sa réfutation de la doctrine asharite du *kasb* (*Kitâb al-ni'ma*, éd. Sklare, p. 186-188), ou encore Yûsuf al-Baṣîr (m. 1040), qui se livre à une similaire discussion (*Al-kitâb al-muḥtawî*, chap. 30). Voir G. Vajda, « Le *kalâm* dans la pensée religieuse juive du Moyen Âge », *Revue de l'histoire des religions*, CLXXXIII, 1973, p. 143-160. Sur Levi ben Yefet, voir W. Madelung, « Mu'tazilî Theology in Levi ben Yefet's *Kitâb al-ni'ma* », *Intellectual Historory of the Islamicate World*, 2014/2, p. 9-17. La réflexion d'un Saadia Gaon (m. 942) fait écho à certaines discussions du *kalâm* contemporain ; voir ainsi I. Efros, *Studies in Medieval Jewish Philosophy*, New York-Londres, Columbia UP, 1974, p. 80-82.

2. *Dalâlat*, I, 73, éd. Atay, p. 196, l. 13-14 (trad. Munk, t. I, p. 376). Nous indiquons entre parenthèses les pages de la traduction de S. Munk, mais nous retraduisons le texte. Concernant l'interprétation de cette position, voir A. L. Ivry, « Maimonides on Possibility », art. cit., p. 67-68.

Cette doctrine de l'« acceptabilité » (*al-tajwîz*) constitue, aux yeux de Maïmonide [1], « le pilier de la science du *kalâm* » (*'umda 'ilm al-kalâm*) [2]. Tout ce qui est imaginable est aussi acceptable par la raison. Un éléphant pourrait avoir la taille d'un moucheron, et un moucheron celle d'un éléphant ; l'homme pourrait avoir la grandeur d'une montagne, avoir plusieurs têtes, et voler ; la sphère du feu pourrait se mouvoir vers le centre. Parce que nous pouvons imaginer un monde tout autre, nous pourrions affirmer, selon la raison, la possibilité que le monde soit autrement qu'il n'est. L'acceptabilité révèle la possibilité, indépendamment de l'état effectif du monde [3]. L'imagination apparaît ainsi comme le critère de la possibilité :

> al-mutakhayyal 'inda-hum mumkin, yuṭâbiqu-hu al-wujûdu aw lam yuṭâbiq-hu ; wa kull mâ [lâ] yatakhayyalu fa-huwa al-mumtani' / pour eux, ce qui est figurable est possible, que l'être lui corresponde ou non ; et tout ce que l'on ne se figure pas, cela est l'impossible [4].

Une telle doctrine est inséparable d'une vision du monde comme fondamentalement instable :

> li-anna hâdhâ al-mawjûd, qâlû, alladhî la-hu suwar ma'lûma, wa maqâdîr muhaṣṣûra, wa ḥâlât lâzima (...), innamâ kawnu-hâ ka-dhâlika jarâ 'âda / cet étant, disent-ils, a des formes connues, des quantités déterminées et des conditions indispensables (...), leur être est ainsi seulement par le cours de l'habitude [5].

Le possible n'est-il donc qu'un produit de l'entendement humain, qui imagine que les choses pourraient être autrement qu'elles ne sont ? Maïmonide veut plutôt reconnaître, dans ce qui est, comme sa condition, le possible : « kull mâ li-wujûdi-hi sabab, fa-huwa mumkin al-wujûd bi-i'tibâr dhâti-hi / Tout ce dont l'être a une cause est un être possible si on le considère par rapport à son essence » [6]. Maïmonide promeut donc une nouvelle détermination du possible, héritée d'Avicenne [7] : ce qui est causé révèle un être qui par soi n'est que

1. Sur la manière dont Maïmonide prend position contre cette thèse, en lui opposant la doctrine des philosophes, voir H. A. Wolfson, *Repercussions of the Kalam...*, *op. cit.*, p. 182-184.

2. *Dalâlat* I, 73, éd. Atay, p. 207 (trad. t. I, p. 400). Sur la connaissance par Maïmonide du *kalâm*, voir M. Schwarz, « Who Were Maimonides'Mutakallimun? Some Remarks on Guide I. 73 », *Maimonidean Studies*, 2, 1991, p. 159-209 ; 3, 1992-1993, p. 143-172, S. Pinès, « Some Traits of Christian Theological Writing in relation to Moslem *kalâm* and to Jewish Thought », in *Studies in the History of Arabic Philosophy*, *op. cit.*, p. 79-99.

3. *Dalâlat*, I, 73, éd. Atay, p. 207 (trad. t. I, p. 402-403).

4. *Ibid.*, p. 208, l. 9-10 (trad. t. I, p. 404).

5. *Ibid.*, p. 207, l. 14-15 (trad. t. I, p. 403). Le *kalâm* asharite s'est montré réservé envers le concept de nature, préférant l'idée d'habitude ; voir M. Bernand, « La critique de la notion de nature (*ṭab'*) par le *kalâm* », *Studia islamica*, LI, 1980, p. 59-101.

6. *Dalâlat*, II, introduction, proposition XIX, éd. Atay, p. 260, l. 1-2 (trad. t. II, p. 18).

7. Sur l'introduction de cette conceptualité étrangère à la philosophie aristotélicienne dans une série de thèses présentées comme celles d'Aristote et des péripatéticiens, voir H. A. Davidson, *Moses Maimonides. The Man and His Works*, Oxford, OUP, 2005, p. 103.

possible. Cette appréhension causale du possible en fait une détermination fondamentale de l'étant créé, bien loin de le ramener à une conception, ou une imagination.

La conception du possible, empruntée à la *falsafa*, que promeut ainsi Maïmonide s'articule assurément à une certaine compréhension du couple aristotélicien de la puissance et de l'acte : « kull mâ yakhruju min al-quwwa ilâ al-fi'l, fa-mukhriju-hu ghayru-hu, wa huwa khârij 'inda-hu ḍarûratan / Pour tout ce qui passe de la puissance à l'acte, ce qui l'y fait passer est autre que lui, et il lui est nécessairement extérieur »[1]. L'examen de l'actualisation révèle l'indigence ontique des étants mondains, qui requièrent une cause autre et extérieure pour accéder à leur actualité. Une certaine lecture de la conceptualité aristotélicienne est donc à l'œuvre, qui va permettre l'avènement du possible. Celui-ci ne s'identifie certes pas à l'être en puissance aristotélicien, mais il permet d'éclairer un aspect fondamental de l'acception que lui confère Maïmonide : « kull mâ huwa bi-l-quwwa wa la-hu fî dhâti-hi imkân mâ, fa qad yumkin fî waqt mâ an lâ yûjadu bi-l-fi'l / Tout ce qui est en puissance et a dans son essence une certaine possibilité, il est possible qu'à un certain moment il ne soit pas en acte »[2]. Indéniablement donc, la conceptualité de la possibilité relaie, mais aussi bien recouvre celle de la puissance.

Imkân ou *mumkin* d'un côté; *bi-l-quwwa* de l'autre[3] : le possible et l'être-en-puissance relèvent, dans la langue arabe, de deux champs lexicaux distincts, et ce faisant de deux domaines conceptuels qui ne doivent ni ne peuvent simplement être identifiés l'un à l'autre. L'intégration à la métaphysique d'un questionnement sur le possible doit dès lors attirer notre attention. Comment en effet le possible a-t-il pu prendre racine, en terre d'Islam, au sein de la métaphysique, jusqu'à désigner une détermination fondamentale de l'étant mondain? Comment s'articulent alors la conceptualité du possible et celle de l'être en puissance?

La question du possible semble devoir d'abord être envisagée en dehors de la tradition proprement philosophique, et nous confronter à des considérations de nature théologique. Les pages qui suivent se proposent de s'arrêter sur l'avènement du possible dans la pensée élaborée en terre d'Islam, en sa multiplicité culturelle et religieuse; le chapitre suivant pourra alors examiner la manière dont la tradition métaphysique de langue arabe a pu faire droit, aux côtés de la puissance, à une certaine détermination du possible absente du corpus aristotélicien.

1. *Dalâlat*, II, introduction, proposition XVIII, éd. Atay, p. 259, l. 1-2 (trad. t. II, p. 17).

2. *Ibid.*, p. 265, l. 1-2 (trad. t. II, p. 20).

3. On note une similaire disjonction lexicale en syriaque. Le terme syriaque habituel pour signifier possible est *metmaṣyānā*, qui dérive de la racine *mṣ'*, exprimée dans la forme verbale *msā'*, laquelle signifie pouvoir. La forme adjectivale *metmaṣyānā* est celle qui est utilisé pour le possible au sens logique. Une autre racine *hyl*, exprimée dans la forme nominale *ḥaylā*, a le sens de pouvoir, et elle est utilisée avec le sens de potentialité. Je remercie Henri Hugonnard-Roche pour ces indications.

L'ÉTABLISSEMENT DU POSSIBLE : LA PUISSANCE DE DIEU ET CE QUI EST ACCEPTABLE

Revenons tout d'abord, suivant le chemin indiqué par Maïmonide, à la tradition du *kalâm*[1]. Nous commencerons notre aperçu sur le *kalâm*[2] par la prise en considération de ses origines, avant d'aborder plus particulièrement la doctrine asharite[3]. Le questionnement sur le possible se déploie corrélativement à une réflexion sur le statut de la chose, avant son accès à l'être.

Avant toutes choses, un premier fait mérite que l'on y prête attention : en un sens, la question du possible est absente du Coran. En un sens : nous voulons dire si nous nous en tenons au terme devenu canonique pour dire le possible. Le terme *al-imkân*, ou *mumkin*, ne s'y trouve en effet pas[4]. La racine *mîm kâf nûn* intervient assurément dix-huit fois. Le verbe *makkana* (forme II), employé treize fois, indique alors l'idée d'établir[5], de même que la forme nominale ou adjectivale (*makîn*, quatre occurrences, pour désigner le fait d'être établi, ferme et sûr[6]). Le verbe de la forme IV, *amkana*, que l'on ne rencontre qu'une seule fois, renvoie pour sa part à l'idée de donner un pouvoir[7]. Ces différents emplois marquent donc clairement la dépendance de ce qui est envers Dieu : Dieu dit « sois », et c'est (*kun, fa yakûnu*)[8].

Le Coran affirme effectivement, et à de multiples reprises, la puissance de Dieu sur toute chose[9] : *qadîr 'alâ kull shay'*[10]. Conjointement, le Coran fait de

1. R. Frank note que la question de l'origine de la possibilité et de l'extension du pouvoir de Dieu à un nombre infini de la classe d'étants n'était pas le lieu majeur de la controverse parmi les asharites, ce qui explique la discrétion des manuels à ce sujet (*Creation and the Cosmic System*, *op. cit.*, p. 52). Sur la puissance divine, le possible et l'impossible, voir J. Van Ess, « Göttliche Allmacht in Zerrbild menschlicher Sprache », *Mélanges de l'université Saint-Joseph*, XLIX, 1975-1976, p. 653-688.

2. Pour une vue d'ensemble, voir le récent *Oxford Handbook of Islamic Theology*, éd. S. Schmidtke.

3. Sur les grands représentants de cette école, et leurs œuvres, voir M. Allard, *Le problème des attributs divins…*, *op. cit.*

4. S. Afnan, *A Philosophical Lexicon*, *op. cit.*, p. 282, note que le terme n'est pas coranique, mais philosophique, soit qu'il rende *dunaton* (*Premiers analytiques*, 25a39), soit qu'il rende *endekhesthai* (25a36). L'*endekhomenon* en acte se dit *muṭlaq* ; voir F. Jabre, « La logique modale d'Averroès chez Albert le Grand », *in* A. Zimmermann (Hrsg.), *Die Kölner Universität im Mittelalter*, *Miscellanea Mediaevalia*, Berlin, de Gruyter, 20, 1989, p. 144-175, en part. p. 147.

5. Le verbe est couramment employé à la première personne du pluriel ; il s'agit d'établir sur terre. Voir Coran, 6, 6 ; 7, 10 ; 12, 21 ; 12, 56 ; 18, 84 ; 22, 41 ; 28, 6. Voir aussi 18, 95 ; 24, 55 ; 28, 57 ; 46, 26.

6. Coran, 12, 54 ; 22, 13 ; 77, 21 ; 81, 20.

7. Coran, 8, 71.

8. Coran, 2, 117 ; 3, 47 ; 3, 59 ; 6, 73 ; 16, 40 ; 19, 35 ; 36, 82 ; 40, 68. Voir J. Jomier, « La faiblesse ontologique de l'homme selon le Coran », *Recherches d'islamologie. Recueil d'articles offerts à Georges C. Anawati et Louis Gardet*, Louvain, Peeters/ISP, 1977, p. 149-158.

9. Voir J. Jomier, « La toute-puissance de Dieu et les créatures dans le Coran », *MIDEO*, XVI, 1983, p. 31-58 ; D. Gimaret, *Les noms divins en Islam*, Paris, Cerf, 1988, p. 235 *sq.*

10. La sourate 2 (la vache) le répète (v. 20, v. 106, v. 109, v. 148). Voir aussi Coran, 64, 1 ; 65, 12 ; 66, 8 ; 67, 1.

Dieu le créateur de toutes choses : « Allah khalaqakum wa mâ ta'malûna / Dieu vous a crées ainsi que ce que vous faites » (Coran, 6, 102) [1]. De là, des interrogations qui, assurément, ne sont pas sans faire écho à celles que l'on rencontre de l'autre côté de la Méditerranée : Dieu garde-t-il la puissance (*qudra*) de faire même ce qu'il ne fait pas, tel le mal?, se demandaient ainsi les premiers mutazilites, pour qui Dieu doit faire le meilleur [2]. Dieu peut-il créer une pierre plus lourde que ce qu'il peut porter [3] ? Dieu peut-il faire qu'un homme soit à la fois debout et assis, et qu'une même chose soit et ne soit pas en même temps [4] ? Sans doute cette idée d'une puissance sur toute chose sera-t-elle à l'origine d'une réflexion sur le possible [5], en même temps que se développera une réflexion sur la création [6].

Un premier questionnement concerne à cet égard la portée de la création : le Coran dit non seulement que Dieu est puissant sur toute chose, mais aussi qu'il est « khâliq kull shay' », créateur de toute chose [7] ; comment entendre cette expression? Jusqu'où s'étend cette création [8] ? Il faut ensuite se demander si quelque chose précède et rend possible la création; on se demandera dès lors

1. Pour l'usage de ce verset dans le *kalâm*, voir l'asharite al-Mutawallî (m. 1085), *Mughnî*, éd. Bernand, p. 9, ou l'hanbalite Abû Ya'lâ al-Farrâ' (m. 1066), *Kitâb al-mu'tamad*, 236, éd. Haddad, p. 126, l. 19-20.

2. Dieu a la puissance (*qudra*) de la justice et de son contraire, de la vérité et de son contraire, précise al-Khayyâṭ (m. ca. 912), à propos d'Abû Mûsâ al-Murdâr, *Kitâb al-intiṣâr*, 44, éd. Nader, p. 53 ; cf. *Kitâb al-intiṣâr*, 43, éd. Nader, p. 53, concernant la position de Bishr Ibn al-Mu'tammar. Voir J. van Ess, « Wrongdoing and Divine Omnipotence in the Theology of Abû Isḥâq an-Naẓẓâm », *in* T. Rudavsky (ed.), *Divine Omniscience and Omnipotence in Medieval Philosophy*, Dorcrechet, Reidel, 1985, p. 53-67, et R. M. Frank, « Can God do what is Wrong ? », art. cit., ainsi que D. de Smet, « L'impuissance de Dieu. Un débat récurrent en théologie musulmane », *Revue Philosophique*, 2010, p. 321-337 ; A. Nader, *Le système philosophique des mu'tazila*, *op. cit.*, p. 75-87, R. Brunschvig, « Mu'tazilisme et *optimum* (*al-aṣlaḥ*) », *Studia Islamica*, XXXIX, 1974, p. 5-23. La question rejoint celle du vouloir divin ; voir D. Gimaret, « Un problème... », art. cit.

3. Voir al-Ḥusayn Ibn al-Qâsim (m. 1013), *Kitâb al-tawḥîd*, 5, éd. Van Ess, p. 658.

4. Voir le zahiriste Ibn Ḥazm de Cordoue (m. 1064), *Al-fiṣâl*, trad. II, t. II, p. 181-182. D'une manière radicale, Ibn Ḥazm pose qu'un tel impossible au regard de notre structure intellectuelle (*fî binyat al-'aql indanâ*) est en la puissance de Dieu, et que notre intellect, non pas seulement en tant que puissance psychique, mais en son organisation (*rutba*) elle-même, notre façon d'intelliger donc, est advenue et créée (*makhlûq*) par lui. Voir H. A. Wolfson, *The Philosophy of the Kalam*, *op. cit.*, p. 584-585, R. Arnaldez, *Grammaire et théologie...*, *op. cit.*, p. 297 et K. Trego, « La fiction du possible », *in* S. Van der Meeren et F. Pomel (éd.), *Philosophie et fiction*, à paraître.

5. Shahrastânî, présentant la position asharite, rapporte la distinction de la science, de la puissance, de la volonté de Dieu, en les faisant porter respectivement sur tout ce qui est connu, acceptable (*jâ'iz*), mais aussi impossible y compris, sur ce qui peut être, et enfin sur ce qui peut être d'une manière spécifiée (*Al-milal wa al-niḥal*, I, éd. Cureton, p. 67, l. 18-20).

6. Sur les différents termes indiquant ce qui est au pouvoir de Dieu dans le Coran, et l'exégèse coranique, voir G. Ali, *Substances and Things. Dualism and Unity in the Early Islamic Cultural Field*, thèse de doctorat, Université d'Exeter, 2012, p. 174-184.

7. Coran, 39, 62.

8. Voir le commentaire de ce verset par Abû 'Alî al-Jubbâ'î (m. 915), qui y voit la source de l'affirmation (asharite) selon laquelle Dieu créerait les actes de l'homme (D. Gimaret, *Une lecture mutazilite du Coran*, *op. cit.*, p. 715-716).

si elle se fait à partir de rien, à partir de ce qui n'est pas chose (*min ghayr shay'*)[1]. Qu'est-ce donc qu'une chose (*shay'*) pour qu'elle puisse ainsi être présentée comme le corrélat de la puissance divine ? Doit-elle être (*mawjûd*), ou simplement être connue (*ma'lûm*)[2] ? On le sait, les débats concernant le statut de la chose feront rage parmi les gens du *kalâm*. Commentant le Coran (22, v. 64), l'imâm al-Qushayrî (m. ca. 1072) présente ainsi ce qui est en la puissance (*al-maqdûr*) de Dieu comme n'étant rien (par soi, et avant qu'il ne le fasse être), mais consistant précisément à être en sa possession (*mamlûk*) : « ... al-ma'dûm la-hu maqdûr, wa al-maqdûr huwa al-mamlûk / pour lui le non-étant est en sa puissance, et ce qui est en sa puissance, cela est ce qui est possédé »[3].

Cruciale pour notre propos apparaît dès lors la question de la puissance, de ses différentes nominations et de ses usages dans le *kalâm*[4]. Trois termes reviennent régulièrement[5] : *qudra* (de la même racine que *qâdir*, puissant), *istiṭâ'a* (la capacité)[6], mais aussi *quwwa* (terme qui est aussi employé en philosophie pour traduire la *dunamis* aristotélicienne)[7].

Or, la question de la puissance ne concerne pas seulement Dieu ; la puissance se dit en effet aussi de la créature. Dieu est puissant ; mais quelle place cette puissance divine laisse-t-elle à sa créature[8] ? Si Dieu a créé les

1. Voir O. Lizzini, « Il nulla, l'inesistente, la cosa : note interno alla terminologia e alla dottrina del nulla e della creazione dal nulla nel pensiero islamico », *in* M. Lenzi et A. Maieru (eds.), *Discussioni sul nulla tra Medioevo ed età moderna*, Florence, Olschki, 2009, p. 62-103, en part. p. 65 *sq*.

2. *Shay' mawjûd* ; *ma'lûm mawjûd* ; les deux expressions se rencontrent sous la plume de Hishâm Ibn Ḥakam (m. ca. 795/6), à en croire les témoignages qui ont été conservés. Voir M. A. M. De Angelis, *The Collected Fragments...*, *op. cit.*, p. 77 *sq*.

3. *Laṭâ'if al-ishârât*, t. IV, p. 240. Dans cette exégèse coranique, résonnent certains échos asharites. Voir M. Nguyen, *Sufi Master and Qur'an Scholar*, Londres, OUP, 2012, p. 225 *sq*.

4. Voir J. Van Ess, *Theologie und Gesellschaft*, *op. cit.*, Bd. IV, p. 482-506.

5. Au XIe siècle, Ibn Sharwîn présente ces termes comme équivalents (*Ḥaqâ'iq al-ashyâ'*, 24, éd. Ansari-Madelung, p. 83).

6. Tel était sans doute le terme privilégié par Mu'ammar (m. ca. 830), si on suit le témoignage d'Ibn al-Nadîm, qui lui attribue un *Kitâb al-istiṭâ'a*. Sur la conception de la possibilité et de l'effectivité chez Mu'ammar, voir H. Daiber, *Das Theologisch-Philosophische System des Mu'ammar Ibn 'Abbâd as-Sulamî* (*gest. 830n Chr.*), Beyrouth, Steiner, 1975, p. 90-102. Les termes *istiṭâ'a* et *qudra* peuvent être distingués ; voir I. Efros, *Studies...*, *op. cit.*, n. 2 p. 80.

7. Sur le vocabulaire du pouvoir ou de la puissance dans le *kalâm*, mais aussi dans la tradition philosophique, voir C. Schöck, « Möglichkeit und Wirklichkeit menschlichen Handelns. "Dynamis" (*quwwa/qudra/istiṭâ 'a*) in der islamischen Theologie », *Traditio*, 59, 2004, p. 79-128.

8. Pour Mu'ammar, d'après al-Ash'arî (*Maqâlât al-islamiyyin*, éd. Ritter, p. 548, l. 9-12), la puissance de Dieu ne porte que sur les substances (*al-jawâhir*), mais non sur les accidents (*wa-lâ al-a'râḍ*) : les accidents relèvent d'un acte des substances (*fi'l al-jawâhir*) selon leur nature. En effet, un accident devrait se comprendre comme « l'acte de son lieu d'inhérence (*fi'l li-l-maḥall alladhî ḥalla fî-hi*) » (*Maqâlât al-islamiyyin*, éd. Ritter, p. 193, l. 2) ; *cf.* p. 303, l. 10-11 et p. 405, l. 8. La puissance est l'acte d'un corps puissant (*al-qudra fi'l al-jism qâdir bi-hâ*), et non un acte de Dieu (Ibn Ṭâhir al-Baghdâdî, *Al-farq bayn al-firaq*, III, chap. 3, p. 80). *Cf.* le témoignage de Shahrastânî, *Al-milal wa al-niḥal*, I, éd. Cureton, p. 46 : Dieu ne crée rien d'autre que les corps ; ces derniers

choses, les substances (*jawâhir*), peut-on reconnaître, en deçà des différents accidents qui les caractérisent, une puissance propre, permettant de rendre compte de ces accidents ? Assurément, l'attention du *kalâm* à un faisceau d'accidents faisant la substance, ou atome (*juz'*), n'a pas empêché la reconnaissance d'une forme de puissance lui étant propre[1]. Sans conteste, la prise en considération de la puissance divine n'est pas antinomique de l'attention à une puissance en la créature. Les auteurs du *kalâm* ont ce faisant pu retrouver, avec les outils théoriques qui leur sont propres, une interrogation qui n'est pas sans faire écho à celle de la philosophie aristotélicienne, lorsqu'elle s'attache à une *ousia* dotée de *sumbebèkonta*, et caractérisée, par delà son être-en-acte, par la puissance (*dunamis*)[2].

créent les accidents. Sur Mu'ammar, voir H. Daiber, *Das Theologisch-Philosophische System…*, *op. cit.*, M. Bernand, « Le *'ilm* chez les premiers mutazilites », *Studia Islamica*, XXXVI, 1972, p. 23-45 ; XXXVII, 1973, II, p. 45 *sq.*, S. Pinès, *Studies in Islamic Atomism*, *op. cit.*, p. 35-37.

1. Cette vision du monde s'est progressivement constituée dans la première moitié du IXe siècle : Ḍirâr Ibn 'Amr porte son attention sur les parties (*ba'ḍ*) ou accidents (*a'raḍ*) par lesquels on aperçoit un corps donné ; Abû l-Hudhayl insiste sur l'atome ou substance, à laquelle se rapportent ces accidents ; enfin al-Naẓẓâm reconnaît, par delà les accidents apparents, une potentialité non manifeste. Voir J. Van Ess, *Prémices de la théologie musulmane*, *op. cit.*, p. 75-85, et, pour des analyses plus détaillées, *Theologie und Gesellschaft*, *op. cit.*, notamment Bd. II, p. 396 *sq.* ; Bd. III, p. 37-42 (sur Ḍirâr) ; Bd. III, p. 224-244 (sur Abû l-Hudhayl) ; Bd. III, p. 309-369 (sur Naẓẓâm). Sur le concept d'*i'timâd* retenu par Naẓẓâm, voir A. I. Sabra, « *Kalâm* Atomism as an Alternative Philosophy to Hellinizing *Falsafa* », *in* J. E. Montgomery (ed.), *Arabic Theology, Arabic Theology*, Louvain-Paris, Dudley, 2006, p. 199-272, en part. p. 213. Sur les débats concernant l'effectivité, voir A. Ismail, « The Theory of Atom… », art. cit. Sur la manière dont le *kalâm* s'est élaboré une vision du monde propre, en partie en réaction contre l'hellénisme, voir M. Fakhry, *Islamic Occasionalism…*, *op. cit.*, p. 22-43. Voir en outre C. Baffioni, *Atomismo e antiatomismo…*, *op. cit.*, p. 79-114.

2. Voir A. I. Sabra, « *Kalâm* Atomism… », *op. cit.*, p. 212. Voir J. Van Ess, *Theologie und Gesellschaft*, *op. cit.*, Bd. III, p. 42-44 ; C. Schöck, « Jahm b. Ṣafwân (d. 128/745/6) and the Jahmiyya and Ḍirâr b. 'Amr (d. 200/815) », *in* S. Schmidtke (ed.), *The Oxford Handbook of Islamic Theology*, Oxford, OUP, 2016, p. 55-80. Sur la lecture par les gens du *kalâm* de la philosophie grecque, lorsque celle-ci fut rendue accessible sous l'impulsion du calife al-Ma'mûn, grâce à la *bayt al-ḥikma*, voir al-Shahrastânî, *Al-milal wa al-niḥal*, éd. Cureton, p. 18, puis I, p. 37-38 (à propos d'al-Naẓẓâm) ; *cf.* al-Ash'arî (*Maqâlât al-islamiyyin*, éd. Ritter, p. 485, l. 7-10 (sur Abû l-Hudhayl et Aristote). Pour un rapprochement des discussions du *kalâm* sur la puissance et de la philosophie grecque, voir R. Brunschvig, « Devoir et pouvoir », art. cit., p. 11-12. Il ne faut pas méconnaître les différences ; voir R. M. Frank, « The Structure of Created Causality », *Early Islamic Theology*, art. VII, p. 18-19, et n 2 p. 30 ; voir C. Schöck, « Möglichkeit und Wirklichkeit… », art. cit., p. 97 *sq.* Sur les sources du *kalâm*, voir S. Pinès, *Studies in Islamic Atomism*, *op. cit.*, p. 108 *sq.* Sur la notion de corps dans le premier *kalâm*, et notamment chez Naẓẓâm, voir F. Jadaane, *L'influence du stoïcisme…*, *op. cit.*, p. 138 *sq.* L'imâm zaydite Al-Qâsim Ibn Ibrâhîm mentionne les *falâsifat al-rûm* (*Kitâb al-dalîl al-kabîr*, éd. Abrahamov, p. 64) que l'on peut identifier soit aux philosophes grecs, soit à des théologiens chrétiens initiés à la philosophie. Voir C. Schöck, *Koranexegese…*, *op. cit.* Sur al-Qâsim, voir W. Madelung, *Der Imam…*, *op. cit.*

Comment dès lors penser les interactions entre la puissance de Dieu, qui porte sur toutes choses, et celle de l'homme [1] ? On sait comment, avant même le conflit opposant asharites et mutazilites [2], la question de la puissance divine, et de son extension, est cruciale pour le *kalâm*, dès son commencement [3] ; cette question engage conjointement celle de l'homme [4] et de son implication dans ses propres actes [5]. La question se laisse formuler ainsi : si Dieu est le créateur de toutes choses, s'il en est donc proprement l'agent (*fâ'il*) [6], reste-t-il une place pour l'activité de l'homme? Le Coran incite, à de nombreuses reprises, à reconnaître la dépendance de ce qui se fait dans le monde, non envers l'homme, mais envers Dieu : « mâ ramayta idh ramayta, walakinna Allâh ramâ / Ce n'est pas toi qui lançais lorsque tu lançais, mais c'est Allah qui lançait » (Coran, 8, 17) [7]. De même peut-on se demander si les bateaux voguent, ou si une autre force, le vent, ou Dieu, ne les ferait pas voguer [8]. La sourate 56, plus particulièrement, revient sur la manière dont ce que nous

1. Shahrastânî (*Al-milal wa al-niḥal*, I, éd. Cureton, p. 41) fait d'al-Aswârî un continuateur d'al-Naẓẓâm : allant plus loin que ce dernier, il aurait promu la puissance de l'homme, puissance des contraires, au détriment de celle de Dieu (lequel n'aurait pas la puissance de ce qu'il sait qu'il ne fera pas, ou de ce qu'il a annoncé qu'il ne ferait pas). Il s'agit de comprendre comment Dieu est *qâdir 'alâ kull shay'* : Dieu apparaît ici *qâdir 'alâ dhâlika al-shay' an yaf'ula-hu*, puissant sur la chose qu'il fait ; voir al-Ash'arî, *Maqâlât al-islamiyyin*, éd. Ritter, p. 203, l. 10-13 et p. 206, l. 1-2, ainsi que p. 559, l. 1-4. Voir al-Khayyâṭ, *Kitâb al-intiṣâr*, 10, éd. Nader, p. 23-24 : il convient de séparer les deux propos, sur la révélation par Dieu qu'il fera être telle chose, et sur la possibilité de ne pas le faire. On peut s'interroger sur l'attribution à l'homme de l'aptitude des contraires que mentionne Shahrastânî, à propos de la doctrine d'al-Aswârî. Les mutazilites affirment, contre les asharites, une puissance antérieure à l'acte, puissance des contraires, voir 'Abd al-Jabbâr, *Mughnî*, VI-1, 171, 16 ; *cf.* Ibn Mattawayh (m. 1076), *Kitâb al-Majmû'*, éd. Houben-Gimaret, t. II, p. 485 ; voir aussi Juwaynî, *Kitâb al-irshâd*, XIX, éd. Luciani, p. 127-128.

2. Sur le développement du *kalâm*, voir R. Brunschvig, « Mutazilisme et acharisme à Baghdâd », art. cit. Voir l'exposé de Shahrastânî, *Al-milal wa al-niḥal*, éd. Cureton, p. 17-20.

3. Concernant les principaux maîtres du *kalâm* au VIIIe-IXe siècle, voir A. Nader, *Le système philosophique des mu'tazila*, *op. cit.*, p. 17-44. Sur ces discussions, qui engagent le problème de la causalité, voir D. Perler et U. Rudolph, *Occasionalismus. Theorien der Kausalität im arabisch-islamischen und im europäischen Denken*, Göttingen, Vandenhoeck und Ruprecht, 2000, p. 23 *sq.* ; voir aussi L. Rubio, *El ocasionalismo de los teologos especulativos del Islam*, El Escorial, Ediciones escurialienses, 1987, p. 25 *sq.*

4. Voir M. Fakhry, « The Mu'tazilite View of Man », *Recherches d'islamologie. Recueil d'articles offerts à Georges C. Anawati et Louis Gardet*, Louvain, Peeters/ISP, 1977, p. 107-121.

5. Voir D. Gimaret, *Théories de l'acte humain…*, *op. cit.* Voir aussi R. Brunschvig, « Devoir et pouvoir », art. cit.

6. Voir al-Qâsim Ibn Ibrâhîm, *Kitâb al-dalîl al-kabîr*, éd. Abrahamov, p. 64, qui s'appuie sur Coran, 32, v. 6-9.

7. Voir le commentaire de ces lignes par Ṭabarî (m. 923), *Tafsîr*, t. VI, p. 202-204. Voir C. Gilliot, *Exégèse, langue et théologie en Islam*, *op. cit.*, p. 264 *sq.* Voir l'exégèse, en contexte asharite, de Qushayrî, *Laṭâ'if al-ishârât*, t. II, p. 304-305.

8. Voir Coran 10, v. 22 (le *Tafsîr Ibn 'Abbâs* interprète le rôle de Dieu comme celui d'une protection, *ḥifẓ*, p. 221). Voir Ṭabarî, *Tafsîr al-Qurân*, t. VI, p. 244-245. Sur ces commentaires « traditionnels » du Coran, voir I. Goldziher, *Schools of Koranic Commentators*, Wiesbaden, Harrassowitz Verlag, 2006, p. 36 *sq.*

faisons suppose en réalité l'activité créatrice divine : lorsque nous semons, Dieu est celui qui cause la pousse [1]. À Dieu, revient ainsi bien la puissance (*qudra*), la puissance de détruire, comme celle de faire être et pousser, puissance qu'il exerce à sa guise [2]. Dans ces conditions, quel sens y a-t-il à parler d'une activité humaine, si celle-ci s'avère entièrement sous le joug divin [3] ?

Nombreuses furent indéniablement les discussions à ce sujet, comme les réponses qui y furent apportées. Une question ne manqua pas de se poser : l'acte de l'homme, ou de toute autre entité, ne requiert-il pas d'être rapporté à une création divine [4] ?

Dès la première époque du *kalâm*, les mutazilites ont reconnu qu'il est des actes, ou traits, miens qui ne viennent pas de moi, mais me sont imposés. On trouve ainsi une réflexion sur ce qui est sien chez Nâshi' al-Akbar (m. 906). Celui-ci mobilise les concepts d'acte (*fi'l*), d'appropriation (*iktisâb*), de création (*khalq*) par Dieu : il n'est pas impossible qu'un acte mien, que je me serais approprié (*iktisâbî*), doive être rapporté à un autre comme son auteur ; ainsi la couleur, création de Dieu, est un acte venant de lui et non de moi [5]. Dans ces conditions, pourquoi n'en irait-il pas ainsi de tous mes actes ? Semblable questionnement se rencontrait déjà, semble-t-il, chez Jahm Ibn Ṣafwân (m. 746) : à en croire al-Shahrastânî, celui-ci aurait soutenu que l'homme n'aurait puissance d'aucune chose (*al-insân lâ yaqdiru 'alâ shay'*), mais que c'est Dieu qui crée en lui les actes (*yakhluqu Allâh ta'âlâ al-af'âl*) [6].

1. Voir Coran, 56, v. 63-64, et Ṭabarî, *Tafsîr al-Qurân*, t. XI, p. 652. Voir al-Qâsim Ibn Ibrâhîm, *Kitâb al-dalîl al-kabîr*, éd. Abrahamov, p. 82. *Cf.* aussi Coran, 56, v. 58-59.

2. Cette attention à ce que Dieu « veut » est reconnue dans la sourate 56, v. 65. Sur cette puissance divine, voir al-Qâsim Ibn Ibrâhîm, *Kitâb al-dalîl al-kabîr*, éd. Abrahamov, p. 82-84.

3. Déjà la *Risala fî-l-qadar* d'al-Ḥasan al-Baṣrî reconnaît comment Dieu prend en considération les actes de l'homme : « in fa'altum ka-dhâ, fa'altu ka-dhâ / si vous agissez ainsi, j'agis ainsi avec vous » (*Rasâ'il al-'adl wa-l-tawḥîd*, t. I, p. 85).

4. Si Dieu put être dit créer les actes de l'homme, ce fut d'abord au sens où il les nomme et dénombre (*sammâ-hâ wa aḥṣâ-hâ*), plutôt qu'au sens où il les instituerait (*waḍa'a a'yâna-hâ*), comme le précise Nâshi' al-Akbar, *Kitâb al-awsaṭ*, § 69, éd. Van Ess, p. 92 ; voir aussi al-Ash'arî, *Maqâlât al-islamiyyin*, éd. Ritter, p. 227, 10-12, à propos de Ṣâliḥ Qubba ; *cf.* 'Abd al-Jabbâr, *Mughnî*, VIII, 3 ; si la position de Ṣâliḥ Qubba, en sa radicalité, reste isolée, on peut reconnaître un certain consensus parmi les premiers mutazilites pour faire de Dieu celui qui rend (*ja'ala*) la foi bonne, et la mécréance mauvaise, en les nommant et qualifiant ainsi ; voir *Maqâlât al-islamiyyin*, éd. Ritter, p. 227, l. 13-228, l. 2. *Cf.*, à propos de l'acte de mécréance (*kifr*), l'ibadite al-Fazârî (VIIIe siècle), *Kitâb al-qadar*, éd. al-Salimi-Madelung, p. 33 *sq.* (chiffres arabes).

5. *Kitâb al-awsaṭ*, § 145, éd. Van Ess, p. 108-109. Voir l'exposé de la doctrine d'Abû l-Hudhayl par Shahrastânî, *Al-milal wa al-niḥal*, I, éd. Cureton, p. 35. Sur les premiers usages du concept de *kasb*, ou d'*iktisâb*, appelé à une riche élaboration dans l'école asharite, voir W. M. Watt, « The Origin of the Islamic Doctrine of Acquisition », *The Journal of th Royal Asiatic Society of Great Britain and Ireland*, 1943/2, p. 234-247, ainsi que D. Gimaret, *Théories de l'acte humain…*, *op. cit.*, p. 68 *sq.*, et M. Schwarz, *Theodicy…*, *op. cit.*, t. I, p. 82 *sq.*

6. *Al-milal wa al-niḥal*, I, éd. Cureton, p. 60-61. Al-Ash'arî est plus nuancé : Jahm aurait reconnu en l'homme une « puissance, par laquelle est l'acte (*quwwa kâna bi-hâ al-fi'l*) » (*Maqâlât al-islamiyyin*, éd. Ritter, p. 279, l. 7) ; l'homme possède le vouloir d'agir (*irâda li-l-fi'l*) et le choix (*ikhtiyâr*) (p. 279, l. 7-8). Voir D. Gimaret, *Théories de l'acte humain…*, *op. cit.*, p. 64-66, et

D'autre part, s'il est bien des actes que j'effectue, jusqu'où s'étend ma juridiction ? Puis-je être dit puissant sur ce qui est hors de moi ? Pour al-Naẓẓâm (m. 846), si l'homme a une puissance d'agir, celle-ci concerne les actes qui se font en lui ; ce qui se fait hors de l'homme (*fî ghayr ḥayyiz al-insân*) est un « acte de Dieu » (*fi'l Allâh*), « en vertu de la nécessité de la propriété de la chose » (*bi-îjâb khilqa li-l-shay'*)[1] ; ainsi, Dieu a créé dans la pierre (*al-ḥajar*) une nature (*ṭab'*), de telle sorte que lorsqu'on la lance, elle part[2].

Enfin, peut-on parler d'un agir de l'homme, comme l'on parle de l'agir de Dieu[3] ? En quel sens, donc, l'acte est-il « de » l'homme ? Annonçant la position asharite, Ḍirâr Ibn 'Amr (m. vers 815 selon J. Van Ess) a pu soutenir la thèse d'« un unique acte pour deux agents » (*fi'l wâḥid li-fâ'ilayni*) : Dieu crée (*khalaqa*) les actes, mais ces actes sont de l'homme en tant qu'il se les approprie (*iktasaba*)[4]. On voit donc la difficulté à laquelle le *kalâm* se retrouva confronté : si l'acte est « de » l'homme, est-ce parce que l'homme le fait être, ou bien est-ce au sens où il est « en » l'homme, en étant créé par Dieu[5] ? Quelle capacité peut-on dans ces conditions reconnaître à l'homme[6] ? La question d'une puissance ou d'un pouvoir fut ainsi au cœur de ces discussions : bien loin

C. Gilliot, « La théologie musulmane en Asie centrale et au Khorasan », *Arabica*, XLIX, 2002, p. 135-203, en part. p. 136-137.

1. Voir le témoignage d'al-Ash'arî, *Maqâlât al-islamiyyin*, éd. Ritter, p. 404, l. 4-5

2. *Maqâlât al-islamiyyin*, éd. Ritter, p. 404, l. 5-9. Sur cette thèse de Naẓẓâm, voir Nâshi' al-Akbar, *Kitâb al-awsaṭ*, § 144, éd. Van Ess, p. 158, l. 16 : tout ce qui est engendré par nos actes (*af'âl-nâ*) est « acte de Dieu » (*fi'l Allah*) par nécessité de nature ; voir 'Abd al-Jabbâr, *Mughnî*, IX, 11, 19-21 ; Shahrastânî, *Al-milal wa al-niḥal*, I, éd. Cureton, p. 67.

3. Nâshi' al-Akbar se montre réticent à appliquer un même attribut (*ṣifa*), comme : un (*wâḥid*), ou puissant (*qâdir*), à Dieu et à l'homme ; voir *Kitâb al-awsaṭ*, § 60, éd. Van Ess, p. 90. *Cf.* le témoignage d'al-Ash'arî, *Maqâlât al-islamiyyin*, éd. Ritter, p. 184, l. 6-185, l. 8, et p. 500, l. 4-501, l. 7. On peut se demander qui est l'agent (*al-fâ'il*) de l'acte humain (p. 501, l. 6-7).

4. Al-Ash'arî, *Maqâlât al-islamiyyin*, éd. Ritter, p. 281, l. 2-5 ; voir W. M. Watt, « The Origin of the Islamic Doctrine of Acquisition », art. cit., p. 243 *sq.* Pour al-Najjâr (m. ca 835-845), si les actes de l'homme sont créés par Dieu, les hommes en sont les agents (*fâ'ilûn la-hâ*) ; voir al-Ash'arî, *Maqâlât al-islamiyyin*, éd. Ritter, p. 283, l. 3. Voir M. Schwarz, *Theodicy...*, *op. cit.*, t. I, p. XXVIII-XXIX. Sur la manière dont la question d'un rapport effectif entre l'homme et ses actes, ou d'une simple corrélation, s'est posée dès les débuts du *kalâm*, voir M. Fakhry, *Islamic Occasionalism...*, *op. cit.*, p. 44-48.

5. C'est la thèse d'Abû Manṣûr al-Mâturîdî (m. 944). Voir *Kitâb al-tawḥîd*, éd. Topaloglu-Aruci, p. 295 *sq.*

6. Il y a, pour Ḍirâr, une capacité (*istiṭâ'a*), qui est avant et avec l'acte : *qabla al-fi'l wa ma'a al-fi'l* (al-Ash'arî, *Maqâlât al-islamiyyin*, éd. Ritter, p. 281, l. 5) ; al-Najjâr ne retient de capacité que simultanée à l'acte : *ma'a al-fi'l* (al-Ash'arî, *Maqâlât al-islamiyyin*, éd. Ritter, p. 281, l. 7) ; *cf.* déjà al-Fazârî, *Kitâb al-qadar*, éd. al-Salimi-Madelung, p. 23 (chiffres arabes). Sur cette discussion, concernant la concomitance ou l'antériorité de la puissance, voir al-Khayyâṭ, *Kitâb al-intiṣâr*, 50, éd. Nader, p. 62. Sur la difficulté de la position de Najjâr, voir M. Schwarz, *Theodicy...*, *op. cit.*, t. I, p. 68. Voir l'exposé de la position de Ḍirâr et de celle de Hishâm Ibn al-Ḥakam dans H. Daiber, *Islamic Thought*, *op. cit.*, p. 27 *sq.*, et celui de M. A. M. De Angelis, *The Collected Fragments...*, *op. cit.*, p. 96 *sq.*, ainsi que l'édition des fragments d'Hishâm sur l'acte et la capacité de l'homme, p. 168 *sq.*

de ne reconnaître qu'un *qadar* divin (à l'instar de ce que Leibniz nommera le « fatum mahometanum »), le premier *kalâm* s'interrogea sur le *qadar* humain [1].

Dès lors, la doctrine asharite, quelles que soient son originalité et sa radicalité, s'inscrit d'une manière indéniable dans un contexte intellectuel précis qu'il convient d'avoir à l'esprit. Ancien mutazilite, Abû al-Ḥassan al-Ash'arî (m. 935), qui étudia à Baṣra auprès d'Abû 'Alî al-Jubbâ'î (m. 915), prend position dans ce riche et bouillonnant débat autour du pouvoir de l'homme et de Dieu qu'a produit le *kalâm* contemporain [2]. En réaction au mutazilisme qui, à ses yeux, accorderait trop à l'homme, al-Ash'arî invite à prendre pleinement la mesure de la puissance divine; mais un tel *leitmotiv* ne met-il précisément pas en question la puissance de l'homme?

L'attention d'al-Ash'arî à la puissance divine le conduit, on le sait, à affirmer une « création » par Dieu des actes de l'homme. Dieu serait ainsi le seul à agir, parce qu'il est le seul à créer. Que reste-t-il dès lors à l'homme? Al-Ash'arî parle à son égard d'appropriation (*kasb*, ou *iktisâb*) [3]; mais cette appropriation n'est précisément pas un acte effectué par l'homme. La question ne manque dès lors pas de se poser : l'homme ne serait-il pas dépossédé de tout pouvoir?

Or, Dieu peut bien créer les actes de l'homme; celui-ci ne dispose pas moins d'une puissance (*quwwa*, mais aussi *qudra*), affirme al-Ash'arî [4] : « al-shay' waqa'a min al-muktasib la-hu bi quwwa muḥdatha / la chose se fait

1. L'un des premiers partisans du *qadar* humain fut sans doute Ma'bad al-Juhanî (m. 699) ; voir 'Abd-al-Qâhir Ibn Ṭâhir al-Baghdâdî (m. 1037), *Al-farq bayn al-firaq*, II, chap. 2, § 27, p. 14 ; al-Shahrastânî, *Al-milal wa al-niḥal*, éd. Cureton, p. 17. Sur ces débuts, voir A. S. Tritton, *Muslim Theology*, Londres, Luzac and Co, 1947, p. 54 *sq*. Ce premier « discours sur le *qadar* » serait né à l'occasion d'une discussion avec un chrétien, [Abû] Yûnus al-Uswârî, dit Shahrastânî. Cette question engage un certain dialogue avec les chrétiens ; *cf.* le témoignage de Damascène sur l'*autexousion*, *Disputatio Christiani et Saraceni*, 1, SC CCCLXXXIII, 228-230. Il y a une équivocité du terme *qadar*, puisqu'il peut désigner la prédétermination par Dieu des actes, ou encore une puissance (par proximité avec *qudra*) de l'homme. Sur cette difficulté posée par le terme *qadar*, voir al-Ash'arî, *Kitâb al-ibâna 'an uṣûl al-diyâna*, éd. du Caire, p. 57. Sur le *qadar*, voir M. Schwarz, *Theodicy...*, *op. cit.*, t. I, p. 34-41. Voir D. Gimaret (à la suite d'Abû Manṣûr al-Baghdâdî, *Tafsîr asmâ'i Allah al-ḥusnâ*) sur les emplois coraniques de *qâdir* et *qadara*, *Les noms divins en Islam*, Paris, Cerf, 1988, n. 1 p. 235. Voir les précisions sur le terme *qadariyya* apportées par J. Van Ess, *Zwischen Ḥadîth und Theologie. Studien zum Enstehen prädestitianischer Überlieferung*, Berlin-New York, W. de Gruyter, 1975, p. 122 *sq.* ; sur le contexte politique, voir W. M. Watt, *The Formative Period of Islamic Thought*, Oxford, Oneworld, 1998, p. 82 *sq.*

2. La discussion, qui oppose mutazilites et asharites, se retrouve au sein même de l'ibadisme ; voir P. Cuperly, « Le *Kitâb uṣûl al-Dîn* de Tibghûrîn », *Studia Islamica*, LVI, 1982, p. 69-96, p. 80 *sq.*

3. Voir *Maqâlât al-islamiyyin*, éd. Ritter, p. 541, l. 6-8. Voir D. Gimaret, *La doctrine d'al-Ash'arî*, *op. cit.*, p. 141 *sq.*

4. Sur la reconnaissance d'une capacité en l'homme chez Mâturîdî (celui-ci distingue deux sens du terme), voir U. Rudolph, *Al-Mâturîdî and the Development of Sunnî Theology in Samarquand*, trad. angl. R. Adem, Leiden, Brill, 2015, p. 302-308, et J. Merric Pessagno, « *Irâda, ikhtiyâr, qudra, kasb* : the view of Abû Manṣûr al-Mâturîdî », *Journal of the American Oriental Society*, CIV, 1984, p. 177-191, en part. p. 184 *sq.*

du côté de celui qui se l'approprie par un pouvoir advenu »[1]. L'homme a puissance des actes créés en lui par Dieu. Par l'*iktisâb*, on entendra : « yaqa'u al-shay' bi-qudra muḥdatha, fa yakûnu kasb li-man waqa'a bi-qudrati-hi / la chose se fait par une puissance advenue, et elle est ainsi l'appropriation de celui par la puissance duquel elle se fait »[2]. Et Abû l-Qâsim al-Qushayrî (m. 1074), proposant une voie moyenne entre les tenants de la thèse du *qadar* ou, au contraire, de celle du *jabr* (la contrainte), de renchérir : l'homme a une puissance (*qudra*), qui est la capacité (*istiṭâ'a*) qui lui permet l'appropriation (*kasb*) de l'acte, à défaut d'en assurer la création ou la venue à l'être[3].

En un mot : la dissymétrie, dans la doctrine asharite, quant au rapport de l'homme et de Dieu à l'acte « en la puissance » (*maqdûr*) ne justifie pas de dénier à l'homme l'appellation de puissant (*qâdir*)[4]. Les asharites reconnaissent sans ambages un pouvoir en l'homme, même s'il ne précède pas l'acte, ni n'est duel[5]. On pourra dès lors présenter l'acte en nous comme *maqdûr*, en notre puissance. Ainsi apparaît la différence entre l'approprié et le contraint : ce qui est approprié est en notre puissance (*maqdûr*)[6]. Il est dès lors bien une puissance de l'homme comme il est une puissance de Dieu[7], et l'on peut s'attacher à ce qui est en la puissance (*al-maqdûr*) de l'un et de l'autre[8].

La prise en considération de ce qui est en la puissance, de l'homme ou de Dieu, peut-elle s'interpréter comme une réflexion sur le possible[9] ? La question se redouble, ou, à tout le moins, se laisse reformuler de la manière suivante : l'insistance sur la puissance divine « créant » les actes de la créature, comme

1. Voir *Kitâb al-Luma'*, § 92, éd. Mac Carthy, p. 42, l. 1-2.

2. *Maqâlât al-islamiyyin*, éd. Ritter, p. 542, l. 8-9. Cf. *Maqâlât al-islamiyyin*, éd. Ritter, p. 539, l. 1-2, où *al-kasb* est explicité ainsi : « yakûnu al-fi'l bi qudra muḥdatha (l'acte se fait par une puissance advenue) ». Voir le témoignage de Shahrastânî, *Al-milal wa al-niḥal*, I, éd. Cureton, p. 69. Sur cette puissance reconnue par les asharites (au contraire des jabrites), voir al-Mutawallî (m. 1085), *Mughnî*, éd. Bernand, p. 38-39.

3. *Luma' fî l-i'tiqâd*, éd. Frank, p. 61.

4. Voir ainsi al-Ustâdh Abû Isḥâq al-Isfarâ'înî (m. 1027), fr. 68, éd. Frank, p. 161.

5. Le jeune Fakhr al-Dîn al-Râzî (m. 1210), alors asharite, le rappellera ; voir A. Shihadeh, *The Teleological Ethics of Fakhr al-Dîn al-Râzî*, Leiden-Boston, Brill, 2006, p. 14.

6. Voir *Kitâb al-Luma'*, § 92, éd. Mac Carthy, p. 42, l. 17-18. Voir Shahrastânî, *Al-milal wa al-niḥal*, I, éd. Cureton, p. 69 : « al-muktasab huwa al-maqdûr bi-l-qudrati al-ḥâditha / l'approprié est ce qui est en la puissance de la puissance advenue ».

7. Concernant le débat opposant mutazilites et asharites sur la puissance, voir Juwaynî (m. 1085), *Kitâb al-irshâd*, XIX, éd. Luciani, p. 106 *sq.* ; Juwaynî (p. 106) reproche alors à certains mutazilites de faire de l'homme, à la place de Dieu, un créateur (*khâliq*). Sur la permanence de cette réflexion, voir S. Schmidtke, *The Theology of al-'Allâma al-Ḥillî (d. 726/1325)*, thèse de doctorat, Saint-John's College, 1990, p. 228-230.

8. Pour une vue d'ensemble, voir la thèse de doctorat (malheureusement inédite) de M. Schwarz, *Theodicy…*, *op. cit.*

9. On trouve une trace chez Nâshi' al-Akbar (m. 906) du questionnement aristotélicien sur le *mumkin*, en même temps qu'il s'intéresse à ce qui est acceptable (*yajûzu*), voir *Kitâb al-awsaṭ*, § 175, éd. Van Ess, p. 118. Voir C. Schöck, *Koranexegese, Grammatik und Logik*, *op. cit.*, p. 272-275.

certains auteurs du *kalâm* ont ainsi pu l'affirmer, interdit-elle une attention à ce qui pourrait être ? Force est au contraire de constater combien l'attention à la puissance (*qudra*) divine[1] a suscité une réflexion sur ce qui serait possible. Les premiers auteurs du *kalâm*[2] ont ainsi reconnu que le cours du monde pourrait être tout autre.

1) À en croire le témoignage d'al-Ash'arî, Ṣâliḥ Qubba a ainsi poussé à l'extrême l'idée d'une création divine de toute chose (y compris nos actes)[3]; il aurait ainsi ouvert la voie à la reconnaissance d'une multitude de possibles[4] :

> wa inna mâ ḥadatha 'inda fi'li-hi, ka-dhahâb al-ḥajar 'inda al-daf'a, wa iḥtirâq al-ḥaṭaba 'inda majâmi'a al-nâr, wa al-alam 'inda al-ḍarba, fa-Allah subḥâna-hu al-khâliq la-hu / Et assurément, ce qui arrive en même temps qu'une action, comme le départ de la pierre en même temps que le lancer, la combustion de la bûche en même temps qu'elle est jointe avec le feu, la douleur en même temps que le coup, c'est Dieu – loué soit-il – qui en est le créateur[5].

De là, une réflexion sur le possible appréhendé comme « acceptable » :

> wa jâ'izun an yujâma'a al-ḥajar al-thaqîl al-jaww al-rafîq alfa 'âm, fa-lâ yakhluqu Allah fî-hi hubûṭan, wa yakhluqu sukûnan / on peut accepter que la pierre lourde soit mise en suspension dans l'air léger pendant cent ans, Dieu ne créerait pas en elle la descente, mais il créerait le repos)[6].

Une liste de ce qui est ainsi faisable par Dieu est alors dressée :

> wa jâ'izun an yujtama'a al-nâr wa al-ḥaṭaba awqâtan kathîratan, wa lâ yakhluqu Allah iḥtirâq, wa an tûḍa'a al-jibâl 'alâ al-insân fa-lâ yajuddu thiqla-hâ, wa an yakhluqa sukûn al-ḥajar al-saghîr 'inda daf'a al-dâfi' la-hu, wa lâ yakhluqu idhhâba-hu wa law dafa'a ahl al-arḍ jamî'an wa i'tamadû 'alay-hi / On peut accepter que soient mis ensemble le feu et la bûche, à de multiples reprises, sans que Dieu ne crée la combustion, que les montagnes soient placées sur l'homme sans qu'il en ressente leur poids, qu'il crée le repos dans une petite pierre en même temps que le lancer de celui qui la lance, et qu'il ne crée pas en elle le départ même si tous les gens de la terre la lancent et s'accordent en cela.

1. Voir R. M. Frank, « Can God do what is Wrong ? », art. cit., p. 69-70.

2. Si Dieu est puissant (*qâdir*), il faut faire droit à ce qui est en sa puissance, *al-maqdûrât* ; ces choses en sa puissance sont pour Abû l-Hudhayl en nombre fini, elles forment un tout ; voir le témoignage d'al-Ash'arî, *Maqâlât al-islamiyyin*, éd. Ritter, p. 112, l. 11 *sq.* Voir Ibn al-Rawandî, *Kitâb faḍilat al-mu'tazila*, fr. 4-5, éd. al-A'sam, p. 106. Sur cette idée, voir al-Khayyâṭ, *Kitâb al-intiṣâr*, 70 et 80, éd. Nader, p. 80 et 91. Voir R. Brunschvig, « Mu'tazilisme et optimum », p. 7-8.

3. Voir L. E. Goodman, « Ghazzali and the Philosophers : The Defence of Causality », *in* A. Paya (ed.), *The Misty Land of Ideas and The Light of Dialogue*, Londres, ICAS Press, 2013, p. 49-80, en part. p. 61 *sq.* ; la position des asharites, celle notamment de Ghazâlî, apparaîtra plus modérée.

4. Voir M. Fakhri, *Islamic Occasionalism*, *op. cit.*, p. 46.

5. *Maqâlât al-islamiyyin*, éd. Ritter, p. 406, l. 6-8.

6. *Ibid.*, l. 8-10.

> wa jâ'izun an yuḥriqa Allah subḥâna-hu insânan bi-l-nâr, wa lâ ya'lamu bal yakhluqu fî-hi al-ladhdha / On peut accepter que Dieu – loué soit-il – brûle un homme par le feu, sans que celui-ci souffre, mais il créerait en lui du plaisir.
> wa jâ'izun an yaḍa'a Allah subḥâna-hu al-idrâk ma'a al-'amâ, wa al-'ilm ma'a al-mawt / On peut accepter qu'il mette la perception avec la cécité, et la connaissance avec la mort [1].

La considération de ce qu'il est acceptable d'imaginer le met en évidence : la mise ensemble ne signifie nulle connexion causale. La connaissance n'échappe pas à ce constat. Que savons-nous en effet que nous ne sommes pas en ce moment à la Mecque, sous un dôme (*qubba*), dont nous ne serions pas conscients [2] ?

2) La puissance de Dieu, et ce que l'on peut imaginer à son sujet, semble, dans cette optique, n'avoir d'autre limite que le contradictoire. Al-Ash'arî mentionne à cet égard une autre position extrême, celle d'Abû al-Ḥusayn al-Ṣaliḥi [3] :

> wa jawwaza Abû al-Ḥusayn al-Ṣaliḥi an yajma'a Allah bayna al-ḥajar al-thaqîl wa al-jawwa awqâtan kathîratan, wa lâ yakhluqu habûṭan wa lâ ḍidd al-habûṭ / Abû al-Ḥusayn al-Ṣaliḥi acceptait que Dieu mette ensemble la pierre lourde et l'air, à de multiples reprises, et qu'il ne crée pas la descente, ni le contraire de la descente,
> wa an yajma'a bayna al-quṭn wa al-nâr, (...) wa lâ yakhluqu iḥrâqan wa lâ ḍidd al-iḥrâq / et qu'il mette ensemble le coton et le feu, (...) et qu'il ne crée pas de la combustion ni le contraire de la combustion... [4].

La réflexion sur le possible comme acceptable s'accompagne donc d'un refus que le rapprochement entre deux choses signifie une nécessaire consécution.

1. *Maqâlât al-islamiyyin*, éd. Ritter, p. 406, l. 10-15 ; *cf.* 'Abd al-Jabbâr, *Mughnî*, IX, 12. Le premier *kalâm*, celui d'Abû-l-Hudhayl notamment, affirme la séparation des accidents ; ainsi serait-il loisible à Dieu de créer l'un sans l'autre : il peut créer la pierre lourde et l'air sans la chute ou la descente, le feu et le coton sans la combustion... (*Maqâlât al-islamiyyin*, éd. Ritter, p. 312, l. 10-12) ; les exemples sont semblables à ceux attribués à Ṣaliḥ Qubba. Voir le témoignage d'Ibn Ṭâhir al-Baghdâdî, *Al-farq bayn al-firaq*, III, chap. 3, § 92, p. 85. Sur les positions d'Abû-l-Hudhayl, voir R. M. Frank, « The Metaphysics of Created Being according to Abû l-Hudhayl al-'Allâf », *Early Islamic Theology*, *op. cit.*, art. I, p. 13-15. Au contraire al-Khayyâṭ, *Kitâb al-intiṣâr*, 49, éd. Nader, p. 61, refuse que Dieu puisse ne pas produire la combustion lorsque le feu est mis au contact d'une chose, ou qu'il ne produise pas la fracture lorsqu'un homme frappe un bâton avec une épée tranchante, ou encore qu'il ne fasse pas partir la flèche lorsque l'archer la tire.

2. *Maqâlât al-islamiyyin*, éd. Ritter, p. 407, l. 1-4. Le surnom de « Qubba » (le dôme) lui viendrait de cette anecdote. La perception est acte de Dieu ; voir *Maqâlât al-islamiyyin*, éd. Ritter, p. 383, l. 3-5, et 'Abd al-Jabbâr, *Mughnî*, IX, 13, 5. Abû-l-Hudhayl semble avoir soutenu la création par Dieu de la perception (*al-idrâk*) : Dieu pourrait créer dans le cœur de l'aveugle la connaissance des couleurs, sans qu'il en ait jamais vu, voir 'Abd al-Jabbâr, *Mughnî*, IX, 12, 14-17. Voir M. Bernand, « Le *'ilm* chez les premiers mutazilites », art. cit., I, p. 33-34.

3. *Maqâlât al-islamiyyin*, éd. Ritter, p. 309-311.

4. *Ibid.*, p. 310, l. 9-12.

Pour étendue qu'elle soit ainsi, la puissance de Dieu s'arrête toutefois avec la contradiction : Dieu ne peut mettre ensemble les opposés [1].

La thématique de la puissance divine a donc, dès les débuts du *kalâm*, donné naissance à une interrogation sur ce que l'on peut penser arriver. Le possible se laisse ici envisager sous la figure de l'acceptable. Les siècles ultérieurs ne manqueront pas de s'interroger plus avant sur cette puissance, et ses limites.

Le concept de puissance (*qudra*) divine apparaît ainsi indéniablement central. Sans doute est-ce à cet égard d'abord sous l'appellation de *maqdûr* que la question du possible se trouve posée dans l'école asharite [2]. Pour n'en donner qu'un exemple, mentionnons Abû Bakr Ibn Fûrak (m. 1015), qui présente la position asharite en envisageant le corrélat de la puissance (*qudra* [3]) divine, précisément le *maqdûr* [4]. Si le non-étant (*al-ma'dûm*) ne peut être appelé « chose », il est toutefois, comme l'étant (*al-mawjûd*), susceptible d'être connu et énoncé [5], et la puissance divine peut s'exercer sur l'un et l'autre [6] : « tata'allaqu bi-himâ qudra al-qadîm / ils sont suspendus à la puissance de l'Eternel » [7]. Dans cette optique, l'attention au *maqdûr* (en contrepoint de la puissance divine) n'implique donc pas sa position dans l'être. C'est que le

1. *Ibid.*, l. 14.

2. Un même *maqdûr* peut-il relever de la puissance de deux puissants (*maqdûr bayna qâdirayni*) ? Pour les asharites, mieux vaut renoncer à la puissance de l'homme que de nier celle de Dieu ; voir al-Mutawallî, *Mughnî*, éd. Bernand, p. 34-35 : « wa nafî qudra al-'abd awlâ min ithbât qudra ḥâditha li-l-'abd wa nafî qudra al-ṣâni' / il vaut mieux nier la puissance de l'homme que d'octroyer une puissance advenue à l'homme et nier la puissance divine ».

3. Sur le concept de *qudra*, à distinguer de l'être-en-puissance aristotélicien (traduit par *bi-l-quwwa*), voir R. M. Frank, « The Structure of Created Causality », *Early Islamic Theology*, *op. cit.*, art. VII, p. 18-19. Le *maqdûr* se dit relativement à la puissance, celle de Dieu, mais aussi celle de l'homme, la question étant de déterminer si deux puissances peuvent se rapporter à un seul et même *maqdûr* ; voir Ghazâlî, *Iqtiṣâd*, II, 1, éd. Atay, p. 86, l. 13 : « ithbât maqdûr bayna qâdirayni / l'affirmation d'un être en la puissance partagé partagé par deux puissants ». *Cf.* la réflexion d'Abû l-Ḥusayn al-Baṣrî (m. 1044), *Taṣaffuḥ al-adilla*, IX-X, éd. Madelung-Schmidtke, p. 123 *sq.* : Dieu peut-il avoir puissance sur ce qui est en la puissance d'un autre (*bi-l-qudra 'alâ maqdûr ghayri-hi*) ?

4. Voir *Mujarrad maqâlât al-Ash'arî*, 45, éd. Gimaret, p. 255, l. 5.

5. Dans son *Kitâb al-tamhîd* (II, § 25, p. 15-16), al-Bâqillânî (m. 1013) reconnaît une science du non-étant (*al-ma'dûm*) ; le non-étant, s'il n'est pas une chose, se dit soit de l'impossible, soit de ce qui n'est pas, mais peut toutefois être rapporté à la puissance de Dieu. Voir R. Arnaldez, *Grammaire et théologie…*, *op. cit.*, p. 275. La question du *maqdûr* ne doit pas seulement s'envisager en référence à la puissance qui pourrait le faire, mais à une science qui se propose de le prendre en considération, soit qu'on sache s'il se réalise ou non, soit qu'on l'ignore. Sur Bâqillânî, voir R. Mac Carthy, *Al-Bâqillânî : Muslim Polemist and Theologian*, *op. cit.*, en part. t. I, p. 134-142, et p. 297-332 ainsi que M. Schwarz, *Theodicy…*, *op. cit.*, t. I, p. 140-188 (sur la question des actions de l'homme).

6. Voir *Mujarrad*, 45, éd. Gimaret, p. 252. Sur ce *maqdûr*, voir R. Frank, « The Non-existent and the Possible in Classical Ash'arite Teaching », repris in *Classical Islamic Theology*, *op. cit.*, art. VIII, p. 6.

7. *Mujarrad*, 45, éd. Gimaret, p. 252, l. 7-8.

maqdûr n'a pas d'être ni de réalité en soi, mais qu'il doit plutôt être pensé comme la signification d'un énoncé. On s'attachera ainsi à la parole divine, comprise comme énonciation sur tout ce sur quoi il est valide de porter une énonciation (*khabar 'an kulli mâ yaṣiḥḥu an yakhbura*)[1].

Dans ce cadre conceptuel qui met l'accent sur la puissance divine, et ce qui en dépend, la question du possible se laisse envisager à partir d'une réflexion sur l'« acceptabilité ». Les asharites s'interrogent à cet égard sur ce que l'on peut autoriser, ou accepter : *al-jawâz*[2]. L'imâm al-Ḥaramayn Al-Juwaynî (m. 1085)[3] en distingue deux sens[4] : ce qui est acceptable comme un fait connu, ou ce qui est acceptable au sens d'une incertitude[5]. Dans l'esprit qui juge qu'un corps peut être mû (en constatant qu'il n'y a pas là d'impossibilité, *istiḥâla*), la considération se découvre une forme de consistance : « thabata bi-ḥukm al-'aql / elle a consistance en vertu du jugement[6] de l'intellect ». L'acceptabilité comme incertitude s'applique pour sa part à la question disputée du caractère fini ou indéfini du nombre d'individus d'une classe donnée. Juwaynî nous invite donc, au travers du concept de *jawâz*, à envisager un domaine qui ne se limite pas à ce qui existe effectivement[7]. Le concept de *jawâz* fait signe vers ce que l'on peut penser, que l'on puisse se prononcer effectivement à son sujet, ou que la question ne soit pas tranchée.

L'« acceptable » décrit par conséquent une détermination cogitative du possible. Cette détermination cogitative s'articule à une détermination causale du possible, comme être en dépendance de, que dit proprement le terme

1. *Mujarrad*, 45, éd. Gimaret, p. 65, l. 3 *sq*.

2. Ce vocabulaire se retrouve dans l'école mutazilite ; ainsi, pour l'implication de Dieu dans les actes mauvais de l'homme ; voir Abû l-Ḥuṣayn al-Baṣrî, *Kitâb al-mu'tamad fî uṣûl al-fiqh*, éd. Hamidullah, t. I, p. 271. Sur le terme *jâ'iz*, ou l'expression *jâ'iz 'aqlî*, utilisé originellement dans le *kalâm*, à la place de *mumkin*, voir E. L. Ormsby, *Theodicy in Islamic Thought*, *op. cit.*, p. 169.

3. Pour une vue d'ensemble, voir M. M. A. Saflo, *Al-Juwaynî's Thought and Methodology*. Sur l'inflexion que Juwaynî impose à la doctrine asharite, voir M. A. Mensia, « Regards d'Ibn Rushd sur al-Juwaynî. Questions de méthode », *Arabic Sciences and Philosophy*, 22, 2012, p. 199-216.

4. *Cf.* les trois sens de *jâ'iz* reconnus par al-Sanûsî (m. ca 1490), *Sharḥ al-muqaddimât*, I, éd. Luciani, p. 53.

5. *Kitâb al-Burhân fî uṣûl al-fiqh*, § 59, p. 42. Voir R. Frank, « The Non-existent and the Possible ... », art. cit., p. 23. Le verbe « yajûzu » (il est acceptable) peut signifier, pour al-Ash'arî, soit « yaḥillu » (il est licite), soit un doute (*shakk* ou *tashakkuk*), voir Ibn Fûrak, *Mujarrad*, éd. Gimaret, p. 115, l. 6-17 ; p. 119, l. 15-18 ; p. 120, 8-17 ; lorsqu'on mange une viande interdite, il est permis ou licite d'en manger une autre ; mais il n'y a point de doute sur ce qui est fait. Se pose la question dite du *badal* : est-il envisageable qu'« à la place de » ce qui est, au même instant, autre chose soit ? La distinction proposée par Ash'arî vient de Jubbâ'i, voir *Maqâlât al-islamiyyin*, éd. Ritter, p. 206, l. 6-10.

6. Sur les différents sens de *ḥukm*, qui signifie aussi le caractère, voir A. Alami, *L'ontologie modale. Etude de la théorie des modes d'Abū Hāšim al-Jubbā'i*, Paris, Vrin, 2001, p. 106.

7. Mentionnons les réflexions sur le fait d'obliger à de l'impossible, comme le fait de se lever au moment où l'on est assis, rapportées par al-Juwaynî, *Kitâb al-irshâd*, XIX, éd. Luciani, p. 129. Se lever lorsqu'on est assis relève d'une puissance qui fait pour un asharite défaut, et est ainsi aussi impossible que de faire simultanément deux contraires. *Cf.* Ibn Ṭâhir al-Baghdâdî, *Al-farq bayn al-firaq*, III, chap. 3, § 107, p. 137.

mumkin[1]. Dans son *Kitâb al-Luma'*, qui propose une synthèse de la doctrine asharite, al-Juwaynî nous donne de penser ensemble, mais distinctement, l'acceptable et le possible. On parle d'un être « acceptable » (*jâ'iza al-wujûd*) pour les étants advenus (*al-muḥdathât*), au sens où l'on peut accepter qu'ils soient, mais aussi perdurent dans le néant[2]. On parlera plus particulièrement à leur égard d'un être possible, *al-wujûd al-mumkin*, pour désigner le fait qu'ils ont besoin (*iftaqara*) de quelque chose qui les spécifie (*mukhaṣṣiṣ*)[3]. Le possible, *mumkin*, témoigne de l'indigence ontique de ce qui est advenu, lequel requiert, en son être, un autre que lui-même pour pouvoir être ce qu'il est[4]. La spécificité de ce qui est dans le monde ne lui vient pas de lui-même, mais d'un autre. Le propre requiert en ce sens, et peut être paradoxalement, une appropriation.

Comme on le voit donc, le possible indique, sur le plan de l'être, une dépendance envers un autre. Il donne à penser une altérité fondamentale au cœur de ce qui est dans le monde. Il rend ainsi compte de la manière dont « toute chose » est soumise à la puissance de Dieu. Il va donc assurément de pair avec les spéculations asharites sur la puissance divine[5], qui ne rencontre pas de limites, pas même celle d'une choséité déjà constituée[6].

Le créateur, dit Juwaynî, est « puissant sur tout ce qui relève de la puissance / qadîr 'alâ jamî' al-maqdûrât »[7]. Le remplacement de la « chose » du

1. Sur la manière dont la conceptualité avicennienne du possible (*mumkin*) a investi les réflexions du *kalâm*, voir H. Ansari et S. Schmidtke, « Al-Shaykh al-Ṭûsî : his Writings on Theology and their Reception », *in* F. Daftary et G. Miskinzoda (eds.), *The Study of Shīʿī Islam : The State of the Field, Issues of Methodology and Recent Developments*, Londres, I. B. Tauris, p. 475-497, p. 490-491.

2. *Luma'*, 2, éd. Allard, p. 129, l. 3-4. Dieu se caractérise au contraire par le fait que l'on ne peut « accepter » son néant (p. 119, l. 1-2)

3. *Ibid.*, p. 129, l. 4-5. La question de l'admissibilité (*al-jâ'iz*) appelle le concept de particularisation (*takhṣîṣ*) ; voir M. M. Saflo, *Al-Juwaynî's Thought and Methodology*, *op. cit.*, p. 198-199 et p. 202 *sq.* Sur cette différence terminologique, voir H. E. Davidson, *Proofs...*, *op. cit.*, p. 161-162. Voir en outre Y. Adouhane, *Une critique ash'arite post-rushdienne de la cosmologie d'Avicenne : traduction et commentaire de la Quintessence des Intellects d'Abû al-Hajjâj al-Miklâtî (m. 1229)*, thèse de doctorat, Université Paris-Sorbonne, 2015, 2 vol., t. I, p. 89 *sq.*

4. Pour un usage de *yumkinu* chez al-Ash'arî, voir *Maqâlât*, éd. Ritter, p. 387, l. 8 : « lâ yumkin wujûdu-hu » ; *cf.* p. 388, l. 15.

5. L'être puissant de Dieu (*al-iqtidâr*) se pense dans le fait qu'il veut tout ce qui advient ; voir al-Ash'arî, *Kitab al-luma'*, § 50 *sq.*, éd. Mc Carthy, p. 24 *sq.* ; voir aussi Juwaynî, *Luma'*, 16, éd. Allard, p. 151-155.

6. En des analyses qui font écho aux développements avicenniens sur le possible (*mumkin*), Shahrastânî expose cette indigence du possible comme « acceptable » (*Al-milal wa al-niḥal*, I, éd. Cureton, p. 71, l. 14-15) : tout ce qui est acceptable par son essence (*kull mâ huwa jâ'iz bi-dhâti-hi*), il ne serait pas acceptable qu'il fasse advenir quelque chose (*yuḥdithu shay'*). Une certaine proximité entre l'acceptable et le néant (*'adam*) se découvre, de sorte que seul pourrait faire être celui dont l'être est nécessaire par soi (*wâjib al-wujûd bi-dhâti-hi*) ; les autres causes ne seraient que « préparatrices pour la réception de l'être » (*mu'iddât li-l-qubûl al-wujûd*), voir *Al-milal wa al-niḥal*, I, éd. Cureton, p. 71, l. 15-18.

7. *Luma'*, 4, éd. Allard, p. 131, l. 8.

Coran (*kull shay'*, « toute chose ») par « ce qui relève de la puissance » (*maqdûr*) témoigne de ce refus de choséifier ce que peut Dieu[1]. L'acte de création, et lui seul, assure la choséité, en même temps que l'advenue à l'être.

Rien ne limite dès lors la puissance de Dieu, avant son exercice. Dieu est-il puissant (*qadîr*) de ce qu'il sait devoir ne pas être (*mâ ʿalima annahu lâ yakûna*) ? La question est classique au sein du *kalâm*[2]. Al-Ashʿarî répondait positivement[3], et distinguait à cet égard le *maqdûr* et le *jâ'iz* : il faut reconnaître que cela est *maqdûr la-hu*, est en sa puissance, mais cela n'est pas *jâ'iz min-hu*, acceptable pour lui[4]. Shahrastânî résume la position d'al-Ashʿarî en ces termes : « khilâf al-maʿlûm maqdûr al-jins, muḥâl al-wuqûʿ / ce qui diffère de ce qu'il connaît [devoir être] est en sa puissance quant au genre, mais est impossible du point de vue de la production »[5]. La dissociation du *maqdûr* et du *jâ'iz* nous permet donc de faire droit à ce qui est en la puissance de Dieu, sans pour autant le comprendre comme acceptable, et faisable. Ainsi dénué de toute teneur ontique, le *maqdûr* témoigne de la puissance de Dieu.

L'attention constante des asharites à la puissance de Dieu en tant qu'elle s'étend universellement ne signifie donc pas la position de « possibles », dotés d'une forme de réalité, précédant les étants du monde.

LA POSSIBILITÉ DES CHOSES

Le *maqdûr*, non-étant, est-il une « chose » ? Les asharites le refusent[6]. La question nous confronte à de longues discussions du *kalâm* qui eurent lieu

1. Dieu est « créateur de toute chose » (*khâliq kull shay'*), dit encore le Coran (6, 102 ; 13, 16 ; 39, 62 ; 40, 62). Sur l'interprétation de ce verset, décisive dans le débat opposant les asharites et les mutazilites sur la question de l'acte humain (Dieu créerait-il les actes de l'homme ?), voir D. Gimaret, *Théories de l'acte humain*, *op. cit.*, p. 368 *sq.*

2. Voir le témoignage d'al-Ashʿarî, *Maqâlât al-islamiyyin*, éd. Ritter, p. 203-206 et p. 558-563.

3. Voir Ibn Fûrak, *Mujarrad*, éd. Gimaret, p. 70, l. 1-5.

4. *Ibid.*, p. 115, 21-116, 3. *Cf.* al-Shahrastânî, *Kitâb nihâya*, chap. I, éd. Guillaume, p. 47 : les *mutakallimûn* peuvent soutenir que Dieu a puissance sur ce qu'il est acceptable qu'il soit (*bi-l-qudra ʿalâ mâ yajûzu wujûdu-hu*), ce qui ne légitime pas de dénier qu'il soit puissant (*laysa qâdir*) sur ce qui est impossible, l'impossible par soi est plutôt hors de la puissance (*ghayr maqdûr*).

5. *Al-milal wa al-niḥal*, I, éd. Cureton, p. 68, l. 13-14. Voir Juwaynî, *Kitâb al-irshâd*, XIX, éd. Luciani, p. 130-131, qui interprète le fait d'être en la puissance de Dieu (*maqdûr la-hu*) comme le fait d'être par soi possible (*fî nafsi-hi mumkin*) : ce que Dieu sait ne pas arriver n'arrivera pas, mais reste néanmoins possible, et en sa puissance.

6. Pour les asharites, le non-étant n'a pas le statut de chose. Al-Bâqillânî reconnaît deux sortes (et uniquement deux) de connaissables (*al-maʿlûmât*), le non-étant et l'étant : « al-maʿdûm, huwa al muntafâ, alladhî laysa shay' / le non-étant, c'est ce qui est dénié, lequel n'est pas une chose (...) al-mawjûd huwa al-shay' al-kâ'in al-thâbit / l'étant, c'est la chose, celle qui est et est établie » (*Al-inṣâf*, 4, éd. Kawthari, p. 15) ; voir aussi *Kitâb al-tamhîd*, II, § 24, éd. McCarthy, p. 15. Voir al-Shîrâzî (m. 1083), *ʿAqîdat al-salaf*, éd. Bernand, p. 68 : « al-mawjûd huwa al-shay' al-thâbita al-kâ'ina / l'étant, c'est la chose établie, existante ». Sur l'asharisme de Shîrâzî, voir C. Gilliot, « Deux professions de foi », art. cit. (on note la quasi-absence de la doctrine du *kasb*, comme celle

au Xe siècle, et témoigne des querelles d'écoles. Les asharites, al-Juwaynî notamment, peuvent sans doute s'autoriser de certains mutazilites, de l'école de Baghdâd en particulier[1], lesquels se seraient abstenus d'une telle attribution :

> wa dhahaba al-ka'bi wa mutabbi'û-hu min mu'tazilati Baghdâd ilâ muwâfaqati ahli al-ḥaqq fî anna al-ma'dûma laysa bi-shay' wa innamâ huwa nafyun maḥḍun / al-Ka'bi[2] et ses partisans parmi les mutazilites de Baghdâd s'accordent avec les "gens de la vérité" [les asharites] sur le fait que le non-étant n'est pas une chose, et qu'il n'est qu'une pure négation[3].

Les mutazilites de l'école de Baṣra[4], plus précisément ceux que l'on a coutume d'appeler les jubbaïtes ou encore les bahshamites (par référence à leur chef de file Abû Hâshim al-Jubbâ'î), insistent pour leur part sur une choséité précédant l'advenue à l'être[5] : la noirceur serait noirceur en l'état de non-être (*fî al-'adam*)[6]. Le concept de chose ne porte dès lors pas uniquement sur ce qui est, mais déjà sur ce qui n'est pas (*al-ma'dûm*). « Al-ma'dûm wa al-mumkin shay' / le non-étant et le possible sont des choses », ainsi al-Sharîf al-Jurjânî (m. 1413) résumera-t-il la position mutazilite classique[7]. Auteur tardif, Jurjânî n'hésite pas à introduire dans la réflexion la conceptualité du *mumkin*[8], qui

de la thèse de la création des actes, p. 181) ; voir aussi E. Chaumont, « Encore au sujet de l'ash'arisme d'Abû Isḥâq al-Shîrâzî », *Studia islamica*, LXXIV, 1991, p. 167-177.

1. Voir A. Alami, *L'ontologie modale*, *op. cit.*, p. 44-46.

2. Sur al-Ka'bî, voir R. El Omari, *The Theology of Abû l-Qâsim al-Balkhî...*, *op. cit.*

3. Juwaynî, *al-Shâmil*, éd. al-Nashar, p. 125. *Cf.* le témoignage d'al-Mufîd (m. 1022), *Awâ'il*, p. 79. Al-Mufîd veut voir dans le non-étant une chose au sens figuré (*majâzan*). Voir M. J. McDermott, *The Theology of al-Shaikh al-Mufîd (d. 413/1022)*, Beyrouth, Dar el-Machreq, 1986, p. 196-199.

4. Sur la différence entre ces deux écoles, vue, dès le Xe-XIe siècle, par un transfuge de celle de Baghdad (d'al-Ka'bi) à celle de Baṣra (de Jubbâ'î), voir al-Nîsâbûrî, *Kitāb al-masâ'il...*

5. Le puissant fait sortir une essence du non-être vers l'être, comme l'explique Abû Ya'lâ présentant la doctrine jubbaite (*Kitâb al-mu'tamad*, éd. Haddad, p. 129, l. 18-19) : « huwa qâdir 'alâ ikhrâj al-dhât min al-'âdam ilâ al-wujûd faqaṭ ».

6. Sharastânî attribue à certains mutazilites de Baghdâd une telle idée concordante avec les thèses jubbaïtes : « al-ma'dûm shay' / le non-étant est une chose » (*Al-milal wa al-niḥal*, I, éd. Cureton, p. 53, l. 12).

7. Voir *Sharḥ al-mawâqif*, éd. M. al-Na'sani, t. II, p. 190 ; al-Jurjânî mentionne à titre d'exception Abû l-Ḥusayn al-Baṣrî (disciple de 'Abd al-Jabbâr, mais en désaccord sur ce sujet avec ce dernier), Abû-l-Hudhayl, et al-Ka'bî. Sur cette position d'Abû l-Ḥusayn al-Baṣrî, voir le témoignage d'al-Najrânî (?) (m. ca. 1257), *Al-Kâmil fî-l-istiqṣâ'*, éd. Shahid, p. 185. Ce refus de la distinction de l'essence (ou de la chose) et de l'étant d'Abû l-Ḥusayn et de son disciple Ibn al-Malâḥimî (m. 1141) fera l'objet de critiques dans l'école bahshamite, ainsi de la part d'al-Raṣṣâṣ (m. 1188), *Al-Barâḥîn...*

8. Définissant *al-a'yân al-thâbita* (les entités établies), Jurjânî y voit « les vérités des possibles dans la science de celui qui est la Vérité (*ḥaqâ'iq al-mumkinât fî 'ilm al-ḥaqq*) », voir *Kitâb al-ta'rîfât*, éd. Flügel, p. 40. Certes, les possibles ne disent pas les vérités en la science divine ; mais on remarque la généralisation du terme. On trouve similairement une réécriture de la discussion des *maqdûrât* à l'aide du vocabulaire des *mumkinât* chez Abû al-Ḥusayn Yaḥyâ Ibn Ḥamza (m. ca 1350), *Kitâb al-Shâmil.*

s'est répandue depuis le XIe siècle[1]. Reste que la question posée est bien, dans les débats qui naissent ainsi au Xe siècle, celle d'une certaine consistance de ce qui n'est pas[2].

Avec les jubbaïtes, donc, le non-étant acquiert le statut de chose, avant même qu'il ne soit[3]. L'enjeu de cette thèse n'est pas neutre; elle revêt de multiples implications, qu'elles soient théoriques ou pratiques. En ce qui concerne notre propos, se pose plus particulièrement la question de ce qui est *maqdûr* pour Dieu avant la venue à l'être (*qabla kawni-hâ*)[4]. Dans ces conditions, nous sommes, assurément, invités à revisiter la formule coranique : si Dieu est « puissant sur les choses » (*qâdir 'alâ al-ashyâ'*), cela s'entend « avant qu'elles ne soient portées à l'être » (*qabla kawni-hâ bi-nafsihi*)[5]. Le mutazilisme jubbaïte, ou bahshamite, se caractérise donc par l'affirmation qu'il y a une réalité constitutive des étants, laquelle ne leur est pas simplement imposée, en même temps que leur est donné l'être[6].

Les mutazilites auraient ainsi affirmé que tout ce qui est conçu (*al-ma'lûm*) est une chose[7], ce que ne manquent pas de critiquer les asharites : dès lors que l'impossible ou le contradictoire sont conçus, faudrait-il les dire « choses »[8] ?

1. Voir al-Mutawallî, *Mughnî*, éd. Bernand, p. 10-11.

2. L'asharite post-averroiste Al-Miklâtî (m. 1228) emploie encore le vocabulaire du *jâ'iz*, et non seulement celui de *mumkin*, lorsqu'il présente la position mutazilite qui s'attache à « al-ma'dûm al-jâ'iz / le non-étant acceptable » (*Lubâb al-'uqûl*, éd. Alami-Hamedane, p. 90). Voir sa présentation du *kalâm*, p. 77-78. Sur cet emploi indifférencié chez Miklâtî de *mumkin* et de *jâ'iz*, voir Y. Adouhane, *Une critique asharite...*, *op. cit.*, t. II, n. XV. Al-Sanusî recourt au *mumkin* pour éclairer le *jâ'iz* intellectuel (*Sharḥ al-muqaddimât*, I, éd. Luciani, p. 55).

3. Voir Ibn Ṭâhir al-Baghdâdî, *Al-farq bayn al-firaq*, III, chap. 3, p. 80. Sur cette thèse, et sa réception, voir notamment N. Rescher, *Studies in Arabic Philosophy*, *op. cit.*, p. 69-71. Sur cette choséité précédant l'advenue à l'être, voir al-Ash'arî exposant la position d'al-Jubbâ'î, *Maqâlât al-islamiyyin*, éd. Ritter, p. 566-567 ; voir le résumé de la position jubbaïte p. 160, l. 15-p. 162, l. 7.

4. Une telle réflexion est rapportée par al-Ash'arî (à propos d'Ibn al-Rawandî, mutazilite de Baghdâd, m. av. 911), *Maqâlât al-islamiyyin*, éd. Ritter, p. 160, l. 1-4.

5. Voir al-Ash'arî sur la position d'al-Jubbâ'î, *Maqâlât al-islamiyyin*, éd. Ritter, p. 566, l. 8-9.

6. Voir R. M. Frank, « Al-ma'dûm wa-l-mawjûd », in *Early Islamic Theology*, *op. cit.*, art. IV, p. 190. Mâturîdî, au témoignage de Bayâḍî (m. 1687), *Ishârât al-marâm*, p. 39, aurait préféré le terme *madhkûr* (rappelé), à celui de *shay'*, pour inclure dans la définition de la connaissance, non seulement l'étant (*mawjûd*) et le non-étant (*ma'dûm*), mais aussi le possible (*mumkin*) et l'impossible (*mustaḥîl*) ; voir M. Ceric, *Roots of Synthetic Theology in Islâm. A Study of the Theology of Abû Manṣûr al-Mâturîdî*, Kuala Lumpur, ISTAC, 1995, p. 79 *sq.* Sur la proximité des écoles maturidite et asharite sur ce point, voir W. Madelung, « Abû l-Mu'în al-Nasafî and Ash'arî Theology », *Studies in Medieval Muslim Thought and History*, *op. cit.*, art. VII, p. 319-320.

7. Voir al-Ash'arî, *Maqâlât al-islamiyyin*, éd. Ritter, p. 566, l. 15. Al-Îjî (m. 1355), *al-Mawâqif*, p. 56, résume les points du débat : « al-shay' 'inda-nâ al mawjûd ; wa qâla al-Jâḥiz wa al-baṣriyya huwa al-ma'lûm / la chose, pour nous [asharites] est l'étant, mais al-Jâhiz et les gens de Baṣra [mutazilites] disent que c'est ce qui est conçu » ; *cf.* al-Jurjânî, *Sharḥ al-mawâqif*, éd. M. al-Na'sani, t. II, p. 211-212. Fakhr al-Dîn al-Râzî (m. 1210) combat ce point de la doctrine mutazilite : « al-ma'lûm laysa shay' / le connu n'est pas une chose » (*Kitâb ma'alim uṣûl al-dîn*, p. 24) ; sur cette critique, voir Y. Ceylan, *Theology and Tafsîr...*, *op. cit.*, p. 91 *sq.*

8. Al-Juwaynî critique le fait qu'il faudrait reconnaître le titre de chose à la pensée qu'il y a un autre Dieu, de même qu'à la pensée de l'impossibilité que les contraires se rencontrent (*Al-Shâmil*,

Ainsi que le constatent al-Juwaynî et al-Îjî, si l'on suit Abû Hâshim al-Jubbâ'î (m. 933), le fondateur de l'école jubbaïte, il y aurait une « science sans quoi que ce soit de connu par elle, comme la science de l'impossible, qui n'est pas une chose / 'ilm lâ ma'lûm la-hu, ka-l-'ilm al-mustaḥîl, fa-inna-hu laysa shay' » [1] ; la science de l'impossible, qui est une non-chose, ne doit pas être rapportée à un référent [2] : l'impossible n'aurait dès lors pas proprement de consistance (*thubût*) [3].

La choséité ainsi reconnue dans le mutazilisme jubbaïte laisse par conséquent hors de son domaine l'impossible, pour ne se dire que du non-étant, qui toutefois peut être [4] : « Lâ ma'dûm illâ wa yaṣiḥḥ wujûdu-hu, aw kâna yaṣiḥḥ wujûdu-hu / il n'y a pas de non-étant si ce n'est ce pour qui il est valide d'avoir l'être, ou pour qui il était valide de l'avoir » [5]. L'émergence de cette conception de la consistance (*thubût*), et de ce nouveau sens de la chose (*shay'*), distinguée de l'étant, invite donc à faire droit à un possible, qui ne se laisse pas réduire au domaine de ce qui a été porté dans l'être. Au XVe siècle, al-Fanârî crédite les mutazilites d'avoir reconnu des « non-étants possibles » (*al-ma'dûma al-mumkinât*), qui auraient « consistance par soi » (*thâbita fî anfusi-hâ*) sans avoir l'être (*min ghayr al-wujûd*) [6]. Si Fanârî, disciple d'al-Qûnawî, taxe cette position d'absurde, il met en évidence un point important de la doctrine jubbaïte : les non-étants tiennent leur consistance d'eux-mêmes, et non pas en vertu de leur être-pensé par Dieu. Le mutazilisme jubbaïte aurait donc clairement contribué à l'émergence d'une conception du possible comme doté d'une consistance propre, antérieurement à toute advenue à l'être [7].

Arrêtons-nous tout d'abord sur la manière dont le mutazilisme jubbaïte a compris et interprété le *maqdûr*. En un premier sens, le plus originel sans doute, celui que laisse entendre le terme, le *maqdûr* se pense d'une manière

I, al qawl fî-l-shay' wa-l-ḥaqîqa, éd. al-Nashar, p. 127). Rappelons que le *Shâmil* se conçoit comme une exposition du commentaire de Bâqillânî au *Kitab al-luma'* d'al-Ash'arî.

1. Al-Îjî, *al-Mawâqif*, p. 147.

2. Voir aussi al-Juwaynî, *Al-Shâmil*, I, éd. al-Nashar, p. 127-128.

3. Sur cette difficulté et sa résolution par l'idée d'une science sans référent, voir A. Alami, *L'ontologie modale*, *op. cit.*, p. 40-43. Cette solution proposée par les jubbaïtes ne convainquit guère Fakhr al-Dîn Râzî (m. 1210) ; voir Al-Îjî, *al-Mawâqif*, p. 147.

4. « al-ma'dûm huwa al-ma'lûm alladhî laysa la-hu ṣifa al-wujûd / le non-étant est le connu qui n'a pas la propriété d'être », explique Ibn Mattawayh (XIe siècle), *Tadhkira*, éd. Gimaret, t. I, p. 21.

5. Abû Rashîd al-Nîsâbûrî, *Al-masâ'il fî-l-khilâf*, XI, 104, p. 317. Sur la pensée de ce maître important de l'école mutazilite, qui eut parmi ses disciples Ibn Mattawayh, voir M. Horten, *Die Philosophie des Abû Raschîd*, *op. cit.*

6. *Miṣbaḥ al-uns*, p. 80, l. 5-6.

7. La qâḍî asharite al-Bâqillânî (m. 1013) reprend aux jubbaïtes la distinction de l'être et des états, pour attribuer à la puissance advenue, non un pouvoir de faire être, mais de déterminer un état de l'acte ; voir Shahrastânî, *Al-milal wa al-niḥal*, I, éd. Cureton, p. 69-70 ; il y aurait une influence (*ta'thîr*) de la puissance advenue (p. 70, l. 4) ; *cf.* Shahrastânî, *Nihâya*, chap. II, éd. Guillaume, p. 73-77. Sur cette thèse, voir D. Gimaret, *Théories de l'acte humain…*, *op. cit.*, p. 101-118. Voir aussi D. Steigerwald, *La pensée philosophique et théologique de Shahrastânî*, Québec, PUL, 1997, p. 150.

relationnelle ; entendons par là que le *maqdûr* se dit par rapport à ce qui est doté d'une puissance (*qudra*), ou, dans le cas de Dieu, d'une aptitude à l'être puissant (*qâdiriyya*) ; autrement dit, il se dit par rapport à un puissant, *qâdir*[1]. Mais un second aspect du *maqdûr* tend à émerger, qui présente une tonalité différente, et a pu apparaître rendre cette relation au *qâdir* flottante – ce fut l'une des difficultés de la doctrine jubbaïte qu'a pointées du doigt Abû al-Ḥusayn al-Baṣrî (m. 1044), disciple critique, voire dissident, de ʿAbd al-Jabbâr, le maître de l'école jubbaïte de l'époque : à l'en croire, Abû Hashîm al-Jubbâ'î et ses partisans n'auraient sans doute pas assez pris la mesure de l'essentielle connexion entre l'être puissant et ce qui est en sa puissance[2]. Pour le dire brièvement, la question que l'on peut se poser est la suivante : en octroyant au *maqdûr* un certain statut, statut qu'il a par lui-même, antérieurement à son advenue à l'être[3], l'école jubbaïte n'a-t-elle pas perdu de vue la détermination relationnelle du *maqdûr*, qui ne devrait précisément pouvoir se dire qu'en référence à ce qui est puissant ?

Une réfutation, ou discussion critique, d'un auteur court évidemment toujours le risque d'en déformer le propos ; mais elle permet aussi bien souvent de mettre en évidence un point problématique. Un examen attentif des textes de l'école jubbaïte dont nous disposons, notamment l'œuvre de ʿAbd al-Jabbâr, s'impose dès lors. Si ceux-ci ne dénient pas la dépendance du *maqdûr* envers un puissant, il reste qu'ils témoignent effectivement, nous allons le voir, d'une attention à ce qui rend possible le *maqdûr* comme pouvant être fait par ce qui est puissant. Sans donc que le *maqdûr* ait pour autant acquis son autonomie ou son indépendance vis-à-vis du puissant (il se dit et se pense toujours en

1. *Mughnî*, VIII, 75, 16-17 ; voir aussi VIII, 116, 10-12. Voir J. R. T. M. Peters, *God's Created Speech*, Leiden, Brill, 1976, p. 204-205. Les premiers mutazilites, Abû al-Hudhayl singulièrement, insistaient sur cette dépendance du *maqdûr* envers la puissance, de sorte que la chose qui relève de la puissance n'est par elle-même rien hors de cette puissance ; le créable (*al-makhlûq*) tient tout son être de l'acte qui le créé (*khalaqa-hu*), mais en lui-même il n'a pas d'être ; voir R. M. Frank, « The Metaphysics of Created Being », in *Early Islamic Theology*, *op. cit.*, art. I, p. 48, et « The Divine Attributes according to the Teaching of Abû l-Hudhayl al-ʿAllaf », *ibid.*, art. II, p. 481-482.

2. Al-Baṣrî insiste sur la connexion entre ce qui est puissant et ce qui est en sa puissance, comme le connaissant est en rapport (*taʿalluq*) avec le connu (*Taṣaffuḥ al-adilla*, vii, éd. Madelung-Schmidtke, p. 76 ; *cf.* Ibn al-Mâlaḥimî, *Kitâb al-muʿtamad*, éd. McDermot-Madelung, p. 200-201). La question est soulevée à propos de la thèse jubbaïte de l'infinité des *maqdûrât* pour Dieu. Ainsi faut-il penser la question de l'être-puissant de Dieu en l'appréhendant dans sa connexion immédiate au *maqdûrât*. Il convient donc de faire droit au rapport (*nisba*) du puissant aux possibles (*mumkinât*) (*Taṣaffuḥ al-adilla*, VIII, p. 79 ; Ibn Ḥamza, *Kitâb al-Shâmil*, éd. Rashed, p. 105-106). Voir M. Rashed, « Abû Hâshim al-Jubbâ'î et l'infini », *in* Ch. Grellard (éd.), Miroir de l'amitié, Paris, Vrin, 2017, p. 75-108, en part. p. 94-95.

3. En cela, les jubbaïtes prennent leurs distances à l'égard d'Abû al-Hudhayl, lequel ne reconnaissait pas d'essence et de quiddité faisant la chose, indépendamment de son advenue à l'être ; une telle idée aurait été introduite dans le *kalâm* par Abû Yaʿqub al-Shaḥḥâm ; voir R. M. Frank, « The Metaphysics of Created Being », in *Early Islamic Theology*, *op. cit.*, p. 46-47.

référence à un puissant[1]), sa considération enjoint de prendre en compte ce qui rend précisément acceptable l'exercice de la puissance.

Examinons donc pour lui-même le traitement du concept de *maqdûr* dans l'œuvre du qâḍî ʻAbd al-Jabbâr al-Hamadhânî (m. 1025). Après avoir fréquenté l'école asharite, il se tourna, étudiant à Baṣra, vers le mutazilisme, puis l'enseigna à Rayy, où il jouit d'une renommée importante. Son œuvre constitue l'une de nos principales sources d'information concernant la doctrine jubbaïte, de même qu'elle constitua pour plusieurs générations de mutazilites la principale référence doctrinale.

En premier lieu, à la suite d'Abû Hashîm al-Jubbâ'î, ʻAbd al-Jabbâr montre comment le *maqdûr* s'appuie sur, et renvoie à, une certaine interprétation de l'acte, de Dieu ou de sa créature, comme *iḥdâth*, comme faire advenir à l'être. Le *maqdûr* s'inscrit ainsi dans le cadre d'une certaine conception de l'étant comme adventice : ce qui est reçoit l'être, mais a par soi-même une consistance. Il convient en effet de reconnaître un critère du non-étant lors même qu'il n'est pas, et n'a pas encore été. Ce critère est celui de l'acceptabilité (*jawâz*). En effet, ce qui n'est jamais advenu ne peut être dit non-étant (*maʻdûm*) « que s'il n'est pas advenu alors que son advenue était acceptable / min ḥaythu lam yuḥdath maʻa jawâz ḥudûthi-hi »[2]. L'acceptabilité donne ainsi au *maqdûr* une consistance, qui ne se laisse pas reconduire à l'être qui pourra lui être octroyé.

Se laisse dès lors découvrir une certaine constellation doctrinale autour du possible : le *maqdûr*, ce qui est en la puissance d'un agent, s'appréhende comme non-étant (*maʻdûm*), entendu comme ce qui peut avoir l'être (*mâ yaṣiḥḥ / yajûz wujûdu-hu*)[3]. À côté du concept de *jawâz*, l'acceptabilité[4], il faut aussi mentionner le terme *ṣiḥḥa*, littéralement la validité[5]. Certes, son usage ne constitue pas une innovation lexicale des jubbaïtes[6]. Reste que ce terme revêt une importance cruciale dans le dispositif théorique mis en place par ʻAbd al-Jabbâr dans son *Kitâb al-mughnî*[7]. Celui-ci definit en effet le puissant (*qâdîr*)

1. Ce lien étroit du *maqdûr* et du *qâdir* apparaît chez le vizir bouyyide jubbaïte al-Ṣâḥib Ibn ʻAbbâd (m. 995), *Kitâb nahj al-sabîl*, fr. 20, éd. Madelung-Schmidtke, p. 49.

2. *Mughnî*, IV, 255, 17-18 ; voir aussi IV, 247, 12-17. Le *maʻdûm* désigne ce qui, à défaut d'être, peut être ; il n'est donc pas rien ; voir J. R. T. P. M. Peters, *God's Created Speech*, *op. cit.*, p. 107-108.

3. Voir R. M. Frank, « Al-maʻdûm wa-l-mawjûd », in *Early Islamic Theology*, *op. cit.*, p. 199, et « Can God do what is Wrong ? », art. cit., p. 73.

4. Al-Zamakhshârî (m. 1144) emploie *jawâz* pour dire l'admissibilité au non-être (*Al-minhâj*, 1, éd. Schmidtke, p. 52).

5. Le terme *ṣiḥḥa* désigne la santé. Pour G. Vajda, il indique ce que la « saine réflexion » découvre comme admissible (« L'attribut divin d'*irâda* (volonté) d'après une source inexploitée », *Etudes…*, *op. cit.*, art. VII, p. 266).

6. Voir ainsi al-Fazârî, *Kitâb al-qadar*, éd. al-Salimi-Madelung, p. 37 (chiffres arabes) : « al-ṣaḥîḥ al-jâ'iz ».

7. Il est déjà fréquemment employé dans l'école jubbaïte du Xᵉ siècle, comme l'atteste le disciple d'Abû Hâshim, Ibn Khallâd, dans son *Kitâb al-uṣûl*, in al-Buṭḥânî (m. 1033), *Kitâb ziyâdât sharḥ al-uṣûl*, éd. Adang-Madelung-Schmidtke, p. 122. Ce vocabulaire est utilisé pour penser

comme « alladhî yaṣiḥḥu al-fi'l min-hu / celui pour qui il est valide qu'un acte vienne de lui »[1]. Nous sommes conjointement renvoyés à certaines des thèses cardinales du mutazilisme jubbaïte : la chose n'est pas ce qui est ; il faut plutôt dire qu'il est valide qu'elle soit[2]. Dans ces conditions, être puissant se conçoit proprement comme être puissant sur une chose, laquelle se caractérise par la validité à ce qu'un acte s'exerce sur elle et la fasse advenir à l'être[3]. La réflexion sur la chose (*shay'*) et sa consistance intrinsèque trouve donc dans l'attention à la validité son corrélat théorique dès lors que l'on s'interroge sur ce que signifie être puissant. La question de la validité (*al-ṣiḥḥa*) est ce faisant partie intégrante des réflexions mutazilites sur l'être puissant (*qâdir*). Il est, en effet, un domaine du valide, qui précède toute particularisation, toute advenue à l'être[4].

Il convient dans cette perspective de prendre acte d'un écart entre ce que peut la puissance, et ce qu'elle exclut de faire en vertu de sa sagesse. Un acte d'injustice, ou de mensonge, n'est assurément pas acceptable (*lâ yajûz*), en vertu de la sagesse divine, mais il est valide qu'il soit (*yaṣiḥḥ wujûdu-hu*) au sens où il est au pouvoir de l'agent, puisqu'il n'est pas par soi impossible[5]. Le *maqdûr* décrit ainsi le domaine de ce qui, proprement, s'offre à l'action de l'agent. Ainsi que 'Abd al-Jabbâr le déclare, la possibilité (ici, *ṣiḥḥa*, la validité) d'advenir à l'être du *maqdûr* précède la possibilité d'agir pour l'agent : « ṣiḥḥat al-ḥudûth tatba'u-hu ṣiḥḥat kawn al-qâdir qâdiran 'alayhi / la validité

comment ce qui est dépend d'un vouloir, qui opte pour son advenue, plutôt que son non-être. Voir aussi al-Ṣâḥib Ibn 'Abbâd (m. 995), *Kitâb nahj al-sabîl*, fr. 22, éd. Madelung-Schmidtke, p. 80-81.

1. *Mughnî*, V, 204, 5-6. L'usage du verbe *yaṣiḥḥu* (il est valide, il est envisageable), plutôt que *yaqa'u* (il se produit), est connexe de la thèse mutazilite de l'irréductibilité de la puissance à l'acte ; voir D. Gimaret, *Les noms divins en Islam*, *op. cit.*, p. 236. Voir la définition du *maqdûr* par Abû l-Faḍl Ibn Sharwîn (disciple de 'Abd al-Jabbâr), *Ḥaqâ'iq al-ashyâ'*, 67, éd. Ansari-Schmidtke, p. 86. Après avoir affirmé la précédence de la puissance sur l'acte, et son ouverture aux contraires (*Al-kitâb al-muḥtawî*, chap. 29), le karaïte mutazilite Yûsuf al-Baṣîr, dans son chapitre sur la création des actions de l'homme (*bab fî khâlq af'âl al-insân*), présente le fait d'être puissant en en appelant au fait que l'acte soit valide : *ṣiḥḥa* ; il est ainsi valide (*yaṣiḥḥ*) qu'un acte soit produit par celui qui est puissant (p. 727-730). Ce vocabulaire est fréquent ; voir déjà Levi ben Yefet (m. début XIe siècle), *Kitâb al-ni'ma*, éd. Sklare, p. 178. On le retrouve chez les disciples d'Abû l-Ḥusayn al-Baṣrî ; voir Ibn al-Malâḥimî, *Kitâb al-Fâ'iq fî uṣûl al-dîn*, éd. Madelung-MacDermot, p. 33 : par *qâdir*, il faut entendre *al-mu'aththir 'alâ jiha al-ṣiḥḥa*. De même, à la question « mâ al-qâdir (qu'est-ce que : le puissant ?) », Zamakhshârî répond : « alladhî yaṣiḥḥu an yaf'ala wa allâ yaf'ala (ce pour qui il est valide qu'il fasse ou qu'il ne fasse pas) » (*Al-minhâj*, 2, éd. Schmidtke, p. 56). Voir encore Najrânî, *Al-Kâmil fî-l-istiqṣâ'*, éd. Shahid, p. 194.

2. Voir *Nukat...*, fî al-istiṭâ'a, fr. 3, éd. Hamdan-Schmidtke, p. 99, l. 15 *sq*. La chose, étant ou non-étant, se définit à partir de cette validité. Voir Ibn Sharwîn, *Ḥaqâ'iq al-ashyâ'*, 1, éd. Ansari-Schmidtke, p. 80.

3. En un même contexte, l'hanbalite contemporain Abû Ya'lâ al-Farrâ' (m. 1066) recourt également à ce lexique ; voir *Kitâb al-mu'tamad*, 256, éd. Haddad, l. 16-23.

4. Dans le *Tuḥfat al-mutakallimîn* (éd. Ansari-Madelung, p. 27), Ibn al-Malâḥimî fait intervenir la validité (*ṣiḥḥa*) et la confronte au concept (philosophique) de possibilité (*imkân*) ; il insiste sur sa précédence par rapport à la particularisation caractéristique de la venue à l'être.

5. Dieu est puissant (*qâdir*), il est en sa puissance de faire le mal (*Mughnî* VI-1, 129-176), même s'il ne le fera pas (VI-1, 177-231). Voir aussi XV, 176, 11 *sq*. ; XVI, 59 *sq*.

d'advenir précède la validité qu'a le puissant d'être puissant sur elle »[1]. Irréductible à la puissance de l'agent, et comme la condition de son exercice, apparaît ainsi une possibilité intrinsèque d'advenir. Pour expliquer que la chose advienne à l'être en vertu d'une puissance, on dira que cela « dérive de la validité de son être qu'elle a par soi / kal-far'i 'alâ ṣiḥḥat wujûdi-hi fî nafsi-hi »[2]. Ainsi donc, l'être en la puissance d'un puissant suppose un possible par soi, antérieur à cette puissance. Autrement dit, la possibilité d'être est indépendante de l'agent qui la rend effective.

La validité est ainsi supposée par l'agent. Les mutazilites s'interrogent non seulement sur ce qui est valide, mais aussi sur ce qui précisément rend valide : *al-muṣaḥḥiḥ*. Ainsi, proposant une liste de « ce qui joue » (*al mu'aththir*), le mutazilite jubbaïte zaydite al-Ḥâkim al-Jishumî (m. 1101) y inclut, non seulement la cause proprement dite, qu'elle se dise *sabab* ou *'illa*, mais aussi bien *al-muṣaḥḥiḥ* (que l'on pourrait traduire par « le validateur »), qu'il définit : « mâ yaṣiḥḥu ithbât ghayri-hi / ce qui rend valide l'établissement d'un autre »[3]. L'attribut de vie[4] rend, par exemple, valide à la fois celui de science et celui d'ignorance. Conformément à certaines des thèses mutazilites, la validité est donc duelle, en ce qu'elle n'est pas nécessairement prédéterminée à une seule réalité, mais peut tout aussi bien conjointement rendre possible son contraire. Ce qui est, pour pouvoir être, suppose dans cette optique d'être préalablement valide, voire validé[5] : rien n'est qui n'est d'abord été valide.

Ainsi donc, en contrepoint du *maqdûr*, et comme son fondement, le jubbaïsme a découvert une possibilité ou validité (*ṣiḥḥa*) intrinsèque des choses, qui fait d'elles ce qu'elles sont, avant même qu'elles ne soient, et qui s'impose à tout agent se proposant de les effectuer[6]. Le possible délimite dès lors le concept mutazilite de chose : la chose elle-même a par soi consistance, mais cette consistance, qui constitue son essence, ne consiste en rien d'autre qu'en la possibilité ou validité d'être, et en elle-seule[7]. La possibilité des choses dessine les contours d'un plan distinct du plan de l'être et présupposé par celui-ci. En un mot, l'advenue des étants dans le monde ne doit point faire méconnaître comment ces choses, effectuées par un autre, tiennent d'elles-mêmes leur possibilité d'être.

1. *Mughnî*, VIII, 72, 5-6.
2. *Ibid.*, XI, 94, 17. Sur la priorité de la chose comme possible en elle-même, voir aussi *ibid.*, VIII, 68, 13-17 ; VIII, 109, 3 *sq.*
3. *Kitâb al-ta'thîr wa-l-mu'aththir*, I, éd. Thiele, p. 317. Al-Raṣṣâṣ (m. 1188) envisage semblablement ce qui joue, en examinant la validation (*al-taṣḥîḥ*), *Kitâb al-mu'aththirât wa miftâḥ al-mushkilât*, 4, éd. Thiele, p. 13.
4. Sur cet attribut de vie, voir M. Rashed, « Chose, *item* et distinction : "l'homme volant" d'Avicenne, avec et contre Abû Hâshim al-Jubbâ'î », *Arabic Sciences and Philosophy*, XXVIII, 2018, p. 167-185.
5. Notons l'usage de la deuxième forme verbale.
6. L'agent ne fait que donner l'être ; le possible demeure non-étant si l'agent n'exerce pas son activité pour le faire advenir ; voir *Mughnî*, IV, 255.
7. Voir *Mughnî*, IV, 270, 13-14 : « taqtaḍî-hi dhâti-hi ṣiḥḥat wujûdi-hi faqaṭ ».

LE POSSIBLE, L'ACCEPTABLE, ET LE CONTRADICTOIRE

Quelle est la réalité du possible ? Le possible dit-il autre chose que le libre cours de la pensée humaine, qui peut imaginer que le monde pourrait être tout autrement qu'il n'est, puisque Dieu peut tout ? Ou permet-il de faire signe vers cela même qui dirige et régule la puissance divine ? L'opposition, aux Xᵉ et XIᵉ siècles, des asharites et des mutazilites jubbaïtes révèle assurément deux manières radicalement distinctes de penser ce que peut Dieu. Les premiers considèrent comme proprement rien, une pure négation, « ce qui relève de la puissance », et insistent en conséquence sur l'absolue dépendance du possible. Les seconds accordent une possibilité intrinsèque à « ce qui relève de la puissance », avant même qu'il ne soit porté à l'être. Or, s'ils dénient toute choséité du non-étant, les asharites peuvent bien eux-aussi reconnaître un non-étant connaissable, au sens où il est envisageable qu'il soit [1]. Dans cette optique, la possibilité ainsi présentée comme *ṣiḥḥa* (validité) peut bien ne faire signe vers aucune consistance intrinsèque de ce qui n'est pas [2] ; reste qu'elle nous invite à prendre en considération ce que l'on peut envisager être : le possible s'entend alors de ce qui est pensable.

La tradition asharite, mettant l'accent sur la puissance divine, s'est largement interrogée sur ce que l'on pourrait dès lors imaginer arriver : si la pierre est mue lorsqu'elle est poussée, cela vient de Dieu ; dès lors, on pourrait pousser la pierre sans qu'elle soit mue, si Dieu ne produisait pas ce mouvement [3]. De même, il est possible (*mumkin*) que du sperme de l'homme naisse un chameau [4]. Les chiens pourraient donc bien faire des chats ! Dans ces

1. Al-Shîrâzî fait droit au non-étant qui, sans avoir de consistance par soi, est possible au sens où l'on peut envisager qu'il soit. Le connaissable (*al-ma'lûm*) est un non-étant dont on peut admettre qu'il soit : « wa ma'lûm ma'dûm lam yakun wa yaṣihhu fî-l-'aql an yakûna / et un connaissable : du non-étant qui n'est pas, mais il est valide pour l'intellect qu'il soit) » (*'Aqîdat al-salaf*, éd. Bernand, p. 68).

2. Cette validité est maintenue chez les mu'tazilites « dissidents », qui, dans le sillage d'Abû l-Ḥusayn, soutiennent que l'être ne s'ajoute pas à la chose, ou à l'essence. Ainsi al-Najrânî (?) admet une validité de l'advenue à l'être, *ṣiḥḥa al-îjâd* (*Al-Kâmil fî-l-istiqṣâ'*, éd. Shahid, p. 194), tout en précisant immédiatement que cette validité n'est pas une entité ontique : « al-ṣiḥḥa laysat amran wujûdiyyan » (p. 195). Najrânî (?) reconnaît donc la validité (et lui accorde une place déterminante), mais il lui refuse toute charge ontique propre : elle est la condition de la venue à l'être, sans elle-même, proprement, être.

3. Voir Ibn Fûrak, *Mujarrad*, p. 132, 23-133, 2. Damascène témoigne d'une opposition entre chrétiens, reconnaissant les causes intermédiaires, et musulmans, attachés à faire de Dieu la seule et directe cause (*Disputatio Christiani et Saraceni*, 1, SC CCCLXXXIII, 232-234, ainsi que 10, 246-248). Sur l'histoire de ce problème, voir H. A. Wolfson, *The Philosophy of the Kalam*, p. 518 *sq.* Le déni de la causalité par les asharites peut s'appuyer sur l'affirmation par le Coran de la puissance de Dieu sur toutes choses, comme sur les versets suivants : 6, 95 ; 6, 99 ; 8, 17. Voir O. Bakar, *The History and Philosophy of Islamic Science*, *op. cit.*, chap. IV, en part. p. 95.

4. Ainsi Ibn Ḥazm de Cordoue (m. 1064) résume-t-il la position asharite (*Al-fiṣâl*, trad. VI, t. V, p. 15). Cf. *Al-fiṣâl*, trad. II, t. II, p. 181. Sur le possible et la science chez Ibn Ḥazm, voir R. Arnaldez, *Grammaire et théologie…*, *op. cit.*, p. 296-299.

conditions, la création des actes par Dieu semble avoir pour corrolaire la possibilité qu'il en aille dans le monde tout autrement que ce qui se passe habituellement. L'absence de causalité effective entre les étants du monde ne rend-elle pas tout possible ?

On sait comment al-Ghazâlî (m. 1111)[1], suivant une telle inspiration asharite[2], a proposé, dans la dix-septième discussion de son *Tahâfut*[3], une critique de la causalité existant entre deux « choses » distinctes du monde[4]. Contrairement à ce que l'on a l'habitude de penser, le contact du feu avec le coton ne signifie pas que le premier cause la combustion du second : le feu ne provoque pas la noirceur du coton, ni sa désintégration. De même, la décapitation ne produit pas la mort, ni le lever du soleil, la lumière du jour. En un mot, la concomitance n'implique pas de lien causal. Si une chose est « avec » (*'inda*) une autre, cela ne prouve pas qu'elle soit « par » (*bi*) cette autre[5]; leur liaison (*iqtirân*) ne serait dès lors pas « nécessaire » (*ḍarûrî*)[6]. Nulle observation ne permet d'établir une quelconque effectivité d'une chose sur une autre. Tout au plus devrait-on reconnaître une habitude ou une coutume, celle que Dieu a prise de faire se suivre deux événements distincts[7]. Pointant l'incohérence des « philosophes »[8], qui, eux aussi, reconnaissent qu'une chose ne

1. Sur le possible et sa concevabilité, voir T. Kukkonen, « Mind and Modal Judgment : Al-Ghazâlî and Ibn Rushd on Conceivability and Possibility », *in* V. Hirvonen, T. Holopainen et M. Tuominen (eds.), *Mind and Modality*, Leiden, Brill, 2006, p. 121-139.

2. Voir H. Daiber, « God *versus* causality. Al-Ghazâlî's Solution and its Historical Background », *in* G. Tamer (ed.), *Islam and Rationality*, Leiden, Brill, 2015, t. I, p. 1-22, p. 3-6 ; R. M. Frank, *Al-Ghazâlî and the Ash'arite School*, *op. cit.*, et M. Marmura, « Ghazâlî and Ash'arism Revisited », *Arabic Sciences and Philosophy*, 12, 2002, p. 91-110 ; M. Fakhry, *Islamic Occasionalism…*, *op. cit.*, p. 56 *sq.* et F. Jabre, *La notion de certitude selon Ghazali*, Beyrouth, Publications de l'Université Libanaise, 1986, p. 95-119. Ghazâlî eut pour maître Juwaynî.

3. Voir F. Griffel, *Al-Ghazâlî's Philosophical Theology*, *op. cit.*, p. 146 *sq.* ; O. Lizzini, « Occasionalismo e causalità filosofica », art. cit. ; O. E. Moad, « Al-Ghazâlî's Occasionalism and the Natures of Creatures », *International Journal for Philosophy of Religion*, LVIII, 2005, p. 95-101 ; L. E. Goodman, « Did al-Ghazâlî Deny Causality », *Studia islamica*, XLVII, 1978, p. 83-120, ou « Ghazzali and the Philosophers » ; S. Riker, « Al-Ghazâlî on Necessary Causality in *The Incoherence of the Philosophers* », *The Monist*, LXXIX, 1996, p. 315-324.

4. *Tahâfut*, XVII, 1, éd. Marmura, p. 166.

5. *Ibid.*, 5-6, p. 167. La critique s'adresse directement à Avicenne : la chose et son effet sont non seulement l'une avec (*ma'a*) l'autre (*Shifâ'*, Métaphysique, IV, 1, éd. du Caire, p. 165, l. 11), mais aussi à partir de (*'an*) l'autre (p. 166, l. 4-8), et par (*bi*) cet autre (p. 169, l. 9-13). Voir O. Lizzini, « Causality as Relation : Avicenna (and al-Ghazâlî) », *Quaestio*, 13, 2013, p. 165-195.

6. *Tahâfut*, XVII, 1, p. 166, l. 1-2. Voir R. M. Frank, *Al-Ghazâlî and the Ash'arite School*, *op. cit.*, p. 18-19 ; H. Daiber, « God versus causality », art. cit., p. 17.

7. Sur cette doctrine de la coutume divine, voir H. A. Wolfson, *The Philosophy of the Kalam*, *op. cit.*, p. 544-551 ; M. Schwarz, *Theodicy…*, *op. cit.*, t. I, p. 170-171 (à propos de Bâqillânî). Pour al-Ash'arî, aux dires de Shahrastânî, Dieu a pris pour habitude (*sunnata-hu*) de créer l'acte à la suite ; voir *Al-milal wa al-niḥal*, I, éd. Cureton, p. 69.

8. Contre les philosophes, al-Bâqillânî constatait que nous n'observions jamais l'action elle-même : nous ne pouvons dire que le fait de brûler provient du feu ; nous voyons et connaissons des changements d'état ; voir *Tamhîd*, IV, § 77, éd. Mc Carthy, p. 43.

suffit pas à en produire une autre, Ghazâlî montre que Dieu est le seul agent véritable, quoiqu'on puisse toutefois admettre des liens de connexion (*irtibâṭ*) entre les choses qui adviennent toujours ensemble (*ma'an*) [1].

La suite de la discussion envisage alors la question du possible et de l'impossible [2]. Ghazâlî confère indéniablement au concept de *mumkin* une extension nouvelle. Dans la première discussion déjà, le terme et le concept de *mumkin* permettaient d'envisager l'état de pure possibilité du monde, avant qu'il ne soit porté à l'être [3]. La discussion avec les philosophes (Avicenne singulièrement) [4] que mène Ghazâlî dans l'ensemble de cet ouvrage invite à faire droit à une nouvelle approche du possible. Ghazâlî envisage assurément la bipartition (avicennienne) de l'être en nécessaire et possible [5]. La conception du possible des philosophes se voit alors rapprochée de l'idée aristotélicienne d'être en puissance : « yusammî imkân al-wujûd quwwa al-wujûd / on appelle l'être possible être en puissance » [6]. Avicenne ne se satisfait pas d'une telle appréhension du possible, qui, en le ramenant à une potentialité, l'indexe sur ce qui est.

Deux traits caractérisent en effet cette nouvelle approche que promeut Ghazâlî. En premier lieu, le possible se présente comme irréductible à l'être. Ainsi, le possible, que nous invitent à envisager les philosophes, ne devrait en réalité pas requérir que quelque chose soit (*shay' mawjûd*) [7]. Ghazâlî ne limite dès lors pas le possible à ce qui doit arriver un jour [8] : si un seul soleil existe, plus d'un soleil est possible [9]. Le domaine de la possibilité s'étend ainsi au-delà de celui de

1. Envisageant les rapports entre cause (*'illa*) et causé (*ma'lûl*), l'*Iqtiṣâd*, constate que tel accident est lié avec (*iqtarana bi*) tel autre accident (éd. Atay, p. 223, l. 8-224, l. 1) ; voir F. Griffel, *Al-Ghazâlî's Philosophical Theology*, *op. cit.*, p. 202 *sq*. Plus que la causalité, c'est la nécessité qui est engagée. Voir I. Alon, « Al-Ghazâlî on Causality », L. E. Goodman, « Did al-Ghazâlî Deny Causality ? », art. cit., p. 85. Il convient de prendre en compte les différents traitements ghazaliens de la causalité. Dieu établit (*naṣaba*) des causes (*asbâb*), dotés d'une certaine fixité (*thâbita*), explique le *Kitâb al-arba'in fî uṣûl al-dîn*, à la fin du chapitre consacré au vouloir (éd. Arawni, p. 27-29). Voir B. Abrahamov, « al-Ghazâlî's Theory of Causality », *Studia Islamica*, LXVII, 1988, p. 65-98, en part. p. 80-83. Voir E. O. Moad, « Al-Ghazâlî on Power, Causation and Acquisition », *Philosophy. East and West*, LVII, 2007, p. 1-13 ; F. Jabre, *Essai sur le lexique*, *op. cit.*, p. 116.

2. Sur le lien entre ces questionnements, voir B. Dutton, « Al-Ghazâlî on Possibility and the Critique of Causality », *Medieval philosophy and theology*, X, 2001, p. 23-46 et B. Abrahamov, « Al-Ghazâlî's Theory of Causality », art. cit., p. 96.

3. *Tahâfut*, I, 6, p. 13 ; voir aussi I, 109-111, p. 39-40. Voir B. Dutton, « Al-Ghazâlî on Possibility... », art. cit., p. 25 *sq*.

4. Avicenne posait la question des relations causales nécessaires en envisageant le possible (*Kitâb al-Najât*, Métaphysique, éd. Sabri al-Kurdi, p. 236 *sq*.). Sur cette confrontation avec Avicenne, voir J. Mc Ginnis, « Occasionalism, Natural Causation and Science... », art. cit., p. 442-447.

5. Voir *Tahâfut*, III, 50-51, p. 69 ; IV, 18, p. 81 ; X, 5-6, p. 124.

6. *Ibid.*, XIX, 20, p. 205, l. 12 ; voir aussi 22, p. 207, l. 2-3.

7. Voir *ibid.*, I, 117, p. 42. Sur la possibilité distinguée de l'être, voir I, 128, p. 44-45.

8. Voir J. Mc Ginnis, « Occasionalism, Natural Causation and Science... », art. cit., p. 451.

9. Voir *Maqṣad*, éd. Shehadi, p. 77, l. 17-18 : « fa-inna al-shams, wa in kanat wâḥida fî al-wujûd, wa laysa wâḥida fî al-imkân / quant au soleil, il est unique dans l'être mais il n'est pas unique dans la possibilité ».

l'être. En second lieu, le possible ne se laisserait pas tout entier reconduire à la puissance le faisant advenir [1]. Le possible (*mumkin*) pourra dès lors venir relayer « ce qui est en la puissance » (*maqdûr*), entendu comme corrélat de la puissance (*qudra*) [2], plus spécifiquement de la puissance divine [3].

Si quelqu'un laisse un livre dans sa bibliothèque, et sort, peut-on dire qu'il est possible que, lorsqu'il rentre chez lui, le livre se soit transformé en un jeune homme, ou en un animal ? S'il laisse un enfant dans sa maison, est-il possible que celui-ci devienne un chien ? Est-il possible que la pierre se change en or, et l'or en pierre ? Que savons-nous de ce qui se passe en notre maison en notre absence ? Parce que Dieu est « puissant sur toute chose » [4], et qu'il n'y a pas de nécessité à ce que le cheval soit créé du sperme, ni l'arbre de la sève, Dieu aurait pu faire les choses tout autrement : « fa-inna Allah qâdir 'alâ kull shay' mumkin, wa hâdhâ mumkin / Dieu est puissant sur toute chose possible, et ceci est possible » [5]. À la formule coranique, affirmant Dieu puissant sur toute chose, Ghazâlî ajoute l'idée de possible [6], pour asseoir l'affirmation d'une multitude indéfinie d'alternatives qui s'offrent à l'activité divine. La question revêt immédiatement un tour cognitif. Que le fruit du marché devienne un homme, cela n'apparaît pas impossible ; il y aurait partant lieu d'avoir une hésitation à ce sujet [7]. Ne doit-on pas en effet avouer que nous ne savons pas si Dieu n'a pas transformé les choses en notre absence [8] ?

Ghazâlî refuse expressément un tel scepticisme [9] né du constat du pouvoir de Dieu sur toute chose [10] : « Allah khalaqa la-nâ 'ilman bi-anna hâdhihi al-mumkinât lam yaf'al-hâ / Dieu a créé en nous la connaissance qu'il

1. Voir *Tahâfut*, I, 119, p. 42, l. 21 ; et voir la position de Ghazâlî à cet sujet en I, 132, p. 45.

2. Sur les relations entre *mumkin* et *qudra*, voir E. L. Ormsby, *Theodicy in Islamic Thought*, *op. cit.*, p. 173-174.

3. Voir *Iqtiṣad*, II, 1, éd. Atay, p. 82, l. 1.

4. Le fait que Dieu soit « puissant sur toute chose » est admis par tous les musulmans (*Tahâfut*, introduction à la IInde partie, 29, p. 165, l. 22-23). Cf. *Tahâfut*, XX, p. 224 ; que Dieu soit puissant sur toute chose signifie qu'il peut l'ensemble des possibles, mais non qu'il le voudra ou le fera.

5. *Tahâfut*, XVII, 13, p. 170, l. 14.

6. *Cf.* Al-Sanusî, *Sharḥ al-muqaddimât*, II, éd. Luciani, p. 65 : la volonté (*irâda*) de Dieu porte « sur tout possible » (*fî kull mumkin*), et sa science sur tout connaissable.

7. « lâ budda min al-taraddud fî-hi », p. 170, l. 14-15.

8. *Tahâfut*, XVII, 13, p. 170, l. 6.

9. Sur la question du scepticisme ghazalien, et de la possibilité de la constitution d'un savoir assuré, voir T. Albertini, « Crisis and Certainty... », art. cit. ; S. Rayan, « Al-Ghazâli's Method of Doubt », art. cit., ou Z. R. Zamir, « Descartes and al-Ghazâlî », art. cit. Voir aussi F. Jabre, *La notion de certitude, op. cit.* Pour la chronologie des ouvrages, voir M. Bouyges, *Essai de chronologie..., op. cit.*, p. 25.

10. Voir M. Marmura, « Al-Ghazâlî and Demonstrative Science », *Journal of the History of Philosophy*, III, 1965, p. 183-204. Telle sera la critique qu'Averroès adressera à Ghazâlî : nous ne pourrions avoir de vraie connaissance s'il n'y avait pas de causalité effective entre les choses (*Tahâfut al-Tahâfut*, XVII, 8, éd. Bouyges, p. 522).

n'effectuerait pas ces possibles »[1]. La démonstration pourra ainsi recourir à un raisonnement causal : pas de fumée sans feu ; le morceau de bois brûle parce que le feu entre en contact avec lui[2]. Dieu garantit donc un certain savoir à propos de ce qui advient dans le monde. Ghazâlî ne nie pas pour cela la multiplicité des possibilités. Ce qui est n'est assurément pas nécessaire (*wâjib*). Parlant de ces possibles (*mumkina*), il reconnaît qu'ils peuvent avoir lieu ou non : « yajûzu an taqa'a wa yajûzu an lâ taqa'a / il est acceptable qu'ils arrivent et il est acceptable qu'ils n'arrivent pas »[3]. Le possible ainsi pris en considération décrit ce qui peut advenir à l'être, mais peut aussi bien ne pas advenir[4]. La dépendance du possible envers une puissance (divine) dotée de volonté[5] (Ghazâlî insiste sur ce point)[6] s'accompagne ainsi de la reconnaissance d'une alternative : les choses peuvent être ou ne pas être. Reconnaître ainsi la fragilité de ce qui est, mais pourrait tout aussi bien ne pas être, ne conduit pas à devoir renoncer à toute connaissance assurée sur le monde[7]. L'habitude (*'âda*) permet de croire que les choses se passent, et continueront à se passer, comme elles se sont passées[8].

Ghazâlî met donc l'accent sur une certaine contingence de ce qui est. S'il réinvestit le concept de *mumkin*, ce terme dit non seulement la dépendance ontique de ce qui est envers une puissance qui lui donne l'être[9], mais tout aussi bien le fait qu'il pourrait ne pas être[10], si cette puissance ne voulait pas le lui

1. *Tahâfut*, XVII, 15, p. 170, l. 19.

2. Voir *Mi'yâr al-'ilm*, éd Shararah, p. 241 ; voir R. Shanab, « Ghazâlî and Aquinas on Causation », art. cit., p. 146 *sq.* ; voir aussi R. Brunschvig, « Valeur et fondement du raisonnement par analogie d'après al-Ghazâlî », *Studia Islamica*, XXXIV, 1971, p. 57-88, p. 64 *sq.*

3. *Tahâfut*, XVII, 15, p. 170, l. 20. Ghazâlî retravaille le concept de *mumkin* à partir de celui de *jâ'iz*. Voir aussi *ibid.*, I, 38, p. 21, l. 9-10.

4. Le possible n'est pas l'advenu. Sur ce sens du possible que l'on rencontre dans le *kalâm*, et qui se sépare de l'approche avicennienne, voir Y. Adouhane, *Une critique ash'arite…*, *op. cit.*, t. I, p. 90.

5. La volonté de Dieu constitue un attribut co-éternel, mais ne s'identifie pas à l'essence de Dieu ; l'action divine n'est pas essentielle ; voir M. Marmura, « Al-Ghazâlî and Demonstrative Science », art. cit., p. 183.

6. Voir la première discussion. Sur ce vouloir divin, voir aussi *Iqtiṣâd*, II, p. 81, puis p. 101 *sq.* La volonté permet de distinguer (*mayyaza*) les choses ; voir R. M. Frank, *Creation and the Cosmic System*, *op. cit.*, p. 53.

7. La démonstration « pourquoi » (*burhân limâ*) en particulier fait usage du concept de cause ; voir M. Marmura, « Al-Ghazâlî and Demonstrative Science », art. cit., p. 189-192.

8. *Tahâfut*, XVII, 15, p. 170, l. 21-22. Voir L. E. Goodman, « Ghazzali and the Philosophers », art. cit., p. 60.

9. Le *Mi'yâr al-'ilm* présente plusieurs significations du possible (éd. D. Shararah, p. 253) : ce qui n'est pas contradictoire ; ce qui n'est pas nécessaire ; ce qui n'est pas impossible ; l'être possible peut, selon cette troisième signification, se concilier avec une forme de nécessité, conformément à la doctrine avicennienne.

10. Sur cette acception du possible, pour désigner ce qui peut être ou ne pas être, voir *Tahâfut*, I, 38 : « wa huwa mumkin al-wujûd, kamâ anna-hu mumkin al-'adam » (p. 21, l. 9-10). L'être se pense comme advenue (l. 9).

donner[1]. Le possible (*mumkin*) s'articule dès lors au concept d'acceptable (*jâ'iz*). L'interprétation causale du possible (comme ce qui est effectué par une puissance) ouvre donc sur une analyse cognitive[2] de ce que l'on peut estimer arriver, ou ne pas arriver[3]. Ghazâlî cherche dans cette perspective à ce que l'affirmation de l'universalité du pouvoir divin n'implique pas un libre cours laissé à notre imagination, une ouverture indéfinie de ce que l'on pourrait croire arriver.

À cet égard, on trouve un point d'intersection remarquable du possible (comme ce que Dieu peut faire) et de l'acceptable (comme ce que l'on peut penser arriver) dans ce qui constitue leur commune limite : l'impossible entendu comme le contradictoire.

Deux remarques s'imposent à ce sujet.

1) Assurément, nous ne devons pas nier la possibilité de ce que nous n'avons jamais vu. Ghazâlî examine ainsi « ce qui relève de la puissance de Dieu » : « fî maqdurât Allah gharâ'ib wa 'ajâ'ib (...) fa-limâ yanbaghî an nunkira imkâna-hâ wa naḥkuma bi-istiḥâlati-hâ ? / Parmi ce qui est en la puissance de Dieu, il y a de l'étrange et du miraculeux (...) ; pourquoi devrions-nous nier leur possibilité, et les juger impossibles ? »[4]. Une certaine cosmologie est ici en jeu, qui associe au concept de chose celui de matière. La multiplicité des possibles nous reconduit à la plasticité de la matière[5], qui accepte les différents changements que lui impose la puissance divine : « wa ka-dhâlika iḥyâ' al-mayyit wa qalb al-'asan thu'banan yumkin bi-hâdhâ al-ṭarîq, wa huwa inna al-mâdda qâbila li-kull shay' / et de cette manière le retour à la vie de ce qui est mort, et la transformation du bâton en serpent sont possibles de cette façon, à savoir : la matière est réceptive de toute chose »[6]. *Kull shay'* : la même expression qui qualifiait la puissance de Dieu désigne la réceptivité de la matière. La possibilité peut dès lors dire tout ce qui est au pouvoir de Dieu,

1. On trouve l'idée d'un choix divin, ordonnant le monde selon un dessein (*qaṣd*) et une volonté (*irâda*), en dehors du *kalâm*, chez Thâbit Ibn Qurra (m. 901), *Fî talkhîṣ mâ atâ bihi Ariṣṭûṭâlîs fî kitâbi-hi fî mâ ba'd al-ṭabî'a*, § 6, éd. Reisman-Bertolacci, p. 744. Son travail de physicien met en application cette idée ; une certaine finalité, et non seulement la causalité matérielle, explique la présence des montagnes, alors qu'elles mettent à mal la parfaite sphéricité de la terre ; voir M. Rashed, « Thâbit Ibn Qurra, la *Physique* d'Aristote... », art. cit., p. 705 *sq.* Dieu agit-il par nature, ou par choix ? Voir al-Isfizârî (Xe siècle), *Fî masâ'il al-umûr al-ilâhiyya*, q. 20, éd. Gimaret, p. 237.

2. La Ire discussion, déjà, envisage la détermination cogitative, ou judicative, du possible (*Tahâfut*, I, 116, p. 42), détermination à laquelle un certain crédit est accordé (127, p. 44).

3. Voir B. Dutton, « Al-Ghazâlî on Possibility... », art. cit., p. 24. Le jugement de l'intellect (*al-'aql*), distingué de l'imagination, est décisif ; voir T. Kukkonen, « Mind and Modal Judgment », art. cit., p. 124.

4. *Tahâfut*, XVII, 18, p. 172, l. 2-3.

5. Sur le contexte avicennien, voir J. Mc Ginnis, « Occasionalism, Natural Causation and Science... », art. cit., p. 453.

6. *Tahâfut*, XVII, 19, p. 172, l. 4-5.

comme ce dont la matière est susceptible[1] : la matière se prête à l'activité divine, de même qu'elle se laisse transformer par le cours naturel de la vie[2]. Dieu peut ainsi aller contre ce qui se fait habituellement. En un mot, la possibilité qui s'offre à la puissance divine s'étend sur tout ce qui concerne le cours ordinaire de la nature.

2) La possibilité se voit toutefois limitée, et un impossible, y compris pour Dieu, est affirmé[3]. L'impossible s'extrait en effet du domaine de « ce qui est en la puissance » : « inna al-muḥâl ghayr maqdûr ʻalay-hi / assurément l'impossible est autre que ce sur quoi il y a puissance »[4]. Et Ghazâlî de préciser ensuite ce qu'il entend par impossible : « al-muḥâl ithbât al-shay' maʻa nafîhi / l'impossible, c'est l'affirmation de la chose avec sa négation »[5]. L'impossible consiste donc dans la contradiction, affirmer une chose, et conjointement la nier[6]. L'absence de contradiction dessine dès lors les contours du domaine du possible, et de ce que Dieu peut faire : « mâ laysa bi-muḥâl fa-huwa maqdûr / ce qui n'est pas impossible, cela est en la puissance »[7]. Le geste ainsi effectué n'est pas sans importance. Faire en effet du contradictoire de l'impossible, c'est se donner les moyens de maintenir un ordre fixe des choses, par delà, ou en deçà de, la puissance divine.

Dieu peut-il créer une volonté sans connaissance, et une connaissance sans vie ? Peut-il mouvoir la main du mort, l'asseoir, et le faire écrire ? Ces questions ne manquaient pas de s'adresser aux asharites : affirmer de telles possibilités au nom de la puissance divine semble en effet conduire à nier la distinction des actes choisis et contraints, les actes étant alors produits par Dieu. Dieu devrait également pouvoir changer les genres, changer la substance en accident, la connaissance en pouvoir, la noirceur en blancheur, de même qu'il pourrait animer l'inanimé[8], ou changer la pierre en or[9]. Contre une telle interprétation, Ghazâlî affirme certaines limites de la puissance divine et reconnaît de l'impossible. La réflexion de Ghazâlî ne discute dès lors pas seulement les thèses des « philosophes », mais elle s'intègre au sein des débats des *mutakallimûn*[10].

1. On ne peut toutefois, avec les philosophes, faire dépendre la possibilité d'un réceptacle (*maḥall*) qui la soutiendrait ; voir *Tahâfut*, XIX, p. 207, l. 12.

2. *Ibid.*, XVII, 19, p. 172, l. 5-10.

3. Cf. *Iqtiṣad*, II, éd. Atay, p. 83. Sur cette attention à l'impossible, qui dessine les contours du possible, voir J. Mc Ginnis, « Occasionalism, Natural Causation and Science… », art. cit., p. 452.

4. *Tahâfut*, XVII, 29, p. 175, l. 5.

5. *Ibid.*

6. Voir S. Riker, « Al-Ghazâlî on Necessary Causality… », art. cit., p. 320-321.

7. *Tahâfut*, XVII, 29, p. 175, l. 7.

8. *Cf.* la position d'Abû al-Ḥusayn al-Ṣaliḥi, selon le témoignage d'al-Ashʻarî, *Maqâlât al-islamiyyin*, éd. Ritter, p. 310, l. 14-16 : l'homme pourrait être à la fois conscient et puissant, mais mort.

9. Voir *Tahâfut*, XVII, 27, p. 174-175.

10. Ceux-ci sont mentionnés au § 34, *ibid.*, p. 175, l. 20.

Le critère de la contradiction [1] permet en effet de dresser une liste de ce qui est impossible à Dieu lui-même : la combinaison du noir et du blanc (l'affirmation de la forme du noir signifie la négation de l'apparence de la blancheur), l'ubiquité d'un individu (affirmer d'un individu qu'il est dans la maison implique qu'il n'est pas à l'extérieur), une volonté sans connaissance, la connaissance dans un être inanimé, mais aussi, contrairement à ce que certains *mutakallimûn* ont prétendu, le fait qu'une chose puisse en devenir une autre.

Ghazâlî montre en effet que, lorsque la noirceur devient autre chose, pouvoir ou chaudron [2], il n'y a pas à proprement parler changement de la chose : « maṣîr al-shay' shay' âkhar ghayr ma'lûm, li-anna al-sawâd idhâ inqalaba qidra mathalan, fa-al-sawâd bâqin am lâ ? fa-in kâna ma'dûm, fa-lam yanqalib. / Le devenir de la chose en une autre chose n'est pas connaissable. Si la noirceur devient chaudron, par exemple, est-ce qu'alors la noirceur perdure, ou non ? Si elle est non-étant, alors elle ne change pas. » [3]. La transformation suppose une matière recevant successivement différentes formes [4] : « al-mâdda mushtaraka, wa-al-ṣifa mutaghayyir / la matière est commune; la qualité muable » [5]. Or, entre un accident et une substance, entre la noirceur et le chaudron, comme entre les différents genres, il n'y a pas de matière commune, servant de suppôt aux formes; il ne peut donc y avoir de transformation [6]. Il convient donc de tenir ferme l'idée d'une stabilité des genres, qui ne sont pas changés les uns dans les autres.

Dans l'*Iqtiṣâd*, Ghazâlî approfondit cette idée d'un possible intrinsèque. La réflexion s'effectue à l'occasion de l'examen de ce que signifie être puissant pour Dieu. Que Dieu, qui fait advenir le monde, soit puissant (*qâdir*), nous pouvons l'affirmer du constat que le monde relève d'un acte (*fi'l*) [7]. Mais comment comprendre cette puissance divine ? Le contraire de ce qui est su par Dieu est-il possible ? Si Dieu sait par avance que Zayd mourra à tel instant déterminé, est-il possible qu'il lui donne vie à ce moment ? Reprenant pour une part la conceptualité avicennienne [8], Ghazâlî distingue ce qui est possible par

1. La logique échappe à la critique adressée aux philosophes. Voir M. Marmura, « Al-Ghazâlî and Demonstrative Science », art. cit., p. 183.

2. Les manuscrits portent la séquence de consonne (sans voyelle) « q d r » : on peut comprendre *qudra*, le pouvoir, ou *qidra*, le chaudron ou la marmite ; voir la n. 17 de M. Marmura dans son édition bilingue (p. 241).

3. *Tahâfut*, XVII, 35, p. 176, l. 1-2.

4. Ghazâlî reprend certains éléments de l'hylémorphisme aristotélicien. Voir L. E. Goodman, « Did al-Ghazâlî Deny Causality », art. cit., p. 118-119.

5. *Tahâfut*, XVII, 35, p. 176, l. 9.

6. *Ibid.*, 36, p. 176.

7. *Iqtiṣâd*, II, 1, éd. Atay, p. 80, l. 4.

8. On retrouve une considération d'inspiration avicennienne dans le *Maqṣad* : « al-mawjûd al-wâjib al-wujûd bi-dhâti-hi, alladhî 'an-hu yûjadu kull mâ fî-l-imkân wujûdi-hi / l'étant dont l'être est nécessaire par son essence, et à partir duquel est tout ce dont l'être est possible » (éd. Shehadi, p. 47, l. 12-13) ; voir aussi p. 50, l. 5-6. Ghazâlî n'indique toutefois pas qu'un tel étant nécessaire le

soi, mais impossible par autre chose[1] : lui donner la vie est possible, mais impossible en vertu de cette science.

Ghazâlî nous invite ainsi à prendre en considération le monde indépendamment du vouloir et de la cause, qui lui imposent une forme de nécessité ; le monde apparaît alors en son essence (*dhât*), sans que soit pris en compte le fait qu'il soit ou ne soit pas[2]. Cette considération découvre le monde comme « possible par son essence » (*mumkin li-dhâti-hi*)[3]. Une seule et unique chose (*shay'*) peut ainsi être à la fois possible et impossible : « mumkin bi-i'tibâr dhâti-hi, muḥâl bi-i'tibâr ghayri / possible en considération de son essence, impossible en considération d'un autre »[4]. Ghazâlî fait donc droit non seulement à une perspective causale (ce qui est par soi possible tient son être d'un autre)[5], mais aussi à une détermination intrinsèque du possible. Ce faisant, le possible s'ouvre à l'alternative (il se présente en lui-même comme pouvant être ou ne pas être), et dépend du vouloir, pour être effectué ou non. Le possible n'est donc pas pure indigence d'être. Il a par lui-même une consistance, celle de l'essence, et s'offre ainsi au vouloir divin, qui peut lui donner l'être, ou le laisser dans le non-être.

Il apparaît dès lors clairement que l'attention aux doctrines des philosophes[6], fût-ce pour les réfuter, donne à Ghazâlî les moyens d'approfondir sa conception du possible. L'idée de possibilité accompagne l'affirmation d'une adventicité de l'être. Irréductible à la chose, telle qu'elle est advenue dans le monde, le possible décrit un certain ordre du monde, qui constitue le cadre de ce que Dieu peut faire. Si le possible renvoie ainsi à la puissance (divine), reste que le possible se pense d'abord comme ce qui peut être porté à l'être par un agent parce qu'il n'est pas contradictoire. Ghazâlî introduit ainsi un principe de contradiction au sein de la réflexion sur le possible et la puissance divine.

Le *kalâm*, au travers des discussions qu'il a engendrées, a donc permis l'émergence d'un plan du possible, distingué de celui de l'être. Le possible ne dit pas tant, ou seulement, ce qu'une chose ou un étant peut devenir, mais tout aussi bien, et plus radicalement, l'ensemble de ce qui peut advenir.

Comme on voit, la question du possible s'articule chez Ghazâlî à une conception de l'être comme advenu, mais aussi comme pouvant ne pas être. En

serait en tous ses aspects (*min kulli jihâti-hi*, comme disait Avicenne), de sorte que la création serait nécessaire. Voir R. M. Frank, *Creation and the Cosmic System*, *op. cit.*, p. 69 et p. 72.

1. Voir M. Marmura, Chapter on Divine Power in the *Iqtiṣâd* », *Arabic Sciences and Philosophy*, 1994, p. 279-375, en part. p. 283-284.

2. *Iqtiṣâd*, II, 1, éd. Atay, p. 84, l. 12-13. Voir *ibid.*, p. 84, l. 8.

3. *Ibid.*, p. 85, l. 1.

4. *Ibid.*, l. 2.

5. On retrouve une tonalité avicennienne ; cf. *Mi'yâr al-'ilm*, éd Shararah, p. 254 : « kull mâ huwa wâjib al-wujûd bi-ghayri-hi, fa-huwa mumkin al-wujûd bi-dhâti-hi / tout ce qui est nécessaire par un autre est possible par son essence ».

6. Ghazâlî est instruit de la philosophie. Outre le possible avicennien, on le voit exposer la puissance et l'acte (*Mi'yâr al-'ilm*, éd Shararah, p. 245), comme les figures catégoriales de l'être (p. 232 *sq.*).

d'autres termes, le possible semble permettre une pensée de la contingence. Ce qui est dans le monde doit être référé à la puissance, dotée de volonté, de Dieu. À certains égards, la pensée de Ghazâlî rejoint certaines des thèses majeures des théologiens chrétiens. En terre d'Islam, on trouve un tel appel au possible pour penser une certaine forme de contingence de ce qui arrive chez le philosophe et théologien jacobite Yaḥyâ Ibn 'Adî, qui s'interroge ainsi sur la « nature du possible ».

LE POSSIBLE ET SA LOGIQUE : ARISTOTE ET LES CHRÉTIENS DE BAGHDÂD

Retraçant l'histoire du *kalâm* musulman, Maïmonide note une influence des Grecs et des Syriens [1]. Il renvoie alors, au mépris assurément de la chronologie, à Jean Philopon et Yaḥyâ Ibn 'Adî (m. 974), associant le théologien chrétien aux *mutakallimûn* de confession musulmane. La reconstruction que propose Maïmonide demande évidemment à être largement revue [2]. Yaḥyâ Ibn 'Adî peut bien revenir sur la question, disputée au sein du *kalâm*, concernant la capacité (*istiṭâ'a*), et sa précédence par rapport à l'acte. Yaḥyâ penche en faveur des mutazilites [3], et affirme l'antériorité de la capacité par rapport à l'acte : la capacité est pour l'acte (*li-l-fi'l*), avant l'acte (*qabla al-fi'l*) [4] ; on reconnaîtra dès lors, à titre de possibilité (*yumkin*), deux actes contraires [5]. Le concept de possible (de possibilité d'être) apparaît ici comme une réponse à la thèse asharite. Mais, s'il prend position par rapport à certaines discussions du *kalâm*, le discours d'Ibn 'Adî se déploie toutefois sur un tout autre plan, et selon une toute autre approche, que celles des mutazilites ou asharites [6]. Lecteur d'Aristote [7], élève d'Abû Bishr Mattâ à Baghdâd [8] (comme al-Fârâbî), Yaḥyâ

1. *Dalâlat*, I, 71.

2. Sur la manière dont il faut comprendre ce passage, voir S. Stroumsa, *Maimonides in his World*, Princeton-Oxford, Princeton UP, 2009, p. 27-31. Voir en outre H. A. Wolfson, *The Philosophy of the Kalam*, *op. cit.*, p. 53-55.

3. Cette proximité avec les mutazilites se retrouve dans sa lettre sur l'*iktisâb*.

4. *Masa'il fî-l-istiṭâ'a*, éd. Khalifat, p. 178.

5. *Ibid.*

6. A. Périer signale l'influence qu'aurait eu Yaḥyâ sur le développement du *kalâm*, Ghazâlî n'ayant alors qu'à « marcher sur ses traces » (*Yaḥyâ ben Adî*, p. 222).

7. Sur cet intérêt pour l'œuvre aristotélicienne, voir E. Platti, *Yaḥyâ Ibn 'Adî*, *op. cit.*, p. 16-29. Signalons à cet égard la discussion avec Ibrâhîm Ibn 'Adî (sans doute non pas son frère, mais son neveu, secrétaire de Fârâbî), et Sayf al-Dawla, récemment découverte (dans le manuscrit Madrasa-yi Marwî 19) et éditée par S. Menn et R. Wisnovski, concernant la substantialité du corps.

8. Sur l'importance des chrétiens syriaques et de l'école de Baghdâd dans la transmission de la logique aristotélicienne au monde arabe, voir N. Rescher, *Studies in the History of Arabic Logic*, *op. cit.*, p. 13-15, H. Daiber, *Islamic Thought…*, *op. cit.*, p. 44-47, et pour un panorama d'ensemble T. Street, « Arabic Logic », *in* D. Gabey et J. Wood (eds.), *Handbook of the history of logic*, Amsterdam, Elsevier, 2004, p. 523-596. Sur l'école de Baghdâd héritière de l'école d'Alexandrie, voir G. Troupeau, « Le rôle des syriaques dans la transmission et l'exploitation du patrimoine

recourt aux outils de la philosophie pour traiter des questions théologiques. Sa conception du possible [1], dès lors, prend un tour radicalement autre par rapport à celle des auteurs du *kalâm*.

La possibilité est d'emblée abordée par notre théologien, dans son traité *Sur l'établissement de la nature du possible*, comme non-nécessité [2]. La question qui se pose est celle de son existence. Yaḥyâ note un désaccord parmi les « gens de la contemplation » (*ahl al-naẓar*) [3]. Parmi eux, certains en affirment l'être ; d'autres le nient. Affirmer le possible, c'est soutenir que toutes choses ne sont pas nécessaires, mais qu'il y a des choses pour lesquelles l'être ou le non-être est possible (« yumkinu wujûdu-hu wa 'adam-hu ») [4]. Le possible se soustrait dès lors résolument à la nécessité ; Yaḥyâ le définit ainsi : « mâ laysa ḍarûrî al-wujûd, wa lâ ḍarûrî al-'adam / ce qui ni n'a l'être nécessairement, ni n'a le non-être nécessairement » [5].

Dans ces conditions, la question du possible s'adosse à une certaine conception de l'être. Yaḥyâ Ibn 'Adî soutient fermement qu'il y a du possible. La marche de l'homme en fait partie. Ce possible, compris comme non-nécessaire, se révèle *in fine* dans sa non-permanence [6].

En dépit de la simplicité apparente d'un tel argumentaire pour établir l'existence du possible, Yaḥyâ ne manque pas de prendre certaines décisions d'importance quant au sens que revêt l'idée même de possibilité. Celles-ci transparaissent plus particulièrement dans la réfutation de l'argumentation avancée par ceux qui nient la nature du possible. Or, si la question du possible

philosophique et scientifique grec », *Arabica*, XXXVIII, 1991, p. 1-10, p. 7 *sq.*, et S. Samir, « Rôle des chrétiens dans la *naḥda* abbasside en Irak et en Syrie (750-1050) », *Mélanges de l'Université Saint-Joseph*, LVIII, 2005, p. 541-572, p. 546 *sq.*

1. Yaḥyâ Ibn 'Adî refuse tout discours visant à nier le possible. On consultera le ms Marwi 19, qui contient plusieurs de ces traités sur le possible. Voir R. Wisnovsky, « Ms Teheran-Madrasa-yi Marwî 19 », *Journal of Islamic Manuscripts*, VII, 2016, p. 89-122. Voir les n° 5.32-35 de l'inventaire proposé par G. Endress (p. 73-78), complété par R. Wisnovsky, dans « New texts of Yaḥyâ Ibn ᶜAdî : A supplement to Endress' "Analytical Inventory" », *in* D. Reisman et F. Opwis (eds.), *Islamic Philosophy, Science, Culture, and Religion : Studies in Honor of Dimitri Gutas*, Leiden, Brill, 2012, p. 307-326, en part. p. 321-324). Voir E. Platti, « Yaḥyâ Ibn 'Adî, Disciples and Masters », art. cit., p. 75 *sq.*

2. C'est également la détermination qui prédomine, au début du Xᵉ siècle, chez Isaac Israeli. Celui-ci reconnaît différents sens du possible (*mumkin*) : au sens propre, il est duel, ouvert aux deux contraires ; en un autre sens, il se dit soit de ce qui n'est pas, mais sera nécessairement (le lever de soleil demain) ; soit de ce qui est, mais n'était pas nécessaire (tel le barbier devenant chef d'armée) ; voir *Kitâb al-ḥudûd, al-mumkin*, ainsi que la traduction et le commentaire de A. Altmann et S. M. Stern, *Isaac Israeli, op. cit.*, p. 61-62.

3. *Fî ithbât ṭabî'a al-mumkin*, I, éd. Ehrig-Eggert, p 65, l. 13-14. Sur l'expression « gens de la contemplation », voir C. Ehrig-Eggert, *Die Abhandlung…*, *op. cit.*, p. 49-50.

4. *Fî ithbât ṭabî'a al-mumkin*, I, éd. Ehrig-Eggert, p. 65, l. 14-15.

5. *Ibid.*, VI, p. 79, l. 7

6. *Ibid.*, p. 79-80. Nous avons ici, comme chez Abû Bishr Mattâ, une conception statistique des modalités, voir J. Mc Ginnis, « What underlies… », art. cit., p. 269. Les auteurs de langue arabe ont développé, avec une grande sophistication, une conception temporelle des modalités ; voir N. Rescher, *Studies in Arabic Philosophy*, *op. cit.*, chap. VII, p. 81-110.

s'inscrit au sein d'une perspective ontique, elle revêt conjointement un double aspect, causal et cognitif.

1) Un aspect cognitif, tout d'abord, puisque l'interrogation sur le possible pose la question de la prescience. Le Créateur connaît éternellement tout ce qui est et advient. L'état de celui qui connaît et l'état de ce qui est connu doivent-ils s'accorder ? Tout ce que Dieu connaîtrait exister devrait-il donc exister nécessairement, et tout ce qu'il connaîtrait ne pas exister devrait-il nécessairement ne pas exister [1] ?

2) Un aspect causal, ensuite, puisque la reconnaissance de la prescience requiert que l'on s'interroge sur la causalité qu'elle exercerait sur les choses [2]. Examinant les différents sens de la cause, Yaḥyâ établit que la prescience de Dieu ne peut entraîner, en aucune de ces acceptions, la nécessité de la chose.

L'examen de la relation entre le connaissant et le connu conduit par conséquent Yaḥyâ à envisager la manière dont le connaître se rapporte à l'être [3]. Conjointement, se met en évidence une détermination de l'être, telle que celui-ci ne soit pas nécessairement précontenu dans l'essence de la chose. La considération sur le possible, entendu comme ce à quoi il est possible d'avoir l'être ou de ne pas l'avoir, revêt donc un tour ontique. Elle ne se laisse toutefois pas ramener à la conceptualité aristotélicienne de l'être-en-puissance, conceptualité remarquablement absente de ces pages d'un fin lecteur du Stagirite.

Yaḥyâ l'affirme : il n'est pas nécessaire que l'être de ce qui est connu (*wujûd al-ma'lûm*) s'accorde (*yuwâfiqu*) en tous les états avec celui qui le connaît [4]. La preuve en est que cette connaissance est sans fin, tandis que la chose est vouée à disparaître. Il n'y a ainsi pas concomitance de la science et de l'être. Il convient dès lors de repenser le lien, ou la relation, entre la science (ou la prescience) et ce qu'elle connaît. Le concept de possible joue à cet égard un rôle décisif. S'attachant au possible, notre théologien chrétien exhibe en effet l'être en son irréductibilité vis-à-vis de la chose à laquelle il se rapporte. Connaître l'essence de Zaïd n'est pas connaître l'essence de Zaïd comme étant [5]. Que la chose soit modifie dès lors la relation cognitive entre le connaissant et le connu. Les analyses sur la connaissance permettent donc une interrogation sur le sens de l'être. Le possible dit ici ce dont l'être est possible, même s'il n'est pas. L'être se place dès lors sur un autre plan que celui de la chose (*amr*) :

1. Voir *Fî ithbât ṭabî'a al-mumkin*, II, p. 66-67.

2. *Ibid.*, III, p. 67-72.

3. La question de la prescience d'un futur contingent est abordée à partir de l'idée que la connaissance est relation ; *cf.* le développement à ce sujet (dans un cadre aristotélicien également) proposé par l'astronome et mathématicien sabéen Thâbit Ibn Qurra (m. 901), *Min al-masâ'il allatî sa'ala Abû Mûsâ 'Isâ Ibn Ussayid*, § 5-16, éd. M. Rashed, p. 629-637.

4. *Fî ithbât ṭabî'a al-mumkin*, IV, p. 73, l. 20-74, l. 1.

5. *Ibid.*, p. 75, l. 9-10 : « fa al-'ilm idhan bi-mâhiyya dhât Zaîd laysa huwa al-'ilm bi-mâhiyya dhât Zaîd al-mawjûd. »

si une chose peut être dite possible du point de vue de l'être (*mumkin wujûdi-hi*), dès lors que l'on précise son non-être (*al-ma'dûm*), elle ne peut plus être ainsi qualifiée, mais doit être reconnue impossible (*imtana'a*) [1]. La possibilité précède l'être, sans s'y ramener. L'advenue à l'être dit la fin du possible, entendue en sa neutralité vis-à-vis de l'être et du non-être.

Le possible, ainsi entendu, apparaît on ne peut plus éloigné du potentiel aristotélicien. Le possible ne dit pas une manière d'être, distincte de l'être en acte; il dit plutôt, et plus précisément, ce qui n'est pas. Le possible se dit en effet par opposition à l'être. La neutralité ontologique du possible décrit un domaine, irréductible à celui de l'être, domaine constitué de choses, constituant un monde des essences, domaine qui encadre ce qui pourra être.

Une nouvelle approche de l'être se dessine ainsi. Le possible se laisse plutôt envisager en sa dualité et neutralité, comme ce qui peut être ou ne pas être, comme ce qui ne s'impose pas nécessairement. Il s'inscrit au cœur du réel, en sa muabilité, mais ne se laisse reconduire à rien de ce qui est effectivement, ou présentement, dans le monde.

Le possible n'est donc pas ce qui est potentiel (*bi-l-quwwa*). Il ne désigne pas davantage l'objet d'une puissance (*maqdûr*). Loin d'être appréhendé à partir de la puissance, et de devoir s'y ramener, le possible est plutôt ce qui est présupposé par la puissance pour qu'elle puisse exercer un choix. Notons-le en effet : si le possible décrit un domaine du monde qui échappe à la nécessité, c'est en fin de compte la cause, si ce n'est efficiente, du moins agente, qui lui assigne son lieu. Yaḥyâ évince toute causalité agente naturelle, et donc nécessaire, pour penser le lien de la prescience envers ce qui est, mais il ne manque pas de reconnaître qu'une cause agente qui agit par choix (*fâ'il bi-l-ikhtiyâr*) laisse une place au possible. L'agent par choix est puissant (*qâdir*) quant à l'agir, mais aussi au non-agir [2]; et Yaḥyâ de préciser : « wa-hâdhâ yûjibu imkân al-wujûd, alladhî tûjidu al-qudra 'alâ îjâdi-hi wa i'dâmi-hi / ceci exige la possibilité de l'être, qui est la puissance de faire être ou ne pas être » [3]. Le concept de possibilité, en sa dualité même (être ou ne pas être), s'éclaire à l'aune d'une puissance, d'agir ou de ne pas agir. Celle-ci se présente comme distincte et séparée de l'effet qu'elle produit, au contraire de la causalité naturelle [4], telle celle du feu [5].

1. *Fî ithbât ṭabî'a al-mumkin*, V, p. 77, l. 9-11
2. *Ibid.*, III, p. 68, l. 14-15.
3. *Ibid.*, l. 15-16.
4. Le Créateur est cause de l'être, mais il n'agit pas par sa nature, sans quoi son être ne précéderait pas celui de la chose produite ; Yaḥyâ ajoute qu'il aurait pu ne pas produire les choses qu'il a créées (*Réponse aux adversaires des chrétiens*, éd. Périer, *Traités apologétiques*, n° VII, p. 90-92).
5. Si Yaḥyâ s'inscrit dans la tradition aristotélicienne, on ne saurait souscrire au jugement de A. Périer, qui estime que « la métaphysique de ben 'Adî ne présente pas d'aperçus nouveaux » (*Yaḥyâ ben Adî*, p. 101). Et A. Périer de donner l'exemple de la doctrine causale, alors même qu'il dénombre six causes.

Ainsi donc, le développement sur la science et le développement sur les causes mettent au jour deux des conditions nécessaires à l'avènement du possible : le possible appelle une distinction de l'être et de l'essence[1] ; le possible requiert de mettre l'accent sur l'extranéité de la puissance. Il pourra ainsi, et peut-être seulement ainsi, pleinement se concilier à une pensée de l'être comme contingent.

Pour ainsi pouvoir prendre racine dans un terreau aristotélicien, le possible appelle un certain nombre de transformations de la doctrine de l'être. Yaḥyâ s'inscrit dans la riche tradition baghdadienne de lecture d'Aristote[2], illustrée notamment par Abû Bishr Mattâ (m. 940), puis Abû Alî Ibn al-Samḥ (m. 1027), tous deux annotateurs de la *Physique*[3].

On sait comment l'école péripatéticienne de Baghdâd est l'héritière des écoles néoplatoniciennes, et témoigne notamment d'une filiation philoponienne[4]. Assurément, un certain nombre d'adaptations sont effectuées, qui concilient la cosmologie d'Aristote aux réquisits théologiques de la création. Ainsi Ibn al-Samḥ assigne au « Créateur » le fait d'être seulement en acte[5]. En ce sens, déjà, Philopon avait pu objecter à Aristote que le moteur n'avait pas forcément la forme de ce qui est causé par lui[6]. Un tel constat conduit sans doute à revoir le rôle central de la forme dans la doctrine causale, et à mettre l'accent sur une causalité agente[7]. Abû Bishr Mattâ, le maître d'Ibn 'Adî, nestorien pour sa part (Yaḥyâ appartient à l'église jacobite), met ainsi assurément l'accent sur la causalité agente de la nature, ordonnant le monde[8]. Lisant le livre second de la *Physique* (chap. 8, 199a8 *sq.*), Mattâ découvre la « nature agissante » (*al-tabî'a al-fa''âla*), qu'il distingue de la nature comme forme et matière (*laysa al-mâdda wa l-ṣûra*)[9]. Cette nature revêt une portée

1. Sur l'être comme accident de l'étant, voir la discussion avec Quryâqus, 1re question, éd. Platti, p. 7*, l. 10 : « … kâna al-wujûd 'araḍan al-mawjûd ».

2. Sur cette vie intellectuelle baghdadienne au Xe siècle, voir E. Platti, *Yaḥyâ Ibn 'Adî, op. cit.*, p. 9-15. Voir aussi C. M. Bonadeo, *'Abd al-Laṭîf…, op. cit.*, p. 66 *sq.*

3. Sur ce mouvement de traduction sous le califat abbasside, voir D. Gutas, *Pensée grecque, culture arabe*, Paris, Flammarion, 2005.

4. Les annotations à la traduction arabe de la *Physique* due au nestorien Isḥâq Ibn Ḥunayn le montrent. Outre les gloses d'Ibn al-Samḥ et d'Abû Bishr, qui témoignent de cette influence (même si elles peuvent faire preuvre d'originalité), interviennent des passages attribués à « Yaḥyâ », sans doute non pas Ibn 'Adî, mais al-Nahwî, entendons Philopon. Voir le précieux travail de P. Lettinck, *Aristotle's Physics…, op. cit.*

5. *Al-ṭabî'â,* III, 1, ad 200b26 *sq.*, éd. Badawi, p. 169, 1. Sur l'école de Baghdâd comme s'inscrivant dans cette tradition exégétique néoplatonicienne grecque, voir E. Platti, *Yaḥyâ Ibn 'Adî, op. cit.*, p. 29-32.

6. *In Physicam*, VIII, 5, ad 257b9, CAG XVII, 834, 29-835, 9.

7. Sur l'importance de ce remodelage théorique quant au concept de possibilité, voir J. Mc Ginnis, « What underlies… », art. cit., p. 267 *sq.*

8. P. Lettinck, *Aristotle's Physics…, op. cit.*, p. 151, note que Abû Bishr ne se contente pas ici de suivre Philopon.

9. *Al-ṭabî'â,* éd. Badawi, p. 151.

cosmologique, et nous renvoie *in fine*, par delà les corps célestes, au Créateur [1]. Abû Bishr montre alors comment cette nature ne se contente pas de mettre en mouvement, ou d'introduire des changements, mais donne proprement naissance (*muwallid*) ; elle ne s'en tient pas au domaine du *tashbîh*, de la génération du semblable par le semblable [2] : ainsi elle forme des os à partir de ce qui n'est pas os [3]. Abû Bishr Mattâ invite à porter l'attention non seulement à la matière et à la forme, mais aussi bien à la cause agente qui, précisément, fait advenir [4] ; il esquisse ce faisant une distinction entre une cause du mouvement et une cause de la venue à l'être [5].

La question de la potentialité apparaît concerner le monde physique, tel qu'il nous est donné. Abû Bishr Mattâ rapproche ce qui est en puissance (*bi-l-quwwa*) de la matière [6], et le mouvement, dont traite le livre III de la *Physique*, se rapporte toujours, nous précise-t-il, à un substrat [7].

Dans ces conditions, la question du possible (*al-mumkin*) semble devoir être abordée dans un autre cadre que celui que propose la distinction de l'en puissance (*bi-l-quwwa*) et de l'en acte (*bi-l-fi'l*) telle qu'on la trouve notamment exposée dans la *Physique* [8]. On comprend par conséquent que Yaḥyâ nous renvoie au chapitre 9 (18a28-19b5) du *Peri Hermeneias* [9], qu'il cite et commente de près, pour traiter du possible [10].

Notons que, dans la version arabe du texte aristotélicien [11] donnée par Yaḥyâ, le vocabulaire du possible intervient d'abord pour traduire l'*adunaton* : « wa laysa yumkinu an yakûna hâdhâ ghayr mawjûd… » [12]. Le champ du possible peut assurément, mais subrepticement, croiser celui de la puissance (*quwwa*) et de l'acte (*fi'l*) [13]. Un jeu s'établit ainsi, dans le texte cité, entre le potentiel et le possible. Aristote s'intéressait en effet aux étants qui ne sont pas

1. Abû Bishr nous invite (*ibid.*) à découvrir comment le mouvement vient du Créateur (*al-bâri'*).

2. *Ibid.*, éd. Badawi, p. 151 : « laysa taf'alu 'alâ sabîl al-tashbîh ».

3. La nature qui est dans le corps de l'homme procède au contraire par *tashbîh* ; la digestion divise la nourriture en sang, os, chair.

4. Mattâ s'inscrit dans un sillage philoponien. Pour Philopon déjà, la forme et la matière ne suffisent pas pour que soit le composé hylémorphique ; mais il faut encore reconnaître la nature comme cause agente (*In Physicam*, II, 9, 199b34, CAG XVI, 326).

5. Sur l'histoire de cette distinction avant Avicenne, voir mon article « La métaphysique en cause ».

6. *Al-ṭabî'â*, III, 1, ad 200b26 *sq.*, éd. Badawi, p. 169.

7. *Ibid.*, ad 200b33 *sq.*, éd. Badawi, p. 172.

8. Le commentaire à la *Physique* d'Ibn Bâjja introduira largement la problématique du possible, ce qui n'est pas le cas dans les annotations baghdadiennes du Xe siècle.

9. Yaḥyâ s'inscrit au sein d'une riche tradition d'exégèse de ce texte (Ammonius…). Voir C. Ehrig-Eggert, *Die Abhandlung…*, *op. cit.*, p. 95 *sq.*

10. *Fî ithbât ṭabî'a al-mumkin*, VII, p. 81 *sq.*

11. Le texte du *Peri hermeneias* est traduit en arabe par Isḥâq Ibn Ḥunayn, à partir de la version syriaque de Ḥunayn Ibn Isḥâq. Il connaîtra un certain nombre de réécritures.

12. *Fî ithbât ṭabî'a al-mumkin*, VII, p. 82, l. 18, voir *Peri hermeneias*, 9, 18b13.

13. *Ibid.*, p. 83, l. 11-18 ; voir *Peri hermeneias*, 9, 19a7-18.

toujours en acte, et leur reconnaissait la puissance d'être ou de n'être pas : « ... ἐν τοῖς μὴ ἀεὶ ἐνεργοῦσι τὸ δυνατὸν εἶναι καὶ μή » [1]. Ainsi pouvait-on reconnaître la potentialité, pour tel manteau, d'être coupé en deux, et pourtant de ne pas l'être. Or, si le terme *dunaton* est rendu par le vocabulaire de la possibilité (*imkân*), la mention, *in fine*, du *kata dunamin* [2] se laisse dire selon la puissance (*quwwa*) [3]. Le passage est bien évidemment crucial, et Yaḥyâ ne manquera pas de le signaler [4]. La discrétion avec laquelle Aristote fait allusion à la distinction de l'acte et de la puissance (le premier terme apparaissant sous forme verbale : *energousi*), quand le second se dit sous forme adjectivale (*dunaton*) avant que n'apparaisse l'expression *kata dunamin* n'était assurément pas de nature à imposer les considérations métaphysiques adjacentes pour interpréter et comprendre ce passage. La traduction qui utilise en arabe le verbe *fa'ala*, puis le vocabulaire préalablablement employé de la possibilité ne faisait alors que recouvrir l'arrière-plan théorique du texte aristotélicien. Reste que l'affleurement de l'être-en-puissance est l'occasion pour Yaḥyâ d'un développement particulier pour faire droit à cette puissance.

La difficulté avait été bien vue par l'école péripatéticienne baghdadienne. Des « notes scolaires » présentes dans le manuscrit de Paris (BNF, ar. 2346) de la traduction du *Peri Hermeneias* [5] signalent qu'en grec le terme pour le possible renvoie à la puissance [6]. Ainsi le glossateur explique-t-il, à propos du chap. 13, 22b36-37 (où il est question de *to dunaton* suivi de *dunatai*), que *mumkin* renvoie à ce qui a une puissance pour cela (*quwwati-hi*). Lorsqu'il est ensuite question de *yaqdir*, il précise que le terme de possible (*ism al-mumkin*) est dans la langue des Grecs (*fî lisân al-yûnânî*) dérivé du mot qui signifie la puissance et le pouvoir pour quelque chose (*mushtaqq min al-quwwa wa al-qudra 'alâ al-shay'*) [7]. Via le grec, notre annotateur justifie donc une compréhension de *mumkin* à partir de *quwwa* et de *qudra*.

1. *Peri hermeneias*, 9, 19a9-10.

2. *Ibid.*,19a17.

3. *Fî ithbât ṭabî'a al-mumkin*, VII, p. 83, l. 18.

4. *Ibid.*, p. 95.

5. Sur ce manuscrit, voir H. Hugonnard-Roche, « Remarques sur la tradition arabe de l'*Organon* d'après le manuscrit Paris, Bibliothèque nationale, ar. 2346 », *in* C. Burnett (ed.), *Glosses and Commentaries on Aristotelian Logical Texts*, Londres, The Warburg Institute, 1993, p. 19-28, et « Un manuscrit savant mémoire de quatre siècles de philologie : le *Parisinus ar.* 2346 », *Revue des Mondes Musulmans et de la Méditerranée*, 99-100, 2002, p. 147-155. Voir R. Walzer, *Greek into Arabic*, Oxford, Cassirer, 1962, p. 76-77. Cette édition de l'*Organon* est due à Ibn Suwâr (m. 1017), un élève nestorien de Yaḥyâ.

6. Ces notes sont citées par F. W. Zimmermann, *Al-Farabi's Commentary*..., *op. cit.*, p. 174.

7. BNF, ar. 2346, f. 189v, in marg. On comparera cette explication à celle donné par un scribe, qui l'attribue à Ḥunayn ou à Ibn al-Faḍl, qui fait dériver *quwwa* de *qudra :* « qâla 'Abdallâh Ibn al-Faḍl aw Ḥunayn : ism al-quwwa mushtaqq fî lisân al-yûnânî min al-qudra ay min al-iqtidâr min al-fi'l » (manuscrit de Saint-Peterbourg, Oriental Institute, mns B1225, f. 95r), voir S. Noble et A. Treiger, « Christian Arabic Theology in Byzantine Antioch : 'Abdallāh Ibn al-Faḍl al-Anṭākī and *His Discourse on the Holy Trinity* », *Museon*, CXXIV, 2011, p. 371-417, en part. p. 379.

Yaḥyâ voit donc affleurer le terme *quwwa* au sein d'un développement sur le possible. Il revient ainsi sur l'expression : « hâdhâ ḍarb min al-quwwa » (cette sorte de puissance) [1]. Yaḥyâ y trouve l'occasion d'exhiber ce qui constitue en son sens authentique, ou véridique, la possibilité [2] : ce dans quoi un fait ou son contraire peut arriver [3]. On distinguera cette acception du terme d'une autre acception, où la puissance d'une chose n'est pas puissance de son contraire, à l'instar du feu [4].

Ainsi donc, le terme *imkân* peut bien dire la possibilité en sa dualité, plutôt que la potentialité en sa tendance vers l'acte. Etablir l'existence du possible revient par conséquent à reconnaître des alternatives, de telle sorte que tout n'arrive pas nécessairement. Clairement, Yaḥyâ adopte dans notre texte une lecture « statistique » (Hintikka) de la distinction du nécessaire et du possible largement inspirée [5] de la perspective aristotélicienne : le nécessaire se définit par sa sempiternité (*al-ḍarûrî al-wujûd huwa al-dâ'im al-wujûd*), et le possible se pense comme non-nécessaire (*al-mumkin … huwa mâ laysa bi-ḍarûrî al-wujûd*), entendons donc comme n'étant pas toujours (*fa al-mumkin idhan huwa mâ laysa bi-dâ'im al-wujûd*) [6]. Insistant sur la dualité inhérente au concept même de possibilité, Yaḥyâ laisse poindre, au travers de la conception du possible qu'il entend ainsi mettre en avant, l'idée que ce qui arrive pouvait ne pas arriver [7].

Résumons ces analyses. Yaḥyâ Ibn 'Adi propose, en logicien, une conception du possible, qui s'inscrit sans conteste, pour une large part, dans le cadre de la tradition aristotélicienne, mais qui s'élabore indépendamment de la métaphysique de l'acte et de la puissance. L'émergence du concept de *mumkin* dans la tradition arabe pourra bien venir de la philosophie aristotélicienne

1. *Peri Hermeneias,* 19a17-18 ; *Fî ithbât ṭabî'a al-mumkin*, VII, p. 96, l. 3 *sq.*

2. Yaḥyâ ne se livre pas à une discussion sur l'être-en-puissance (*bi-l-quwwa*).

3. *Fî ithbât ṭabî'a al-mumkin*, VII, p. 96, l. 4-5 : « … al-quwwa alladhî huwa 'alâ shay' wa muqâbila, fa-inna hâdhâ al-ḍarb min al quwwa huwa bi-'aynihi al-imkân al-haqîqî / la puissance qui est vers une chose, ou son opposée, cette sorte de puissance correspond à la possibilité véritable. »

4. *Ibid.*, l. 6-7 : « … huwa quwwa 'alâ aḥad al-muqâbilayni dûna al-âkhar, ka-quwwa al-nâr ».

5. Dieu n'envisagerait pas un possible sans l'amener à l'être ; voir A. Périer, *Yaḥyâ ben Adî*, Paris, Gabalda-Geuthner, 1920, p. 144-146, pour qui Yaḥyâ prend ainsi le parti des philosophes, et s'oppose à la perspective qui est notamment celle du *kalâm*.

6. Voir *Fî ithbât ṭabî'a al-mumkin*, VI, p. 79, l. 7-11.

7. La reconnaissance du choix (*ikhtiyâr*), au chap. III (p. 68), comme, à présent (chap. VII), la distinction entre deux acceptions de la puissance, vont dans le même sens. Aristote lui-même notait, dans ce chapitre que cite Yaḥyâ, l'importance de la délibération (19a7), voir *Fî ithbât ṭabî'a al-mumkin*, VII, p. 95. Voir déjà les commentateurs grecs d'Aristote, notamment Ammonius, *In Peri hermeneias*, 9, 17a5, CAG IV-5, 150. Yaḥyâ s'opposa vigoureusement à la doctrine asharite de l'*iktisâb* ; notre théologien chrétien ne peut minorer la part de choix, pour ne pas dire de liberté, qui revient à l'homme, en ce qu'il peut décider de faire ou de ne pas faire une chose. On trouve une attention à la « liberté » (telle est bien le mot alors employé) établie par Dieu dans sa créature (*ḥurriyya thâbita min Allah fî khalîqati-hi*) chez Théodore Abû Qurra (*Traité sur la liberté*, éd. Pizzi, p. 130).

(plus particulièrement des textes logiques) ; il reste que le *mumkin* ainsi pris en considération ne nous renvoie pas directement aux concepts d'être-en-acte et d'être-en-puissance. Le *mumkin* s'inscrit dans le cadre d'une doctrine logique des modalités, et se pense par opposition au nécessaire. Il dit ce qui n'arrive pas toujours, et permet donc d'appréhender ce qui peut ne pas arriver : il décrit une possibilité duelle.

En d'autres termes, la possibilité, parce qu'elle relève désormais d'une famille lexicale distincte, peut s'extraire de la conceptualité de l'acte et de la puissance, de la thématique du potentiel comme orienté vers un certain acte. Avec une dénomination qui lui est à présent propre, la possibilité s'appréhende comme résolument duelle, comme ouverte vers l'advenue à l'être ou au non-être.

MAÏMONIDE :
POSSIBILITÉ ET POTENTIALITÉ

Le terme *al-mumkin* apparaît en philosophie[1], sans se confondre avec la conceptualité de l'être-en-puissance (*bi-l-quwwa*). Il connaîtra un riche épanouissement, jusqu'à s'immiscer au sein des réflexions du *kalâm* sur ce qui est en la puissance de Dieu. On le voit également envahir les différents champs de la réflexion philosophique, et revêtir un statut proprement métaphysique. Il redouble alors l'être-en-puissance, et ce faisant sans doute infléchit l'idée de potentialité vers une nouvelle direction théorique.

Le monde du *kalâm* et celui de la *falsafa* ne sont pas imperméables l'un à l'autre. La confluence lexicologique (notamment, la bipartition *jawhar* / *a'raḍ*, quelle que soit la manière de la comprendre) allait en ce sens. Dès le Xe siècle, des auteurs du *kalâm* infléchissent leur doctrine par le recours à la conceptualité aristotélicienne[2]; à la reconnaissance de la substance-atome (*jawhar*) et des accidents, se joint une attention à la puissance et à l'acte. Témoin de ce mouvement est l'œuvre de l'imamite al-Ḥasan Ibn Mûsâ al-Nawbakhtî (m. ca. 920), qui proposa un commentaire du *De generatione et corruptione*[3]. Nawbakhtî fait ainsi appel à l'hylémorphisme aristotélicien, et mêle le vocabulaire du *kalâm* (chose, être) à la conceptualité de l'acte : « bi-l-fi'l

1. Le terme peut conserver cette tonalité philosophique (avicennienne) lorsqu'il est repris par le *kalâm* ; ainsi lorsque Ibn al-Malâḥimî (m. 1141) confronte l'interprétation de l'advenue (*ḥudûth*) de « musulmans » (mutazilites) et des philosophes (*Tuḥfat al-mutakallimîn*, éd. Ansari-Madelung, p. 15) : pour ces derniers, l'advenue désigne la possibilité d'être de la chose par soi (*imkân wujûd al-shay' min dhâti-hi*), quand pour les premiers elle désigne l'être après le non-être (*al-wujûd ba'da al-'adam*). Sur la distinction du nécessaire et du possible par soi, voir *ibid.*, p. 31.

2. L'école mutazilite de Baghdâd, avec al-Ka'bî notamment, s'ouvrit à la conceptualité aristotélicienne, ce qui peut s'expliquer par le voisinage de la florissante école aristotélicienne de la même ville.

3. Nous suivons ici l'attribution proposée par Marwan Rashed, discutée toutefois par Cristina d'Ancona, dans son compte-rendu.

wa l-wujûd »[1]. Ce qui est, que ce soit la substance-atome ou l'accident, n'est donc pas l'ultime parole sur le monde, mais il convient aussi de faire droit à ce qui est en puissance[2]. Cherchant à penser un substrat, Nawbakhtî nous invite d'une manière remarquable à reconnaître, à titre de préalable, une aptitude[3], faisant ainsi écho au concept d'*epitèdeiotès* de la tradition exégétique grecque : « mâ laysa mawjûd aṣlan laysa shay' yaṣlaḥu an yakûna mawḍû li-shay' / ce qui est absolument non étant n'est pas apte à être un substrat pour une chose »[4]. Ce passage nous semble symptomatique du dialogue constant qui se joue chez Nawbakhtî entre Aristote et le *kalâm*. Il conviendrait en effet de ne pas se contenter d'opposer le non-étant à l'étant (que la chose, *al-shay'*, s'identifie à l'étant, ou qu'elle puisse aussi se dire du non-étant)[5]. Nawbakhtî reprend ces concepts en discussion dans le *kalâm* contemporain, mais il infléchit la réflexion vers une autre direction, marquée par l'aristotélisme. La matière n'est pas pur non-être, mais ce qui est apte à recevoir différentes formes. S'inscrivant ainsi dans une lignée aristotélicienne, Nawbakhtî découvre donc le plan du potentiel et de l'aptitude, préalable à tout devenir autre.

Dans une perspective à certains égards comparable, le karaïte[6] Dâwûd Ibn Marwân al-Raqqî, dit al-Muqammiṣ (m. 937), a lui aussi su reprendre, mais également dépasser la vision du monde proposée par le *kalâm*, retenant substances et accidents. La confrontant à la philosophie aristotélicienne, il a reconnu que les accidents étaient d'abord créés « en puissance » (*bi-l-quwwa*)[7]. L'interrogation sur cet être potentiel est alors l'occasion d'une réflexion sur le possible, à savoir en premier lieu sur ce qui a la possibilité (*imkân*) de passer à l'acte (*bi-l-fi'l*)[8], mais également aussi sur ce qui est acceptable (*jâ'iz*)[9] – il s'agit

1. Voir son *Kitâb al-kawn wa-l-fasâd*, 2, 2, éd. Rashed, p. 13.

2. Le changement est passage de la puissance à l'acte : « min al-quwwa ilâ al-fi'l » (*Kitâb al-kawn wa-l-fasâd*, 5, 1, éd. Rashed, p. 19). La possibilité (*al-imkân*) n'intervient que discrètement : la génération est un changement qui peut se faire selon la nécessité ou selon la possibilité (5, 2, p. 19).

3. Le vocabulaire de l'aptitude revient sous la plume de Nawbakhtî ; voir *Kitâb al-kawn wa-l-fasâd*, 2, 2, éd. Rashed, p. 11, l. 21 ; 14, 1, p. 61, l. 19.

4. *Kitâb al-kawn wa-l-fasâd*, 2, 1, éd. Rashed, 9, l. 23. *Cf.* Philopon, *In De generatione et corruptione*, I, 3, CAG IV-2, 63, 17. Sur ce rapprochement, voir M. Rashed dans le commentaire accompagnant son édition de Nawbakhtî, p. 83-84.

5. Une telle intégration de la conceptualité de l'acte et de la puissance à des réflexions sur la chose (*al-shay'*), et sur le passage du non-être à l'être, caractérisera la métaphysique telle qu'elle se développera ; ainsi dans la métaphysique d'inspiration néoplatonicienne, de 'Abd al-Laṭîf al-Baghdâdî (m. 1231) ; voir *Kitâb fî 'ilm mâ ba'd al-ṭabî'a*, chap. 21, éd. Badawi, p. 207. Sur la métaphysique de Baghdâdî, voir C. d'Ancona, *La casa della sapienza. La trasmissione della metafisica greca e la formazioe della filosofia araba*, Milan, Guerini, 1996, p. 119 *sq.*

6. Sur le mouvement karaïte, et son contexte culturel, voir F. Astren, *Karaite Judaism and Historical Understanding*, Columbia, University of South Carolina Press, 2004, p. 23 *sq.*

7. Dâwûd Ibn Marwân al-Muqammiṣ (ou al-Muquammaṣ), *'Ishrûn maqâla*, chap. 5, éd. Stroumsa, p. 96-106.

8. *Ibid.*, § 11, éd. Stroumsa, p. 98.

9. *Ibid.*, § 16, éd. Stroumsa, p. 102.

ainsi proprement de délimiter ce qui n'est pas impossible (*muḥâl*)[1]. Al-Muqammiṣ n'hésite pas à convoquer Aristote[2]; il infléchit toutefois la conceptualité métaphysique du potentiel pour le réinterpréter en termes de possibilité, entendue comme non-impossibilité. La possibilité accompagne dès lors l'attention à la puissance : « imkân wa quwwa »[3]; si la puissance dans le petit enfant aspire à se manifester en acte (ainsi ses dents pousseront-elles à un âge donné), elle se trouve précédée par une possibilité ainsi établie avec elle[4]. En d'autres termes, pour pouvoir se développer, le potentiel doit préalablement être reconnu comme possible. La détermination logique du possible sert donc à penser l'être potentiel de ce qui n'a pas encore accédé à l'actualité.

Ce mouvement de réinterprétation de la potentialité par la possibilité n'est pas isolé. À la jointure de la philosophie et d'une certaine tradition du *kalâm*[5], la pensée juive du XIIe siècle, en partie fruit des spéculations rabbiniques, témoigne de ce recouvrement de la conceptualité aristotélicienne de la potentialité par l'idée de possible.

La thèse d'une négation du possible[6] ne manqua pas d'être fortement combattue. En témoigne Iehuda Halévi (m. 1141)[7]. Dans son livre de la réplique et de la preuve en faveur de la religion méprisée, communément appelé *Kuzari*, il estime que nier la nature du possible (*ṭabî'a al-mumkin*)[8] ne peut venir que d'un semeur de troubles qui dit ce qu'il ne croit pas (ce propos est attribué au rabbin)[9]. Halévi cherche à établir le point suivant : même si Dieu les connaît, les choses engendrées (*kâ'inât*) n'en sont pas moins des possibles (*mumkina*), qui peuvent etre ou ne pas etre. L'examen de la causalité qui règne dans le monde laisse une place pour du possible. Le choix (*al-ikhtiyâr*), dont l'homme (*al-insân*) fait preuve, doit ainsi être mis au nombre des causes (*asbâb*) intermédiaires; s'il s'inscrit dans un enchaînement causal, qui nous reconduit jusqu'à la cause première (*al-sabab al-awwal*), celui-ci n'est

1. *Ibid.*, § 11, éd. Stroumsa, p. 98.

2. *Ibid.*, § 10, éd. Stroumsa, p. 98.

3. *Ibid.*, § 22, éd. Stroumsa, p. 106, l. 1.

4. *Ibid.*, éd. Stroumsa, p. 106.

5. Voir H. A. Wolfson, *Repercussions of the Kalam...*, *op. cit.*, en part. p. 174 *sq.* sur la question de la causalité ; Saadia Gaon emploie le terme « habitude » non par opposition à « nature », mais comme son équivalent (p. 173-174). Voir par ailleurs L. Stein, *Die Willesfreiheit und ihr Verhältniss zur Gottlichen Präscienz und Providenz bei den Jüdischen Philosophen des Mittelalters*, Berlin, Kauffmann-Baer, 1882, p. 3 *sq.*

6. Ahron ben Elia (*Etz-Hayim*) lie cette négation du possible à l'affirmation de la prescience divine.

7. Sur la position d'Halévi, et son contexte doctrinal, voir M. Ventura, *Le kalâm et le péripatétisme d'après le Kuzari*, Paris, Vrin, 1987, p. 27 *sq.*

8. *Kuzari*, V, 20, éd. Baneth, p. 216 ; *ṭeva' ha-efshari*, dans la traduction hébraïque de Juda Ibn Tibbon (éd. Hirschfeld, p. 335).

9. *Kuzari*, V, 20, éd. Baneth, p. 216 *sq.* Sur la défense du possible chez Hallevi, voir T. Rudavsky, *Time Matters. Time, Creation and Cosmology in Medieval Jewish Thought*, New York, SUNY, 2000, p. 112-115.

pas nécessaire, en vertu de l'existence du possible : « al-imkân mawjûdan » (la possibilité est), et l'âme (*al-nafs*) peut choisir entre un parti et son contraire [1]. Ainsi donc, le possible peut bien prendre place au sein d'un enchaînement causal [2] ; il témoigne d'une exception à la nécessité, et s'appréhende donc en son essentielle dualité [3]. Le possible apparaît ici comme un concept rabbinique, de la religion juive [4], quand la doctrine philosophique s'appuyait sur le couple de la puissance et de l'acte pour penser des hiérarchies dans l'achèvement ontologique des étants [5].

Abraham Ibn Dawd Hallévi (m. 1180) manifeste également un fort attachement au possible. Celui-ci le conduit à affirmer que la prescience divine ne s'étend pas aux futurs contingents [6]. S'il est une possibilité liée à l'ignorance (*efshar mitsad ha-sikhlut*) [7], il faut aussi reconnaître une possibilité au cœur des choses, qui s'impose comme telle à Dieu lui-même ; et Ibn Dawd d'expliquer : « bara oto sovel ha-shney te'arim ha-hafakhim im zeh ve-im zeh / il l'a créé comme une chose qui admet tel ou tel trait » [8].

La potentialité, en son acception aristotélicienne, ne manque pas de progressivement subir l'influence de la conceptualité du possible. Remarquable est à cet égard l'œuvre de Maïmonide : celui-ci ne discute pas seulement la négation du possible des asharites ; il réinvestit, en concurrence avec l'être-en-puissance aristotélicien, un concept de possible, pour une part influencé par Avicenne, pour rendre compte de ce qui est dans le monde. Maïmonide nous donne ainsi de constater combien le possible a, au tournant des XIIe et XIIIe siècles, investi la réflexion métaphysique qui s'élabore en terre d'Islam.

1. *Kuzari*, V, 20, éd. Baneth, p. 218.

2. Contre Ghazâlî, Halévi tient une causalité effective entre les choses ; ainsi, le morceau de bois est brûlé par le feu. Voir H. A. Wolfson, *Repercussions of the Kalam...*, *op. cit.*, p. 176.

3. La possibilité est possibilité d'être ou de ne pas être : « mumkin an takûna wa lâ takûna » (*Kuzari*, V, 20, éd. Baneth, p. 219) Discutant Ghazâlî, ou plutôt cherchant à « redresser » sa doctrine, Isaac Albalag (seconde moitié du XIIIe siècle) établira le possible en reconnaissant des causes qui n'entraînent pas nécessairement tel effet ; dans ses notes accompagnant la traduction hébraïque du *Maqâṣid al-falâsifa* (*Tiqqûn ha-Dé'ot*, n. XLIX, éd. Vajda, p. 125-127), il invite alors à distinguer les causes lointaines (la blessure de Ruben à l'œil n'est pas la conséquence obligée de l'élévation du doigt) et prochaines (la blessure apparaît alors comme s'ensuivant nécessairement de la rencontre de l'œil et du doigt) ; une certaine connaissance du possible est préservée, tout aussi déterminée que pour le nécessaire. Voir G. Vajda, *Isaac Albalag. Averroïste juif, traducteur et annotateur d'al-Ghazâlî*, Paris, Vrin, 1960, p. 122.

4. On notera la mention des *mutakallimûn* (*Kuzari*, V, 20, éd. Baneth, p. 219).

5. Voir le résumé donné de la position philosophique au livre I, *ibid.*, § 1.

6. Semblablement, le rabbin du *Kuzari* (V, 20, éd. Baneth, p. 219) s'interogeait sur la science (*'ilm*) par Dieu de la chose (*shay'*), et refusait d'y voir la cause de son être (*sabab li-kawn dhâlika al-shay'*).

7. Ainsi, nous autres hommes d'Espagne, nous ignorons si le roi de Babylone est aujourd'hui en vie ou non. Mais cet état de chose est nécessaire, et Dieu sait ce qu'il faut en penser.

8. *Sefer ha-Emunah ha-Ramah*, II, p. 96 (trad. hébraïque du rabbin Solomon Ibn Labi ; l'original arabe de cet ouvrage semble perdu). Voir T. Rudavsky, *Time Matters*, *op. cit.*, p. 125-126

Il n'est pas utile de revenir ici sur l'exposé concernant l'asharisme, et sa négation du possible. Envisageons plutôt la place que Maïmonide octroie, positivement, au possible au sein de la métaphysique qu'il entend élaborer dans le *Guide des perplexes*[1].

On l'a dit : le possible révèle l'indigence ontique des étants mondains, qui ont besoin d'un autre qu'eux-mêmes pour être. Si ce qui est en puissance dit la manière d'être de ce qui n'est pas en acte, mais aspire à l'être, la thématique du possible oriente notre regard vers ce qui, extérieur à ce qui est, rend compte de son passage à l'être. Nul doute, donc, que ces deux thématiques, l'une héritée d'Avicenne, l'autre aristotélicienne, ne se superposent pas purement et simplement l'une à l'autre. Le geste de Maïmonide n'en est dès lors que plus remarquable. Sans doute ne fut-ce pas un hasard si la question de la puissance et du possible fit l'objet d'une discussion entre Maïmonide et son traducteur, Samuel Ibn Tibbon[2] : comment penser, en leur proximité et en leur différence, la puissance et le possible, soit en hébreu, respectivement, *ha-koaḥ* et *ha-efsharut*[3] ?

Dans l'œuvre de Maïmonide, cette question engage inévitablement celle du statut ontique de la matière[4]. Cette dernière constitue un point d'achoppement classique de la philosophie d'Aristote (la matière apparaît dans cette perspective comme sujet ou substrat)[5] avec les pensées reposant sur l'idée de création du monde[6] (la matière est elle-même advenue à l'être)[7]. La matière est donc à la fois le lieu d'une permanence de ce qui change et le résultat d'un acte originaire de production dans l'être[8] : elle rend dès lors compte d'une identité à soi

1. Sur la connaissance par Maïmonide de la philosophie aristotélicienne, voir H. A. Davidson, *Moses Maimonides*, *op. cit.*, p. 98 *sq.* Sur la manière dont il concilie le *kalâm* et la philosophie, voir A. I. Ivry, « The *Guide* and Maimonides'Philosophical Sources », *in* K. Seeskin (ed.), *The Cambridge Companion to Maimonides*, Cambridge, CUP, 2005, p. 58-81, en part. p. 71 *sq.*, ainsi que I. Efros, *Studies…*, *op. cit.*, p. 159 *sq.*

2. Sur l'œuvre de traduction tibbonide, voir M. Zonta, *La filosofia antica nel Medioevo ebraico*, Brescia, Paideia, 1996, p. 177 *sq.*

3. Voir R. Lévy, *La divine insouciance. Etude des doctrines de la providence d'après Maïmonide*, Paris, Verdier, 2008, p. 361-364.

4. Voir J. Stern, *The Matter and Form…*, *op. cit.*, p. 99 *sq.*

5. Maïmonide retravaille ainsi l'hylémorphisme aristotélicien ; voir *Dalâlat*, III, 8, éd. Atay, p. 483-484, et *Manṭiq*, ed. Efros, p. 17.

6. Dieu est agent, forme, et fin (on notera l'ordre d'énumération, qui privilégie la dimension active de la causalité divine) ; voir *Dalâlat*, I, 69, éd. Atay, p. 171, l. 12. Le chap. IX du *Traité de logique* (éd. Efros, p. 16, l. 5-6) énumère les quatre causes dans cet ordre : matière, agent, forme et fin. Sur l'idée de création chez Maïmonide, voir R. Gatti, *Be-re'shit. Interpretazioni filosofiche della creazione nel Medioevo ebraico e latino*, Gènes, Melangolo, 2005, p. 81-102.

7. Voir *Guide*, II, 17, éd. Atay, p. 318-319 (trad. t. II, p. 133-134) : Dieu l'a fait être de rien (*là shay'*) ; il l'a portée à l'être (*îjâd*).

8. Dieu est « acte » : il est en acte, sans puissance (*Dalâlat*, I, 55, éd. Atay, p. 132), mais aussi bien il agit et produit dans l'être. Si les philosophes font de Dieu la cause première, les *mutakallimûn* préfèrent parler de Dieu comme d'un agent, distinction que Maïmonide récuse (*Dalâlat*,

des étants sublunaires, tout en faisant signe vers la plus originelle altérité qui les constitue.

La difficulté qui nous arrête, et arrêta d'abord Samuel Ibn Tibbon, apparaît au livre second du *Guide*. Maïmonide associe le fait d'être-en-puissance avec la matière, et le justifie en recourant à l'idée de possibilité : « kull mâ huwa bi-l-quwwa shay' mâ, fa-huwa dû mâdda ḍarûratan, li-anna al-imkân huwa fî-l-mâdda abadan / tout ce qui est une chose quelconque en puissance est nécessairement matériel, car la possibilité est à jamais dans la matière »[1]. Maïmonide vient de réécrire la distinction aristotélicienne de la puissance et de l'acte en y introduisant l'idée de possibilité[2]. Vocabulaire de la puissance et conceptualité de la possibilité s'entrecroisent donc[3] et dessinent les contours d'une conception de l'être originale[4]. En témoigne la perplexité qu'elle suscita, comme le rappelle Crescas (m. 1410), chez les premiers lecteurs de Maïmonide (al-Tabrîzî et Moïse de Narbonne notamment) : l'explication de la potentialité par la possibilité ne revient-elle pas à une tautologie ? Ce qui est en puissance n'est-il précisément pas le possible[5] ?

Dans sa correspondance avec Samuel Ibn Tibbon, Maïmonide reconnaît lui-même la difficulté de distinguer la puissance et la possibilité, et renvoie à cet égard à Ibn Bâjja, dans son commentaire à la *Physique*[6]. Tentant d'expliquer cette différence, il revient sur le couple de l'acte et de la puissance. Nous disons qu'une chose est en acte (*be-po'al*) lorsque nous faisons référence à une figure qui y est présente (*toar nimtsa bô*) ; ainsi dira-t-on d'une épée qu'elle est épée en acte. Mais, pour ce qui est en puissance (*be-koaḥ*), il est nécessaire que cette figure soit un moment absente (*ne'edar*) ; le morceau d'airain n'est épée en puissance que si, à un moment, il n'est pas épée[7]. La puissance se soustrait donc à l'acte. La puissance et l'acte disent l'absence ou la présence d'un attribut donné au cours du temps. Maïmonide relit donc la distinction aristotélicienne en faisant intervenir l'idée de figure ou d'aspect

I, 69, éd. Atay, p. 170). Sur Dieu comme acte, voir R. Lévy, *La divine insouciance*, *op. cit.*, p. 150-152.

1. *Dalâlat*, II, introduction, proposition XXIV, éd. Atay, p. 266.

2. *Ibid.*, proposition XXIII, éd. Atay, p. 265 (trad. t. II, p. 20).

3. Le *Traité de logique* traite ces deux concepts séparément. Le possible est expliqué au chap. IV, où Maïmonide distingue l'assertion « véritablement possible » de l'assertion absolue ou existentielle, et note la suppression de cette possibilité une fois l'être advenu (éd. Efros, p. 7). La puissance et l'acte sont envisagés au chap. XI (p. 22). Si la distinction de la puissance et de l'acte est d'abord illustrée par l'exemple de l'épée, et du bout de fer, plutôt que de cuir, Maïmonide prend ensuite l'exemple de l'homme et de la puissance d'écrire, exemple qui rejoint ainsi celui employé pour la possibilité (Zaïd écrivant).

4. Sur la différence entre ces deux termes *efsherut* et *koaḥ*, voir I. Efros, *Philosophical Terms…*, *op. cit.*, p. 10-11.

5. Voir Crescas, *Or Adonai*, I, XXV propositions, éd. Wolfson, p. 308. Voir ainsi al-Tabrîzî (XIIIe siècle), *Sharḥ*, pr. XXIII, éd. Mohaghegh, p. 60-61.

6. *Igrot*, éd. Shailat, t. II, p. 546.

7. *Ibid.*

(*toar*). Dans cette perspective, la possibilité s'arrime à la puissance pour désigner ce qui peut arriver à une chose, le trait caractéristique dont elle peut se revêtir. La chose en puissance est en effet dotée d'une possibilité de devenir; ainsi la mention de la puissance se laisse-t-elle redoubler par celle de la possibilité. La chose en puissance (*be-koaḥ*) d'une entité (*davar*, qui correspond à *amr*) en elle a la possibilité (*efsharut*) d'accéder à cette entité[1]. Or, et ce point est sans doute fondamental dans l'optique de Maïmonide, cette possibilité demeure en la matière une fois devenue autre; elle reste en effet dans la matière première (en arabe : *al-mâdda al-ûlâ*) et dans tout ce qui provient d'elle[2]. La possibilité qui gît ainsi, avec la matière, au fond de ce qui est, apparaît proprement inamissible[3]. Si la forme, ou la propriété, caractérise ce qui est en acte, la matière échappe toujours pour une part à l'emprise de la forme. En un mot, ce à quoi nous ouvre la matière déborde ce que nous fait être la forme. Par delà la détermination de ce que l'on est en acte, émerge une plus originaire et fondamentale possibilité d'être autre.

L'introduction de ce concept de possibilité n'est pas neutre, et engage une certaine lecture de la philosophie aristotélicienne. Retenons deux aspects de ce geste décisif.

1) En premier lieu, Maïmonide insiste sur la matière en sa dimension potentielle, évinçant ainsi tout ce qui, chez Aristote, pouvait en marquer l'individualité[4]. Le divin intervient dès lors, au cœur du monde, sublunaire ou supralunaire. Le chapitre 19 du livre second du *Guide* propose dans cette perspective une critique virulante de la doctrine d'Aristote, qui affirmerait que l'univers est émané par nécessité du Créateur. Maïmonide soutient au contraire que les choses sont par suite d'un dessein (*qaṣd*)[5].

La question engage le problème de la détermination, et conduit Maïmonide à revenir sur le concept, élaboré par le *kalâm*, de « particularisation » (*takhṣîṣ*)[6]. Maïmonide exhibe l'insuffisance de la matière à assurer la

1. *Ibid.*, p. 547.

2. *Ibid.*, p. 546.

3. La matière ne se satisfait pas de la forme qui lui est adjointe, mais aspire à s'en dépouiller pour en prendre (*taḥṣîl*) une autre, reconnaît ainsi le *Dalâlat*, III, 8, éd. Atay, p. 483, trad. t. III, p. 45. Maïmonide compare alors la matière à une femme adultère, qui cherche sans cesse un autre homme à la place de son mari.

4. Sur cette tension dans la philosophie aristotélicienne entre ces deux aspects reconnus à la matière, et la manière dont Maïmonide tranche en faveur du premier aspect, voir A. Funkenstein, *Maïmonide. Nature, histoire et messianisme*, Paris, Cerf, 1988, p. 58-59.

5. *Dalâlat*, II, 19, éd. Atay, p. 324-325, trad. t. II, p. 144-146.

6. *Ibid.*, p. 325, trad. t. II, p. 146-147. Sur ce concept élaboré par le *kalâm* et sa reprise chez Maïmonide, voir S. Pinès, *La liberté de philosopher*, *op. cit.*, p. 218-221 et H. A. Wolfson, *The Philosophy of the Kalam*, *op. cit.*, p. 434-444. Voir aussi A. Wohlman, *Thomas d'Aquin et Maïmonide*, *op. cit.*, p. 38-39. Pour une vue d'ensemble, voir H. E. Davidson, *Proofs*..., *op. cit.*, p. 154-212. Bâqillânî faisait appel à ce concept pour exhiber l'indigence d'un corps donné à se donner lui-même sa forme particularisante, la nécessité d'un agent donnant cette forme ; voir son *Kitâb al-Tamhîd*, III, § 41, éd. Mc Carthy, p. 23-24. Voir H. E. Davidson, « Arguments for the

détermination, et la nécessité corrélative d'une cause autre[1]. La forme ne permet pas de répondre à cette question. Il faut reconnaître, par delà les sphères célestes elles-mêmes, un agent. La détermination nous invite ainsi à faire droit à celui qui détermine, à la cause (*sabab*) déterminante[2]. Maïmonide retravaille donc l'hylémorphisme aristotélicien, pour montrer comment la détermination des étants du monde appelle la reconnaissance d'un Créateur doté de volonté[3].

Si la forme assure un certain ordre du monde, il apparait que le monde est établi, en ce qu'il est effectivement, par un agent qui l'a fait être de telle ou telle manière. La XXVe proposition donnée dans l'introduction du livre second du *Guide* témoignait déjà de cette attention à une activité s'exerçant sur la matière, et esquissait la relecture de l'hylémorphisme aristotélicien à laquelle se livre notre auteur : « mabâdi' al-jawhar al-murakkab wa-l-shakhṣiyy, al-mâdda wa-l-ṣûra; wa lâ budda min fâ'il... / Les principes de la substance composée et individuelle sont la matière et la forme, et il faut un agent... »[4].

2) Dans cette discussion avec Aristote autour des questions relatives à la matière et à la forme, ainsi qu'à leur suffisance pour assurer l'identité à soi des étants mondains, surgit un questionnement qui confronte Maïmonide non seulement à la tradition péripatéticienne, mais aussi à celle du *kalâm* – on notera à cet égard le recours constant au concept de chose (*shay'*), s'appliquant au potentiel en tant précisément qu'il n'a pas acquis l'être –. La question concerne alors le possible et sa délimitation : quel est le pouvoir du Dieu agent ainsi reconnu à l'égard du possible ? Maïmonide récuse, en effet, la nécessité du monde telle qu'il pouvait la lire dans la philosophie aristotélicienne, mais il maintient cependant l'idée d'une « nature de l'impossible, stable » (*ṭabî'a*

Concept of Particularization in Arabic Philosophy », *Philosophy East and West*, XVIII, 1968, p. 299-314, en part. p. 300-301 ; W. L. Craig, *The Kalâm Cosmological Argument*, *op. cit.*, p. 10-15. Sur cette doctrine chez Juwaynî, voir M. M. Saflo, *Al-Juwaynî's Thought and Methodology*, *op. cit.*, p. 202 *sq.*

1. *Dalâlat*, II, 19, éd. Atay, p. 325, trad. t. II, p. 145.

2. *Ibid.*, p. 330, trad. t. II, p. 159. Ceci permet d'admettre, contre Aristote, l'advenue (*hudûth*) du monde.

3. Les étants sont effectués. Incontestablement, Maïmonide porte son attention sur l'activité à l'origine de ce qui est. Ceci vaut non seulement pour penser les artefacts, mais aussi pour les étants naturels eux-mêmes, qui requièrent eux-aussi une cause ; voir *Dalâlat*, II, 20, éd. Atay, p. 335 : « kull shay' min hâdhihi al-mawjûdât allatî laysat bi-sinâ'iyya lâ budda la-hu min sabab muwjib li-dhâlika al-shay'... / aucune chose parmi ces étants qui ne relève pas de l'art ne peut se passer d'une cause qui fait être cette chose » (trad. p. 166). Il y ainsi un « art de la nature » ; voir R. Brague, « La porte de la nature. Note sur la nature et la loi selon Maïmonide », *in* T. Lévy et R. Rashed (éd.), *Maïmonide, philosophe et savant*, Louvain, Peeters, 2004, p. 193-213.

4. *Dalâlat*, II, introduction, proposition XXV, éd. Atay, p. 267 (trad. t. II, p. 22). Si l'agent est ensuite expliqué comme moteur, reste que c'est d'abord l'activité que retient Maïmonide ; il met l'accent sur l'activité s'exerçant sur la substance composée. Cf. *Physique*, I, 7. Voir l'explication donnée par Crescas, *Or Adonai*, I, XXV propositions, éd. Wolfson, p. 314.

imtinâ' thâbita) [1]. Ce questionnement est repris et retravaillé au livre III du *Guide*.

Maïmonide affirme d'emblée la soustraction de l'impossible, en sa nature, à l'égard de l'activité d'un agent : « li-l-mumtani' ṭabî'a thâbita qâ'ima al-thabât laysat min fi'l fâ'il… / L'impossible a une nature stable et constante qui n'est pas l'acte d'un agent » [2]. Dans ces conditions, la possibilité du changement lui est déniée. L'impossible se caractérise dès lors par son exception à l'égard même du pouvoir (*qudra*) divin. La réflexion sur le contenu de cet impossible [3] le conduit alors à déplacer l'interrogation sur le possible, de la question de la causalité ou de l'activité, à celle de la pensabilité, selon l'imagination ou l'intellection. Le possible se rapporte-t-il à ce que l'homme peut penser ; ou y-a-t-il bien une « nature du possible » ? Maïmonide pointe ainsi du doigt la difficulté à faire le partage entre le possible et l'impossible. Le critère cogitatif n'apparaît à cet égard pas pleinement satisfaisant [4]. Reste qu'il faut bien reconnaître que le possible est sis dans les choses, et qu'il n'est pas seulement une fiction théorique, une imagination ou une intellection.

Maïmonide refuse donc de réduire le possible à sa dimension cogitative, pour lui reconnaître, au travers du concept de « nature » qu'il ne cesse de lui adjoindre, une forme de réalité, un être dans les choses. En ce sens, il donne au concept de possible une indéniable dimension métaphysique.

Comment penser ce possible dans les choses [5] ? Sans nul doute, l'établissement du possible n'est pas le corollaire immédiat de la reconnaissance, contre Aristote, d'un agent doté de volonté, créateur du monde. Remarquable est à cet égard la discussion que Maïmonide engage avec les asharites, au livre III, chap. 17 du *Guide*. Cette position, qui consiste à croire que « tout est en vertu d'une volonté, d'une intention et d'un gouvernement » (*al-kull bi-irâda, wa qaṣd, wa tadbîr*) [6], conduit on le sait, aux yeux de Maïmonide, à la négation du possible :

> yalzamu hâdhâ al-ra'y ayḍan an takûna ṭabî'a al-mumkin sâqiṭa fî hâdhâ al-umûr, wa an takûna hâdhâ al-ashyâ' kullu-hâ ammâ wâjiba aw mumtani'a / Il s'ensuit également de cette opinion que la nature du possible manque aux

1. *Dalâlat*, II, 19, éd. Atay, 325, trad. t. II, p. 146.

2. *Ibid.*, III, 15, éd. Atay, p. 516, trad. t. III, p. 104-105. Voir M. B. Shapiro, *The Limits of Orthodox Theology*, *op. cit.*, p. 38-40.

3. Maïmonide reprend une série classique d'exemples de contradictoires. La question sur le possible rejoint la question relative au principe de contradiction, tel qu'on le trouve exposé au livre Γ de la *Métaphysique*, chap. 3, ou dans le *Peri Hermeneias*.

4. Voir A. L. Ivry, « Maimonides on Possibility », art. cit., p. 83.

5. Sur ce point de divergence fondamental avec les asharites et leur doctrine de l'acceptabilité (*tajwîz*), voir A. Hasnawi, « La terminologie logique du *Guide* de Maïmonide », *in* T. Lévy et R. Rashed (éd.), *Maïmonide, philosophe et savant*, Louvain, Peeters, 2004, p. 39-78, en part. p. 58-59.

6. *Dalâlat*, III, 17, éd. Atay, p. 523.

> entités de cette sorte, et que ces choses sont toutes ou nécessaires, ou impossibles [1].

Le possible pour nous ne signifierait dès lors aucunement une possibilité réelle :

> wa qâlû inna hâdhihi allatî nusammî-hâ mumkina, ka-qiyâm Zayd, wa majî' 'Amr, wa hiya mumkina bi-l-iḍâfa ilaynâ ; amma bi-iḍâfati-hi 'alay-hi ta'âlâ, fa-lâ mumkin fî-hâ aṣlan, bal wâjib aw mumtani' / et ils ont dit que ce que nous appelons possible, comme par exemple que Zaïd soit debout, et que 'Amr arrive, n'est possible que par rapport à nous, mais que, par rapport à Dieu, il n'y a absolument rien de possible, mais du nécessaire ou de l'impossible [2].

S'esquisse dès lors progressivement ce qui constitue la « nature du possible » que Maïmonide place au centre de ces analyses. Cette nature du possible se pense comme essentiellement duelle [3] : la possibilité nous invite ainsi à penser la contingence du monde qui pourrait être autrement qu'il n'est. Le possible ne dit donc pas seulement ce qui demande une volonté pour être établi dans l'être ; il désigne un plan, distinct de l'être, où se reconnaissent des alternatives envisageables. Il est le lieu d'indétermination d'où pourront surgir tel ou tel étant déterminé.

Par conséquent, si Maïmonide met au cœur de la métaphysique le possible, jusqu'à ce que ce concept éclaire mais aussi bien recouvre celui de potentiel, un certain nombre de décisions conceptuelles sont conjointement véhiculées quant à la manière de penser l'être de ce qui est dans le monde. Quatre idées retiennent particulièrement notre attention.

1) Le possible se laisse porter à l'être par un agent. Il s'intègre au sein d'une conception du monde qui met l'accent sur la cause. Plus particulièrement, il invite à une promotion de la causalité agente, au détriment de la matière et de la forme.

2) Le possible se donne à connaître, voire s'impose à un entendement. La pensée ne fait pas le possible, mais le découvre, en reconnaissant des alternatives.

3) Le possible apparaît ainsi aller de pair, ou du moins permettre l'éclosion d'une conception du monde comme fondamentalement contingent, comme pouvant être autre qu'il n'est. Si ce qui est est finalement porté à l'être par une volonté qui en décide ainsi, et le cause, le possible désigne ce qui s'offre à un esprit, humain ou divin, comme objet d'action.

1. *Dalâlat,* III, 17, p. 523, l. 16-17 (trad. t. III, p. 120).

2. *Ibid.,* l. 17-19 (trad. t. III, p. 120-121). Assumant une position déterministe, Abner de Burgos (converti au Christianisme sous le nom d'Alphonse de Valladolid, m. ca 1347), renvoie à ce passage (*Minḥat Qenaot*, version castillane : *Ofrenda de zelos*, chap. 3, éd. Mettmann, p. 24).

3. Voir *Dalâlat,* III, 26, éd. Atay, p. 564 (trad. t. III, p. 209) et III, 20, éd. Atay, p. 540 (trad. t. III, p. 151).

4) Le possible reçoit ainsi sa pleine portée métaphysique, en n'étant ni le simple corrélat d'une puissance, ni le fruit de notre pensée. Il fait signe vers cette essentielle indétermination de ce qui est, lequel requiert un autre que lui-même pour être lui-même.

Aristotélicien discutant avec les auteurs du *kalâm*, Maïmonide témoigne du recouvrement de la conceptualité du potentiel par celle du possible. Une telle promotion du possible impose un nouveau cadre théorique. Se disputant au XIVe siècle autour de la nature du possible[1], Abner de Burgos et Isaac Polqar (ou Polgar), son élève et ami avant qu'il ne devienne son opposant, s'en souviendront. La seule attention à la disposition de la matière ne saurait suffire; il convient de faire droit à un agent[2] : « porque ella es possible de si misma, ovo mester obrador fuera de si que la forcasse para aver uno de los dos contrarios posibles, segund que lo nombre desuso en el cuerpo de la cera »[3]. Mais une difficulté surgit, qui conduit à interroger la pertinence de cette irruption du possible : que peut en effet l'homme, face à cet agent (ici : *obrador*, en hébreu : *po'al*) extérieur? Si la possibilité décrit une réceptivité de la créature à ce qui est autre qu'elle[4], ne pouvons-nous nous y soustraire, et sommes nous condamnés à être le jouet des événements? Si l'homme, à la barre d'un bateau, a la possibilité de continuer sa route comme celle de couler, une fois arrivé à bon port cette dernière possibilité disparaît[5]; l'homme a ainsi, aux yeux de Polqar, un pouvoir de résistance aux événements, pouvoir qui assurément fait défaut à la cire[6]. Distinguant alors deux acceptions de la possibilité, Polqar fait jouer Aristote contre Aristote : l'Aristote de la doctrine catégoriale, et du couple substance – accident, contre l'Aristote de l'hylémorphisme. Contre Abner, Polqar soutient qu'il n'est pas seulement une possibilité

1. Sur cette discussion, voir C. Manekin, « Hebrew Philosophy in the XIVth and XVth Centuries », *in* D. Frank et O. Leaman (eds.), *History of Jewish Philosophy*, Londres, Routledge, 1997, p. 350-378. Sur la nature du possible (*teva' ha-efshar*), voir aussi (contre Abner) Moïse de Narbonne (m. 1362), *Maamar bi-beḥirah*, éd. Hayoun, p. 146 ; Moïse de Narbonne se réfère alors à Aristote.

2. Dans son *Minḥat Qenaot*, Abner, qui fait référence à la fois à Avicenne et à Maïmonide, distingue une possibilité éternelle et une possibilité temporelle (ou possibilité par un autre) ; il s'attache alors à la préparation de la matière à recevoir différentes formes, conformément à l'activité sur elle d'un agent causal : « es dicho que el subjecto por su natura es aparejado para las recibir una en pos otra, segunt pujamiento de la causas que endebdan la obra una sobre otra en un tiempo, e non en otro » (version castillane : *Ofrenda de zelos*, chap. 4, éd. Mettmann, p. 26).

3. *Ofrenda de zelos*, chap. 4, éd. Mettmann, p. 25.

4. Abner parle ainsi de « la possibilitat que es en los recibidores » (*ibid.*, chap. 2, éd. Mettmann, p. 18).

5. Voir Polqar, *Ezer ha-dat*, éd. Levinger, p. 138. La possibilité disparaît-elle avec l'advenue de l'acte opposé ? Abner le refuse : « la natura de la possibilidat finca siempre en el possible, ca lo que es de la substantiadat de la cosa non se tira nunqua de ella » (*Ofrenda de zelos*, chap. 4, éd. Mettmann, p. 25).

6. Voir R. Haliva, *Isaac Polqar : a Jewish Philosopher, or a Philosopher and a Jew*, thèse de doctorat, Montreal, Mc Gill University, 2015, p. 175 *sq.*

comprise comme prédisposition de la matière à certaines formes, mais aussi une possibilité qui se trouve dans les accidents du monde. L'attention à l'accident invite alors à découvrir des possibilités sur lesquelles nous avons prises. Pour Polqar, l'on ne pourrait dès lors, ou du moins l'on ne devrait pas, se contenter du modèle de la matière disposée à une forme qu'elle reçoit passivement d'un agent ; il conviendrait d'être attentif à la possibilité telle qu'elle se trouve dans les accidents (*miqrei*) du monde, et voir en l'homme celui qui a prise sur cette possibilité par ses actes, celui qui, précisément, peut faire disparaître une possibilité. L'accidentalité invite donc à dépasser le modèle de la matière recevant la forme, pour rendre compte de l'activité de l'homme[1]. La possibilité peut dès lors bien dire l'ouverture ou la réceptivité à l'égard d'une action autre ; l'homme dispose d'un pouvoir de l'accepter, ou de la refuser. Il dépend de moi que se réalise une possibilité mise en moi par un autre.

Ainsi donc, le possible se dit en référence à l'acte en deux sens qui demandent à être repérés, et clairement distingués : la possibilité, établie par un agent extérieur, se présente pour moi et à moi comme un acte possible. S'esquisse dès lors, au travers de cette discussion, combien ce qui se joue en métaphysique, à savoir la réécriture du potentiel en possible, ne manque pas d'avoir des répercussions sur les questionnements éthiques. Pour le dire d'un mot, la réceptivité que véhicule l'idée de possible n'implique pas une dépossession par l'homme de ce qu'il est. Bien plutôt, la possibilité ne dit pas la virtualité de ce qui doit nécessairement se réaliser, mais ce qui est donné comme option pour un agent doté d'une faculté de choix. L'exposition à une puissance autre que dit le lexique de la possibilité doit s'entendre, proprement, comme une mise à disposition. Autrement dit : si les possibilités sont reçues par la créature d'une causalité externe, elles pourraient bien offrir à l'homme des alternatives, bien loin de l'assujétir à un autre que lui-même. Dans ces conditions, il convient de reconnaître dès à présent que la possibilité comme indigence fondamentale de la créature ne signifie pas nécessairement la passivité de ce qui ne ferait rien par lui-même ; elle propose plutôt un champ d'action. Bref, la dépendance envers un autre que dit le possible n'est pas renoncement à soi.

Que retenir dès lors du parcours que nous venons d'effectuer au sein de ces pensées développées en terre d'Islam, toutes inspirées par la reconnaissance d'un Dieu créateur (quelle que soit leur diversité) ? Il est clair que des doctrines qui se sont d'abord développées en dehors de la tradition strictement philosophique ont contribué à l'émergence d'une conception du possible qui n'est pas simplement réductible au potentiel aristotélicien.

1. Sur l'homme agissant par choix, voir *Ezer ha-dat*, éd. Levinger, p. 140.

Trois lignes directrices ont émergé touchant l'avènement du possible en terre d'Islam.

1) En premier lieu, force est de constater que le concept de *mumkin* qui s'est finalement imposé dans la tradition arabe pour dire le possible n'allait pas de soi. Le terme, non coranique, n'était guère employé pour dire le possible dans le *kalâm* des origines ; et la question du potentiel se laissait dire selon le vocabulaire de l'être en puissance (*bi-l-quwwa*), plutôt que comme être possible. En philosophie, il a d'abord servi à dire le possible envisagé comme modalité logique. Il s'est ensuite vu investir à nouveaux frais en métaphysique, avant que le *kalâm* ne s'en empare lui aussi au sein de ces spéculations sur ce qui est en la puissance d'un agent (en premier lieu, de Dieu lui-même) et ce faisant ce qui acceptable.

2) Lorsque le terme *mumkin* s'est imposé, il a bénéficié de la double fécondité que lui offrait son intégration au *kalâm* et à la métaphysique. Le *kalâm* a permis de voir dans le possible ce qui s'offre à l'action divine : objet théorique d'abord (pour la science divine), le possible se dit alors non pas de ce qui est, mais de ce qui peut être. La métaphysique voit quant à elle dans le possible non pas seulement, ni en réalité d'abord l'être en puissance, mais l'être qui est causé par un autre. Ainsi, si le *mumkin* est appelé à dire ce qui peut être ou non, il laisse transparaître en son cœur l'idée d'être établi, causé, effectué : il renvoie en ce sens fondamentalement à une puissance agissante le portant dans l'être.

3) La rencontre du possible et du potentiel ne saurait dès lors manquer d'infléchir la manière dont le potentiel de la tradition aristotélicienne va pouvoir être appréhendé. Le possible introduit une béance au cœur de l'étant en le présentant comme dépendant d'un autre. Le possible ouvre l'être à l'altérité.

Terminons par une suggestion. Aristote sans doute avait ouvert la voie à une telle appréhension du possible, lorsqu'il avait présenté, dans son éthique, le *dunaton* moins en référence à l'être-en-acte qu'en référence à une action, à un *poiein*. L'interprétation de l'*energeia* comme un acte (*fi'l*) n'invitait-elle pas à un tel développement du possible, lequel n'avait dès lors plus à être cantonné au domaine de l'éthique, mais pouvait se déployer en métaphysique ?

Il nous reste à confronter notre lecture à la tradition stricte de la métaphysique telle que les « philosophes » (les *falâsifa*) l'ont poursuivie en terre d'Islam.

CHAPITRE V

BI-L-QUWWA OU *AL-MUMKIN*: L'ÊTRE EN PUISSANCE ET LA PHILOSOPHIE DU POSSIBLE

Comment le possible a-t-il pu devenir un concept central de la métaphysique ? Les précédentes analyses ont établi la divergence de la thématique du possible et de celle de l'être-en-puissance [1]. Or, sans doute le premier a-t-il fini par supplanter le second. Nous voudrions ici suggérer combien la nouvelle thématique, reposant sur l'idée de possibilité, modifie en profondeur le sens du geste métaphysique. Si l'interprétation de l'*ousia* privilégiait chez Aristote l'*energeia*, l'être-en-puissance apparaissait alors comme toujours et fondamentalement grevé d'imperfections. L'attention au possible lui assure au contraire une légitimité propre comme présupposé de tout ce qui est. Le centre de gravité de l'analyse métaphysique se voit ainsi déplacé, de l'être en acte, accomplissant son essence, au possible, entendu comme pouvoir être.

La collusion lexicale en arabe, entre le *dunaton* et l'*endekhomenon*, qu'illustre l'avènement du *mumkin* pour dire l'un et l'autre, allait sans doute dans le sens d'une émancipation du possible à l'égard de la puissance.

Le présent chapitre s'intéresse à l'intégration du possible à la métaphysique telle qu'elle s'est effectuée en terre d'Islam [2]. Le concept de *mumkin* fut d'abord employé dans les traductions de l'*Organon* d'Aristote. Or, rencontrant les spéculations du *kalâm* sur ce qui est en la puissance de Dieu, et que l'on peut « accepter » qu'il fasse, il a été réinvesti, dans un second temps de la réception de la philosophie, non plus seulement en logique, mais en physique et en métaphysique.

1. Voir aussi H. Wolfson, *Crescas Critique...*, *op. cit.*, p. 111-112.

2. Sur la réception de la philosophie grecque, voir la synthèse de C. d'Ancona, *La casa della sapienza*, *op. cit.*

Averroès : L'admission de la puissance

La *falsafa* et le *kalâm* ont constitué, on le sait, deux manières différentes d'expliquer le monde. Leurs outils conceptuels se sont d'abord élaborés (pour une part du moins) indépendamment l'un de l'autre. Pourtant, ces deux disciplines ne restèrent pas parfaitement hermétiques l'une à l'autre. Le *kalâm* a pu faire droit à certains apports théoriques avicenniens, et notamment à un certain concept de *mumkin*. Inversement, la philosophie ne demeura pas étrangère à certaines spéculations du *kalâm*[1]; ainsi Avicenne retravaillait-il par exemple la distinction mutazilite entre la chose et l'étant. Semblablement, le concept de possible tel que le *kalâm* l'envisage pourra être repris et intégré à la métaphysique. On a vu comment Maïmonide discutait à cet égard avec les asharites; leur doctrine de l'acceptabilité les aurait conduits à nier « la nature du possible ». Conjointement, Maïmonide intégrait à sa réflexion sur le potentiel une certaine conception du possible. Mais la tradition stricte de la métaphysique, et de l'exégèse de l'œuvre d'Aristote, ne fut pas non plus imperméable à la conceptualité du possible. Timidement introduit dans les traités métaphysiques[2], le vocabulaire du *mumkin*, une fois intégré, allait inciter à une confrontation du *kalâm* et de la *falsafa*. L'opposition, voire la concurrence, entre la *falsafa* et le *kalâm* s'accompagna en effet de discussions, ou disputes, sur les doctrines, mais aussi (et ce faisant) de certains échanges de concepts.

1. Le philosophe Abû Ḥâmid al-Isfizârî (Xe siècle) met à la question la philosophie aristotélicienne, en opposant un discours logique qui affirme la subsistance par soi de la substance, et un discours théologique qui en appelle à la puissance (*quwwa*) de Dieu (*Fî masâ'il al-umûr al-ilâhiyya*, q. 19, éd. Gimaret, p. 234). Isfizârî fait un large usage du concept de chose (*shay'*), faisant ainsi se rencontrer Aristote (dont il analyse le concept de premier moteur) et le *kalâm*. Il reconnaît ainsi (q. 10, p. 238) une « sortie du néant vers l'être » (*ikhrâj al-'adam ilâ al-wujûd*) conjontement à l'advenue de la forme (*ṣûra*), et fait droit à la « chose non-étante » (*al-shay' al-ma'dûm*) comme celle pour laquelle il est possible qu'elle devienne un étant (*yumkinu an yakûna mawjûdan*), dès lors qu'elle revêt une forme (*ṣûra*). Les analyses du *kalâm* sur la chose qui advient à l'être et la conceptualité aristotélicienne de la forme se rejoignent ainsi d'une manière remarquable.

2. Déjà al-Kindî (m. 873) mêle la conceptualité du possible et de l'être-en-puissance. L'épître *Fî waḥdâniyya Allah*, éd. Jolivet-Roshdi, p. 141, l. 11, passe de la possibilité (« min jiha al-imkân ») à l'être en puissance (« fa huwa bi-l-quwwa… »). Voir aussi *Fî mâ'iyya mâ lâ yumkin an yakûna lâ nihâya la-hu*, éd. Jolivet-Rashed, p. 155, l. 13-20, notamment l. 19 : « a'nî bi-l-quwwa al-imkân / par en-puissance, je veux dire la possibilité ». Dès lors, la possibilité peut-elle être dite par opposition à l'être en acte ; voir notamment *Fî-l-falsafa al-ûlâ*, éd. Jolivet-Rashed, p 33, l. 13-16 : le possible (*al-mumkin*) pour une chose (*shay'*) est dans des choses de même substance (*jawhar*) ; l'art d'écrire est à titre de possibilité (*bi-l-imkân*) dans Muḥammad sans y être acte (*bi-l-fi'l*), mais est chez d'autres hommes. Le vocabulaire de l'en-puissance (*bi-l-quwwa*) n'est pas ignoré ; voir p. 31, l. 19. Ainsi, si Kindî ne s'est pas étendu sur le *mumkin* (ce que constate M. Fakhry, « Aristotle and Ibn Sînâ », p. 142), reste que les quelques emplois signalés témoignent d'une confrontation avec la conceptualité de la puissance. Voir en outre le propos d'Ibn Ḥazm, *Al-Radd*, éd. Rashed-Jolivet, p. 113, qui suggère une détermination causale du *mumkin*.

Notamment, la métaphysique d'obédience aristotélicienne ne manqua pas d'intégrer certains apports de la réflexion menée dans le *kalâm* sur ce qui est du domaine de la puissance divine, et qui est acceptable. Le concept de *mumkin* constitua tout particulièrement une sorte de cheval de Troie par lequel la pensée du *kalâm* pénétra, en son cœur, la philosophie. Par une sorte d'effet de balancier, le terme *mumkin*, que les auteurs du *kalâm* empruntent à la philosophie, se voit repris en métaphysique lesté des significations que les *mutakallimûn* lui ont adjointes. Cet avènement du *mumkin* en philosophie modifia profondément la manière d'appréhender l'idée de potentialité ou d'être-en-puissance héritée d'Aristote.

Averroès (m. 1198) nous fournit un exemple éclatant de cette ouverture de la conceptualité de la philosophie à son autre [1] : ainsi, il n'hésite pas à railler la doctrine des *mutakallimûn*, qui en viennent à admettre la possibilité d'une advenue à partir de rien [2]; mais ce faisant s'instaure un dialogue fécond entre les deux discours. Celui que les théologiens latins surnommèrent « le Commentateur » [3] introduisit en effet les débats du *kalâm* [4] au sein de son exégèse de l'être-en-puissance aristotélicien, notamment pour éclairer des discussions opposant le Stagirite aux mégariques [5]. Le livre IX du *Tafsîr* de la

1. Averroès discute la doctrine de l'adventicité telle qu'elle pouvait être soutenue dans le *kalâm* ; voir B. S. Kogan, « Eternity and Origination » : Averroes' Discourse on the Manner of the World's Existence », *in* M. E. Marmura (ed.), *Islamic Theology and Philosophy*, Albany, SUNY, 1984, p. 203-235. La figure de Juwaynî est centrale, notamment dans *Al-kashf*; voir M. Arfa-Mensia, « Regards d'Ibn Rushd... », art. cit. Sur la manière dont la puissance se laisse réécrire, en contexte averroïste, dans le vocabulaire de la possibilité, voir Y. Adouhane, *Une critique ash'arite...*, *op. cit.*, t. I, p. 116-117.

2. *Grand commentaire à la Physique*, VIII, 4, f. 341 : « loquentes autem saraceni habent pro possibili aliquid generari ex nihilo ». Voir C. Cerami, *Génération et substance*, *op. cit.*, p. 426-427.

3. Sur l'œuvre de commentateur d'Averroès, voir A. Badawi, « Averroès face au texte qu'il commente », *in* J. Jolivet (éd.), *Multiple Averroès*, Paris, Les Belles Lettres, 1976, p. 59-90.

4. Le Grand commentaire de la *Métaphysique* introduit certaines discussions contemporaines. Il y est question de l'idée de création, sans matière préalable, admise par les *mutakallimûn* « de notre religion » (les musulmans, donc), et les nazaréens (les chrétiens), dans son commentaire du livre Lambda (*Tafsîr mâ ba'd al-ṭabî'at*, XI, C18, éd. Bouyges, p. 1498). Averroès mentionne Jean le Grammairien (Philopon) ; il n'assimile pas cette position à celle d'Aristote (p. 1499). Il critique aussi la théologie trinitaire chrétienne, comme la position asharite sur les attributs divins (*Tafsîr mâ ba'd al-ṭabî'at*, XI, C39, éd. Bouyges, p. 1620). Sur la manière dont Averroès infléchit les thèses du premier maître, en intégrant des éléments du *kalâm*, voir D. Urvoy, *Averroès*, Paris, Champs-Flammarion, 1998, p. 162-163, et M. Allard, « Le rationalisme d'Averroès d'après une étude sur la création », *Bulletin d'études orientales*, 1952-1953, p. 7-59.

5. Voir Z. Bou Akl, « Des mégariques aux asharites : le commentaire d'Averroès à *Métaphysique* », *Rursus*, 9, 2016, revue en ligne, mise en ligne le 28 juillet 2016, http://rursus.revues.org/1235. Voir aussi Ibn Sînâ, *Shifâ'*, al-illâhiyât, IV, 2, éd. du Caire, t. I, p. 176, l. 14-177, l. 3. Voir C. Schöck, « Möglichkeit und Wirklichkeit... », art. cit., p. 97-98.

Métaphysique d'Aristote, ouvrage semble-t-il de la maturité [1], est remarquable à cet égard [2].

Le chapitre 3 du texte aristotélicien [3] présentait ainsi la position mégarique comme consistant à faire coïncider la puissance avec l'acte : « wa min al-nâs, mithl ghâriqûn [sic], man yaqûlu inna al-quwwa 'inda al-fi'l faqaṭ / parmi les gens, par exemple les *ghariques* (megariques), il y en a qui disent que la puissance est au moment de l'acte seulement » [4]. Et Averroès d'expliquer la position du Stagirite, en substituant au couple de la puissance et de l'acte celui de fla puissance et de la chose : « yurîdu : wa min al-nâs man yankuru wujûd al-quwwa al-mutaqaddima bi-l-zamân 'alâ al-shay'... / il veut dire : parmi les gens, il y en a qui nient que la puissance soit antérieure selon le temps à la chose... » [5]. Cette position revient à nier la puissance; la puissance étant l'opposé de l'acte (*al-quwwa muqâbila li-l-fi'l*), on ne peut en effet les trouver ensemble (*ma'an*) [6]. L'argument ne se trouve pas comme tel dans le texte aristotélicien. Le philosophe cordouan insiste donc sur l'opposition de la puissance et de l'acte; l'admission de la puissance requiert partant l'admission de sa précédence par rapport à l'acte. Les débats contemporains motivent sans doute une telle attention à la puissance, en son irréductibilité vis-à-vis de l'acte. Averroès ne manque d'ailleurs pas de mentionner les asharites : « wa hâdhâ al-qawl yantaḥilu-hu al-ân al-ash'ariyya min ahl millati-nâ / et ce discours, les asharites, parmi les gens de notre religion, le professent maintenant » [7]. Sans doute les riches discussions du *kalâm* autour du statut des actes viennent-elles ici éclairer, mais peut-être aussi infléchir la lecture du texte aristotélicien. La coïncidence de la puissance et de l'acte semble conduire à adopter une position qui frise l'asharisme, et donc l'idée que nos actes ne viennent pas de nous-mêmes.

On connaît les nombreuses critiques auxquelles durent faire face les asharites. Averroès n'en est pas davantage ignorant. Fin critique de Ghazâlî, dont il s'est d'ailleurs attaché à « détruire la destruction », Averroès marque sa suspicion envers toute position qui fleure l'asharisme. Notre qâḍî revient à cet égard quelques lignes plus bas sur la position incriminée, celle des asharites

1. Voir M. Bouyges, « Notice », *op. cit.*, p. XXIII-XXV.

2. L'original arabe du *Talkhîṣ* est perdu. Voir M. Zonta, *Il commento medio...*, *op. cit.*, t. I, p. 13 *sq.*

3. Averroès s'appuie principalement sur la traduction faite à partir du grec d'Asṭât (Eustathe), bien qu'il recourt également à d'autres versions (telle la version à partir du syriaque d'Abû Bishr Mattâ, et ici ou là des fragments de Yaḥyâ Ibn 'Adî). Voir A. Martin, *Averroès. Grand commentaire...*, *op. cit.*, p. 7-8 ; M. Bouyges, « Notice », *op. cit.*, p. CXVIII-CXXIV. Pour ce qui concerne le livre ϑ, qui nous intéresse ici, voir *ibid.*, p. CXXX.

4. *Tafsîr mâ ba'd al-ṭabî'at*, IX, T5, p. 1124, l. 9-10 et C5, éd. Bouyges, p. 1126, l. 8-9. Les « mégariques » sont devenus les « ghariques », ce que confirme l'apparat critique ; c'était le cas aussi chez Avicenne.

5. *Ibid.*, IX, C5, éd. Bouyges, p. 1126, l. 9-10.

6. *Ibid.*, l. 11-12.

7. *Ibid.*, l. 12-13.

(« les gens de notre temps »), « li-af'âl al-mawjûdât kulli-hâ, fâ'il wâḥid, bilâ wasâṭa la-hâ, wa huwa al-ilah subḥâna-hu / il y a pour les actes de tous les étants, un seul agent, sans intermédiaire, c'est le Dieu, exalté soit-il »[1]. Une telle position fait courir le risque de ne pas pouvoir penser que soient différenciés (*khâṣṣ*) les actes (*fi'l / af'âl*), ni ce faisant les essences (*dhawât*) ; telle est la conséquence logique, qui semble s'ensuivre de leur thèse[2]. L'asharisme est ainsi combattu au nom d'une attention à la particularité de ce qui est ; et la puissance, en son antériorité vis-à-vis de l'acte, doit permettre de répondre à un tel réquisit conceptuel.

L'*Epitomè*[3] ne s'est pas davantage privé de faire intervenir ces éléments issus du *kalâm* contemporain. Au livre III, la puissance se laisse ainsi expliciter à l'aide du possible. La puissance est visée « à travers notre mot de possible » (*bi-qawli-nâ mumkin*)[4]. La possibilité permet à cet égard de rendre compte de la manière dont ce qui est en puissance se rapporte à l'être-en-acte : si la puissance est une disposition dans la chose (*al-isti'dâd fi-l-shay'*), elle désigne aussi la possibilité (*al-mumkin*) d'être en acte[5]. On ne s'étonnera pas de l'immixtion de ce lexique, auquel pouvait d'ailleurs faire référence la traduction arabe de la *Métaphysique* que lit Averroès[6]. Reste que cet usage autorise assurément, voire encourage, la mention des discussions autour du possible dans le *kalâm* contemporain[7]. Averroès s'inscrit ainsi au sein de l'importante lignée de penseurs refusant la « négation du possible » dont se seraient rendus coupables les asharites. Parlant des penseurs anciens, ou contemporains, qui ont soutenu la concomitance de la possibilité et de l'être en acte, il constate alors que la négation de la nature du possible (*ṭabî'a al-mumkin*) conduit à l'identification du possible et du nécessaire[8]. Le développement métaphysique sur la puissance et l'acte laisse ainsi place à un examen sur la possibilité et l'activité, dont l'enjeu pratique est manifeste. S'il introduit subrepticement la question des modalités (le possible et le nécessaire), la difficulté principale que soulève Averroès concerne le statut des actes humains. La détermination pratique de l'*energeia*

1. *Ibid.*, p. 1135, l. 15-16.

2. *Ibid.*, p. 1135, l. 16-p. 1136, l. 3. Pour Averroès, l'être (*wujûd*) assure la distinction des individus, leur altérité (*ghayriyya*) ; voir Z. Bou Akl, *Averroès : le philosophe et la loi*, Boston-Berlin-Munich, W. de Gruyter, 2015, p. 104.

3. Sur le titre de son ouvrage, et l'appellation retenue d'*Epitomè*, voir R. Arnzen, *Averroes on Aristotle's Metaphysics, op. cit.*, p. 1-5. Nous le désignerons sous le titre classique, attesté par les manuscrits : *Kitâb mâ ba'd al-ṭabî'at.*

4. *Kitâb mâ ba'd al-ṭabî'at*, III, 9, éd. Quiros-Rodriguez, p. 84, éd. Jéhamy, p. 100.

5. *Ibid.*, III, 11, éd. Quiros-Rodriguez, p. 85, éd. Jéhamy, p. 102.

6. Le terme *mumkin* est employé dans la traduction d'Aristote dont se sert Averroès, en *Métaphysique*, ϑ, 6, 1046a27, in *Tafsîr mâ ba'd al-ṭabî'at*, IX, T11, éd. Bouyges, p. 1156, l. 6. Voir R. Arnzen, *Averroes on Aristotle's Metaphysics, op. cit.*, n. 350 p. 259.

7. Averroès rapproche les penseurs anciens et contemporains qui ont refusé la précédence de la possibilité sur l'effectivité (*Kitâb mâ ba'd al-ṭabî'at*, III, 13, éd. Quiros-Rodriguez, p. 86-87, éd. Jéhamy, p. 102-103).

8. *Ibid.*, p. 86, éd. Jéhamy, p. 102.

que suggère la traduction par *fi'l* se renforce dès lors par la défense du possible contre l'asharisme. La puissance (*quwwa*) aristotélicienne, relayée par le possible (*mumkin*), est défendue, au nom de l'impératif éthique qui impose de reconnaître en l'homme pouvoir et capacité (*qudra; istiṭâ'a*) [1] d'agir par soi-même. Le possible exhiberait ainsi, pour la créature, un domaine sien, délimitant ce qu'elle peut ou non faire.

Comment comprendre l'insertion de ce possible au cœur de l'étant ? Lisons pour ce faire le *Tahâfut al-tahâfut*[2]. Ibn Rushd s'attache à défendre, contre Ghazâlî et les asharites, l'idée d'une nature inscrite dans ce qui est. Le possible rejoint alors, d'une manière particulièrement manifeste, la conceptualité aristotélicienne de la puissance : « huwa mumkin min jiha bi-l-quwwa / cela est possible pour autant qu'il est en puissance » [3].

Dès la première discussion, Averroès présente, contre Ghazâlî, la possibilité comme irréductible à un jugement de l'intellect[4]. L'arrière-fond aristotélicien est alors particulièrement manifeste[5] ; mais le philosophe de Cordoue n'hésite pas à recourir, en gage supplémentaire, au *kalâm*, plus particulièrement alors au mutazilisme. Retenons quatre des arguments qu'il utilise pour défendre sa position concernant le possible.

1) Averroès retravaille en premier lieu la doctrine aristotélicienne pour exhiber le substrat (*al-mawḍû'*) supportant le changement : « yakûn al-ḥâmil li-l-imkân, huwa al-shay' al-qâbil li-l-mumkin, wa huwa al-mâdda / il y a le support pour la possibilité, c'est la chose qui est réceptrice du possible, c'est la matière » [6]. On comprend dès lors comment la privation n'acquiert pas l'être ; le passage de la puissance à l'acte (*bi-l-quwwa ilâ al-fi'l*) requiert la reconnaissance d'un support (*ḥâmil*) pour les formes contraires[7]. Averroès mêle donc des considérations sur la possibilité à l'élucidation du changement, et de l'actualisation de ce qui est en puissance. La matière apparaît alors comme le lieu même de la possibilité.

2) Une telle reconnaissance du possible exhibe alors une suggestive coïncidence de la philosophie et du mutazilisme, selon qui « al-ma'dûm huwa dhât mâ / le néant est une certaine essence » [8]. Si la philosophie aristotélicienne

1. Voir *Kitâb mâ ba'd al-ṭabî'at*, III, 13, p. 87, éd. Jéhamy, p. 103.

2. Le *Tahâfut* aurait été écrit bien avant le *Tafsîr*, ce qui, selon M. Bouyges, expliquerait la différence des idées et préoccupations (« Notice » de l'édition du *Tafsîr*, p. xxv).

3. *Tahâfut al-tahâfut*, I, 192, éd. Bouyges, p. 105, l. 4.

4. On trouve aussi, dans le recueil de *Questions sur la Physique* (en hébreu), attribuée à Ghazâlî, l'idée que Dieu pourrait faire ce qui nous semble impossible (q. 4, trad. p. 9).

5. Sur l'arrière-fond aristotélicien de ces pages sur le possible, voir les notes de S. van den Bergh à sa traduction du texte (t. II, p. 44 *sq.*).

6. *Tahâfut al-tahâfut*, I, 184, éd. Bouyges, p. 101, l. 6-7.

7. *Ibid.*, I, 186, éd. Bouyges, p. 102. Sur ce substrat, voir encore *ibid.*, I, 192-193, éd. Bouyges, p. 104-106.

8. *Ibid.*, I, 192, éd. Bouyges, p. 105, l. 5.

motive l'attention au substrat ou support du possible, le mutazilisme nous donne à présent de reconnaître (contre les asharites, précisément) comment ce qui n'a pas l'être n'est pas dénué de toute consistance ontique[1], idée qui ne manque pas de faire écho à l'affirmation de la *Métaphysique* faisant de l'être en puissance, une manière d'être, distincte de l'être en acte.

3) L'assignation de la possibilité à la matière[2] permet de refuser sa réduction à un jugement de l'intellect; les vraies intellections (*al-ma'qûlât al-ṣâdiqa*) renvoient en effet à une entité qui est hors de l'âme (*amr mawjûd khârij al-nafs*)[3]. L'admission d'une détermination cogitative du possible ne doit donc pas nous amener à un quelconque enfermement dans la sphère psychique[4].

4) D'une manière semblable, que la possibilité se présente comme un universel n'implique aucunement son indépendance à l'égard des étants individuels : « al-imkân huwa al-kulliyy la-hu juz'iyyât mawjûd khârij al-dhihn / la possibilité est un universel, qui a des individus qui sont hors de l'esprit »[5].

Ainsi donc, la discussion I est l'occasion pour Averroès, contre Ghazâlî, d'exhiber une détermination du possible irréductible à la sphère cogitative. La possibilité peut bien nous renvoyer à un jugement de l'intellect; ce jugement doit porter sur des choses, des étants; le possible dispose donc d'un ancrage ontique.

Discutant la discussion XVII, Averroès revient alors sur la thèse des *mutakallimûn* selon laquelle « al-umûr al-mutaqâbila fî-l-mawjûdât mumkina 'alâ al-sawâ' / les opposés des étants sont également possibles »[6]. Il doit donc ici faire droit, au sein de la tradition asharite, à une certaine reconnaissance du possible (*mumkin*) à propos des étants mondains. La discussion serrée qui est alors menée permet de faire ressortir quelques traits saillants de la position d'Averroès, présentée comme philosophique (par opposition à celle des *mutakallimûn*), sur le possible.

1. *thubût*, tel est le terme par lequel le mutazilisme désigne cette consistance, ou fixité, de ce qui n'est pas, mais peut être ; Averroès y fait écho comme un point d'accord entre philosophes et mutazilites (*Tahâfut al-tahâfut*, I, 196, éd. Bouyges, p. 106, l. 11).

2. Plus précisément : la possibilité requiert la matière entendue comme substrat ; voir N. Rescher, *Studies in Arabic Philosophy*, *op. cit.*, p. 74. Sur la matière première, voir C. Cerami, *Génération et substance. Aristote et Averroès entre physique et métaphysique*, Berlin, W. de Gruyter, 2015, p. 382 *sq. Cf.* Fakhr al-Dîn al-Râzî, *Risâla fî l-hayûlâ*, éd. Eftekhari, p. 308.

3. *Tahâfut al-tahâfut*, I, 188, éd. Bouyges, p. 103, 3-5. Averroès peut s'autoriser d'Aristote, *Peri hermeneias*, 9, 19a33 : « ὁμοίως οἱ λόγοι ἀληθεῖς ὥσπερ τὰ πράγματα ».

4. Voir encore *Tahâfut al-tahâfut*, I, 188, éd. Bouyges, p. 103, l. 6-7. Et Averroès de réfuter comme sophistique l'argument s'appuyant sur l'impossible qui ne requerrait pas un substrat (*ibid.*, 189, p. 103, l. 7-11).

5. *Ibid.*, I, 203, éd. Bouyges, p. 110, l. 8-9. Sur l'universel par rapport aux individus, voir *Tafsîr mâ ba'd al-ṭabî'at*, XI, C4, éd. Bouyges, p. 1417.

6. *Tahâfut al-tahâfut*, XVII, 23, éd. Bouyges, p. 530, l. 18-19.

1) Selon la présentation que fait Averroès de la doctrine des *mutakallimûn*, le possible (qui intervient donc sous une forme duelle) se présente « de cette manière au regard de l'agent » (*ka-dhâlika ʿinda al-fâʿil*)[1]. D'emblée donc, l'idée de possible est appréhendée selon une perspective axée sur l'activité. La question est alors celle du choix d'un parti, plutôt que d'un autre. Le nerf de la discussion concerne ainsi le fait que « l'un des opposés est différencié par la volonté d'un agent » (*yutakhaṣṣaṣu aḥad al-mutaqâbilayni bi-irâda fâʿil*)[2] : peut-on reconnaître une règle guidant l'agent ? Ou celui-ci agit-il tel un prince tyrannique (*al-malik al-jâʾir*) ? La position des *mutakallimûn* semble aller en ce sens[3]. Averroès la critique au nom de la possibilité même d'une science établie. Contre les *mutakallimûn*, il convient dès lors de s'attacher à une « nature », ce que les *mutakallimûn* avaient d'ailleurs eux-mêmes sans doute au moins pressenti lorsqu'ils ont recouru au concept d'habitude[4]. Exhiber la nature requiert à cet égard de porter son attention non seulement sur l'agent, mais aussi sur substrat récepteur (*qâbil*)[5], sur étants possibles eux-mêmes :

> fî-l-mawjûdât al-mumkina ḥâl hiya allatî yataʿallaqu bi-hâ ʿilmu-nâ, wa dhâlika ammâ min qibali-hâ anfusa-hâ, aw min qibali al-fâʿil, aw min qibali al-amrayni, wa hiya allatî yuʿabbirûn ʿan-hâ bi-l-ʿâda. / Il doit y avoir dans les étants possibles une condition à laquelle notre connaissance se rapporte, soit par eux-mêmes, soit par l'agent, ou pour les deux raisons – et celle-ci est ce qu'ils appellent à leur sujet habitude.
> wa idh istiḥâl wujûd hâdhâ al-ḥâl al-musammâ ʿâda fî al-fâʿil al-awwal, fa-lam yabqa an takûna illâ fî al-mawjûdât, wa hâdhâ hiya allatî yuʿabbiru ʿan-hâ kamâ qulnâ al-falâsifa bi-l-ṭabîʿa / Et puisqu'il est impossible que cette condition nommée habitude soit dans le premier agent, il reste qu'elle ne peut se trouver que dans les étants, et ceci, comme nous l'avons dit, est ce que les philosophes appellent nature[6].

Le geste effectué par Ibn Rushd est manifeste : il fait porter le regard non pas sur l'agent extérieur, mais sur les étants eux-mêmes, pour découvrir comment la possibilité constitue une condition ou un état sis dans les choses.

1. *Tahâfut al-tahâfut*, XVII, 23, éd. Bouyges, p. 530, l. 19.
2. *Ibid.*, l. 19-20.
3. *Ibid.*, l. 5.
4. Ibn Rushd discute ce concept d'habitude (*ibid.*, XVII, 10, éd. Bouyges, p. 523). Voir B. S. Kogan, *Averroes and the Metaphysics of Causation*, *op. cit.*, p. 135 *sq.*
5. *Tahâfut al-tahâfut*, XVII, 23, éd. Bouyges, p. 530, l. 3. Les asharites auraient manqué la reconnaissance d'une possibilité réceptrice, ou passive, sise dans ce qui est, pour ne faire droit qu'à l'agent (*Kitâb mâ baʿd al-ṭabîʿat*, III, 13 éd. Quiros-Rodriguez, p. 86, éd. Jéhamy, p. 102). Il convient de reconnaître non seulement la possibilité du côté de l'agent, mais aussi du patient (*Tahâfut al-tahâfut*, I, 184, éd. Bouyges, p. 100-101). Isaac Albalag invite également à ne pas se contenter d'examiner la possibilité du point de vue de l'agent, mais à prendre en considération ce qui doit subir, ou recevoir, l'acte (note VI, éd. Vajda, p. 12-13) ; voir G. Vajda, *Isaac Albalag*, *op. cit.*, p. 124.
6. *Tahâfut al-tahâfut*, XVII, 24, éd. Bouyges, p. 531, l. 14-532, l. 2.

La possibilité ne renvoie pas d'abord à la toute puissance d'un agent, mais à une nature apte à recevoir tel ou tel trait.

2) Averroès ne se contente pas pour autant de revenir à la stricte position d'Aristote. Constatons ainsi la primauté de l'acte, au sens de l'activité, qui se fait jour dans ces pages. Symptomatique est à cet égard la présentation de la doctrine des causes[1] : « … al-mawjûdât al-muḥdâtha la-hâ arba'a asbâb : fâ'il wa mâdda wa sûra wa ghâya / les étants advenus ont quatre causes : un agent, une matière, une forme, une fin »[2]. La mise au premier rang de la causalité agente témoigne indéniablement (dans une lignée au demeurant largement influencée par Avicenne) d'une attention à ce qui fait être l'étant advenu. La question causale pose désormais la question de l'être[3] (entendons : l'advenue à l'être) des effets (*wujûd al-musabbabât*), et privilégiera donc la cause en son sens actif[4]. Reconnaître la causalité des étants, contre Ghâzâlî, signifiera donc reconnaître leur activité[5]. Se découvre dès lors une vision du monde, qui articule l'être à l'acte. Certes, ce qui est agit ; mais cela n'indique pas une autarcie pratique, ni même ontique : il agit, mais aussi, et plus fondamentalement, est[6], en vertu d'un agent externe (« bi fâ'il min khârij »)[7]. L'être de ce qui est témoigne de l'activité qui le lui a procuré. Une altérité essentielle, et originaire, est ainsi, assurément, dévoilée.

3) L'enjeu de la discussion avec Ghâzâlî peut dès lors ressortir plus clairement. Contre les asharites, insistant sur la seule activité divine, Averroès s'attache à montrer comment la cause agente première ne doit pas se comprendre au sens de ce qui fait tout dans le monde, mais au sens de ce qui donne l'être à des étants, qui pourront dès lors être eux-mêmes doués d'activité. Ainsi, le feu brûle le coton, en vertu d'« un principe venant de l'extérieur qui est la condition de l'être du feu, en plus du fait qu'il brûle / mabda' min khârij, huwa sharṭ fî wujûd al-nâr, faḍlan 'alâ iḥrâqi-hâ »[8].

1. Sur la causalité reconnue par Averroès, et sa discussion avec Ghâzâlî, voir B. S. Kogan, *Averroes and the Metaphysics of Causation*, *op. cit.*, notamment p. 71 *sq.* (sur la discussion XVII) et I. M. Ozcoidi, *La concepción de la filosofía en Averroes*, Madrid, Trotta, 2001, p. 255 *sq.*

2. *Tahâfut al-tahâfut*, XVII, 6, éd. Bouyges, p. 521, l. 12. Cf. *ibid.*, III, 8, éd. Bouyges, p. 150, l. 12.

3. La traduction arabe du livre Δ n'était pas toujours d'une clarté exemplaire. C'est notamment le cas pour la présentation de la causalité formelle (chap. 2, 1013a27) : l'expression *logos tou ti einai* (définition de la quiddité) est rendue par *kalima tadullu 'alâ kawn* (parole qui indique la venue à l'être), voir *ibid.*, éd. Bouyges, t. II, p. 481, l. 13. Averroès réussit à passer outre la littéralité rocailleuse de la traduction. Voir R. Arnaldez, *Averroès*, *op. cit.*, p. 57.

4. Averroès présente la cause, non seulement comme actualisant la puissance, mais comme faisant être à partir du néant : « min al-quwwa 'alâ al-fi'l, wa min al-'adam alâ al-wujûd » (*Tahâfut al-tahâfut*, III, 8, éd. Bouyges, p. 150, l. 13).

5. *Ibid.*, XVII, 11, éd. Bouyges, p. 524.

6. *Ibid.*, XVII, 6, éd. Bouyges, p. 524, l. 4 « … fî fi'li-hâ, bal fî wujûdi-hâ faḍlan 'an fi'li-hâ ».

7. *Ibid.*, XVII, 11, éd. Bouyges, p. 524, l. 3.

8. *Ibid.*, XVII, 20, éd. Bouyges, p. 529, l. 3-4.

Le *Tahâfut* s'attache donc, contre certaines tendances asharites, à montrer comment le possible fait partie de la nature des choses, bien loin de devoir être ramené à un jugement de notre intellect[1]. Le possible est inscrit au cœur du réel, et témoigne d'une « nature » régissant un monde doté d'un être propre.

Dressons dès lors un premier bilan. L'attention au possible dont Averroès fait preuve en métaphysique[2] vise à reconnaître comment les étants du monde ont une certaine identité, quand bien même ils tiennent leur être d'un autre. Si le possible éclaire le potentiel aristotélicien, il considère, à la suite du *kalâm*, les étants du monde comme effectués, ou « advenus » à l'être (*muḥdath*). En un mot, le possible (*mumkin*) et l'advenue (*ḥudûth*) se disent conjointement. Le possible répond donc au primat de l'acte pour penser l'être : par lui est octroyé à ce qui est un domaine sien délimitant ce qu'il peut devenir, et recevoir.

LA POSSIBILITÉ ET LA PHYSIQUE : LE SUBSTRAT DE LA POSSIBILITÉ

La physique, et notamment l'exégèse de l'ouvrage éponyme, a constitué un second lieu théorique où la conceptualité du possible a pu s'immiscer pour éclairer celle de la puissance.

Nous en avons un exemple remarquable avec le commentaire de la *Physique* d'Ibn Bâjja (m. vers 1138), qui, avant les grandes synthèses d'Averroès, témoigne de la collusion de ces deux conceptualités[3]. Sans méconnaître la puissance[4], Ibn Bâjja fait émerger l'idée de possibilité. Il est remarquable, de ce point de vue, qu'il n'hésite pas à passer d'un terme à l'autre, comme si l'une impliquait nécessairement l'autre : la possibilité de se mouvoir de ce qui est mû permet ainsi d'y découvrir une puissance[5]. Dans son commentaire du livre I, chap. 9, Ibn Bâjja (Avempace pour les Latins) revient sur la doctrine aristotélicienne de la génération : celle-ci, qui se distingue de la succession, implique un substrat qui demeure. Il fait alors appel à l'idée de possibilité (*al-imkân*) : existe-t-elle par elle-même (*bi-nafsi-hi*), telle une

1. À la fin de la discussion XVII, Averroès revient sur la position de certains « musulmans » pour qui Dieu peut ce qui nous apparaît contradictoire (il a le pouvoir, *qudra*, de combiner deux opposés), et l'impossibilité que l'on affirme à ce sujet est un effet de notre intellect (*Tahâfut al-tahâfut*, XVII, 34, éd. Bouyges, p. 534, l. 5 *sq.*).

2. Sur le possible comme « objet métaphysique », voir R. Arnaldez, *Averroès*, *op. cit.*, p. 65.

3. Ibn Bâjja propose une réflexion riche sur l'être-en-puissance, et sa précédence dans ce qui subit une transformation. Il affirme, contre Philopon, qu'une potentialité doit précéder tout mouvement : le bois a déjà la potentialité d'aller vers le haut, avant même d'être en feu ; voir P. Lettinck, « The Transformation of Aristotle's Physical Philosophy in Ibn Bâjja's Commentaries », *in* F. J. et S. Ragep (eds.), *Tradition, Transmission, Transformation*, Leiden, Brill, 1996, p. 65-70, en part. p. 66-67.

4. Sur la puissance, voir aussi le *Kitâb al-kawn wa-l-fasâd*, éd. Puig Montada, p. 20 *sq.*

5. Voir le commentaire du livre VIII, *ibid.*, éd. Ziyada, p. 194-197. Voir F. Cherif Zahar, « L'éternité du mouvement… », art. cit., p. 182.

substance (*jawhar*) ? Il faut plutôt se la représenter comme étant dans un substrat (*fî mawḍû'*)[1]. Le concept de possibilité n'était pas présent dans le passage correspondant de la *Physique*[2] ; et Ibn Bâjja convoque alors l'*Organon*, et l'idée que le possible est ce dont l'affirmation n'implique aucune conséquence impossible[3]. Une détermination logique du possible vient donc au secours de l'élucidation de la génération en physique. La possibilité revêt alors une portée ontique, et requiert de s'interroger sur la relation de la possibilité à ce substrat. La possibilité ne se laisse à cet égard reconduire ni à la forme, ni à la privation, qui, avec la matière-substrat, constituait les trois principes reconnus pour la génération. Ibn Bâjja établit en effet ces deux points, et explicite à cette occasion la manière dont il faut entendre cette possibilité : 1) la possibilité n'est pas la forme, puisqu'elle englobe la privation (le non-être, *'adam*) ; mais 2) elle n'est pas non plus la privation ; elle n'est pas rien, puisqu'elle « prépare le substrat pour une certaine détermination / ta'attî al-mawḍû' li-l-ma'nâ »[4].

Averroès mêle pour sa part la conceptualité du possible à celle de la puissance pour élucider le substrat ultime de toutes choses sujettes à la génération et à la corruption[5]. Dans l'*Epitomè* de la *Physique*, après l'avoir présenté comme sans forme, et n'existant pas actuellement[6], il précise qu'il est en puissance et a la possibilité de recevoir toutes les formes : « bi-l-quwwa wa-l-imkân jamî' al-ṣuwar »[7]. La potentialité se distingue alors de la privation : loin d'être un néant (*'adam*), elle est une « disposition » (*isti'dâd*)[8] ; elle prépare le

1. *Shurûḥât*, éd. Ziyada, p. 18.

2. Voir *Physique*, I, 9 (traduction d'Isḥâq, éd. Badawi, p. 52 *sq.*). Ibn Bâjja s'appuie sur la traduction (perdue) de la *Physique* due à Qusṭâ. Averroès s'appuie sur celle d'Isḥâq. Voir P. Lettinck, *Aristotle's Physics…*, *op. cit.*, p. 32.

3. Ibn Bâjja renvoie au *Peri Hermeneias* ; le passage cité se trouve plutôt dans les *Premiers analytiques*, I, 13.

4. *Shurûḥât*, éd. Ziyada, p. 19. *Cf.* Abner de Burgos, *Ofrenda de zelos*, chap. 4, éd. Mettmann, p. 26.

5. A en croire la traduction hébraïque, le *De substantia orbis* introduisait semblablement le vocabulaire du possible (*efshar*) pour élucider la potentialité attribuable à la matière ; voir *Maammar be-Eṣem ha-galgal*, chap. 1, éd. Hyman, p. 16, l. 41 ; et les remarques du traducteur, n. 22 p. 48.

6. La reconnaissance d'une aptitude de la matière se retrouvera dans la scolastique hébraïque du XVe siècle ; ainsi, Judah Messer Leon (m. 1498), dans son Commentaire à la Physique s'interroge sur l'identité de la puissance de la matière (*koaḥ ha-ḥomer*) avec la matière, voir mns Milan, Ambrosiana, S38sup., f. 197r, voir M. Zonta, *Hebrew Scholasticism…*, *op. cit.*, p. 275.

7. *Kitâb al-samâ' al-ṭabî'iyy*, I, éd. Puig, p. 15, l. 7.

8. Ce concept est utilisé chez les post-avicenniens pour appréhender l'un des sens de la possibilité. Voir al-Mas'ûdî (m. 1204/8), *Al-mabâḥith wa-l-shukûk*, 10, éd. Shihadeh, p. 271, sur la « disposition à être » (*isti'dâd wujûdi-hi*) de la chose, qui permet de lui reconnaître la possibilité d'être. Voir A. Shihadeh, *Doubts on Avicenna*, Leiden-Boston, Brill, 2016, p. 118, puis p. 131 *sq.* *Cf.* Ṭûsî, *Tajrîd al-i'tiqâd*, in al-Ḥillî, *Kashf al-murâd*, p. 56, sur la disposition (*isti'dâd*) qui ne s'identifie pas à la possibilité essentielle (*al-imkân al-dhâtiyya*).

substrat à être une certaine chose (*tâ'attî al-mawḍû' li-amr mâ*) [1]. Dès lors, si la possibilité et la puissance (*al-imkân wa al-quwwa*) ne sont pas la substance (*jawhar*), elles se rapportent à elle : elle est leur substrat (*huwa mawḍû' la-huma*) [2]. Averroès intègre donc l'idée de possibilité à l'élucidation de la doctrine aristotélicienne de la génération. Le lexique de la possibilité redouble [3] ainsi, et éclaire celui de la puissance [4].

Ainsi donc, si Ibn Bâjja a introduit le possible pour rendre compte de la génération physique, Ibn Rushd rapproche cette possibilité de la potentialité aristotélicienne. Avec Averroès donc, la possibilité a désormais pleinement droit de cité, et semble aller de pair avec la conceptualité aristotélicienne de l'être-en-puissance.

LE *MUMKIN* ET L'INTERPRÉTATION DU MONDE

Le vocabulaire du possible (*mumkin*) occupe une large place dans la traduction du *Peri Hermeneias* [5]. Nos auteurs de langue arabe accèdent ainsi à une spéculation sur le possible [6]. Dans ce cadre, celui est distingué de l'être-en-acte, sans être orienté vers l'être-en-acte. La spéculation sur le possible proposée par le traité aristotélicien sur l'interprétation le présente en sa dualité, et reconnaît une certaine indétermination concernant ce qui se produira : la bataille navale peut avoir lieu ou ne pas avoir lieu. Nous envisagerons ici deux des principaux commentaires au *Peri Hermeneias*, celui de Fârâbî et celui d'Averroès [7].

D'une manière remarquable, le possible et l'en puissance semblent s'entr'impliquer. Le « Commentaire moyen » d'Averroès fait appel à l'un et l'autre.

1. *Kitâb al-samâ' al-ṭabî'iyy*, I, éd. Puig, p. 15, l. 20-p. 16, l. 1

2. *Ibid.*, l. 8-9. Voir J.-B. Brenet, *Les possibilités de jonction*, p. 25 *sq.* La matière n'est pas puissance ou possibilité, car celles-ci ont besoin d'un sujet ; voir C. Cerami, *Génération et substance*, *op. cit.*, p. 387.

3. Voir aussi *Kitâb al-samâ' al-ṭabî'iyy*, III, éd. Puig, p. 31, l. 3 ; voir aussi p. 43, l. 16.

4. Averroès affirme une similarité des doctrines des philosophes et des gens du *kalâm* ; voir *Ha-derûshîm ha-tab'îyîm*, q. 3. Parlant de la création, il n'hésite alors pas à employer la conceptualité de la possibilité, plutôt que celle de la potentialité : une cause agente permet le passage de l'être possible à l'être actuel (éd. Worms, p. 66). En contrepoint de l'acte (*po'al*), c'est le lexique du possible (*efshar*) qui intervient. Averroès gomme l'écart entre le *kalâm* et la philosophie concernant l'idée de création.

5. C'est déjà le terme de *mumkin* que l'on rencontre dans le traité sur l'interprétation d'Ibn al-Muqaffa' (m. ca 757), voir *Al-manṭiq*, éd. Daneshpazhuh, p. 32, p. 40-41 et p. 57 *sq.*

6. Voir ainsi A. H. Zaroug, *The Concept of Possibility in some Arabic Commentaries on Aristotle's* De Interpretatione, Doctorat, Warburg Institute, 1972.

7. L'œuvre logique du second maître, plus que celle d'Avicenne, inspira les philosophes andalous ; voir le rappel d'A. Benmakloufl et S. Diebler, dans l'introduction à leur traduction du *Commentaire moyen du De interpretatione* d'Averroès, *op. cit.*, p. 16-17.

Averroès, assurément, ancre la division du possible et du nécessaire dans celle de l'acte et de la puissance, sans qu'il s'agisse pour autant de les identifier purement et simplement. La division du possible et du nécessaire, modalités logiques, correspond à la bipartition de l'étant (*al-mawjûd*), qui se laisse subdiviser comme étant en acte ou en puissance[1] : « wa al-ḍarûrî yuqâlu ʿalâ mâ bi-l-fiʿl, wa al-mumkin yuqâlu ʿalâ mâ bi-l-quwwa / le nécessaire se dit de ce qui est en acte tandis que le possible se dit de ce qui est en puissance »[2]. Averroès replie en ce sens le questionnement relatif aux modalités logiques sur le couple métaphysique de l'acte et de la puissance.

L'opposition du possible au nécessaire donne toutefois à ce concept une tonalité différente de celle que véhicule la puissance, distinguée de l'acte. Conformément à la perspective logique adoptée dans le traité, le concept de possibilité sert alors à exhiber la non-nécessité de ce qui advient : « yaṣdiqu ʿalâ al-shay' bi-ʿayni-hi an yuqâla fî-hi an yumkina an yûjada wa yumkina an-lâ yûjada / (…) il est tenu pour vrai de la chose en elle-même que l'on dise d'elle qu'il est possible qu'elle soit et qu'il est possible qu'elle ne soit pas. »[3]. Ainsi, ce dont il est possible qu'il soit coupé est cela même dont il est possible qu'il ne soit pas coupé, et ce dont il est possible qu'il marche est cela même dont il est possible qu'il ne marche pas. Et Ibn Rushd d'en conclure : « al-mumkin huwa mâ laysa bi-ḍarûrî al-wujûd ; wa li-dhâlika qad yumkin fî-hi an yûjada wa an-lâ yûjada / le possible est ce dont l'être n'est pas nécessaire ; c'est pourquoi il peut se faire dans son cas qu'il soit et qu'il ne soit pas »[4]. La possibilité se pense ainsi comme fondamentalement duelle[5].

Dès lors, le possible n'est pas simplement le correspondant logique du concept métaphysique de puissance. Il est à cet égard remarquable qu'Averroès lui donne clairement une portée ontique, bien loin de le restreindre au domaine des propositions[6]. L'exemple du vêtement découvre d'une manière semblable un possible sis dans ce qui est :

> … imkân hâdhayni al-maʿnayayni fî-l-thawb huwa ʿalâ al-sawâ' min jiha al-fâʿil wa al-qâbil. Wa ka-dhâlika yajrî al-amr fî jamîʿa al-umûr al-mutakawwana fî hâdhihi al-mâdda allatî fî-hâ hâdhâ al-nawʿ min al-imkân wa al-quwwa / la possibilité de ces deux options dans le cas du vêtement est à titre égal du point de vue de l'agent ou du réceptacle. Et il en va de même pour tous les faits qui

1. *Talkhîṣ kitâb al-ʿibâra*, IVe section, § 12, éd. Jéhamy, p. 117 (trad. p. 131-132).
2. *Ibid.*, p. 117, l. l. 14-15 (trad. p. 132).
3. *Ibid.*, p. 118, l. 10-11 (trad. p. 133).
4. *Ibid.*, p. 118, l. 12-13 (trad. p. 133).
5. Averroès propose ensuite une bipartition du nécessaire et du possible (*Talkhîṣ kitâb al-ʿibâra*, IIe section, § 9, p. 98, trad. p. 107). La possibilité se dit lorsque la chose peut advenir, ou non – que cette alternative se pense à égalité, ou d'une manière déséquilibrée en faveur de l'un des opposés.
6. Averroès, semblablement, présente finalement les « choses nécessaires » comme « les éternelles qui sont en acte », en les opposant alors aux « choses qui sont tantôt en acte, tantôt en puissance ». Voir *Talkhîṣ kitâb al-ʿibâra*, IVe section, § 13, éd. Jéhamy, p. 124-125, trad. p. 142.

> passent à l'être dans cette matière et qui comportent une possibilité et une puissance de cette espèce [1].

Dans ce passage, la puissance vient redoubler l'idée de possibilité, pouvant ainsi laisser suggérer une équivalence entre les deux concepts. Pourtant, c'est bien le concept de possible qui est d'abord introduit, et qui constitue le cœur des analyses ici menées. Le concept de possible concerne donc, au même titre que la puissance, l'étant, mais semble indiquer, plus particulièrement, que la potentialité ainsi découverte n'implique pas la nécessité de sa réalisation.

Disons-le : le concept de *mumkin* découvre l'être en son essentielle fragilité. Si le possible laisse encore transparaître la puissance, il ne s'appréhende pas d'abord comme ce qui aspire à son actualisation ; ce qui est possible est ce qui peut ne pas être. Le travail exégétique sur le *Peri hermeneias* nous offre donc de penser, à travers le concept de *mumkin*, une indétermination au cœur des choses. Si le *mumkin* traduit le *dunaton* aristotélicien, il acquiert certainement une part d'autonomie vis-à-vis du couple de l'être en puissance ou en acte. Sans se confondre avec la conceptualité de la *dunamis* et de l'*energeia*, le *mumkin* doit donc bien s'entendre comme une manière d'être des choses. Il se comprend comme une façon d'appréhender l'être de ce qui est.

À cet égard, le commentaire de Fârâbî nous donne de voir comment la lecture du traité aristotélicien a pu constituer un moyen, ou une occasion, contre les asharites, d'affirmer une possibilité réelle [2]. Abû Naṣr al-Fârâbî (m. 950) fut contemporain des discussions opposant al-Ashʿarî à l'école jubbaïte, en même temps qu'il apprit la philosophie au sein de l'école péripatéticienne de Baghdâd, sous l'égide d'Abû Bishr Mattâ. Revenons donc quelques siècles avant Averroès pour découvrir comment le *mumkin* a été introduit en philosophie comme une arme puissante contre certaines thèses du *kalâm* asharite.

Le commentaire de Fârâbî au *De interpretatione* [3] témoigne d'une perméabilité aux débats contemporains au sein du *kalâm* [4]. Le vocabulaire mobilisé fait écho à certaines prises de position bien connues. Ainsi Fârâbî réinvestit-il le verbe *qaddara*, qui renvoie à la question classique dans le *kalâm* du *qadar*

1. *Talkhîṣ kitâb al-ʿibâra*, IIe section, § 9, éd. Jéhamy, p. 98 (trad. p. 107).

2. Sur l'importance de Fârâbî, voir R. Ramón Guerrero, « De nuevo sobre la "izquierda aristotélica". Materia y posibilidad en al-Farabi y Avicena », *Anales del Seminario de Metafísica* (Madrid), 1992, p. 965-985, en part. p. 972 *sq*.

3. Sur l'interprétation farabienne du chapitre 9, voir N. Rescher, *Studies in the History of Arabic Logic*, *op. cit.*, chap. V, p. 43 *sq*., ainsi que C. Baffioni et M. Nasti de Vincentis, *Il Cap. 9…*, *op. cit.*, p. 47-70. On note une continuité avec le commentarisme grec ; voir P. Adamson, « The Arabic Sea Battle », art. cit. Sur la réception arabe du *De interpretatione*, 9, voir en outre C. Baffioni, « Un citazione di *De interpretatione*, 9, in Abû Maʿshar », *in* C. D'Ancona et G. Serra (eds.), *Aristotele e Alessandro di Afrodisia nella tradizione araba*, Padoue, Il Poligrafo, 2002, p. 113-132.

4. Pour P. Vallat (*Farabi et l'école d'Alexandrie*, *op. cit.*, p. 247-248), le traité aristotélicien permet à Fârâbî de répondre aux doctrines des *jabriyya*.

de l'homme, par rapport au *qadar* divin [1]. L'emploi de ce terme par Fârâbî ne semble pas neutre; il indiquerait une prise de position en faveur des qadarites, qui attribuent un pouvoir à l'homme. On voit à cet égard Fârâbî s'attacher à établir, contre une certaine tradition contemporaine du *kalâm*, une action des hommes, qui ne soit pas directement imputable à Dieu : « tuḥarrik al-shajara / tu mets en mouvement l'arbre » [2]. L'exemple choisi n'est pas neutre. On le trouve en effet chez al-Ash'arî, lorsqu'il présente la position de Jahm Ibn Ṣafwân (m. 746) :

> (...) lâ fi'l li-aḥad fî haqîqa illâ Allah / Il n'y a d'action en vérité de personne hormis de Dieu seul.
> (...) taḥarrakat al-shajara, (...) fa'ala dhâlika bi-l-shajara (...) Allah subḥâna-hu / l'arbre est en mouvement, (...) c'est Dieu loué soit-il qui fait cela avec l'arbre... [3].

Au fait des discussions des grammairiens sur le verbe (en arabe, *fi'l*, qui veut aussi dire acte ou action), Fârâbî soutient que l'activité que le verbe cherche à exprimer trouve son origine dans celui qui est le sujet, grammaticalement, de la phrase. Dès lors convient-il de refuser toute thèse du *kalâm* visant à ne reconnaître d'autre agent que Dieu. Le « second maître » relit donc le traité aristotélicien, en y introduisant des éléments doctrinaux renvoyant au *kalâm* contemporain.

Fârâbî retravaille la conceptualité aristotélicienne en voyant dans le concept de possible l'occasion d'une affirmation ferme, contre certains *mutakallimûn*, d'une puissance dans ce qui est [4]. Commentant le chapitre 9 du *Peri hermeneias*, il s'attache ainsi à la possibilité duelle que l'on rencontre dans ce qui est en pouvant ne pas être : « wa law lam yakun al-amr fî nafsi-hi mumkin an yakûna wa an lâ yakûna... / s'il n'y a pas par soi dans un fait la possibilité qu'il soit et qu'il ne soit pas... » [5]. Le texte aristotélicien vient assurément à l'appui de cette idée; on s'attache alors à « la possibilité dans le réceptacle de l'acte » (*al-imkân fî-l-qâbil li-l-fi'l*) [6]. L'attention à ce qui est susceptible de l'acte

1. Voir F. Zimmermann, *Al-Farabi's Commentary...*, *op. cit.*, p. CXVII-CXVIII.

2. *Sharḥ lî kitâb Arisṭûṭâlîs fî-l-'ibâra*, 19a9-11, éd. Kutsch-Marrow, p. 93, l. 25.

3. *Maqâlât*, éd. Ritter, p. 279, l. 4-6.

4. Notons comment une traduction/paraphrase des *Catégories*, présente dans le *Kitâb al-Aḥjâr* de Jâbir Ibn Ḥayyân (m. 815), avait pu mettre l'accent sur ce dynamisme propre de ce qui est : la qualité se voit relue comme puissance (*quwwa*), et la distinction de la *diathesis* et de l'*hexis* est estompée au profit d'une bipartion entre l'étant en puissance ou en acte (éd. Haq, p. 146). Outre les indications de l'éditeur (p. 232-233), voir E. Gannagé, « Sur les *Catégories* d'Aristote. Un fragment inédit en version arabe », *Mélanges de l'Université Saint-Joseph*, LVIII, 2005, p. 81-105, en part. p. 82-83. Rappelons que ce texte propose une traduction différente de la traduction du texte par Isḥâq Ibn Ḥunayn.

5. *Sharḥ lî kitâb Arisṭûṭâlîs fî-l-'ibâra*, 19a7-9, éd. Kutsch-Marrow, p. 93, l. 12. Voir aussi *ibid.*, l. 16-17.

6. *Ibid.*, 19a9-11, éd. Kutsch-Marrow, p. 93, l. 23. Il s'agit de faire droit à ce qui en grec se disait *dektikon tinos*, « susceptible de quelque chose ».

n'a pas seulement une portée éthique ou pratique (l'homme peut décider de ses actes) ; elle porte aussi sur les choses naturelles, et il convient de faire droit à la possibilité de ce qui est susceptible de subir un acte : « wa ka-dhâlika al-shay' al-qâbil alladhî yûjadu fî-hi al-shay' ḥînan wa lâ yûjadu fî-hi ḥînan / et ainsi, dans le cas de la chose réceptacle, dans laquelle il arrive qu'on trouve à un moment la chose, et qu'on ne la trouve pas à un moment »[1].

Dans ces conditions, la possibilité découvre proprement un pouvoir. Fârâbî peut reprendre le terme de *quwwa*, la puissance, conformément au texte qu'il lit alors[2]. Cette puissance est puissance de faire ou de ne pas faire, de subir ou de ne pas subir un acte[3]. La puissance se dit donc relativement à un acte, compris comme activité effectuée ou reçue. En d'autres termes, la possibilité qui émerge ainsi aux côtés de la puissance se pense dans le cadre d'une compréhension résolument active de l'être-en-acte : ce qui advient dans le monde effectue, ou est effectué. La possibilité prendrait sens dès lors que l'être de ce qui est est abordé à partir de ce qui peut être fait.

Conformément à la perspective qui est celle du *Peri hermeneias*, le questionnement sur la possibilité engage un questionnement sur la science. La possibilité dans les choses conduit à reconnaître une indétermination de la vérité de la proposition[4]. Importe ainsi ce que les choses sont par elles-mêmes (*fî anfusi-hâ*), par leur nature (*fî ṭabî'ati-hâ*), plutôt que l'impression qu'elles font sur nous (*lâ bi-ḥasabi mâ 'inda-nâ*)[5]. En vertu de ce qu'elles sont, les choses qui relèvent du possible ne peuvent devenir pour nous objets de connaissance (*ma'lûma 'inda-nâ*)[6]; notre ignorance (*jahlu-nâ*) ne témoigne pas d'une faiblesse de nos esprits, mais de l'incomplétude de l'être (*wujûdu-hâ*)[7]. L'indétermination du possible implique l'indécidabilité pour les esprits, loin qu'il faille y voir une déficience cognitive de notre part[8]. Le possible échappe par conséquent à la connaissabilité en vertu d'une indécision qui se trouve au cœur du réel.

Fârâbî dessine ainsi les contours d'une conception du monde qui laisse une large place au possible. Dans la configuration qui est mise en place, le possible s'excepte des prises de la connaissance humaine. À cet égard, prenant en compte l'objection reconnaissant une prescience divine, il explique que la possibilité, au cœur de ce qui est, ne se trouve pas mise à mal par une proposition disant avec vérité ce qui adviendra. La vérité de l'assertion implique avec

1. *Sharḥ lî kitâb Arisṭûṭâlîs fî-l-'ibâra*, 19a9-11, éd. Kutsch-Marrow, p. 93, l. 25-26.

2. *Ibid.*, 19a18, éd. Kutsch-Marrow, p. 94, l. 7 (texte), puis 8 *sq.* (commentaire).

3. *Ibid.*, 19a12-18, éd. Kutsch-Marrow, p. 94, l. 8-9.

4. *Ibid.*, 19a21b-4, éd. Kutsch-Marrow, p. 97, l. 7-15.

5. *Ibid.*, 19a21b-4, éd. Kutsch-Marrow, p. 97, l. 16.

6. *Ibid.*, 19a21b-4, éd. Kutsch-Marrow, p. 97, l. 21.

7. *Ibid.*, 19a21b-4, éd. Kutsch-Marrow, p. 97, l. 21-22.

8. *Ibid.*, 19a21b-4, éd. Kutsch-Marrow, p. 97, l. 16-27. Fârâbî envisage la science divine (p. 97, l. 27-p. 98, l. 28) pour conforter cette idée : faut-il dire que Dieu lui-même ne connaît pas un événement possible avant son advenue (*al-shay' al-mumkin qabla kawni-hi*, p. 98, l. 28) ?

nécessité qu'il en aille ainsi, mais elle n'implique aucune nécessité intrinsèque. L'on peut savoir avec vérité que Zayd sortira; Zayd n'en garde pas moins la possibilité (*imkân*) de rester à la maison; il est capable (*qâdir*) à la fois de rester chez lui et de sortir : les deux opposés sont de l'ordre de la possibilité (*fî-l-imkân*) [1].

La possibilité reste ce faisant fermement attachée à l'idée de puissance. Fârâbî rapproche les deux champs lexicaux. Il propose ainsi une équivalence entre quatre termes : *imkân* (possibilité) ; *quwwa* (puissance) ; *qudra* (pouvoir) ; *istiṭâʿa* (capacité) [2]. Il est remarquable que Fârâbî ne se contente pas de mentionner la puissance en son acception aristotélicienne (*bi-l-quwwa*, en puissance), mais qu'il invoque, aux côtés du terme puissance, l'idée de pouvoir et de capacité. Gageons que l'idée de possibilité qu'il découvre ainsi ne se laisse pas simplement reconduire à la potentialité aristotélicienne.

On voit ressurgir des débats antiques, et l'idée que la possibilité n'implique pas la nécessaire réalisation de ce qui est ainsi déclaré possible. Renvoyant aux anciennes discussions (*fî-l-qadîm*), Fârâbî admet que l'on puisse parler d'une possibilité d'être pour ce qui ne sera jamais [3]. Force est toutefois de remarquer, en ce contexte, l'absence de la mention de l'être-en-acte. Lorsque l'actualité ressurgit, celle-ci est symptomatiquement axée sur l'activité. Ainsi la possibilité peut-elle être dite avec vérité de la chose (*ʿalâ al-shay'*) qui agit (*mâ yafʿalu*), c'est-à-dire qui est en acte (*mâ huwa bi-l-fiʿl*) [4].

On le voit donc, Fârâbî se montre fermement attaché à donner une portée ontique au concept de possibilité [5]. Toutefois, l'idée de possibilité implique sans doute un sens de l'être, qui ne se laisse pas ramener à celui de l'être-en-puissance du Stagirite. Tentons de préciser le sens de l'être que peut faire prévaloir Fârâbî, conjointement à cet avènement du possible, en examinant la métaphysique telle qu'il la met en place [6].

1. *Ibid.*, 19a21b-4, éd. Kutsch-Marrow, p. 99, l. 13-15.

2. *Ibid.*, 22b36-23a1, éd. Kutsch-Marrow, p. 182, l. 16. Cette équivalence vaut pour le présent contexte.

3. *Ibid.*, 19a21b-4, éd. Kutsch-Marrow, p. 100, l. 19-25.

4. *Ibid.*, 23a8-9, éd. Kutsch-Marrow, p. 85, l. 13-14.

5. *Cf.* Ibn Bâjja, *Taʿâliq ʿalâ Kitâb al-ʿibâra li-l-Fârâbî*, éd. Alami-Hamedane, p. 82-86.

6. Fârâbî excepte du domaine de la logique la question des modalités de l'étant et l'examen de la distinction de ce qui a un être possible par soi (*mumkin al-wujûd fî nafsi-hi*), et de ce qui a un être nécessaire par soi (*ḍarûrî al-wujûd fî nafsi-hi*) ; voir 18a33, éd. Kutsch-Marrow, p. 84, l. 17-18.

Fârâbî :
possibilité et indigence ontique

La métaphysique de Fârâbî accorde indéniablement une large place au concept de possible (*mumkin*)[1]. Notons dans cette optique que les *Questions capitales* (que l'on peut supposer écrites par un disciple de Fârâbî) font de la possibilité (*al-imkân*), au même titre que l'être (*al-wujûd*) et le nécessaire (*al-wujûb*), une conception première[2], une intention évidente et juste, située au cœur de l'esprit[3]. La possibilité se passerait donc d'explication, et constituerait une donnée immédiate de l'esprit. Si penser, c'est penser l'étant, c'est aussi bien penser le nécessaire et le possible. Cette reconnaissance cogitative du possible ne doit toutefois pas faire méconnaître qu'il constitue une modalité de l'étant.

Avant Avicenne[4], Fârâbî propose en effet une bipartition de l'étant, en le distinguant comme nécessaire ou comme possible[5]. Le possible revêt une portée métaphysique inédite, puisqu'il permet de rendre compte de l'être des étants du monde, en tant qu'ils sont advenus.

Fârâbî expose sa conception métaphysique au sein d'ouvrages qui revêtent une indéniable portée politique. Ainsi en va-t-il du *Régime politique* (*Kitâb al-siyâsa al-madaniyya*), que la tradition manuscrite pouvait également appeler *Kitâb mabâdi' al-mawjûdât*, *Livre des principes des étants*, témoignant ainsi de l'enjeu proprement métaphysique de ce traité politique. Largement inspirée par le néoplatonisme[6], la métaphysique que propose le « second maître » retravaille l'hylémorphisme aristotélicien[7], pour insister sur la déficience de ce qui est au monde[8]. La forme et la matière première apparaissent à cet égard comme « les plus déficients » (*anqaṣ*) des principes, en vertu de leur indigence fondamentale : chacun a besoin de l'autre pour être[9]. Si le couple de la matière

1. Sur le possible chez Fârâbî, voir aussi P. Vallat, « Du possible au nécessaire. La connaissance de l'universel chez Farabi », *Documenti e Studi sulla tradizione filosofica medievale*, XIX, 2008, p. 1-30.

2. On comparera avec la tripartition avicennienne des intentions qui sont imprimées en premier dans l'âme : l'étant, la chose, et l'un (ou le nécessaire), *Shifâ'*, Métaphysique, I, 5.

3. *'Uyûn al-masâ'il*, éd. Dieterici, p. 56, l. 7-12. Sur l'importance de ce geste, voir P. Vallat, *Farabi et l'école d'Alexandrie*, *op. cit.*, p. 249-250.

4. Sur la proximité théorique entre Avicenne et Fârâbî, voir P. Vallat, *Farabi et l'école d'Alexandrie*, *op. cit.*, p. 255.

5. Cette bipartition se retrouve constamment. Outre le commentaire sur le *Peri hermeneias*, voir *Jawâbât li-masâ'il*, éd. Al Yasin, § 27, p. 336, l. 6-7. Nécessaire peut se dire *wujûb* ou *ḍarûrî* ; sur ces variations lexicales, voir P. Vallat, *Farabi et l'école d'Alexandrie*, p. 253.

6. Fârâbî reprend certains débats antiques autour de l'éternité ou de la création du monde (Proclus, Philopon, Simplicius) ; ceux-ci rencontrent des discussions contemporaines du *kalâm* ; se pose ainsi la question de l'origine de la matière ; voir D. Janos, *Method, Structure and Development*..., *op. cit.*, p. 235-236.

7. Voir aussi *Kitâb ârâ' ahl al-madînat al-fâḍilat*, chap. 12.

8. Dès l'ouverture du traité, Fârâbî place la forme et la matière aux cinquième et sixièmes des six rangs ontologiques qu'il a distingués (*Kitâb al-siyâsa al-madaniyya*, éd. Najjar, p. 31).

9. *Ibid.*, éd. Najjar, p. 38.

et de la forme se laisse éclairer par celui de l'être en puissance ou en acte[1], les étants s'appréhendent comme possibles ou nécessaires[2]. Fârâbî fait donc porter le couple aristotélicien de la puissance et de l'acte sur les « principes » de l'étant, pour exhiber le possible et le nécessaire comme « modes » de l'étant[3].

Ce sont par conséquent des « étants » qui sont possibles. Le possible ne se dit pas de ce qui n'est pas, mais pourra être, mais de ce qui a un être, tel qu'il peut aussi ne pas être. L'être possible témoigne en effet d'une fragilité ontologique : « wa al-mawjûdât al-mumkina, hiya al-mawjûdât al-muta'akhkhira allatî hiya anqaṣ wujûdan, wa hiya mukhtalaṭa min wujûd wa lâ wujûd / les étants possibles sont les étants tardifs, qui sont les plus déficients du point de vue de l'être, et qui consistent en un mélange d'être et de non-être »[4]. La possibilité indique indéniablement ue faiblesse ontique. Être possible, c'est ne pas être pleinement[5] ; c'est ne pas se suffire pour jouir de l'être[6].

Un deuxième trait de la possibilité ne manque en effet pas d'apparaître. La défectuosité ontique du possible s'accompagne de sa dépendance envers un autre. Présentant les étants sublunaires, Fârâbî insistait sur leur indigence, en constatant leur incapacité à tendre d'eux-mêmes, sans moteur extérieur (*illâ bi-muḥarrik min khârij*), vers l'obtention de leurs perfections (*ilâ istikmâlâti-hâ*)[7]. Fârâbî retravaille ainsi, selon une conceptualité encore largement aristotélicienne (il s'agit de substances « en puissance », *bi-l-quwwa*, aspirant à être « en acte », *bi-l-fi'l*), la cosmologie pour marquer la nécessaire intervention d'un moteur extérieur[8]. Pour ces étants advenus, le passage de la puissance à l'acte n'est accessible que par l'ouverture à l'autre, bien loin de se penser comme l'épanouissement d'une potentialité interne[9]. La conceptualité du possible[10] émerge donc sur fond d'une conception des étants « en puissance » qui insiste sur leur faiblesse et leur indigence par soi, bien plutôt que sur la richesse dont ils seraient, potentiellement, porteurs.

1. *Ibid.*, p. 39.

2. L'être possible est un des deux modes de l'étant ; voir *ibid.*, p. 57.

3. La matière première et les formes qu'elles supportent sont aux principes d'étants « possibles » (*ibid.*, p. 56).

4. *Ibid.*

5. Fârâbî insiste inversement sur la profusion du Premier, et sa coïncidence avec lui-même (*wujûdu-hû fî jawhari-hi*, son être est dans sa substance) ; voir *ibid.*, p. 57.

6. Voir R. Ramón Guerrero, « De nuevo sobre la "izquierda aristotélica" », art. cit., p. 973.

7. *Kitâb al-siyâsa al-madaniyya*, éd. Najjar, p. 54. Fârâbî reconnaît, dans les étants sublunaires, des puissances, leur octroyant un dynamisme propre ; voir *Kitâb ârâ' ahl al-madînat al-fâḍilat*, chap. 19.

8. Pour une vue d'ensemble de la cosmologie farabienne, voir D. Janos, *Method, Structure and Development…*, *op. cit.*

9. Ces étants n'ont d'abord reçu que leur matière première (*Kitâb al-siyâsa al-madaniyya*, éd. Najjar, p. 54).

10. Les « étants possibles » ne possèdent pas le nécessaire pour tendre vers la perfection qui leur fait défaut, voir *ibid.*, p. 60.

La possibilité appelle ainsi un examen de l'agent extérieur (*khârij fâ'il*) qui meut les étants possibles [1]. Ne nous laissons pas ici abuser par la perspective kinétique que maintient Fârâbî. Celui-ci fait en effet prévaloir l'idée d'activité (un agent), et réinterpète en conséquence le mouvement dont l'agent fait preuve comme un mouvement assurant l'être [2] : « yuḥarriku (...) shay'an min-hâ ilâ al-ṣûra allatî bi-hâ wujûdu-hu / il meut une chose vers la forme qui lui permet d'être » [3]. La forme assure l'être. L'activité motrice de l'agent revêt un sens ontique fort.

Concluons-en donc que l'attention à la possibilité requiert de ne pas s'enfermer dans la seule considération de la constitution hylémorphique des étants mondains, mais d'ouvrir l'examen à un agent externe, donnant l'être. Fârâbî peut bien réinvestir la thématique aristotélicienne de l'être-en-puissance lorsqu'il présente les « étants possibles » ; il est remarquable que la conceptualité de la possibilité conduit à déporter l'attention des substances vers un agent extérieur, qui les fait être en les faisant telles ou telles. Ainsi, le possible ne se laisse pas simplement ramener au potentiel aristotélicien. Il témoigne d'une forme de vacuité ontologique des étants mondains, qui tiennent leur être d'un autre que d'eux-mêmes. Aussi apparaissent-ils, par eux-mêmes, pouvoir tout aussi bien être que n'être pas.

AVICENNE : LE POSSIBLE ET SA CAUSE

L'œuvre de Fârâbî a permis de faire émerger une conception du possible, sur fond de la conceptualité aristotélicienne de l'être-en-puissance, mais qui se sépare, à plusieurs égards, de cette même conceptualité. Avicenne (m. 1037) s'inscrit sans doute dans un sillage farabien [4]. Il va nous permettre de confirmer la manière dont la conceptualité du possible ne s'identifie pas simplement à celle de la potentialité [5], quoi qu'elle puisse s'y rapporter [6]. L'étant possible se

1. *Kitâb al-siyâsa al-madaniyya*, éd. Najjar, p. 60.

2. Le *Régime politique* comme la *Cité vertueuse* font droit à l'idée d'une création dans l'être, plutôt qu'à l'idée (aristotélicienne) d'une éternité du monde. Fârâbî s'attache à la cause qui, proprement, fait être. Voir D. Janos, *Method, Structure and Development*..., *op. cit.*, p. 286-297.

3. *Kitâb al-siyâsa al-madaniyya*, éd. Najjar, p. 60, l. 10-11.

4. Voir D. Gutas, *Avicenna e la tradizione aristotelica*, *op. cit.*, p. 319 *sq.* Sur la possibilité, voir R. Ramón Guerrero, « De nuevo sobre la "izquierda aristotélica" », art. cit.

5. La correspondance avec Bîrûnî recourt à côté de *bi-l-quwwa* à *bi-l-wahm*, selon l'imagination. Il l'associe à la possiblité (*bi-l-inkân*) par opposition à l'être-en-acte (*bi-l-fi'l*). Cf. Ghazâlî, *Tahâfut*, V, 16, p. 87.

6. Voir *Kitâb al-ishârât wa al-tanbîhât*, éd. Forget, p. 151 : envisageant la possibilité d'être, Avicenne établit que ce qui advient (*al-ḥâdith*) doit être précédé d'une potentialité à être (*quwwa wujûd*). La possiblité peut se rapporter à la potentialité. Ainsi, Naṣîr al-Dîn al-Ṭûsî, dans ses gloses aux *Ishârât*, identifie à l'être-en-puissance (*bi-l-quwwa*) la possibilité des choses en tant qu'elle précède leur être : « wa imkânât hâdhâ al-ashyâ' takûnu qabla wujûdi-hâ » (*Sharḥ*, éd. Dunya, vol. III, p. 81). Le concept de possibilité peut reprendre celui d'être-en-puissance, sans toutefois s'y

caractérise chez Fârâbî par une déficience ontique, et dépend d'un agent extérieur. Avicenne renforce ce trait, en proposant une détermination causale du possible[1] : est dit possible par soi ce qui requiert une cause autre que soi pour être.

La physique et la métaphysique avicenniennes se caractérisent en effet par l'attention portée à la causalité externe. Ce qui arrive ne s'explique pas d'abord par une présence, latente ou potentielle, en la chose, mais par l'activité d'un agent extrinsèque. Avicenne refuse à cet égard fermement la doctrine de la « latence » (*kumûn*) telle qu'elle a pu être formulée dans le *kalâm*, plus particulièrement par al-Nazzâm[2]. Dans le *Kitâb al-kawn wa-l-fasâd* du *Kitâb al-Shifâ'*, la réfutation de cette doctrine est l'occasion d'une confrontation avec Aristote. Le recours à une puissance ne suffit pas, constate Avicenne, à rendre compte de la manifestation du caché; il conviendrait de faire droit à une cause externe[3]. Outre la puissance (interne), on doit prêter attention à la cause (externe)[4]. La potentialité requiert ainsi une actualisation venue du dehors : si Aristote eût admis ce point, Avicenne apporte une précision et nuance, en présentant l'actualisation comme l'activité d'une cause.

Dans cette optique, le possible ne signifie pas ce qui aspire à s'épanouir en achevant son essence; il porte sur cela même qui ne se suffit pas pour accéder à l'être. Nul doute dans ces conditions que l'avènement du possible en métaphysique fait signe en direction d'une acception de l'être qui ne se pense plus d'abord comme *energeia*.

Dans un sillage farabien, Avicenne divise la totalité de l'étant en nécessaire par soi et en possible par soi (mais nécessaire par un autre)[5]. Un premier constat s'impose : cette bipartition, établie dès le livre I de la Métaphysique du *Shifâ'*, ne s'identifie pas à la division aristotélicienne de l'en puissance et de l'en acte, dont il sera question au livre IV[6]. Elle la précède[7]. Plus décisive apparaît

réduire. Cette possibilité est aussi irréductible au pouvoir (*qudra*) d'un agent : « wa-laysa huwa qudra al-qâdir 'alay-hi » (*Kitâb al-ishârât wa al-tanbîhât*, éd. Forget, p. 151).

1. Voir A.-M. Goichon, *Lexique de la langue philosophique d'Avicenne*, *op. cit.*, p. 672.

2. *Shifâ'*, De la Génération et de la Corruption, chap. III, éd. du Caire, p. 94.

3. *Ibid.*, chap. IV, éd. du Caire, p. 106.

4. Voir *ibid.*, chap. III, éd. du Caire, p. 110.

5. Voir O. Lizzini, *Fluxus* (fayḍ). *Indagine sui fondamenti della metafisica e della fisica di Avicenna*, Bari, Edizioni di Pagina, 2011, p. 116 *sq.* ; R. Wisnovsky, *Avicenna's Metaphysics in Context*, *op. cit.*, p. 197 *sq.* ; C. Belo, *Chance and Determinism...*, *op. cit.*, p. 91 *sq.* ; J. I. Saranyana, « Posibilidad y necesidad en Avicena », *Anales del Seminario de Historia de la Filosofia* (Madrid), V, 1985, p. 239-248.

6. Une certaine proximité des deux réflexions peut toutefois être notée ; voir A.-M. Goichon, *La philosophie d'Avicenne...*, *op. cit.*, p. 25-26.

7. Si, dans sa présentation de l'étant compris comme le sujet de la métaphysique, le disciple d'Avicenne, Bahmanyâr Ibn al-Marzubân (m. 1066/7) mentionne d'abord l'acte et la puissance avant le possible et le nécessaire (*Risâla fî mawḍû' 'ilm mâ ba'da al-ṭabî'a*, chap. 1, éd. Poper, p. 3), il commencera toutefois par traiter de ces derniers (chap. 5, p. 5-6). Lorsqu'il revient sur la puissance (chap. 7, p. 9), celle-ci sert à rendre compte de ce qui est possible ou impossible : ce qui

donc, au sein du dispositif métaphysique, la division du possible et du nécessaire que celle de la puissance et de l'acte. Le possible se dit, de fait, d'étants en acte. Il ne constitue pas un royaume séparé, mais désigne le mode d'être de ce qui est en ayant été effectué, ce que suggère désormais le concept d'être-en-acte (*bi-l-fi'l*). On le pressent à présent nettement : l'interprétation résolument active de l'*energeia* aristotélicienne propose un terrain favorable à l'irruption du possible au sein de la métaphysique.

Le *Kitâb al-Najât*[1] nous permet de découvrir à quel point la possibilité que promeut Avicenne comme manière d'être est irréductible à la potentialité en sa détermination aristotélicienne. Ibn Sînâ insiste tout d'abord sur le critère de la contradiction (*maḥâl*)[2] : le nécessaire (*al-wâjib*) se dit de ce dont le non-être impliquerait contradiction, quand le possible (*al-mumkin*) signifie ce dont on peut affirmer l'être ou le non-être sans contradiction[3]. Ni l'être ni le non-être du possible n'apparaissent davantage imposés par la nécessité (*ḍarûra*)[4]. La métaphysique peut ainsi réinvestir certaines déterminations concernant les modalités logiques[5]. La conceptualité de la potentialité se trouve dès lors recouverte et supplantée[6]. Ibn Sînâ la mentionne : il arrive que le possible signifie ce qui est en puissance (*mâ huwa bi-l-quwwa*)[7] ; mais il convient, précisément, de ne pas en rester à cette détermination, et de parler de possible pour ce qui est valide (*ṣaḥîḥ*)[8]. Ainsi, la possibilité ne se laisse pas ramener à la potentialité, mais désigne une manière d'être de ce qui est d'une manière véritable. On notera ici l'absence de l'être-en-acte, Avicenne préférant parler le vocabulaire de l'être valide : le possible est valide, mais toutefois d'une

n'a pas puissance (*quwwa*) d'être est impossible (*mustaḥîl*). La question de la possibilité (*imkân*) déborde celle de la puissance. La question de l'être s'aborde ainsi à l'aune de celle de la possibilité.

1. On trouvait des considérations similaires, et convergentes quant au vocabulaire employé, dans *al-Mabda' wa al-ma'âd*, éd. Nurani, p. 1-2. Sur ce texte, composé vers 1013, voir R. Wisnowsky, *Avicenna's Metaphysics in Context*, *op. cit.*, p. 252-253.

2. Le point de départ de la métaphysique avicennienne correspondrait à une distinction logique, comme le constate O. Lizzini, *Fluxus*, *op. cit.*, p. 118.

3. Métaphysique, 2 e discours, chap. I, sur les intentions de nécessaire et de possible, éd. Sabri al-Kurdi, p. 224 (trad. Carame, p. 66). On trouve des considérations semblables chez le contemporain asharite d'Avicenne, al-Râghib al-Iṣfahânî (m. ca 1010) ; voir *al-I'tiqâdât*, éd. al-Ajali, p. 56-57.

4. *Kitâb al-Najât*, Métaphysique, 2 e discours, chap. I, éd. Sabri al-Kurdi, p. 224-225. Sur la différence entre *wâjib* et *ḍarûrî*, voir O. Lizzini, *Fluxus*, *op. cit.*, p. 117, n. 55 ; voir aussi A. Bäck, « Avicenna and Averroes : Modality and Theology », *in* T. Buchheim *et al.* (Hrsg.), *Potentialität und Possibilität. Modalaussagen in der Geschichte der Metaphysik*, Stuttgart-Bad Cannstatt, Frommann-Holzboog, 2001, p. 125-145, en part. p. 132-133.

5. Avicenne renvoie à la logique (*Kitâb al-Najât*, Métaphysique, 2 e discours, chap. I, éd. Sabri al-Kurdi, p. 225).

6. Sur la possibilité et la potentialité chez Avicenne, voir A. Shihadeh, *Doubts on Avicenna*, *op. cit.*, p. 111 *sq.*

7. Voir aussi *Shifâ'*, Physique, III, 11, 2 : « jawâz al-wujûd, wa huwa al-quwwa 'alâ al-wujûd / l'acceptabilité de l'être, et ceci est la puissance d'être ».

8. *Kitâb al-Najât*, Métaphysique, 2 e discours, chap. I, éd. Sabri al-Kurdi, p. 225.

manière moins pleine que l'être nécessaire par soi. Ainsi que le précise ensuite Ibn Sînâ, l'étant possible se dit de l'étant nécessaire par un autre, mais qui n'est par soi (*bi-dhâti-hi*) que possible[1]. L'étant possible témoigne par conséquent d'une déficience ontique, d'une dépendance envers un autre[2] : sa nécessité ne lui vient pas de lui-même[3].

Confirmons donc cette première approche en examinant l'introduction du possible au sein de l'interrogation métaphysique dans le *Kitâb al-Shifâ'*, qui constitue le maître ouvrage d'Avicenne.

L'absence du possible au sein des impressions premières dans l'âme recensées en ouverture du livre I, section 5 de la Métaphysique (Avicenne retenant la chose, l'étant et le nécessaire)[4] ne doit pas nous abuser. Avicenne donne au possible une indéniable portée métaphysique. Avec le nécessaire, c'est aussi le possible que l'on s'apprête à envisager. Et Avicenne ne manque pas d'indiquer, aux côtés du nécessaire, le possible et l'impossible, en signalant leur étroite interdépendance. Le nécessaire, le possible, l'impossible sont en effet définis en logique les uns par les autres[5]. On accordera la priorité cognitive, explique alors le maître persan, au nécessaire (*al-wâjib*)[6] : il signifie une affirmation ferme de l'être (*ta'akkud al-wujûd*)[7]; il apparaît ainsi directement indexe de l'être, lequel se fait connaître de lui-même (*bi-dhâti-hi*)[8]. Un recul du possible eu égard au nécessaire se constate ainsi. Le possible n'en relève pas moins de l'être.

La détermination du possible, en métaphysique, le présentera précisément comme non-nécessaire[9]. La métaphysique retient en effet le nécessaire et le possible comme modes d'être (l'impossible ne relève pas du domaine de ce qui est). Le livre I, section 6, montre ainsi comment, parmi ce qui relève du domaine de l'être (*al-wujûd*), il faut ainsi distinguer des choses (*umûr*) dont on peut dire que leur être n'est pas nécessaire, et d'autres dont l'être l'est[10].

1. *Ibid.*, chap. II, éd. Sabri al-Kurdi, p. 225-226. On opposera la manière d'être de ce qui n'est par soi que possible à la plénitude de l'étant nécessaire par soi ; voir chap. VI, sur sa perfection, p. 228.

2. Pour une première présentation, voir G. Smith, « Avicenna and the Possibilities », *The New Scholasticism*, XVII, 1943, p. 340-357.

3. L'être possible est nécessaire, quoique cette nécessité vienne d'un autre. Voir O. Lizzini, *Fluxus*, *op. cit.*, p. 121-124.

4. *Shifâ'*, Métaphysique, I, 5, éd. du Caire, p. 29, l. 5-6. Sur cette thèse bien connue, voir M. E. Marmura, « Avicenna on Primary Concepts in the *Metaphysics* of his *al-Shifâ'* », *in* R. M. Savory et D. A. Agius (eds.), *Logos islamikos*, Toronto, PIMS, 1984, p. 219-239.

5. *Shifâ'*, Métaphysique, I, 5, éd. du Caire, p. 35, l. 3 *sq.* Avicenne renvoie bien à la logique (p. 35, l. 5).

6. *Ibid.*, p. 36, l. 4.

7. *Ibid.*, p. 36, l. 5. La cause permet de penser ce qui est ; voir M. Marmura, « Efficient Causality in Avicenna », art. cit., p. 179.

8. *Shifâ'*, Métaphysique, I, 5, éd. du Caire, p. 36, l. 6.

9. L'étant possible, une fois obtenu l'être, est nécessaire, nécessaire par sa cause : « wâjib bi-'illa » (*ibid.*, I, 6, éd. du Caire, p. 39, l. 7).

10. *Ibid.*, p. 37, l. 7-10.

Le critère de la causalité est retenu pour distinguer le possible du nécessaire : « al-mumkin al-wujûd bi-dhâti-hi la-hu 'illa / l'être possible par soi a une cause » [1]. La possibilité révèle l'indigence ontique de ce qui requiert une cause. Avicenne propose donc une détermination aitiologique du possible [2].

Ce geste n'est pas neutre. Ce faisant, Avicenne fait en effet droit en métaphysique aux spéculations du *kalâm* autour de l'advenue (*ḥudûth*) du monde [3]. Au XIe siècle, une rencontre théorique s'effectue entre la *falsafa* et le *kalâm*. Qu'il nous suffise ici de penser comment l'imâm al-Ḥaramayn al-Juwaynî, maître à penser asharite de son époque (m. 1085), fait dépendre le possible, pris comme « l'acceptable » (*al-jâ'iz*), d'un agent (*fâ'il*) [4]. Et Bâqillânî, au tournant des Xe et XIe siècles, ne disait pas autre chose, qui, cherchant à exhiber celui qui a fait advenir (*muḥdith*) le monde, référait l'acceptabilité de l'être à l'acte d'un agent [5]. Le nom du mutazilite, contemporain d'Avicenne et fin connaisseur de la philosophie de la nature aristotélicienne [6], Abû l-Ḥusayn al-Baṣrî (m. 1044-1045), apparaît ici central [7], comme on peut le voir à travers la « Réfutation d'Abû al-Ḥusayn al-Baṣrî » du karaïte mutazilite Yûsuf al-Baṣîr (m. 1040) : l'acceptabilité (*jawâz*) du corps, advenu à l'être, en ayant pu ne pas être [8], requiert-elle un agent

1. *Shifâ'*, Métaphysique, I, 6, éd. du Caire, p. 37, l. 11. Par opposition, le nécessaire par soi n'a pas de cause (« al-wâjib al-wujûd bi-dhâti-hi lâ 'illa la-hu »), *ibid.*

2. Voir aussi *Kitâb al-ishârât wa al-tanbîhât*, éd. Forget, p. 140-141. L'idée est acquise dès l'*Ḥikma al-'Arûḍiyya*, composé vers 1001 ; voir R. Wisnovsky, *Avicenna's Metaphysics in Context*, *op. cit.*, p. 200.

3. Voir U. Rudolph, « Ibn Sînâ et le *kalâm* », *Bulletin d'études orientales*, XLVIII, 1996, p. 131-136, en part. p. 133. Ibn Sînâ connaît la tradition du *kalâm*. Il aurait rencontré 'Abd al-Jabbâr à Rayy. Il peut devoir au *kalâm* l'idée de l'étant nécessaire, la nécessité apparaissant comme l'un des traits caractéristiques (*ṣifât*) de Dieu. Voir 'Abd al-Jabbâr, *Mughnî*, IV, 250 ; XI, 432. Voir D. Gutas, *Avicenna e la tradizione aristotelica*, *op. cit.*, p. 351. Sur la manière dont le *kalâm* a pu influencer (notamment avec la distinction de l'éternel, *qadîm*, et de l'advenu, *muḥdath*) la distinction avicennienne de la possibilité et de la nécessité, voir R. Wisnovsky, *Avicenna's Metaphysics in Context*, *op. cit.*, p. 227-243 ; concernant la question du nécessaire (*wâjib*), largement débattue chez les contemporains d'Avicenne, voir p. 238-243. Sur Avicenne face aux thèses du *kalâm* sur l'advenue à l'être (*ḥudûth*), voir A. Shihadeh, *Doubts on Avicenna*, *op. cit.*, p. 86-95.

4. *Kitâb al-irshâd*, chap. III, éd. Luciani, p. 13. Averroès réfutera ce raisonnement asharite ; voir M. A. Mensia, « Regards d'Ibn Rushd… », art. cit., p. 203-204.

5. *Al-inṣâf*, 8, éd. Kawthari, p. 18.

6. Voir S. M. Stern, « Ibn al-Samḥ », *The Journal of the Royal Asiatic Society of Great Britain and Ireland*, 1956, p. 31-44, en part. p. 36 *sq.*, et E. Giannakis, « Abû l-Ḥusayn al-Baṣrî's Copy of the Physics », *Zeitschrift für Geschichte der Arabisch-Islamischen Wissenschaften*, VIII, 1993, p. 251-258.

7. Sur l'influence d'Abû l-Ḥusayn sur Juwaynî, voir W. Madelung, « Abû l-Ḥusayn al-Baṣrî's Proof for the Existence of God », *in* E. Montgomery (ed.), *Arabic Theology, Arabic Theology*, Louvain-Paris, Dudley, 2006, p. 273-280, en part. p. 278.

8. Le vocabulaire de l'acceptabilité (*jawâz*) dit ce qui aurait pu ne pas être ; voir aussi Yûsuf al-Baṣîr, *Naqḍ*, 4, éd. Madelung-Schmidtke, p. 248 (le non-être du mouvement et du repos est acceptable).

(*fâ'il*) [1] ? Yûsuf al-Baṣîr s'interroge alors sur la possibilité que le corps advienne par nécessité, sans qu'il ne dépende d'un choix du Créateur [2] ; il cherche ainsi à rapprocher la position d'Abû l-Ḥusayn des philosophes musulmans, qui remontent jusqu'à un être nécessaire [3]. Dès lors que les circonstances ne sont pas égales, ne pourrait-on pas se contenter d'en appeler à une cause (*'illa*) [4], plutôt qu'à un agent [5] ? Les discussions au sein du *kalâm* rejoignent ainsi les spéculations philosophiques contemporaines [6].

Ibn Sînâ intègre, au sein de la discipline philosophique, certaines des analyses du *kalâm* sur l'être advenu. S'il emploie lui-aussi, significativement,

1. *Ibid.*, éd. Madelung-Schmidtke, p. 40-41. Tel est le nerf de la preuve proposée par Abû l-Ḥusayn. Voir le témoignage de son disciple, Ibn al-Malâḥimî (m. 1141), *Kitâb al-muᶜtamad fî uṣûl al-dîn*, éd. Mc Dermot et Madelung, p. 167-172. On retrouve cette attention à l'acceptabilité (*jawâz*) dans le traité anonyme shiite (tournant des XIIᵉ et XIIIᵉ siècles) *Khulâṣat al-naẓar*, éd. S. Schmidtke et H. Ansari, p. 25-27. Yûsuf al-Baṣîr reconnaît que ce qui est advenu (*al-muḥdath*) requiert quelque chose qui le fasse advenir (*muḥdith*), un agent (*fâ'il*) voir *Al-kitâb al-muḥtawî*, chap. 3 (texte en hébreu), éd. Vajda, p. 643-656 ; *Naqḍ*, 8, éd. Madelung et Schmidtke, p. 250. Sur Yûsuf, voir M. Schwarz, *Theodicy...*, *op. cit.*, p. 22 *sq.* Cette indigence de ce qui est advenu est répandue au sein de la littérature contemporaine. Levi ben Yefet, lui aussi karaïte mutazilite, montre ainsi comment ce qui est advenu est dans le besoin de quelque chose qui le fasse advenir : « iftaqara ilâ-muḥdith » (*Kitâb al-ni'ma*, bab fî ithbât al-muḥdath, éd. Sklare, p. 176).

2. Sur l'agent comme ayant la puissance des contraires, voir *Naqḍ*, 15, éd. Madelung et Schmidtke, p. 255.

3. Le concept d'être nécessaire (*wâjib al-wujûd*) est avicennien, mais il se rencontre également dans le *kalâm* ; voir W. Madelung, « Al-Ghazâlî's Changing Attitude to Philosophy », *in* G. Tamer (ed.), *Islam and Rationality*, Leiden, Brill, 2015, t. I, p. 23-34, en part. p. 33 ; J. Thiele, « Between Cordoba and Nïsâbûr. The Emergence and Consolidation of Ash'arism (IV th-V th/X th-XI th century », *in* S. Schmidtke (ed.), *The Oxford Handbook f Islamic Theology*, Oxford, OUP, 2016, p. 225-241, en part. p. 231, qui cite Bâqillâni. Voir Yûsuf al-Baṣîr, *Naqḍ*, 4, éd. Madelung-Schmidtke, p. 248. En contexte asharite, voir Al-Ustâdh Abû Isḥâq al-Isfarâ'înî, fr. 12 (*wâjib al-thubût*) et 13 (*wajîb al-wujûd*), éd. Frank, p. 146. Voir le texte, parfois attribué à al-Mufîd, *al-Nukat al-i'tiqâdiyya*, éd. Danish Pazhuh, p. 10-11 (M. J. McDermott, *The Theology of Shaikh al-Mufîd*, *op. cit.*, p. 42-44, discute cette attribution). Voir R. Wisnovsky, « One Aspect of the Avicennian Turn in Sunnî Theology », *Arabic Sciences and Philosophy*, XIV, 2004, p. 65-100, en part. p. 87-90, sur le contexte de la distinction du nécessaire par soi et du possible par soi.

4. Sur la spécialisation du concept de cause (*'illa*) dans le *kalâm*, pour dire ce qui nécessite son effet, voir W. L. Craig, *The Kalâm Cosmological Argument*, *op. cit.*, p. 11. Un acte n'est en ce sens pas une cause (*'illa*), voir 'Abd al-Jabbâr, *Mughnî*, VIII, 169. Une distinction peut être effectuée entre la cause-*'illa*, nécessitante, et la cause-*sabab*, permettante ; voir S. Vasalou, *Moral Agents and their Deserts. The character of mutazilite Ethics*, Princeton-Oxford, Princeton UP, 2008, p. 95-98. Sur les discussions du *kalâm* sur la volonté divine, voir G. Vajda, « L'attribut divin d'*irâda* (volonté) d'après une source inexploitée », *Etudes...*, *op. cit.*, art. VII, p. 263-266.

5. Voir W. Madelung et S. Schmidtke, *Rational Theology in Interfaith Communication*, *op. cit.*, p. 4-6

6. On notera certaines différences lexicales, ainsi l'expression *mumkin al-wujûd*, préférée à l'idée de *al-muḥdath* ; sur cette influence mutuelle du *kalâm* et de la *falsafa*, que ne doivent pas occulter les variations lexicales, voir W. Madelung, « Abû l-Ḥusayn al-Baṣrî's Proof ... », art. cit. Voir en outre O. Alper, « Avicenna's Argument for the Existence of God : was he really influenced par the *mutakallimûn* », *in* J. Mc Ginnis (ed.), *Interpreting Avicenna*, Leiden-Boston, Brill, 2004, p. 129-141.

le vocabulaire de l'acceptable (*jâ'iz*) [1], il recouvre ce terme par celui de *mumkin*, lequel va désormais s'imposer pour dire le possible : le possible tient son être de sa cause.

Notons à cet égard comment la détermination causale du possible a, immédiatement, une dimension ontique. Avicenne peut en effet reprendre la détermination causale du possible en ces termes : « (...) kull mâ huwa mumkin al-wujûd bi-i'tibâr dhâti-hi, fa-wujûdu-hu wa 'adamu-hu kilâhumâ bi-'illa / pour tout ce qui est un étant possible, considéré en lui-même, tant son être que son non-être, tous les deux sont par une cause » [2]. La cause donne l'être au possible [3]. Remarquable apparaît également la dualité reconnue ici encore pour rendre compte du possible [4].

Une réélaboration de la manière de penser l'être de ce qui est s'ensuit indéniablement. L'être du possible se laisse appréhender comme une obtention (*huṣûl*) [5]. Si l'être du possible se rapporte à sa cause, et lui échoit de l'extérieur, par un autre, l'essence lui est propre, et découvre le domaine de ce qui est sien. Revenant sur l'étant possible par soi, Avicenne note :

> yaḥtâju ḍarûratan ilâ shay' âkhar yaj'alu-hu bi-l-fi'l mawjûdan / il a besoin nécessairement d'une autre chose, qui le fasse être en acte.
> Wa kull mâ huwa mumkin al-wujûd fa-huwa dâ'iman bi-i'tibâr dhâti-hi mumkin al-wujûd / tout ce qui est un étant possible, toujours considéré par rapport à son essence, est possible quant à l'être,
> lâkinna-hu rubbamâ 'araḍa an yajiba wujûda-hu bi-ghayri-hi / mais il peut arriver que son être soit nécessaire par un autre que lui [6].

L'avènement en métaphysique du possible en sa détermination causale implique donc une disjonction de l'être (*wujûd*) et de l'essence (*dhât*). Il n'y a sans doute à cet égard nul hasard à ce que la bipartition du possible et du nécessaire suive l'établissement du dédoublement de la chose et de l'étant [7]. L'obtention de l'être requiert l'ouverture du possible à l'autre [8].

1. *Shifâ'*, Métaphysique, I, 6, éd. du Caire, p. 38, l. 16 ; voir aussi p. 39, l. 8. Voir aussi Physique, III, 11, 1, éd. Mc Ginnis, t. II, p. 358 : « jâ'iz al-wujûd ». Ce vocabulaire se retrouvera par la suite, par opposition à *wâjib al-wujûd*, par exemple chez al-Âmidî (m. 1233), *Abkâr al-afkâr fî uṣûl al-dîn*, t. I, p. 221.

2. *Shifâ'*, Métaphysique, I, 6, éd. du Caire, p. 38, l. 11-12.

3. Il s'agit d'une cause qui fait être : « 'illa wujûdiyya » (*ibid.*, p. 39, l. 5).

4. Sur le maintien, à côté de la détermination causale de l'étant possible, de cette conception bilatérale du possible, voir O. Lizzini, *Fluxus*, *op. cit.*, p. 125-127. Sur les possibles non actualisés chez Avicenne, voir A. Bäck, « Avicenna and Averroes », art. cit., p. 128-134 ; il faudrait dès lors nuancer l'image d'Avicenne que nous nous formons.

5. *Shifâ'*, Métaphysique, I, 6, éd. du Caire, p. 38, l. 12.

6. *Ibid.*, I, 7, éd. du Caire, p. 47, l. 10-12.

7. *Ibid.*, I, 5, éd. du Caire, p. 31-32.

8. Le *Kitâb al-ishârât wa-l-tanbîhât* le confirme (éd. Forget, p. 141).

On assiste alors à un remaniement de la doctrine aristotélicienne : si le possible doit avoir une cause, la cause requiert une possibilité permettant cette activité causale. La question de la possibilité investit ainsi l'examen de la puissance (livre IV, section 2)[1]. Par delà le principe matériel de la métaphysique aristotélicienne, il convient de reconnaître comment la possibilité par soi est la condition même de la donation d'être de l'agent[2]. Si la cause agente peut exercer son pouvoir (*qudra*), c'est en vertu de cette possibilité (*imkâniyya*), qui constitue une reprise, ou une réécriture, de la puissance (*quwwa*) de la métaphysique du Stagirite[3]. Le possible en soi désigne ainsi ce qui a un pouvoir d'être (de recevoir l'être) : « ma'nâ al-mumkin maqdûr 'alay-hi / la signification du possible est ce sur qui on a pouvoir »[4]. Les deux termes ne sont certes pas équivalents : le possible se dit en soi, quand le pouvoir dit la relation (*iḍâfa*) à ce qui le fait être[5]. Reste que la possibilité rend précisément possible cette ouverture à l'altérité[6].

Un double geste de réélaboration de la conceptualité métaphysique est ainsi à l'œuvre : à la disjonction de l'essence et de l'être, s'ajoute la considération d'un agent extérieur. L'être-en-acte (*bi-l-fi'l*), selon la conceptualité qu'Avicenne reprend à Aristote, doit faire l'épreuve d'une altérité. Le retrait du concept d'être-en-puissance, comme corrélat de l'être-en-acte, et son remplacement par la conceptualité de la possibilité, témoigne d'une nouvelle manière d'appréhender l'être de ce qui est. Loin d'être clos sur lui-même, l'étant possible est ouvert, pour être, à l'altérité.

1. On retrouve l'intervention du possible dans l'exposé sur la puissance et l'acte dans la métaphysique d'al-Lawkarî (m. 1123 ?) : le syntagme *imkân al-wujûd* (la possibilité de l'être) se conçoit alors comme signifiant la puissance de l'être : *quwwa al-wujûd* (*Bayân al-ḥaqq. Al-'ilm al-ilâhî*, chap. 23, éd. Dibaji, p. 142). Lawkarî serait un « petit disciple » d'Avicenne ; il est en effet présenté comme un disciple de Bahmanyâr (m. 1066/7), lui-même disciple d'Avicenne. Sur Lawkarî, voir J. Janssens, « Al-Lawkarî's Reception… ». Il est une possibilité (*imkân*) qui ne se pense pas comme la possibilité entendue comme la puissance (*quwwa*) par rapport au non-étant, affirme ainsi Fakhr al-Dîn al-Râzî (m. 1210), tout en confrontant ces deux conceptualités (*Ithbât juz' lâ yatazzâ*, éd. Eftekhari, p. 216).

2. *Shifâ'*, Métaphysique, IV, 2 éd. du Caire, p. 181, l. 7-12. *Cf.* Lawkarî, *Bayân al-ḥaqq. Al-'ilm al-ilâhî*, chap. 23, éd. Dibaji, p. 141.

3. Voir O. Lizzini, *Fluxus*, *op. cit.*, p. 135.

4. *Shifâ'*, Métaphysique, IV, 2 éd. du Caire, p. 182, l. 2.

5. *Shifâ'*, Métaphysique, IV, 2 éd. du Caire, p. 182, l. 3-6.

6. On retrouve, dans le sillage d'Avicenne, cette compréhension (causale) du possible comme ouvert à l'altérité dans la métaphysique d'Abû l-Barakât al-Baghdâdî (m. ca. 1165). Distingué du nécessaire, sans être pour autant impossible, le possible par soi se dit de ce qui est par un autre : « al-mawjûd bi-ghayri-hi mumkin al-wujûd bi-dhâti-hi » (*Kitâb al-mu'tabar*, t. III, p. 23, l. 1). Voir aussi Ibn Ghaylân al-Balkhî, *Kitâb ḥudûth al-'âlam*, éd. Michot, p. 328.

CAUSALITÉ OU PENSABILITÉ ?

L'œuvre métaphysique d'Ibn Sînâ [1] donne au possible une place importante pour penser l'être de ce qui est dans le monde. Au détriment sans doute de l'être-en-puissance [2], le possible devient une détermination métaphysique fondamentale : si la métaphysique est science de l'étant, celui-ci demande à être distingué en nécessaire et possible. Une tension se remarque toutefois. Sans nul doute, le possible s'appréhende prioritairement, et explicitement, selon une perspective aitiologique : il témoigne d'une déficience ontique de ce qui a besoin d'autre chose pour être. Mais un autre aspect du concept affleure conjointement : ce qui par soi, c'est-à-dire par son essence, n'est que possible ne se donne-t-il pas à penser comme tel par l'esprit humain [3] ? Le redoublement de l'étant, par la chose, comprise comme ce qui est énonçable [4], semble rendre légitime cette seconde approche concernant le possible. Si le possible, avant de recevoir l'être, n'est pas rien, ne nous renverrait-il pas à une essence [5], ou une quiddité, accessible à l'esprit [6] ?

1. Sur sa réception, voir R. Wisnovsky, « Avicenna's Islamic Reception » ; H. Eichner, « Dissolving... ».

2. Le couple aristotélicien de l'acte (*fi'l*) et de la puissance (*quwwa*) n'apparaît guère dans la réflexion personnelle proposée par Abû l-Barakât al-Baghdâdî. Celui-ci oppose à l'acte le pouvoir (*qudra*). Voir *Kitâb al-mu'tabar*, t. III, p. 214, l. 17-18 : « al-fi'l 'an al-qudra ka-al-ma'lûl 'an al-'illa / l'acte est à partir du pouvoir, comme le causé à partir de la cause ». Si un tel passage peut faire écho à la conceptualité aristotélicienne, la différence de vocabulaire est notable. Baghdâdî ailleurs emploie le vocabulaire classique, qu'il connaît donc bien, voir *Kitâb al-mu'tabar*, t. I, p. 116, qui retient l'opposition *bi-l-quwwa / bi-l-fi'l* ; Baghdâdî mêle alors le lexique de l'en-puissance (*bi-l-quwwa*) à celui de la possibilité (*al-imkân*).

3. Avicenne a amorcé un tournant, si ce n'est transcendantal, à tout le moins cogitatif de la métaphysique, que ses successeurs renforceront. Baghdâdî accorde la primauté à la « science de la science », entendons la logique, sur la science du connu, et sur la science de l'étant : la science des sciences donne la puissance pour acquérir les autres sciences (*Kitâb al-mu'tabar*, t. III, p. 214-215). Si l'étant visé par la science de l'étant ne se laisse pas réduire à un contenu cogitatif (la science porte sur des étants qui sont des *a'yân*, des entités ontiquement indépendantes, p. 7, l. 24), reste que l'approche cognitive prédomine : l'étant se présente d'abord sous la figure du *ma'lûm*, auquel il est au demeurant associé.

4. Dans le chapitre de sa métaphysique qui établit la division du possible et du nécessaire, Baghdâdî revient d'abord sur la signification des termes être et étant. Il s'interroge sur le lien entre l'étant et la sensation. Être n'est pas être perçu, mais plutôt être perceptible. Une chose (*shay'*) peut être dite étant (*mawjûd*) dès lors qu'elle est susceptible d'une appréhension (*idrâk*), et non pas parce qu'elle est appréhendée (*Kitâb al-mu'tabar*, t. III, p. 20, l. 12-21, l. 5) : « al-idrâk laysa sharṭ fî-l-wujûd, wa innamâ al-wujûd sharṭ fî-l-idrâk (l'appréhension n'est pas la condition de l'être, mais au contraire c'est l'être qui est la condition de l'appréhension) » (p. 21, l. 5). Dès lors, si l'être et l'étant sont connus par une connaissance première, il n'est rien de mieux connu (p. 21, l. 13) que l'étant si ce n'est ce qui est appréhendé et ce qui est connu (*al-mudrak wa al-ma'lûm*). La question de l'étant pose désormais la question de sa connaissabilité. Le tournant cogitatif amorcé par Avicenne est conforté. Voir S. Pinès, *Studies in Abû l-Barakât*..., p. 287-289.

5. Sur le lien de la question du possible avec « l'essentialisme » d'Avicenne, voir O. Lizzini, « A Mysterious Order... ».

6. Le possible se dirait par rapport à un esprit ; voir O. Lizzini, *Fluxus*, p. 132-133.

Cette tension nous plonge au cœur même de la difficulté posée par le possible, et nous invite à nous interroger sur ce qu'est *in fine* le possible : est-ce ce qui est, pour avoir été causé ? ou bien est-ce ce qui peut être, parce qu'il n'est pas contradictoire qu'il soit, ni d'ailleurs qu'il ne soit pas ?

L'intégration de réflexions du *kalâm* à la pratique de la *falsafa* invita sans doute à infléchir la manière d'entendre le *mumkin*[1]. Nous pouvons ainsi reconnaître deux tendances chez les post-avicenniens, sans qu'il faille durcir l'opposition entre celles-ci.

1) L'attention au *mumkin* des philosophes, en premier lieu d'Avicenne, peut s'accompagner d'un examen de la puissance. Le *mumkin* se dit ainsi, chez Ibn Ghaylân al-Balkhî (m. ap. 1184) relativement à un pouvoir (*qudra*)[2]. Al-Balkhî, voulant discuter la philosophie, retrouve ce faisant, au moment d'envisager le possible, certaines spéculations du *kalâm* : Dieu peut ainsi faire être la vie dans le corps du bâton et le muer en serpent, de même qu'il a fait être le serpent et lui a donné la vie. Semblablement le commentateur d'Avicenne, Fakhr al-Dîn al-Râzî (m. 1210), présentant les principes de la religion, recourt au terme *al-mumkinât*, les possibles, pour dire le corrélat de la puissance divine : Dieu est « qâdir ʿalâ kull al-mumkinât / puissant sur tous les possibles »[3]. Ainsi donc, selon une première approche, le *kalâm* teinté d'avicennisme conçoit le possible en référence à une puissance[4].

2) Qu'il faille toutefois également reconnaître la dimension cogitative du possible[5], Sharaf al-Dîn al-Masʿûdî (m. entre 1204 et 1208) y incitait dans sa discussion avec Avicenne : arrimé aux essences, plutôt qu'à ce qui est, le possible s'offre à la représentation : par opposition à l'impossible, le *mumkin* est *mutaṣawwar*[6]. Naṣîr al-Dîn al-Ṭûsî (m. 1274) allait également en ce sens, qui faisait relever la possibilité d'une réflexion personnelle (*iʿtibâr*)[7] :

1. Sur la réception de la philosophie avicennienne et son intégration à la discipline du *kalâm*, chez Râzî notamment, voir H. Eichner, « Dissolving... », p. 150-166. Voir aussi R. Wisnovsky, « Towards a Genealogy... ».

2. *Kitâb ḥudûth al-ʿâlam*, éd. Michot, p. 334.

3. *Kitâb maʿalim uṣûl al-dîn*, IV, q. 5, éd. S. Dughaym, p. 43. Le lexique classique du *kalâm* accompagne cette déclaration : *al-maqdûr*, *al-jâ'iz*, *al-siḥḥa*. Avec Râzî, le *kalâm* a ainsi clairement incorporé le lexique philosophique d'Avicenne. Voir M. Horten, *Die Philosophischen Ansichten...*

4. Râzî insiste sur l'indigence ou l'impuissance du possible (*al-maṭâlib al-ʿâliyya*, t. I, p. 154-155). C'est toutefois bien par soi ou par son essence que la créature est possible (*mumkin*) ; la possibilité ne lui advient pas par l'action d'un agent (*Munâẓarât*, q. III, § 35, éd. F. Kholeif, p. 19). La possibilité porte sur des quiddités ; l'être s'ajoute aux quiddités des possibles (*mâhiyyât al-mumkinât*), voir *Al-mabâḥith al-mashriqiyya*, I, 1, 3, t. I, p. 112.

5. Râzî présente la division (avicennienne) de l'étant (*mawjûd*) en possible par son essence (*mumkin li-dhâti-hi*) et nécessaire (*wâjib*) en la subordonnant à la division du connu (*maʿlûm*) en étant (*mawjûd*) et non-étant (*maʿdûm*). Voir *Muḥaṣṣal*, p. 47 *sq*. Si ce qui est possible est un étant, il se laisse d'abord appréhender sous la figure du connu.

6. *Al-mabâḥith wa-l-shukûk*, 10, éd. Shihadeh, p. 272.

7. *Tajrîd al-iʿtiqâd*, in al-Ḥillî, *Kashf al-murâd*, p. 34 : « al-imkân iʿtibâriyyun ». Et al-Ḥillî (m. 1325) de préciser : « al-imkân amr iʿtibâriyy, laysa shay' khârijiyy (la possibilité est une entité

la nécessité, la possibilité et l'impossibilité sont d'ordre conceptuel, et n'ont pas de consistance (*thubût*)[1]. Mais, lorsqu'on affirme avec Mas'ûdî une telle « possibilité de la chose selon son essence » (*imkân al-shay' fî dhâti-hi*), antérieure à l'être qu'elle pourra acquérir[2], ne s'éloigne-t-on pas du sens causal de la possibilité que retenait Avicenne[3] ?

Il n'est pas certain qu'entre la cause ou la pensée, il faille choisir[4]. Pour nous en rendre compte, reportons-nous un instant à l'œuvre de Maḥmûd Ibn 'Abd al-Raḥmân al-Iṣfahânî (m. 1348), le *Matâli al-anẓâr*. Ce texte se présente comme un commentaire du *Ṭawâli' al-anwâr* de 'Abd Allâh Bayḍâwî (m. 1316 ?)[5]. Dans ce double ouvrage en quelque sorte écrit à quatre mains (le commentateur prolongeant le geste du premier auteur pour le conforter), Bayḍâwî et Iṣfahânî proposent une reprise des grands concepts métaphysiques. Ils intègrent le double apport de la *falsafa* (notamment avicennienne) et du *kalâm* (tant asharite que mutazilite)[6].

D'emblée l'ouvrage concerne les entités « possibles » (*al-mumkinât*)[7], lesquelles, précise Iṣfahânî, s'opposent aux entités divines[8]. La réflexion s'engage à cet égard sur « ce qui est connu » (*al-ma'lûm*)[9], qui peut être à l'extérieur (*khârij*) – c'est l'étant (*al-mawjûd*) –, ou ne pas être, le néant (*al ma'dûm*)[10]. La détermination cognitive prévaut donc sur la bipartition de

qui relève de la réflexion personnelle ; ce n'est pas une chose extérieure) », *Kashf al-murâd*, I, chap. 1, n. 11, p. 34 ; *cf.* n. 32, p. 56.

1. *Tajrîd al-i'tiqâd*, in al-Ḥillî, *Kashf al-murâd*, p. 49-51. Attribuer une consistance (*thubût*) à la possibilité reviendrait *ipso facto* à attribuer un certain être (*wujûd*) à tout possible (p. 51).

2. Le 10e doute (éd. Shihadeh, p. 270) se demande si « la possibilité de l'advenue » (*imkân al-ḥudûth*) précède l'advenue (*qabla al-ḥudûth*).

3. La concevabilité ne fait pas la possibilité pour Avicenne : ce qui est concevable peut être impossible. Voir A. Shihadeh, *Doubts on Avicenna*, p. 129-130, qui voit, dans la position de Mas'ûdî, l'influence du *kalâm*.

4. Si la possibilité relève chez Ṭûsî de l'esprit, celui-ci fait droit à l'approche causale (*Tajrîd al-i'tiqâd*, in al-Ḥillî, *Kashf al-murâd*, p. 53) : lorsque l'esprit (*dhihn*) constate que le possible est (*al-mumkin mawjûd*), il en recherche la cause (*ṭalaba al-'illa*). La détermination causale du possible est maintenue, intégrée à une approche résolument cogitative de la possibilité.

5. Voir E. E. Calverley et J. W. Pollock, *Nature, Man and God in Medieval Islam* ; outre les informations sur ces deux auteurs, on y trouvera une utile traduction anglaise. Voir aussi H. Eichner, « Dissolving... », p. 179-188 ; « Handbooks... », p. 504 *sq.*

6. Après avoir rappelé les positions respectives des asharites et des mutazilites, Bayḍâwî en vient aux philosophes et aux *mutakallimûn*, indépendamment des deux grandes écoles précédemment mentionnées. Cette synthèse fait écho à l'entreprise de Râzî ; voir R. Arnaldez, *Fakhr al-Dîn al-Râzî, commentateur ...*, p. 130 *sq.* sur le *Kitâb al-mabâḥith al-mashriqiyya* ; sur l'entreprise conciliatrice de Râzî, voir T. Jaffer, « Mu'tazilite Aspects... ». Héritier du *kalâm*, Razî fait se rencontrer la conceptualité du *mumkin* et celle du *maqdûr*, selon le terme originairement employé par le *kalâm* ; voir R. Arnaldez, *Fakhr al-Dîn al-Râzî, commentateur...*, p. 67.

7. *Ṭawâli' al-anwâr*, I, I, chap. 1, éd. d'Istambul, p. 75.

8. *Ibid.*, p. 76.

9. Cette attention au *ma'lûm* vient du *kalâm*. Voir A. Dhanani, *The Physical Theory of Kalâm*, p. 15 *sq.*

10. C'est la première division que propose Bayḍâwî (*Ṭawâli' al-anwâr*, I, I, chap. 1, p. 75).

l'étant et du non-étant. Ce qui existe effectivement dans le monde se pense d'abord comme accessible à l'esprit, avant que d'être présenté comme outrepassant la sphère psychique. La mention des « sages » (entendons : les philosophes) permet à Bayḍâwî de confirmer cette approche, et d'introduire la distinction des étants possibles ou nécessaires[1]. L'appel à la conceptualité du possible se présente ainsi indéniablement comme l'intégration d'un élément proprement philosophique à l'analyse qui est ici menée.

Deux points méritent d'emblée que nous y prêtions attention.

1) Pour les philosophes, tout connaissable doté d'une vérité ou d'une certitude quelconque (*taḥaqquq mâ*)[2] est un étant (*mawjûd*)[3]. L'étantité ne doit ainsi pas être restreinte au domaine de ce qui existe à l'extérieur. Le critère qui distingue l'étant du néant n'est alors pas l'existence effective dans le monde, mais la consistance propre, la réalité ou vérité interne de la chose. Ce n'est que dans un second temps que l'on divise ensuite l'étant selon qu'il est extérieur (*khârij*) ou seulement cogitatif (*dhihnî*)[4]. Le critère de la certitude prend le pas sur l'existence effective pour faire d'une chose un étant. En cela, Bayḍâwî développe assurément les potentialités de la métaphysique avicennienne[5]. Rappelons que, pour Avicenne, les intentions de chose et d'étant se distinguent : l'étant indique une position dans l'être, quand la chose se dit en référence à ce qui est énonçable, qui est doté de sa propre vérité (*ḥaqîqa*)[6]. L'étant peut toutefois, *in fine*, s'identifier à la chose : il n'y a pas de chose qui ne soit un étant, qui ne possède un être au moins dans l'âme, à défaut d'être à l'extérieur, dans les singuliers. Cette concession avicennienne inspire à Bayḍâwî l'idée d'une séparation du plan de l'étantité et du monde des existants hors de l'âme. Il délaisse donc le dédoublement, du point de vue des intentions, de la chose et de l'étant, pour faire droit à cette consistance de ce qui n'est pas, mais est pensable[7]. L'appel à la philosophie confirme donc, voire renforce, l'inscription de l'étant dans l'horizon cognitif.

2) La bipartition, proposée par les philosophes, du possible et du nécessaire concerne les étants extérieurs. Le possible se rapporte donc, comme c'est d'ailleurs bien le cas chez Avicenne, à ce qui est. Bayḍâwî

1. *Ṭawâli' al-anwâr*, I, I, chap. 1, p. 78.

2. Ce vocabulaire est évidemment avicennien.

3. *Ṭawâli' al-anwâr*, I, I, chap. 1, p. 78.

4. *Ibid.*

5. *Shifâ'*, Métaphysique, I, 5.

6. Avicenne reconnaît une « vérité » (*ḥaqîqa*) de l'étant (*Shifâ'*, Métaphysique, I, 5, éd. du Caire, p. 30), en latin *certitudo entis*. Ce vocabulaire se retrouve dans le *Kitâb al-ishârât wa al-tanbîhât* (éd. Forget, p. 139) : tout ce qui est vrai l'est par la vérité de l'essence (*al-dhât*). Naṣîr al-Dîn al-Ṭûsî commente le terme *ḥaqq* (*Sharḥ*, éd. Dunya, vol. III, p. 12).

7. Importe la connaissabilité, plutôt que la connaissance en acte, ainsi que le précise Iṣfahânî (*Matâli al-anẓâr*, I, I, chap. 1, p. 78).

présente le possible comme ce qui accepte le non-être[1], Iṣfahânî précise alors qu'il est ce qui accepte le non-être « en vertu de son essence » (*li-dhâti-hi*)[2]. Nos auteurs mentionnent ainsi une forme de déficience du possible, en tant qu'il est ouvert au non-être, autrement dit accessible au néant. Le possible est cet étant extérieur, qui est en pouvant ne pas être.

La manière dont Bayḍâwî et Iṣfahânî conçoivent ensuite l'être est assurément originale, tout en dépendant, bien évidemment, dans une large mesure d'Avicenne. Dressons-en les grands traits, de façon à découvrir les soubassements ontiques de la conception du possible qui va ensuite être mise en place.

1) Bayḍâwî et Iṣfahânî montrent comment l'être doit faire l'objet d'une intuition (*badîha*)[3], plutôt qu'il ne se démontre[4]. À cet égard, Bayḍâwî insiste sur la manière dont l'être en général doit être rapporté, si ce n'est réduit, à mon être : l'être relève de « mon être » (*wujûdî*)[5]. Sans que l'on puisse parler à ce sujet d'une approche égologique, force est de reconnaître combien l'accès à mon être permet de penser l'accès à tout être. Iṣfahânî, examinant ce point, refuse pour sa part fermement toute réduction de l'être à mon être : l'être est prédiqué par analogie (*maqûl bi-l-tashkîk*) des étants[6], et est donc extérieur à ce qui fait leur nature profonde, leur vérité (*khârij 'an ḥaqîqa*) ; l'être en général doit donc être extérieur à mon être (*khârij 'an wujûdî*)[7]. L'extériorité de l'être interdit ainsi, à ses yeux, que l'on puisse passer de l'appréhension que j'ai de moi-même à une considération de l'être en général.

2) L'être se présente comme une « qualité communément partagée » (*waṣf mushtarik*)[8] « par l'ensemble des étants »[9]. Affirmer l'être d'une chose (*wujûd al-shay'*) ne signifie pas une quelconque certitude quant à ce qu'elle

1. *Ṭawâli' al-anwâr*, I, I, chap. 1, p. 78.

2. *Ibid.*, p. 78-79.

3. *Ibid.*, chap. 2, p. 79 ; *Matâli al-anẓâr*, I, I, chap. 2, p. 80 ; l'être ne se connaît pas par une acquisition ; il faut insister sur sa simplicité (p. 81-82).

4. L'idée se trouvait chez Râzî : l'être ne se peut définir, ce qui nécessiterait de recourir à des termes comme *mâ, alladhî, al-amr, al-shay'*, qui renvoient tous à l'être (*Al-mabâḥith al-mashriqiyya*, I, 1, 1, t. I, p. 97). Voir R. Arnaldez, *Fakhr al-Dîn al-Râzî, commentateur…*, *op. cit.*, p. 131-132. Sur cette influence de Râzî, voir H. Eichner, « Dissolving the Unity of Metaphysics : From Fakhr al-Dîn al-Râzî to Mullâ Ṣadra al-Shîrâzî », *Medioevo*, XXXII, 2007, p. 139-197, en part. p. 181.

5. *Ṭawâli' al-anwâr*, I, I, chap. 2, p. 79. Râzî s'appuyait sur l'accès cognitif de l'homme (*al-insân*) à son propre être pour affirmer la primauté de la connaissance de l'être (*Al-mabâḥith al-mashriqiyya*, I, 1, 1, t. I, p. 98).

6. L'être se prend *bi-l-tashkîk*, expliquait Naṣîr al-Dîn al-Ṭûsî dans ses annotations du *Kitâb al-ishârât wa al-tanbîhât* d'Avicenne (éd. Dunya, vol. III, p. 7).

7. *Matâli al-anẓâr*, I, I, chap. 2, p. 80.

8. *Ṭawâli' al-anwâr*, I, I, chap. 2, p. 83 ; Bayḍâwî s'oppose ainsi à al-Ash'arî.

9. Iṣfahânî précise la formule : « waṣf mushtarik bayna jamî'i al-mawjûdât » (*Matâli al-anẓâr*, I, I, chap. 2, p. 83).

est[1]. La bipartition de l'étant nécessaire ou possible suppose la reconnaissance de leur communauté d'être[2].

3) L'être doit en fin de compte être appréhendé comme « un ajout » (*zâ'id*) aux quiddités[3]. Cela apparaît d'une manière notable à propos des étants possibles. La séparation du plan des quiddités et de celui de l'être doit en effet être admise ; prendre en considération les premières n'implique aucune prise de position quant à leur être (leur être, externe ou psychique, comme aussi leur être ou leur non-être)[4].

Au fondement de la distinction de l'étant possible et de l'étant nécessaire, Bayḍâwî et Iṣfahânî établissent une conception de l'être qui insiste non seulement sur sa simplicité et sa communauté, mais aussi sur son extériorité à l'égard des essences. Ils radicalisent donc assurément la position d'Avicenne. Le traitement de la possibilité fait fond sur cette conception de l'être, en sa distinction vis-à-vis de l'essence à laquelle il s'adjoint[5].

La possibilité se présente alors sous un double visage : noétique et aitiologique.

1) D'une part, en effet, la possibilité et la nécessité sont considérées comme des intelligibles (*'aqliyya*) n'ayant pas d'être à l'extérieur (*khârij*)[6]. La possibilité est d'ordre intellectuel[7]. Cette détermination intellective de ce couple fondamental trouve assurément une de ses sources chez Avicenne lui-même : les choses (*al-umûr*) qui relèvent de l'être (*al-wujûd*) peuvent être distinguées par l'intellect (*fî-l-'aql*) en nécessaires et en possibles[8]. Le possible et le nécessaire peuvent bien porter sur des choses qui sont ; la possibilité et la nécessité relèvent d'un jugement de l'intellect portant son regard sur ces choses[9].

1. *Ṭawâli' al-anwâr*, I, I, chap. 2, p. 83.

2. *Ibid.*, p. 83-84.

3. *Ibid.*, p. 85 ; cf. *ibid.* : « zâ'id 'alâ al-mâhiyyâ ». Nasîr al-Dîn al-Tûsî précise que l'être, ainsi prédiqué par analogie, constitue une qualité accidentelle (*'âriḍan*), voir ses gloses aux *Kitâb al-ishârât wa al-tanbîhât* d'Avicenne (éd. Dunya, vol. III, p. 7).

4. *Matâli al-anẓâr*, I, I, chap. 2, p. 85.

5. Ṭûsî justifiait la détermination causale de l'être par son caractère accidentel par rapport à la quiddité (*Sharḥ li-Kitâb al-ishârât wa al-tanbîhât*, éd. Dunya, vol. III, p. 7). Le terme employé par Avicenne (éd. Forget, p. 138) et son commentateur pour dire la cause est alors *'illa*.

6. *Matâli al-anẓâr*, I, I, chap. 4, p. 113.

7. La possibilité est dans la pensée ; on peut parler de la possibilité de ce qui n'est pas, reconnaissait Râzî ; voir R. Arnaldez, *Fakhr al-Dîn al-Râzî, commentateur…*, *op. cit.*, p. 156.

8. *Shifâ'*, Métaphysique, I, 6, éd. du Caire, p. 37, l. 7.

9. Râzi, refusant, dans une lignée asharite, toute consistance (*thubût*) à ce qui n'est pas, avait prêté attention à la dimension intellective de la possibilité : c'est par l'intellect (*'aql*) que ce qui n'est pas peut être reconnu possible, voir *Al-mabâḥith al-mashriqiyya*, I, 3, 5, t. I, p. 211-212.

2) D'un autre côté, la possibilité fait signe vers le besoin, pour le possible, d'une cause (*sabab*)[1]. Il s'agit ainsi d'exhiber la nécessité d'un agent pour surmonter l'indécision de l'être ou du non-être caractéristique du possible[2].

On assiste donc chez ces auteurs à l'exacerbation d'une tension, latente chez Avicenne, entre une approche cogitative et une approche causale. Si l'être se distingue de la quiddité et s'y ajoute, il est d'abord ce qui se donne à penser au travers d'une intuition[3]. Conjointement, si la possibilité indique la déficience de ce qui a besoin d'une cause, elle relève de l'intelligibilité. La doctrine de l'être apparaît ainsi comme le lieu où se noue une tension, que l'idée même de possibilité est amenée à retranscrire. Nos auteurs reprennent ainsi la séparation avicennienne de l'être et de l'essence, mais insistent, sans doute plus ouvertement que ne le faisait Ibn Sînâ, sur la dimension noétique ou intellectuelle de l'être.

Ce faisant, la séparation à l'endroit de la conceptualité aristotélicienne de la puissance semble désormais définitive. Pour le dire d'un mot, là où la potentialité, rapprochée de la matière, apparaissait comme le lieu de l'indétermination de ce qui échappe au savoir, la possibilité se donne à penser.

Concluons.

1) L'avènement du *mumkin* en philosophie s'est d'abord présenté dans le contexte des luttes contre le *kalâm* asharite, précisément accusé de ne pas faire droit à un possible sis dans les choses elles-mêmes. Le *mumkin* a dans ces conditions constitué une arme théorique. Il a ainsi d'emblée revêtu une portée ontique. On ne s'étonnera donc pas qu'il se soit progressivement imposé en métaphysique.

2) Le *mumkin* ne s'est toutefois pas simplement laissé reconduire à l'idée d'être-en-puissance (*bi-l-quwwa*), quoique l'on puisse parfois trouver l'un aux côtés de l'autre. Le *mumkin* fait en effet signe vers un autre sens de l'être : distingué de l'essence, l'être s'ajoute à celle-ci. En conséquence, il convient de faire droit à l'agent donnant l'être. Le possible qualifie l'étant qui est effectué par un autre. L'avènement du possible requiert donc la séparation de l'être et de l'essence et l'attention à une causalité conçue comme agente.

1. *Ṭawâli' al-anwâr*, I, I, chap. 4, p. 119. L'idée se prolonge dans les développements qui suivent, notamment p. 127. Voir Râzî, *Muḥaṣṣal*, p. 60, p. 62. Sur le possible comme requérant une cause, voir R. Arnaldez, *Fakhr al-Dîn al-Râzî, commentateur…, op. cit.*, p. 156. Râzî concilie l'interprétation intellectualiste de la possibilité et la détermination causale du possible. Pour une comparaison entre les listes de propriétés du possible données par Râzî et Bayḍâwî, voir E. E. Calverley et J. W. Pollock, *Nature, Man and God in Medieval Islam, op. cit.*, n. 23 p. 266.

2. *Ṭawâli' al-anwâr*, I, I, chap. 4, p. 119.

3. Avicenne, et après lui Ṭûsî, refusaient la réduction de l'être au sensible, en révélant sa dimension intelligible ; voir Avicenne, *Kitâb al-ishârât wa al-tanbîhât*, éd. Forget, p. 138-139 ; Nasîr al-Dîn al-Ṭûsî, *Sharḥ*, éd. Dunya, vol. III, p. 7-8.

3) Le possible se dit ainsi en référence à une cause ; il se donne aussi à penser. Le possible n'est alors pas le libre domaine abandonné à notre imagination, pensant le monde autrement qu'il n'est en réalité. Le possible découvre au contraire des traits du réel, et a partie liée avec lui. Cette détermination cogitative du possible ne vise cependant pas à l'extraire du monde des étants, pour en faire un domaine doté d'une consistance propre, indépendamment de ce qui est.

L'avènement du possible en philosophie a donc constitué une tentative de mettre au jour la manière dont les étants sont dans le monde. Dans un dialogue ininterrompu avec le *kalâm* contemporain, les philosophes d'expression arabe n'ont eu de cesse d'insister sur la manière dont le possible décrit l'être, bien loin de nous renvoyer à un monde imaginaire. Ainsi donc, le possible donne à penser ce qui est, et la manière dont il reçoit l'être, pour devenir tel ou tel.

CHAPITRE VI

LE POSSIBLE, LE PENSABLE, L'EFFECTUABLE

L'arrivée et la diffusion d'un nouveau corpus textuel dans l'Occident latin des XIIe et XIIIe siècles bouscule le cadre du savoir. Les penseurs latins n'accèdent alors pas seulement à l'œuvre physique, métaphysique, et éthique d'Aristote; ils acquièrent également la connaissance d'une part de la philosophie arabe, en la figure notamment du *Livre de la guérison* d'Avicenne, mais aussi de commentaires d'Averroès.

Le concept de possible joue alors sans doute un rôle central. Il cristallise en effet une tension caractéristique de cette réception critique de la métaphysique en sa formulation avicennienne : il est en effet à la fois la marque si ce n'est d'une dette, du moins d'un héritage envers la métaphysique avicennienne, mais aussi le lieu d'une discussion ferme contre la perspective nécessariste qui a pu, en un premier temps du moins[1], apparaître découler de l'émanatisme du penseur persan. La possibilité doit s'accompagner de la reconnaissance de la contingence de ce qui est dans le monde, affirment alors fermement certains théologiens latins, si attachés à la liberté, divine ou humaine.

La pensée d'expression arabe nous a permis d'exhiber une double détermination du possible : causale (le possible requiert une cause pour être) et cogitative (le possible se donne à penser). La métaphysique latine reprend cette double détermination, mais opère indéniablement un basculement. La possibilité apparaît alors comme un objet de pensée, pour l'homme et Dieu, et pourra dès lors être effectué, selon une libre décision de l'agent. Le possible ne se dit alors plus tant de ce qui, déjà, est (a été effectué), mais de ce qui peut être (pourra être effectué). En ce sens, il n'apparaît plus comme une manière d'être,

1. La traduction, à la fin du XIIIe siècle, du *De generatione et corruptione* du *Shifâ'* découvrira un autre visage d'Avicenne, devant amener à nuancer son nécessitarisme : l'incommensurabilité des périodes célestes reconnue dans le dernier chapitre introduit un élément d'irrationalité au cœur du monde ; voir M. Rashed, « Théodicée et approximation : Avicenne », *Arabic sciences and philosophy*, 2000, p. 223-257.

mais désigne le simple fait de pouvoir être, ce qui a une « aptitude à exister », selon la formulation classique de cette idée que reprendra encore Leibniz.

Le présent chapitre s'attache à ce basculement. Nous examinons pour ce faire la manière dont le concept de possible qui s'était développé dans la philosophie latine se voit repris, et sans doute modifié, par l'arrivée d'un concept de possible élaboré en terre d'Islam, *mumkin* étant en effet traduit par *possibile* [1].

Possibilité et métaphysique

Avec la traduction et la diffusion de la Métaphysique du *Shifâ'* d'Avicenne [2], le possible devient sans conteste un concept fondamental de la métaphysique, qui nait dans l'Occident latin suite à l'accès au texte ainsi nommé d'Aristote [3].

Une des premières attestations de l'intégration de la métaphysique avicennienne à la philosophie latine [4] est très certainement l'œuvre de Guillaume d'Auvergne (m. 1249) [5]. L'ambivalence de l'évêque de Paris à l'égard de la philosophie du penseur persan est notable. Certes, théologien chrétien, il se montre fortement réticent envers l'émanatisme et le nécessitarisme [6] qu'il lit chez ce dernier [7]. Reste qu'il fait une large part au possible en sa détermination

1. Voir Avicenna Latinus, *Philosophia prima*, I, 6, p. 43. L'expression *al-mumkin al-wujûd* est rendue par *possibile esse*.

2. Sur cette réception, voir M.-T. d'Alverny, *Avicenne en Occident, op. cit.* A. Bäck, « Avicenna and Averroes », art. cit., p. 135, reconnaît un écart entre les différents sens du possible chez Avicenne, et la manière dont Avicenne a été lu dans l'Occident latin, en priviligiant la détermination causale.

3. La *Métaphysique* d'Aristote n'octroie qu'une faible attention au possible. Le *dunaton* peut être rendu par *possibile.* Le vocabulaire du possible intervient ainsi, dès la traduction de Jacques de Venise, dans le chapitre d'ouverture de la *Métaphysique* (A, 1, 980b21-25, AL XXV-1.1, p. 5, l. 11-15). Le même lexique intervient (on l'a dit) pour la traduction du livre ϑ, conjointement à *potens* (*translatio anonyma sive media*, AL XXV-2, p. 173-175 ; *recensio Guillelmi*, AL XXV-3.2, p. 184-186)

4. Voir R. de Vaux, *Notes et textes sur l'avicennisme latin aux confins des* XIIe *et* XIIIe *siècles*, Paris, Vrin, 1934. On pourrait aussi citer le *Liber de causis primis et secundis et de fluxu entis.* Le traitement de la matière est notable : « Unde ipsa materia in se ipsa est resolubilis, et in se ipsa est possibilis » (éd. De Vaux, p. 101).

5. Voir R. de Vaux, *Notes et textes sur l'avicennisme latin…, op. cit.*, p. 22 *sq.* Voir aussi J.-C. Bardout, *Penser l'existence, op. cit.*, t. I, p. 147-160.

6. Déjà certaines critiques surgirent au sein du *kalâm* ; pensons ainsi à al-Hâkim al-Jishumî (m. 1101), qui, dans l'introduction de son *Kitâb al-ta'thîr*, pose que le monde est advenu à partir du néant en vertu d'un agent doué de choix (*fâ'il mukhtâr*), voir J. Thiele, « La causalité selon al-Hâkim al-Jishumî », *Arabica*, 59, 2012, p. 291-318, en part. p. 295.

7. Dans la *quaestio addita* (a. 3), placée à la fin du livre Ier de sa *Summa aurea*, Guillaume d'Auxerre, lui aussi, parle de *philosophi decepti* qui auraient soutenu une forme d'émanatisme. Voir R. de Vaux, *Notes et textes sur l'avicennisme latin…, op. cit.*, p. 51-52.

avicennienne. Seulement, cet être possible ne devra précisément plus être dit nécessaire par un autre [1].

Le *De Trinitate* intègre d'une manière manifeste les acquis de la conception avicennienne de l'être [2]. D'emblée en effet, Guillaume affirme la multiplicité des « intentions » [3] de l'*ens* et de l'*esse* [4]. L'être a ainsi deux intentions : en un premier sens, il est ce qui reste par delà la variété des accidents qui le vêtent, autrement dit la substance ou l'essence ; en un second, il se situe par delà la définition d'une chose, et désigne la position d'être, irréductible à l'essence pensable [5]. Ainsi s'établit une bipartition des étants : d'un côté, ce qui est causé, qui est autre que son être ; de l'autre, ce qui s'identifie avec son être, et n'est ainsi pas causé [6]. La détermination causale de l'être qui caractérisait le possible avicennien est ainsi réinvestie, pour penser la séparation de l'être nécessaire, éternel, incorruptible [7], absolument simple [8], et de l'être, second, ou causé [9].

Sans nul doute, la conception de la possibilité [10] est directement indexe de cette conception de l'être. La possibilité intervient tout d'abord dans le cadre de l'énoncé du flux [11] et de l'exubérance provenant de l'être nécessaire :

> Et est possibilitas universi velut excipiens fluxus ipsius ; velut si aër recipiat sparsum lumen toto sinu capacitatis suae, penetransque ipsum per totum, sic

1. Averroès adressait une critique similaire à l'idée avicennienne d'un possible par soi nécessaire par autrui, voyant dans ce possible nécessaire une forme de contradiction (*Tahâfut al-Tahâfut*, discussion VIII, éd. Bouyges, p. 395).

2. Le *De Trinitate* a une ambition métaphysique, comme le manifeste le prologue (éd. Switalski, p. 15, l. 4).

3. Le terme *ma'nâ* est généralement traduit en latin par *intentio*. Voir Avicenna Latinus, *Liber de philosophia prima*, I, 5, p. 34-35. Sur ce concept, voir mon article : « Intention et réalité », art. cit.

4. *De Trinitate*, chap. 1, éd. Switalski, p. 16, l. 40.

5. Voir *ibid.*, chap. 2, éd. Switalski, p. 20-21, l. 48-62 : « Oportet autem te scire, quia esse duas habet intentiones. Et una earum est residuum a circumvestitione et varietate accidentium. Et hoc est proprie, quod nominatur essentia sive substantia (...). Hoc igitur est, quod dicitur substantia rei et eius esse et eius quidditas, et hoc est esse, quod definitio significat et explicat, et hoc ipsum dicitur rei essentia. Secunda autem intentio huius, quod est esse, est illud, quod dicitur per hoc verbum "est" de unoquoque, et est praeter uniuscuiusque rationem. In nullius namque ratione accipitur esse ; quidquid enim imaginati fuerimus, sive hominem, sive asinum, sive aliud, in ratione eius esse non intelligimus, eo solo excepto, de quo esse essentialiter dicitur ; eius namque essentia nisi per ipsum esse intelligi non potest, cum ipsa et eius esse omnimodo sint una res. »

6. Voir *ibid.*, p. 25, l. 64-65 : « Quare omne causatum aliud esse a suo esse, necesse est. Quod igitur idem est cum suo esse, necessario est non causatum. »

7. *Ibid.*, chap. 3.

8. *Ibid.*, chap. 4. Voir *ibid.*, chap. 6, éd. Switalski, p. 42, l. 29 *sq.*, sur les différentes nominations de l'être premier.

9. *Ibid.*, chap. 6. L'examen de l'être nécessaire découvre qu'il est la cause et l'auteur de toutes choses (chap. 5).

10. Le manuscrit de Chartres, repris par l'édition Féron, porte régulièrement *potentiale* à la place de *possibile* (par exemple *ibid.*, chap. 6, éd. Switalski, p. 35, l. 48). Nous suivons la leçon adoptée par les autres manuscrits, provenant visiblement de sources distinctes ; voir le stemme donné par B. Switalski, p. 10.

11. Guillaume réinvestit un thème avicennien. Voir O. Lizzini, *Fluxus*, *op. cit.*

> penetrat et implet possibilitatem universi affluentia et vehementia primi et fontalis esse pro capacitate receptibilium, magis aut minus, influens totum autem hoc per essentiam suam, quae est bonitas pura et benignitas largiflua [1].

La possibilité de l'univers [2] se présente ainsi comme le revers de l'effusion divine. La possibilité indique dans ce cadre une « capacité » [3] réceptive [4], présupposée par l'activité de la source. Il revient à cette dernière de pénétrer et d'emplir la possibilité, qui par elle-même témoigne d'une certaine vacuité [5]. On pressent ainsi, au travers de cette mention de la *possibilitas universi*, combien le possible manifeste, dans un sillage évidemment avicennien, une indigence ontique [6].

Le confirme la liste des expressions rendant compte de cet être second et causé : « (...) loquemur de esse secundo, causato, quod nominatur nominatione expressa et propria esse indigentiae, et esse possibile, et esse falsum, et esse fluens, et pendens. » [7]. La mention de la possibilité après l'indigence n'est pas neutre. Guillaume retient en premier lieu la déficience caractéristique de cet être second : « eget alio ad hoc ut ipsum sit » [8]. Cette idée est présupposée lorsque l'être possible est ensuite explicité : « Esse vero possibile, quod quidem in se et per se ipsum consideratum, invenitur non prohibens suum esse ; verumtamen in hac consideratione nondum invenitur habere esse, sed tamen invenitur prope, ut habeat esse ; et haec appropinquatio nominatur in eo possibilitas. » [9]. La considération du possible révèle donc qu'il n'interdit pas l'être. Que l'on se garde ici de réduire cet être possible à la non-contradiction. D'une

1. *De Trinitate*, chap. 5, éd. Switalski, p. 35, l. 41-46.

2. Guillaume donne une portée cosmologique à l'idée de possibilité. Voir encore *ibid.*, chap. 6, éd. Switalski, p. 39, l. 56-57 : « Postquam in universo secundum se ipsum non ponitur nisi possibilitas, quare universum in se ipso est tantum possibile. » Sur cette *possibilitas universi*, voir aussi *De universo*, II-II, chap. 3, éd. Féron, t. I, p. 848.

3. Le terme de *capacitas* a une longue histoire dans la philosophie latine. L'un de ses usages les plus illustres est son emploi augustinien pour désigner le fait d'être *capax Dei*, c'est-à-dire ouvert à Dieu. Voir *De Trinitate*, XIV, VIII, 11, BA XVI, 374.

4. Sur la possibilité comme réceptivité, voir *De Trinitate*, chap. 8 (qui examine les différents sens de la puissance) : « Possibilitas vero nominatur potentia, et idoneitas recipiendi impressiones potentiarum activarum, qualis dicitur possibilitas in ovo, qua idoneum est, ut recipiat impressiones, quae sunt formatio animalis ex eo ; et huiusmodi possibilitas vulgariter dicitur esse in ovo unde esset animal. » (éd. Switalski, p. 50, l. 37-41).

5. Guillaume parle de la possibilité comme d'un vide profond ; voir *De Trinitate*, chap. 7, éd. Switalski, p. 45, l. 99-3 : « possibilitas enim est velut alveus excipiens affluentiam ipsius et velut vacuum profundum, quod sola divinae copiositatis redundantia sive exuberantia implet. » Voir *ibid.*, chap. 6, éd. Switalski, p. 43, l. 43-49.

6. Voir *ibid.*, p. 40, l. 85-88 : « Quia igitur stat universum, non stat necessario nisi virtute sustinentis et portantis ipsum ; quod enim de non esse sive post non esse venit in esse, recidit in eo unde eductum est, quantum in ipso est. Possibilitas namque ipsius non sufficit tenere eius esse, quin effluat ».

7. *Ibid.*, p. 35, l. 47-49.

8. *Ibid.*, p. 36, l. 50.

9. *Ibid.*, p. 36, l. 51-55.

manière plus spécifique, Guillaume s'attache à dénier l'être au possible, pour penser la possibilité comme *appropinquatio*, comme une simple proximité à l'être. Si l'être possible est l'être causé, la considération de la possibilité invite plus particulièrement à reconnaître que cet être ne fait pas proprement partie de la considération du possible [1].

Guillaume peut ensuite insister plus avant sur cette vacuité ontique du possible. Il disjoint pour ce faire le possible et le *potens*. La possibilité d'être n'implique aucune puissance à cet égard :

> possibile, per hoc, quod est possibile, non potens est, ut ipsum habeat esse, vel ut veniat in esse. Possibile enim de essentia et intentione sua non habet esse in effectu, eo quod possibilitas sola per se non sufficit ad effectum, quia si hoc esset, non contingeret, quod possibilitas praecederet effectum [2].

Ce qui est possible n'a pas le pouvoir d'être. L'être possible n'est « en effet » qu'en étant l'effet d'un autre. Guillaume oppose de ce point de vue le possible et l'être en effet (*esse in effectu*) : si l'être possible se dit de l'être causé, cet être causé témoigne, en son effectivité, de cette altérité par laquelle il tient d'être. La distinction du possible et de l'être en effet peut dès lors certes faire écho au couple aristotélicien de la puissance et de l'acte. Remarquons toutefois tout ce qui sépare la distinction proposée par notre évêque de la conceptualité aristotélicienne [3]. Guillaume marque en effet l'insuffisance du possible pour accéder à l'être effectif. La possibilité fait donc porter le regard vers une autre direction que la potentialité.

Pour le dire d'un mot, la possibilité dit une certaine ouverture à l'autre. En effet, dans l'optique qu'adopte Guillaume, la possibilité appelle l'activité d'un agent extérieur, plutôt qu'elle ne recèle, comme des trésors cachés, des virtualités n'aspirant qu'à s'épanouir. Le pouvoir que peut laisser poindre la possibilité apparaît à cet égard comme purement réceptif :

> Item possibile dicitur comparatione essendi in effectu, potens scilicet recipere effectum essendi. Intentio autem, qua solum potens est recipere non facit ipsum debere habere, sed facit ipsum indigere datore ipsius esse. Quare possibile non venit nec educitur de possibilitate essendi in effectum per solam potestatem, sed per eductorem alium, qui est acquirens ei effectum essendi [4].

Ces lignes le montrent clairement : l'indigence se loge au cœur du possible. Le possible témoigne donc de la déficience ontique de ce qui dépend d'un agent autre que lui-même pour accéder à l'être effectif. Si l'être est alors *in effectu*, il

1. Voir aussi *De universo*, IIaIIae, chap. 8, éd. Féron, t. I, p. 852.

2. *De Trinitate*, chap. 6, éd. Switalski, p. 39, l. 33-38.

3. On peut voir dans la formule *in effectu* une traduction non du grec *energeia*, mais de l'arabe *bi-l-fi'l*. Voir Avicenna latinus, *Liber de philosophia prima*, I, 7, p. 54 : « Eius autem quod est possibile esse, iam manifesta ex hoc proprietas, scilicet quia ipsum necessario eget alio quod faciat illud esse in effectu ». La proximité lexicale est frappante. Guillaume reçoit l'être en acte aristotélicien tel qu'il est repris par Avicenne.

4. *De Trinitate*, chap. 6, éd. Switalski, p. 39, l. 39-44.

est l'effet d'un autre. La possibilité désigne proprement dans ces conditions la capacité réceptive de ce qui par soi-même n'est pas. La structure réceptive, qui caractérisait l'être-sujet des accidents, mais devait être dépassée dès lors que l'on envisageait l'*ousia*, comme forme et acte, est à présent reprise pour rendre compte de la manière dont l'être est *in effectu* reçu par ce qui ne se suffit pas pour être. Le possible est en recevant l'être d'un autre qui l'effectue en lui. L'interprétation active de l'*energeia* dans la tradition arabe conduit le théologien chrétien à concevoir la possibilité comme réceptivité et ouverture à l'autre.

Le *De universo* témoigne d'une manière semblable de cette dépendance de l'être possible, hérité d'Avicenne, envers un autre qui lui donne l'être. L'être ainsi conçu serait *potentialiter* et *possibiliter*[1]. La juxtaposition du « possibiliter » au « potentialiter » de la tradition aristotélicienne apparaît symptomatique du déplacement que fait subir Guillaume à la perspective d'Aristote. Présentant l'être causé comme être possible, il affirme le caractère reçu de l'être, qui, tel un accident, doit advenir à l'essence[2].

L'examen du possible tel qu'il se trouve intégré à la métaphysique dans l'œuvre de Guillaume d'Auvergne nous conforte donc dans les hypothèses que nous avons suggérées. Deux traits retiennent à cet égard notre attention. 1) Le possible se déploie sur fond d'une considération de l'être-en-acte comme être effectué. La substitution du possible au potentiel découle en ce sens d'une interprétation résolument active de l'actualité. 2) La dimension ontique reconnue au possible suppose une séparation de l'être et de l'essence : « Quoniam autem ens possibile non est ens per essentiam, tunc ipsum et eius esse, quod non est ei per essentiam, duo sunt revera »[3].

Nous sommes ici à un tournant. La détermination causale du possible comme ce qui a été effectué ne doit-elle pas céder la place à une détermination cogitative voyant dans le possible ce que l'on peut projeter de faire ? À cet égard, le possible semble devoir se dire d'une essence (susceptible d'être envisagée), plutôt qu'il ne se laisserait rapporter à l'être (qui est ainsi produit). Prenant acte de la distinction de l'essence, et de l'être[4], Guillaume incline en effet le concept de possibilité du côté de la quiddité : « Ens igitur, secundum hunc modum, compositum est et resolubile in suam possibilitatem sive

1. Voir *De universo*, Ia Iae, chap. 3, éd. Féron, t. I, p. 594 : « Omne autem a quo ejus esse separabile est, non habet illud nisi possibiliter, sive potentialiter, et ita non habet illud ea necessitate, qua aliquid dicitur necessario esse per se. »

2. Voir *ibid.*

3. *De Trinitate*, chap. 7, éd. Switalski, p. 43, l. 66-67. Voir *De universo*, IIa IIae, chap. 8, p. 852 : « Ab omni vero possibili, et ab omni eo quod est necesse esse per aliud, est separabile suum esse, aut actu, aut intellectu, sive ratione. In omni igitur alio est aliud ipsum ens, aliud ejus esse, seu entitas. ». Voir E. Gilson, « La notion d'existence… », art. cit.

4. L'être advient (*accidit*) à l'essence, sans jamais s'y réduire ; voir *De Trinitate*, chap. 7, éd. Switalski, p. 43-44, l. 67-68 : « et alterum accidit alteri, nec cadit in rationem vel quidditatem ipsius. ». Le schème de l'accident vaut désormais pour penser le rapport entre l'être et l'essence.

quidditatem et suum esse »[1]. L'essence, sous la figure de la quiddité, apparaît ainsi comme la mesure de la possibilité. Dès lors, si l'être possible (*esse possibile*), dit, dans un sillage avicennien, l'être causé, Guillaume d'Auvergne, qui pense à partir du latin, n'entend en réalité pas dans la possibilité l'idée de causalité, ou d'établissement dans l'être (que suggérait en arabe le terme *imkân*) ; il la déporte du côté de l'essence, à laquelle peut échoir l'être.

La possibilité hors du monde

L'entrée du possible en métaphysique s'est effectuée dans l'Occident latin sous l'influence de la réception d'Avicenne. Or, si celui-ci insistait sur la dépendance de l'étant possible envers la cause qui l'a fait être, on pressent d'ores et déjà comment la question du possible sera abordée chez les auteurs latins selon une autre perspective[2]. Le possible apparaît dans ces conditions moins comme ce qui est effectué par un autre que comme ce que l'on peut se proposer d'effectuer ; il se présente donc sous la figure du pensable.

Commençons par un constat. Dans la philosophie d'expression latine, telle qu'elle s'élabore au début du XIIIe siècle, en réinvestissant des discussions des siècles précédents, le possible se dit d'abord en référence à la puissance divine. À certains égards, une telle délimitation du possible rencontre la détermination causale du possible proposée par Avicenne. Mais un premier écart se constate du fait que le possible ainsi appréhendé n'a pas à être, du moment que l'on reconnaît que Dieu pourrait le faire. Dans ces conditions, le possible ne porte pas sur l'ensemble de ce qui est dans le monde en ayant été causé ; mais il est un possible qui va contre le cours naturel, et qui se dit en référence à la puissance de Dieu. C'est ainsi qu'au tournant des XIIe et XIIIe siècles, le maître parisien Etienne Langton (m. 1228) distingue le « cours habituel de la nature » d'un possible pour la puissance divine, présenté comme « énonçable » : « omne illud quod est contra solitum cursum naturae est simpliciter impossibile, licet aliquod tale enuntiabile sit Deo possibile »[3]. Un tel passage est évidemment paradoxal, qui affirme impossible absolument cela même que l'on présente comme d'une certaine façon possible. Le possible déborde dès lors le champ de

1. *De Trinitate*, chap. 7, éd. Switalski, p. 44, l. 68-70.

2. Bartholomée d'Exeter (m. 1184) témoigne déjà d'une certaine tension dans sa conception du possible. Le possible se définit pour lui proprement : « quod aliqua natura, seu ratione divina vel humana, seu quacumque causa, verum est, vel esse potest » (*Contra fatalitatis errorem*, LIV, CCCM CLVII, 59). Si le possible est ce qui peut être en vertu d'une cause, on lui reconnaît un certain ancrage possible en une raison, humaine ou divine. De fait, l'impossible *simpliciter* se prend au sens du contradictoire (LV, 60). La détermination causale du possible comme ce qui peut accéder à l'être se voit articulée à une seconde détermination, logique, du possible comme ce dont il n'est pas contradictoire qu'il soit.

3. *Quaestiones theologiae*, I, q. 19b, éd. Quinto-Bieniak, p. 407.

ce qui se peut naturellement : la puissance divine nous ouvre à un possible [1], qui se découvre d'abord à nous sous la figure de ce qui peut être énoncé, autrement dit pensé. Une telle attention à la dimension cogitative du possible n'est pas neutre, ni isolée. La prise en considération du possible non pas selon la nature, mais selon la toute-puissance de Dieu appelle une détermination du possible non seulement selon une puissance ou une cause exogène, mais selon son énonciabilité. Le possible pourra dès lors se laisser rapporter à l'essence, et se laisser envisager prioritairement dans le cadre d'une interrogation sur la science et la puissance divines.

Tentons de comprendre ce passage d'une conception causale du possible à une détermination cogitative.

Contemporain de Guillaume d'Auvergne, Guillaume d'Auxerre (m. 1231) [2] est l'un des témoins de cette approche du possible qui se développe au début du XIIIe siècle. Au fait de la doctrine aristotélicienne, Guillaume s'attache dans sa « somme dorée » à un *possibile simpliciter* [3]. La réflexion s'intègre dans le cadre du traitement de la distinction 42 du livre premier des *Sentences* de Pierre Lombard [4], qui porte sur la toute-puissance divine [5]. Guillaume a auparavant traité de la science divine [6], et ménagé une place à la contingence des étants [7]. On notera qu'il ne désignait alors pas ce que Dieu pense en termes de possible. La question du possible se déploie donc clairement dans le cadre d'une réflexion sur la puissance de faire [8].

1. *Cf.* Absalon de Springiersbach (fin XIIe siècle) : « fuit enim alius modus Deo possibilis, sicut scriptum est (Mt 19), sed haec possibilitas ad potentiam liberatoris magis respicit, quam ad aequitatem redemptionis » (*Sermones*, PL CXXI, 17A).

2. Sur l'importance de Guillaume d'Auxerre, voir C. Baladier, « *Intensio* de la charité et géométrie de l'infini chez Guillaume d'Auxerre », *Revue de l'histoire des religions*, 2008, p. 347-392, en part. p. 348-349.

3. Guillaume réinvestit des analyses qui avaient cours au XIIe siècle. Ainsi Bartholomée d'Exeter, s'appuyant sur Mt 21, 21, Mc 11, 23, Mt 24, 27, Mt 9, 24, Mc 10, 25, ou encore Jn 9, 1, invitait à reconnaître des impossibles *secundum quid*, qui ne le sont toutefois pas pour Dieu, comme transporter une montagne, ou un homme, de l'orient à l'occident en un instant, ou faire passer un chameau par le trou d'une aiguille ; de même serait-il possible à un aveugle de naissance de voir (*Contra fatalitatis errorem*, LVI, CCCM CLVII, 60-61). On se gardera donc de confondre ces impossibles *secundum quid* avec des impossibles *simpliciter* (LVII, 64).

4. Sur l'importance de cette d. 42 du Ier livre des *Sentences* pour la question du possible, voir A. Faust, *Der Möglichkeitsgedanke*, *op. cit.*, t. II, p. 201-202.

5. Voir *Summa aurea*, I, trad. XI. Voir J.-L Solère, « De la Bible à Aristote : Guillaume d'Auxerre », *in* O. Boulnois (éd.), *La puissance et son ombre*, Paris, Aubier, 1994, p. 87-127 (qui propose une traduction du texte), et « La logique d'un texte médiéval : Guillaume d'Auxerre et le problème du possible », *Revue philosophique de Louvain*, XCVIII, 2000, p. 250-293.

6. *Summa aurea*, I, trad. IX.

7. Voir *ibid.*, I, trad. IX, chap. 3, q. 5, éd. Ribailler, p. 195 : « (...) scientia Dei non formatur a rebus, immo se ipso videt non tantum praeterita et presentia, sed futura contingentia. Est ergo certior Dei scientia quam scientia hominis quantum ad infaillibitatem, sed non quantum ad rei fixionem vel determinationem. »

8. Sur cette attention au possible, quand Pierre Lombard restait plus directement attaché à la question de la puissance, voir J.-L. Solère, « La logique d'un texte médiéval », art. cit., p. 273-274.

L'aristotélisme de Guillaume est patent. Celui-ci propose une réflexion sur la puissance, qui témoigne indéniablement de l'influence du Stagirite. Il peut ainsi reprendre des thématiques augustiniennes, en introduisant dans leur traitement des analyses qui rejoignent des vues aristotéliciennes [1]. Conjointement, et inversement, la conceptualité aristotélicienne, plus particulièrement la conception hylémorphique de l'étant, doit être adaptée au réquisit théologique de la création [2].

Le livre premier, traité XI, de la *Summa aurea* aborde classiquement la question de la toute-puissance divine en s'interrogeant sur ce que Dieu peut effectivement faire : Dieu, toute-puissant, devrait tout pouvoir, mais il ne peut courir, il ne peut pécher [3]. La *solutio* que propose Guillaume manifeste une certaine originalité par rapport au traitement classique, en même temps qu'une familiarité avec la pensée aristotélicienne :

> Ad hoc dicendum quod duplex est potentia, scilicet materialis et passibilis, formalis sive activa. Potentia materialis non habet posse super effectum nisi in suscipiendo, sed potentia formalis sive activa habet posse super effectum in producendo. Dicimus ergo quod in costa erat tantum potentia materialis et susceptiva formae mulieris, sed in Deo potentia activa quae spoliare poterat costam forma sua et induere formam mulieris [4].

La distinction que propose Guillaume a des origines aristotéliciennes. Notre auteur ne la laisse toutefois pas intacte. Il lui fait en effet subir une inflexion remarquable. Réinterprétant la puissance active et passive du Stagirite dans le vocabulaire de la puissance matérielle et formelle, il insiste sur la dimension réceptive, et proprement inactive, de la puissance matérielle, qui par elle-même ne fait rien. La puissance matérielle n'est dès lors pas proprement « puissante », elle n'a pas de pouvoir propre, si ce n'est de recevoir l'activité qu'effectue sur elle un autre qu'elle-même.

Une autre recension de la *Summa aurea* propose le texte suivant :

> Distinguendum inter potentiam materialem et formalem. Potentia materialis consistit in aptitudine suscipiendi. Potentia formalis est ex qua exeunt operationes. Erat ergo in costa Ade per potentiam materialem, ut ex ea fieret mulier a Deo, quoniam in eo solo erat potentia activa, que poterat spoliare costam a sua substantiali forma et introducere formam mulieris in naturam illius. In costa autem non erat potentia formalis, qua posset hoc facere [5].

Cette seconde version confirme ce que suggérait la première leçon. La division de la puissance en matérielle et formelle ne limite pas le regard à la substance

1. Le traitement du libre arbitre dans le livre second en est un exemple remarquable ; voir *Summa aurea*, II, trad. XIII, chap. 2, éd. Ribailler, t. II, p. 476-477.

2. Ainsi, Guillaume revient sur ce que signifie créer (*ibid.*, II, trad. VIII, chap. 2, art. 4, éd. Ribailler, p. 178-183).

3. *Ibid.*, I, trad. XI, chap. 1, éd. Ribailler, p. 202.

4. *Ibid.*, p. 203, l. 29-35.

5. *Ibid.*, appendix XXV, p. 321, l. 59-64.

composée qui pourrait se suffire à elle-même : la puissance matérielle dit en effet une aptitude purement réceptive, qui s'offre à l'action d'un autre. La perspective hylémorphique cède ainsi la place à une considération de ce qui reçoit et de ce qui agit. Le modèle de la cire, susceptible de recevoir une impression d'un agent extérieur, devient le modèle pour penser ce qui est dans le monde, en tant qu'il peut être diversement façonné par Dieu [1]. L'artifice permet de penser la nature, comme sujette à des activités qui s'imposent à elle, fussent-elles surnaturelles (la femme faite à partir de la côte d'Adam, l'aveugle recouvrant la vue, ou encore l'homme pouvant être fait âne [2], ou l'eau être transformée en vin [3]). Guillaume insiste donc sur la plasticité de ce qui est dans le monde, en tant qu'il est soumis à l'action d'un autre.

Le second chapitre sur la puissance divine peut alors mettre en scène le concept de possible. Reprenant un questionnement classique [4], Guillaume s'interroge en effet sur l'extension du possible en le rapportant aux causes, inférieures ou supérieures, selon lesquelles on l'envisage [5]. Il apparaît, dans cette perspective, que le possible se dit en référence à la cause supérieure, autrement dit à la puissance de Dieu : « omne illud et solum est possibile simpliciter quod est possibile secundum causam superiorem, scilicet secundum Deum, et non excluditur quod est possibile secundum causas inferiores, quia omne tale est

1. Voir *Summa aurea*, I, trad. XI, chap. 1, éd. Ribailler, appendix XXV, p. 322, l. 67-71 : « Item cera susceptibilis est impressionis, ut ex ea fiat aliqua ymago ab aliquo artifice. Ita iste caecus susceptibilis est visionis a Deo, quia Deus potest ei imprime visionem, et omnis natura suae impressioni naturaliter est obediens. Ergo sicut cera naturaliter susceptibilis est impressionis ab artifice, ita iste qui est caecus naturaliter est susceptibilis visionis a Deo imprimende ». Cf. *ibid.*, chap. 1, éd. Ribailler, p. 205, l. 91-93.

2. *Ibid.*, p. 204.

3. *Ibid.*, p. 205.

4. Voir Pierre de Poitiers, *Sententiae*, I, 8, PL CCXI, 821A-B : « Item impossibile est Deum facere quod Socrates sit asinus, sed ultimum est impossibile : ergo et primum, vel primum est impossibile : ergo et ultimum. Item Deum facere Socratem esse asinum est impossibile, vel tantum secundum superiorem causam ; vel etiam secundum inferiorem. Si secundum superiorem tantum : ergo simpliciter est impossibile. Si vero secundum inferiorem : ergo secundum inferiorem naturam potest esse verum Deum, facere Socratem asinum : ergo possibile est hoc esse verum secundum inferiorem naturam quod Deus faciat Socratem asinum : ergo si hoc facit Deus, secundum inferiorem naturam hoc agit. Item cur dicetur quia possibile modo Virginem peperisse, et non diceretur possibile est creaturae esse visurum quia videbit sicut et Virgo peperit. Hoc autem Augustinus tradidit super Genesim, dicens : « Non habuit prima rerum conditio ut femina de costa viri fieret, sed ut sic fieri posset. » Potuit ergo mulier fieri de costa viri quae est opus miraculosum. Potest igitur eadem ratione et caecus videre. ». Voir aussi Alain de Lille, *Regulae theologiae*, LVI-LIX. La distinction des causes supérieures et inférieures se trouvait chez Pierre Lombard en *Sententiae*, II, d. 18, chap. 5, éd. de Grottaferrata, t. I, p. 418. Voir en outre Etienne Langton, *Quaestiones theologiae*, I, q. 19 a et b, éd. Quinto-Bieniak, p. 402-410. Sur cette question, et son enjeu, voir J.-L. Solère, « La logique d'un texe médiéval », art. cit., p. 268-269.

5. *Summa aurea*, I, trad. XI, chap. 2, éd. Ribailler, p. 206 : « Utrum possibile dicatur simpliciter secundum causas inferiores vel superiores ».

possibile Deo, sed non e converso »[1]. La puissance divine, et elle-seule, est la mesure du possible. Le possible ne doit ainsi pas être réduit à ce qui l'est pour les causes inférieures, autrement dit, selon la nature[2]. En un mot, la nature des choses n'est pas la mesure du possible.

Une autre version, antérieure, donne une solution différente[3]. L'arrimage du possible à une cause s'y trouve renforcé :

> Dicimus quod non quicquid est possibile Deo est possibile simpliciter. Haec enim dictio « possibile » secundum diversa adjuncta diversas possibilitates significat. Unde quandqoque possibilitatem causae inferioris, quandoque superioris notat. (...) Unde non omnia primae causae sive secundum primam causam. Unde istum videre, demonstrato caeco, simpliciter est impossibile, tamen non impossibile secundum primam causam[4].

Ce passage constitue un témoignage tout particulièrementt représentatif de la détermination causale du possible que retient Guillaume. Comme on le voit, la possibilité se dit en de multiples sens selon les causes auxquelles on la renvoie. Il y a des plans de possibilités, que l'on distingue selon les causes envisagées. Ce qui est impossible en référence aux causes inférieures ne l'est pas semblablement si l'on prend en considération la cause supérieure, Dieu.

1. *Ibid.*, p. 208, l. 66-70. Voir déjà Alain de Lille, *Regulae*, LVI, PL CCX, 647D : « Potest enim multa, quae sunt impossibilia secundum inferiorem causam, vel secundum naturam : sunt tamen possibilia secundum superiorem causam. ». L'impossibilité selon la cause inférieure n'est donc pas le dernier mot concernant le possible. On parlera toutefois, selon Alain de Lille, de *possibile simpliciter* pour le possible selon les causes inférieures : « Illud autem quod possibile est secundum naturam, simpliciter dicitur possibile : quod vero dicitur impossibile secundum inferiorem causam, non simpliciter dicitur possibile, sed possibile Deo. » (LVII, PL CCX, 648B).

2. Le vrai ne se ramène pas au possible selon la nature – ainsi l'âne de Balaam a parlé ; voir Alain de Lille, *Regulae*, LIX, 1, PL CCX, 649C-D ; voir aussi LVII, 648A-B : « Possibile vero secundum superiorem causam dicimus id quod superior causa, id est Deus, facere potest, quamvis in natura non sit, ut fieri possit, ut asinam Balaam loqui, virginem parere, et hujusmodi. » Sur le possible selon la nature, voir *Regulae*, LVII, PL CCX, 648A : « Possibile secundum inferiorem causam dicitur illud quod potest fieri secundum cursum naturae, ut hominem de homine, bovem de bove nasci. Dicitur etiam possibile secundum naturam, quod quamvis non fiat secundum inferiores causas, tamen in consuetudine est ut fiat, ut animam creari. » Pierre Lombard s'appuie sur 1 Cor 1, 10, pour montrer comment l'impossible ne doit pas être jugé, conformément aux raisons de ce monde, à l'aune de la nature des choses ; voir *Glossae in Epistulas Pauli*, PL CXCI, 1543B : « Sapientia est hujus mundi, ubi infirmum et stultum Dei contemnitur, quae est secundum rationes mundi, quae impossibile judicat quae in naturis rerum non videt. Hanc autem Deus stultam fecit, possibile fore declarando atque faciendo quod ipsa impossibile judicat. »

3. Cela correspond à la troisième réponse envisagée (et non plus à la deuxième) ; voir *Summa aurea*, I, trad. XI, chap. 2, éd. Ribailler, p. 207.

4. *Ibid.*, appendix XXVI, p. 324, l. 41-49. *Cf.* Pierre de Poitiers, *Sententiae*, I, 8, PL CCXI, 822A-B : « Cum vero dicitur : Impossibile est Deum facere quod homo sit asinus, quin homo sit asinus, negandum ; imo possibile est hoc esse verum, Deus facit hominem asinum, hoc existente in vero, homo est asinus. Erit enim falsum secundum inferiorem naturam, licet sit verum secundum superiorem. Cum autem incipit aliquis loqui de possibilitate aut impossibilitate, considerandum secundum quid loquitur, an secundum superiores causas, an secundum inferiores. Quaedam enim possibilia sunt secundum istas quae impossibilia sunt secundum illas. »

Guillaume réinvestit ainsi les versets scripturaires, affirmant que ce qui est impossible aux hommes ne l'est pas pour Dieu [1]. Il confère cependant à cette idée une détermination philosophique. Le possible se mesure ici à l'aune de la cause à laquelle on le rapporte.

La possibilité nous donne donc d'abord de penser ce qu'une puissance peut effectuer [2]. Un tel ancrage de la possibilité en une puissance agente permet de ne pas la restreindre au domaine de ce qui est dans la nature des choses [3]. En ce sens, la possibilité dépasse le plan de ce qui est; entendons, qu'elle ne se laisse pas même ramener à une puissance interne à ce qui est. La mesure du possible n'est pas la virtualité de ce qui, par nature, aspire à se réaliser, mais une puissance extérieure, pouvant effectuer ce que la chose n'est pas faite pour devenir [4]. Pour le dire d'un mot, la détermination causale du possible permet de le déraciner de la puissance entendue comme potentialité et comme virtualité de ce qui tend naturellement à se réaliser [5]. La possibilité apparaît dans cette optique comme en quelque manière hors du monde [6].

Or, force est de constater que cette détermination causale du possible, qui le réfère à la (toute-)puissance, n'apparaît pas satisfaisante, ou suffisante; elle doit s'accompagner, ou se redoubler, d'une conception logique du possible [7]. Au cours du XIIIe siècle, le possible continue, certes, à se dire à partir de la puissance; on voit toutefois conjointement affleurer et émerger une détermination du possible qui l'envisage comme pensable.

Ce point est particulièrement net, quelques décennies après Guillaume, chez Thomas d'Aquin (m. 1274). Celui-ci nous invite ainsi à adopter une

1. Mc 10, 27 ; Mt 19, 26 ; Lc 18, 27.

2. C'est encore la perspective de Roger Marston (m. 1303), pour qui le possible se dit à partir de la puissance, active ou passive (*Quodlibeta*, II, q. 19, éd. Etzkorn-Brady, p. 217-223). La possibilité *simpliciter* s'entendra en fin de compte à partir de ce qui est faisable pour les créatures : « (...) videtur bene concludere quod impossibile creaturae est impossibile simpliciter. (...) possibilitas in creaturis videtur solum dependere ab operatione creaturae » (n. 9 p. 223). Reste que Dieu peut faire tout ce qui n'implique pas contradiction, et ainsi peut-on dire avec vérité qu'il peut faire que l'aveugle voit, quoique l'on n'affirmera pas à propos de l'aveugle qu'il peut voir (n. 8 p 218).

3. Sur la distinction du possible *secundum cursum naturalem*, et du possible *potentia supernaturali*, voir Jean Peckham (m. 1292), *Quaestiones de aeternitate mundi*, q. 1, ad 16um, éd. Etzkorn *et al.*, p. 575.

4. Jean Peckham nous invite à ne pas restreindre le possible à son acception « propre », selon la puissance qui est dans la chose, mais à l'étendre pour y voir ce qu'un autre peut sur elle. Voir *ibid.*, q. 1, ad 18um, éd. Etzkorn *et al.*, p. 575 : « possibile circa aliquid dicitur proprie secundum potentiam quae est in ipso. Large tamen dicitur aliquid possibile alicui quia aliquis potest super ipsum ».

5. Explicitant le concept aristotélicien de puissance en termes de possibilité, Robert Grosseteste (m. 1253) marque la corrélation entre possibilité et puissance efficiente : si la maison n'est pas possible sans la matière, il est également requis un architecte pour qu'on la dise en puissance. Voir *De potentia et actu*, éd. Baur, p. 126-127.

6. Nous rejoignons J.-L. Solère, « La logique d'un texte médiéval », art. cit., p. 280.

7. Voir J. Schmutz, « Qui a inventé les mondes possibles ? », *Cahiers de Philosophie de l'Université de Caen*, 42, 2006, p. 9-45, en part. p. 17-18.

double détermination du possible, pour éviter le cercle vicieux entre la toute-puissance définie par les possibles, et les possibles par la toute-puissance : « si quis recte consideret, cum potentia dicatur ad possibilia, cum Deus omnia posse dicitur, nihil rectius intelligitur quam quod possit omnia possibilia, et ob hoc omnipotens dicatur. »[1]. On distinguera des lors deux sens du possible : « Possibile autem dicitur dupliciter, secundum philosophum, in V Metaphys. »[2]. L'Aquinate s'appuie ainsi sur l'autorité d'Aristote, et reconnaît l'insuffisance d'une détermination du possible par la seule puissance, humaine, ou même divine :

> Uno modo, per respectum ad aliquam potentiam, sicut quod subditur humanae potentiae, dicitur esse possibile homini. Non autem potest dici quod Deus dicatur omnipotens, quia potest omnia quae sunt possibilia naturae creatae, quia divina potentia in plura extenditur. Si autem dicatur quod Deus sit omnipotens, quia potest omnia quae sunt possibilia suae potentiae, erit circulatio in manifestatione omnipotentiae, hoc enim non erit aliud quam dicere quod Deus est omnipotens, quia potest omnia quae potest[3].

Il convient dès lors de faire droit à des possibles « absolument », et donc d'exhiber une seconde détermination du possible, non plus à partir de la puissance, mais à partir de la non-contradiction[4] :

> Relinquitur igitur quod Deus dicatur omnipotens, quia potest omnia possibilia absolute, quod est alter modus dicendi possibile. Dicitur autem aliquid possibile vel impossibile absolute, ex habitudine terminorum, possibile quidem, quia praedicatum non repugnat subiecto, ut Socratem sedere; impossibile vero absolute, quia praedicatum repugnat subiecto, ut hominem esse asinum[5, 6].

Duns Scot parlera à cet égard de *possibile logicum*, distingué d'un *possibile reale*[7], quand les Scolastiques feront droit à un *pure possibile*, et une *mera possibilitas*[8].

1. *Summa Theologiae*, Ia, q. 25, a. 3, resp.

2. *Ibid.*

3. *Ibid.*

4. Aristote (*Métaphysique*, Δ, 12, 1019b27-35) envisageait alors « ce qui n'était pas nécessairement faux ». Sur cette reprise de la seconde détermination aristotélicienne du *dunaton*, voir J. Schmutz, « Qui a inventé les mondes possibles ? », art. cit., p. 21.

5. Que l'homme soit un âne constitue un exemple classique d'impossible. Voir Pierre d'Auvergne (m. 1304) : « (…) cum ratio asini sit impossibilis homini. (…) in enuntiando asinum de homine implico contradictoria » (*Quaestiones in De caelo*, I, 25, éd. Galle, p. 32) ; *cf.* Magister Ricardus Sophista, *Abstractiones*, XX, 305, éd. Sirridge-Ebbesen-Ashworth, p. 348. On le retrouve abondamment dans la littérature sophismatique du XIVe siècle (William Heytesbury, etc.).

6. *Summa Theologiae*, Ia, q. 25, a. 3, resp.

7. Voir *Ordinatio*, I, d. 2, p. 2, q. 1-4, n. 262, Vat. II, 282.

8. Sur la postérité de ce dédoublement, repérable dès les débuts de la métaphysique d'expression latine, voir J. Schmutz, « Qui a inventé les mondes possibles ? », art. cit., p. 23-24.

Cette attention à une détermination logique du possible est repérable dès les commencements de la métaphysique d'expression latine. Ni Guillaume d'Auvergne ni Guillaume d'Auxerre ne se contentent en effet d'une détermination causale du possible. Après avoir indexé la possibilité sur la puissance efficiente, le premier se reprenait pour faire droit à la possibilité comme « privation de l'empêchement à l'être » (*privatio prohibitionis sui esse*); s'attachant ainsi à l'homme considéré en lui-même, on ne découvre rien dans son intention qui l'empêche d'être, ce en quoi il se distingue de la chimère [1]. La possibilité indique ainsi l'absence de contradiction (*repugnantia*), et revêt une détermination cogitative. Quant au second, il reconnaissait que la toute-puissance divine s'arrête au contradictoire; il ne peut ainsi faire qu'une même chose soit dans le même temps âne et homme, ou blanche et noire [2]. Il peut, dès lors, voir la possibilité comme énonçable : « Ita triplex est possibilitas : possibilitas rei, et possibilitas dictionis, et possibilitas primi potentis, et quacumque istarum aliquod enuntiabile est possibile simpliciter possibile » [3]. La multiplicité des acceptions de la possibilité se laisse résoudre par la reconnaissance d'un nouveau sens du possible. L'énonciabilité subsume la diversité des significations du possible, bien loin d'en faire un concept équivoque. Le *possibile simpliciter* se dira donc de l'énonçable. Dans cette perspective, le possible se comprend alors comme *potens esse verum* [4]. Si Guillaume d'Auvergne et Guillaume d'Auxerre proposent une détermination causale du possible, en le pensant en référence à une puissance, force est de constater qu'ils laissent affleurer un second sens, appelé à une postérité remarquable.

Cette double détermination du possible aux origines de la métaphysique latine est indéniablement riche d'enseignements. Sa détermination causale, qui ne se satisfait pas de l'identification du possible à ce qui est causé, mais préfère y voir ce qui peut être causé, appelle une détermination logique, ou cogitative. On pressent comment le possible pourra investir les développements sur la science divine, bien loin de se cantonner au champ théorique des

1. *De Trinitate*, chap. 8, éd. Switalski, p. 53, l. 9-17 : « Quid igitur est ista possibilitas, et in quo est nisi in artifice ipso, cum nihil sit aliud sustinens ipsam ? Possibilitas igitur materialium potentia est efficientis vel creatoris, nisi fortasse possibilitas dicatur in eis privatio prohibitionis sui esse, quaedam enim prohibent suum esse ut chimaera, in cuius intentione clauditur contrarietas naturarum non compatientium se. Homo vero, cum consideratus fuerit in se, non invenies in intentione eius, quod prohibeat suum esse, eo quod de intentione naturarum, quae in eo conveniunt, non sit in eis discrepantia aut repugnantia. »

2. *Summa aurea*, I, trad. XI, chap. 1, éd. Ribailler, p. 205. Voir au contraire Pierre de Poitiers, *Sententiae*, I, 8, PL CCXI, 821D : « potest etiam Deus facere ut idem sit homo et asinus, et ut duo contradictorie opposita sint vera, si unum sumatur secundum inferiorem causam, alterum secundum superiorem. »

3. *Summa aurea*, I, trad. XI, chap. 2, éd. Ribailler, appendix XXVI, p. 326, l. 109-112.

4. *Ibid.*, l. 113-114.

questionnements sur sa puissance : Dieu envisagera alors, précisément, des « possibles », et non plus seulement ce qu'il fait (ou fera)[1].

THOMAS D'AQUIN : *CAUSA ESSENDI* ET *RATIO ENTIS*

Interrogeant, au cours de la distinction 42 du premier livre de son *Commentaire des Sentences*, le possible, et son ancrage en une puissance, Thomas d'Aquin fait émerger un nouveau critère, celui de la *ratio entis*[2]. L'adossement de la possibilité dans une *ratio entis* constitue indéniablement l'un des apports majeurs de l'Aquinate à notre questionnement. L'enjeu est de reconnaître une détermination non-causale de la possibilité. Si l'être se pense comme actualité, ce qu'atteste la formule bien connue *actus essendi*, cette actualité ne doit pas seulement être rapportée à une puissance ou à une potentialité, mais tout aussi bien à une possibilité entendue comme *ratio entis*[3]. Cette *ratio entis*, cette raison de l'étant, permet de penser le possible en tant qu'il est créable par Dieu, et de le distinguer de l'impossible, que Dieu lui-même ne peut faire[4]. Ce faisant, l'œuvre du Docteur angélique constitue un témoignage de la manière dont la philosophie aristotélicienne a été revue, et réécrite, pour laisser émerger un concept de possibilité, irréductible à celui de l'être-en-puissance[5].

1. Pour Augustin, les idées ou raisons dans la science divine concernent ce que Dieu a créé, ou se propose de créer (*De diversis quaestionibus LXXXIII*, q. 46, 2, BA X, 126). Chez Pierre Lombard encore, la science divine ne porte que sur ce qui a été, est, ou sera (*Sententiae*, I, d. 39, chap. 2, éd. de Grottaferrata, t. I, p. 281). Bartholomée d'Exeter (m. 1184) fait exception ; Dieu pourrait connaître aussi bien les existants que les inexistants, les impossibles comme les possibles ; voir *Contra fatalitatis errorem*, XLVII, CCCM CLVII, 53, 26-28 : « concedi potest Deum omnia, tam non existentia quam existentia, tam impossibilia quam impossibilia, scire ».

2. La raison d'étant exclut le contradictoire, ainsi le fait d'être et de ne pas être en même temps. Voir *In Sententias*, I, d. 42, q. 2, a. 2, resp. : « Unde quidquid non potest habere rationem entis vel non entis, illud non potest esse possibile : et ideo hoc quod est idem simul esse et non esse, est in se impossibile : quia quod est ens et non ens, neque est ens neque non ens. Et ideo dicitur Deus hoc facere non posse, non propter defectum potentiae ejus, sed quia hoc deficit a ratione possibilis ; sicut dicitur non scire falsum quod a ratione scibilis deficit, et per consequens dicitur non posse facere omne illud in quo contradictio implicatur ». Voir le chapitre que C. Michon consacre à Thomas dans O. Boulnois (éd.), *La puissance et son ombre*, Paris, Aubier, 1994, p. 205 *sq.* Sur les *absolute possibilia* chez Thomas, voir N. Kretzmann, *The Metaphysics of Creation*, *op. cit.*, p. 118-119.

3. Voir A. de Muralt, *L'enjeu de la philosophie médiévale*, Leiden, Brill, 1991, p. 263.

4. Sur ce concept, voir G. Stolarski, *La possibilité et l'être. Un essai sur la détermination du fondement ontologique de la possibilité dans la pensée de Thomas d'Aquin*, Fribourg, Editions Universitaires, 2001.

5. L'être-en-puissance n'épuise pas le champ de la possibilité, ce que Thomas constate dès l'*In Sententias*, I, d. 42, q. 2, a. 3, resp. : « possibile potest dici secundum potentiam activam et passivam ; et utroque modo dicitur aliquid possibile et impossibile simpliciter per comparationem ad suam causam proximam activam vel materialem, cujus conditiones effectus sequitur, ut prius

Constamment, Thomas d'Aquin distingue deux acceptions de la possibilité[1] : l'une selon la puissance, qui correspond à une détermination causale (le possible se dit en référence aux causes inférieures ou supérieures)[2] ; l'autre comme non-contradiction, qui correspond donc à une détermination logique[3]. Cette double approche s'appuie sur l'autorité d'Aristote, plus précisément du livre Δ de la *Métaphysique*, chap. 12. Dans son commentaire, Thomas présente en ces termes les deux sens du possible :

> Cum enim posse dicatur in ordine ad esse, sicut ens dicitur non solum quod est in rerum natura, sed secundum compositionem propositionis, prout est in ea verum vel falsum ; ita possibile et impossibile dicitur non solum propter potentiam vel impotentiam rei, sed propter veritatem et falsitatem compositionis vel divisionis in propositionibus[4].

Clairement, Thomas ne cherche pas à distinguer un sens métaphysique et un sens logique du possible. Ainsi que cela apparaît, la détermination logique du possible ne nous fait pas sortir d'un questionnement métaphysique, mais elle s'inscrit dans le giron d'une conception de l'étant (*ens*) qui ne l'identifie pas à ce qui existe dans le monde. La vérité propositionnelle découvre en effet une acception du possible irréductible à une puissance de la chose, de même qu'elle exhibe une détermination de l'étant irréductible à l'être effectif. Ainsi donc, les deux sens du possible rejoignent, ou reproduisent, les deux sens de l'étant. Dès lors, on ne restreindra pas le possible à la désignation d'une puissance dans la chose, mais on reconnaîtra aussi la dimension propositionnelle du possible.

Une double torsion de la philosophie aristotélicienne est à l'œuvre :

1) D'une part, Thomas est attaché à la spécificité du concept de possibilité eu égard à celui de puissance[5]. L'originalité de l'acte créateur, par rapport aux

dictum est. Verbi gratia : materia statuae remota, est terra et aqua : materia proxima cuprum et lignum. Dicimus autem ex cupro posse fieri statuam, non autem ex terra : hoc enim solum dicimus esse in potentia in aliquo absolute, quod potest educi de materia uno motore, ut in 9 Metaph. dicitur. » L'être en puissance concerne le possible selon les causes inférieures.

1. Voir déjà Albert le Grand, *In Metaphysicam*, V, trad. II, chap. 15, éd. Geyer, p. 253b. Sur le rôle d'Albert dans le développement du possible logique, voir A. Faust, *Der Möglichkeitsgedanke*, *op. cit.*, Bd. II, p. 206 *sq.*

2. Cette thématique est présente chez Thomas d'Aquin ; voir *De potentia*, q. 1, a. 4.

3. Le possible s'envisage dans le cadre des développements sur la toute-puissance divine. Nous avons déjà mentionné *Summa théologiae*, I, a. 25, q. 3. Voir aussi *De potentia*, q. 1, a. 3, resp., qui distingue le possible *secundum aliquam potentiam* ou *secundum se ipsum* (le possible selon la puissance mathématique est laissé de côté) ; l'impossible entendu *secundum se ipsum* signifie le contradictoire (il consiste en l'incohérence des termes, *discohaerentia terminorum*), et marque les limites de la toute-puissance divine. Sur ces textes, voir G. Stolarski, *La possibilité et l'être*, *op. cit.*, p. 92-106. Sur cette distinction, voir S.-C. Park, « Die Differenz... ».

4. *In Metaphysicam*, V, l. 14, n. 18.

5. D'autres façons d'envisager un possible hors de la puissance se rencontrent. Le dominicain anglais Thomas de Sutton (m. 1300) reconnaît un possible qui ne se dit pas *per potentiam activam vel activam* (conformément à Aristote, *Métaphysique*, Δ, 12, ainsi qu'à Averroès, *In Metaphysicam*, V, comm. 17) ; il s'attache alors à exhiber l'usage « logique » du possible, qui l'utilise pour ce qui est

actions naturelles, impose à cet égard un aménagement de la doctrine aristotélicienne du mouvement[1]. La possibilité de la création du monde, avant son effectivité[2], ne s'appuyait pas sur une quelconque potentialité[3]. La distinction avicennienne de l'agent naturel, effectuant un mouvement, et de l'agent divin, donnant l'être, permet de résoudre la difficulté; le possible est pour ce faire référé à la puissance active divine, sans qu'il faille reconnaître une matière, puissance passive : « ab activa potentia tale factum dicitur possibile fieri »[4]. En outre, préserver la liberté de la volonté divine requiert également la reconnaissance d'une possibilité sans potentialité (la volonté divine, immuable, étant toujours en acte)[5].

2) D'autre part, Thomas fait émerger la dimension logique du possible, en l'interprétant comme *ratio entis*. La puissance divine ne présuppose pas une puissance passive, mais elle se rapporte à une *ratio entis* :

> Virtus autem divina est per se causa essendi, et esse est eius proprius effectus, ut ex dictis patet. Ergo ad omnia illa se extendit quae rationi entis non repugnant : si enim in quendam tantum effectum virtus eius posset, non esset per se causa entis inquantum huiusmodi, sed huius entis. Rationi autem entis repugnat oppositum entis, quod est non ens. Omnia igitur Deus potest quae in se rationem non entis non includunt. Haec autem sunt quae contradictionem

en acte, nécessairement ; voir *Quodlibeta*, I, q. 1, éd. Schmaus, p. 7 : « in logica aliqua dicuntur possibilia non per talem potentiam, sed quia sunt actu necessaria » ; un tel possible s'applique à Dieu, qui peut être sage et bon, ce qui n'implique pas une puissance. Sur la possibilité qui se dit par rapport à la puissance, cf. *Quaestiones ordinariae*, q. 4, éd. Schneider, p. 105-106 ; le possible dit un certain être-en-puissance de ce qui avant d'être avait une certaine puissance d'être ; voir encore q. 15, p. 436 : « ... dicatur possibile vel in potentia antequam fiat ». Thomas peut convoquer (*Quaestiones ordinariae*, q. 25, éd. Schneider, p. 693-696) l'autorité d'Anselme, sur la possibilité du monde avant qu'il ne soit (*De casu diaboli*, 12), et y reconnaître une manière impropre de parler, reconnue par Aristote en *Métaphysique*, Δ, 12 ; la possibilité se laisse alors dire comme non-répugnance des termes : « dicuntur possibilia illa enuntiabilia, quorum termini non repugnat » (p. 694). Thomas de Sutton est proche de Thomas d'Aquin. Il insiste toutefois sur la « similitude » de ce sens impropre, ou métaphorique du possible, à l'égard du possible qui se dit d'après la puissance : c'est métaphoriquement que l'on peut dire que l'ange a pu être produit, puisque ce n'est pas selon sa puissance ; on rendra compte de cette expression en en appelant à la puissance de Dieu : « Deus potuit eum producere » (p. 696). La possibilité en son acception logique (comme non-contradiction) se laisse reconduire à la puissance productrice divine.

1. La question se retrouve dans la *Somme contre les Gentils*, II, 22 ; II, 34 ; et enfin II, 37, en part. n. 4, qui en appelle à nouveau au passage du livre Δ de la *Métaphysique*.

2. Voir *De potentia*, q. 3, a. 1, ad 2. Avant d'être, le monde était possible parce que non-contradictoire ; aussi était-il possible en vertu de la puissance active divine. On notera la juxtaposition d'une présentation logique de la possibilité et de l'affirmation d'une dépendance envers une puissance active.

3. Voir *In Sententias*, II, d. 1, q. 1, a. 2.

4. *Ibid.*, q. 1, a. 2, ad 1.

5. Voir *Summa contra Gentiles*, I, 82, qui cite le même passage de *Métaphysique*, Δ, 12.

> implicant. Relinquitur igitur quod quicquid contradictionem non implicat, Deus potest [1].

En un mot, Dieu peut tout ce qui n'implique pas contradiction. Thomas lie étroitement [2] la causalité divine, donatrice d'être, et le concept de *ratio entis*, désignant tout ce que peut Dieu. Indéniablement, cette rationalité de l'étant délimitant le possible témoigne de la distance prise par rapport à la potentialité qu'Aristote associait à la matière [3]. Si la matière marquait en effet une forme d'indétermination, et échappait comme telle à la science, la *ratio entis* caractéristique du possible insiste sur sa dimension proprement intelligible.

Par conséquent, le surgissement dans l'être, qui caractérise l'acte créateur divin, découvre un possible sans potentialité (puissance passive), possible qui demande à être rapporté à une puissance active (la puissance divine). Un tel décrochage de la possibilité à l'égard de la potentialité ne doit pas seulement nous inviter à mettre l'accent sur l'activité dont le possible dépend ; il nous faut également prendre la mesure de la manière dont le possible acquiert conjointement une forme de rationalité. Il convient à cet égard d'articuler ces deux déterminations, axées l'une sur l'activité dans laquelle s'origine ce qui est, l'autre sur la rationalité : si l'étant apparaît effectué ou produit, comme un *ens factum*, sera possible tout ce qui n'est pas contradictoire avec cette notion d'étant « fait » [4]. L'étant, pour pouvoir ainsi être produit, doit d'abord répondre au réquisit logique de non-contradiction. En un mot, en même temps qu'il dépend pour être d'une cause efficiente ou agente (la *causa essendi*), le possible se fait intelligible (il se caractérise par une *ratio entis*). À la détermination causale du possible, Thomas ajoute donc une détermination rationnelle.

La *ratio entis* nous invite à jeter un regard nouveau sur l'étant. Elle nous convie à reconnaître, par delà la contingence des étants mondains, une

1. *Summa contra Gentiles*, II, 22, n. 3.

2. Voir aussi *De potentia*, q. 3, a. 17, ad 10, où la possibilité logique (la non-contradiction) renchérit sur la dépendance envers la seule puissance active : « antequam mundus esset, possibile erat mundum fieri, non quidem aliqua potentia passiva, sed solum per potentiam activam agentis. Vel potest dici, quod fuit possibile non per aliquam potentiam, sed quia termini non sunt invicem discohaerentes, huiusmodi scilicet propositionis : mundus est. Sic enim dicitur esse aliquid possibile secundum nullam potentiam, ut patet per philosophum, in V Metaph. »

3. Albert le Grand (m. 1280) adossait encore le possible à la puissance, non sans reconnaître une tension entre la possibilité comme potentialité, telle celle de la matière, et ce qui se peut en vertu de la puissance créatrice. La possibilité du monde doit être conçue en rapport à la puissance divine (*In Sententias* I, d. 42, a. 9, éd. Borgnet, t. XXVI, p. 372). Si une certaine possibilité est reconnue pour ce qui peut être en vertu de la puissance divine, on parlera de manière propre de possibilité pour ce qui se peut « secundum materiam ordinatam » (*In Sententias*, II, d. 1, a. 10, éd. Borgnet, t. XXVII, p. 29). Ainsi donc « possibilitas (...) dicitur potentia imperfecta materiae », tandis que c'est d'une manière « moins propre » que la puissance de l'efficient sera dite ainsi (*In Sententias* I, d. 42, a. 9, éd. Borgnet, t. XXVI, p. 372).

4. Dieu ne peut rien de ce qui est contradictoire avec la raison d'étant, ou la raison d'étant fait (*Summa contra gentiles*, II, 25, n. 10).

intelligibilité au fondement de ce qui est advenu [1]. L'arrimage de la possibilité à une cause de l'être vient d'Avicenne; la réinterprétation du possible à partir d'une raison de l'étant marque sans doute la spécificité de Thomas. Nul doute, en effet, que l'Aquinate ne pouvait se satisfaire de la conception avicennienne du possible par soi, comme étant également nécessaire (par autrui). Dans cette discussion à distance avec le penseur persan, l'enjeu est de reconnaître une contingence de ce qui est dans le monde. Thomas se doit donc de faire droit à la détermination duelle du possible, entendu non seulement comme ce qui a été établi dans l'être, mais comme ce qui peut être ou ne pas être.

Thomas ne se contente pas d'invoquer Aristote pour penser le possible. L'influence conjointe d'Avicenne est tout aussi notable [2]. Le maître dominicain peut ainsi exposer la position du philosophe persan en ces termes :

> Avicenna (...) posuit, quod quaelibet res praeter Deum habebat in se possibilitatem ad esse et non esse. Cum enim esse sit praeter essentiam cuiuslibet rei creatae, ipsa natura rei creatae per se considerata, possibilis est ad esse; necessitatem vero essendi non habet nisi ab alio, cuius natura est suum esse, et per consequens est per se necesse esse, et hoc Deus est [3].

Dans cette perspective héritée d'Avicenne, la *Summa contra Gentiles* rappelle la détermination causale du possible, opposée au nécessaire :

> Videmus in mundo quaedam quae sunt possibilia esse et non esse, scilicet generabilia et corruptibilia. Omne autem quod est possibile esse, causam habet, quia, cum de se aequaliter se habeat ad duo, scilicet esse et non esse, oportet, si ei approprietur esse, quod hoc sit ex aliqua causa [4].

La thématique avicennienne de l'*esse possibile* et de l'*esse necessarium* peut dès lors redoubler la conceptualité aristotélicienne de la puissance et de l'acte; la spécificité de la détermination avicennienne (causale) de la possibilité est maintenue [5]. Le possible, ainsi appréhendé à partir de la cause qui le fait être, se révèle fondamentalement duel, ouvert à l'être ou au non-être :

1. Sur la possibilité et la contingence chez Thomas, voir H. G. Gelber, *It could have been otherwise. Contingency and Necessity in Dominican Theology at Oxford (1300-1350)*, Leiden-Boston, Brill, 2004, p. 114-123. Il s'agit pour Thomas, non pas de s'interroger sur ce qui aurait pu être, mais bien sur ce qui est actuellement le cas, qu'il soit nécessaire ou contingent ; Thomas ne s'intéresse guère aux contrefactuels.

2. Thomas découvre dans la possibilité une forme d'indigence. Voir *Compendium theologiae*, I, 6, resp. : « Omne quod est possibile esse et non esse, indiget aliquo alio quod faciat ipsum esse : quia quantum est in se, se habet ad utrumque. ».

3. *De potentia*, q. 5, a. 3, resp.

4. *Summa contra Gentiles*, I, 15, n. 5. Par opposition, il faut reconnaître du nécessaire par soi. Si le vocabulaire est évidemment avicennien, Thomas retravaille la bipartition avicennienne, qui opposait le possible par soi mais nécessaire par autrui au nécessaire par soi. Thomas propose pour sa part une tripartition : ce qui est possible d'être ou de ne pas être, ce qui est nécessaire par autre chose, ce qui est nécessaire par soi. La possibilité ne se ramène ainsi plus à une forme de nécessité.

5. Voir *ibid.*, I, 16, n. 4 : « Illud quod est per se necesse esse, nullo modo est possibile esse : quia quod est per se necesse esse, non habet causam ; omne autem quod est possibile esse, habet

> Omne quod est possibile esse et non esse, habet causam aliquam, quia in se consideratum ad utrumlibet se habet; et sic oportet esse aliquod aliud quod ipsum ad unum determinet. Unde, cum in infinitum procedi non possit, oportet quod sit aliquid necessarium quod sit causa omnium possibilium esse et non esse. (...) Et hoc est Deus. Oportet igitur omne aliud ab ipso reduci in ipsum sicut in causam essendi [1].

Avec la *causa essendi*, Thomas se dote donc, dans un sillage avicennien, d'une détermination causale du possible. Il le présente partant comme ce qui peut être ou ne pas être [2]; Avicenne lui-même s'attachait au rapport du possible non seulement à l'être, mais aussi au non-être : « Quicquid autem possibile est consideratum in se, eius esse et eius non esse utrumque est per causam » [3]. Thomas marque toutefois sa différence avec Avicenne en reconnaissant une contingence des étants du monde sublunaire [4]. Si en effet il est des étants créés nécessaires [5], Thomas fait du monde sublunaire le lieu même de la contingence [6] : Dieu n'agit en effet pas par une nécessité de nature, mais d'une manière volontaire [7]. Dieu peut tout ce qui n'implique pas contradiction, mais il ne fait pas tout ce qui n'implique pas contradiction [8]. Le domaine du possible excède ainsi celui de l'être. La formule *possibile esse et non esse*, selon l'expression que ne cesse d'employer Thomas [9] lorsqu'il reprend la doctrine avicennienne [10], prend alors toute son ampleur. La pensée

causam, ut supra ostensum est. Deum autem est per se necesse esse. Nullo igitur modo est possibile esse. Nihil ergo potentiae in sua substantia invenitur. »

1. *Summa contra Gentiles*, II, 15, n. 6.

2. On retrouve l'idée avicennienne d'une indifférence de l'essence à l'être ou au non-être, à la singularité ou à l'universalité (*equinitas est equinitas tantum*) ; voir Avicenna latinus, *Liber de scientia prima*, V, 1, p. 228.

3. *Ibid.*, I, 6, p. 44 ; voir *Shifâ'*, Métaphysique, I, 6, éd. du Caire, p. 38, l. 11-12 : « kull mâ huwa mumkin al-wujûd bi-i'tibâr dhâti-hi, fa wujûdu-hu wa 'adamu-hu kulla-humâ bi-'illa ».

4. Sur cette réception-discussion d'Avicenne, voir A. Forest, *La structure métaphysique...*, *op. cit.*, p. 139 *sq.*

5. Voir *Summa contra gentiles*, II, 30, n. 1-6. Les choses les plus proches de Dieu sont telles qu'elles n'ont pas en elles de puissance au non-être. La nécessité d'être ne s'oppose pas absolument au fait d'être créé.

6. Thomas découvre chez Averroès une objection à l'idée avicennienne d'un possible par soi, nécessaire par un autre. Voir *De potentia*, q. 5, a. 3, arg. 8 : « Praeterea, Commentator dicit in XI Metaph. quod id quod est in se possibile esse et non esse, non potest necessitatem essendi ab alio acquirere. Quaecumque ergo creaturae habent necessitatem essendi, in eis non est possibilitas ad esse et non esse. »

7. Voir *Summa contra Gentiles*, II, 23, n. 2.

8. Voir *ibid.*, n. 3.

9. On la retrouve sous la plume de Thomas commenteur d'Aristote ; voir *In Metaphysicam*, V, l. 6, n. 8. Elle permet ainsi de penser la puissance passive (*ibid.*, IX, l. 9, n. 2). Voir encore *In De Caelo*, I, l. 28, n. 6. L'expression rend compte de la muabilité des choses engendrées et corruptibles.

10. Albert le Grand semble plus fidèle à la lettre même d'Avicenne, lorsqu'il écrit dans son commentaire des *Noms divins* (De pulchro), q. 7, exp. : « sicut probat Avicenna, omne quod ab alio habet esse, per se possibile est, et dependens de se ad non esse ». « Per se possibile », tel est en effet

thomasienne du possible s'articule dès lors à une doctrine de la contingence[1] du monde[2], que l'on ne rencontrait sans doute pas chez Avicenne[3].

Résumons.

1) L'idée même de possibilité, qui concerne en premier lieu le fait d'être ou de ne pas être, apparaît ainsi plus radicale que la conceptualité aristotélicienne de l'être-en-puissance, que Thomas maintient assurément[4]. Thomas fait certes fond sur Aristote (*Métaphysique*, Δ, 12) pour affirmer qu'il est un possible qui ne se dit pas selon une certaine puissance (*secundum potentiam aliquam*). Mais c'est chez Avicenne qu'il découvre l'idée d'une distinction de l'être et de l'essence, comme l'attention à une cause de l'être. Ces deux thèses lui offrent le moyen théorique de développer l'idée d'un possible portant sur l'être lui-même, et ce faisant irréductible à la potentialité de ce qui est déjà d'une certaine manière. Restait alors, conjointement à cette émergence de la *causa essendi*, à faire droit, à titre de corrélat de cette activité, à un objet pensé, la *ratio entis*, délimitant le domaine du faisable, et laissant à la volonté divine le choix de choisir lequel des étants porter à l'être.

2) La pensée thomasienne du possible témoigne dès lors des différentes strates, qui ont permis de faire du possible un objet de pensée en la science divine : a) du *dunaton* aristotélicien, il a fallu passer par le *mumkin* avicennien : le possible est ainsi apparu comme ce qui est effectué par une puissance agente (l'être-en-acte est ce faisant effectué) ; b) de l'effectué, l'on en est venu à l'effectuable, et ainsi à une considération de ce qui est pensable. À l'encontre du *dunaton* aristotélicien, le possible n'est plus mondain.

3) Ainsi abordé en son essentielle dualité (*possibile esse et non esse*), le possible s'articule à l'idée de contingence, mais doit tout aussi bien s'en distinguer[5]. Pour le dire simplement d'un mot, la possibilité ne s'identifie pas à la contingence, mais la permet.

la formule latine devant rendre l'expression *mumkin bi-dhâti-hi* – voir Avicenna latinus, *Liber de philosophia prima*, I, 6, p. 43.

1. Thomas affirme fermement la contingence de ce qui est dans le monde qui nous entoure ; voir *Summa contra Gentiles*, II, 30, n. 1.

2. Ce qui ne veut pas dire qu'un certain ordre, et une certaine forme de nécessité ne s'y rencontre pas ; la mort de cet animal a une nécessité absolue ; il est nécessaire que la scie soit dure ; le feu, qui est chaud, doit nécessairement avoir le pouvoir de chauffer » (*Summa contra Gentiles*, II, 30). Le monde n'est ainsi pas gouverné par le hasard ; voir encore *ibid.*, II, 39.

3. Le concept de *ḥudûth* désigne l'adventicité du monde, et non la contingence.

4. Sur la matière comme étant en puissance, voir A. Petagine, *Matière, corps, esprit*, *op. cit.*, p. 31 *sq.*

5. *Cf.* Roger Bacon, *Summulae dialectices*, éd. Steele, t. XV, p. 267 : « possibile et contingens sic sumpta habent eandem suppositionem, pro diversis tamen temporibus eorum predicationem recipientem, ut te esse episcopum est possibile antequam sis episcopus, te autem existente episcopo est contingens ». Voir H. Schepers, « Möglichkeit und Kontingenz. Zur Geschichte der philosophischen Terminologie vor Leibniz », repris in *Leibniz : Wege zu seiner reifen Metaphysik*, Berlin, W. de Gruyter, 2014, p. 3-17.

Autour de 1277 : contingence et possibilité

La condamnation parisienne du 7 mars 1277, prononcée par l'évêque Etienne Tempier, constitue, on le sait, un moment déterminant dans l'histoire des idées[1] : elle témoigne à la fois de l'inarrêtable crue de l'aristotélisme à l'Université, et de la permanence de fortes réticences à son endroit[2].

On sait comment la formulation des articles condamnés n'est pas toujours fidèle à la pensée des auteurs ainsi pointés du doigt. Ceux-ci, le maître artien Siger de Brabant en tête, peuvent ne pas s'avérer coupables d'avoir soutenu la thèse dont on les accuse. Dès lors, la condamnation de 1277 ne doit pas être vue comme l'énoncé de thèses effectivement adoptées et en cours à l'Université de Paris, mais comme l'expression de certains risques théoriques.

Un premier aspect de la condamnation concerne la préservation de la contingence. Celle-ci apparut menacée par les doctrines émanatistes[3] et

1. Voir P. Duhem, *Le système du monde*, *op. cit.*, qui insiste sur la toute-puissance divine (notamment t. VI, p. 66 ; t. VII, p. 206 ; t. IX, 373-374). La reconstitution proposée par Duhem mérite toutefois d'être nuancée. Voir L. Bianchi, « *Potentia Dei absoluta* », *op. cit.* L'affirmation de la toute-puissance divine se redoubla d'une reconnaissance de la possibilité d'une pluralité de mondes ; voir Augustinus Triumphus d'Ancône (m. 1328), *In Sententias*, I, d. 44, a. 2, q. 1 (mns Troyes, 296, transcrit par E. Randi), qui montre que cette thèse n'est pas contradictoire, ni opposée à la raison d'étant. Voir E. Randi, « Plurality of Worlds : Fourteenth-Century Debates », *in* S. Knuuttila, R. Työrinoja et S. Ebbesen (eds.), *Knowledge and the Sciences in Medieval Philosophy*, Helsinki, Luther Agricola Society, 1990, p. 322-330. Dès lors, il convient de ne pas en rester à la position aristotélicienne. Oresme synthétise cette idée dans son *Livre du ciel et du monde* : « Je conclu donques que Dieu puet et pourroit faire par toute sa puissance un autre monde que cestuy ou plusseurs semblables ou dessemblables, et Aristote ne autre ne prouva onques souffisanment le contraire, mais onques de fait ne fu et ja ne sera fors que un seul monde corporel » (I, 24, éd. Menut-Denomy, p. 176-178). Voir déjà Ockham, *Ordinatio*, I, d. 44, OT IV, 650 ; sur ce geste d'Ockham, voir R. Imbach, *Quodlibeta*, *op. cit.*, p. 482-484. Sur l'unicité du monde, voir au contraire Thomas d'Aquin, *Summa Theologiae*, Ia, q. 47, a. 3 ; la littérature des correctoires reprend la question ; voir *Correctorium Corruptorii* « *Quare* », In primam partem, art. IX (Quod non est possibile esse aliam terram quam istam), éd. Glorieux, p. 48-49, et *Correctorium Corruptorii* « *Sciendum* », In primam partem, art. IX, éd. Glorieux, p. 59-63.

2. Les mêmes qui manifestent d'importantes réserves à l'endroit de la pensée d'Aristote pouvaient tout aussi bien en faire un important usage. Voir L. Bianchi et E. Randi, *Vérités dissonantes*, *op. cit.*, p. 6-7. Sur le climat intellectuel dans ses années 1270-1277, et plus particulièrement sur les relations intellectuelles entre le théologien Thomas d'Aquin, féru d'aristotélisme, et l'artien Siger de Brabant, voir E. H. Wéber, *L'homme en discussion à l'Université de Paris en 1270*, Paris, Vrin, 1970, p. 15 *sq.* Voir aussi P. Mandonnet, *Siger de Brabant et l'averroïsme latin…*, *op. cit.* Voir en outre la bonne mise au point de E. Grant, *La physique au Moyen Âge*, *op. cit.*, p. 30 *sq.*

3. Voir l'article condamné n° 44 (28), éd. Piché, p. 94 ; voir aussi n° 43 (68), p. 94 et n° 64 (33). Siger n'adoptait sans doute pas en son nom propre une conception émanatiste. Ainsi, dans ses *Quaestiones naturales* (reportation de Lisbonne, éd. Bazan, p. 113, l. 17-19), il reconnaît comment la position avicennienne, pour qui un seul effet dépend immédiatement de la cause première, ne serait pas conforme à la position d'Aristote ; elle ne doit dès lors pas être simplement admise. Voir

nécessitaristes[1] qui fleurissaient, sous l'influence de la philosophie arabe, à la faculté des arts. L'évêque Tempier condamne dès lors la proposition : « Quod nihil fit a casu, sed omnia de necessitate eveniunt; et quod omnia futura quae erunt de necessitate erunt, et quae non erunt impossibile est esse ; et quod nihil eveniunt contingenter, considerando omnes causas »[2]. Notre censeur se montre ainsi fortement attaché à reconnaître une contingence dans le monde : toutes choses n'adviennent pas nécessairement. On ne se contentera pas dès lors de la bipartition des étants, nécessaires, et des non-étants, impossibles. Corrélativement, l'activité divine demande à être reconnue en sa liberté. La nécessité ne s'impose pas à Dieu[3]. Ainsi, la cause première, éternelle et immuable, est libre de causer lorsqu'elle veut[4]. Elle est aussi dotée d'un pouvoir de faire advenir du nouveau[5], bien loin d'être cantonnée à agir sur ce qui possède déjà une potentialité, inscrite dans la matière[6]. Etienne Tempier se montre ainsi insatisfait du concept aristotélicien d'être-en-puissance, en tant que celui-ci prétend délimiter ce qui pourrait advenir. Outre la nécessité et l'impossibilité, il convient dès lors, pour préserver la contingence, de faire droit à l'idée même de possibilité.

À cet égard, un second aspect de la condamnation porte sur la question de la délimitation du possible. Un article condamné cantonne le possible à ce qui est abordable par les seules ressources de la philosophie[7] : « Quod possibile vel

ainsi F. Van Steenberghen, *Maître Siger de Brabant*, Paris/Louvain, Vaner-Oyez/Pubications Universitaires, 1977, p. 313-315.

1. Siger de Brabant présente dans son *De necessitate* la cause première comme nécessaire (ed. Duin, p. 14). Il est plus nuancé, et marque certaines distances à l'égard de la doctrine des philosophes, dans son Commentaire de la *Métaphysique* (III, 16). On se gardera de trop rapidement voir dans Siger l'auteur visé par ces condamnations. Voir R. Hissette, *Enquête sur les 219 articles...*, *op. cit.*, p. 51-52. Sur la conception émanatiste du monde de Siger, voir F. Van Steenberghen, *Maître Siger de Brabant*, *op. cit.*, p. 303 *sq.*

2. N° 21 (102), éd. Piché, p. 86.

3. Voir *ibid.*, l'article condamné n° 53 (20), éd. Piché, p. 96 : « Quod Deum necesse est facere, quicquid immediate fit ab ipso... ».

4. Tel est le propos visé dans la condamnation de l'article *ibid.*, n° 52 (18) : « Quod id quod de se determinatur ut Deus vel semper agit, vel numquam » ; *cf.* art. n° 50 (23), p. 96. Voir aussi l'art. n° 51 (24), p. 96.

5. Voir l'article condamné n° 48 (22), éd. Piché, p. 94 : « Quod Deus non potest esse causa novi facti, nec potest aliquid de novo producere ».

6. N° 46 (108), éd. Piché, p. 94 : « Quod sicut ex materia non potest aliquid fieri sine agente, ita nec ex agente potest aliquid fieri sine materia ; et quod Deus non est causa efficiens, nisi respectu eius quod habet esse in potentia materiae ».

7. Était en jeu la portée de la philosophie (article n° 145 (6), éd. Piché, p. 122). La philosophie n'aurait pas une universelle validité, ni ne serait légitimée à parler de toutes choses. Voir R. Hissette, *Enquête...*, *op. cit.*, p. 23-26. L'auteur visé serait Boèce de Dacie, voir Commentaire à la *Physique* (I, 2, éd. Sajo, p. 140). La philosophie porterait sur toute chose, avec cette précision toutefois que la chose doit être accessible « per rationem naturalem et humanam » (p. 141). La philosophie s'étendra à tout ce qui est « disputabilis per rationes » (*De aeternitate mundi*, éd. Green-Pedersen, p. 347). On fera toutefois droit à un domaine de ce qui se laisse connaître par la foi :

impossibile simpliciter, id est, omnibus modis, est possibile vel impossibile secundum philosophiam »[1]. Ainsi donc, le possible *simpliciter* se résumerait à ce que la philosophie découvre. Une telle position est condamnée en ce qu'elle revient à méconnaître comment la toute-puissance divine n'est pas limitée au possible selon la nature. Il faut ainsi également condamner, aux yeux de notre censeur, la thèse : « Quod impossibile simpliciter non potest fieri a Deo, vel ab agente alio. Error, si de impossibile secundum naturam intelligatur »[2].

L'enjeu du propos est manifeste, et renvoie à des discussions classiques : existe-t-il un possible et un impossible *simpliciter*, ayant une consistance par soi, qui s'imposeraient à Dieu lui-même ? Pour notre censeur, l'impossible *secundum naturam* ne doit pas être confondu avec l'impossible *simpliciter* ; il ne restreint dès lors pas l'action divine. Dans cette optique, Thomas d'Aquin reconnaissait que l'impossible selon l'ordre de la nature ne l'est pas pour Dieu, dont la toute-puissance s'arrête au contradictoire[3]. L'anonyme de Zimmermann[4] interrogeait, semblablement, les relations entre toute-puissance et impossibilité :

> Deus potest omne quod habet rationem possibilis simpliciter. Est autem possibile de aliquo solo quod non est contrarium suae rationi. (...) Nec apparet aliqua, quae aliquando sunt in subiecto, aliquando exsistere sine subiecto, lumine rationis naturalis, licet per miraculum credendum sit hoc posse fieri[5].

Une double tendance se remarque dans les discussions sur le possible, dont témoigne la condamnation de 1277. Tentons donc de la mettre en évidence en examinant de plus près l'œuvre des deux principaux auteurs visés par la condamnation, Boèce de Dacie (m. ca. 1284) et Siger de Brabant[6] (que l'on dit mort « par le glaive », avant la fin 1284)[7].

« ubi deficit ratio, ibi suppleat fides » (p. 356). Sur la distorsion qu'Etienne Tempier fait subir à la pensée de Boèce de Dacie, voir D. Piché, dans son commentaire du texte, p. 197-198.

1. N° 146 (184), éd. Piché, p. 122. Voir R. Hissette, *Enquête...*, *op. cit.*, p. 275-276, et le commentaire de D. Piché, p. 198.

2. N° 147 (17), éd. Piché, p. 124. Voir R. Hissette, *Enquête...*, *op. cit.*, p. 45-49.

3. Voir *Summa theologiae*, Ia, q. 25, a. 4, ad 1 : « licet praeterita non fuisse sit impossibile per accidens, si consideretur id quod est praeteritum, idest cursus Socratis ; tamen, si consideretur praeteritum sub ratione praeteriti, ipsum non fuisse est impossibile non solum per se, sed absolute, contradictionem implicans. Et sic est magis impossibile quam mortuum resurgere, quod non implicat contradictionem, quod dicitur impossibile secundum aliquam potentiam, scilicet naturalem. Talia enim impossibilia divinae potentiae subduntur. »

4. R. Hissette, *Enquête...*, *op. cit.*, p. 46-47, rapproche la pensée de cet auteur de la thèse condamnée.

5. *Quaestiones in Physicam*, I, q. 13, éd. Zimmermann, p. 25, l. 3-11.

6. Voir les précisions de P. Porro, « Contingenza e impedibilità della cause », *Rivista di Storia della Philosophia*, 2013, p. 113-147 ; en part. p. 127 *sq.*

7. Voir F. Van Steenberghen, *Maître Siger de Brabant*, *op. cit.*, p. 24-26.

1) D'un côté, l'activité divine, créatrice, conduit à déplacer les limites du possible. Siger de Brabant témoigne d'une prise de distance à l'endroit de la conception aristotélicienne[1]. Certes, Siger est attentif à la *potentia ad esse*, caractéristique de l'être créé, par opposition au divin; cette *potentia ad esse* témoigne dans son esprit de la dépendance du créé[2]. Mais cette puissance vers l'être ne doit en réalité pas faire méconnaître le surgissement du créé dans l'être à partir de la seule puissance active de Dieu. Siger revient dès lors sur certaines thèses aristotéliciennes : « secundum intentionem Aristotelis non ens purum non potest mutari in ens, quia in non ente puro non est potentia »[3]. L'idée même de création impose de reconnaître une certaine possibilité que l'étant advienne à partir d'un certain non-étant. Une difficulté de la doctrine aristotélicienne doit dès lors être exhibée : « de intentione Aristotelis est quod non est aliquod agens potens facere quod post non ens purum duratione temporali fiat aliquid ens. Quod apparet primo sic, quia, si hoc contingeret, sequeretur quod illud quod de se esset impossibile esset alicui agenti possibile »[4]. L'impossible de soi pourrait-il donc devenir possible en vertu d'une activité externe[5]? Siger ne saurait se satisfaire d'une réduction du possible au potentiel aristotélicien[6]. Il n'hésite ainsi pas à manifester certaines limites de la conception des philosophes, enracinant le possible en une nature des choses :

> Et cum arguunt philosophi quod non fit aliquid nisi possibile sit ipsum esse per suam naturam, dicendum quod illud quod fit est dupliciter : aut secundum transmutationem, et sic bene arguunt : illud enim quod fit per transmutationem habet ex quod fit; aut fit aliquid ex nihilo non per transmutationem, et sic non

1. Sur les difficultés que rencontre Siger à concilier les doctrines aristotélicienne, néoplatonicienne et chrétienne, et sur les hésitations dont il peut alors faire preuve, voir *ibid.*, p. 400.

2. Voir *ibid.*, p. 283.

3. *Quaestiones in Metaphysicam*, III, 15, reportation de Cambridge, éd. Maurer, p. 108, l. 30-31. *Cf.* reportation de Paris, III, 5, éd. Maurer, p. 411, l. 1-5 ; reportation de Munich, III, éd. Dunphy, p. 130, l. 48 *sq.* (le texte est largement biffé). La question III, 18, dans la reportation de Munich revient sur cette difficulté (éd. Dunphy, p. 143).

4. *Quaestiones in Metaphysicam*, III, 15, reportation de Cambridge, éd. Maurer, p. 108-109, l. 32-35.

5. Aristote ne semble guère prêt à l'accepter : « secundum Aristotelem quod per se est impossibile per nihil aliud est possibile ; unde facere incompossibilia nullius agentis est » (*ibid.*, reportation de Munich, éd. Dunphy, p. 131, l. 61-62) ; Siger revient sur cette idée et la discute dans la question 18 (p. 143, l. 24-29).

6. Il convient *in fine* pour Siger de faire droit à la foi ; voir *Quaestiones in Metaphysicam*, III, 15, reportation de Cambridge, éd. Maurer, p. 110, l. 73-85. La doctrine d'Aristote ne permet pas de penser la création par Dieu d'un monde nouveau, avec un commencement donné ; voir aussi *ibid.*, III, 16, reportation de Cambridge, éd. Maurer, p. 113, l. 69-86. Le miracle découvre la non-impossibilité de ce qui pouvait *in se* sembler tel : « etsi mirabile sit agens primum existere quantum ad totum unde est causa mundi vel alicuius novi effectus, non existente effectu illo ab aeterno, non tamen est impossibile » (p. 114, l. 19-21).

> valet eorum ratio. Vel dicendum quod non oportet factum habere ex quo fiat, immo sufficit ad hoc potentia agentis potentissimi [1].

N'advient pas seulement ce qui est possible en vertu de sa nature, comme le prétendent les philosophes ; ce qui se fait à partir de rien tient son être (et donc sa possibilité d'être) de la puissance de l'agent tout-puissant. La mesure du possible n'est dès lors pas l'être en puissance de ce qui existe déjà, naturellement, mais la *ratio* témoignant de ce qui peut être effectué : « Etsi de sua ratione non habeat potentiam materiae ad esse, tamen de sua ratione non excludit potentiam agentis ad esse, et ideo de sui ratione non est non ens simpliciter pro omni tempore. Illud enim quod sui ratione vel natura non est possibile ad esse non est agenti possibile facere » [2]. L'attention à l'activité d'une puissance créatrice n'arrime pas seulement le possible à cette puissance externe ; elle découvre aussi, en lieu et place de la matière qui, dans l'optique aristotélicienne, témoignait de la potentialité, une raison, laquelle fait ainsi échapper le non-étant au néant pur et simple [3].

2) Conjointement à la considération de l'agent, l'examen du possible découvre donc une *ratio* de ce qui advient. Siger insiste sur la dimension rationnelle qui doit être reconnue au possible : si le possible se rapporte à un agent dont il reçoit l'être, il se caractérise par une raison n'excluant pas cet être [4]. Cette rationalité du possible, Boèce de Dacie la reconnaissait également, lorsqu'il présentait le possible au sens des philosophes comme accessible « per rationes investigabiles ab homine » [5], ce qui ne signifiait pas qu'il faille y voir le possible *simpliciter*. Reste qu'on assiste durant ces années de la seconde moitié du XIIIe siècle à une montée en puissance de la détermination du possible à partir de l'idée d'une « raison » permettant d'être [6].

Dans cette optique, qui envisage la possibilité comme raison permettant d'être, l'existence n'est sans doute pas le dernier mot sur l'être. Sans méconnaître le risque de scepticisme ce faisant encouru, Siger marque un écart entre la pensée et l'exister *in rerum natura*. N'y a-t-il pas une vérité dans la

1. *Quaestiones in Physicam*, II, 20, éd. Zimmermann (in *Ecrits de logique*...), p. 182, l. 59-66.

2. *Quaestiones in Metaphysicam*, recension de Cambridge, III, 6, éd. Maurer, p. 412, 26-30.

3. Siger n'hésite pas à répondre à Aristote (tel qu'il reconstruit sa position) : « Quando enim tu dicis : ex quo B de sua ratione non habet potentiam materiae, tunc B de sua ratione est non ens, dico quod falsum est, quia oporteret ad hoc quod illud sequeretur quod on esset potentia agentis, nec etiam potentia materialis ». À défaut de la puissance matérielle, la puissance agente permet de distinguer ce qui n'est pas encore du néant absolu.

4. Voir *Quaestiones in Metaphysicam*, III, 18 reportation de Munich, éd. Dunphy, p. 143, l. 21-23 : « Dico quo de sua ratione non habet exclusionem eius a quo habet accipere esse, et sine potentia materiali potest recipere esse, quia a suo agente. ».

5. *De aeternitate mundi*, éd. Green-Pedersen, p. 364.

6. Siger de Brabant reprend cette compréhension du possible dans ses *Impossibilia*, en exhibant l'impossibilité comme contradiction : « illud quod habet naturam impossibilis etiam contradictoria implicantis, fieri non potest per aliquid extrinsecum vel per defectum exrinseci » (*Impossibilia*, I, éd. Bazan, p. 60, l. 46-48).

proposition : « l'homme est animal », même si aucun homme n'existe[1] ? La question, assurément classique au XIIIe siècle, invite à revisiter la conceptualité aristotélicienne de la puissance et de l'acte, ce que Siger fait en usant des expressions *esse essentiale* et *actuale*[2]. Quel être essentiel reconnaître dès lors à ce qui n'est pas actuellement ? Indéniablement, le terme commun, pensé, ne se laisse pas ramener à une chose existante[3]. Or, si l'on peut toujours douter qu'existe réellement ce que nous pensons, fût-il connu par la sensation[4], une sortie du doute est possible, si l'on fait droit à d'autres sens, plus dignes ou plus fiables, et plus encore si l'on convoque le jugement de l'intelligence. Le principe de non-contradiction donne dans cette optique un cadre à ce que nous intelligeons[5]. Il est en effet le *complexum primo notum*, et nous permet ainsi de faire le départ entre le possible et l'impossible.

L'enjeu de l'émergence de cette détermination rationnelle du possible n'est pas mince. Dans cette conception du possible comme raison n'excluant pas l'existence, se noue une série de problèmes, qui ne manqueront pas d'agiter les siècles à venir, concernant les rapports entre possibilité essentielle et contingence des existants[6]. La science pourra-t-elle dans cette perspective avoir une autre prétention que de décrire et prédire ce qui peut être, devant alors s'en remettre aux sens pour s'assurer de ce qui est effectivement ? L'appréhension intellective de la possibilité d'une chose ne saurait suffire à nous assurer de son existence contingente.

1. Voir la *quaestio utrum haec sit vera : homo est animal, nullo homine existente*, éd. Bazan, p. 53-59.

2. *Ibid.*, p. 54, l. 57-66.

3. Siger peut reconnaître une certaine indifférence de la pensée à l'existence. Voir *Quaestiones logicales*, q. 1, éd. Bazan, p. 61 : « terminus communis, re existente quae per significatur vel non existente, idem significat, cum et eundem intellectum constituat. Sed re non existente quae per terminum communem significatur, sive possibile sit quod ponitur, sive impossibile, (...) terminus significat mentis conceptum tantum ».

4. Les *Impossibilia*, II, envisagent le problème de l'illusion sensorielle : « Quod omnia quae nobis apparent sunt simulacra, et sicut somnia, ita quod non simus certi de existentia alicuius rei » (éd. Bazan, p. 73-76).

5. Si l'étant est le premier connu, nous appréhendons aussi qu'une même chose ne peut en même temps être et ne pas être. Voir *Impossibilia*, VI, éd. Bazan, p. 93-94. Ainsi se découvre l'impossible : « (...) non contingit aliquid simul esse et non esse, neque contradictoria simul esse vera. Immo hoc est primum quod intellectus refugit sicut impossibile, ita quod alia impossibilia fiant nota in sua impossibilitate... » (p. 94, l. 59-62).

6. Rappelons que Siger n'adopte pas une conception nécessitariste, qui nierait toute contingence dans le monde. Les *Impossibilia*, VI, qui montrent comment le principe de contradiction délimite le possible et l'impossible, s'attachent par ce biais à reconnaître une place à des futurs contingents : « Futurum contingens, antequam sit, ad neutram partem contradictionis determinatum est, sed potest esse et non esse » (p. 96, l. 17-19). Il n'y a à cet égard pour le moment de vérité assurée : « Dicendum igitur quod navale bellum fore non est verum » (p. 97, l. 31). Le traitement des futurs contingents, hérité du *Peri Hermeneias* d'Aristote, découvre comment la contingence des futurs échappe à la connaissance actuelle que nous pouvons nous former. Sur la conciliation de cette contingence et de la (pre-)science divine, voir F. Van Steenberghen, *Maître Siger de Brabant*, *op. cit.*, p. 315-317.

Or, si la possibilité précède ainsi l'être, pour désigner l'ordre du pensable, ne le redouble-t-il pas jusqu'à constituer une sorte de troisième royaume, constituant un monde d'essences. Examinons dès lors comment la possibilité, pour laquelle va désormais prévaloir la détermination cogitative, se laisse décrire à partir des essences des choses.

Le possible et l'être d'essence

La condamnation de 1277 témoigne d'un climat intellectuel, et du bouillonnement d'idées en cette seconde moitié du XIIIe siècle, suite à la réception et à l'intégration de la philosophie aristotélicienne. Celle-ci s'est vue profondément modifiée pour pouvoir se concilier avec les réquisits théologiques, affirmant la création du monde. À cet égard, la médiation de la *falsafa* aida à cette acclimatation. En particulier, l'attention à une cause agente, donatrice de l'être, permit une approche causale du possible. Mais nos auteurs allaient poursuivre une telle approche, en voyant le possible comme ce qui peut être effectué, et qui, pour ce faire, n'est pas contradictoire, en un mot, ce qui est pensable. Dans ces conditions, nul doute que la conception de l'être allait prendre un tour nouveau. Les discussions sur la distinction de l'être et de l'essence, qui fleurirent durant la seconde moitié du XIIIe siècle, tout particulièrement à Paris en 1286-1287 [1], s'inscrivent dans ce cadre nouveau donné à la réflexion. Celles-ci engagent d'ailleurs une certaine conception de la contingence [2]. Le possible s'arrime alors à l'essence.

Notons tout d'abord comment, dans ces discussions autour de l'être et de l'essence, le possible peut prendre place aux côtés des concepts de puissance, d'acte et d'agent. Remarquable est à cet égard la IXe question *De esse et essentia* (1290) de l'augustin Gilles de Rome (m. 1316), qui s'attache résolument à soustraire l'essence au domaine de l'être [3]. Refusant de penser le rapport de l'essence à l'être et au non-être sur le modèle du genre par rapport aux différences ou aux espèces, Gilles, partisan de la distinction réelle, présente l'essence comme ce qui de soi n'a pas l'être, mais voit son être effectué par un autre [4]. Gilles reprend d'abord la conceptualité de l'acte et de la puissance, pour penser ce qui est comme productible [5], et ce faisant pour faire droit à un agent : « in omni factibili est tria considerare, actum, potentiam et agens » [6]. Il invoque dans cette optique le livre Z (VII) de la *Métaphysique* pour affirmer la dépendance de ce qui devient à l'égard d'un autre. L'ouverture à l'autre que le

1. Ce débat oppose Gilles de Rome, Godefroid de Fontaines et Henri de Gand. Voir C. Koenig-Pralong, *L'avènement de l'aristotélisme en terre chrétienne*, Paris, Vrin, 2005, p. 62 *sq.*

2. Voir *ibid.*, p. 234.

3. *Quaestiones de esse et essentia*, q. IX, éd. de Venise, 1503, f. 21vb.

4. *Ibid.* : « de se non habet esse, sed ab alio perficit per esse ».

5. Gilles s'attache au *factibile* pour penser la manière d'être de toute créature.

6. *Quaestiones de esse et essentia*, q. IX, éd. de Venise, 1503, f. 21vb.

Stagirite pouvait ainsi reconnaître est alors réinvestie pour penser, dans un cadre largement influencé par Avicenne cette fois, l'indigence ontique de ce qui est. Gilles recourt à cet endroit significativement au concept de possible : « ille autem actus est in aliquod, quia recipitur in aliquo possibile »[1]. L'entrecroisement des concepts aristotélicien et avicennien est remarquable : l'acte de la tradition aristotélicienne n'accomplit pas tant une puissance qu'il n'est reçu dans un possible. Gilles infléchit la conceptualité aristotélicienne de l'actualité en insistant sur la réceptivité fondamentale du possible. L'interprétation résolument productive de l'acte (« producente actum in ipso possibili ») ouvre à cet égard la voie à une telle attention au possible. Le couple de la puissance et de l'acte laisse alors la place à la composition du possible (l'essence) et de l'acte (l'être)[2]. Le possible se substitue donc au potentiel, pour désigner l'essence, distinguée de l'être.

Le réinvestissement du couple aristotélicien de l'acte et de la puissance fait ainsi émerger le possible comme détermination de la créature. Dans la XIIe question *De esse et essentia*, Gilles retravaille les concepts d'acte et de puissance, pour exhiber le possible, en lieu et place de l'être en puissance. L'agir naturel consiste en effet à faire passer en acte ce qui était déjà, en puissance. Mais l'agir divin est différent : « Deus sic coniungit actum potentiae; simul producit actum et potentiam »[3]. Dans le cas de l'acte divin, nulle potentialité n'est présupposée[4]. Le concept de possible prend ici sens. Gilles substitue en effet au vocabulaire de la puissance celui du possible, en y voyant le corrélat d'une cause : « omne causatum (...) sit quodam possibile »[5]. Le concept de possible permet ainsi de dépasser la différence de l'agir naturel, supposant une puissance antécédante[6], et de l'agir divin, faisant conjointement l'acte et la puissance. En d'autres termes, si l'agir divin conduit à bousculer le cadre théorique aristotélicien, le concept de possible constitue la réponse rendant compte de l'irruption de cette nouvelle interrogation concernant un agir qui ne dévoile pas un être qui serait déjà en puissance, mais qui le fait surgir à partir de rien.

Le possible peut dans cette perspective se rapporter à ce qui précisément n'est pas, et valoir comme corrélat de l'acte créateur[7]. Ce possible se pense alors précisément comme non-contradiction à être : « possit incipere esse

1. *Ibid.*

2. *Ibid* : « in omni creatura est compositio alicuius possibilis, quam vocamus essentiam, et alicuius actualis, quam vocamus esse ».

3. *Ibid.*, f. 31rb.

4. Pour les autres agents, « actus ille tempore praesupponit potentiam in qua fit » (*ibid.*).

5. *Ibid.*, f. 31rb-va.

6. Les agents seconds se rapportent à *quoddam possibile esse*, qui est *in potentia passiva* avant d'advenir (*ibid.*, f. 31va). Le concept de possible reprend ici l'idée d'être-en-puissance.

7. Voir J. F. Wippel, « The Reality of Nonexisting Possibles according to Thomas Aquinas, Henry of Ghent, and Godfrey of Fontaines », *The Review of Metaphysics*, XXXIV, 1981, p. 729-758.

absque implicatione contradictionis »[1]. L'attention au possible permet donc de faire droit à ce qui précède l'être, sans impliquer à cet égard de contradiction. En ce sens, la considération du possible revient à reconnaître un plan antérieur à celui du potentiel (qui relève de l'être). La non-contradiction à être permet de découvrir le plan de ce qui peut être, sans être encore.

Ainsi donc, « essentia est possibile esse et non esse »[2]. Le possible nous découvre l'essence. Le maître séculier de l'université de Paris Godefroid de Fontaines (m. 1309)[3] ne dit sans doute pas autre chose, lors même qu'il discute, dans son IIIe *Quodlibet* (1286[4]), la position de Gilles[5]. Refusant fermement la distinction égidienne[6], Godefroid ne peut faire du possible une essence ayant par soi un être propre, indépendamment de l'existence : « essentia creaturae cum non existit dicitur possibile ad esse, in quantum dicit quid, sive in quantum intelligitur secundum rationem idealem in Deo »[7]. L'essence comme possible dit le « quoi » de la chose, ou ce qui en est intelligé selon une raison idéale en l'entendement divin.

Dans ce passage, Godefroid s'attache en effet à faire prévaloir une détermination du possible comme non-contradictoire, en lieu et place de l'indexation du possible sur la puissance. La conceptualité est d'abord aristotélicienne : « non sic autem potest dici chimaera aliquid esse in potentia in rerum natura »[8]. Cet être en puissance, Godefroid le conçoit par référence à une puissance productrice[9]. Au contraire de la chimère, la forme de l'ange, qui n'existe pas encore, a un certain être potentiel : « non est in actu extra in se

1. *Quaestiones de esse et essentia*, q. XII, f. 31va.

2. *Ibid.*, q. IX, f. 20ra. Ce passage est cité et discuté par Henri de Gand, *Quodlibet* X, q. 7, OO XIV, 156, l. 68 *sq.* Voir aussi Godefroid de Fontaines, *Quodlibet* III, q. 1 présentant la distinction réelle égidienne (éd. de Wulf, t. I, p. 158) : « (...) sit essentia sicut quoddam potentiale sive possibile esse et non esse de se. (...) Cum ergo omnis essentia creaturae sit in potentia ad esse... ». La question de la possibilité prend appui sur l'idée de potentialité ; elle s'en démarque toutefois.

3. Voir M. de Wulf, *Etude sur la vie, les œuvres et l'influence de Godefroid de Fontaines*, Bruxelles, Hayez, 1904, et J. F. Wippel, *The Metaphysical Thought of Godfrey of Fontaines*, Washington, The Catholic University of America Press, 1981.

4. Concernant la datation des *Quodlibeta*, voir J. F. Wippel, *The Metaphysical Thought of Godfrey of Fontaines*, *op. cit.*, p. XXVII-XXVIII.

5. Voir son *Quodlibet* III, q. 1, éd. de Wulf, t. I, p. 157 *sq.*

6. *Ibid.*, version brève, éd. de Wulf, t. I, p. 302 « essentia et esse non dicunt diversas res etiam in creaturis ». Godefroid s'attaque à Gilles de Rome, plutôt qu'à Thomas d'Aquin ; voir J. F. Wippel, *The Metaphysical Thought of Godfrey of Fontaines*, *op. cit.*, p. 47.

7. *Quodlibet* III, q. 1, éd. de Wulf, t. I, p. 170.

8. *Ibid.*, p. 169.

9. Divisant l'étant en actuel et potentiel, Godefroid voit dans l'étant potentiel ce qui peut avoir l'être en raison d'une cause, intrinsèque ou extrinsèque : ainsi, la rose, depuis la création, a un être potentiel en référence à une cause intrinsèque, la matière ; mais, avant la création du monde, elle n'avait un être potentiel qu'en vertu d'une cause extrinsèque. Voir *Quodlibet* VIII, q. 3, éd. Hoffmans, t. III, p. 38-40. Voir ainsi J. F. Wippel, *The Metaphysical Thought of Godfrey of Fontaines*, *op. cit.*, p. 16-17.

ipsa, sed solum in potentia agentis virtualiter potentis ipsum producere »[1]. L'être en puissance ne s'appréhende pas comme potentialité en la chose, mais nous renvoie à une puissance agente, extérieure, pouvant produire l'être en acte. L'appel à la puissance agente pour penser l'être en puissance ne doit toutefois point faire méconnaître la prévalence du critère de la non-contradiction. Si, en effet, l'ange peut être produit, mais non la chimère, c'est que le premier n'est pas contradictoire, au contraire de cette dernière[2] : « dicit (...) naturam non importantem repugnantiam, et ideo potest esse ab agente potente omne illud quod contradictionem non implicat »[3]. La puissance agente ne fait pas tant l'être en puissance, qu'elle ne révèle la possibilité, entendue comme non-contradiction.

Le texte du livre Δ de la *Métaphysique*, largement convoqué par Thomas d'Aquin, peut alors être réinvesti pour penser ce possible qui ne s'enracine pas dans un être-en-puissance :

> Et secundum hoc aliquid dicitur possibile non ex aliqua potentia, ut patet ex quinto *Metaphysicae*. Unde ibi dicitur quod aliquid dicitur possibile secundum aliquam potentiam activam vel passivam, quod est in potentia aliquo modo non secundum aliquam potentiam huiusmodi sed secundum se ipsum, scilicet quod non includit repugnantiam intellectuum sive contradictionem; tale enim est possibile in quantum potest esse terminus actionis alicuius agentis[4].

Godefroid exhibe ainsi le critère de la non-contradiction pour penser le possible comme terme d'une action[5]. La *ratio entis*[6] délimite ainsi le domaine de ce qui est faisable. Le possible peut bien se dire en référence à un acte; reste que la puissance agente ne fait plus le possible, mais elle le présuppose. Le possible décrit ainsi ce que l'on peut envisager comme terme d'une action à effectuer.

L'essence se voit dans cette optique réinterprétée à partir d'un acte d'intellection : « Et hoc est quod dicitur quod ipsa habet rationem essentiae, quod verum est in actu intelligendi, sed tantum in potentia quantum ad actum in se

1. *Quodlibet* III, q. 1, éd. de Wulf, t. I, p. 169.

2. *Ibid.* : « Non sic autem potest dici chimaera aliquid esse in potentia in rerum natura, quia non dicit aliquam naturam natam subsistere quae licet non sit in actu in se ipsa extra in rerum natura sit tamen in potentia agentis virtualiter, quia dicit quid simpliciter impossibile esse propter repugnantiam partium ».

3. *Ibid.*, p. 169-170.

4. *Ibid.*, p. 170.

5. Le confirme la manière dont la version brève du *Quolibet* III, q. 1, présente le second sens de l'être en puissance (qui est distinguée de la puissance passive, telle qu'elle peut se trouver en un sujet) : « Alio modo dicitur aliquid esse in potentia ad esse per potentiam existentem in alio et per hoc quod non includere contradictoria sicut figmenta includunt » (éd. de Wulf, t. I, p. 305). L'être en puissance nous ouvre ici à une puissance autre, ne supposant alors, pour soi-même, que la non-contradiction.

6. *Quodlibet* III, q. 1, éd. de Wulf, t. I, p. 170 : « e contra est impossibile secundum se quod huiusmodi repugnantiam includit, propter quod nullo modo rationem entis habere potest, et ideo nec potest esse terminus alicuius actionis ».

ipsa existendi, in quantum habet exemplar ideale in Deo, quod est ratio cognoscendi et etiam eliciendi ipsam in se ipsa adiuncta voluntate »[1]. La *ratio essentiae* témoigne de la dimension intellective de l'essence, indépendamment de son existence en acte. L'acte d'intellection par Dieu de l'essence lui donne la potentialité d'exister. La subversion de la philosophie aristotélicienne à laquelle conduit cette attention à la science divine est ici manifeste : « Et sic essentia antequam sit est possibile esse, non ut subiectum alicuius transmutationis a non esse ad esse, et ut aliquid realiter recipiens, sed ut terminus per se actionis producentis ». L'essence comme être possible, avant l'existence, n'est pas, telle la matière, un sujet supportant un changement, mais elle se pense comme le corrélat d'une action possible, ce que l'on appelle le « potentiel objectif »[2] :

> Unde non debet intelligi essentia creaturae ut aliquid potentiale substratum per modum materiae, ipsum vero esse ut aliquid receptum in illo ad modum formae (...) ; sed intelligi debet essentia antequam sit ut potentiale obiectum sive terminus divinae actionis, de nihilo et non de aliquo ut de materiali principio productibile[3].

Dans la conjonction de l'objet et du potentiel[4], se joue le remaniement que Godefroid fait subir à la philosophie aristotélicienne pour penser l'essence comme possible. L'essence possible ne doit pas se penser comme la matière pouvant recevoir la forme. Le modèle hylémorphique se révèle insatisfaisant lorsqu'il s'agit de penser l'essence dans son rapport à l'être[5]. L'essence possible se laisse appréhender comme un « objet »[6]. Le possible est en ce sens ce qu'un agent (un agent intelligent, Dieu) pose devant lui comme pouvant être fait (s'il le veut).

1. *Quodlibet* III, q. 1, éd. de Wulf, t. I, p. 170 . Notons ici comment l'attention à la science divine s'accompagne de la reconnaissance de la volonté choisissant ce qui va être créé.

2. Sur la puissance objective, distinguée de la puissance subjective, voir W. Duba, « What is actually the matter with Scotus ? Landolfo Caracciolo on objective potency and hylomorphic unity », *in* F. Fiorentino (ed.), *Lo Scotismo nel Mezzogiorno d'Italia,* Turnhout, Brepols, 2010, p. 269-301, en part. p. 272.

3. *Quodlibet* III, q. 1, éd. de Wulf, t. I, p. 170.

4. Thomas ne parle pas de potentiel objectif.

5. Godefroid est explicite à cet égard ; voir *Quodlibet* III, q. 1, éd. de Wulf, t. I, p. 170 : « Non ergo sic se habet essentia ad esse sicut materia se habet ad formam ». Voir au contraire Gilles de Rome, *Theoremata*, V, éd. Hocedez, p. 20.

6. Rappelons que le terme d'objet, dont l'usage va se développer dans le sillage de Scot, désigne classiquement, chez Thomas, un objet pour une puissance, notamment pour l'intellect. Voir *Summa contra Gentiles*, I, 48, n. 4 : « Si igitur Deus intelligit se et aliud a se quasi principale obiectum, habebit plures operationes intellectuales » ; voir aussi n. 8 ; ou encore I, 58, n. 5 : « Proprium obiectum intellectus est quod quid est : » ; voir de même I, 61, 5. Cet objet intelligé peut se faire objet de la volonté (*ibid.*, I, 74, n. 2). Concernant l'importance que revêt le concept d'objet chez Scot, voir D. Demange, *Jean Duns Scot. La théorie du savoir*, *op. cit.*, p. 201 *sq*.

L'idée d'un *potentiale obiectum*[1] nous renvoie au *Quodlibet* X, q. 7 d'Henri de Gand (m. 1293)[2]. Ce maître séculier, qui avait fait partie des conseillers de l'évêque Tempier pour la condamnation de 1277[3], refuse l'idée d'une distinction réelle de l'essence et de l'être, pour soutenir une distinction simplement intentionnelle[4]. Le maître gantois nous propose une distinction entre deux potentiels : « Dicendum quod aliquid ex se potentiale esse dupliciter : uno modo ut solum per se subiectum transmutationis a non esse in esse, et non ut per se terminus; alio modo, ut terminus eius »[5]. L'appel à ce second sens du potentiel en étend le domaine au-delà de son acception aristotélicienne pour faire droit à l'idée même de création, et pas seulement de génération[6]. Cette extension est rendue possible dès lors que l'on déplace le regard du sujet, attendant une forme, à l'agent, ou l'efficient. Alors que le premier potentiel pouvait déjà relever de l'être d'existence, le second permet de faire émerger l'essence. Dès lors, le couple de l'être et de l'essence ne saurait se ramener à celui de la forme et de la matière : « Non ergo habendo esse ut formam sibi impressam, essentia est actu sub esse per creationem, sed habendo esse in sua essentia ex respectu ad creatorem, in quantum est producens eam et illa est effectus eius »[7]. Henri peut ainsi insister sur la dépendance de l'essence de la créature envers son créateur, qui la produit et la fait être effectivement. La potentialité que l'on assigne à l'essence ne doit donc pas se comprendre

1. Sur l'objet comme indiquant le terme d'une action, et l'emploi de ce terme pour la puissance en tant qu'elle requiert, précisément, un agent pour passer à l'acte, voir Henry de Harclay (m. 1317), *Quaestiones ordinariae*, q. X, § 7, éd. Henninger, t. I, p. 442-444.

2. Voir déjà *Quodlibet*, VI, q. 3 (« utrum impossibile quod attribuitur Deo respectu creaturarum oriatur causaliter ex parte Dei an ex pare creaturae »), ainsi que *Quodlibet* VIII, q. 9 (éd. Badius, f. 318v) ; voir aussi *Summa*, a. 59, q. 2, éd. Badius, t. II, f. 138v ; *Quodlibet*, XI, q. 3 (éd. Badius, f. 448v). Gilles de Rome refuse cette idée (XIIe question *De esse et essentia*, éd. de Venise, 1503, 29r *sq.*). Sur le potentiel objectif, distingué du potentiel subjectif, voir aussi Hervé de Nedellec, *De quattuor materiis, Tractatus de esse et essentia*, 20-22, éd. de Rijk, t. II, p. 20-21. Sur cette distinction henricienne de la puissance prise comme « sujet » ou comme « objet », voir P. Porro, « Duns Scot et le point de rupture avec Avicenne », *in* O. Boulnois *et al.* (éd.), *Duns Scot à Paris, 1302-2002*, Turnoult, Brepols, 2004, p. 195-218, en part. p. 197-198.

3. Pour les positions théoriques d'Henri de Gand, voir C. Koenig-Pralong, *bon usage des savoirs. Scolastique, philosophie et politique culturelle*, Paris, Vrin, 2011, p. 68-104.

4. Le *Quodlibet* I, q. 9, l'affirmait clairement, qui constatait, dans le cas des créatures : « essentia earum sit earum esse, quia sunt diversa intentione, licet sint idem re » (OO V, 56, 30-31). Henri maintient cette thèse dans le *Quodlibet* X, q. 7 (OO XIV, 151, 45-48) : « Super identitatem esse et essentiae in creaturis habita est quaestio quaedam determinata in nostro primo Quodlibet, ubi diximus et adhuc dicimus quod esse creaturae non est aliquid re absoluta aliud ab ipsa essentia creaturae, additum ei ut sit in effectu ».

5. *Ibid.*, OO XIV, 152, 76-78.

6 La transmutation requiert, dans un cadre aristotélicien, la matière comme sujet, ainsi que le rappelle le *Quodlibet* VII, q. 10, OO XI, 68 : « nulla transmutatio possit fieri sine materia, quoniam impossibile est transmutari nisi potentia transmutabile ; non autem est potentia transmutabile, nisi « subiectum contrariis a quo et in quod fit transmutatio », secundum Philosophum in I° Physicorum ; illud autem non est nisi materia, 1 secundum ipsum ibidem ; ergo etc ».

7. *Ibid.*, OO XIV, 154, 21-23.

selon le modèle subjectif, en référence à une information : « (…) essentia vero est in potentia ad esse, non ut subiectum vadens ad actum per alicuius informationem, sed solum ut terminus existens in actu per hoc quod terminat actum creationis et est effectus creatoris »[1]. Un travail sur le concept de potentiel permet donc de rendre compte du couple de l'essence et de l'être : l'essence ne se dit pas comme un sujet, mais s'appréhende comme terme d'une action.

Henri de Gand mobilise donc la conceptualité aristotélicienne de la potentialité, mais lui impose un cadre théorique nouveau au sein duquel sont distinguées l'essence et l'existence :

> esse essentiae est quaedam divina participatio secundum rationem causae formalis, quasi forma substantialis eius quod est aliquid per essentiam ; existere vero secundum rationem causae efficientis, qua in existentia producuntur ipsum esse essentiae et id cuius est, productione ipsius essentiae in esse existentiae, et est aliquid accidentale ipsi essentiae ; et unde esse essentiae in ipsa essentia est quoddam potentiale ut per creationem essentiae producatur obiective in esse existentiae, ut existat simpliciter extra intellectum ; esse vero aliquid per essentiam consimiliter est quoddam potentiale ut per creationem essentiae producatur in esse existentiae, ut existat aliquid extra intellectum[2].

Ce passage appelle immédiatement plusieurs remarques. 1) Le potentiel, qui est associé à l'essence en tant qu'elle participe de l'essence divine, se dit en référence à une création, ou production dans l'être d'existence. 2) L'être d'essence, comme l'exister, se rapportent à une cause, une cause respectivement formelle ou efficiente. La causalité efficiente investit dès lors la réflexion sur l'existence ; sa distinction d'avec la causalité formelle permet de penser l'écart entre l'essence et l'existence. 3) L'idée de production de l'essence dans l'être d'existence s'accompagne de la reprise de l'idée, avicennienne, de l'accidentalité de l'être ou de l'exister à l'égard de l'essence. L'arrière-fond aristotélicien s'éclipse ainsi au profit d'une attention à l'existence, en son irréductibilité vis-à-vis de l'essence, quoique celle-ci n'existe pas indépendamment. L'attribution à l'essence d'une forme de potentialité ne doit point faire méconnaître comment cette potentialité requiert le concours de la cause effeiciente pour accéder à l'existence.

On le voit, le concept de potentiel que propose Henri de Gand fait droit à la compréhension de ce qui est dans le monde comme être effectué. Il ne manque dès lors pas de rencontrer le concept de possible en sa détermination avicennienne[3].

1. *Quodlibet*, OO XIV, 154, 37-39.

2. *Ibid.*, 154, 1-11.

3. *Ibid.*, 156. Voir aussi *Quodlibet* II, q. 8, OO VI, 38-39, qui reconnaît deux « intentions », de l'essence et de la subsistence dans le suppôt ; Henri insiste alors sur l'indigence de la creature : « de se non habet esse nisi in conceptu mentis et intellectus divini… (…) non ex se sed solum ab alio agente singulare est in supposito subsistens ». Si l'indigence signifie le fait de recevoir l'être entendu comme subsistance dans un suppôt d'un autre agent, cette indigence nous invite aussi à penser un être cogitatif de l'essence considérée en elle-même.

Nous pouvons distinguer quatre étapes, ou quatre strates, dans la constitution du concept de possibilité.

1) Le traitement henricien de la possibilité requiert une prise en compte du concept d'être en puissance[1]; le concept de possibilité s'élabore toutefois indéniablement en prenant ses distances à l'égard de la doctrine du Stagirite : « (...) nihil poneret possibile fore in rerum natura nisi quod actu et formaliter vel materialiter et in potentia materiae esset iam in universo »[2]. Pour Henri, au contraire, la possibilité de la nature ne délimite pas le domaine du possible. Henri reconnaît ainsi comment le possible *simpliciter* dépend de la puissance de Dieu[3]. Il peut alors faire droit à une possibilité témoignant de tout ce que Dieu peut en vertu de sa toute-puissance[4].

1. Le possible peut dire une certaine puissance. Voir ainsi *Summa*, a. 44, q. 1, OO XXIX, 75 ; ou encore *Summa*, a. 35, q. 2, OO XXVIII, 19 : « quod habet potentiam ad sedendum, illud possibile est ut sedeat ». La possibilité correspond en ce sens à la condition de la créature, en tant qu'elle recèle en elle une puissance passive, au contraire de Dieu, acte pur, dont les actions ne sont pas entravées : « Verissime igitur in Deo est potentia activa, quia nulli omnino potentiae ut potentiae passivae quae est transmutationis principium, est admixta, sicut est potentia activa cuiuslibet creaturae. Quae frequenter impeditae sunt in suis actionibus, et non nisi per motum aut transmutationem disponuntur ut sint in tali statu, in quo natae sunt agere ; ut in solo Deo potentia activa sit pura, et ideo proprie dicatur potestas, cum in creatura qualibet dicatur solum possibilitas quaedam : potestas enim puram respicit actionem, possibilitas vero aliqualem passionem. » (*ibid.*, q. 4, OO XXVIII, 34).

2. *Quodlibet* II, q. 8, OO VI, 38.

3. *Ibid.*

4. Voir *ibid.*, 44 : « Deus, quantum ex parte sui, bene posset illam potentiam ad actum deducere, si esset completa possibilitas rei susceptibilis ». La toute-puissance n'est dès lors pas assujétie aux limites imposées par la matière ; notons à cet égard la mention de la récente condamnation de 1277 (OO VI, 45). La possibilité pour Dieu de faire et la possibilité pour la créature de recevoir vont dès lors de pair ; voir *Quodlibet* VII, q. 11, OO XI, 111 : « Deo enim possibile est facere quidquid in creaturis possibile est fieri. » ; cette possibilité ne doit pas alors simplement ramenée aux dispositions de la matière, ainsi que le précise ensuite Henri (OO XI, 112-114). Comme le montre le *Quodlibet* VI, q. 8 (OO X, 77), l'impossible du point de vue du Dieu agent se dit en référence à l'impossible comme contradictoire du côté de la créature qui doit recevoir : « cum impossibile non attribuitur Deo active respectu creaturae nisi ratione impossibilis in ipsa passive, (...) postquam igitur nullum est repugnans aut impossibile ex parte unius naturae creaturae quin possit, quantum est ex se et secundum se, assumi a pluribus suppositis, nullum est simpliciter impossibile ex parte divinarum personarum quin plures eandem naturam possint assumere. » Sur la possibilité et la matière, voir en outre le *Quodlibet* VII, q. 9 (Utrum ex costa possibile fuit formari mulierem sine materiae additione), notamment OO XI, 64-65 : « Per hunc enim modum materia minimae scintillae sufficiens est ad formandum de ea totam molem mundi, sed hoc non nisi respectu agentis supernaturalis, qui potest agere aliquid ex materia secundum quod materia est absolute, non secundum rationes dispositionum naturalium in ea, quia quod magis est, potest agere non ex praeiacente materia. Respectu vero agentis naturalis, materia secundum quod materia, non est in potentia ut aliquid fiat ex ea, quia agens naturale nihil natum est agere ex nuda materia, neque ex ea secundum quod materia est simpliciter, sed solum secundum quod est sub dispositionibus naturalibus, et non nisi iuxta modum illarum dispositionum, ita quod, quamquam ipsa materia secundum se esset in potentia ad aliquid, agens tamen naturale nihil posset agere ex ea nisi ut sub dispositionibus naturalibus, ut iam dicetur. Aliter enim non est materia naturalis, nisi scilicet ut est sub quibusdam dispositionibus naturalibus. » Il convient

2) Dans un sillage avicennien [1], la possibilité peut alors dire la dépendance de la créature envers son créateur [2] : « creatura est in se possibilis ad recipiendum in se actionem creatoris » [3]. La possibilité découvre ainsi une forme de réceptivité de la créature, qui est par un autre.

3) Henri de Gand n'en reste toutefois pas à la détermination causale du possible comme ce qui tient son être d'un autre. Il insiste sur sa dimension intellective. Si le possible est effectuable, il doit aussi être pensable. En ce sens, il s'appréhende comme objet de la science divine.

4) Le possible peut dès lors s'articuler à l'idée de contingence. Il permet en effet de penser un état du monde alternatif : « Aut si non essent, possibile tamen esset quod Deus eos faceret » [4].

On le voit donc, le possible se découvre à la jointure d'une perspective causale et d'une perspective cogitative. Il se dit à la fois comme faisable et comme intelligible, ainsi qu'en témoigne cette formule particulièrement nette de la question 17 du *Quodlibet* VII : « dico quod impossibile est hominem esse sine quantitate, nec hoc est factibile neque intelligibile » [5]. Le possible se laisse ainsi soustraire au domaine des choses existant dans le monde, pour révéler des essences ou quiddités pures, qui s'offrent à la cogitation (divine) [6].

À cet égard, déterminante est la neuvième question du IIIe *Quodlibet* (1279) : « utrum sit ponere aliquam essentiam per indifferentiam se habentem ad esse et ad non esse » [7]. La tonalité est clairement avicennienne [8]. Henri découvre un plan de l'essence qui peut être considéré par soi, mais qui doit néanmoins nécessairement être accompagné de l'être [9]. Ce point est essentiel : la considération par soi de l'essence n'implique pas un être par soi de l'essence,

donc de distinguer l'agent surnaturel de l'agent naturel, qui appuie son agir sur une matière dotée de certaines dispositions.

1. Sur l'avicennisme d'Henri lorsqu'il élabore sa conception de la possibilité, voir A. C. Storck, « Eternidade, possibilidade e indiferença : Henrique de Gand leitor de Avicena », *Analytica*, 9, 2005, p. 137-172.

2. Voir *Quodlibet* VIII, q. 9, éd. Badius, f. 109vb : « a nullo dependent in suo esse nisi a primo ». Sur ce texte, voir P. Porro, « *Possibile ex se, necessario ex alio* », *Medioevo*, XVIII, 1992, p. 231-273.

3. *Quodlibet* VI, q. 3, OO X, 43. Henri renvoie bien à Avicenne (OO X, 43-44) : « omne quod incipit esse, antequam sit, necesse est ut sit possibile in se » (Avicenna Latinus, *Liber de philosopia prima*, IV, 2, p. 208).

4. *Quodlibet* VII, q. 8, OO XI, 59.

5. *Ibid.*, OO XI, 117.

6. Voir P. Porro, « Possibilita ed *esse essentiae* in Enrico di Gand », *in* W. Vanhamel (ed.), *Henry of Ghent*, Louvain, Leuven UP, 1996, p. 211-253, en part. p. 226.

7. *Quodlibet* III, q. 9, éd. Badius, f. 60v. Concernant ce texte, voir J. Paulus, *Henri de Gand*, *op. cit.*, p. 83-85 et C. Koenig-Pralong, *L'avènement de l'aristotélisme…*, *op. cit.*, p. 52 *sq.*

8. *Liber de scientia prima*, I, 5, AL, 34-35 et V, 1-2, AL, 227-245. On notera que cette question mentionne Avicenne à neuf reprises.

9. *Quodlibet* III, q. 9, éd. Badius, 61r : « Poterit autem animal per se considerari, quamvis necessario sit cum alio a se. Essentia enim eius est ipsa per se, et est nécessario cum alio a se quod accidit ei, vel concomitatur naturam eius ».

indépendamment de l'existence [1]. La diversité des intentions n'implique nulle distinction réelle [2]. Henri met ainsi au jour le plan des intentions, qui révèlent les essences en tant que telles. On distinguera dès lors trois statuts de la chose (*res*) : la chose naturelle, si on la considère avec ses accidents dans les singuliers ; la chose de raison, lorsqu'elle est envisagée dans l'âme ; enfin, prise en elle-même, la chose d'essence, dont l'être apparaît antérieur à celui de l'être naturel ou de raison [3]. Or cet être en soi de l'essence, Henri lui donne une détermination intellective, et nous renvoie *in fine* à la pensée même de Dieu [4] : « Et est secundum se in intellectu tantum, inquantum scilicet concipitur sine omni conditione rei alterius. Et ut dixit Avicenna cap. 8, hoc esse proprie dicitur definitivum esse, et est Dei intentione » [5]. S'il reprend ainsi Avicenne, et son concept d'*intentio*, Henri développe sa réflexion dans un cadre exemplariste. L'exemplaire divin permet en effet de découvrir la chose comme apte à être : « Quod intelligo quia tale esse non convenit alicui nisi cuius ratio exemplaris est in intellectu divino, par quam natum est fieri in rebus extra » [6]. L'essence considérée en soi, l'essence « certifiée » [7], nous découvre donc ce qui peut être [8].

Cette position ne fit pas l'unanimité. Discutant, dans son *Quodlibet* II, q. 2, le *Quolibet* III, q. 9 d'Henri, Godefroid de Fontaines refuse pour sa part d'octroyer quelque consistance par soi à l'essence possible, connue de toute éternité [9] : ces essences ne sont pas « réellement ou formellement » en elles-mêmes, mais seulement « virtuellement ou en puissance » :

1. Voir J. Paulus, *Henri de Gand*, *op. cit.*, p. 85.

2. *Quodlibet* III, q. 9, éd. Badius, 61r : « Et per hunc modum ponit Avicenna quod essentiae et quidditati rei qua est id quod est secundum se accidunt omnia alia. Non quia sunt secundum ipsum re, essentia et natura, aliae ab ipsa, facientia realem compositionem cum ipsa, sed quia sunt intentiones secundum se extra intentionem essentiae rei conceptibiles ».

3. *Ibid.*

4. Sur le statut des objets de pensée par l'intellect divin, voir J. Paulus, *Henri de Gand*, *op. cit.*, p. 86-92.

5. *Quodlibet* III, q. 9, éd. Badius, 61r.

6. *Ibid.* Il faut distinguer deux sens du non-être (f. 61v). Il est un non-être qui signifie l'absence d'existence, mais peut toutefois être ; ce non-être peut être objet de science : « Unde et ratio talis entis, quia est aliquid secundum naturam et essentiam, per se est obiectum intellectus, licet nullo modo haberet esse extra in singularibus » (f. 62r).

7. Ainsi arrimée à l'essence divine, les quiddités des choses se découvrent une forme de vérité, une *certitudo* selon le vocabulaire de l'Avicenna latinus : « Propter ipsum est certitudo earum » (*ibid.*, f. 61v). Voir *Quodlibet* IX, q. 2, OO XI, 26 *sq.* Sur cette certitude quidditative, voir P. Porro, « Possibilita ed *esse essentiae* », art. cit., p. 212-213.

8. Albert le Grand découvrait dans l'essence *ante rem* une aptitude (*aptitudo*) à exister (*in multis*) ; voir *De intellectu et intelligibili*, I, 2, chap. 2 et 3, éd. Borgnet, t. IX, p. 492-495. Il faisait ainsi droit à la doctrine avicennienne de l'indifférence de l'essence. Pour une distinction de l'*aptitudo* et de la *potentia*, voir Robert Kildwarby (m. 1279), *Quaestiones in librum secundum Sententiarum*, q. 91, éd. Leibold, p. 233 et Duns Scot, *Notabilia in Metaphysicam*, V, 89-91, éd. Pini, p. 56.

9. La position d'Henri revêt une tension, que note J. Paulus, *Henri de Gand*, *op. cit.*, p. 122 : « Dieu étant supposé seul existant, les essences n'existent point en effet, en dehors de son enten-

> (...) omnia creabilia (...) virtualiter habent esse in Deo. (...) Est etiam omnia perfectissime cognoscens secundum rationes ideales quae dicuntur formae quasi exemplares secundum quas essentiae rerum ab aeterno habent esse cognitum, et quod sunt essentiae non iam realiter sive formaliter aliquo modo in se ipsis, sed tantum virtualiter et in potentia [1].

La conceptualité de l'en-puissance permet donc, chez Godefroid, de dénier l'être réel des essences, connues par Dieu. Dans cette optique, la rose non-existante peut être reconnue avoir une essence, non parce que cette essence serait en acte, mais parce que ce qui est appréhendé par le nom « rose » « et iam est in potentia et virtute suorum principiorum » [2]. Godefroid, qui, après avoir étudié sous Siger de Brabant, suivit l'enseignement d'Henri de Gand, pointe sans doute une difficulté de la position henricienne, qui tend à reconnaître un être en soi des essences [3].

Or, quand Godefroid en appelle constamment à la conceptualité aristotélicienne de l'être en puissance, Henri, qui, pour sa part, privilégie (ou du moins lui superpose) l'outillage théorique avicennien, ne manque pas de marquer l'écart entre le possible et la puissance. Notons en effet comment le possible se sépare de la puissance pouvant l'effectuer. D'une manière remarquable à cet égard, l'impossible ne signifie pas une déficience de la puissance, mais se laisse appréhender comme tel par lui-même [4]. L'attention à l'*esse essentiae* conduit donc Henri à donner consistance au possible, par lui-même. Or, cette possibilité essentielle se pense en sa dualité fondamentale. L'indifférence de l'essence, sa neutralité, renvoie au fait qu'elle peut être ou ne pas être [5]. Précisons : Si l'essence tend par soi-même au non-être, elle reste ouverte à l'être, qu'elle peut recevoir par un autre [6] : « esse convenit essentiae ratione qua est effectus Dei » [7]. L'interprétation de l'être comme effectivité est donc corrélative d'une attention à la fondamentale dualité de l'essence, par elle-même

dement, mais (...) étalées toutefois sous sous regard elles sont autres que Dieu ». Henri reconnaît à cet égard une causalité, si ce n'est efficiente, du moins exemplaire.

1. *Quodlibet*, II, q. 2, éd. de Wulf, t. I, p. 64.

2. *Ibid.*

3. Voir C. Koenig-Pralong, *L'avènement de l'aristotélisme...*, *op. cit.*, p. 60-61.

4. Henri peut reconnaître une impossibilité par soi, qui ne témoigne pas d'un défaut de la puissance de l'agent (*Quodlibet* VI, q. 3, OO X, 47).

5. Henri reprend l'idée (avicennienne) d'une indifférence de l'essence. Voir *Quodlibet* II, q. 1, OO VI, 4 ou 5 ; *Quodlibet* III, q. 9, éd. Badius, f. 61v-62r. On distinguera la manière d'être des créatures de celle du Créateur ; voir *Summa*, a. 32, q. 5, OO XXVII, 80 : « A cuius simplicitate deficit omnis creatura, scilicet quia ipsa res quae ipsa est, non est eius esse, sed habet ab alio esse tam essentiae quam existentiae, ut supra declaratum est saepius, a quo non habet necesse esse ipsius existentiae, eo quod ex se est possibile esse, per indifferentiam se habens ad esse et non esse. Propter quod, sicut essentia divina dicit aliquid quod est necesse esse, sic essentia creaturae dicit aliquid cui ab alio contingit esse. »

6. Sur cette indifférence, voir les précisions de P. Porro, « Possibilita ed *esse essentiae* », art. cit., p. 214.

7. *Quodlibet* V, q. 6, éd. Badius, f. 163r.

indifférente à l'être ou non-être – ce qui est effectivement apparaît dès lors contingent. Henri insiste en effet constamment sur la liberté du Créateur[1]. Le cadre conceptuel qu'il met en place fait donc s'articuler l'ordre des essences possibles et la contingence de ce qui est dans le monde. Ainsi donc, la nécessité des possibles[2] se présente comme la condition, ou le soubassement théorique, de la contingence des étants. L'avicennisme (plutôt que l'aristotélisme), ou du moins l'aristotélisme relayé par l'avicennisme, semble avoir ouvert la voie à une pensée du possible, dissocié de la puissance, et ce faisant s'articulant à une conception renouvelée de la contingence comme advenue à l'être de ce qui, de lui-même, ne se donne pas, et ne saurait se donner l'être. Le paradoxe est donc qu'Avicenne favorise une pensée de la contingence.

En résumé, l'examen de l'œuvre d'Henri de Gand fait ressortir deux traits saillants concernant la conception du possible qui se met en place en ce XIIIe siècle finissant : 1) prolongeant, mais dépassant également, la détermination causale héritée d'Avicenne, le possible se laisse dire à partir d'une puissance, une puissance de l'effectuer ; 2) ainsi compris comme ce qui se laisse produire dans l'être par une cause efficiente, le possible revêt une détermination cogitative ou cognitive.

Discutant Henri de Gand dans son *Quodlibet* I, 5[3], l'augustin Jacques de Viterbe (m. ca 1307) confirme cette double détermination du possible. Pour répondre à la question qui lui est adressée « Utrum essentia creaturae antequam habeat esse in effectu sit verum ens reale », Jacques envisage, sous ses multiples facettes, la doctrine henricienne. La position de Jacques est claire : c'est en tant qu'*obiectum cognitum* que l'essence de la créature, avant qu'elle ne soit en acte, pourra être dite quelque chose (*aliquid*)[4], une certaine chose (*aliqua res*)[5], et même une chose vraie (*vera res*)[6]. Or, cette connaissabilité nous donne précisément de penser le « possible » : si la créature qui n'existe pas est une chose, elle est connaissable, mais ce critère de la connaissabilité révèle, d'une manière plus radicale encore, la possibilité[7] : « immo, si non essent ut possibiles, non essent cognitae »[8]. Le concept de possibilité apparaît ainsi comme le soubassement de la connaissabilité, mais ne cesse de se penser en référence à une puissance : « possunt dici verae res cum hac determinatione,

1. Voir A. C. Storck, « Eternidade, possibilidade e indiferença », art. cit.

2. Voir P. Porro, « Possibilita ed *esse essentiae* », art. cit., p. 253.

3. Voir à ce sujet M. Benes, « Valor possibilium apud s. Thomam, Henricum Gandavensem, b. Iacobum de Viterbio », *Divus Thomas*, 1927. Sur les rapports entre Henri de Gand et Jacques de Viterbe, voir J. Paulus, *Henri de Gand*, *op. cit.*, p. 126-127.

4. *Quodlibet*, I, q. 5, éd. Ypma, p. 64 : « Creatura, etiam antequam sit in effectu, est aliquid ut obiectum cognitum ».

5. *Ibid.*, p. 65.

6. *Ibid.*

7. La connaissance ne recherche pas l'existence, mais se satisfait de la possibilité : « (…) ad hoc quod aliquid sit obiectum cognitum non requiritur ipsius existentia actualis, sed sufficit quod res sit possibilis. Sic enim cognosci potest per illud in quo et per quod dicitur possibile » (*ibid.*).

8. *Ibid.*

scilicet ut possibiles, non quidem potentia creaturae, sed potentia divina »[1]. Le concept de possibilité nous renvoie ainsi à une puissance qui n'a plus à être sise en la créature, mais est la puissance même de Dieu, pouvant produire telle ou telle créature, et se le proposant dès lors comme objet de connaissance.

Le XIIIe siècle a donc sans nul doute remanié en profondeur le concept de possible pour y voir, non pas ce qui est causé, mais ce qui peut être effectué, et qui, pour ce faire, est pensable. Avec sa doctrine de l'*esse essentiae*, Henri de Gand fut certainement un artisan majeur de l'établissement de cette conception du possible. Un tel possible demande à être détaché du potentiel aristotélicien, quoique, assurément, après Henri encore, le potentiel pourra être convoqué pour approcher cet être d'essence. En témoigne Pierre de Jean Olivi (m. 1298), qui fait référence en ces termes à la position du maître gantois : « Alii vero dicunt quod universalia habent quoddam esse habitudinale seu potentiale in seipsis, quod vocant esse essentiae »[2].

Peut-on ainsi octroyer un être, un *esse essentiae* aux objets de pensée divins ? La question fut discutée. Le franciscain picard Richard de Mediavilla (m. ca. 1308) se satisfait d'un *esse repraesentatum*[3]. Conjointement, Richard annonce sans doute une certaine prévalence de la détermination cognitive du possible : Dieu connaît des possibles[4]. Le possible semble en effet appelé à se penser prioritairement comme ce qui est non-contradictoire, et comme ce que Dieu peut par conséquent non seulement faire[5], mais aussi et d'abord prendre

1. *Quodlibet*, I, q. 5, éd. Ypma, p. 65. Voir encore p. 66 : « creaturae antequam sint actu sunt aliquae res ut possibiles in Dei potentia ». Jacques écrit ainsi la distinction de la puissance et de l'acte dans le lexique de la possibilité et de l'existence : « ante ipsius existentiam actualem simul cum Deo erat creatura, non actu id est in propria natura, sed ut possibilis scilicet in Dei potentia, et per consequens ut cognita in eius scientia » (*ibid.*). Si le possible se pense en référence à la puissance divine, il se conçoit désormais comme objet de science.

2. *Quaestiones in IIum librum Sententiarum*, q. 13, éd. Jansen, p. 235.

3. À la question « utrum omnia scita a Deo habuerunt ab aeterno esse essentiae », Richard répond : « Certum est enim quod creaturae ab aeterno per suas ideas fuerunt divino intellectu repraesentatae » (*In Sententias*, I, d. 35, a. q. 4, t. I, p. 302-303). Richard discute ici la conception henricienne de l'*esse essentiae*. Plutôt que d'un être réel, il faut penser une présence ; cet être présentiel laisse affleurer l'idée de possible : « quamvis creaturae ab aeterno non fuerunt aliud a Deo in aliquo reali esse, tamen fuerunt aliud a Deo in esse praesentato, et possibile erat eas fieri ex tempore aliud a Deo in reali esse » (ad 2um, p. 303).

4. Le terme *possibile*, au pluriel, est employé à propos d'objets de la science divine : « eorum quae Deus cognoscit, quaedam sunt mala, quaedam bona, et eorum quaedam praterita, quaedam futura, et quaedam possibilia, quae nunquam erunt ; et omnia ista posse dici esse in Dei scientia » (*In Sententias*, I, d. 36, a. 1, q. 3, p. 310). Les possibles ne seront peut-être jamais ; reste qu'ils sont en la science divine. *Cf.* I, d. 36, a. 2, q. 4, p. 316 : « Omnium (...) possibilium fieri a Deo, quae nunquam erunt, sunt in Deo rationes per quas ea cognoscit ».

5. « Deus potest facere quidquid habet rationem possibilis », remarque Richard de Mediavilla, *Quaestiones disputatae*, q. 3, éd. Boureau, t. I, p. 60. Cf. *In Sententias*, I, d. 42, a. un., q. 8, t. I, p. 378. *Cf.* Henry de Harclay, *Quaestiones ordinariae*, q. XVIII, § 42, éd. Henninger, p. 752 : il faut attribuer à Dieu tout ce que l'on sait ne pas impliquer de contradiction, ou du moins tout ce que l'on ne sait pas impliquer de contradiction.

en considération[1]. Dans cette perspective, le possible ne se dira plus d'abord selon la puissance. Richard de Mediavilla insiste significativement sur l'antécédance du possible eu égard à la puissance[2], qui le préserve de la défaillance de cette dernière : « (...) simpliciter possibile potest dici aliquid quantum est ex parte sua, et aliquo modo in comparatione ad aliquam potentiam. Primo modo est simpliciter possibile quod natum est esse subiectum alicuius potentiae, nisi ex parte potentiae sit defectus »[3]. Clairement, si le possible peut se penser corrélativement à une puissance, un autre sens émerge, et a désormais priorité : dans cette optique, le possible apparaît indépendant de la puissance qui pourrait s'exercer sur lui.

DUNS SCOT :
POSSIBILITÉ LOGIQUE ET POSSIBILITÉ RÉELLE

Un basculement se produit au tournant des XIIIe et XIVe siècles. Des deux déterminations, causale et logique[4], du possible, la seconde en vient à l'emporter : le possible désigne alors ce qui est pensable par un entendement, humain ou divin. Il ne s'envisage dès lors pas seulement, ni peut-être d'abord comme produit de la puissance divine, mais comme objet de la science divine. Le possible, appréhendé par Dieu, a-t-il une certaine indépendance à son égard ? En l'assignant à l'essence, indépendamment de l'existence, Henri de Gand l'a sans doute institué hors du monde, et l'a situé prioritairement en la science divine ; mais n'a-t-il pas aussi, et ce faisant esquissé l'octroi au possible d'un être hors Dieu ? Le possible et l'impossible ne le sont-ils pas par eux-mêmes, indépendamment de Dieu[5] ? Autrement demandé, le possible ne demeurerait-il pas ce qu'il est, si par impossible Dieu n'existait pas ? Alors que le possible, situé hors du monde, a en premier lieu pu apparaître comme relatif,

1. La d. 42 de la première partie du commentaire des *Sentences* se demande ainsi : « utrum Deus possit facere quaecunque bona creaturae possibiliae », et répond : « bonorum creaturae possibilium quaedam de sui ratione nullam imperfectionem includunt inquantum considerantur secundum suam rationem generalem » (a. un., q. 3, p. 373). Dieu pourra alors jouer le rôle de *causa efficiens*. La possibilité décrit ainsi le cadre de ce que Dieu peut faire, parce qu'il peut l'envisager.

2. Richard de Mediavilla fait appel à un *principium pure possibile* pour rendre compte de la possibilité de l'advenue de formes nouvelles dans la matière. Voir E. Hocedez, *Richard de Middleton. Sa vie, ses œuvres, sa doctrine*, Louvain/Paris, Spicilegium Sacrum Lovaniense/ E. Champion, 1925, p. 190-199.

3. *In Sententias*, I, d. 42, a. un., q. 7, t. I, p. 377. Le visible reste tel, malgré la défaillance du sens de la vue.

4. Ces deux déterminations se retrouvent encore (et bien souvent peuvent se concilier) ; voir ainsi Jacques de Thérines (m. 1321), *Quodlibet*, I, q. 2, éd. Glorieux, p. 57.

5. Henry de Harclay affirme que l'impossible l'est par soi : « causa cuiuslibet impossibilis, quare scilicet est impossibile, est non quia Deus non potest hoc facere, sed quia res in se non est factibilis » (*Quaestiones ordinariae*, XVI, § 22, éd. Henninger, t. II, p. 712).

précisément comme objet pour la puissance, ou pour l'entendement divin[1], Jean Duns Scot (m. 1308), non sans hésitation, s'interroge sur un possible par soi[2].

À dire vrai, la position de Scot fait tenir ensemble deux tendances opposées : d'une part, l'attention à une certaine autonomie du possible à l'égard de la puissance divine, et d'autre part, inversement, la reconnaissance d'une forme de dépendance envers Dieu. La pierre, ainsi, serait par soi, ou formellement possible, quand la chimère est par soi impossible, ce qui n'interdit pas de faire droit, à titre de principe, à l'intellect divin par lequel ce possible devient proprement quelque chose, en acquérant un *esse intelligibile*. Il n'est pas certain qu'entre ces deux aspects de la détermination du possible, l'on puisse trancher. Sans doute faut-il maintenir cette dualité entre une dimension intrinsèque logique et une consistance qui advient avec l'intellection. Certes, le possible ne délimite pas le champ du pensable pour Dieu. En reconnaissant à la suite d'Henri, une *res a reor*, distinguée de la *res a ratitudine*, le Docteur subtil a, en quelque manière, décollé le domaine du pensable de celui du possible : Dieu peut penser l'impossible (la chimère), cela même qu'il sait ne pouvoir être fait. Si le possible est logique, il n'épuisera ainsi pas le champ de l'intelligible. La pensabilité n'est pas le critère du possible[3]. Reste que celui-ci se donne bien

1. Telle pouvait être l'une des conséquences de la négation d'un *esse essentiae* en dehors de l'être d'existence. Voir Jacques de Thérines, *Quodlibet*, I, q. 1, éd. Glorieux, p. 50 : « essentiae creaturae non fuerunt ab aeterno nisi in potentia agentis ut agente, quod nullam entitatem actualem ponit nisi cognitionem et potentiam Dei ». Lorsque la chose n'existe pas, on ne parlera pas d'être en puissance, mais plutôt en termes de possibilité : « re non existente non dicitur ydeata vel in potentia ; et debet dici ydeabilis quia possibilis » (*ibid.*).

2. Sur ce questionnement scotiste, et son enjeu, voir O. Boulnois, *Être et représentation*, *op. cit.*, p. 439-444. Parmi l'abondante littérature sur la possibilité chez Scot, voir T. Hoffmann, *Creatura intellecta*, *op. cit.* et « Duns Scotus on the Reality of Possible Worlds », *in* E. P. Bos (ed.), *John Duns Scotus, Renewal of Philosophy*, Amsterdam-Atlanta, Rodopi, 1998, p. 89-99, ainsi que P. King, « Duns Scotus on Possibilities, Powers and the Possible », in *Potentialität und Possibilität. Modalaussagen in der Geschichte der Metaphysik*, *op. cit.*, p. 175-199 ; M. S. De Carvalho, « Para a história da possibilidade e da liberdade : João Duns Escoto, Guilherme de Ockham e Henrique de Gand », *Itinerarium*, 40, 1994, p. 145-180 ; P. Massie, *Contingency, Time and Possibility*, *op. cit.*, p. 105 *sq.*, S. Marrone, « Duns Scotus on Metaphysical Potency and Possibility », *Franciscan Studies*, LVI, 1998, p. 265-289 ; F. Mondadori, « The Independence of the Possible According to Scotus », in *Duns Scot à Paris, 1302–2002*, *op. cit.*, p. 313-374 ; R. Van der Lecq, « Duns Scotus on the Reality of Possible Worlds », art. cit. ; D. Langston, « Scotus and Possible Worlds », *in* S. Knuuttila, R. Työrinoja et S. Ebbesen (eds.), *Knowledge and the Sciences in Medieval Philosophy*, Helsinki, Yliopistopaino, 1990, p. 240-247. Pour la dimension épistémologique, voir L. M. De Rijk, « Einiges zu den Hintergründen der scotischen Beweistheorie : Die Schlüsselrolle des Sein-können (*esse possibile*) », *in* A. Zimmermann (Hrsg.), *Die Kölner Universität im Mittelalter : geistige Wurzeln und soziale Wirklichkeit*, Berlin, De Gruyter, 1989, p. 176-191.

3. Le contradictoire est en un sens pensable ; il est *vix intelligibile* : « contradictoria possunt apprehendi ab intellectu, et etiam simul apprehenduntur (alioquin nullus intellectus diceret ea esse contradictoria)… » (*Ordinatio*, II, d. 1, q. 3, n. 149, Vat. VII, 75). Voir, en outre, R. Cross, « *Scotus's Collatio Oxoniensis*, and the ontological Status of *impossibilia* », *Recherches de Théologie et de Philosophie Médiévales*, LXIV, 2017, p. 383-406.

comme objet de pensée, pour l'entendement divin tout d'abord, avant de se présenter, et pour pouvoir se présenter comme option pour une puissance libre.

Duns Scot accomplit à cet égard un geste remarquable. Si le possible tient son être possible de la puissance de Dieu, c'est en réalité à l'intellect divin, plus qu'à la puissance créatrice, qu'il convient de le référer : « ab intellecto divino habet esse possibile primo et principiative. Intellectus autem divinus ut distinguitur ab omnipotentia precedit omnipotentiam; ergo possibilitas in lapide non est per omnipotentiam »[1]. Scot soustrait ce faisant le possible à la toute-puissance, pour soutenir la thèse de sa constitution par l'intellect. Le maintien d'une indexation du possible sur une puissance prend ainsi un tour remarquable : le possible se dit non en référence à la puissance de créer, mais à la puissance qui le pense. En effet, la toute-puissance divine porte sur la venue à l'existence, mais suppose et requiert un possible déjà constitué comme tel : « res existens in effectu prius producatur in esse possibile »[2]. Il est ainsi une « production » dans l'être possible. La tension entre une détermination par soi et une détermination principiative se joue dès lors dans le domaine intellectif[3]. Scot peut bien convoquer Avicenne « qui dicit quod nihil potest produci a quocumque agente nisi in se prius fuerit possibile »[4]; on semble en réalité désormais bien loin d'Ibn Sînâ, et de sa détermination causale du possible. Le possible se rapporte précisément à ce qui n'est pas, mais se donne à penser comme pouvant être. L'intellect divin constitue la chose dans l'être intelligible, et lui confère ainsi sa « ratio possibilitatis »[5].

Le questionnement sur le possible peut réinvestir la conceptualité de la potentialité; Scot l'infléchit toutefois en prêtant son attention à la dimension cognitive du possible, ainsi que cela apparaît dans cette précision apportée dans la distinction 1 du livre II de l'*Ordinatio* :

> omne creabile prius erat possibile ex parte sui, sed ista possibilitas vel potentialitas non fundatur in aliquo esse simpliciter, sed in esse cognito (ita quod esse cognitum concomitatur potentialitas ad esse simpliciter), licet formaliter esse cognitum non sit esse possibile, quia esse cognitum est esse in actu secundum quid, esse autem possibile est esse in potentia ad esse simpliciter, et non in actu[6].

1. *Reportata parisiensia*, IA, d. 43, q. 1, éd. Hoffmann, p. 315.
2. *Ibid.*
3. Voir ainsi *Lectura*, II, d. 1, q. 2, n. 82 : « Et ex hoc fuit "possibile ex parte sui antequam crearetur", quia si antequam crearetur habuit esse cognitum et volitum, igitur tunc non repugnavit sibi esse, et per consequens fuit possibile ex parte sui (licet istam possibilitatem habuerit a Deo, tamen in illo habet esse possibile) ».
4. *Reportata parisiensia*, IA, d. 43, q. 1, éd. Hoffmann, p. 315.
5. *Ibid.*, p. 318.
6. *Ordinatio*, II, d. 1, q. 2, n. 93, Vat. VII, 49.

Ce passage appelle plusieurs remarques. 1) La possibilité redouble la potentialité, sans l'éclipser. La conceptualité de l'acte et de la puissance est ainsi maintenue, et permet de marquer l'écart entre ce qui est et ce qui n'est pas. Scot insiste par ce biais sur le non-être du possible. 2) Le possible est rapproché de l'être connu, mais non identifié à lui. L'être connu n'a pas l'être absolument, mais il est d'une manière relative, et en ce sens se distingue du possible. Reste qu'une forme de concomitance est reconnu entre cet être connu par un entendement, et la possibilité ou potentialité à être. Dès lors, la possibilité, entendue comme non-être, se révèle connaissable, avant d'être effectuable et créable. Le plan du créable désigne ainsi ce qui peut être porté à l'existence, parce qu'il est d'abord pensable. Sous couvert d'une reprise de la conceptualité aristotélicienne de l'acte et de la puissance, Scot oriente le concept de possible vers une détermination prioritairement cogitative[1] : le possible se donne comme intelligible[2].

Avec Scot, d'une manière très claire, le possible relève donc du domaine cognitif. Un « monde » pourra ainsi sembler se constituer, en l'entendement divin, fait non seulement de possibles, mais également, ou plus précisément, de ce que Scot, annonçant Leibniz, appelle des « compossibles »[3]. Avec Scot, le possible décrit ainsi le domaine de ce que Dieu pense pouvoir être fait.

Qu'il faille désormais privilégier la détermination cogitative, un premier constat permet de s'en rendre compte : le questionnement sur le *possibile* investit en effet le traitement de la *scientia Dei*. Commentant le premier livre des *Sentences*, Jean Duns Scot n'attend pas les questions relatives à la puissance de Dieu, mais envisage le possible dès le traitement de la science divine[4]. Le possible a désormais droit de cité dès lors que l'on s'interroge sur le mode

1. La possibilité ou potentialité est dotée d'un être quidditatif : « in omni creatura est compositio ex actu et potentia, – et ubicumque ista sunt, ordine naturae praecedit possibilitas vel potentialitas ; igitur potentialitas, in quacumque re creata sit, praecedit naturaliter et est prior natura actualitate. Et tunc ista potentialitas non est nihil, sed alicuius entis, secundum aliquod esse : non secundum esse exsistentiae, igitur secundum esse quiditativum. » (*Ordinatio*, II, d. 1, q. 2, n. 78, Vat. VII, 42).

2. Voir encore *ibid.*, q. 2, n. 83-84, Vat. VII, 43-44.

3. Voir *Ordinatio*, I, d. 2, n. 133, Vat. II, 207. L'incompossibilité se pense comme *repugnantia partium* (*Reportata parisiensia*, IA, d. 43, éd. Hoffmann, p. 318). Dieu constitue par son intellect deux choses comme possibles ; elles pourront ne pas être compossibles (*Ordinatio*, I, d. 43, q. un., n. 15, Vat. VI, 359). Ces compossibles ne semblent toutefois pas former une totalité ordonnée ; ils se disent en référence à deux choses envisagées ensemble, ou même une seule chose ; voir ainsi *Ordinatio*, I, d. 13, n. 18 : « aliquid est compossibile vel incompossibile alicui, quia ipsum est tale in se ». Duns Scot ne cherche pas à constituer des « mondes possibles », voir J. Schmutz, « Qui a inventé les mondes possibles ? », art. cit.

4. Ses contemporains pouvaient réserver le possible à la question de la puissance divine ; de même que le *scibile* est le référent de la science divine, le *possibile* est le corrélat de la puissance, explique Guillaume de la Mare, *Scriptum in primum librum Sententiarum*, d. 42, q. 2, éd. Kraml, p. 507.

d'être de ce que Dieu peut penser pouvoir être fait[1]. Discutant Thomas d'Aquin[2], Duns Scot pose à cet égard une indifférence originaire en la science divine entre les possibles qui doivent arriver et ceux qui ne doivent pas arriver : « possibile fiendum et non-fiendum uniformiter et eodem modo respiciuntur ab ideis ante actum voluntatis »[3]. Il est ainsi un plan du possible, qui vaut à la fois pour ce qui sera un jour et pour ce qui jamais n'adviendra. Autrement dit, la science divine n'est alors pas indexée sur l'être. Le modèle classique dit de la précontenance est abandonné : Dieu ne connait pas les choses en se connaissant d'abord comme leur cause ; il faut leur reconnaître un être en la science divine, qui n'a pas à dépendre de leur existence créée. Dès lors, la science divine porte sur des possibles, que ceux-ci soient ou non effectués. L'émergence de ce plan du possible, antérieur à toute décision de la volonté de faire être ceci ou cela, est notable. L'extension de la science divine à des possibles qui ne sont pas appelés à être s'accompagne à présent de l'affirmation de la légitimité du concept de possible pour penser, en tant que tel, un objet de la science divine. L'intellect assume à cet égard un rôle déterminant : il montre le possible à la volonté. La question du possible s'élabore donc d'abord au niveau de l'intellection (divine), avant qu'il ne soit abordé comme corrélat d'une puissance causale.

S'il ne convient pas de reconnaître, à l'instar du maître gantois[4], un *esse essentiae* aux objets de la science divine[5], reste que l'on peut admettre une forme de consistance (*ratitudo*), qui ne dépende pas de l'existence en acte[6]. La distinction 36 de la première partie de l'*Ordinatio* montre comment cette *ratitudo* témoigne d'une non-répugnance à être[7]. La possibilité, qui permet de distinguer l'homme de la chimère, se pense précisément comme absence de contradiction. Il ne répugne pas à l'homme d'être, une cause pouvant le faire

1. Voir E. Gilson, *Jean Duns Scot, op. cit.*, p. 318-319, et A. de Muralt, *L'enjeu…, op. cit.*, p. 259 *sq.*

2. Comme le rappelle Scot, Thomas distinguait les idées spéculatives et pratiques à partir de l'idéable qui doit arriver ou ne pas arriver ; voir *Summa theologiae*, Ia, q. 14, a. 16. Scot relit cette thèse en introduisant l'idée de possible (*Reportata parisiensia*, IA, d. 36, q. 3, éd. Noone, p. 430).

3. *Reportata parisiensia*, IA, d. 36, q. 3, éd. Noone, p. 430.

4. Voir Henri de Gand, *Summa*, a. 21, q. 4, éd. Teske, p. 78-80, et *Quodlibet*, V, q. 6, éd. Badius, f. 161r. La distinction henricienne de la *res a reor*, ou *a ratitudine* est bien connue. Voir O. Boulnois, *Être et représentation*, *op. cit.*, p. 432 *sq.*, et A. de Libera, *La référence vide*, *op. cit.*, p. 231 *sq.*

5. La position de Scot est exprimée en ces termes dans la *Lectura* : « dico quod res ab aeterno non habuit esse verum essentiae vel exsistentiae, sed fundat relationem idealem secundum esse deminutum, quod habuit ab aeterno » (*Lectura*, I, d. 36, n. 26, Vat. XVII, 468).

6. Sur cette consistance par soi du possible, qui ne signifie pas la position d'un *esse essentiae*, voir P. Porro, « Duns Scot et le point de rupture avec Avicenne », art. cit., p. 210-211.

7. *Ordinatio*, I, d. 36, n. 50, Vat. VI, 291 : « Si secundo modo intelligatur ens ratum, dico quod homo est ex se ens ratum, quia formaliter ex se non repugnat sibi esse : sicut enim cuicumque aliquid repugnat, repugnat ei formaliter ex ratione eius, ita cui non repugnat formaliter, non repugnat propter rationem ipsius ; et si homini de se repugnaret esse, per nullum respectum advenientem posset ei non repugnare. »

advenir à l'être, constate en effet le docteur subtil : « Ita in proposito : homini in aeternitate inest "non esse aliquid" et chimaerae "non esse aliquid"; sed homini non repugnat affirmatio quae est "esse aliquid", sed tantum inest negatio propter negationem causae non ponentis, – chimaerae autem repugnat, quia nulla causa posset in ea causare "esse aliquid" » [1]. L'approche causale est réinvestie pour révéler ce pour quoi il n'est pas contradictoire d'être; elle ménage ainsi la place pour une détermination intellectuelle [2] : le non-contradictoire s'offre en effet à la conception, en indifférence au statut fini ou infini de l'intellect [3].

Dans ces conditions, la reprise du lexique aristotélicien de l'*ens in potentia* ne doit pas nous tromper. Cette reprise vise en effet à promouvoir une approche du possible irréductible à la potentialité. L'usage conjoint du vocabulaire du possible et de celui de la puissance confronte sans doute ces deux conceptualités l'une à l'autre, et les rapproche donc; mais il ne signifie pas une identité, telle que le possible puisse se laisser ramener à la puissance. Bien plutôt la puissance se laisse-t-elle éclairer par le possible. D'une manière remarquable, en effet, Scot reprend la conceptualité de l'être en puissance [4], et la relit comme possibilité entendue en un sens logique [5] :

> Nec est hic fingendum quod homini non repugnat quia est ens in potentia, et chimaerae repugnat quia non est ens in potentia, immo magis e converso, quia homini non repugnat, ideo est possibile potentia logica, et chimaerae quia repugnat, ideo est impossibile impossibilitate opposita; et illam possibilitatem consequitur possibilitas obiectiva, et hoc supposita omnipotentia Dei quae respicit omne possibile (dummodo illud sit aliud a se), tamen illa possibilitas

1. *Ordinatio*, I, d. 36, n. 60, Vat. VI, 296. Cf. *Lectura*, I, d. 36, n. 39, Vat. XVII, 475 : « Unde antequam homo creetur, homo dicitur nihil propter privationem dantis esse ; sed chimaera dicitur nihil – et quodlibet impossibile – propter formalem repugnantiam ad positivum ens. (...) nam "posse esse" dicitur de homine antequam creetur, et non dicitur de chimaera ».

2. Le contradictoire n'étant pas proprement concevable (si ce n'est par un intellect errant) n'est rien. On distinguera l'*ens ratum* de l'*ens fictum*, telle la chimère : « ens fictum distinctum contra ens ratum, ut chimera, vel homo irrationalis et huiusmodi includens contradictionem, non est aliquod unum conceptibile nisi ab intellectu errante, et quod est conceptibile nisi ab intellectu errante ut errans est nihil est » (*Reportata parisiensia*, IA, d. 43, q. 1, éd. Hoffmann, p. 319). Sur le statut ontologique de la chimère, voir S. Ebbesen, « The Chimera's Diary », *in* S. Knuuttila et J. Hintikka (eds.), *The Logic of Being. Historical Studies*, Dordrecht-Boston-Lancaster-Tokyo, Reidel, 1986, p. 115-143.

3. *Ordinatio*, I, d. 36, n. 60, Vat. VI, 296 : « et hoc quocumque intellectu concipiente ».

4. Sur la manière dont Scot reprend la puissance pour penser le possible, voir H.-G. Werner, *Die Ermöglichung des endlichen Sein*, Francfort-Berne, Lang, 1974, p. 148-152.

5. Voir la division des sens de la puissance dans les *Quaestiones in Metaphysicam*, IX, q. 1-2, n. 14-21, OP IV, 512-516 ; la « puissance logique » se laisse expliquer en termes de possible (n. 18, OP IV, 514). On notera toutefois le peu d'insistance sur la possibilité logique, comme telle, dans les *Questions sur la Métaphysique*, qui préfèrent faire porter l'accent sur la « puissance métaphysique » ; voir A. Santogrossi, « Duns Scotus on Potency Opposed to Act in *Quaestions on the Metaphysics*, IX », *The American Catholic Philosophical Quarterly*, LXVI, 1992, p. 55-76, en part. p. 57.

logica, absolute – ratione sui – posset stare, licet per impossibile nulla omnipotentia eam respiceret[1].

En un double geste, Scot refuse donc une interprétation dynamique de la possibilité. 1) La mention de l'être en puissance se voit supplantée par la considération de la possibilité, appréhendée comme possibilité logique. Plus décisive que la potentialité apparaît en effet la non-répugnance; celle-ci confère aux choses une puissance logique. 2) Une telle possibilité témoigne tout aussi bien d'une forme d'indépendance eu égard à la puissance divine : la possibilité logique ne provient pas de la puissance divine, mais est présupposée par cette dernière. Autrement dit, et pour résumer la position de Scot en une formule qui n'a pas manqué de susciter moults commentaires : si Dieu, *per impossibile*, n'existait pas, la possibilité resterait telle[2].

En qualifiant une possibilité de logique, Scot exhibe le plan du non-contradictoire, de ce à quoi il ne répugne pas d'être[3], antérieurement à toute puissance pouvant l'actualiser. La possibilité logique s'oppose en effet à ce que Duns Scot appelle la possibilité réelle[4] : « Sed adhuc illam libertatem voluntatis consequitur alia potentia, quae est logica (cui etiam correspondet potentia realis). Potentia logica non est aliqua nisi quando extrema sic sunt possibilia quod non sibi invicem repugnant sed uniri possunt, licet non sit possibilitas aliqua in re »[5]. L'attention à la possibilité logique érige donc le principe de non-contradiction au rang de premier principe. Ce possible, détaché du réel, décrit le domaine de ce qui est pensable, de ce que peut ou pourrait énoncer un intellect[6]. Le même chapitre 12 du livre Δ de la *Métaphysique*, que convoquait Thomas d'Aquin, est réinvesti par Scot pour penser la distinction du possible logique et du possible réel :

1. *Ordinatio*, I, d. 36, n. 61, Vat. VI, 296.

2. Voir O. Boulnois, *Métaphysiques rebelles. Genèse et structure d'une science au Moyen Âge*, Paris, P.U.F., 2013, p. 306-307. Cf. *Notabilia in Metaphysicam*, V, 171, éd. Pini, p. 69.

3. Voir A. Funkenstein, *Théologie et imagination scientifique, du Moyen Âge aux Lumières*, Paris, P.U.F., 1995, p. 166-170.

4. Sur cette distinction, et les différents textes qui l'exposent, voir H.-G. Werner, *Die Ermöglichung*..., *op. cit.*, p. 147 *sq.*, et P. King, « Duns Scotus on Possibilities... », art. cit., p. 177 *sq.* Scot n'hésite pas à employer le vocabulaire de la *potentia*. Voir la tripartition proposée dans l'*Ordinatio*, I, d. 7, q. 1, n. 27-29, Vat. IV, 118-119 : « Uno enim modo dicitur "potentia logica", quae dicit modum compositionis factae ab intellectu, – et ista notat non repugnantiam terminorum ; de qua dicit Philosophus V Metaphysicae cap. "De potentia". (...) Alio modo dicitur "potentia, divisa contra actum", et ista non est in Deo. Ergo relinquitur "potentia realis" – quae dicitur "principium agendi vel patiendi" » ; cf. *Lectura*, I, d. 7, n. 31, Vat. XVI, 483-484. Scot peut parler d'une *potentia realis metaphysica* (*Lectura*, I, d. 20, n. 10, Vat. XVII, 285). Cette puissance est dite puissance prise strictement dans l'*Ordinatio*, I, d. 20, n. 12, Vat. V, 308.

5. *Lectura*, I, d. 39, n. 49, Vat. XVII, 494.

6. Pour penser la possibilité que le monde soit avant qu'il ne soit, Scot suppose un intellect ; voir *Lectura*, I, d. 39, n. 49, Vat. XVII, 494 : « et sic fuit haec vera antequam mundus esset "mundus potest esse" ; et si intellectus aliquis creatus tunc fuisset, vere potuisset dixisse hoc, scilicet "mundum posse esse", et tamen nulla fuit realitas in re correspondens extremis. ». Voir J. Schmutz, « Qui a inventé les mondes possibles », art. cit., p. 24-25.

> dico quod possibile logicum differt a possibili reali, sicut patet per Philosophum V Metaphysicae cap. De potentia. Possibile logicum est modus compositionis formatae ab intellectu cuius termini non includunt contradictionem, et ita possibilis est haec propositio : « Deum esse », « Deum posse produci » et « Deum esse Deum » ; sed possibile reale est quod accipitur ab aliqua potentia in re sicut a potentia inhaerente alicui vel terminata ad illud sicut ad terminum [1].

Un double aspect est ainsi mis en évidence : d'une part, la possibilité réelle renvoie à une puissance, mais à une puissance qui peut exercer son action de l'extérieur, plutôt qu'elle ne consiste en une potentialité interne ; d'autre part, et peut-être en conséquence, la possibilité logique se donne comme une proposition que se forme l'intellect sans contradiction [2]. Dans ces conditions, la puissance ou possibilité logique se soustrait au domaine de ce qui est, pour se présenter comme le domaine de ce qui peut être parce qu'il est d'abord non contradictoire [3]. Le possible s'identifie dès lors à l'*ens* entendu comme recouvrant tout ce qui n'est pas contradictoire [4].

Le possible se laisse donc caractériser par son intelligibilité, avant que de se présenter comme le corrélat d'une puissance. D'une manière remarquable dans cette perspective, si l'on peut dire que le monde est possible avant qu'il ne soit, ce n'est, pour Scot, pas tant par référence à la puissance qui le fera être (selon la solution classique), qu'en référence à un intellect se forgeant une telle conception [5]. Autrement dit, si le réel relève d'une puissance effectuante, il

1. *Ordinatio*, I, d. 2, p. 2, q. 1-4, n. 262, Vat. II, 282. L'innovation scotiste serait principalement une innovation terminologique, selon J. Schmutz, « Qui a inventé les mondes possibles », p. 23. Sur cette innovation et ses anticipations, voir S. Knuuttila, « Nomic Necessities... », p. 227. Voir la présentation de cette *potentia logica* dans ses *Quaestiones in Metaphysicam*, IX : « De potentia logica dicit Philosophus in V : "Possibile, quando non necesse fuerit contrarium falsum esse" ; et in isto IX, cap. ultimo : "Semper componuntur et impossibilia dividi", etc. Et illa potentia est modus quidam compositionis factus ab intellectu, causatus ex habitudine terminorum illius compositionis, scilicet quia non repugnant. » (q. 1-2, n. 18, OP IV, 514).

2. Cf. *Lectura*, I, d. 7, n. 32, Vat. XVI, 484 : « Potentia autem logica ostendit modum compositionis factae ab intellectu cuius extrema non repugnant, et ista potentia nullam realitatem requirit nisi quod extrema non repugnent ». Voir F. Mondadori, « The Independence of the Possible... », art. cit.

3. Voir *Lectura*, I, d. 7, n. 33, Vat. XVI, 484 : « potentia hoc modo nec dicit "quid" nec "ad aliquid", sed tantum non repugnantiam et compossibilitatem terminorum. » Sur cette indépendance de la puissance logique à l'égard de ce qui est en réalité, voir aussi *Lectura*, I, d. 39, Vat. XVII, 494, qui reconnaît une *potentia logica* « licet non sit possibilitas aliqua in re ».

4. *Quaestiones in Metaphysicam*, IX, q. 1-2, n. 21, OP IV, 515. Sur l'importance de cette détermination de l'*ens* pour la métaphysique, voir A. Wolter, *The Transcendentals and their Function in the Metaphysics of Duns Scotus*, Saint-Bonaventure (New York), The Franciscan Institute, 1946, p. 66-71.

5. Voir *Quaestiones in Metaphysicam*, IX, q. 1-2, n. 18, OP IV, 514 : « Et sic possibile fuisset mundum fore ante eius creationem, si tunc fuisset intellectus formans hanc compositionem "mundus erit", licet tunc non fuisset potentia passiva ad esse mundi, nec etiam activa, posito hoc per impossibile, dum tamen sine contradictione posset fore potentia ad hoc activa. » Sur la possibilité comme composition d'une proposition non-contradictoire, voir P. King, « Duns Scotus on Possibilities... », art. cit., p. 181-182.

convient de faire droit, antérieurement et plus radicalement, au domaine du non-contradictoire, c'est-à-dire de ce qui est pensable par un intellect.

Ce faisant, Scot nous propose de déborder la conceptualité aristotélicienne de la puissance. Certes, en l'une de ces acceptions, le possible se laisse penser comme la puissance par rapport à l'acte; mais le concept de possibilité est irréductible à cette acception. Un second sens doit être reconnu, un sens logique du possible : le possible s'appréhende alors selon le mode de la composition [1]. Tout possible ne se laisse donc pas dire par rapport à un acte qu'il serait voué à accomplir. Le possible fait ainsi émerger une nouvelle conceptualité de l'être, qui ne se satisfait pas du couple aristotélicien de la puissance et de l'acte.

Conjointement, se découvre une acception forte, si ce n'est inouïe, de la contingence [2], comme ce qui, au moment même où il est, peut ne pas être [3]. Après avoir fait droit à la possibilité logique, la *Lectura*, I, distinction 39, promeut une conception synchronique de la contingence [4] : « Haec autem possibilitas logica non est secundum quod voluntas habet actus successive, sed in eodem instanti; nam in eodem instanti in quo voluntas habet unum actum volendi, in eodem et pro eodem potest habere oppositum actum volendi » [5].

Prêtons une attention particulière au geste ainsi effectué par notre subtil docteur : s'il les distingue assurément, il n'entend toutefois pas séparer possibilités logique et réelle; il les distingue pour les mieux unir. Dans la *Lectura*, (comme dans les *Quaestiones in Metaphysicam* [6]), il parle ainsi d'une

1. Voir *Quaestiones in Praedicamenta*, q. 4, ad sextum, éd. Lauriola, t. I, p. 667. : « Primo modo significat potentiam ad actum et dividit ens et est aequivocum sicut actus in diversis generibus. Secundo modo significat modum compositionis et isto modo est univocum ».

2. Scot affirme fermement la contingence de ce qui est dans le monde. Voir *Ordinatio*, I, d. 39, q. 1-5, n. 13-14, Vat. VI, 415-416. Le concept de contingence ne semble pas toujours clairement distingué de celui de possibilité. Ainsi Scot peut parler du couple du nécessaire et du possible comme constituant des passions disjointes de l'étant, puis substituer au possible le contingent (*Ordinatio*, I, d. 39, q. 1-5, n. 13, Vat. VI, 414) ; Scot hésite dans l'emploi d'un terme plutôt que l'autre : « (...) qualiter istam libertatem sequatur possibilitas sive contingentia » (n. 14, Vat. VI, 416).

3. Simo Knuuttila a montré comment cette conception rompt avec la compréhension statistique de la possibilité d'Aristote. Voir M. Sylwanowicz, *Contingent Causality and the Foundations of Duns Scotus'Metaphysics*, Leiden-New York-Cologne, Brill, 1996, p. 22 *sq.* Sur l'influence de cette nouvelle conception de la contingence, y compris chez les Dominicains, voir H. G. Gelber, *It could have been otherwise, op. cit.* Des critiques ont invité à nuancer la position de Knuuttila, en limitant la portée du tournant scotiste ; R. Van der Lecq (« William Heytesbury on "Necessity" », *in* O. Lewry (ed.), *The Rise of British Logic*, Toronto, PIMS, 1985, p. 249-263) montre que le mertonien William Heytesbury maintient la conception statistique ou diachronique aristotélicienne ; voir A. de Libera, « Bulletin d'histoire de la logique médiévale », *Revue des sciences philosophiques et théologiques*, 1985, p. 273-309, en part. p. 282-291.

4. Voir le commentaire dans *John Duns Scotus. Contingency and Freedom*, éd. A. J. Vos *et al.*, p. 117-119.

5. *Lectura*, I, d. 39, n. 50, Vat. XVII, 495.

6. *Quaestiones in Metaphysicam*, IX, q. 1-2, n. 18, OP IV, 514 : « Et licet communiter correspondeat sibi in re aliqua potentia realis... ». Cette proximité lexicale et conceptuelle avec la *Lectura* peut-elle suggérer une proximité chronologique ? Voir A. Vos *et al.*, « Duns in Potency. The

correspondance : « Et huic possibilitati logicae correspondet potentia realis »[1]. Le texte revu de l'*Ordinatio*, qui à l'enseignement d'Oxford ajoute certains acquis des leçons parisiennes donnée en 1302, retiendra l'idée d'un accompagnement ou d'une concomitance : « Hanc etiam potentiam realem activam (priorem naturaliter ipso quo producit) concomitatur potentia logica, quae est non repugnantia terminorum »[2]. Nulle disjonction donc de la possibilité logique et de la possibilité réelle : la possibilité logique ne se trouve dès lors pas orpheline de toute puissance; elle se laisse, au demeurant, encore dire en termes de puissance (*potentia logica*)[3].

Précisons : la possibilité logique, entendue comme non-répugnance des termes, permet de penser en sa spécificité la puissance qu'est la volonté. La volonté comme puissance précède par nature l'acte de vouloir; cause contingente[4], elle demeure puissance des contraires, lors même qu'elle veut effectivement ceci, plutôt que cela[5]. Ainsi donc, si la possibilité logique s'accompagne d'une puissance réelle, la volonté, il convient de ne pas la faire dépendre de cette dernière : bien plutôt, la volonté la présuppose comme condition de la liberté de son activité[6]. Le concept d'acte[7], relayé par celui de cause, donne en effet de penser le rapport entre la puissance de la volonté et l'acte de la volonté, conçu comme l'effet, qui lui est postérieur par nature; mais, plus radicalement, il convient de faire droit au plan de la possibilité logique, déterminée comme

Dating of Scotus' *Quaestiones super libros Metaphysicorum Aristotelis* IX, 1-2 and its Concept of Possibility », *Medioevo*, XXX, 2005, p. 41-68.

1. *Lectura*, I, d. 39, n. 51, Vat. XVII, 495.

2. *Ordinatio*, I, d. 39, q. 1-5, n. 16, Vat. VI, 418.

3. Sur cette variation lexicale, voir P. King, « Duns Scotus on Possibilities... », art. cit., n. 6 p. 177.

4. Cf. *Ordinatio*, I, d. 39, q. 1-5, n. 16, Vat. VI, 418 : « causa contingens est, respectu effectus, et ideo non repugnat oppositum velle ». Sur cette contingence de la puissance volitive, voir *Quodlibet*, q. 16, notamment [14]-[15], éd. Lauriola, t. II/1, p. 1384. Sur le concept de cause contingente, voir M. Sylwanowicz, *Contingent Causality...*, *op. cit.*

5. Voir *Lectura*, I, d. 39, n. 51, Vat. XVII, 495 : « nam omnis causa praeintelligitur suo effectui, – et ita voluntas in illo instanti in quo elicit actum volendi, praecedit natura volitionem suam et libere se habet ad eam ; unde in illo instanti in quo elicit volitionem, contingenter se habet ad volendum et contingentem habet habitudinem ad nolendum : non quia prius habuit habitudinem contingentem ad volendum, quia tunc non fuit causa, sed nunc quando est causa eliciens actum volendi – contingentem habet habitudinem ad actum, ita quod "volens in a, potest nolle in a" ».

6. La non-répugnance, caractéristique de la possibilité logique, intervient pour cette puissance réelle qu'est la volonté : « Voluntati enim ut actus primus, etiam quando producit hoc velle, non repugnat oppositum velle » (*Ordinatio*, I, d. 39, q. 1-5, n. 16, Vat. VI, 418). Cette non-répugnance vaut pour la volonté comme cause contingente, mais aussi comme sujet : « ut subiectum est, contingenter se habet ad istum actum ut informat, quia subiecto non repugnat oppositum sui "accidentis per accidens" » (*ibid.*).

7. L'*Ordinatio* fait appel à la distinction de l'acte premier et de l'acte second : « Et ista potentia, realis, est prioris naturalis (ut actus primus) ad opposita quae sunt posteriora naturaliter (ut actus secundus) : actus enim primus, consideratus in illo instanti in quo est prior naturaliter actu secundo, ita ponit illum in esse – tanquam effectum suum contingentem – quod ut prior naturaliter posset aeque ponere aliud oppositum in esse » (*ibid.*).

non-contradiction. À la lecture causale du couple de la puissance et de l'acte, s'ajoute ainsi l'attention à une possibilité qui se pense antérieurement à la puissance, bien loin de s'y arrimer. En d'autres termes, l'émergence de la possibilité logique redouble et fonde la présentation de la volonté comme facteur de contingence.

L'examen de la toute-puissance divine lors du commentaire de la distinction 43 de la première partie des *Sentences* confirme cette acception du possible irréductible à une puissance : « possibile, secundum quod est terminus vel obiectum omnipotentiae, est illud cui non repugnat esse et quod non potest ex se esse necessario »[1]. Terme ou objet de la toute-puissance divine, le possible ne se dit pas à partir de cette puissance, mais comme non-répugnance[2]. La pierre est ainsi possible formellement par soi. La toute-puissance divine s'appuie sur du possible, mais n'est pas la raison première de la possibilité :

> Potentia activa qua Deus dicitur omnipotens, non est formaliter intellectus, sed quasi praesupponit actionem intellectus, sive illa omnipotentia sit voluntas sive alia potentia exsecutiva ; sed lapis est possibilis esse ex se formaliter ; ergo et reducendo quasi ad primum extrinsecum principium, intellectus divinus erit illud a quo est prima ratio possibilitatis in lapide. Non ergo illa potentia activa a qua Deus dicitur omnipotens, est prima ratio possibilitatis in lapide[3].

La toute-puissance de Dieu, sans s'identifier à l'intellect, présuppose l'activité de ce dernier, en tant qu'il donne à penser les choses comme possibles.

Une tension se remarque ainsi[4], puisque d'un côté la chose est possible par elle-même formellement, mais de l'autre la première raison de la possibilité des choses est à mettre du côté de l'intellect, qui les constitue comme possibles : « lapis, productus in esse intelligibili per intellectum divinum, habet ista ex se formaliter et per intellectum principiative ; ergo est ex se formaliter possibilis et quasi principiative per intellectum divinum »[5]. Cette tension est remarquable, et permet de mettre au jour la spécificité du geste de Scot. La soustraction du possible envers la puissance effectuante conduit à lui reconnaître une forme d'indépendance (le possible sera formellement tel par lui-même), tout en reconnaissant sa détermination intelligible (il est constitué comme un possible sur lequel la puissance peut s'exercer par l'intellect qui en fait un objet de science).

1. *Ibid.*, d. 43, q. un., n. 7, Vat. VI, 354.

2. Cf. *Lectura*, II, d. 1, q. 2, n. 89 : « non est alia causa quare album repugnat nigro, nisi quia album est album et nigrum est nigrum ».

3. *Ordinatio*, I, d. 43, q. un., n. 6, Vat. VI, 354. Cf. *Reportata parisiensia*, IA, d. 43, q. 1, éd. Hoffmann, p. 318 : « prima ratio possibilitatis in creatura non est potentia Dei activa sive omnipotentia ; sed intellectus est prior ratio possibilitatis eius, quia per intellectum constituitur in esse intelligibili primo ».

4. Voir F. Mondadori, « The Independence of the Possible… », art. cit., p. 338 *sq.*

5. *Ordinatio*, I, d. 43, q. un., n. 7, Vat. VI, 354.

Force est donc de reconnaître la fonction constituante de l'intellect divin. Distinguant des instants de nature, Scot met en évidence une priorité de la production du possible dans l'être intelligible sur sa non-contradiction par soi : « tunc res producta in tali esse ab intellectu divino – scilicet intelligibili – in primo instanti naturae, habet se ipsa esse possibile in secundo instanti naturae, quia formaliter non repugnat sibi esse et se ipso formaliter repugnat sibi habere esse necessarium ex se »[1]. On peut dès lors reconnaître une antériorité du possible sur la puissance, au sens où le possible est doté d'un certain être, un être intelligible, et non pas absolu, en l'entendement divin : « Si tamen res intelligatur esse possibilis antequam Deus per omnipotentiam producat, illud sic est verum, sed in illa possibilitate non est simpliciter prius, sed producitur ab intellectu divino »[2]. En un mot, le possible est produit comme objet intelligible par l'intellect divin, et se donne à la puissance divine qui se propose de le faire advenir à l'être effectif[3].

Ce geste n'est pas neutre. La détermination logique du possible devient, au début du XIVe siècle, prégnante, comme on peut le voir dans les quodlibets du maître parisien Thomas de Bailly (m. 1328). Avant que d'être tel en vertu de la puissance active de Dieu, le possible se dit en effet comme un possible objectif, entendu comme ce à quoi il ne répugne pas d'être. Dieu lui-même ne peut soustraire son agir à une telle exigence logique, ce qui s'exprime dans la formule : « Deus non potest facere quod subterfugit rationem possibilis »[4]. Thomas fait ainsi écho à Scot lorsqu'il s'agit de rendre compte de la possibilité du monde antérieure à sa création : la détermination logique du possible précède l'attention à une puissance active extérieure, apte à actualiser la possibilité[5]. Or, avec cette détermination logique du possible, l'intelligibilité est

1. *Ordinatio*, I, d. 43, q. un., n. 14, Vat. VI, 358.

2. *Ibid.*, 358-359.

3. François de Meyronnes (m. ca 1328), le « prince des scotistes », réinvestit le concept de puissance pour rendre compte de qui est ainsi appréhendé comme pouvant être effectué : « Potentia objectiva est illa in qua esse intelliguntur res antequam creentur » (*In Sententias*, I, d. 42, q. 1, a. 1, éd. de Venise, 1520, f. 117vI). Cette puissance objective dit alors deux choses : l'aptitude à être causée (*aptitudo ad causari*) et l'absence de l'existence actuelle (*carentia actualis existentiae*) ; voir *In Sententias*, I, d. 42, q. 3, a. 4, f. 120vK). Voir T. Hoffmann, *Creatura intellecta, op. cit.*, p. 227-228, et E. P. Bos, « The Theory of Ideas according to Francis of Meyronnes », *Néoplatonisme et Philosophie Médiévale. Actes de Colloque international de Corfou*, Turnhout, Brepols, 1997, p. 211-227, en part. p. 222. François manifeste une certaine réticence dans l'emploi du terme possible ; il préfère l'adjectif « créable », ou l'expression *potentia objectiva* ; Voir *Quolibet*, q. 8, a. 2 : « quidditates creabiles ante suam creationem fuerunt in potentia objectiva » (f. 241vN) ; voir T. Hoffmann, « Les idées comme essences créables chez François de Meyronnes », *in* O. Boulois, J. Schmutz, et J.-L. Solère (éd.), *Le contemplateur et les idées*, Paris, Vrin, 2002, p. 129-147, n. 3 p. 134, qui estime qu'on peut toutefois identifier quiddité créable et quiddité possible.

4. *Quodlibet*, VI, q. 2, éd. Glorieux, p. 441

5. Voir *ibid.*, II, q. 4, éd. Glorieux, p. 91 : « fuit possibile mundum fieri prius, non per potentiam passivam, sic non fuit possibile subjective, sed fuit possibile quia non habuit repugnantiam ad esse ; unde fuit possibile objective. Fuit etiam possibile per potentiam activam Dei ». *Cf.* III, q. 3, p. 154 ; VI, q. 4, p. 457-458.

élevée au rang de critère de la possibilité. En ce sens, et non seulement en vertu de sa potentialité[1], la matière est reconnue comme possible : parce que l'on peut en avoir une intellection distincte de celle de la forme, la matière se laisse dire comme possible; l'intellection distincte de la matière suffit en effet à admettre que Dieu pourrait la faire sans la forme[2]. La mesure de la possibilité, par delà la potentialité[3], est ainsi la non-contradiction, érigée en limite de la puissance absolue, ce qui, on s'en doute, ne fut pas sans susciter certaines interrogations : faudrait-il dire que le possible logique témoigne d'une vérité antérieure même à celle de l'existence de Dieu[4] ?

On le voit donc : désormais, le possible doit être envisagé en sa dimension logique et donc aussi intellective[5]. Esquissons simplement la portée de cette décision théorique, en envisageant trois post-scotistes, Guillaume d'Alnwick, François de la Marche et Pierre Auriole.

Dans ses *Quaestiones de esse intelligibili*, le secrétaire de Scot, Guillaume d'Alnwick (m. 1332), propose une analyse de l'*esse possibile.* Pour ce faire, il met en place une tripartition qui s'inscrit ouvertement dans le sillage du maître écossais. On distinguera en effet le possible dit selon la puissance subjective, rapporté à la toute-puissance divine, celui qui se prend au sens de la puissance objective (qui peut être un objet ou un terme pour la toute-puissance), et enfin, en troisième lieu, le possible logique : « Tertio modo dicitur creatura possibilis praedicatione logicali »[6]. Celui-ci se pense en référence à un acte d'intellection divine : « sic creatura est possibilis et intelligitur esse possibilis ante actum voluntatis divinae, quia, antequam voluntas divina velit creaturam, intelligitur a Deo possibilis »[7]. Guillaume nous invite ainsi à reconnaître l'intelligibilité du possible, quand bien même il n'est pas

1. La matière, être en puissance, révèle en elle une possibilité d'être : « includit realitatem seu emptitatem quamdam possibilem ad esse simpliciter quod est per formam » (*ibid.*, I, q. 5, p. 32).

2. La mesure du possible est ce que l'on peut envisager séparément, voire qui dispose de conceptions distinctes : « Deus plus potest facere quam nos possimus intelligere ; et ideo quod habet intellectum distinctum ab alio, potest Deus facere sine illo » (*Quodlibet*, I, q. 5, éd. Glorieux, p. 33).

3. Le couple de la puissance et de l'acte passe au second plan, voir *Quodlibet*, VI, q. 2, éd. Glorieux, p. 444-445.

4. John Wyclif (m. 1384), qui étudia au Merton College, reviendra sur cette radicalité du possible logique, comme non-contradictoire, antérieur au possible naturel (*Summa de ente*, I, trad. 2, éd. Thomson, p. 76-78).

5. On pourra ramener les possibles à leur être intelligible en Dieu. Voir John Wyclif, *Summa de ente*, I, trad. 1, éd. Thomson, p. 40. Sur l'être intelligible et le possible, voir la discussion du réalisme extrême de Wyclif par le carmélite oxonien John Kenningham, in *Fasciculi Zizaniorum*, tertia determinatio Kynyngham : de esse intelligibili creaturae, éd. Shirley, p. 76 : Dieu intellige tout possible. Voir J. A. Robson, *Wyclif and the Oxford Schools*, Cambridge, CUP, 1961, p. 162-170.

6. *Quaestiones disputatae de esse intelligibili*, q. VI, éd. Ledoux, p. 169.

7. *Ibid.*

proprement produit dans l'être[1]. L'*esse intelligibile* du possible ne se conçoit pas comme un *esse reale*[2]. La production dans l'être réel par la volonté divine suppose l'intelligibilité qui en assure la possibilité[3]. La possibilité décrit ainsi la raison formelle[4], antérieure à l'existence réelle, qui permet la pensée : la pierre est possible, quand la chimère ne l'est pas, en vertu du fait que la pierre est pierre, et la chimère chimère[5]. Le possible dit donc ce qui est intelligible en vertu de sa raison formelle. Dans un tel contexte, le possible ainsi entendu se donne donc originairement à penser.

Le franciscain François de la Marche (ou de Esculo, m. 1344), qui commente les *Sentences* à l'université de Paris dans les années 1319-1320, reprend l'idée d'une possibilité logique. La créature n'est en effet pas réellement possible, subjectivement ou objectivement (le terme de la création, avant la création, n'a pas d'être réel), mais elle est logiquement possible[6]. Ce sens de la possibilité nous éloigne assurément de la conceptualité aristotélicienne de la puissance[7]. Elle se présente comme un mode de composition de la proposition[8]. La créature ainsi déclarée possible ne se voit pas dotée d'une quelconque réalité[9] : sa possibilité consiste en ce que la chose peut être

1. *Quaestiones disputatae de esse intelligibili*, q. VI, éd. Ledoux, p. 169 : « cum arguitur quod res ante suum esse existentiae producitur secundum suum esse possibile, respondeo, et dico quod ista est neganda ». L'antériorité du possible sur l'*esse existentiae* n'implique pas une consistance telle qu'il aurait été produit.

2. Voir *ibid.*, p. 168.

3. « Antequam voluntas velit creaturam esse, intellectus divinus intelligit creaturam in esse possibili » (*Quaestiones disputatae de esse intelligibili*, q. VI, éd. Ledoux, p. 169).

4. Guillaume s'inscrit dans une lignée scotiste : « doctor iste dicit frequenter quod res creabilis est ex se formaliter possibilis esse » (*ibid.*, p. 170) ; *cf.* Scot, *Ordinatio*, I, d. 43.

5. *Quaestiones disputatae de esse intelligibili*, q. VI, éd. Ledoux, p. 170 : « (...) nec est alia causa quare lapis est possibile et chimera impossibile, nisi quia lapis est lapis et chimera est chimera ». On peut reconnaître une intelligibilité de la pierre avant l'acte d'intellection divine ; voir q. III (qui renvoie à l'essence divine, représentant toutes choses), p. 84-85. Il y a ainsi une raison formelle faisant qu'une chose est par soi possible. Ce possible par soi se distingue de la manière dont Avicenne pouvait le concevoir, lui qui entend possible au sens du possible subjectif (q. III, p. 85-86 ; q. VI, p. 170).

6. *Reportatio*, IIA, q. 2, a. 2, n. 51, éd. Suárez-Nani, t. I, p. 62-63 : « Et ideo dicitur aliter, videlicet quod creatura non est possibilis realiter subjective, nec etiam objective. (...) Et tamen hoc dico quod creatura ante creationem fuit possibilis ». Voir W. Duba, « Francis of Marchia's Distinction between determination *de possibili* and *de inesse* », *in* G. Alliney, M. Fedeli, A. Pertosa (eds.), *Contingenza e libertà. Teorie francescane del primo Trecento*, Macerata, EUM, 2012, p. 177-201. François retient le critère de la non-contradiction (*Reportatio*, IIA, q. 2, a. 2, n. 55, éd. Suárez-Nani, t. I, p. 65).

7. *Reportatio*, IIA, q. 2, a. 2, n. 52, éd. Suárez-Nani, t. I, p. 63 : « Quaedam enim est potentia simpliciter, quae quidem est principium operandi active vel passive – et de ista loquitur Philosophus, V et IX Metaphysicae ». François ne fait référence à Aristote que pour ce premier sens. Sur les différents sens de la puissance, voir *Reportatio*, I, d. 42-44 (éd. Schabel).

8. *Reportatio*, IIA, q. 2, a. 2, n. 53, éd. Suárez-Nani, t. I, p. 63 : « Alia autem est potentia logica, quae est modus compositionis sive complexionis propositionis ».

9. Il est possible que la pierre soit réellement, ce qui ne signifie pas que la pierre possible ait un être réel ; voir *Reportatio*, IIA, q. 2, a. 2, n. 56, éd. Suárez-Nani, t. I, p. 66.

appréhendée par une proposition. L'être possible en la science divine ne se conçoit donc pas comme un être réel, mais bien comme conçu intellectuellement. La conceptualité de la possibilité logique héritée de Scot permet donc de déborder la conceptualité aristotélicienne de la puissance, pour faire droit à ce qui est pensable sans pour autant être réel.

Venons-en à présent au franciscain aquitain Pierre Auriole (m. 1322)[1]. Celui-ci reprend les deux sens de la possibilité, d'abord la possibilité logique, ensuite la possibilité « physique » : « Quod secundum veritatem res possunt dici possibiles dupliciter : primo quidem logice ex habitudine terminorum, secundo vero quasi physice a potentia Dei activa, et utramque possibilitatem habent in intellectu, neutram tamen habent creative ab aliquo intellectu »[2]. Contentons-nous ici de deux brèves remarques. En premier lieu, un renversement de priorité s'est accompli par rapport à la manière dont Thomas d'Aquin, s'appuyant sur *Métaphysique*, Δ, 12, distinguait deux acceptions du possible : la détermination logique a désormais priorité. En second lieu, Auriole exhibe la détermination intellective du possible : en ces deux acceptions, la possibilité se dit de ce qui est en un intellect, quoiqu'il ne soit pas produit par celui-ci (Auriole se sépare de ce point de vue de Scot). L'inversion de l'ordre de priorité, faisant passer l'acception logique de la possibilité avant son acception physique, se redouble donc de l'attention à la détermination intellective de la possibilité, qui englobe les deux sens initialement reconnus. La pluralité des acceptions de la possibilité (selon la puissance ; selon la non-contradiction) se voit résolue par la reconnaissance de leur commune intelligibilité. Le geste effectué par Duns Scot apparaît dès lors déterminant quant à l'émergence et au développement d'une nouvelle entente du possible (lors même que ses successeurs discuteront notre subtil docteur) : le possible s'appréhende à présent comme, fondamentalement, pensable[3].

Résumons. Avec Scot, le possible s'appréhende comme un objet de la science divine, avant que la puissance divine ne s'en saisisse pour lui donner l'être. Scot réorchestre ce faisant les rapports entre possibilité et puissance. S'attachant à la dimension efficiente de la puissance, il n'en fait pas dépendre le possible, mais préfère y voir la condition requise pour l'exercice de celle-ci. Dès lors, le possible se soustrait au domaine de la puissance en sa dimension causale, pour s'entendre comme le domaine du non-contradictoire : il s'appréhende donc en sa dimension intelligible. Nul doute qu'il en résulte une nouvelle manière de considérer l'être de ce qui est. Le champ lexical de la puissance et de l'acte ne se laisse à cet égard pas seulement redoubler par le

1. Concernant le traitement par Auriol de la question de la conciliation de la prescience divine, immuable et nécessaire, et de la contingence des futurs, voir C. Schabel, *Theology at Paris 1316-1345, op. cit.*

2. *Scriptum super primum Sententiarum*, d. 42, q. 69, a. 3, éd. Buytaert, t. I, p. 113.

3. À l'inverse, l'*aptitudo* apparaît irréductible à tout acte de l'intellect à un Petrus Thomae (m. ca. 1340), *Quodlibet*, pars IIIa, q. 15, a. 1, éd. Hooper-Buytaert, p. 197.

vocabulaire de la possibilité et de l'existence; s'y ajoute une attention au « réel », qui qualifie la possibilité en tant qu'elle est associée à une puissance. Ce terme, auquel Henri de Gand a sans doute donné ses lettres de noblesse par l'attention qu'il a portée à la *res*, qu'elle soit seulement *a reor*, ou également *a ratitudine*, se voit associé par Scot au possible désormais conçu comme le soubassement de tout ce qui advient, en tant qu'il est préalablement appréhendé par l'intellect divin et s'avère d'abord non-contradictoire : le réel est rationnel[1].

Le XIIIe siècle apparaît ainsi déterminant dans l'interprétation du possible comme intelligible. Recevant la détermination causale du possible issue de la métaphysique avicennienne, les Latins ont décalé leur regard de ce qui est en ayant été causé à ce qui peut être causé, et pour cela doit d'abord être pensable. Le possible a ainsi pu nommer l'objet de la science divine, antérieurement à toute effectuation. Détermination causale et détermination cogitative du possible ne s'opposent donc aucunement. C'est l'attention à la première qui a permis l'essor de la seconde.

On mesure à cet égard la distance prise à l'endroit d'Aristote, en dépit de l'importance des concepts aristotéliciens, constamment mobilisés par nos auteurs, fervents lecteurs de la *Métaphysique* du Stagirite. Quand la potentialité, associée à la matière, marquait chez Aristote le domaine de l'indétermination et de ce qui se soustrait aux prises de la connaissance, la possibilité désigne désormais ce qui, dans les choses, est par excellence pensable[2].

Une telle interprétation cogitative du possible ouvre sur une séparation, mais aussi ce faisant sur une articulation des concepts de possibilité et de contingence. Pour le dire d'un mot, si le possible désigne non plus ce qui est causé, mais ce qui peut être parce qu'il est pensable, le contingent désigne ce qui est effectué parce qu'il a été voulu. Comment donc la possibilité, ainsi mise hors du monde, nous donne-t-elle de penser ce qui est dans le monde, d'une manière contingente, en la singularité irréductible de son existence ?

1. Si le possible est pensable, cela ne veut pas dire que tout ce qui est pensable est possible. Voir Adam Wodeham (m. 1358), *Lectura secunda I Sententiarum*, d. 8, éd. R. Wood, t. III, p. 51) : « nihil est possibile quin possit intelligi vel apprehendi. Sed e converso chimaera est apprehensibilis, et tamen non potest esse ». Reste bien sûr le critère du non-contradictoire.

2. Le possible se laissera alors imaginer à l'instar de la puissance géométrique. Voir Duns Scot, *Notabilia in Metaphysicam*, V, 181, éd. Pini, p. 71.

CHAPITRE VII

LE POSSIBLE ET LE RÉEL

Le travail effectué sur le concept de possible au cours du XIIIe siècle a eu une conséquence remarquable : sa séparation nette avec le concept de contingence. Quand le premier désigne ce qui est effectuable parce qu'il est pensable, le second concerne ce qui a été effectué en ayant été voulu ; ou, pour le dire autrement, et peut-être d'une manière plus nette encore : si le possible s'applique aux essences, éternelles et immuables, le contingent porterait sur l'existence, en sa muabilité et sa fragilité. Or, l'action libre, celle de l'homme comme celle de Dieu, qui produit un étant contingent le choisit en l'ayant d'abord reconnu comme possible. Dès lors, si le possible ne se dit plus de ce qui est, il apparaît à l'arrière-plan de la pensée de l'être comme contingent. Reste alors à préciser la manière dont le concept de possibilité ainsi élaboré est à même d'éclairer l'être de ce qui est dans le monde.

Duns Scot nous donne à cet égard de saisir le problème en toute son acuité[1]. Dans la septième question de son *Quodlibet*, il s'interroge sur la possibilité d'une science du contingent[2]. Après avoir affirmé l'irréductibilité de l'existence au concept objectif[3], et ce faisant marqué l'abstraction de la science à l'égard de

1. Voir J. R. Söder, *Kontingenz und Wissen. Die Lehre von den futura contingentia bei Johannes Duns Scotus*, Münster, Aschendorff, 1999.

2. Un changement de paradigme s'esquisse chez Scot. La nécessité de la science n'a plus à porter sur l'objet. Voir O. Boulnois, « Théologie, métaphysique et représentation de l'être selon Duns Scot », *in* C. Chieza et L. Freuler (éd.), *Métaphysiques médiévales*, en l'honneur d'A. de Muralt, *Cahiers de la revue de théologie et de philosophie* 1999, p. 83-102, en part. p. 87-89. Scot peut reconnaître la possibilité d'une science du contingent ; voir *Lectura*, prologue, p. III, q. 1, n. 111-112, ou encore *Ordinatio*, prologue, p. III, n. 169 *sq*. Rappelons que l'impossibilité d'une science de ce qui est contingent s'explique, chez Aristote, par la matière des substances corruptibles, qui est telle qu'elles peuvent être ou ne pas être, *Métaphysique*, Z, 15, 1039b29 *sq*. L'attention à une volonté, se représentant des options possibles avant d'en choisir une, modifie la manière d'envisager le contingent et lui donne une forme d'intelligibilité.

3. Voir *Quolibet*, q. 7, [9], éd. Lauriola, t. II/1, p. 1245 : « existentia non est per se ratio objecti ».

l'existence [1], Scot reconnaît comment des vérités nécessaires s'appliquent toutefois à ce qui est contingent, et fait appel pour ce faire à leur être possible : « tamen quidem de contingentibus sunt quaedam veritates necessariae, non quidem actu eorum, sed possibilitate » [2]. La possibilité, qui a pris le pas sur la potentialité, donne ainsi de surpasser la contingence de l'existant, en découvrant, à même ce qui est en ayant pu ne pas être, une intelligibilité, et ce faisant une forme de nécessité [3]. La détermination intellective du possible, comme ce que l'on peut penser être, est-elle donc à même de nous faire accéder au réel, singulier et contingent ?

1) Penser la possibilité, c'est d'une part se donner les moyens d'accéder à une forme de stabilité, celle des essences, par delà la mutabilité de ce qui est. L'attention à la possibilité, en lieu et place de la potentialité, s'accompagne d'une nouvelle manière d'appréhender les sciences ; celles-ci voient dans le possible leur objet propre. Ainsi, au premier chef, la métaphysique, science de l'étant, s'appréhende-t-elle en réalité avec Scot et dans son sillage comme science de l'étant possible.

Mais, 2) la considération du possible ne doit pas faire méconnaître l'individualité de ce qui existe dans le monde. Nous postulons que l'avènement du possible permet de faire droit à l'individualité de ce qui existe, par delà les difficultés que peut poser l'attention à la forme, comprise en sa dimension universelle. La possibilité se concilierait ainsi aisément avec la reconnaissance de la singularité du réel. Elle s'avère dès lors l'outil conceptuel permettant d'exhiber la contingence radicale de ce qui est en ayant été créé, et pour ce faire, individuellement, pensé et voulu.

LES IDÉES ET LES FORMES DES CHOSES

L'avènement du possible en la science divine fut d'abord timide [4]. Le possible vint sans doute éclairer le concept d'idée, sans tenter de lui faire concurrence.

1. Voir *Quolibet*, q. 7, [9], éd. Lauriola, t. II/1, p. 1245 : « abstrahit ergo scientia ab existentia, ita quod non includit eam in ratione scibilis ».

2. *Ibid.*, q. 7, [10], éd. Lauriola, t. II/1, p. 1245.

3. *Cf.* Landolfo Caracciolo (m. 1351), *In Sententias*, I, d. 38, a. 32 éd. Schabel, p. 312-313. Sur l'importance de ce geste scotiste, voir L. Honnefelder, *La métaphysique...*, *op. cit.*, p. 58-59. Sur sa reprise au XIVe siècle, voir A. Maurer, *Being and Knowing*, *op. cit.*, p. 452-454. Voir en outre A. de Muralt, *Néoplatonisme et aristotélisme*, *op. cit.*, p. 29-33.

4. Une résistance se constate encore au début du XIVe siècle. Le scotiste napolitain Landolfo Caracciolo (m. ca 1351) fait intervenir le terme « possible », dans la réflexion sur la puissance et l'acte, pour penser la manière dont la matière, sujette à la forme, revêt bien une *entitas*, et l'opposer ainsi au *pure nihil* de la puissance objective, dont l'être en acte dépend tout entier d'un agent extérieur ; voir *In Sententias*, II, 12, q. 1, n. 1, éd. Duba, p. 288. Petrus Thomae (m. ca 1340) ne l'emploie encore qu'incidemment, et en concurrence avec le *creabile*, voire le *potentiale* (comme en témoigne l'apparat critique), lorsqu'il reconnaît un être intelligible en la science divine : « ipsa quidditas creabilis habet esse intelligibile prius, secundum rationem quod habeat esse possibile vel creabile » (*Quaestiones de esse intellegibili*, q. 4, éd. Smith, p. 74). Sur la difficulté à la fin du XIIIe siècle, posée par l'introduction du possible en la science divine, donc en Dieu, ce qui pourrait sembler introduire de la muabilité en celui qui est acte pur, voir Pierre de Falco, *Quaestiones disputatae ordinariae*, q. II, art. 2, éd. Gondras, t. I, p. 84-85. Sur la manière dont on peut reconnaître une

Lorsque s. Bonaventure (m. 1274) parle de possibles (*possibilia*) dans l'esprit divin, c'est incidemment, et conjointement à l'idée de *cognita* : il s'agit alors d'expliquer comment la pluralité des idées n'implique pas une pluralité réelle en l'essence divine ; le docteur séraphique fait alors appel au concept d'être en puissance, pour refuser toute pluralité actuelle[1]. Le possible s'imposera toutefois *in fine*, quoique progressivement[2], pour dire les objets de l'entendement divin. Au XIVe siècle ainsi, Grégoire de Rimini (m. 1358) s'interroge sur les différents *possibilia* en la science divine ; il nous invite, dans son commentaire des *Sentences* (livre I, d. 42-44), à distinguer les *possibilia incomplexe significabilia*, qui « possunt esse aliquae entitates », et les *possibilia complexe significabilia*, qui peuvent être vrais : « que Pierre court » « potest fieri verum »[3]. Ainsi se confirme la priorité de l'acception logique du possible. Devenu un objet cognitif, le possible se dit en référence à la science de Dieu, et non plus seulement à sa puissance.

Il convient, dans ces conditions, de s'interroger sur les raisons de cet avènement des possibles en la science divine[4]. Autrement dit : que permet le concept de possible, par rapport à celui d'idée, pour désigner ce que Dieu connaît du monde qu'il crée ?

Le renouveau de la philosophie aristotélicienne au XIIIe siècle, associé à la permanence, jamais démentie, de la pensée augustinienne, conduisait à donner une place d'importance au concept de forme (*forma*, *species*, ou *idea*)[5] pour penser la manière dont Dieu appréhende les choses du monde[6].

puissance en Dieu *in ordine ad obiectum extrinsecum*, voir Caracciolo, *In Sententias*, I, d. 38, a. 3, éd. Schabel, p. 315 ; le possible en Dieu n'a pas à être posé en acte.

1. *In Sententias*, I, d. 35, q. 4, concl. : « (...) idea non dicit tantum quod est, sed respectum ad id quod futurum est, vel etiam potest esse ; et ratione illius respectus plurificationem. Et quia ille nihil ponit in actu, sed solum in potentia, hinc est quo pluralitas idearum aeterna on ponit aliquam pluralitatem actualem. (...) Sicut si dicatur plura sunt possibilia Deo, vel plura sunt cognita, ergo plura sunt. Sic nec valet, plures ideae sunt, ergo plures res sunt, quia ideae non sunt plures ratione eius quod sunt, sed ratione eius ad quod sunt ».

2. Ockham ne fait pas intervenir les *possibilia* pour traiter de la science divine (*Ordinatio*, I, d. 35-36), mais lorsqu'il est question de la toute-puissance divine (d. 42-43).

3. *In Sententias*, I, d. 42-44, éd. Trapp-Marcolino, t. III, p. 357. Voir P. Bermon, *L'assentiment et son objet chez Grégoire de Rimini*, Paris, Vrin, 2007, p. 201-205.

4. Il revient à la science d'intelligence (*scientia intelligentiae*), distinguée de la science de vision (*scientia visionis*), de prendre en compte non pas ce qui est fait et doit être fait (*facta et fienda*), mais ce qu'il est possible de faire, les *possibilia fieri* ; voir Roger Marston, *Quodlibeta*, IV, q. 5, n. 4, éd. Etzkorn-Brady, p. 373.

5. Pour l'usage classique de ces termes, voir Cicéron, *Orator*, III, 9-10 ; *Academici libri*, 1, VIII, 30 ; *Tusculanae*, I, 58) ; Sénèque, *Epistulae*, XVIII, 18-19, Les Belles Lettres, p. 76 ; *Epistulae*, CXV, 4, p. 65 ; CXV, 7, p. 108. Voir G. Spinosa, « *Idea e idos* nella tradizione... », art. cit., p. 43-47. Tertullien emploie *forma* pour *idea* (*De anima*, XVIII, 3) ; Calcidius *species* (*Commentarius*, CCCXXXIX-XXXXL et CCCXLVII, éd. Bakhouche, t. I, p. 564-566 et p. 574). Rémi d'Auxerre fait appel aux trois termes *idea*, *forma* et *species* pour rendre compte de « idéal » (*In Martianum Capellam*, VIII, 432.6, éd. Lutz, t. II, p. 254).

6. Un certain hylémorphisme traverse la pensée d'Augustin ; voir *De Genesi ad litteram*, I, XV, 29, BA XLVIII, 120-122. L'Occident latin n'a pas attendu la réception de l'œuvre de

Témoignant en effet d'une acception du terme largement répandue en son temps, Augustin, on le sait[1], recourait au concept de forme pour rendre compte de l'idée entendue comme l'exemplaire des choses en la pensée divine[2]. La pensée latine du haut Moyen Âge maintient cette acception du terme : si l'idée se présente, dans une lignée platonicienne, comme un *exemplar*, et ainsi se trouve interprétée comme une *species* sise dans l'esprit divin[3], elle se laisse tout aussi bien dire comme une forme, ou une espèce, à la manière dont Aristote avait pu en traiter[4]. La redécouverte de la *Métaphysique* réactive le concept de forme, interprétée comme constituant l'essence même des choses[5]. Le croisement de ces deux usages du concept de forme[6] explique l'importance de celui-ci dans les développements relatifs à la science divine[7]. Plus particulièrement, c'est alors le terme *idea*, transcription du grec, qui connut un large succès[8]. L'*idea*, qui renvoie classiquement à la tradition platonicienne, se voit réinterprétée à l'aune de la *forma* aristotélicienne, sans que les deux ne doivent toutefois nécessairement être identifiées[9]. Dans ce cadre théorique, la science de Dieu se constitue d'« idées », conçues sur le modèle de « formes ».

philosophie naturelle pour adopter l'hylémorphisme. Voir déjà Apulée, *De Platone et eius dogmatae*, I, 5-6, éd. Hildebrand, p. 203-204.

1. Augustin s'inscrit dans une tradition platonicienne ; voir *De diversis quaestionibus LXXXIII*, q. 46, 1, BA X, 122 ; cf. *De civitate Dei*, VII, XXVIII, BA XXXIV, 204-206. Voir L. M. De Rijk, « Quaestio de ideis. Some Notes on an Important Chapter of Platonism », *in* J. Mansfeld et L. M. De Rijk (eds.), *Kephaleion*, Assen, Van Gorcum, 1975, p. 204-213.

2. *De diversis quaestionibus LXXXIII*, q. 46, 2, BA X, 124.

3. Voir le début de l'entrée *idea* du *Vocabularium* de Papias.

4. Le *Vocabularium*, distinguant les différents sens du terme, fait écho au débat opposant Platon à Aristote (entrée *idea*). Voir J. Hamesse, « *Idea* chez les philosophes des XIIe et XIIIe siècles », *in* M. Fattori et L. Bianchi (eds.), *Idea*, Rome, Edizioni dell'Ateneo, 1990, p. 99-135, en part. p. 102.

5. Souvent, *species* rend *eidos*, quoique *forma* puisse aussi être employé ; voir la traduction de Guillaume de Moerbeke, *Metaphysica*, VII, 3, 1029a, AL XXV-3, 135, 97-100. Le grec *idea* est soit transcrit sous la forme *idea* ou *ydea* (notamment sous la plume de Jacques de Venise, *Metaphysica*, I, 6, 987b8, translatio Jacobi, AL XXV-1.1, 21, 14 ; I, 9, 990a34, 29, 4 ; 990b16, 29, 20…, et encore dans la *translatio anonyma*, I, 9, AL XXV-2, 29, 3 ; 18 ; 22…, et dans la version revue de Guillaume de Moerbeke, AL XXV-3, 35, 637 ; 36, 655 ; 658), soit rendu par *forma* (ainsi la *translatio composita* corrige-t-elle la traduction de Jacques de Venise, I, 6, 987b8, AL XV-1.1, 104, 14 ; I, 9, 990a34, 111, 19 ; 990b16, 112, 11…) ou *species* (translatio composita, I, 9, 990b23, AL XXV-1.1, 112, 18). La traduction de *Métaphysique*, A (I), 9, 990b18-19) rend *eidos* et *idea* par *species* et *idea* (translatio Jacobi, AL XV-1.1, 29, 22-23). La *translatio anonyma* (ou *media*) recourt aux deux termes là où le grec dit simplement *idea* (I, 6, 987b8, AL XXV-2, 21, 28-22, 1). La traduction de Guillaume maintient cette dualité (AL XXV-3, 28, 438).

6. Voir ainsi Robert Kilwardby, *Quaestiones in librum primum Sententiarum*, q. 73, ad 1um, éd. Schneider, p. 229.

7. Voir J. Hamesse, « *Idea* chez les philosophes… », art. cit., p. 116-134.

8. Augustin présente *forma* comme une traduction littérale de *idea*, le vocable *ratio* constituant une interprétation (*De diversis quaetionibus LXXXIII*, q. 46, 2, BA X, 124).

9. Albert le Grand voit dans la forme l'équivalent latin d'*idea* (*De anima*, I, trad. 2, chap. 2, éd. Borgnet, t. V, p. 140). Le *Correctorium corruptorii* « *Sciendum* » rapproche les deux termes, mais marque leur différence (*In primam*, a. IV, éd. Glorieux, p. 44-45).

Mais, par delà la réactivation de l'antique débat opposant l'aristotélisme et le platonisme, une question ne manquait pas de se poser : la forme, ou l'idée, permet-elle de penser la singularité ? Pour le dire autrement : Dieu a-t-il des idées des individus ? La question fut largement débattue.

Remarquable est sans doute la métamorphose du modèle eidétique de la science divine au tournant des XIIIe et XIVe siècles[1] ; cette métamorphose s'accompagne d'une disjonction de l'idée et de la forme, laquelle fait l'objet d'âpres discussions[2]. Deux problèmes, à certains égards connexes, doivent plus particulièrement être pris en considération : le statut des idées sises en la science divine ; le lien entre la forme ou l'idée et l'individualité.

1) Initialement rapportée, au XIIIe siècle, à l'essence divine elle-même (Thomas d'Aquin), l'idée s'émancipe progressivement de Dieu (Henri de Gand lui reconnaît un être essentiel)[3] ; elle s'identifie avec Duns Scot à la créature elle-même en tant qu'intelligée : « videtur quod lapis intellectus possit dici idea »[4]. La multitude d'idées perd ainsi son caractère indispensable, et se voit maintenue principalement par fidélité envers la lettre de la pensée d'Augustin[5]. Aux côtés des idées reconnues par les théologiens à la suite d'Augustin, François de Meyronnes renvoie à l'acception aristotélicienne, mais qui peut aussi être platonicienne, de l'idée comme quiddité, ou raison quidditative : « Aliquando autem [Plato] locutus fuit ut metaphysicus, et ut sic idea non est aliud nisi ratio quiditativa, et in illo intellectu persequitur eum Aristoteles »[6]. C'est bien, par delà la critique aristotélicienne, vers Platon qu'il convient finalement de se tourner. Aristote a eu tort d'interpréter les idées de Platon comme des « monstres » qui, singuliers, subsistent dans l'air : Platon a conçu les idées comme des universaux[7]. Attribuer une telle universalité à l'idée ne doit toutefois pas empêcher de lui donner pour corrélat des étants singuliers.

1. Voir T. Hoffmann, « Les idées comme essences créables... », art. cit., p. 132-133.

2. Voir L. M. De Rijk, « Un tournant important dans l'usage du mot *idea* chez Henri de Gand », in *Idea, op. cit.*, p. 89-98, en part. p. 98.

3. S'il envisage (d'une manière classique) les idées comme l'essence divine en tant qu'imitable par la creature, Henri invite de surcroît à reconnaître des *essentiae rerum* ; voir *Quodlibet*, IX, 2 (OO XIII, 37). Voir L. M. De Rijk, « Un tournant important... », art. cit., p. 94-95.

4. *Ordinatio*, I, d. 35, q. un., n. 40, Vat. VI, 261 ; cf. *ibid.*, n. 42, Vat. VI, 262 : « creatura ut intellecta ab ipso est idea ». Cf. *Lectura*, I, d. 35, q. un., n. 30, Vat. XVII, 455 et n. 33, 456 ; *Reportata*, IA, d. 36, q. 1-2, n. 57, éd. Noone, p. 418-420.

5. Telle est vers 1310 la position du frère franciscain Robert Cowton, *In I Sententias*, d. 35, ms Berlin théol. Lat., 2° 114, f. 156r, texte transcrit par W. Hübener, « Idea extra artificem », *in* L. Grisebach et K. Renger (Hrsg.), *Festschrift für Otto v. Simson*, Francfort-Berlin-Vienne, Propyläen, 1977, p. 27-52, en part. p. 50. Voir de même François de Meyronnes, *In Sententias*, I, d. 47, q. 1, a. 1, f. 133vI.

6. *In Sententias*, I, d. 47, q. 1, a. 2, f. 133vO. Il arrive à Platon de parler *sicut theologus* et de voir, à la manière d'Augustin, les idées comme exemplaires des choses (133vN).

7. *In Sententias*, I, d. 47, q. 3, a. 2, f. 134rH : « ideae non sunt imponendae Platoni sicut eas imponit sibi Aristoteles, quod scilicet essent quaedam monstra in aere subsistentia singularia, quia Plato eas ponit universalia ».

Les « raisons formelles » se découvrent par abstraction de l'*hic et nunc* et des conditions singulières de l'existence, mais n'en sont pas antinomiques : « illae rationes formales abstrahunt ab hic et nunc, quia per accidens eis conveniunt, et eodem modo conditiones omnes consequentes individuum et existentiam »[1].

2) On connaît les limites du concept de forme lorsqu'il s'agit de rendre compte de l'individualité de ce qui est. Si Thomas d'Aquin avait pu recourir à la matière, aux dimensions déterminées ou indéterminées, comme principe d'individuation[2], Scot réévalue la forme, mais ne saurait se satisfaire pleinement de cette solution[3]. Alors qu'Henri de Gand disposait d'une conception de l'individualité[4] qui pouvait aisément se satisfaire d'une connaissance des individus par l'intermédiaire des espèces[5], Duns Scot nous invite au contraire à penser l'individualité par delà la forme, par delà l'espèce spécialissime. L'individuation se présente en effet comme l'ultime réalité de la forme : « ista nunquam sumitur a forma addita, sed praecise ab ultima realitate formae »[6]. De ce point de vue, l'entité individuelle apparaît irréductible à la forme (entendue comme quiddité)[7]. Mais l'idée par laquelle Dieu connaît le monde doit pouvoir se rapporter à des individus. S'interrogeant sur la science divine, Scot pose en effet que chacun des individus a une idée[8]. Le maintien des idées pour rendre compte de la science divine leur impose dès lors un réquisit : qu'elles puissent s'adapter à la singularité du réel. C'est ainsi qu'Ockham peut affirmer que les idées sont précisément des singuliers[9] : Dieu se rapporte aux créatures singulières en tant que « productibles »[10].

1. *Ibid.*, f. 134vI. François réinvestit un cadre avicennien ; il ne manque ainsi pas de rappeler que *equinitas est tantum equinitas* (f. 134rH). La raison idéale ou quidditative précède logiquement l'existence accompagnée des accidents, contingente.

2. Voir M.-D. Roland-Gosselin, *Le* De ente et essentia *de Thomas d'Aquin*, Paris, Vrin, 1926.

3. Voir T. Noone, « Scotus's Critique of the Thomistic Theory... », art. cit.

4. Les individus n'ajoutent pas une forme à la forme de l'espèce la plus spéciale, mais seulement une détermination (*Quodlibet* IX, 2, OO XIII, 33). Cf. *Summa*, a. 39, q. 3, éd. Badius, 246 ; *Quodlibet* V, 1.

5. Voir *Quodlibet* IX, 2, OO XIII, 33.

6. *Ordinatio*, II, d. 3, q. 6, n. 180.

7. Voir *ibid.*, n. 188 ; *cf.* n. 181. Dans ses *Quaestiones in Metaphysicam*, Scot parle toutefois d'une forme individuelle (VII, q. 13, n. 84, 97, 113, OP IV, 246, 251, 256). Voir O. Boulnois, *Le principe d'individuation*, *op. cit.*, p. 206-208. Sur ces différences terminologiques (la *Lectura* et l'*Ordinatio* parlant d'*entitas* et de *realitas*, les *Quaestiones in Metaphysicam* introduisant l'idée de *forma individualis*), voir D. S. Dumont, « The Question on Individuation in Scotus's *Quaestiones super Metaphysicam* », *in* L. Sileo (ed.), *Via Scoti. Methodologica ad mentem Joannis Duns Scoti*, Rome, Antonianum, t. I, p. 193-227, en part. p. 205-213.

8. Voir *Reportata parisiensia*, IA, d. 36, q. 4, n. 65, éd. Noone, p. 446.

9. *Ordinatio*, I, d. 35, q. 5, OT IV, 505 : « ideae praecise sunt singularium quia praecise singularia sunt factibilia ». Ockham pose que la créature elle-même est l'idée : « ipsa creatura est idea » (OT IV, 488).

10. Voir *ibid.*, OT IV, 488 : « Ergo ipsam creaturam producibilem vere aspicit et ipsam aspiciendo potest eam producere ».

Une question surgit dès lors : la dépendance étroite du concept d'idée envers celui de forme [1] n'explique-t-elle pas certaines des difficultés posées par une science divine s'appuyant sur des idées pour penser les singuliers, et le recours corrélatif, de plus en plus notable, au concept de possible, plus ouvert à cet égard [2] ? La connexion entre le possible et l'existence, fût-elle à venir, requiert en effet que le possible se dise en référence à un individu, plutôt qu'il ne se rapporte à une essence universelle. L'éviction du possible du monde, pour le rapporter à une science, et en premier lieu à la science de Dieu, doit préserver l'attention à la singularité de ce qui est. À cet égard, nombre d'auteurs à la charnière du XIIIe siècle et du XIVe siècle, singulièrement les penseurs franciscains, affirment fermement que le singulier est de droit intelligible, à défaut d'être effectivement accessible à la pensée humaine en cette vie [3].

Dans cette perspective, force est de constater que le possible joue un rôle déterminant pour penser comment l'espèce peut se rapporter à des individus. On voit ainsi significativement Scot [4] introduire le concept de possible (à côté de celui de potentiel° [5] pour penser la manière dont l'individu peut se dire comme un acte par rapport à l'espèce : « ista realitas individui est similis realitati specificae, quia est quasi actus, determinans illam realitatem speciei quasi possibilem et potentialem » [6]. Le possible spécifique se laisse déterminer comme réalité individuelle. Si la réalité de l'individu consiste en une détermination de la réalité de l'espèce, qui actualise ce qui y était possible ou potentiel, l'attention au possible pourrait bien constituer une voie d'accès à l'individu. Le cadre métaphysique que Duns Scot met ainsi en place n'est pas neutre ; il se double ici d'une conséquence cognitive : parce que le possible est comme la condition spécifique de l'individu, penser le possible ne reviendrait pas à se

1. Voir J. Hamesse, « *Idea* chez les philosophes… », art. cit., p. 124.

2. Roger Marston parle de *possibilia fieri*, en même temps que de *fienda*, lorsqu'il envisage la question des raisons (infinies) ou des idées (finies) des choses dans la science divine (*Quodlibeta*, IV, q. 4, éd. Etzkorn-Brady, p. 371-372).

3. Voir Duns Scot, *Quaestiones in Metaphysicam*, VII, q. 13, n. 172, OP IV, 276-277 : « Singulare tamen est ex parte sui intelligibile, cum sit quid, sed non a nobis nunc, intellectione simplici positiva » ; *cf.* q. 14 et 15. Sur ce dossier, voir C. Bérubé, *La connaissance de l'individuel au Moyen Âge*, *op. cit.* Voir en outre M. E. Reina, *Hoc hic et nunc. Buridano, Marsilio di Inghen e la conoscenza del singulare*, Florence, Olschki, 2002. Dans les milieux marqués par le nominalisme, on ne dira pas autre chose : la science porte sur le singulier, affirmera Marsile d'Inghen ; sur le *subiectum scientiae*, voir E. P. Bos, « Marsilius of Inghen on the Subject of a Science », *in* S. Knuuttila, R. Työrinoja et S. Ebbesen (eds.), *Knowledge and the Sciences in Medieval Philosophy*, Helsinki, Luther Agricola Society, 1990, p. 12-24, en part. p. 15.

4. L'existence ne fait pas, pour Scot, l'individuation. Le possible doit pouvoir se rapporter à des individus. Voir A. Funkenstein, *Théologie et imagination scientifique*, *op. cit.*, p. 156-158.

5. Le potentiel dit la manière dont les choses sont en Dieu *ab aeterno* ; voir Guillaume de la Mare, *Scriptum in primum librum Sententiarum*, d. 36, q. 1, éd. H. Kraml, p. 425 ; Guillaume recourt à l'idée de puissance causale, les choses étant (potentiellement) dans leur cause efficiente.

6. *Ordinatio*, II, d. 3, q. 6, n. 180. La quasi-actualité de l'individu requiert, par delà l'idée de potentialité qui lui est corrélative, de faire intervenir la possibilité.

retirer dans un monde d'universaux, mais, tout au contraire, frairait un chemin vers la singularité du réel.

Comment donc le possible est-il conciliable avec l'individualité? Le possible n'est-il pas du côté du général? La question revêt une acuité particulière dans le cas des doctrines nominalistes : peuvent-elles faire droit à des *possibilia*?

CE QUI NE RÉPUGNE PAS À LA NATURE

Admettons que Pierre Abélard (m. 1142) puisse être dit nominaliste[1]. À tout le moins a-t-il dans un premier temps proposé, dans le sillage de Roscelin de Compiègne[2] et de Garland le Compotiste, une interprétation *de voce* de l'*Isagogè* et des *Catégories*[3]. Il en a retenu l'idée qu'il n'y aurait pas de choses universelles[4]. Toute chose serait dès lors particulière[5]. Mais affirmer ainsi que ce qui est est particulier, jusques en ses différences, ne conduit pas à évincer toute réflexion sur le possible[6]. La question du possible, si elle est abordée dans un cadre logique, a toutefois une portée ontique. Elle concerne ainsi notre manière d'aborder ce qui est, et n'est pas seulement un effet du discours. À cet égard, Abélard nous invite à faire droit à un possible *de re* : dans la proposition : « il est possible que celui qui se tient debout soit assis », le possible doit être référé à la chose (« ad rem »), plutôt qu'à la proposition;

1. Si le terme de « conceptualisme » de Victor Cousin est anachronique, il était question, au XIIe siècle, de *nominales* ; Paul Vignaux a parlé de « non-réalisme » ; voir J. Jolivet, « Note sur le non-réalisme d'Abélard », *Perspectives médiévales et arabes*, *op. cit.*, p. 85-92. Sur les limites de l'emploi de nominalisme pour les auteurs du XIIe siècle, voir C. J. Mews, « The Trinitarian Doctrine... », art. cit.Voir A. de Libera, *La querelle des universaux*, *op. cit.*, p. 132 *sq.*

2. Au témoignage d'Abélard, pour son maître Roscelin « solis vocibus species » (*Dialectica*, éd. De Rijk, p. 554). Voir Anselme, *Epistula de incarnatione Verbi*, seconde recension, éd. Schmitt, t. II, p. 9.

3. Voir J. Marenbon, *The Philosophy of Peter Abelard*, *op. cit.*, p. 108-109.

4. Il s'oppose à Guillaume de Champeaux sur l'idée que les universaux seraient des *res*. Voir *Historia calamitatum*, éd. Monfrin, p. 65. Voir C. Erismann, *L'homme commun*, *op. cit.*, p. 366-367 et J. Jolivet, « Données sur Guillaume de Champeaux », *Perspectives médiévales et arabes*, *op. cit.*, p. 71-73. Guillaume préfére parler d'indifférence ; voir Y. Iwakuma, « Pierre Abélard et Guillaume de Champeaux dans les premières années du XIIe siècle : une étude préliminaire », *in* J. Biard (éd.), *Langage, sciences et philosophie au XIIe siècle*, Paris, Vrin, 1999, p. 93-123, en part. p. 118-119.

5. Le terme *res* s'emploie pour un individu (Socrate), plutôt que comme corrélat d'un terme universel ; voir J. Jolivet, « Sur les prédicables et les catégories chez Abélard », in *Langage, sciences et philosophie au XIIe siècle*, *op. cit.*, p. 165-175, en part. p. 170.

6. Voir C. Martin, « Abaelard on Modality : Some possibilities and Some Puzzles », in *Potentialität und Possibilität. Modalaussagen in der Geschichte der Metaphysik*, *op. cit.*, p. 97-124 et « An Amputee is Bipedal : the Role of the Categories in the Development of Abaelard's Treatment pf Possibility », *in* J. Biard et I. Rosier-Catach (éd.), *La tradition médiévale des catégories* (*XIIe-XVe siècles*), Louvain, Peeters/Institut Supérieur de Philosophie, 2003, p. 225-242, ainsi que J. Marenbon, « Abelard's Concept of Possibility », repris in *Aristotelian Logic*, *op. cit.*, art. X, et *The Philosophy of Peter Abelard*, *op. cit.*, p. 221-225.

ainsi la chose (*res*) qui est debout peut à un autre moment être assise [1]. En leur particularité, les choses n'en demeurent donc pas moins porteuses des riches virtualités de leur nature. Ainsi, se découvre un plan de la possibilité, assurément irréductible à ce qui arrive (*contingit*). Abélard peut affirmer que, lorsque je marche, j'ai la possibilité de ne pas marcher [2]. Au travers du possible, les choses brillent donc d'un jour nouveau, en ne se présentant pas seulement telles qu'elles sont actuellement [3].

Avant tout, il convient de faire droit au concept, essentiel dans la philosophie d'Abélard, de *status*. Ce concept constitue sans doute une clef théorique pour penser cette possibilité par delà ce qui a effectivement lieu ; il nous permet en effet de mieux saisir l'approche abélardienne du réel. Le *status* ne désigne pas une *res* universelle [4], ce qui nous ferait retomber dans une forme de réalisme : le *status* se comprend à dire vrai moins comme une « chose » que comme une « cause » qui rend compte de l'usage d'un terme commun. Pour le dire d'un mot : le statut d'homme désigne cet être-homme qui convient à différents individus [5]. On reconnaîtra à cet égard une nature dans les choses, que l'intellection suppose, découvre ou révèle [6]. Le péripatéticien du Palet ne recourt donc à aucun « rasoir d'Occam » pour évincer les entités superflues, mais il se livre à une vaste entreprise d'interprétation (ou, si l'on préfère, de réinterprétation) de la doctrine prédicamentale d'Aristote. Dans cette optique, le particulier n'est pas l'ultime parole sur ce qui est.

Intéressons-nous dès lors à la réception dans son œuvre de la puissance et de l'acte. Un rapide coup d'œil permet de s'apercevoir combien la question de la possibilité émerge dans ce cadre théorique [7]. D'une manière remarquable, la *dunamis* aristotélicienne, présente dans le *Peri Hermeneias*, que le latin rend par *potestas*, se laisse reconduire à la *possibilitas* ; celle-ci, est-il précisé, ne

1. Abélard s'appuie sur les *Refutations sophistiques* qui distinguent le sens composé et le sens divisé (*Logica ingredientibus*, Glossae in Perihermeneias, XII, 18, CCCM CCVI, 401). Sur cette double interprétation des propositions modales, voir J. Marenbon, *The Philosophy of Peter Abelard*, *op. cit.*, p. 221-222.

2. Voir *Logica ingredientibus*, Glossae in Perihermeneias, IX, 84, CCCM CCVI, 264.

3. Voir aussi (sans doute dues à un auditeur d'Abélard, à en croire leur éditeur) les *Sententiae parisienses*, I, éd. Landgraf, p. 23-24, qui (à propos de la formule augustinienne « fuit et alius modus possibilis Deo ») rapportent la possibilité à la *res subiecta*. La possiblité pour Dieu ne se cantonne pas à ce qu'il peut faire, mais doit être rapportée à une *ratio* interne aux choses.

4. Voir A. de Libera, *La référence vide*, *op. cit.*, p. 120 *sq.*

5. Voir *Logica ingredientibus*, Super Porphyrium, éd. Geyer, p. 20. Le *status* n'a pas le statut de chose (*res*), mais a une certaine consistance, dont prend acte le langage. Voir J. Jolivet, « Trois variations médiévales sur l'universel et l'individu », *Perspectives médiévales et arabes*, *op. cit.*, p. 29-69, en part. p. 45-47.

6. Voir *Logica ingredientibus*, Super Praedicamenta, éd. Geyer, p. 112.

7. La question de la possibilité se déploie selon un plan qui reste marqué par l'idée de potentialité. Voir J. Marenbon, *The Philosophy of Peter Abaelard*, *op. cit.*, p. 222-223 ; C. Martin, « An Amputee is Bipedal », art. cit., p. 226-227.

devra pas s'entendre au sens d'une forme [1]. La possibilité se dit donc en contrepoint de l'acte : « Non enim sicut in actu existentiae contingit, ita in possibilitate naturae » [2]. Par opposition à l'acte, compris comme existence, la possibilité se rapporte à la nature.

Notons-le en effet : la possibilité apparaît irréductible au plan de l'effectivité [3]. Ainsi pourra-ton accorder à l'homme de pouvoir marcher, lors même qu'il se trouve dans l'eau en train de nager [4]. Abélard abandonne donc la détermination statistique du possible. Le critère de l'être effectif, passé, présent ou à venir, n'apparait pas pertinent pour déterminer le possible.

Dans ces conditions, la possibilité ne se mesurera pas à l'aune de sa réalisation, mais à l'aune de la nature [5]. Nulle contradiction à ce que le possible se dise de choses qui ne sont pas [6], dès lors que l'on prend en considération une nature et ce qu'elle tolère [7] : « Sunt itaque huiusmodi uerae : "filium futurum possibile est esse", "chimaeram possibile est non esse", uel "necesse est non esse hominem" ; nihil tamen attribui per ista his quae non sunt, intelligitur, sed, ut superius dictum est, per "possibile" id demonstratur quod natura patiatur, per "necesse" quod [dicit] exigat et constringat. » [8]. Abélard associe étroitement les concepts de possibilité et de nature [9]. Ainsi le voit-on, commentant le *De interpretatione*, préciser l'expression « force de la nature » en ajoutant l'idée de possibilité : « vim naturae et possibilitatis » [10].

L'œuvre théologique [11] reprend cette acception de la possibilité : ainsi la possibilité d'être sauvée peut-elle se dire pour l'homme par rapport à sa nature,

1. Voir *Logica ingredientibus*, Glossae super Perihermeneias, XIII, 66, CCCM CCVI, 472.

2. *Ibid.*, Super Porphyrium, éd. Geyer, p. 84.

3. Voir *ibid.*, Super Praedicamenta, éd. Geyer, p. 279.

4. Voir *Theologia scholarium*, III, 59, éd. Mews, p. 525

5. Voir encore *Logica ingredientibus*, Glossae super Perihermeneias, IX, 91, à propos de la proposition « il est possible que ce qui se tient debout soit assis » (CCCM CCVI, 266).

6. Voir S. Knuuttila, « Time and Modality in Scholasticism », *in* S. Knuuttila (ed.), *Reforging the Great Chain of Being : Studies of the History of Modal Theories*, Dordrecht, Kluwer, 1981, p. 163-257, en part. p. 181-182, sur ces possibilités non réalisées chez Abélard. Voir aussi B. Michel, *Abélard lecteur de Boèce*, *op. cit.*, p. 211.

7. Voir aussi *De Dialectica*, III : Topica, I, éd. De Rijk, p. 385.

8. Voir *ibid.*, II : De Cathegoricis, II, éd. De Rijk, p. 204.

9. Voir *ibid.*, p. 215.

10. *Logica ingredientibus*, Super Topica, éd. Geyer, p. 320. Voir *ibid.*, Glossae super Perihermeneias, XIII, 74, CCCM CCVI, 474 : « Natura ad possibilitatem pertinet, tempus ad actum ».

11. Abélard n'ignore pas les débats sur la toute-puissance, et la manière de la comprendre. Son enseignement oral en témoigne ; voir *Sententiae parisienses*, I, éd. Landgraf, p. 19-23. La question de la toute-puissance divine (ne peut-elle faire que ce qu'elle fait ?) est abordée dans l'œuvre anonyme *Ysagoge in Theologiam* III, éd. Landgraf, p. 265-268 ; voir aussi *Theologia Christiana*, V, 33 *sq.*, et les notes manuscrites, éd. Buytaert, p. 360 *sq. Cf.* Leibniz, *Essais de Théodicée*, II, § 171. Sur cette question, voir O. Boulnois, « Liberté, causalité, modalité », art. cit., p. 316-324.

ou, comme possibilité de sauver l'homme, pour Dieu par rapport à sa nature [1]. La possibilité se laisse ainsi dire diversement, selon le point de vue que l'on adopte : « possibilitatem ad diversa referimus » [2]. Si le mot est audible, cela ne signifie pas que quelqu'un puisse, à présent, l'entendre ; les mots sont, de par leur nature, audibles, quand bien même tous les hommes existants seraient sourds [3]. On parlera donc de la possibilité en la rapportant d'abord à la nature de la chose concernée : le possible se dit en référence à la nature de la créature, plutôt qu'il ne se rapporte à la puissance divine de faire autrement [4].

Dans cette optique, la possibilité témoigne d'une non-répugnance pour l'individu par rapport à sa nature. Examinant les richesses du verbe *posse*, Abélard montre comment il permet de décrire un autre état du monde que son état actuel [5]. Ainsi peut-on légitimement dire de Socrate qu'il est possible qu'il soit évêque alors qu'il ne l'est pas :

> Cum ergo dicimus : « Socrates est episcopus possibiliter » et uerum enuntiamus, quomodo per « possibiliter » inhaerentiam episcopi ad Socratem determinamus, cum ipsa omnino non sit ? Nullo enim modo proprietas episcopi Socrati laico cohaeret. Nec « posse cohaerere » dicendum est « cohaerere » [6].

À travers cette attention à la vérité, s'esquisse une nouvelle approche de ce qui est. Abélard nous invite en effet à ne pas en rester au modèle de l'inhésion des prédicats dans une substance-sujet. Par delà l'inhérence effective, il convient de considérer la cohérence possible. Alors qu'il est impossible que Socrate soit une pierre, il est possible que Socrate soit évêque [7]. Ce possible peut ici s'identifier au contingent, si du moins l'on entend, comme nous invite à le faire Abélard, contingent non au sens de ce qui arrive en acte, mais de ce qui peut arriver :

> « Possibile » quidem et « contingens » idem prorsus sonant. Nam « contingens » hoc loco [non] quod actu contingit accipimus, sed quod contingere potest, si etiam numquam contingat, dummodo natura rei non repugnaret ad hoc ut contingat, sed patiatur contingere ; ut, cum dicimus : « Socratem possibile est esse episcopum », etsi numquam sit, tamen uerum est, cum natura ipsius episcopo non repugnet [8].

1. Voir *Theologia scholarium*, III, 49, éd. Mews, p. 521. La question peut revêtir un enjeu éthique, comme on le voit dans la discussion avec les Stoïciens sur le possible (doit-il renvoyer à notre propre possibilité, ou à la nature des choses ?), *De Dialectica*, II : De Cathegoricis, II, éd. De Rijk, p. 216 ; le développement s'inspire de Boèce et de son second commentaire au *De interpretatione*.

2. *Theologia scholarium*, III, 50, éd. Mews, p. 521.

3. *Ibid.*

4. Voir encore *ibid.*, III, 51, éd. Mews, p. 522.

5. Voir l'examen des propositions modales, *De Dialectica*, II : De Cathegoricis, II, éd. De Rijk, p. 191 *sq*.

6. *Ibid.*, p. 193. Il est possible *simpliciter* à l'homme amputé de marcher ; voir *ibid.*, III : Topica, I, éd. De Rijk, p. 385. Voir C. Martin, « An Amputee is Bipedal », art. cit.

7. Voir C. Martin, « Abaelard on Modality », art. cit., p. 114-115.

8. *De Dialectica*, II : De Cathegoricis, II, éd. De Rijk, p. 193.

La possibilité et la contingence se laissent ainsi décrire comme non-répugnance par rapport à la nature [1].

Encore convient-il de bien entendre cette possibilité comme non-répugnance de la nature [2]. Une telle possibilité se dit indépendamment de la réalisation effective pour l'individu. Avec la nature, c'est en effet l'espèce que nous retrouvons : « ...quod ex aliis eiusdem speciei indiuiduis perpendimus, quae proprietatem episcopi iam actu participare uidemus. » [3]. Ce point est essentiel : si elle s'arrime à l'espèce au travers de la nature, la possibilité ne se dit qu'en référence à des individus réalisant cette propriété [4]. Il n'y a donc nulle césure entre le plan des espèces et celui des individus [5]. Par conséquent, la possibilité ne nous renvoie pas à un monde de natures universelles séparées des individus existants.

On le voit donc avec Abélard, l'attention à la particularité ou à la singularité de ce qui existe effectivement n'interdit nullement toute réflexion sur la possibilité [6], que celle-ci se réalise ou non. Cette possibilité, rattachée à la nature, est facteur d'intelligibilité pour penser le monde. En l'interprétant comme non-répugnance, Abélard nous découvre en effet l'idée que la possibilité constitue une forme de rationalité là même où le hasard et l'incertitude ont cours.

1. Notre passage est très proche de Garlandus Compotista, *Dialectica*, III, éd. De Rijk, p. 83-84 : « Potentia vero extra actum quam effectus non consequitur, est illa cui nec natura repugnat, nec tamen unquam erit, ut cum dico : "possibile est Iarlandum fieri episcopum", nunquam tamen episcopus erit ». Il est ainsi des possibles qui ne se réaliseront jamais. Le critère de la possibilité est celui de la non-contradiction à l'égard de la nature.

2. Voir la *Summa dialectice artis*, attribuée à Guillaume de Lucques, 7.09 : « possibile iniunctam significat quantum natura rei non repugnat. (...) Et est sensus talis : "possibile est Socratem esse hominem" id est natura rei non repugnat, sed patitur quod Socrates sit homo » (éd. Pozzi, p. 105).

3. *De Dialectica*, II : De Cathegoricis, II, éd. De Rijk, p. 193-194.

4. Voir encore *ibid.*, p. 194. Si, à propos d'un individu, on peut parler d'un possible qui ne se réalisera pour lui-jamais, c'est en référence à son espèce ; l'idée est classique ; *cf.* Yaḥyâ Ibn 'Adî, *Fî ithbât ṭabî'a al-mumkin*, VI, p. 80.

5. Voir *De Dialectica*, III : Topica, I, éd. De Rijk, p. 385 : « Quod enim in uno particularium uidemus contingere, id in omnibus eiusdem speciei indiuiduis posse contingere credimus. »

6. John Marenbon (*The Philosophy of Peter Abelard*, *op. cit.*, p. 221 *sq.*) montre la richesse de la reflexion abélardienne sur le possible ; voir aussi *Le temps, l'éternité et la prescience...*, *op. cit.*, p. 58-65 ; ainsi que « Abelard's Concept of Possibility », repris in *Aristotelian Logic*, *op. cit.*, art. X ; Abélard n'adopterait pas une conception synchronique de la possibilité.

OCKHAM : DES POSSIBLES SANS CONSISTANCE

L'on peut aisément s'accorder pour dire que Guillaume d'Ockham (m. 1347) est nominaliste. Or, l'on rencontre indéniablement, chez Ockham, une pensée des *possibilia*[1]. Reste à déterminer comment son nominalisme s'en accommode[2]. Le questionnement sur les possibles ne peut faire l'impasse d'une réflexion métaphysique sur son statut ontique, et la manière dont le possible peut ainsi se dire des individus qui existent dans le monde. L'on a beaucoup et souvent insisté sur l'importance de la logique dans l'œuvre d'Ockham[3]; son refus d'entités universelles s'inscrit toutefois dans le cadre d'une pensée qui, à certains égards, et sous certains aspects, se veut métaphysique[4].

Ecrivant deux siècles après Abélard, le « vénérable débutant » connaît la physique et la métaphysique aristotéliciennes. Ockham maîtrise ainsi toute une part de la conceptualité afférente au vocabulaire de la puissance et de l'acte[5]. Il dispose dès lors des moyens théoriques de confronter les thématiques de la possibilité et de la potentialité[6]. Assurément, Ockham n'abandonne, ni ne

1. Voir C. Michon, *Nominalisme. La théorie de la signification de Guillaume d'Occam*, Paris, Vrin, 1994, p. 328-329. Sur les différents sens de la possibilité, voir *Expositio in Perihermeneias*, II, 7, OP II, 482-483 ; *Summa logicae*, II, 25, OP I, 330-332 ; il convient également de rapporter le possible à la puissance divine, absolue ou ordonnée (*Ordinatio*, I, d. 43). Sur le traitement ockhamien de la possibilité, voir A. Maurer, *The Philosophy of William of Ockham*, *op. cit.*, p. 250 *sq.*, ainsi que M. Kaufmann, « Gottes Allmacht und die Wahrheit modaler Sätze. Potentialität und Possibilität bei Wilhem von Ockham », in *Potentialität und Possibilität. Modalaussagen in der Geschichte der Metaphysik*, *op. cit.*, p. 201-217. Sur les modalités chez Ockham, notamment sa discussion de Duns Scot, voir M. Kusch, « Natural Necessity in William of Ockham », *in* S. Knuuttila, R. Työrinoja et S. Ebbesen (eds.), *Knowledge and the Sciences in Medieval Philosophy*, Helsinki, Luther Agricola Society, 1990, p. 231-239. Sur la possibilité d'autres mondes, voir A. Maurer, *Being and Knowing*, *op. cit.*, p. 383-402. Voir quelques indications dans M. Roques, *L'essentialisme de Guillaume d'Ockham*, Paris, Vrin, 2016, p. 155-157.

2. Sur ce questionnement, voir M. McCord Adams, « Ockham's Nominalism and Unreal Entities », *The Philosophical Review*, LXXXVI, 1977, p. 144-176, en part. p. 172-175.

3. Voir P. Alféri, *Guillaume d'Ockham le singulier*, *op. cit.*, en part. p. 454 *sq.* sur la subordination de la métaphysique à l'égard de la logique.

4. Ockham s'inscrit dans l'histoire de la métaphysique ; voir J. Pelletier, *William Ockham on Metaphysics*, *op. cit.* ; O. Boulnois, « Une métaphysique nominaliste est-elle possible ? Le cas d'Occam », *in* V. Carraud et S. Chauvier (éd.), *Le réalisme des universaux*, Caen, Presses Universitaires de Caen, 2013, p. 187-228 ; P. Boehner, « The Metaphysics of William Ockham », art. cit., et en outre L. M. De Rijk, « Logic and ontology in Ockham. Some notes on his view of the Categories of Being and the nature of its basic principles », *in* E. Bos et H. Krop (eds.), *Ockham and Ockhamists*, Nimègue, Ingenium Publishers, 1987, p. 25-40.

5. Voir G. Leff, *William of Ockham*, *op. cit.*, p. 573-576.

6. Ockham discute le sens à accorder à l'idée d'un être potentiel : « Sed contra : habet aliquod esse potentiale, igitur habet aliquod esse. Respondeo : habere esse potentiale non est aliud quam posse esse in materia » (*Quodlibet* II, q. 9, OT IX, 153).

récuse la conceptualité de la potentialité[1]. Dans sa *Somme de logique*, il précise ce qu'Aristote devait entendre par ce vocabulaire de l'étant en puissance, en nous invitant à nous prémunir contre tout contre-sens à ce sujet. Nous ne devons pas en effet donner une consistance ontique à ce qui n'est pas en acte, mais peut être[2]. Prétendant revenir à l'intention même d'Aristote, Ockham présente la distinction de l'*ens in potentia* et *in actu* comme renvoyant à la distinction entre une simple proposition d'inhérence et une proposition sur le mode du possible (*de possibili*)[3]. La conceptualité métaphysique de la puissance et de l'acte se voit ainsi relue dans le cadre d'une doctrine logique des propositions. Dans cette optique, l'être en puissance doit alors bien être dit au sujet de ce qui est en acte[4]. L'admission de la conceptualité de la puissance n'implique donc aucunement d'octroyer, par delà ce qui est dans la nature, une forme de consistance à ce qui simplement peut être[5].

Comment donc penser le possible ? Quelle place théorique lui accorder si on doit lui dénier toute consistance ? Une métaphysique nominaliste peut-elle faire droit au possible ? Remarquons tout d'abord comment, dans le sillage de Scot[6], Ockham adosse sa conception de l'*ens* au possible, en le définissant comme non-contradiction à être[7] : « cui non repugnat esse in rerum natura »[8]. L'idée de possible s'avère en ce sens essentielle au sein de la métaphysique

1. Ockham reprend la potentialité lorsqu'il rend compte du mouvement, *Expositio in Physicam*, III, 3, OP IV, 453. Voir A. Goddu, *The Physics of Ockham*, *op. cit.*, p. 174-175. La distinction de l'acte et de la puissance intervient aussi à propos de la distinction de l'essence et de l'existence (*Summa logicae*, III, II, 27, OP I, 553). On retrouve ce vocabulaire à l'occasion dans les traités d'Ockham ; ainsi dans l'*Ordinatio*, I, d. 26, q. 1, OT IV, 155, avec la mention de la potentialité de la matière eu égard à la forme. Il faut alors reconnaître qu'il n'y a rien de potentiel en Dieu (*Ordinatio*, I, d. 27, q. 1, OT IV, 192). De même, la distinction de l'être en puissance ou en acte a cours ; voir *Quodlibeta septem*, VI, 24, OT IX, 675.

2. *Summa logicae*, I, 38, éd. Biard, p. 114 : « Quod non est intelligendum quod aliquid quod non est in rerum natura sed potest esse sit vere ens, et aliquid aliud quod est in rerum natura sit etiam ens ».

3. « Sed Aristoteles dividendo ens in potentiam et in actum, V Metaphysicae, intendit quod hoc nomen ens de aliquo praedicatur mediante hoc verbo "est" in propositione mere de inesse, non aequivalenti propositioni de possibili, sic dicendo "Sortes est ens", "albedo est ens" ; de aliquo autem non praedicatur nisi in propositione de possibili, vel aequivalenti propositioni de possibili, sic dicendo "Antichristus potest esse ens", sive "Antichristus est ens in potentia", et sic de aliis » (*Summa logicae*, I, 38, éd. Biard, p. 114). Voir Robert Holcot (m. 1349), *Quodlibet*, III, q. 1, ad 10um dubium, éd. Streveler-Tachau, p. 71.

4. *Summa logicae*, I, 38, éd. Biard, p. 114 : « Unde vult ibidem quod ens est dicibile potestate et actu, sicut sciens et quiescens, et tamen nihil est sciens vel quiescens nisi actualiter sit sciens vel quiescens ».

5. Le *factibile* peut être appréhendé par Dieu, alors même qu'il n'est rien ; voir *Quodlibet*, VI, q. 6, OT IX, 607.

6. Sur cette continuité, voir O. Boulnois, « Une métaphysique nominaliste… », art. cit., p. 221.

7. Voir la deuxième définition du possible dans l'*Expositio in Perihermeneias*, II, chap. 7, § 6, OP II, 483 : « Alio modo dicitur "possibile" illud quod non est actu, sed sibi non repugnat esse actu ». Si le possible se pense par rapport à l'être en acte, il se détermine comme non-répugnance.

8. *Ordinatio*, I, d. 36, OT IV, 538, 540 et 545. Par opposition Ockham parle d'*esse-existere*.

ockhamienne. Pourtant, un fait ne manque pas de susciter notre étonnement : le vocable lui-même n'est pas d'emblée omniprésent. Ainsi, il n'a pas encore définitivement investi la réflexion sur la science divine. En effet, le terme même de possible n'y intervient qu'incidemment dans le traitement qui en est proposé dans le premier livre du commentaire des *Sentences* (d. 35 et 36) : il sert alors à signifier la fragilité de ce qui peut aussi bien ne pas être qu'être[1]. Lorsque la possibilité investit le questionnement, c'est plus massivement dans le cadre du traitement de la puissance divine (d. 42-43). Un chiasme se produit : si la distinction 36, qui concerne d'abord la science divine, préfère parler du *creabile* en envisageant ainsi le possible comme faisable, la distinction 43, au sujet de la puissance, met en avant la détermination intelligible du possible. Ockham souligne ainsi l'entrecroisement de la question de la puissance et de la science : ce qui est faisable est aussi bien, et peut être d'abord, pensable. Ainsi donc, le possible peut bien se dire en référence à une puissance ; ce possible se pense non pas comme ce que la puissance fait, mais comme ce que la puissance peut faire. Une telle puissance l'envisage donc comme objet de pensée (pour l'entendement), pour pouvoir en faire un objet de choix (pour la volonté). Aussi le critère de la non-contradiction s'avère-t-il déterminant.

À cet égard, la discrétion lexicale du terme dans la distinction 36 du livre I du commentaire des *Sentences*[2] ne doit pas s'interpréter comme un désintérêt théorique pour le concept. Il s'avère en réalité un élément crucial pour penser la manière dont les choses peuvent être connues par Dieu, sans pour autant être dotées d'un être propre, antérieurement à leur création. Suivons Ockham en ces pages. S'interrogeant sur la manière dont les créatures peuvent être dites en Dieu, Ockham explique que la contenance virtuelle en Dieu signifie le fait qu'une créature est produite ou peut être produite par Dieu[3]. Dans cette optique, l'*esse in* que l'on rencontre dans les Écritures[4] doit se comprendre comme un *esse ab*[5], une dépendance, cognitive ou productive : « Ista propositio : "omnia sunt in Deo" aequivalet isti, secundum intentionem Sanctorum, "omnia sunt cognita a Deo", vel isti : "omnia sunt producta vel productibilia a Deo" »[6]. Les créatures ne « sont » en Dieu qu'au sens où elles sont connues,

1. Voir *ibid.*, 559 : « Sicut est creabile est possibile esse, quia aliquando est, aliquando non est ».

2. En réponse à Guillaume d'Alnwick, Ockham fait intervenir l'expression *possibile-esse :* « esse intelligibile creaturae est possibile-esse, sicut esse creabile creaturae est possibile-esse » (*ibid.*, 556).

3. *Ibid.*, 534. De même, la proposition « être dans mon œil » signifie « être vu par mon œil » ; il convient de ne pas attribuer un statut ontique particulier à ce qui est dans la science humaine, ou en Dieu. La langue latine permet l'utilisation d'un passif, qui ne recourt pas à l'auxilaire être. Si les créatures sont connues de toute éternité par Dieu, il n'y a pas à leur octroyer un « être-connu » de toute éternité. Voir C. Michon, *Nominalisme*, *op. cit.*, p. 330. Voir aussi R. Paqué, *Le statut parisien* [1970], Paris, P.U.F., 1985, [109-110] p. 144-145, ainsi que L. Alanen, « Descartes, Duns Scotus and Ockham... », art. cit., p. 180-182.

4. Rm 11, 36.

5. *Ordinatio*, I, d. 36, OT IV, 535.

6. *Ibid.*

qu'elles sont produites, ou du moins peuvent l'être[1]. Ockham cherche donc à refuser à l'être de la créature en la science divine toute consistance ontique par soi, indépendamment de Dieu[2]. L'idée même d'un « être » intelligible en Dieu demande à être interrogée[3]. L'être représenté de la créature n'est pas une « entité positive » (*entitas positiva*)[4]; il n'est rien en ce sens (il n'a pas d'être réel), même si l'on reconnaît qu'il ne répugne pas à être[5]. Au travers de cette non-répugnance à être, la question du possible s'immisce d'une manière déterminante, quoique anonymement. Ockham reconnaît en effet la non-contradiction comme critère fondamental de ce qui est pensé par Dieu. Ainsi se mettent en place les linéaments d'une conception de l'étant comme devant d'abord être non-contradictoire, avant que de pouvoir prétendre à l'existence[6].

Les distinctions 42 et 43 n'hésitent pas à faire intervenir le possible en contrepoint de la puissance. La distinction 42 se demande ainsi : « Utrum Deus possit facere omne possibile fieri a creatura ? »[7]. Nul retour pour autant à un arrimage du possible en une puissance, en laquelle son être s'épuiserait. On va le voir en effet, l'acception du possible alors convoquée témoigne de la prédominance du critère logique de la non-contradiction[8].

1. Voir encore *Ordinatio*, I, OT IV, 536 : « creaturae non sunt in Deo nisi quia cognoscuntur a Deo, vel quia producuntur a Deo, vel saltem possunt produci ». Notons comment Ockham ajoute à l'être produit l'être simplement productible.

2. Voir *ibid.*, OT IV, 549 : « bene sequitur "Deus intelligit creaturam, igitur creatura intelligitur", non tamen oportet propter hoc quod intellectum sit reale sicut intelligens est realis ». L'être intelligible n'est précisément pas un être réel (OT IV, 549-550).

3. Sur les différents sens de l'être (exister, ne pas répugner à être, copule), voir *ibid.*, OT IV, 538.

4. *Ibid.*, OT IV, 546.

5. *Ibid.*, OT IV, 547 ; Ockham distingue deux sens de *nihil*, ce qui n'a pas d'être réel, ce qui non seulement n'a pas d'être réel, mais répugne à être réellement.

6. Conjointement à ce refus de toute consistance ontique de l'être pensé par Dieu, Ockham refuse la distinction réelle de l'essence et de l'existence. Voir *Summa logicae*, III, II, 27, OP I, 553-555 ; voir aussi, à propos des anges, *Quodlibet* II, q. 7, OT IX, 145 : « nec essentia est separabilis ab existentia nec econverso, licet utraque partis istius contradictionis esse / non esse possit successive praedicari tam de essentia quam de existentia ». Voir P. Alféri, *Guillaume d'Ockham le singulier*, *op. cit.*, p. 67 *sq.* ainsi que P. Boehner, « The Metaphysics of William Ockham », art. cit., p. 75-84.

7. *Ordinatio*, I, d. 36, OT IV, 610.

8. Rappelant la distinction de la puissance ordonnée et de la puissance absolue, Ockham distingue deux sens de *posse :* selon les lois ordonnées et instituées par Dieu ou comme pouvoir de faire ce qui n'implique pas contradiction (« pro posse facere omne illud quod non includit contradictionem » ; voir *Quodlibet* VI, q. 1, OT IX, 586). La puissance absolue de Dieu peut tout ce qui est non-contradictoire. Voir *Quodlibet* VI, q. 6, OT IX, 604 : « quodlibet est divinae potentiae attribuendum quod non includit manifestam contradictionem ». Cf. *Ordinatio*, I, d. 20, OT IV, 36 : « omnipotentia (...) non respicit omne illud quod non includit contradictionem (...), quia non potest efficere Deum. Omnipotens tamen potest efficere omne factibile quod non includit contradictionem, et omne aliud a Deo quod non includit contradictionem ». Voir en outre la note apposée dans le mns BNF, lat. 15904, f. 173v (I, d. 42), éditée dans l'apparat critique, OT IX, 611.

Dans le sillage de la réflexion sur l'être intelligible de la créature de la distinction 36 [1], la distinction 43 refuse alors de faire de la possibilité une quelconque propriété qui inhérerait à la créature : « "esse possibile" convenit creaturae ex se, non realiter tanquam aliquid sibi inhaerens, sed vere est possibilis ex se, sicut homo ex se est non asinus » [2]. Par opposition aux prédicats réellement ou actuellement [3] inhérents, que la créature tient de Dieu comme d'un principe, la possibilité, qui n'est quant à elle rien de réel, se dit par soi de la créature. Cette possibilité n'est donc pas « quelque chose » en la créature, mais elle se décrit comme le fait qu'une chose puisse être dans la nature : « creatura est possibilis non propter aliquid quod sibi conveniat, sed quia potest esse in rerum natura » [4].

Si le possible n'est pas un être réel, il est loisible de faire droit à une possibilité comme pouvoir être, ou non-contradiction à être. Par delà l'attention au *creabile*, ou au *factibile*, qui considère le possible comme pouvant être effectué, il convient donc de s'attacher au critère logique de la non-contradiction à être [5]. Sans octroyer de consistance à des *entia possibilia*, Ockham s'attache donc, conjointement à la détermination du possible par la puissance, à sa détermination intellective; il peut dès lors lui reconnaître une place de choix dans sa logique des propositions [6], à défaut d'y voir une quelconque réalité ou entité positive.

Ainsi donc, le possible ne doit pas d'abord se dire à partir de la puissance (divine), mais d'abord comme non-contradictoire. William Chatton (m. 1343) témoigne d'une manière remarquable du basculement qui s'est désormais opéré : « ad hoc quod lapis sit possibilis, non sufficit potentiam Dei existere, (...) sed ultra hoc requiritur quod lapidi non repugnet produci » [7]. L'interprétation dynamique du possible se voit supplantée par son acception logique. Le critère logique de la non-contradiction à exister pourra dès lors être amené à délimiter le domaine de l'étant (*ens*) [8], et à l'emporter sur la division de l'étant en acte et puissance [9].

1. A. de Muralt, « La toute-puissance divine, le possible et la non-contradiction. Le principe de l'intelligibilité chez Occam », *Revue Philosophique de Louvain*, LXXXIV, 1986, p. 345-363, en part. p. 349, note le parallèle entre la question du possible et celle de l'être intelligible.

2. *Ordinatio*, I, d. 43, q. 2, OT IV, 649-650.

3. Ockham fait appel à l'actualité à côté de la réalité pour présenter ces prédicats : « quando sunt in actu et realiter » (*ibid.*, OT IV, 649).

4. *Ibid.*, OT IV, 650. Voir A. de Muralt, « La toute-puissance divine... », art. cit., p. 349-350 ; C. Michon, *Nominalisme*, *op. cit.*, p. 329.

5. Voir J. Pelletier, *William Ockham on Metaphysics*, *op. cit.*, p. 125-126.

6. Nos propositions supposent la reconnaissance du possible. Voir C. Michon, *Nominalisme*, *op. cit.*, p. 324 *sq.*

7. *Reportatio super Sententias*, I, d. 36, q. un., art. 2, éd. Wey-Etzkorn, p. 332.

8. Ainsi peut-on reconnaître un *esse ab aeterno* de la pierre, qui, à la différence de la chimère, ne répugne pas à exister ; voir *Reportatio super Sententias*, I, d. 43, art. 4, éd. Wey-Etzkorn, p. 426.

9. Voir le développement sur la manière de faire droit à la *potentia objectiva*, *ibid.*, art. 3, éd. Wey-Etzkorn, p. 424 : « aut intelligis per potentiam objectivam quod verum ab aeterno dicere

TOUTE-PUISSANCE DIVINE ET SCIENCE HUMAINE

Si la distinction de l'acte et de la puissance perdure au XIVe siècle (l'omniprésence de l'œuvre aristotélicienne l'impose assurément), elle semble avoir perdu une part de sa fécondité. Comme on va le voir, le traitement métaphysique du possible s'accompagne d'une modification en profondeur de la manière dont l'activité scientifique se conçoit. Jean Buridan (m. 1361) [1], qui fut longtemps maître à la faculté des arts de l'université de Paris, et en fut même un temps le recteur, nous permet en premier lieu de confirmer l'émergence du possible en lieu et la place de la puissance en son acception aristotélicienne. Il ratifie en second lieu le primat de la détermination logique ou cogitative du possible. En outre, il nous fait voir comment le possible, ainsi entendu en son acception cognitive, ne se laisse pas seulement appréhender comme objet de la science divine, mais tout aussi bien comme objet pour la science humaine. Notre maître artien nous invite donc à nous interroger sur la *scientia* et son objet. Si la science doit s'appuyer sur des observations (Buridan gravit ainsi le Mont-Ventoux pour des expérimentations météorologiques), elle ne s'y cantonne pas, et se propose d'envisager tout aussi bien ce qui pourrait être. Buridan peut bien affirmer fermement que la visée de la science est la *res* elle-même (plutôt que le complexe signifiable), l'usage et l'interprétation qu'il effectue du possible le présente comme objet de science. En un mot, si la visée de la science est, pour le philosophe de Béthune, la *res ipsa*, il ne s'agit donc pas de s'arrêter à l'existant, mais tout aussi bien d'examiner le possible.

Notons tout d'abord comment, dans une lignée clairement ouverte par Ockham [2], le couple aristotélicien de la puissance et de l'acte est réinterprété à l'aide des verbes « pouvoir » et « être » [3]. Ainsi, lorsque Buridan tombe sur cette distinction dans ses *Questions sur la Physique*, il y voit la distinction entre être

quod nulla erat contradictio lapidem esse, et isto modo intelligendo, necessarium est ponere potentiam objectivam. Si velis habere plus, nego » ; si Aristote affirme l'ordination de la puissance à l'acte, il ne faut pas y voir la position *ab aeterno* d'une chose (*res*) qui serait ordonnée à l'acte.

1. Concernant les principales positions métaphysiques de Buridan, et son inscription dans le contexte intellectuel des XIIIe et XIVe siècles, voir A. Ghisalberti, *Giovanni Buridano, op. cit.*

2. Sur la diffusion de la pensée ockhamiste à Paris, voir entre autres W. J. Courtenay, « The Debate over Ockham's Physical Theories at Paris », *in* S. Caroti et P. Souffrin (éd.), *La nouvelle physique du XIVe siècle*, Florence, Olschki, 1997, p. 45-63. Voir aussi E. A. Moody, « Ockham, Buridan, and Nicholas of Autrecourt », in *Studies in Medieval Philosophy, op. cit.*

3. Voir Ockham, *Expositio in Physicam*, III, 3, OP IV, 452 : « (...) unumquodque eorum de aliquo praedicatur actualiter, hoc est per hoc verbum "est", et de aliquo potentialiter, hoc est per hoc verbum "potest" vel per aliquid aequivalens ». Dans cette perspective, ce qui n'est pas en acte n'est pas : « omne ens est in actu, et nullum ens est in potentia. Unde quando Sortes non est actualiter exsistens, Sortes non est ens, quia haec est falsa : "Sortes est ens", Sorte non exsistente » (III, chap. 2, n. 1, OP IV, 415). Sur ce geste d'Ockham, voir J. Biard, « Le statut du mouvement dans la philosophie naturelle buridanienne », in *La Nouvelle Physique au XIVe siècle, op. cit.*, p. 141-159, en part. p. 145-147.

(*esse*) et pouvoir (*posse*)[1] : « per "esse" intelligimus esse in actu (...); et per "posse esse" intelligimus esse in potentia »[2]. De même voit-on son disciple Albert de Saxe expliquer le verbe *potest*, opposé à *est* (« hoc est calidum »), en recourant à l'être en puissance : « hoc idem est in potentia esse frigidum seu hoc potest esse frigidum »[3]. Le pouvoir, qui relaye l'être-en-puissance, ne se présente plus comme une modalité ontique. L'être est tout entier assumé par l'être-en-acte, sans qu'il n'y ait alors plus besoin de préciser cette actualité.

À la suite d'Ockham, Buridan[4] refuse ainsi d'octroyer toute forme d'être à l'être-en-puissance. Revenant, dans ses *Sophismata*, sur la proposition « L'Antéchrist est », Buridan admet que l'on peut lui reconnaître d'être intelligible, ce qui ne revient pas à dire qu'il est : « intelligible » doit se prendre comme nom d'une puissance[5], au sens de ce qui peut être[6]. On admettra donc que l'Antéchrist est en puissance, en entendant par là le fait qu'il peut être, mais non au sens où il serait dans une certaine chose appelée puissance (« in aliqua re quae vocetur potentia »)[7]. Ainsi donc, il convient de ne pas se laisser abuser par l'expression être en puissance quand bien même il y est fait recours; l'être en puissance se voit dénué de tout mode d'être. Il est remarquable qu'une telle révision de l'être-en-puissance retienne sa dimension intelligible. Ce qui peut être se donne désormais à penser comme un possible objet de science. Buridan peut alors relire le concept de puissance en y voyant non une carence d'acte, mais une non-répugnance à être ou ne pas être[8].

1. Voir aussi les *Quaestiones in Ethicam*, III, q. 1, f. 48va, où « li potest » se laisse expliquer comme *in potentia*. Sur ce texte, voir R. Saarinen, *Weakness of the Will*, p. 161 *sq*.

2. *Quaestiones in Physicam*, III, q. 10, f. 53va ; Voir J. Biard, *Science et nature*, *op. cit.*, p. 324. Voir aussi *Lectura Erfordiensis in Metaphysicam*, q. 24A, n. 635, éd. De Rijk, p. 148 : « (...) mediante hoc verbo "est" et sic pertinet ad actum, vel mediante hoc verbo "potest" et sic pertinet ad potentiam ».

3. *Expositio in Physicam*, III, trad. I, chap. 2, éd. Patar, p. 120. Voir encore III, trad. I, chap. 1, éd. Patar, p. 116 : « Notandum est quod Aristoteles per hoc non vult quod aliud sit ens quod sit in potentia et aliud quod sit in actu, sed intentio sua est quod praedicabilia tam substantialia quam accidentalia sunt verificabilia de aliquibus mediante hoc verbo "potest" cum hoc verbo "esse" et de aliquibus mediante hoc verbo "est". »

4. Sur l'importance et l'influence de Buridan sur la conceptualité du XIVe siècle, voir J. M. M. H. Thijssen, « The Buridan School Reassessed », art. cit.

5. *Sophismata*, V, 3, f. 55va : « hoc praedicatum intelligibilis est nomen potentiae »

6. *Ibid.* : « supponit pro eo quod potest esse, licet non sit ».

7. *Ibid.*, f. 55vb.

8. Voir *Quaestiones in De caelo*, I, q. 26, éd. Patar, p. 379 : « Et etiam oportet uti isto nomine potentia, sive ad esse sive ad non esse, non prout potentia connotat carentiam actus, sed pro non repugnantia essendi aut non essendi ». Aristote comprend la puissance comme carence d'acte, constate Buridan dans l'*Expositio in De Caelo*, I, tr. IV, chap. 3, éd. Patar, p. 79. Cf. *Quaestiones in De Caelo*, I, q. 23, éd. Patar, p. 360-361 : « (...) nos loquimur hic de potentia proprie dicta, scilicet prout hoc nomen potentia connotat carentiam actus. Ita quod non dicamus aliquem esse in potentia ad sedere quando sedet, nec ad non sedere quando non sedet ». La puissance n'est alors pas puissance des contraires, dès lors que l'un des deux est actualisé. Si la puissance est au sens propre carence d'acte, Buridan reconnaît un autre usage du terme. Il n'hésite pas à recouvrir le vocabulaire aristotélicien de la puissance par celui de la possibilité, et à faire émerger l'idée de

La conceptualité aristotélicienne de la puissance est dès lors relayée par celle de la possibilité[1]. Ainsi Buridan, commentant Aristote, redouble-t-il régulièrement la puissance par le possible : « potentia vel possibilitas, potens vel possibile vel ens in potentia ex eo quod potest esse... »[2]. Se demandant en effet « utrum materia sit potentia ad formam generandam »[3], le maître picard recourt au domaine de la possibilité lorsqu'il oriente la question selon une perspective logique, celle de la doctrine des propositions : le possible et l'impossible se disent en effet d'une manière appropriée de propositions[4]. On distinguera ainsi les propositions nécessaires, possibles et contingentes, et on reconnaîtra que le possible regroupe les propositions nécessaires et contingentes[5]. Le vocabulaire de la possibilité, ainsi introduit dans la réflexion, est alors maintenu à côté de celui de la puissance, et s'entend, soit en référence à une puissance, passive ou active, soit en référence aux propositions : « Et videtur Commentari et forte Aristoteli quod huiusmodi potentia vel possibile dicitur secundum attributionem ad potentiam activam vel passivam. (...) Vel etiam potest dici quod huiusmodi potentia vel possibile dicitur secundum attributionem ad possibilitatem propositionibus attributam »[6]. Ainsi l'Antéchrist est-il possible ou en puissance, au sens où une puissance active (Dieu) pourrait le produire et où un sujet ou une matière pourrait recevoir sa forme, mais aussi au sens où l'on peut former une telle proposition. Ces deux sens ne doivent toutefois pas être radicalement disjoints : « haec propositio : "Antichristus est" non est possibilis nisi propter illam potentiam quae potest ipsum producere »[7].

non-répugnance : « Saepe enim utimur potentia vel possibili magis communiter prout se extendit tam ad contingens quam ad necessarium, et tam ad illud quod est quam ad illud quod non est, cuit amen non repugnat esse ». *Cf.* Albert de Saxe, *Quaestiones in De caelo*, I, q. 19, éd. Patar, p. 227 : « (...) oportet uti isto termino "potest" sive ad esse sie ad non esse non prout "potest" connotat carentiam alicuius actus, sed pro non repugnantia actus essendi vel non essendi ».

1. Citons, outre les physiciens de Paris, un calculateur d'Oxford, Thomas Bradwardine (m. 1349) : « duplex est potentia, possibilitas, seu potestas, scilicet praecedens et sequens » (*De causa Dei*, III, chap. 52, p. 837C). Les variations lexicales sont significatives. La possibilité garde en elle l'idée de puissance. Ainsi Thomas Bradwardine s'interroge-t-il sur la manière dont un futur peut être possible s'il n'a pas d'être, donc de puissance ; il faut alors recourir à un être présent qui le fasse être : « Omne enim possibile aliqua potentia est possibile ; sed nullum futurum habet aliquod esse, ergo nec aliquam potentiam. Nullum ergo futurum est possibile esse nisi quia aliquod praesens potest facere illud esse » (*De causa Dei*, I, chap. 10, p. 209B). Le néant ontique du futur se voit pallié par une possibilité qui s'appuie sur la puissance présente effectuante d'un autre. Sur le projet « mertonien », et sa proximité et différence par rapport à la physique parisienne, voir H. Hugonnard-Roche, « Logique modale et science médiévale », *Medioevo*, XXIX, 2004, p. 15-42, en part. p. 40.

2. *Quaestiones in Physicam*, I, q. 22, éd. Streijger-Bakker, p. 221.

3. Tel est le titre de cette question 22 (*ibid.*, p. 217).

4. « Sed iterum alio modo, sicut tangit Aristoteles quinto Metaphysicae, dicitur possibile vel impossibile prout haec nomina appropriate conveniunt propositionibus » (*ibid.*, p. 221).

5. *Ibid.*

6. *Ibid.*, p. 221-222. Buridan reprend les dens sens de la puissance de *Métaphysique*, Δ, 12.

7. *Ibid.*, p. 222.

La détermination propositionnelle du possible demeure ainsi étroitement associée à sa détermination à partir d'une puissance, comprise comme puissance de faire [1].

Discrètement, Buridan établit ce faisant, nous semble-t-il, un point essentiel concernant le possible. Si la puissance, ou potentialité, pouvait d'abord être référée à la matière, le recouvrement buridanien de la puissance par le possible vise au contraire à l'évincer [2]. La puissance ou possibilité se dit de ce qui peut être objet d'une proposition, parce qu'il est rapporté à une puissance de faire. La détermination logique du possible s'appuie ainsi sur la promotion de la puissance active [3]. Le possible se présente comme pensable, parce qu'il est aussi

1. La même attention à une puissance au fondement du possible se rencontre chez Bradwardine ; celui-ci fait de Dieu la « cause » de la possibilité : « Nulla ergo est possibilitas, aut causa possibilitatis est in futuris, sed in praesentibus, et prima et summa omnium causarum et possibilitatum seu potentiarum prasentium est in Deo. Eadem quoque est causa possibilitatis futurorum nunc, sicut ante mundum ; sed tunc fuerat solus Deus » (*De causa Dei*, I, chap. 10, p. 209B). Et Bradwardine, après s'être appuyé sur l'autorité d'Anselme (*De casu diaboli*, XII ; *Cur Deus homo*, I, 17), de proposer le corollaire suivant : « Si Deus esse desineret, nihil esset praeteritum nec futurum, verum nec falsum, possibile vel impossibile, necessarium vel contingens... » (*ibid.*, p. 209E) ; voir *De causa Dei*, I, chap. 22, p. 236D : « Quidquid qualitercunque est praesens, praeteritum vel futurum, verum vel falsum, possibile vel impossibile, necessarium vel contingens, Deus vult illud sic esse ». À l'encontre de Scot, Bradwardine tient que, si Dieu n'existait pas, il n'y aurait plus de possible. Voir G. Leff, *Bradwardine and the Pelagians*, Cambridge, CUP, 1957, p. 38-47. L'idée a été rapprochée de Descartes ; Bradwardine ne soutient toutefois pas une création des vérités éternelles ; voir G. Frost, « Thomas Bradwardine on God and the Foundations of Modality », *British Journal for the History of Philosophy*, 2012, p. 368-380. Le possible est un trait parmi d'autres des choses, dont la possession ou non possession dépend de Dieu et de sa volonté ; Bradwardine met l'accent sur la dépendance de tout ce qui est, en ce qu'il est, envers Dieu. Voir *De causa Dei*, III, chap. 2, p. 647A-E. Le contradicteur de Bradwardine, Thomas Buckingham, affirme une priorité naturelle du principe de non-contradiction : « prius naturaliter est impossibile contradictoria esse simul vera quam impossibile est Deum velle contradictoria esse simul vera » (*De contingentia futurorum*, concl. XI, éd. De la Torre, p. 328) ; en causant l'une des possibilités, Dieu est cause de l'impossibilité de l'autre.

2. Buridan, comme les autres physiciens du XIVe siècle, ne méconnait pas pour autant la matière. Dans l'ordre de la nature, il convient de reconnaître un substrat : une forme n'est pas faite seulement d'un sujet, mais dans ce sujet (*In Physicam*, I, q. 15, p. 155) ; voir R. Pasnau, *Metaphysical Themes*, *op. cit.*, p. 23. Oresme découvre un désir, une *inclinatio*, de la matière vers la forme, conjointement à une forme de *turpitudo* ; voir Z. Bosemberg, « Nicole Oresme et Robert Grosseteste. La conception dynamique de la matière », *in* S. Caroti et J. Celeyrette (éd.), *Quia inter Doctores est Magna Dissensio*, Florence, Olschki, 2004, p. 119-133.

3. Chez Bradwardine, la puissance absolue divine porte sur tout ce qui est non-contradictoire : « Potentia enim nude et absolute considerata est potentia activa quatenus praecedit actum, nec limitatur aut determinatur per aliquid. Potentia vero absoluta seu non repugnantiae dici potest, qua possibile dicitur quidquid contradictionem et repugnantiam formaliter non includit in consequentia bona simpliciter et formali » (*De causa Dei*, III, chap. 52, p. 837C-D). Cette *potentia absoluta et non repugnantiae*, au fondement des possibles, permet l'*ars obligatoria* des Logiciens ; il s'y agit de s'appuyer sur une hypothèse, et d'examiner les conséquences ; voir J.-F. Genest, *Prédétermination et liberté créée à Oxford au XIVe siècle*, Paris, Vrin, 1992, p. 80. Sur ce possible comme non-contradictoire, voir encore *De causa Dei*, I, chap. 1, p. 2A, qui retient la détermination suivante du possible : « quod per se et formaliter contradictionem seu repugnantiam non

appréhendé comme ce qui peut être fait, quand la matière marquait un défaut d'intelligibilité. Ainsi donc, Buridan peut-il à la fois s'attacher à la toute-puissance divine, au fondement de tout ce qui est, et voir dans le possible un objet de science [1].

1) Le possible se laisse en premier lieu aborder sous l'angle de la toute-puissance : la puissance divine invite en effet à déplacer les limites du possible, et à ne pas se restreindre au possible naturel comme pouvait le faire Aristote [2]. Que le feu ne soit pas chaud devient envisageable en vertu de la puissance divine : « (...) sic esset nobis evidentia quod omnis ignis est calidus et quod caelum movetur, licet contrarium sit possibile per potentiam Dei » [3]. À cet égard, Buridan va jusqu'à proposer une mise à l'épreuve du principe de non-

includit » ; une telle détermination s'accommode d'une logique qui envisage les conséquences ; voir C. J. Martin, « Bradwardine and the Use of *Positio* as a test of Possibility », *in* S. Knuuttila, R. Työrinoja et S. Ebbesen (eds.), *Knowledge and the Sciences in Medieval Philosophy*, Helsinki, Luther Agricola Society, 1990, p. 574-585.

1. Sur le recours à la toute-puissance divine lors de l'élaboration de la science (chez Buridan ou encore Oresme), voir L. Bianchi, « *Potentia Dei absoluta* : logique de la découverte ou rhétorique de l'argumentation scientifique », in *Knowledge and the Sciences in Medieval Philosophy, op. cit.*, p. 138-145, qui se demande s'il ne faudrait pas y voir d'abord un effet rhétorique.

2. Voir *Quaestiones in De caelo*, I, q. 15, éd. Patar, p. 307 : « hoc non est simpliciter impossibile, quia est possibile per potentiam divinam ». Aristote en serait resté à une attention au possible naturel, sans démontrer une impossibilité absolue : « Sed quando dicitur quod Aristoteles reputavit talem dimensionem separatam, vel talem penetrationem dimensionum, esse impossibilem, potest dici quod ipse reputavit et probavit illam non esse possibilem per potentiam naturalem, sed nunquam probavit nec potuit probare quod esset simpliciter impossibilis » (*ibid.*). Cf. *ibid.*, q. 16, éd. Patar, p. 312-314. Buridan suggère que la distinction de ces deux sens du possible trouve ses racines chez Aristote lui-même ; voir *Quaestiones in Physicam*, VII, q. 3, éd. de 1509, f. 105rb : « et haec omnia credidit non esse possibilia secundum potentias naturales, sed non alibi posuit haec omnia tanquam simpliciter possibilia. (...). Haec omnia sunt simpliciter possibilia per potentiam divinam. ». Voir S. Knuuttila, « Necessities in Buridan's Natural Philosophy », *in* J. M. M. H. Thijssen et J. Zupko (eds.), *The Metaphysics and Natural Philosophy of John Buridan*, Leiden-Boston-Cologne, Brill, 2001, p. 65-76, en part. p. 69-70, ou encore « On the History of Theory of Modality as Alternativeness », in *Potentialität und Possibilität. Modalaussagen in der Geschichte der Metaphysik*, *op. cit.*, p. 219-236, en part. p. 222-223. Sur la nouvelle conception du possible que rend possible son arrimage à la puissance divine, voir H. Hugonnard-Roche, « Logique modale et science médiévale », art. cit., p. 25-26. On oppose le surnaturel et le naturel ; ainsi le ciel est créé *supernaturaliter*, et semblablement annihilable, mais, *naturaliter*, il n'est ni engendrable ni corruptible (*Quaestiones in De Caelo*, I, 10, éd. Patar, p. 278) ; cf. *Quaestiones in Physicam*, II, 13, éd. Steijger-Bakker, p. 339-340. Contre certaines réticences d'Averroès, Buridan fait des hypothèses manifestement impossibles, voir T. Kukkonen, « "The impossible, insofar as it is possible"... », art. cit., p. 460-461.

3. *Quaestiones in Metaphysicam*, II, q. 1, f. 8vb-9ra ; voir encore *ibid.*, f. 8vb : « sic esset firma veritas quod caelum movetur, quod ignis est calidus, et sic de aliis propositionibus et communibus sientiae naturalis, non obstante quod Deus posset sic facere ignum frigidum, et sic falsificabitur ista "omnis ignis est calidus" ». L'évidence à l'endroit du cours ordinaire de la nature n'implique pas l'affirmation de la nécessité essentielle de cet ordre de la nature, voir J. Biard, « The Natural Order in John Buridan », *in* J. M. M. H. Thijssen et J. Zupko (eds), *The Metaphysics and Natural Philosophy of John Buridan*, Leiden-Boston-Cologne, Brill, 2001, p. 77-95, en part. p. 91.

contradiction en demandant à des « petites vieilles » si elles peuvent en même temps manger et ne pas manger; l'argument de la toute-puissance divine semble pouvoir mettre en branle la fermeté initiale de leur adhésion à ce principe : « vos scitis quod Deus est omnipotens, ipse potest totum mundum annihilare, creditis ne ergo quod Deus potest facere quod simul comederetis, et non comederetis. Responderunt : nescio »[1]. Aussi manifeste qu'il pouvait de prime abord apparaître, le principe de non-contradiction se fait, pour la « petite vieille », vacillant[2]. La toute-puissance divine apparaît ainsi en mesure de mettre à mal certaines des connaissances naturellement les plus évidentes : « circa tales propositiones evidentes intellectus posset decipi per causam supernaturalem, quia Deus posset facere ignem sine caliditate, et posset facere in sensu meo et concervare speciem sensitivam sine obiecto; et ita per istam evidentiam tu iudicares ac si obiectum esset praesens, et iudicares falsum »[3]. Ne devons-nous pas craindre une tromperie divine ?

Pas plus chez Ockham[4] que chez Buridan, la toute-puissance ne doit en réalité nous amener à un quelconque scepticisme[5]; elle s'avère en réalité, pour notre maître ès arts, un outil théorique majeur[6]. Celui-ci s'appuie sur certains articles de la condamnation de 1277[7]. Le traitement de la toute-puissance doit être laissé de côté « quia hoc non est naturale »[8]; reste que la toute-puissance permet de former des hypothèses, en métaphysique ou en physique[9].

2) La foi en la toute-puissance divine n'interdit pas l'élaboration d'une science humaine[10]. Il est à cet égard légitime de se fier à l'évidence, dans le

1. *Quaestiones in Ethicam*, VI, q. 11, f. 160vb. Sur ces discussions avec les petites vieilles, voir L. Bianchi et E. Randi, *Vérités dissonantes*, *op. cit.*, p. 123-129 ; J. Zupko, « On Certitude », in *The Metaphysics and Natural Philosophy of John Buridan*, *op. cit.*, p. 165-182, en part. p. 177-178. *Cf.* Pierre d'Ailly, *Quaestiones super Sententias*, 1a q. circa prologum, a. 3, éd. Brinzei, p. 233 ; le doute sur l'impossibilité de la quadrature du cercle n'est pas remise en question de l'exigence de non-contradiction.

2. Voir *Quaestiones in Metaphysicam*, II, 2, f. 9vb : « Unde quamvis nullus mente negaret primum principium, tu potes de eo habere formidinem » ; et *ibid.*, IV, 12, f. 21vb.

3. *Quaestiones in libros Analyticorum Posteriorum*, I, q. 2.

4. Voir V. Leppin, « Does Ockham's Concept of Divine Power Threaten Man's Certainty in His Knowledge of the World ? », *Franciscan Studies*, LV, 1998, p. 169-180.

5. La toute-puissance amène une forme de scepticisme chez certains ockhamistes, voir E. Dolnikowski, *Thomas Brawardine*, *op. cit.*, p. 217 *sq.* (à propos de Thomas Buckingham), ainsi que G. Leff, *Bradwardine and the Pelagians*, *op. cit.*, p. 211 *sq.* Sur la réponse de Buridan à Nicolas d'Autrecourt, voir J. Zupko, *John Buridan*, *op. cit.*, p. 183 *sq.*

6. Voir J. Biard, *Science et nature*, *op. cit.*, p. 356-357.

7. Voir L. Bianchi, *Censure et liberté intellectuelle*, *op. cit.*, p. 210.

8. Voir *Quaestiones in Metaphysicam*, IV, q. 12, f. 21vb ; Buridan ne se prononce pas quant à la puissance absolue : « ego nescio quid sit de illa potentia absoluta quantum ad propositum ».

9. On s'intéressera au *communis cursus naturae*, par opposition au *casus supernaturalis*. Voir J. Biard, « The Natural Order in John Buridan », art. cit., p. 79-80.

10. Buridan s'attache au cours naturel des choses, indépendamment du surnaturel (« circumscripto casu supernaturali », comme disent les *Quaestiones in Metaphysicam*, V, q. 2, f. 27va-b, à propos de la proposition « asinus est animal »). ; voir aussi les *Quaestiones in Physicam*, II, q. 13,

domaine pratique comme dans le domaine théorique [1] : ce feu est chaud, on le sent tel [2]. La science démonstrative [3] se constitue à partir de principes fermes et évidents [4]. On donnera ainsi notre assentiment aux propositions *per se notae*, comme le fait que quelque chose est, qu'un homme est un animal, que la blancheur est une couleur, qu'une même chose ne peut à la fois être et ne pas être, que rien de rationnel n'est irrationnel, … [5]. La doctrine de la science suppose ainsi le principe de non-contradiction selon lequel « idem simul esse et non esse eidem est impossibile » [6]. La science exclut d'emblée l'impossible, pris au sens du contradictoire, pour se focaliser sur le possible.

Le domaine de la possibilité qu'envisage la science découvre dès lors une forme de nécessité par delà la contingence de ce qui existe dans le monde :

> dico quod demonstratio debet esse ex necessariis, id est ex praemissis necessariis et conclusionibus, eo modo quo conclusio uocatur « necessaria », et etiam ex incorruptibilibus, quia necessarium est incorruptibile eo modo quo est necessarium (…). Tamen res significatae per terminos conclusionum demonstrabilium possunt esse corruptibiles et contingentes in essendo [7].

Une nouvelle articulation de la possibilité et de la contingence se découvre ici. Ce qui est dans le monde est « contingent » au sens où l'on peut reconnaître qu'il est « possible » qu'il soit autrement : « omnia praeter Deum sunt mutabilia, et per consequens possibilia aliter se habere » [8]. La science doit cependant pouvoir rendre compte de ces choses naturelles, telles les éclipses [9].

éd. Steijger-Bakker, p. 342, qui envisage le mode naturel, « sine miraculo speciali, et non ponerentur alia agentia libere voluntatis ». La nécessité naturelle n'implique pas le refus de la contingence des existants, mais concerne l'ordre des consécutions ; voir J. Biard, *Science et nature, op. cit.*, p. 79-80.

1. Voir J. Zupko, « On Certitude », art. cit.

2. Voir *Quaestiones in libros Analyticorum Posteriorum*, II, q. 20 : « Unus modus est per actualem sensum, sicut quod iste ignis est calidus : hoc enim est tibi evidens quando sentis ipsum ; ita similiter quod Iacobus scribit quando Iacobum vides scribere, etc sic de pluribus aliis. Et non obstante quod tales propositiones sunt contingentes et singulares, et per consequens quod non sunt principia in demonstratione nec intrant scientias demonstrativas, tamen habent locum in artibus et in prudentia ».

3. Il peut y avoir une science démonstrative à propos des choses du monde, corruptibles et contingentes, voir *Quaestiones in libros Analyticorum Posteriorum*, I, q. 1 : « de omnibus rebus habetur scientia tam per physicam quam per metaphysicam, et, per consequens, de demonstrationibus ».

4. Elle ne peut porter sur le contingent et le singulier, comme tels ; voir encore *Quaestiones in Metaphysicam*, I, q. 2, f. 11va.

5. *Quaestiones in libros Analyticorum Posteriorum*, II, q. 11 : « verbi gratia quod aliquid est, quod homo est animal, quod albedo est color, quod idem non contingit simul esse et non inesse, quod nullum rationale est irrationale, et sic de plurimis aliis ».

6. Voir *Summulae Logicae* III, 5, 2, p. 117 ; voir J. Biard, *Science et nature, op. cit.*, p. 185-188.

7. *Quaestiones in libros Analyticorum Posteriorum*, I, q. 1.

8. *Ibid.*, I, q. 15.

9. *Ibid.* : « Item, multae scientiae de naturalibus sunt, et tamen sunt generabiles et corruptibiles, quia possibilia sunt aliter se habere : nam de eclipsibus sunt scientiae demonstratiuae ;

La nécessité, requise pour la constitution d'une science démonstrative[1], sera dès lors une nécessité logique, celle de l'enchaînement des propositions[2]. Cette nécessité laisse une place pour les *possibilia aliter se habere*, et permet ainsi de faire droit à la contingence de ce qui est dans le monde[3].

Si ce qui est est contingent, la science ne portera pas d'abord sur ce qui est effectivement, mais sur ce qu'il est possible d'être[4]. C'est par le biais du possible que la science peut envisager le contingent[5].

Deux points demandent ici à être précisés.

1) Assurément, la science doit *in fine* porter sur ce qui est[6], singulièrement, dans le monde : « omnis scientia est de rebus singulariter existentibus; immo omnis res de mundo singulariter existit »[7]. À la suite d'Ockham, Buridan insiste donc fermement sur la singularité de l'existant[8]. La *res* est singulière, et il ne faut pas admettre d'universaux réellement distincts des singuliers[9]. Dès lors, à qui argumenterait que l'âne assoiffé ne veut pas d'une manière déterminée telle eau, ou telle eau, une eau singulière (*aquam singularem*), mais de l'eau en général, l'eau commune (*aqua communis*)[10], l'on peut répondre qu'il veut « omnem aquam » en un sens disjonctif (cette eau-ci ou celle-là), et non

tamen huius modi eclipses non sunt perpetuae, nec secundum indiuiduum nec secundum species ».

1. Pour Aristote, la science est science du nécessaire. Voir *Ethique à Nicomaque*, VI, 3, 1139b19-21. L'idée est devenue proverbiale ; voir *Auctoritates Aristotelis*, éd. Hamesse, p. 240 : « Scientia est de hiis quae non possunt se aliter se habere, id est de aeternis ».

2. Voir J. Biard, *Science et nature, op. cit.*, p. 70-74.

3. Les *Quaestiones super Perihermeneias* reconnaissent, suivant la théologie et la foi, que « multa non eveniant quae possunt evenire » et « multa eveniant quae non est necesse evenire » (I, q. 11, p. 52) ; il s'agissait de reconnaître une « puissance libre ». Sur cette attention à la liberté, voir J. Biard, *Science et nature, op. cit.*, p. 75 *sq.* ; J. Zupko, *John Buridan, op. cit.*, p. 243-270 ; G. Krieger, *Der Begriff der praktischen Vernunft..., op. cit.*, p. 46-208.

4. Semblablement, Buridan propose une logique qui s'affranchit de la condition d'existence ; une proposition singulière peut être vraie si le sujet n'est plus, ou s'il n'est pas mais peut être ; voir *Consequentiae*, I, 1, éd. Hubien, p. 17. Voir J. Vuillemin, *Nécessité ou contingence*, p. 239 *sq.*

5. La science doit être ouverte sur le contingent ; voir *Summulae logicae*, VIII, 5, 3, p. 123. Voir J. Biard, *Science et nature, op. cit.*, p. 85-88. Buridan reconnaît une tension : au premier sens du terme, il n'y a pas de science des choses extérieures (*de rebus extra animam*), mais il y a science de propositions vraies et nécessaires ; en un second sens toutefois, la science se laisse rapporter à toutes les choses du monde (*de omnibus rebus mundi*), pour autant qu'elles peuvent être désignées par des propositions démontrables (*Quaestiones in Metaphysicam*, VI, q. 3, f. 34) ; voir aussi *Quaestiones in Physicam*, I, q. 1, éd. Steijger-Bakker, p. 9. Voir R. Paqué, *Le statut parisien..., op. cit.*, [165-166] p. 211-212.

6. Le savoir doit être savoir « des choses » (*de rebus*), quoiqu'il suppose la médiation des termes et discours, comme le rappelle le *Statut parisien* (1340), éd. dans R. Paqué, *Le statut parisien..., op. cit.*, [10], p. 32.

7. *Quaestiones de generatione et corruptione*, I, q. 1, éd. Streijger-Bakker-Thijssen, p. 40-41.

8. Voir A. Ghisalberti, *Giovanni Buridano, op. cit.*, p. 49 *sq.*

9. Soit la proposition « Socrate est un homme » ; « Socrate » et « homme » renvoient à la même chose, ils supposent « pro eadem re » (*Quaestiones in Metaphysicam*, VII, q. 16, f. 51).

10. *Quaestiones in Metaphysicam*, VII, q. 16, f. 51.

au sens d'une conjonction (cette eau-ci et celle-là). L'âne n'aura jamais affaire qu'à des eaux singulières; il désire alors l'eau confusément [1]. C'est à partir du singulier [2] que le général, ou le « commun » s'appréhende [3].

2) Pour accéder aux choses singulières, comme telles contingentes [4], la science s'interrogera sur le possible [5]. Elle ne prétendra pas dire, ou prédire, ce qui est, mais plutôt ce qui peut être. D'une manière remarquable, Buridan assigne à la science de la nature de s'occuper de termes tels : engendrable, inengendrable, corruptible, incorruptible, mobile, immobile [6], autant de termes qui renvoient aux choses, non en leur singularité, mais d'une manière générale, selon ce qu'elles peuvent. Le possible, ainsi envisagé, ne s'avère pas soumis à l'ordre de l'être; Buridan ne réduit pas le possible à ce qui a été, est, ou sera : l'engendrable ne se dit pas seulement de ce qui a été engendré ou le sera [7].

Faire du possible l'objet propre de la science, c'est se donner les moyens de répondre au réquisit de nécessité de la science. Grégoire de Rimini (m. 1358) en est parfaitement conscient [8] lorsqu'il présente son « complexe signifiable » [9]. Les entités prises en considération par les sciences n'ont pas à être nécessaires et éternelles (rien de ce qui existe hormis Dieu n'est tel) pour que la science

1. *Quaestiones in Metaphysicam*, VII, q. 16, f. 51. Voir R. Paqué, *Le statut parisien...*, *op. cit.*, [113-116], p. 148-152. L'appréhension des singuliers est progressive ; quand on voit Socrate arriver de loin, on conçoit d'abord un corps, puis un animal, un homme, et enfin Socrate (*Quaestiones in De anima*, I, q. 4, éd. Patar, p. 197).

2. Le choix du terme « singulier » pour qualifier la *res* est notable. La chose ne se présente plus comme « particulière », ce qui eût consisté à l'appréhender à partir de l'universel ; voir R. Paqué, *Le statut parisien...*, *op. cit.*, [116], p. 152.

3. Nous intelligeons *indifferenter* tous les hommes à partir de l'espèce ou similitude abstraite de Socrate (*Quaestiones in De anima*, III, q. 8, éd. Zupko, p. 75).

4. Nous laissons ici de côté la sensation, et la capacité du sens externe à être mis en présence de l'existence. Voir *Quaestiones in Physicam*, I, q. 7, éd. Streijger-Bakker, p. 68 : « aliquid percipitur singulariter quia percipitur per modum existentis in prospectu cognoscentis ». Sur la question de la connaissance sensorielle du singulier, voir J. Biard, *Science et nature*, *op. cit.*, p. 59-69.

5. Voir R. Paqué, *Le statut parisien...*, *op. cit.*, [261], p. 324-325.

6. *Quaestiones in Physicam*, I, q. 1, éd. Steijger-Bakker, p. 11 : « quarto modo scientia naturalis considerat vel est de omnibus rebus, scilicet tanquam de significatis per terminos conclusionum et praemissorum quarum et per quam ipsa est demonstratia quia (...) generabile, ingenerabile, corruptibile, incorruptibile, mobile, immobile, significant omnes res et supponunt pro omnibus rebus, et tamen terminos illos considerat scientia naturalis, et ex eis format multas propositiones quas et per quas demonstrat ».

7. Voir *Quaestiones in De Caelo*, I, q. 25, éd. Patar, p. 373-375, qui précise : « pro nullo supponit praesenti, praeterito vel futuro, sed bene supponit pro aliquo possibili, et hoc supponit ad veritatem huius affimativae : b est generabile » (*ibid.*, p. 375). *Cf.* Albert de Saxe, *Quaestiones in De Caelo*, I, q. 19, éd. Patar, p. 226.

8. Grégoire de Rimini s'attache, avec l'idée d'une *recta ratio*, à un ordre rationnel indépendant de la puissance divine ; voir A. de Muralt, *L'enjeu...*, *op. cit.*, p. 265-266. Voir d'autre part A. de Libera, *La référence vide*, *op. cit.*, p. 247 *sq.*

9. Voir H. Elie, *Le signifiable par complexe*, *op. cit.* ; J. Biard, « Les controverses sur l'objet du savoir et les "complexe significabilia" à Paris au XIVe siècle », *in* S. Caroti (éd.), *Quia inter doctores est magna dissensio*, Florence, Olschki, 2004, p. 1-31.

puisse être dite telle ; il suffit que la proposition envisagée par la science puisse être dite nécessaire :

> verbi gratia, hoc scibile : super quamlibet lineam rectam finitam posse triangulum equilaterum collocari, ideo dicitur necessarium, quia necesse est super quamlibet lineam etc possit triangulus aequillaterus collocari, et dicitur aeternum quia semper super quamlibet huiusmodi lineam potuit et poterit triangulus etc [1].

Se donne comme connue la proposition nécessaire selon laquelle on peut construire sur n'importe quelle droite un triangle équilatéral. Bien loin de s'identifier au contingent, le possible se découvre une forme de nécessité, et se laisse ainsi appréhender par la science.

Ainsi voyons-nous se développer une détermination du possible comme objet pour une science. Si les choses, en leur singularité et en leur contingence, se soustraient à la science, en sa prétention démonstrative, elles se laissent toutefois appréhender en leur possibilité. La possibilité exhibe, par delà la contingence du réel, une forme de nécessité dont se saisit précisément la science.

AU-DELÀ DE LA NATURE : PHYSIQUE HYPOTHÉTIQUE ET CAS IMAGINAIRES

Nous sommes donc passés du possible comme corrélat d'une puissance au possible comme objet de science. La littérature sophismatique ne manqua pas de se saisir de cette détermination du possible par la cohérence logique : en quel sens peut-on ainsi dire qu'il est possible que tu saches plus que tu ne sais [2] ? Est-il possible que tout animal soit un homme [3] ? Les questions ne manquèrent pas, qui visèrent à interroger les limites de la cohérence logique que suppose le possible. Mais, par delà le jeu sur le possible que proposèrent les sophistes, le possible put aussi se voir reconnaître une fonction épistémologique. S'ensuivent de notables modifications dans la manière d'appréhender la science, modifications qui constituent comme les conditions de l'essor de cette discipline aux cotés de la théologie.

L'inclusion du possible dans la science de la nature implique deux changements particulièrement remarquables : la science voit son domaine s'élargir à ce qui n'est pas, et la démonstration s'appuyer plus largement sur des

1. *In Sententias*, I, prol, q. 1, a. 1, éd. Trapp-Marcolino, t. I, p. 10.
2. Voir déjà Magister Ricardus Sophista, *Abstractiones*, XVIII, 278, éd. Sirridge-Ebbesen-Ashworth, p. 321.
3. *Ibid.*, XVIII, 305, éd. Sirridge-Ebbesen-Ashworth, p. 346-347.

raisonnements hypothétiques. Dans la lignée ouverte par Buridan[1], se développe au XIVe siècle une science hypothétique de la nature.

Notons tout d'abord comment le recours à la toute-puissance divine perd de son importance[2] : sans être méconnue[3], la toute-puissance divine est en effet reléguée au second plan, au profit d'une attention au concevable. Ou plutôt (nous allons le voir) : l'attention à la toute-puissance divine invite à faire porter l'attention sur ce qui est concevable, pour l'homme et non seulement pour Dieu. L'avènement d'une détermination cogitative du possible, préalable à toute exercice d'une puissance pour l'actualiser, justifie le projet d'une science qui, pour découvrir ce que Dieu pourrait effectuer, fasse droit à ce que l'homme peut concevoir sans contradiction comme pouvant exister. Le critère de la non-contradiction devient ainsi décisif, et modifie en profondeur le sens et le projet de l'entreprise scientifique. Pour le dire d'un mot : la science n'aura plus à dire ce qui est, mais à développer d'une manière cohérente un ensemble théorique d'hypothèses sur le monde[4]. Le modèle hypothétique n'a dès lors plus à être cantonné à la science mathématique[5] ; le recours à l'imagination ne

1. Voir H. Hugonnard-Roche, « Logique modale et science médiévale », art. cit., p. 29-31 ; Buridan n'intégrait pas les cas imaginaires dans la physique.

2. Voir H. Hugonnard-Roche, « L'hypothétique et la nature », art. cit., p. 171-173.

3. Voir J. Quillet, « L'imagination chez Nicole Oresme », *Archives de philosophie*, L, 1987, p. 219-227, en part. p. 225. Voir Albert de Saxe, *Quaestiones in De Caelo*, IV, q. 8, éd. Patar, p. 674 : « per potentiam supernaturalem possibile est esse vacuum secundo modo ». Sur les différentes façons de recourir à la puissance divine, voir J. Sarnowsky, « God's Absolute Power, Thought Experiments and the Concept of Nature in the New Physics of XIVth Century Paris », *in* S. Caroti et P. Souffrin (éd.), *La Nouvelle Physique au XIVe siècle*, Florence, Olschki, 1997, p. 178-201. Voir en outre A. de Libera, « Le développement de nouveaux instruments conceptuels et leur utilisation dans la philosophie de la nature au XIVe siècle », *in* M. Azstalos *et al.* (eds.), *Knowledge and the sciences in medieval philosophy*, t. I, Helsinki, Yliopistopaino, 1990, p. 158-197, en part. p. 179 *sq.* Sur ces multiples mentions de Dieu dans la science du XIVe siècle, voir en outre E. Grant, « God, Science and Natural Philosophy in the late Middle Ages », *in* L. Nauta et A. Vanderjagt (eds.), *Between Demonstration and Imagination : Essays in the History of Science and Philosophy Presented to John D. North*, Leiden, Brill, 1999, p. 243-267, en part. p. 257-263. Sur la conception de la science aux XIIIe et XIVe siècle, voir J. Weisheipl, *Early Fourteenth Century Physics of the Merton School*, *op. cit.*, p. 105 *sq.*

4. Voir E. Grant, *La physique au Moyen Âge*, *op. cit.*, p. 44-45 et p. 112-113. Dans l'*In De caelo* (traduit en latin en 1271), Simplicius reconnaissait la légitimité pour les astronomes d'émettre des hypothèses sur le mouvement céleste, sans que cela ne constitue une quelconque affirmation de l'existence de ces mouvements (trad. Guillaume de Moerbeke, éd. Bossier, I, p. 44, sur la multiplicité des *suppositiones*, qui prétendent simplement « sauver les apparences »). Voir P. Duhem, *Sôzein ta phainomena. Essai sur la notion de théorie physique, de Platon à Galilée*, Paris, Vrin, 2003, p. 35-37 et p. 57 *sq.* sur sa reprise par Thomas d'Aquin.

5. L'importance des hypothèses dans la science mathématique est reconnue par Ockham (*Expositio in Physicam*, III, chap. 15, 5, OP IV, 584-585) : les mathématiciens préfèrent énoncer des propositions hypothétiques, plutôt que catégoriques ; on préfèrera donc dire : si deux droites également distantes étant prolongées à l'infini elles ne se rencontreraient pas, plutôt que : deux droites également distantes prolongées à l'infini ne se rencontrent pas ; cela ne requiert pas que l'infini puisse être.

se limite pas davantage à cette discipline[1]. Mais les hypothèses et, comme leur corrolaire, l'imagination investissent la science de la nature. Après une mathématique hypothétique, une physique hypothétique voit en effet le jour[2]. Une telle conception de la science privilégie le possible, au détriment du réel, ou de la nature elle-même[3].

Notons tout d'abord comment, au XIVe siècle, la physique voit son horizon s'élargir[4]. Elle prend en effet en considération un possible qui ne se dit pas selon le cours de la nature, mais comme non-contradiction[5], selon la distinction même qu'Albert de Saxe (m. 1390), disciple de Buridan, propose dans ses *Questions sur le De Coelo* :

> (...) distinguendum est de impossibili. Uno modo accipitur impossibile solum pro illo quod implicat contradictionem et possibile pro omni quod non implicat contradictionem. Alio modo accipitur impossibile prout extendit se ad illud quod non potest fieri secundum cursum naturae, licet possit fieri per potentiam supernaturalem, et possibile solum pro illo quod potest fieri secundum cursum naturae[6].

Le double sens du possible invite sans doute à étendre le champ d'investigation de la physique au-delà de ce qui se peut naturellement vers le champ du non-contradictoire, ouvert à la toute-puissance divine[7]. Lecteurs d'Aristote, nos auteurs s'attachent à distinguer deux plans : l'attention au « cours de la nature », dont traitait la physique aristotélicienne, ne doit pas faire méconnaître qu'il pourrait en aller autrement en vertu de la puissance divine[8].

1. Sur le lien mathématique-imagination, voir S. Pinès, « Philosophy, Mathematics and Concepts of Space in the Middle Ages », art. cit., p. 83-86.

2. Voir H. Hugonnard-Roche, « L'hypothétique et la nature », art. cit., p. 163-165. La lecture des *Seconds analytiques* appuyait l'idée d'une science obéissant à une logique de la déduction ; voir H. Hugonnard-Roche, « Logique modale et science médiévale », art. cit., p. 16.

3. A. de Libera (« Le développement... », art. cit., p. 164) constate comment la science de la nature qui se met en place au XIVe siècle n'a pas pour objet la nature ; cela est remarquable dans le cas des auteurs de *sophismata* comme dans le cas des *calculatores*. Sur les *calculatores*, voir E. D. Sylla, « The Oxford Calculators », *in* N. Kretzmann, A. Kenny, J. Pinborg (eds.), *The Cambridge History of Later Medieval Philosophy* [1982], Cambridge, CUP, 1997, p. 540-563.

4. Le recours aux mathématiques dans la science de la nature ne doit pas être mésinterprété. Ainsi le mertonien John Dumbleton (m. ca. 1349) distingue bien les deux plans : le changement réel (*secundum rem*), qualitatif, est transposé en une formulation quantitative, *secundum nomen*, comme il le précise dès le prologue de sa *Summa logicae et philosophiae naturalis*, mns Cambridge Peterhouse 272, f. 1 ; voir A. Crombie, *Robert Grosseteste and the Origins...*, *op. cit.*, p. 182.

5. Sur cette double détermination du possible, et ses sources, voir S. Knuuttila, « Nomic Necessities in Late Medieval Philosophy », in *Knowledge and the Sciences in Medieval Philosophy*, *op. cit.*, p. 222-230, en part. p. 228-229.

6. *Quaestiones in De Coelo*, I, q. 18, éd. Patar, p. 214.

7. *Ibid.* : « (...) aliquod tale bene posset perpetuari per potentiam supernaturalem ».

8. S'il est « chose raisonnable de cuidier que le ciel ne fu onques engendré », « ce est a entendre selon le cours de la nature, et non pas que il ne puisse estre autrement par la puissance divine qui crea le monde de nient », constate Oresme (*Livre du ciel et du monde*, I, 6, éd. Menut-Denomy, p. 80).

Or, avec celle-ci, c'est bien à l'imagination qu'il convient de faire droit dès lors que l'on veut bâtir une science qui n'a plus à se restreindre à ce qui est. Une attention à ce qui aurait pu être, et pas seulement à ce qui est comme si cela n'aurait pu être autrement, se développe, qui conduit sans doute à lire à nouveaux frais la philosophie aristotélicienne de la nature[1]. L'appel à la puissance divine se redouble ainsi d'un recours remarquable à l'imagination humaine.

La question des *imaginabilia* revêt dès lors une importance cruciale pour délimiter le domaine du possible. Ockham affirmait que Dieu connaît tous les *imaginabilia*, que ceux-ci existent un jour ou non[2]. Mais c'est tout aussi bien à l'imagination humaine qu'il sera fait appel. Au nom de l'écart entre le faux et l'impossible, se voit admise la possibilité d'imaginer ce qui n'existe pas : ce qui est faux peut toutefois être possible[3]. La question du vide nous fournit un exemple remarquable de cette reconnaissance de l'imagination dans la science de la nature telle qu'elle se développe alors. On sait en effet combien avait cours, dans la science classique, l'idée selon laquelle la nature a horreur du vide. Or, en dépit de cet interdit, se développe au cours des XIIIe et XIVe siècles l'idée que le vide est possible[4]. Il apparaît ainsi possible d'imaginer le vide, ce qui ne signifie pas l'affirmation de son existence[5]. Albert de Saxe reconnaît que le terme vide suppose « pour ce que l'on peut imaginer être le vide / pro isto quod imaginari potest esse vacuum ». Certes, Albert n'assigne pas une telle imagination au domaine de la science[6] ; mais une voie est ouverte qui invite à

1. La condamnation de 1277 est toujours présente à l'esprit. Alors qu'Aristote n'admettait qu'un monde, on va pouvoir imaginer qu'il pourrait en aller autrement. Voir E. Grant, *A History of Natural philosophy*, *op. cit.*, p. 200 *sq.* Voir aussi E. Sylla, *The Oxford Calculators and the mathematics of motion, 1320-1350 physics and measurement by latitudes*, New York, Garland, 1990, p. 35-47.

2. *Ordinatio*, I, d. 38, q. un., OT IV, 587.

3. Voir Nicole Oresme, *Le livre du ciel et du monde*, I, 30, éd. Menut-Denomy, p. 208 : « etre simplement fals et estre simplement impossible n'est pas une chose, quar quant tu n'es pas en estant, se l'en dit que tu te estes, c'est falz mais ce n'est pas impossible. Ou quant tu ne chantes pas, dire que tu chantes est fals et non pas impossible ».

4. Voir P. Duhem, *Le système du monde*, *op. cit.*, t. VIII, p. 7-168.

5. Voir J. Sarnowsky, « Nicole Oresme and Albert of Saxony's Commentary on the Physics : the Problems of Vacuum and Motion in a Void », in *Quia inter Doctores est Magna Dissensio*, *op. cit.*, p. 161-174. Sur la manière dont le vide peut ainsi être dit possible, voir J. Biard, « Signification et statut du concept de vide… », art. cit., p. 275-286. Sur la manière dont la question de la possibilité du vide pouvait se poser au XIIIe siècle, voir Henri de Gand, *Quodlibet*, XV, q. 1, OO XX, 3-8. Concernant l'idée d'un « espace imaginaire », et l'influence à cet égard d'Averroès, voir E. Grant, *Much ado about nothing*, *op. cit.*, p. 116 *sq.*

6. L'hypothèse de l'existence du vide ne relève pas, pour Albert de Saxe comme pour Buridan, de la physique ; seule la théologie, qui prend en compte le supra-naturel, peut y faire droit. Voir H. Hugonnard-Roche, « Le possible et l'imaginaire », art. cit., p. 171-172.

considérer moins ce qui est, voire qui peut être, que ce que l'on peut imaginer être[1].

Reprenant les différents sens de la puissance envisagés au livre IX (ϑ) de la *Métaphysique*[2], on peut alors distinguer une puissance vraie (*potentia vera*) d'une puissance simplement imaginative (*potentia imaginativa*) : « Potentia ymaginativa est potentia quae ymaginatur in mathematicis ut quod possibile sit aliquod corpus esse maius caelo, (...) Ista enim potentia et alia multa huiusmodi non sunt vere potentiae, sed ymaginative solum », ainsi s'exprime vers 1324-1326 Walter Burley, qui étudia au Merton College avant de venir à la Sorbonne (m. 1344/45)[3]. Le sens géométrique de la puissance reconnu par Aristote comme étant dit par métaphore est donc ici relu comme découvrant une puissance purement imaginative. Ce sens imaginatif de la puissance est voué à revêtir une importance cruciale dans les sciences, pour autant que le possible se laissera appréhendé à l'aune de ce que l'on peut imaginer.

Dans ces conditions, l'imagination ne doit pas être restreinte au domaine de la fiction littéraire, mais elle revêt une dimension épistémique indéniable. Bien avant que le plus célèbre des mertoniens ne propose au XXe siècle une « amazing fantasy of the mind », ses prédécesseurs du début du XIVe siècle, les *calculatores*[4], s'étaient en effet indéniablement montrés prompts à développer un raisonnement *secundum imaginationem*[5]. L'imagination s'avère légitime dès lors précisément qu'il y a absence de contradiction[6]. Il n'est point alors question de se réfugier dans un *wonderland* comme le fera Charles Ludwige Dodgson, professeur de logique et de mathématiques au Christ Church College d'Oxford, passé maître dans l'usage du *nonsense*. Avec nos mertoniens, l'imagination sert bien à construire une science, en testant les limites du pensable.

1. La même attention à la non-répugnance de ce que l'on peut intelliger, et ce faisant aussi à l'imagination, pour déterminer ce que l'on pourrait admettre pouvoir être, contre certaines affirmations d'Aristote, se retrouve chez Pierre d'Ailly (m. 1420), *In De consolatione philosophiae*, q. 1, a. 1, dubium 2 (sur l'éternité du monde), éd. Chappuis, p. *56-*57.

2. *Métaphysique*, ϑ, 1, 1046a5-7.

3. *De formis*, éd. Scott, p. 71.

4 ; Sur ces « mertoniens », voir J. Weisheipl, « The Place of John Dumbleton in the Merton School », *Isis*, L, 1959, p. 439-454, ainsi que sa thèse de doctorat *Early Fourteenth Century Physics of the Merton School*, *op. cit.* Voir aussi G. H. Martin et J. R. L. Highfeld, *A History of Merton College, Oxford*, Oxford, OUP, 1997, p. 46 *sq.*

5. Sur le rôle reconnu à l'imagination chez les « calculatores » d'Oxford, qui, analysant notamment le mouvement, peuvent proposer une intensification imaginaire, voir E. D. Sylla, « The Oxford Calculators », art. cit., p. 557-562.

6. Voir Heytesbury, *Regulae solvendi sophismata*, f. 48va. Voir Roger (à distinguer de Richard) Swineshead (m. ca. 1365), *De motibus naturalibus*, mns Erfurt Amplonian F135, f. 41ra ; Paris, BNF, lat. 16621, f. 69ra, transcrit par E. D. Sylla, « Mathematical Physics and Imagination in the work of the Oxford Calculator : Roger Swineshead's *On natural Motion* », *in* E. Grant (ed.), *Mathematics and Its Applications to Science and Natural Philosophy in the Middle Ages : Essays in Honour of Marshall Clagett*, Cambridge, CUP, 1987, p. 69-109, en part. p. 99, n. 44. L'imagination n'est pas clairement distinguée de l'activité rationnelle, voir E. D. Sylla, *ibid.*, p. 73-74. Voir aussi C. Wilson, *William Heytesbury. Medieval Logic...*, *op. cit.*, p. 3, p. 115 et p. 148-149.

En dépit de la diversité des positions doctrinales opposant, au XIVe siècle, les calculateurs d'Oxford, adeptes de la logique des contrefactuels[1], et les partisans de la physique parisienne, davantage attachés à décrire ce qui est, reste qu'un même contexte doctrinal caractérise la nouvelle conception de la science qui se fait jour alors. La logique des « conséquences »[2] qui se développe à cette époque apparaît dans cette optique comme un formidable instrument conceptuel au service d'une science qui se veut « hypothétique ».

On assiste dans cette perspective à une promotion de l'intellection en sa puissance proprement fictive, entendons en sa puissance de forger des étants, ou de feindre leur être : « (...) licitum est fingere ista esse entia. (...) Et ideo talia possunt appelari nominaliter, dicendo "locus", "vacuum", etc. », expliquera ainsi Nicole Oresme (m. 1382)[3], grand maître du collège de Navarre, dont l'œuvre scientifique est héritière à la fois de la physique parisienne et des spéculations oxoniennes. L'intellection humaine se voit ainsi dotée d'un pouvoir d'accorder une forme d'être à ce qui, proprement, n'est pas, et de permettre dès lors d'en parler comme d'un étant.

La pertinence de l'intellection et l'extension du domaine de la science se payent dès lors d'un affranchissement à l'égard du réel effectif. L'intellection se voit, dans cette optique, relayée par un appel à l'imagination. Celle-ci permet de se faire une image de cela même qui pourrait ne pas être. Elle n'est ainsi pas inféodée à ce qui existe effectivement. Ce que l'imagination nous invite à concéder n'a pas à être effectivement[4]. Si l'on peut imaginer un espace, il ne s'ensuit pas que cet espace existe hors de notre esprit : « res non sequuntur

1. Les calculateurs envisagent des cas *per impossibile* ; ils s'intéressent à ce qui est par nature impossible ; ainsi William Heytesbury (m. 1372-73) peut-il se donner la supposition suivante : « dato per impossibile quod esset aliquod corpus alterabile quod nullam caliditatem nec frigiditatem haberet... » (*Sophismata*, f. 170va). L'essor des *obligationes*, qui n'hésitent pas à envisager une *impossibilis positio*, est symptomatique à cet égard. Voir A. de Libera, « Le développement... », art. cit., p. 177-178. Sur les obligations, voir la mise au point de E. Stump et P. V. Spade, « Obligations », art. cit. Une double « vérité », ou si l'on préfère réponse, est reconnue, l'une qui convient à la réalité, l'autre qui plait davantage au sophiste ; voir Heytesbury, *Regulae*, f. 21va : « Prima responsio plus convenit sophistae, et secunda ad rem magis pertinet ». Mentionnons également les *Sophismata asinina* de William Heytesbury, qui partent de la proposition : « tu es asinus » ; Oresme fait allusion à ce type de réflexion : « si comme qui me argueroit d'un honme en prouvant que il fust asne... » (*Livre du ciel et du monde*, I, 29, éd. Menut-Denomy, p. 204) ; sur ce type de raisonnement, *cf.* déjà Buridan, *Summulae de practica sophismatum*, chap. 6, éd. Pironet, p. 116 *sq.* Sur Heytesbury, voir C. Wilson, *William Heytesbury. Medieval Logic..., op. cit.*

2 ; Voir H. Hugonnard-Roche, « Logique modale et science médiévale », art. cit., p. 17-25. Sur cette logique des conséquences, voir I. Boh, « Consequences », in *The Cambridge History of Later Medieval Philosophy, op. cit.* ; pour plus de précisions, voir I. Boh, « Medieval Rules of Consequences and the Idea od Demonstrative Science », in *Knowledge and the Sciences in Medieval Philosophy, op. cit.*, 1990, p. 436-444 ; E. P. Bos, « John Buridan and Marsilius of Inghen on Consequences », art. cit., ou encore A. de Libera, « Le développement... », art. cit.

3. *Quaestiones in Physicam*, IV, 6, éd. Caroti *et al.*, p. 461.

4. « Omnes istae concedendae sunt imaginarie, et negentur de facto », selon la formule particulièrement nette de Richard Swineshead (m. ca. 1350), dans son *Liber calculationum*, f. 15ra.

imaginationes », comme le dit l'oxonien John Dumbleton (m. ca 1349)[1]. La logique qui se développe alors prend acte de cette ouverture à ce qui n'est pas, mais se donne à imaginer : si le verbe « signifier » est un verbe d'ampliation[2], il nous ouvre, au-delà de ce qui est actuellement, à du non-étant[3], à des « res imaginabiles »[4].

On le voit, l'imagination a acquis un rôle central, qui ne sera pas démenti dans les années qui suivent[5]. L'imagination permet d'aller au-delà de ce qui est. Comme le dira Nicole Oresme dans son *Livre du ciel et du monde*, rédigé en français, elle « peut procéder sans cesser » ; ainsi peut-on étendre indéfiniment une expérience de pensée[6], et découvrir ce qui est possible, sans pour autant jamais pouvoir se réaliser dans le monde naturel. Si la puissance divine invite à ne pas restreindre le domaine du possible à ce qui a effectivement lieu dans la nature, l'imagination permet d'exhiber ce possible comme non-contradictoire : « pousé que le ciel ne soit pas de telle figure et que nature ne le pourroit faire, toutevoyes es ce chose ymaginable sanz contradiction et que Dieu pourroit faire »[7]. La conjonction de ces deux déterminations du possible, selon la

1. *Summa logicae et philosophiae naturalis*, mns Cambridge Peterhouse 272, f. 17. *Cf.* Averroès, *In Physicam*, III, comm. 75 : « imaginatio sequitur ens, sed non ens imaginationem ». Voir E. D. Sylla, « Imaginary Space : John of Dumbleton and Isaac Newton », *in* J. Aertsen et A. Speer (Hrsg.), *Raum und Raumvorstellungen im Mittelalter*, Berlin, W. de Gruyter, 1998, p. 206-225, en part. p. 210 *sq.*

2. L'*ampliatio* s'applique à ce qui est possible, et ne vaut pas pour les impossibles ; ainsi l'on ne peut dire que la chimère est un étant du fait qu'elle est pensable (*opinabile*) ; voir S. Ebbesen, « The Chimera's Diary », art. cit., p. 138.

3. Voir Thomas Hopton (si l'on suit l'attribution proposée par L. M. De Rijk), *De veritate et falsitate propositionis*, éd. de Venise, f. 187vb : « iste terminus "significat" est terminus ampliativus equaliter ad non entia sicut ad entia ». Sur l'amplification (*ampliatio*), voir J. Vuillemin, *Nécessité ou contingence. L'aporie de Diodore et les systèmes philosophiques*, Paris, Editions de Minuit, 1984, p. 240-241.

4. *De veritate et falsitate propositionis*, f. 186rb. Hopton s'interesse à la chimère. Si la logique oxonienne voit dans la chose extérieure le référent propre du mot, elle s'est donnée les moyens de ne pas se restreindre à ce qui existe actuellement, pour envisager ce qui n'est pas, fût-il même impossible ; voir J. Biard, « La signification d'objets imaginaires dans quelques textes anglais du XIVe siècle », *in* O. Lewry (ed.), *The Rise of British Logic*, Toronto, PIMS, 1985, p. 265-283. On peut dire que tout homme est nécessairement un animal, quand bien même il n'existerait nul homme ; voir à titre d'exemple de cette littérature l'Anonymus Erfordensis, *Omnis homo de necessitate est animal*.

5. Sur le rôle de l'imagination en mathématiques, voir Oresme, *Livre du ciel et du monde*, I, 1, éd. Menut-Denomy, p. 46-48.

6. Voir *ibid.*, p. 46 : « Mais tout continu ou magnitude est divisible, si comme les astrologiens divisent les cercles du ciel en degréz, et les degréz en minuz, et les minuz en secons, et les secons en tiers, et puis en quars, et puis en quns. Et ainsi puet l'en, par ymaginacion, proceder sans cesser. » Les oxoniens ont fait un large usage de cette théorie de la variation quantitative, notamment avec la question de l'*intensio et remissio formarum*. Voir J. Murdoch, « Philosophy and the Enterprise of Science in the Later Middle Ages », *in* Y. Elkana (ed.), *The Interaction between Science and Philosophy*, Atlantic Islands (N.J.), Humanities Press, 1974, p. 51-74, en part. p. 58-64.

7. *Livre du ciel et du monde*, I, 24, éd. Menut-Denomy, p. 176.

puissance divine, selon le pouvoir de l'imagination[1], est au fondement d'une nouvelle conception de la science de la nature.

Dans le double sillage initié par la physique parisienne de Buridan, et la logique développée à Oxford, Oresme développe ainsi une physique qui intègre de plein droit les cas imaginaires[2]. La physique ne se veut pas une discipline qui exclut l'imagination; le possible de la physique, bien au contraire, se constitue comme imaginable[3]. À la question « utrum motus possit velocitari in infinitum », Oresme répond en effet en distinguant une impossibilité de facto et une possibilité hypothétique :

> (...) posset intelligi quod motus esset sic velocitabilis ratione qua est motus, aut inquantum est in corpore naturali, ita quod quamvis categorematice haec esset impossibilis : « motus potest velocitari in infinitum », tamen hypothetice, si naturale corpus posset pati motum in infinitum, posset sic intendi; nec repugnat quoad imaginationem[4].

Ce qui n'est pas possible dans la nature peut être envisagé hypothétiquement, à l'aide de l'imagination[5]. La physique fera ainsi droit à un possible selon l'imagination[6], qui témoigne d'une vérité hypothétique, quoiqu'elle aille contre ce qui se passe naturellement :

> ratione qua est motus non repugnat intendi in infinitum. Patet (...) secundo quia possibile ad imaginationem; tertio quia hypothetice est verum (...) est verum hypothetice, verbi gratia dicimus quod si lapis esset iuxta concavum

1. Voir *ibid.*, I, 35, éd. Menut-Denomy, p. 252 : « tel procés est ymagynable sanz contradiction et possible a puissance infinie ».

2. On pourrait imaginer que l'infini est, de même que les mathématiciens imaginent la prolongation d'une ligne à l'infini (*Quaestiones in Physicam*, III, 10, éd. Caroti *et al.*, p. 357). Cette imagination ne découvre toutefois sans doute qu'un infini en puissance : « infinitum esse non est igitur concedendum nisi syncategorimatice, quod Aristotelis vocat in potentia » (p. 363). L'infini des mathématiciens devrait s'entendre *conditionaliter* (p. 364).

3. Voir *Livre du ciel et du monde*, I, 29, éd. Menut-Denomy, p. 200 : « Or weul je monstrer apres que c'est chose possible quant est de soy et a ymagynacion sanz contradiction... ». L'imagination permet d'envisager plusieurs mondes, découvrant ainsi (contre Aristote) une « vérité », lors même qu'il n'y aurait point une telle pluralité ; voir ainsi *ibid.*, I, 24, éd. Menut-Denomy, p. 166. Voir au contraire la position de Pierre d'Auvergne, *Quaestiones in De caelo* I, 24, éd. Galle, p. 128.

4. *Quaestiones in Physicam*, VI, 4, éd. Caroti *et al.*, p. 679.

5. Voir J. Celeyrette, « Apparences et imaginations chez Nicole Oresme : Question III. 1 sur la "Physique" et question sur l'apparence d'une chose », *Revue d'histoire des sciences*, LX, 2007, p. 83-100, en part. p. 93-97. Sur la fonction gnoséologique de l'imagination, voir J. Quillet, « L'imagination chez Nicole Oresme », art. cit., p. 224-227. Sur l'imagination et l'argumentation *de potentia Dei absoluta*, voir *id.*, « Nicole Oresme et la science nouvelle dans le *Livre du ciel et du monde* », in *Knowledge and the Sciences in Medieval Philosophy*, *op. cit.*, p. 314-321.

6. Sur l'imagination en mathématiques, voir E. Mazet, « Richard Swineshead et Nicole Oresme : deux styles mathématiques », *in* J. Celeyrette et C. Grellard (éd.), *Nicole Oresme philosophe*, Turnhout, Brepols, 2014, p. 105-137, en part. p. 107.

> caeli, dicimus quod descenderet, et tamen impossibile est quod ponatur ibi naturaliter. Et ita dicendum est de motu [1].

L'imagination étend le domaine du possible visé par la science ; la science de la nature n'a plus à se limiter à ce qui a eu lieu dans la nature, mais elle intègre l'imaginable, entendu selon la non-contradiction [2] qui découle de certaines hypothèses [3]. Ainsi pourra-t-on envisager un possible, qui ne puisse avoir lieu dans les circonstances effectives du monde [4].

La physique hypothétique qui se développe au XIVe siècle [5] fait ainsi fond sur une attention à l'idée même de possible. Envisageant les différents sens de l'impossible, et donc du possible, Oresme arrime encore la détermination du possible à une certaine puissance (*virtus*) [6] :

> Tunc est una distinctio quod « impossibile » dicitur tripliciter quoad propositum. Primo modo simpliciter quod non potest fieri ab aliqua virtute finita vel infinita, et tale implicat contradictionem vel ad positionem talis impossibilis sequuntur contradictoria esse vera, sicut quod diameter sit commensurabilis costae. Secundo modo dicitur impossibile quod est in infinitum difficile quod a nulla virtute finita potest fieri, sicut moveri subito cum resistentia vel infinita velocitate. Tertio dicitur impossibile quod est solum finite difficile, sed non est virtus naturalis quae possit hoc facere, et secundum hoc impossibile esset movere totam terram de suo loco, quia illa virtus quae posset hoc facere non esset infinita, et tamen secundum Aristotelem nulla est quae possit hoc facere ; et secundum veritatem nulla virtus naturalis potest hoc. (…) Ex hoc sequitur

1. *Quaestiones in Physicam*, VI, 4, éd. Caroti *et al.*, p. 682.

2. L'imagination donne à penser le non-contradictoire. Oresme met en évidence le lien de ces deux idées : « antiqui posuerunt vacuum esse ; igitur saltem est possibile ad imaginationem, et nullum tale implicat contradictionem » (*Quaestiones in Physicam*, IV, 8, éd. Caroti *et al.*, p. 472).

3. La science accède à du probable ; voir J. Quillet, « L'imagination chez Nicole Oresme », art. cit., p. 226-227 ; voir aussi H. Hugonnard-Roche, « Modalités et argumentation… », art. cit., p. 156-158 et S. Caroti, « Eléments… », art. cit., p. 85-87. Pour le contexte général, voir A. Goddu, « The Dialectic of Certitude and Demonstrability among Fourteeth Century Occkhamists », in *Knowledge and the Sciences in Medieval Philosophy*, *op. cit.*, p. 171-179, en part. p. 174-175.

4. On peut penser un mouvement qui a commencé et ne cessera jamais, quoique cela ne se puisse dans ce monde constitué d'une matière corruptible. Voir *Livre du ciel et du monde*, I, 29, éd. Menut-Denomy, p. 202 : « Et par ce il s'ensuit de neccesité que la roe d commenceroit maintenant a estre meue et jamais ne cesseroit. Et combien que telle chose ne puet estre faite par nature ne par art de matiere ou en matiere corruptuble ne tant longuement durer, toutevoies ce ne enclot ou implique quelconque contradiction ne aucune repugnance quant est de soy, mais est possible selonc la nature des mouvemens, et toute la repugnance est par rayson de la matiere ou d'autre chose dehors ».

5. De ce point de vue, la physique de Crescas témoigne d'une remarquable proximité avec celle d'Oresme, et pourrait avoir été influencée par cette dernière. Voir W. Z. Harvey, *Physics and Metaphysics in Ḥasdai Crescas*, *op. cit.*, chap. I.

6. Le possible se dit en un sens par rapport à une puissance. La possibilité, opposée à l'impossibilité, délimite le domaine de ce que peut une puissance finie. Voir *Livre du ciel et du monde*, I, 29, éd. Menut-Denomy, p. 190-194 : « Et ainsi dirions-nous que la possibilité portative d'aucun homme est determinee par.c. livres et son impossibilité par c et une livre » (p. 192).

> corrolarie quod impossibile primo modo est impossibile simpliciter, et alia secundum quid et in respectu [1].

La distinction des impossibles s'appuie ainsi sur les capacités des puissances, finies ou infinies. Une fois laissé de côté l'impossible *simpliciter*, compris comme impossible à toute puissance parce que contradictoire, il reste donc les impossibles relatifs, lesquels se pensent comme obéissant d'abord au critère logique de la non-contradiction. Ainsi donc, si l'impossible se mesure à l'aune d'une puissance, il n'en demeure pas moins que ces impossibles se laissent appréhender logiquement : nul besoin de leur appliquer la règle « ad impossibile sequitur quodlibet » [2]. De tels impossibles sont alors susceptibles d'être imaginés [3]. En dépit donc de la première indexation des impossibles sur ce que peut une *virtus*, Oresme découvre une interprétation éminemment gnoséologique du possible et de l'impossible. L'imagination, facile ou difficile, permet d'étendre le domaine d'investigation de la physique vers des *impossibilia* désormais présentés comme simplement relatifs, autrement dit comme en réalité possibles. La physique n'a plus à être cantonnée à ce qui se passe naturellement, mais elle prend en considération ce que l'on peut imaginer se passer, en faisant appel à telle ou telle *virtus*. *In fine*, l'attention à une *virtus infinita*, vestige de la *potentia Dei absoluta* de la théologie, invite le physicien à ne pas se cantonner aux limites naturelles [4].

Avec la détermination du possible comme consistant d'abord dans le non-contradictoire, l'imaginable investit d'une manière remarquable le domaine de la science. Marsile d'Inghen (m. 1396), qui fut condisciple d'Albert de Saxe et de Nicole Oresme lorsqu'il suivit les cours de Buridan à l'université de Paris, nous donne de penser comment la science se constitue en découvrant un possible qui n'a plus à être prioritairement pensé en référence à la toute-puissance divine [5] : « Secunda suppositio quod ex omnibus corporibus mundi potest fieri unum corpus. (…) Secundo quia hoc non repugnat potentiae divinae. Tertio quia dato quod hoc non esse possibile, tamen hoc non repugnat

1. *Quaestiones in Physicam*, IV, 8, éd. Caroti *et al.*, p. 473. La question concerne la possibilité du vide (« Utrum ad vacuum esse sequatur contradictio »).

2. Oresme précise : « sequitur quod ad impossibile primo modo sequitur quodlibet. (…) ad impossibile secundo modo non sequitur quodlibet quia ad tale non sequitur contradictio, quia non dicitur impossibile simpliciter. (…) ad impossibile tertio modo non sequitur quodlibet » (*ibid.*). Sur cette règle, et ses sources au XIIe siècle (la doctrine des « adamites », en référence à Adam de Petit-Pont), voir A. de Libera, « Le développement… », art. cit., p. 169-170.

3. L'impossible du deuxième type est « difficile ad imaginationem, sicut motum fieri subito et talia » ; de l'impossible du troisième type, « nec sequitur aliquod difficile ad imaginandum » (*Quaestiones in Physicam*, IV, 8, éd. Caroti *et al.*, p. 473).

4. Sur ces deux domaines de l'imaginable, et l'extension ainsi rendue possible du domaine de la physique, voir H. Hugonnard-Roche, « L'hypothétique et la nature », art. cit., p. 174-175.

5. La toute-puissance de Dieu, qui pourrait faire le monde autrement, invite à la mise en place d'expériences de pensée, voir E. P. Bos, « Marsilius of Inghen on the Principles… », art. cit., p. 103-104.

quantum esset ex ratione generali corporum et mobilium »[1]. Marsile reconnaît alors le rôle fondamental de l'imagination en science : « Tertia quod illud corpus continuum ex omnibus corporibus mundi Deus potest movere recto vel etiam circulari vel quo motu placeret sibi ; et dato non posset, tamen hoc vero[2] esset imaginabile vel non repugnat tali corpori quod moveretur »[3]. La puissance divine se trouve en quelque sorte outrepassée par le pouvoir de l'imagination[4]. Un double mouvement théorique est ainsi à l'œuvre : d'une part, le possible ne se dit pas seulement en référence à une puissance divine, mais aussi à la « raison générale des corps » ; d'autre part, cette possibilité se laisse alors appréhender à l'aune de l'imagination. Les expressions telles « possibile ad imaginationem et per potentiam divinam » ou « posito per imaginationem atque per potentiam divinam »[5] témoignent de l'émergence d'une conception du possible qui l'indexe sur la puissance imaginative de l'homme, et non d'abord sur l'efficace de la toute-puissance divine.

D'une manière remarquable, la tripartition du possible que propose Oresme dans son *Livre du ciel et du monde* laisse de côté la puissance divine. Oresme énumère en effet trois sens du possible, un sens ontique, un sens logique, un sens épistémique :

> Je di apres que possible est dit quant a propos en iii manieres. Premierement generalement de tout ce qui est possible en quelconque manière, soit necessaire ou contingent, comme que soit. Secondement, possible est dit de ce qui pourroit estre selonc ymagynacion sans contradiction, combien que ce ne puisse estre mis en estre naturelment. Et ainsi est possible que un autre monde soit et que un lieu soit du tout vieu (...). Tiercement, possible est dit de ce qui est doubteus ou en doubte et n'appert pas se c'est vray ou faulz, necessaire ou impossible[6].

Si le possible au troisième sens se dit de ce qui est douteux[7], c'est bien le deuxième sens qu'investira l'argumentation scientifique : le possible apparaît

1. *Quaestiones in Physicam*, III, 7, f. 41b.

2. Nous suivons la correction proposée par H. Hugonnard-Roche, « L'hypothétique et la nature », art. cit., p. 172.

3. *Quaestiones in Physicam*, III, 7, f. 41b.

4. Il n'est pas rare que Marsile mentionne le pouvoir de l'imagination, avant que de la confirmer par la puissance divine. Voir *Quaestiones in De caelo*, I, q. 14, éd. Bos, p. 108 : « Confirmatur ad imaginationem : nam est possibile quod sint plures mundi. Immo, de facto possibile est per potentiam Dei ».

5. Voir Oresme, *Quaestiones in De anima*, II, q. 5, éd. Patar, p. 152.

6. *Livre du ciel et du monde*, I, 30, éd. Menut-Denomy, p. 210. Cf. *Quaestiones in De Caelo*, I, q. 18, éd. Kren, p. 267-269 : « iterum sicut dictum fuit possibile uno modo capitur naturaliter, alio modo simpliciter quod non implicat contradictionem vel ex terminis vel alio modo. Et adhuc alio modo accipitur aliter scilicet pro dubio... ». Dans l'*Ad pauca respicientes*, Oresme ne mentionne pas le second sens du possible, le possible comme non-contradictoire : « Hoc termino possibile multipliciter utimur. 1) Uno modo pro contingenti aut necessario. 2) Alio modo pro dubio. » (I, éd. Grant, p. 384).

7. Cf. *Quaestiones in Physicam*, III, 10, éd. Caroti *et al.*, p. 364 : « (...) aliquid dicitur possibile dupliciter : uno modo quia potest esse contingenter, sicut dicitur quod Sor currere est possibile ;

comme non-contradictoire, et dès lors imaginable. Par conséquent, la science de la nature n'est pas soumise aux lois, ou au cours, de la nature. Comme Oresme le reconnaît lui-même, le possible ainsi envisagé peut ne pouvoir être d'une manière naturelle[1] : « et posé que nature ne peust ce faire, toutevoies n est ce pas impossible a ymaginacion qui encloe contradicion... »[2]. Aussi paradoxal que cela puisse paraître, le possible de la science de la nature n'a pas à être naturellement possible, mais seulement logiquement possible[3].

Cela apparaît donc clairement : le possible s'appréhende désormais prioritairement comme pensable, et objet de science.

Ainsi donc, au XIVe siècle, un basculement s'est opéré : le possible se laisse prioritairement décrire comme pensable, avant que de se rapporter à une puissance, fût-elle désormais comprise comme efficiente. Il est pris en considération par la science qui prend son essor durant ces mêmes années.

Deux précisions s'imposent ici.

1) Le possible ainsi envisagé par la science n'implique aucune méconnaissance du réel en sa singularité et sa contingence. La considération sur le possible ne prétend pas dire ce qui se passera, nécessairement, mais ce qui pourrait se passer. La science ne se veut pas prédictive, mais plutôt attachée à exhiber un ordre, nécessaire, des choses, par delà la contingence de ce qui se produit ou non.

2) Si elle permet d'ériger une science, la non-contradiction caractéristique du possible se laisse toutefois exemplairement révéler au travers de l'imagination. Parce qu'en effet le possible concerne des choses, singulières, qui, si elles ne sont pas, pourraient être effectivement, la considération abstraite des essences doit s'accompagner d'un usage de l'imagination, pour donner, en quelque manière, corps à ce qui est appréhendé. La science ne peut en effet s'appuyer sur la sensation, qui lui ferait accéder à des individus existants ; elle s'appuiera sur l'imagination, qui lui donne d'appréhender des individus possibles. L'imagination n'apparaît pas ici « maîtresse d'erreur et de fausseté », ou telle une « folle du logis » ; elle est bien plutôt l'outil théorique dont peut se doter la science pour appréhender une chose qui n'a plus à exister dans la nature.

alio modo quia nescitur si sit possibile vel impossibile vel necessarium. Et ideo, quia est dubium, dicitur quod est possibile, verbi gratia si dicatur quod numerus stellarum sit par, dicimus quod est possibile ; tamen secundum Aristotelem est impossibile vel necessarium. Ideo sumendo sic "possibile", non sequitur : a est possibile, ergo a est. »

1. Voir, à propos de la motion de la terre comme du ciel : « Et combien que nature ne peust ainsi mouver la terre, toutevoies est ce possible en la seconde significacion de possible et de impossible mise ou XXX chapitre du premier » (*Livre du ciel et du monde*, II, 8, p. 366).

2. *Livre du ciel et du monde*, III, 2, éd. Menut-Denomy, p. 600 ; et Oresme précise : « selon Averroiz ou XXX chapitre, Aristote use souvent de telle doctrine en supposant comme possible ce que nature ne peust faire ».

3. Voir H. Hugonnard-Roche, « Modalités et argumentation... », art. cit., p. 148-149.

CONCLUSION

Heidegger parle dans *Être et temps* (§ 76) d'une « force tranquille du possible » (*die stille Kraft des Möglichen*), qu'il réinterprète (dans *La lettre sur l'humanisme*) à partir du désir ou du souhait. Le possible doit-il ainsi se penser comme force, ou puissance ? L'examen de l'histoire du concept de possible invite à envisager une autre interprétation. En effet, si le possible a assurément à voir avec l'idée de puissance, il a en réalité émergé en se détachant de la puissance, ou de la force, pour désigner le pensable. Il est ainsi une impuissance fondamentale du possible.

Notre étude a cherché à mettre en évidence les différentes étapes de l'avènement du concept de possible. Aujourd'hui utilisé couramment, au sein des philosophies les plus variées, le concept de possible n'en a pas moins une histoire.

La conviction qui a constamment animé notre recherche fut que l'on ne devait pas assimiler le concept de possible au *dunaton*, ou à l'être-en-puissance (*dunamei*) aristotélicien. Si le *possibile* put se présenter comme une traduction, en latin, du *dunaton*, la correspondance ainsi mise en place entre les deux termes ne signifie en aucun cas une équivalence des concepts. Dire que le *possibile* n'est pas le *dunaton* ne vise pas simplement à pointer une différence linguistique. Par delà les langues dans lesquelles nos auteurs se sont exprimés, ce sont bien les concepts, et leur charge théorique, que nous devions chercher à élucider. À cet égard, le passage du potentiel au possible s'est accompagné d'un remaniement de la conceptualité aristotélicienne. Envisager l'avènement du possible, en sa distinction du potentiel, imposait dès lors de revenir sur la réception de la philosophie aristotélicienne.

L'avènement du possible doit se comprendre dans le cadre de la métaphysique aristotélicienne. Une tension est à cet égard apparue : si le possible ne saurait s'identifier à l'être-en-puissance, il l'a d'abord redoublé.

1) Sans doute en effet le possible a trouvé naissance dans les brèches de la philosophie aristotélicienne. Ainsi la figure du *dunaton* qui se dessine dans l'éthique, lorsqu'est envisagé ce qui s'offre à titre de choix à l'action humaine, ne s'identifie pas à celle que propose la métaphysique, lorsque le *dunaton* se dit en référence à une *energeia* qu'elle tend à accomplir ; le *dunaton* que laisse ainsi

affleurer l'éthique aristotélicienne esquisse certains traits qui seront ceux du possible. Qu'un tel *dunaton* s'envisage corrélativement à un acte (*praxis*) qui l'accomplira, ou non, est riche d'enseignements quant à la manière dont la question du possible pourra se déployer, dès lors que l'être-en-acte (l'*energeia*) s'interprètera à partir d'une activité.

2) L'interprétation pratique ou poiétique de l'*energeia* apparaît indéniablement déterminante pour l'avènement du possible. Elle se voit en effet accompagnée de l'attention à une puissance active, extérieure, actualisant ce qui n'était que potentiel. Dans cette perspective, ce qui est en acte se présente comme effectué par une puissance exogène. Les commentateurs grecs d'Aristote n'ont pas manqué de reconnaître comment le potentiel pouvait ne pas s'accomplir. Le néoplatonisme, et à ses suites les pensées adoptant le donné révélé, inviteront à concevoir ce qui est comme advenu et ce faisant effet d'une puissance autre que soi-même. L'ouverture à l'altérité est la condition de l'existence, ou de l'être-en-acte de ce qui est ainsi advenu.

3) Le remaniement du concept d'*energeia*, et l'attention corrélative à la puissance active externe, faisant être ce qui est, nous apparaissent à l'origine de la métamorphose du potentiel en du possible. Le possible fait en effet signe en direction d'une vacuité ontologique de ce qui a besoin d'un autre pour être. Loin d'indiquer ce qui contient déjà virtuellement ce qu'il deviendra, le possible marque au contraire la dépendance originaire de ce qui, laissé à lui-même, n'est rien. Quand le potentiel était déjà doté d'une certaine manière d'être, distincte de l'être-en-acte, le possible est au contraire l'autre de l'être, précisément ce qui n'est pas, mais peut être si l'être lui est donné.

Le possible n'est donc sans doute pas un concept de la philosophie du Stagirite, mais il émerge dans le cadre de la réception et de la transformation de la philosophie aristotélicienne. Reste à comprendre l'émergence de ce concept.

L'adoption par les pensées médiévales du donné révélé, plus particulièrement de l'idée d'un Dieu tout-puissant, ou puissant sur toutes choses, invita indéniablement, par delà ce qui est effectivement, à faire droit à ce qui pourrait, ou aurait pu être. Tant les théologies médiévales latines que le *kalâm* en terre d'Islam s'interrogèrent ainsi sur la puissance de Dieu, et ses limites. Ces analyses ne sont pas étrangères à l'avènement du possible. La philosophie s'est nourrie de son autre, le *kalâm* ou la théologie, pour pouvoir enfanter l'idée de possible. Rappelons-en les principales étapes, qui constituent comme autant de strates théoriques du concept de possible.

1) Au sein du *kalâm*, les réflexions sur ce qui est en la puissance (*al-maqdûr*) de Dieu ont conduit à s'interroger sur le statut de ce qui n'est pas. Les mutazilites ont mis l'accent sur une choséité, précédent l'advenue à l'être, et s'imposant en quelque manière à Dieu lui-même : ce qui n'est pas, ou peut être, devrait dès lors répondre au réquisit premier de non-contradiction ; pour être en la puissance de Dieu, le *maqdûr* doit être non-contradictoire et ainsi

valide – on parlera de *ṣiḥḥa* pour dire cette possibilité intrinsèque des choses. Or, le même concept se retrouve en contexte asharite, non pour penser une consistance de ce qui n'est pas (le non-étant n'est pas une chose), mais plutôt pour manifester que quelque chose qui n'est pas est toutefois envisageable. Par delà ce qui est, on peut ainsi imaginer ce qui pourrait être, ce qui est « acceptable » (*al-jâ'iz*). Le possible se présente ainsi comme pensable ou envisageable. Assurément donc, le *kalâm* n'a pas seulement interrogé le possible sous la figure de ce qui est en la puissance de Dieu (*al-maqdûr*) ; une autre figure se dessine d'ores et déjà au travers de l'idée d'acceptabilité (*tajwîz*), ou au travers de ce qui est cohérent, ou valide (*al-ṣiḥḥa*).

2) Ces multiples nominations du possible développées au sein du *kalâm* en dessinent différents traits, qui pourront être repris par la philosophie. Un terme l'emporta, et unifia l'interrogation, celui de *mumkin*. Peu présent dans le premier *kalâm*, le terme fut d'abord introduit dans la tradition philosophique. Il put dans un premier temps se constituer, au sein de la logique, comme une arme théorique contre le *kalâm* asharite (pour défendre l'idée d'un pouvoir effectif de l'homme), mais ne tarda pas à se généraliser dans les deux traditions. Le terme *al-mumkin* renvoie à la fragilité ontologique de ce qui a besoin d'une cause pour être. Ce vocable fait ainsi prévaloir une détermination causale du possible. C'est cette détermination qui est reçue lorsque le *mumkin* d'Ibn Sînâ devient le *possibile* avicennien. Mais l'on ne doit pas méconnaître la richesse de l'arrière-plan théorique de la conceptualité du *mumkin*, encore présent chez Ibn Sînâ. La dépendance causale du *mumkin* envers un autre ne saurait ainsi recouvrir l'attention à la détermination logique, et ce faisant cogitative, de ce qui, pour être, doit recevoir son être d'un autre. Si le possible par lui-même n'est rien, ou n'est pas, reste qu'il doit se soumettre au principe logique de non-contradiction : *al-ṣiḥḥa*, la validité. Si le possible est causé, il se présente aussi comme pensable.

3) La tension entre ces deux aspects se voit reprise, voire à certains égards renforcée, au sein des théologies latines du XIIIe et XIVe siècle. Les premières occurrences latines de la *possibilitas* avaient associé le terme à l'idée de vacuité, ou de fragilité. Le *possibile* avicennien reprend une telle thématique, puisqu'il manifeste l'indigence de ce qui ne tient pas son être de lui-même. Les théologiens du XIIIe et du XIVe siècle réinvestiront cette détermination causale, avicennienne, du possible, mais ne manqueront pas de l'infléchir : le possible apparaît alors moins comme ce qui est causé par un autre, que comme ce qui peut être causé, et doit pour ce faire être pensable, donc non-contradictoire. Détermination causale et détermination cogitative s'articulent par conséquent l'une à l'autre, et permettent de voir dans le possible le corrélat de la puissance de Dieu, en même temps qu'un objet de sa science.

4) Dans ces conditions, la question de la possibilité en vient à ne plus relever d'abord, ou seulement, de la théologie; elle engage tout autant l'épistémologie. Lorsque la philosophie se saisit de ce possible arrimé en la toute-puissance de Dieu, un basculement se produit, qui conduit à faire prévaloir la détermination cogitative du possible. Si le possible désigne tout ce que Dieu peut faire en vertu de sa toute-puissance, ce possible se découvre à nous comme pensable, ou imaginable. La science porte dès lors sur le possible, et envisage ce qui peut être *secundum imaginationem*, à défaut d'être réellement.

Au terme de cette histoire, le possible s'est clairement écarté du potentiel aristotélicien. Alors que ce dernier échappait aux prises de la pensée, le possible se présente désormais prioritairement comme rationnel. Le possible ainsi constitué n'a plus alors à désigner ce qui a été, est, ou sera; il désigne tout ce qui peut être, parce qu'il est envisageable qu'il soit. Les reflexions sur la puissance ont ainsi conduit à une conception du possible qui se détache de ce concept : le possible se détermine non pas, ou non plus seulement à partir d'une puissance active, ou d'une cause efficiente, mais bien plutôt à partir de la rationalité du pensable. L'approche dynamique ou causale cède ainsi la place à une détermination logique, voire cogitative du possible.

Le possible n'est dès lors pas le contingent, mais il permet d'en rendre raison.

La séparation entre la possibilité et la contingence est sans doute décisive. Alors que le Stagirite ne marquait pas radicalement la différence entre le *dunaton* et l'*endekhomenon*, le *possibile* et le *contingens* se voient à présent clairement distingués : quand le contingent renvoie à un certain mode d'être, précisément à ce qui est en pouvant ne pas être, la possibilité ne porte pas sur l'être, mais sur le pouvoir être quand bien même une chose n'est pas.

Or, si la possibilité a ainsi émergé en ne s'identifiant pas au contingent, l'avènement du possible a sans doute permis une pensée renouvelée de la contingence. Possibilité et contingence demandent à être appréhendées de pair. Au terme de l'histoire que nous avons cherché à retracer, le contingent ne se dit pas d'abord de l'indétermination chaotique, telle celle de la matière du monde sublunaire aristotélicien; il se dit de ce qui est l'effet d'un acte libre. Ce faisant, le contingent ne marque pas l'autre du *kosmos* (le *khaos*); il est bien plutôt la manière d'être de ce qui est dans le monde pour avoir été ainsi produit, et pour ce faire voulu, et pensé. En d'autres termes : il y a une rationalité du contingent. En ce sens, assurément, le contingent suppose le possible, entendu comme ce qu'envisage d'effectuer une puissance dotée de volonté et de science. Le possible rend donc raison du contingent, non au sens où celui-ci serait nécessairement déterminé à être, mais bien au sens où celui-ci est le revers d'une puissance libre.

La contingence de ce qui est dans le monde renvoie par conséquent à un domaine des possibles, s'offrant à un agent libre, Dieu tout d'abord, mais aussi assurément l'homme. L'avènement du possible pour une pensée de la contingence revêt dès lors un double intérêt doctrinal : pratique et théorique. En premier lieu, le concept de possibilité est déterminant pour toute éthique qui met en avant la liberté de l'homme : la liberté requiert que l'on puisse considérer des possibles, autrement dit que l'on puisse voir, par delà ce qui est, ce qui peut être si l'on décide de le faire. En second lieu, la promotion de la détermination cogitative du possible est déterminante pour l'épistémologie : une science du contingent devient possible dès lors que l'on se propose de comprendre moins ce qui est, le contingent, que ce qui peut être, le possible.

Si le possible s'excepte du monde, il le précède. Le possible ne nous fait donc pas quitter le monde réel pour un monde imaginaire, un *wonderland*, mais nous convie à sans cesse nous rapporter à ce qui est, que ce soit pour le comprendre ou pour agir dessus, en imaginant ce qu'il aurait pu être.

On le voit donc, le possible peut bien être proprement impuissant ; cette impuissance du possible ne le rend pas vain, irréel, ou évanescent. L'impuissance du possible est peut-être, *in fine* et en réalité, ce qui fait sa force.

BIBLIOGRAPHIE

TEXTES [1]

(BIBLE), *Biblia sacra, iuxta Vulgatam Clementinam*, Rome-Tournai-Paris, Desclée et socii, 1927.

– *Vetus latina, Die reste der Altlateinsichen Bibel*, éd.. B. Fischer et H. J. Frede, Fribourg, Verlag Herder, 1949 *sq*.

– *Itala. Das Neue Testament in Altlateinischer Überlieferung*, éd. A. Jülicher, Berlin, W. de Gruyter, 1938-1963.

Le Coran, version bilingue arabe-française par S. A. Aldeeb Abu-Sahlieh (édition par ordre chronologique selon l'Azhar), Vevey, L'Aire, 2008.

(ANONYME), *Liber de causis primis et secundis et de fluxu entis*, éd. R. de Vaux, *Notes et textes sur l'avicennisme latin aux confins des* XIIe *et* XIIIe *siècles*, Paris, Vrin, 1934, p. 83-140.

(ANONYME), *Decem categoriae*, éd. L. Minio-Paluello, Aristoteles Latinus, I, 1-5, p. 133-175.

(ANONYME), *Khulâṣat al-naẓar*, éd. S. Schmidtke et H. Ansari, Téhéran, Iranian Institute of Philosophy/Institute of Islamic Studies/Free University of Berlin, 2006.

(ANONYME), *Quaestiones in Physicam*, éd. A. Zimmermann, *Ein Kommentar zur Physik des Aristoteles aus der Pariser Artistenfalultät um 1273*, Berlin, W. de Gruyter, 1968.

ANONYMUS ERFORDENSIS, *Omnis homo de necessitate est animal*, Erfurt, 4° 328, f. 7vb-10rb, éd. A. de Libera, in « Omnis homo de necessitate est animal. Référence et modalité selon l'Anonymus Erfordensis Q 328 (pseudo-Robert Kilwardby) », *Archives d'histoire doctrinale et litteraire du Moyen Âge*, LXIX, 2002, p. 201-237.

ANONYME (RICHARD KNAPWELL ?), *Correctorium Corruptorii « Quare »*, éd. P. Glorieux, Kain, Le Saulchoir, 1927.

ANONYME (TORTO COLLO ?), *Correctorium corruptorii « Sciendum »*, éd. P. Glorieux, Paris, Vrin, 1956.

ABNER DE BURGOS (ALPHONSE DE VALLADOLID), *Ofrenda de zelos, Libro de la Ley*, éd. W. Mettmann, Opladen, Westdeutscher Verlag, 1990.

1. L'ordre suivi est alphabétique, et privilégie la manière « habituelle » de nommer l'auteur. Pour les abréviations, on se reportera à la liste donnée à la fin de la présentation.

ABÉLARD, *Dialectica*, éd. L. M. De Rijk, Assen, Van Gorcum, 1970.
- *Abaelards Philosophische Schriften*, éd. B. Geyer, Munich, Aschendorff, 1919 *sq*.
- *Logica ingredientibus, Glossae in Perihermeneias*, éd. K. Jacobi et C. Strub, CCCM CCVI, Turnhout, Brepols, 2010.
- *Theologia christiana*, éd. E. M. Buytaert, CCCM XII, Turnhout, Brepols, 1969.
- *Theologia scholarium*, éd. C. Mews, CCCM XIII, Turnhout, Brepols, 1969.
- *Historia calamitatum*, éd. J. Monfrin, Paris, Vrin, 1962 (2ᵉ éd.).
- *Sententiae parisienses*, éd. A. Landgraf, *Ecrits théologiques de l'école d'Abélard*, Louvain, Université Catholique de Louvain, 1934.

'ABD AL-JABBÂR, *Al-mughnî fî abwâb al-tawḥîd wa-l-'adl*, Le Caire, Dar al-Kutub al-Misriyah, 1965, 14 vol.
- *Nukat al-kitâb al-mughnî*, éd. O. Hamdan et S. Schmidtke , Beirout/Berlin L. Schwarz, 2012.

ABSALON SPRINCKIRSBACENSIS, *Sermones*, PL CXXI, 9-294.

ABÛ BAKR IBN FÛRAK, *Mujarrad maqālāt al-Ash'arî*, éd. D. Gimaret, Beyrouth, Dar el-Machreq, 1987.

ABÛ BISHR MATTÂ, gloses, *al-ṭabī'a*, éd. A. Badawi, Le Caire, Al-dar al qawmyya li-l-tiba'a wa-l-nasr, 1964-1965, 2 vol.

ABÛ L-ḤUṢAYN AL-BAṢRÎ, *Taṣaffuḥ al-adilla*, éd. W. Madelung et S. Schmidtke, Wiesbaden, Harrassowitz, 2006.
- *Kitâb al-mu'tamad fî uṣûl al-fiqh*, éd. M. Hamidullah, Damas, Institut Français de Damas, 1964, 2 vol.

ABÛ YA'LÂ IBN AL-FARRÂ', *Kitâb al-mu'tamad fî uṣûl al-dîn*, éd. W. Z. Haddad, Beyrouth, Dar el-Mashreq, 1974.

ACHARD DE SAINT-VICTOR, *Sermons inédits*, éd. J. Chatillon, Paris, Vrin, 1970.

ADALHARD DE CORBIE, *Statuta pro monachis suis*, PL CV, 535-550.

ADAM WODEHAM, *Lectura secunda I Sententiarum*, éd. G. Gal et R. Wood, Saint Bonaventure, The Franciscan Institute, 1990, 3 vol.

ALAIN DE LILLE, *Regulae theologicae*, PL CCX, 617-684.

ALBALAG (ISAAC), *Sefer Tiqqun ha-de'ot*, éd. G. Vajda, Jérusalem, The Israel Academy of Sciences and Humanities, 1973.

ALBERT DE SAXE, *Expositio et quaestiones in Physicam*, éd. B. Patar, Louvain-Paris, Institut Supérieur de Philosophie, 1999, 3 vol.
- *Quaestiones super quatuor libros De Coelo et de mundo Aristotelis*, Venise, 1492.

ALBERT LE GRAND, *Opera Omnia*, Münster, Aschendorff, 1951-2004, 41 t.
- *Opera*, éd. S. C. A. Borgnet, Paris, Vivès, 1890-1899, 38 vol.
- *Super De divinis nominibus*, De pulchro et bono, Fragmentum autographi S. Thomae ab A. Uccelli Neapoli 1869, éd. en ligne : http://www.corpusthomisticum.org/xdp.html.

ALCINOOS, *Didaskalikos*, *Enseignement des doctrines de Platon*, éd. J. Whittaker, trad. fr. P. Louis, Paris, Les Belles Lettres, 2002.

ALCUIN, *Opera*, éd. F. Forster, réimp. : PL C-CI.

ALEXANDRE D'APHRODISE, CAG I, II et suppl. II, éd. M. Hayduck, M. Wallies et I. Bruns, Berlin, G. Reimer, 1883-1892, 3 tomes en 6 vol.
- *Commentario alla Metaphysica di Aristotele*, éd. G. Movia , Milan, Bompiani, 2007.
- *Traité du destin* [1984], éd. P. Thillet, Paris, Les Belles Lettres, 2002.
- *Quaestio* II, 4 ; II, 5 ; III, 13, éd. R. W. Sharples, *in* Alexander of Aphrodisias, *On Fate*, Eastbourne, Duckworth, 1983, p. 225-228.

- *Traité de la providence*, trad. fr. Abû Bishr Mattâ, P. Thillet, Paris, Verdier, 2003.
- *Fî al-qawl fî mabâdi' al-kull*, éd. C. Genequand, Paris, Vrin, 2017.

ALSTED, JOHANN HEINRICH, *Metaphysica*, Herborn, 1613.

AL-ÂMIDÎ, SAYF AL-DÎN, *Abkâr al-afkâr fî uṣûl al-dîn*, Le Caire, Dar al-Kutub, 2007, 5 vol.

AMBROISE DE MILAN, *Hexaemeron*, PL XIV.

AMMONIUS, CAG IV, 3-6.

ANGELOME DE LUXEUIL, *Opera omnia*, PL CXV.

ANSELME DE CANTORBÉRY, *Opera omnia*, éd. F. S. Schmitt, Rome-Edimbourg, Nelson, 1938-1961, 6 vol.
- *Memorials of Saint Anselm* [1969], éd. F. S. Schmitt et R. Southern, Oxford, OUP, 1991.

APULÉE, *Opera omnia*, éd. G. F. Hildebrand, Leipzig, Cnobloch, 1843.

AQUILIUS, *Définitions*, éd. M. Rashed, *Bulletin of the Institute of Classical Studies*, 55, 2012, p. 131-172.

ARISTOTE, *Œuvres*, Oxford, Clarendon Press, 1924 *sq*.
- *Aristoteles Latinus* (AL), Paris-Bruges, Desclée de Brouwer, puis Leiden-New York-Cologne, Brill, 1961 *sq*.
- *Arisṭū 'ind al-'arab*, éd. A. Badawi, Le Caire, Maktabat al-Nahdat al-Misryyat, 1947.
- *Manṭiq Arisṭû*, éd. A. Badawi, Le Caire, Dar al-kutub al-misriyah, 1948-1952, 3 vol.
- *Die Hermeneutik des Aristoteles in der arabischen Ûbersetzung des Ishak Ibn Honain*, éd. I. Pollak, Leipzig, F. A. Brockhaus, 1913.
- *Al-ṭabî'a*, tarjamat Isḥâq Ibn Ḥunayn, ma'a shurûḥ Ibn al-Samḥ wa Ibn 'Adî wa Mattâ Ibn Yûnus wa Abî Ibn Faraj Ibn al-Ṭayyib, éd. A. Badawi, Le Caire, Al-dar al-qawmiyya, 1964-1965, 2 vol.
- *al-Manṭiq* (avec la *Rhétorique* et la *Poétique*), trad. du syriaque Isḥâq Ibn Ḥunayn *et al.*, éd. Ibn Suwâr, collationné en 1027, avec « notes scolaires », manuscrit Paris, BNF, ar. 2346, 380 f°.
- *Les Auctoritates Aristotelis*, éd. J. Hamesse, Paris/Louvain, Nauwelarts/Publications Universitaires, 1974.

ARNOBE, *Contra gentes*, PL V.

AL-ASH'ARÎ, *Maqâlât al-Islâmiyyîn*, éd. H. Ritter, *Die dogmatischen Lehren der Anhänger des Islam*, Beirut-Berlin, Klaus Schwartz Verlag, 2005.
- *Kitāb al-Luma'*, éd. R. Mac Carthy, *The Theology of al-Ash'arî*, Beyrouth, Imprimeur Catholique, 1953.
- *Kitâb al-ibâna 'an uṣûl al-diyâna*, Le Caire, éd. du Caire, 1348/1929.

AUGUSTIN (SAINT), « Bibliothèque Augustinienne » (BA), éd. bilingue, Paris, DDB-IEA, 1936 *sq*.
- *Opera*, PL XXXII-XLVII – voir liste d'abréviations.
- *Opera*, CCSL, Turnhout, Brepols.

AUGUSTINUS TRIUMPHUS D'ANCONE, *In Sententias*, I, d. 44, a. 2, q. 1, éd. E. Randi, « Talpe ed extraterrestri », *Rivista di Storia della filosofia*, XLIV, 1989, p. 311-326.

AVERROÈS (IBN RUSHD), *Tafsîr mâ ba'd al-ṭabî'at*, éd. M. Bouyges, Bibliotheca Arabica Scholasticorum, Beyrouth, Dar al-Machreq, 1938-1948, rééd. : 2004, 4 vol. en 3 t.
- *Compendium de Métaphysique*, éd. C. Quiros Rodriguez, Madrid, Estanislao Maestre, 1919.
- *Tahâfut al-Tahâfut* [1930], éd. M. Bouyges, Bibliotheca Arabica Scholasticorum, Beyrouth, Dar al-Machreq, 2003.

- *Risâla mâ ba'd al-ṭabî'at*, éd. G. Jéhamy, Beyrouth, Dar al-fikr al-lubnani, 1994.
- *Kitâb al-samâ' al-ṭabî'iyy*, éd. J. Puig, Madrid, Instituto hispano-arabe de Cultura, 1983.
- *Averroes' Tahafut al-Tahafut* (*The incoherence of the incoherence*) [1954], trad. angl. S. van den Bergh, Cambridge, Gibb Memorial Trust, 2008, 2 tomes en 1 vol.
- *Talkhîṣ manṭiq Arisṭū*, éd. G. Jéhamy, Beyrouth, Dar al-fikr al-lubnani, 1992, 3 vol.
- *Al-kashf 'an manâhij al-adilla fî 'aqâ'id al-milla*, éd. M. A. Jabir, Beyrouth, Markaz dirasat al-wihdat, 2007.
- *Aristotelis Opera cum Averrois Commentariis*, t. IV : Physique ; t. VIII : Métaphysique, Venise, Apud Junctas, 1562, reprint : Francfort sur le Main, Minerva, 1962.
- *Das Neunte Buch* (Θ) *des Lateinischen Grossen Metaphysik-Kommentars von Averroes*, éd. B. Bürke, Berne, Francke Verlag, 1969.
- *Ha-derûshîm ha-tab'îyîm*, q. 3, *in* M. Worms (Hrsg.), *Die Lehre von der Anfangslosigkeit der Welt bei den mittelalterlichen arabischen Philosophen des Orients und ihre Bekämpfung durch die arabischen Theologen* (*Mutakallimûn*), Münster, Aschendorff, 1900, p. 66-70.
- *Maammar be-Eṣem ha-galgal* (*De susbtantia orbis*), éd. de la trad. hébraïque et trad. angl. A. Hyman, Cambridge/Jérusalem, The Medieval Academy of America/The Israel Academy of Sciences and Humanities, 1986.
- *Questions on Physics*, trad. angl. (de l'hébreu) H. Tunik Goldstein, Dordrecht/Boston/Londres, Kluwer, 1991.

AVICENNE (IBN SÎNÂ), *Kitâb al-Shifâ'*, Le Caire, Organisation égyptienne générale du livre, 1952 *sq.*
- *Shifâ'*, Physique, éd. J. Mc Ginnis, Provo (Utah), Brigham Young UP, 2009, 2 vol.
- *Metafisica*, éd. trilingue (arabe, latin, italien) O. Lizzini et P. Porro, Milan, Bompiani, 2002.
- *Livre des définitions* (*Kitāb al-Ḥudûd*), éd. A.-M. Goichon, Le Caire, Institut Français d'Archéologie Orientale, 1963.
- *Al-Najât*, éd. D. Sabri al-Kurdi, Le Caire, 1938 ; trad. latine (contemporaine) N. Carame, *Metaphysices compendium*, Rome, Institut Pontifical d'Etudes Orientales, 1926.
- *Le livre de science* [1955-1958], trad. fr. M. Achena et H. Massé, Paris, Les Belles Lettres, 2007, 2 t. en 1 vol.
- *Kitâb al-ishârât wa al-tanbîhât*, *in* J. Forget (éd.), *Le livre des théorèmes et des avertissements*, I re partie, texte arabe, Leyde, Brill, 1892 ; trad. fr. A.-M. Goichon, *Livre des directives et des remarques*, Paris, Vrin, 1951.
- *Al-mabda' wa al-ma'ad*, éd. A. Nurani, Téhéran, Teheran University-McGill University, 1984.
— et AL-BÎRÛNÎ, *Al as'ilat wa al-ajwibat*, éd. S. Nasr et M. Mohaghegh, Teheran, Anjuman atar wa-mafahir farhanji, 2005.

AL-BAGHDÂDÎ ('ABD-AL-QÂHIR IBN ṬÂHIR), *Al-farq bayn al-firaq*, Beyrouth, Dar al-kutub al-ilmiyah, 2013.

AL-BAGHDÂDÎ (ABÛ L-BARAKÂT), *Kitâb al-mu'tabar*, Hyderabad, Da'irat al-Ma'arif al-'Utmamya, 1938-1939, 3 vol.

AL-BAGHDÂDÎ ('ABD AL-LAṬÎF), *Fuṣûl muntaza'a*, éd. et trad. fr. M. Rashed, *L'héritage aristotélicien*, Paris, Les Belles Lettres, 2007, p. 72-83.
- extraits du *Kitâb fî 'ilm mâ ba'd al-ṭabî'a*, éd. A. Badawi, *Aflûtîn 'ind al-'arab*, Koweit, Wakalat al-matbu'at, 1977, p. 198-240.

BAHMANYÂR IBN AL-MARZUBÂN, *Risâlatâni fî mâ ba'da al-ṭabî'a*, *in* S. Poper (Hrsg.), *Zwei metaphysische Abhandlungen*, Leipzig, 1851.

AL-BALKHÎ (IBN GHAYLÂN), *Kitâb ḥudûth al-'âlam*, éd. J. Michot, *Arabica*, XL, 1993, p. 327-344.

AL-BÂQILLÂNÎ, *Kitâb al-Tamhîd*, éd. R. J. Mc Carthy, Beyrouth, al-Maktaba al-sharqiyya, 1957.

- *Al-inṣâf*, éd. M. Kawthari, Le Caire, Mu'assasat al-Khanji, 1963.

BARTHOLOMÉE D'EXETER, *Contra fatalitatis errorem*, éd. D. Bell, CCCM CLVII, Turnoult, Brepols, 1996.

AL-BAYÂḌÎ (KAMÂL AL-DÎN), *Ishârât al-marâm min 'ibârât al-imâm*, éd. Y. 'Abd al-Razzaq, Le Caire, Mustafa al-Babi al-Halabi, 1949.

BAYḌÂWÎ ('ABD ALLÂH IBN 'UMAR), *Ṭawâli' al-anwâr*, Istambul, 1887.

BERNARD DE CLAIRVAUX, *De gratia et libero arbitrio*, SC CCCXCIII, Paris, Cerf, 1993.

BERNARD SILVESTRE, *Cosmographia*, éd. P. Dronke, Leiden, Brill, 1978.

BOÈCE, PL LXIII-LXIV.

- *De consolatione philosophiae, Opuscula theologica*, éd. C. Moreschini, Leipzig, K. G. Saur, 2005.

- *In Isagogen Porphyrii commenta*, éd. S. Brandt (et G. Schepss), CSEL XLVIII, Vienne/Leipzig, Tempsky/Freytag, 1906.

- *Commentarii in librum Aristotelis Peri Hermeneias*, éd. C. Meiser, Leipzig, Teubner, 1877-1880, 2 vol.

BOÈCE DE DACIE, *Quaestiones super libros Physicorum*, éd. G. Sajo, Opera, V, Haunia, Gad, 1974.

- *De aeternitate mundi*, éd. N. G. Green-Pedersen, Opera, VI-2, Haunia, Gad, 1976, p. 333-366.

BONAVENTURE (SAINT), *Commentaria in IV libros Sententiarum*, *Opera Omnia*, t. I-IV, Quaracchi, Collège Saint-Bonaventure, 1882-1889.

BURIDAN (JEAN), *Quaestiones in Metaphysicen*, Paris, J. Badius, 1518.

- *Lectura Erfordiensis in I-VI Metaphysicam together with the 15 th Century Abbreiatio Caminensis*, éd. L. M. De Rijk, Turnhout, Brepols, 2008.

- *Quaestiones super octo libros Aristotelis Physicorum*, Paris, D. Roche, 1509.

- *Quaestiones super octo libros Physicorum Aristotelis* (*secundum ultimam lecturam*) : *Libri I-II*, éd. M. Streijger et P. Bakker, Leiden, Brill, 2015.

- *Quaestiones de generatione et corruptione*, éd. M Streijger, P. Bakker et H. Thijssen, Leiden, Brill, 2010.

- *Quaestiones in decem libros Ethicorum*, Paris, W. Hopyl, 1489.

- *Quaestiones De anima, liber tertius* [*ultima lectura*], *in* J. Zupko (ed.), *John Buridan's Philosophy of Mind*, Ann Arbor, UMI, 1999.

- *Quaestiones in duos libros Aristotelis Analyticorum Posteriorum*, éd. en ligne : http://individual.utoronto.ca/pking/resources/buridan/QQ_in_Post_An.txt.

- *Sophismata*, Paris, W. Hopyl, 1489.

- *Summulae de practica sophismatum*, éd. F. Pironet, Turnhout, Brepols, 2004.

- *Tractatus de consequentiis*, éd. H. Hubien, Paris/Louvain, Publications Universitaires/Vander-Oyez, 1976.

- *Expositio et quaestiones in Aristotelis De Caelo*, éd. B. Patar, Louvain/Paris, Institut Supérieur de Philosophie/Peeters, 1996.

- *Expositio et quaestiones in De anima*, prima lectura, éd. B. Patar, Louvain/Longueil (Québec), Institut Supérieur de Philosophie/Editions du Préambule, 1991.

BURLEY (OU BURLEIGH, WALTER), *De formis*, éd. F. J. D. Scott, Munich, Bayerische Akademie der Wissenschaft, 1970.

CALCIDIUS, *Commentaire au Timée de Platon*, éd. B. Bakhouche, Paris, Vrin, 2011, 2 vol.

CARACCIOLO (LANDOLPHUS), *In Sententias*, I, d. 38-40, *in* C. Schabel (éd.), « Landulphus Caracciolo and a Sequax on Divine Foreknowledge », *Archives d'Histoire Doctrinale et Littéraire du Moyen Âge*, LXVI, 1999, p. 299-343.

- *In Sententias*, II, d. 12, q. 1-2, *in* W. Duba (ed.), « What is actually the matter with Scotus ? Landolfo Caracciolo on objective potency and hylomorphic unity », *in* F. Fiorentino (ed.), *Lo Scotismo Nel Mezzogiorno D'italia*, Turnoult, Brepols, 2010, p. 284-301.

CHALMERS (WILLIAM), *Selectae disputationes philosophicae*, Paris, C. Chappellain, 1930.

CHARISIUS, *Ars grammatica*, éd. C. Barwick, Leipzig, Teubner, 1925.

CERIZIERS (RENÉ DE), *Le philosophe français*, Paris, 1643.

CICÉRON, *Œuvres*, éd. bilingue, Paris, Les Belles Lettres.

CLAREMBAUD D'ARRAS, *Œuvres*, éd. N. Häring, Toronto, PIMS, 1965.

CRESCAS, *Or Adonai*, I, XXV propositions, *in* H. Wolfson (ed.), *Crescas Critique of Aristotle*, Cambridge (Mass.), Harvard UP, 1929.

DAMASCÈNE, *Ecrits sur l'Islam*, éd. R. Le Coz, SC CCCLXXXIII, Paris, Cerf, 1992.

DÂWÛD IBN MARWÂN AL-MUQAMMIṢ, *'Ishrûn maqâla*, éd. S. Stroumsa, Leiden-New York-Copenhague-Cologne, Brill, 1989.

DESCARTES, *Œuvres*, éd. C. Adam et P. Tannery, rééd. : Paris, Vrin, 1996, 11 vol.

DIOGÈNE LAËRCE, *Vitae philosophorum*, éd. H. S. Long, Oxford, Clarendon, 1964, 2 vol.

DUNS SCOT, *Opera Omnia* (Vat.), cura et studio commissionis scotisticae, éd. C. Balič, Vatican, 1950 *sq*.

- *Quaestiones in Metaphysicam*, Opera Philosophica (OP), Saint-Bonaventure, The Franciscan Institute, 1997, 2 vol.

- *Opera omnia, editio minor*, éd. G. Lauriola, Albarello, AGA, 1998-2001, 3 t. en 5 vol.

- *Reportatio* IA, éd. A. B. Wolter et O. V. Bychkov, Saint-Bonaventure, The Franciscan Institute, 2004.

- *Reportatio* IA, d. 36, *in* T. Noone (ed.), « Scotus on Divine Ideas », *Medioevo*, 24, 1998, p. 359-453.

- *Reportata parisiensia*, IA, d. 43, q. 1, in T. Hoffmann (Hrsg.), *Creatura intellecta. Die Ideen und Possibilien bei Duns Scotus mit Ausblick auf Franz von Mayronis, Poncius und Mastrius*, Münster, Aschendorff, 2002, p. 313-319.

- *Notabilia super Metaphysicam*, éd. G. Pini, CCCM-CCLXXXVII, Turnhout, Brepols, 2017.

DUPLEIX (SCIPION), *La logique ou art de discourir et raisonner*, Paris, Corpus, 1984.

- *La métaphysique ou science surnaturelle*, Paris, Corpus, 1992.

ELIAS, *In Analytica priora*, *in* L. G. Westerinck (ed.), « Elias on the Prior Analytics », *Mnemosyne Reihe*, IV/14, 1961, p. 126-139.

- *In Isagogen* et *In Categorias*, éd. A. Busse, CAG XVIII-1, Berlin, G. Reimer, 1900.

ERIGÈNE, *Periphyseon*, éd. É. Jeauneau, CCCM-CLXVI-CLXV, Turnhout, Brepols, 1996-2004, 5 vol.

- *Homélie sur le Prologue de Jean*, éd. bilingue E. Jeauneau, SC CLI, Paris, Cerf, 1969.

- *Expositiones in Ierarchiam celestem*, éd. J. Barbet, CCCM XXXI, Turnhout, Brepols, 1975.

EUSTACHE DE SAINT-PAUL, *Summa philosophiae*, Genève, J. Stoer, 1647.

AL-FÂRÂBÎ, *Kitāb al-ḥurûf* [1968], éd. M. Mahdi, Beyrouth, Dar el-Machreq, 1986.

- *Al-Fârâbîs Philosophische Abhandlung*, éd. F. Dieterici, Leiden, Brill, 1890.
- *Idées des habitants de la cité vertueuse (Kitāb ārā ahl al-madīnat al-fāḍilat)*, éd. K. Chlala et A. Jausen, Beyrouth/Le Caire, Commission libanaise pour la traduction des chefs d'œuvre/Institut Français d'archéologie orientale, 1986.
- *Sharḥ li-kitâb Arisṭûṭâlîs fî-l-'ibâra (Grand commentaire sur le* De interpretatione), éd. W. Kutsch et S. Marrow, Beyrouth, Dar al-Machreq, 1960.
- *Al-Kitâb al-siyâsa al-madaniyya, al mulaqqab bi-mabâdi'i al-mawjûdât* (*The Political Regime*), éd. F. M. Najjar, Beyrouth, Dar-al-Machreq, 1993.

PS-FÂRÂBÎ, *'Uyûn al-masâ'il* (*Questions capitales*), éd. F. Dieterici, *al-Fārābīs Philosophische Abhandlung*, Leiden, Brill, 1890, p. 56-65.

AL-FANÂRÎ, *Miṣbaḥ al-uns*, in al-Qûnawî, *Miftâḥ al-ghayb*, éd. Khuwâjawî, Téhéran, Mawla, 1416 (1995 ou 1996).

AL-FAZÂRÎ ('ABD ALLAH IBN YAZÎD), *Kitâb al-qadar*, *in* A. al-Salimi et W. Madelung (eds.), *Early Ibâḍî Theology*, Leiden-Boston, Brill, 2014.

FRANÇOIS DE LA MARCHE, *Reportatio*, IIA, éd. T. Suárez-Nani *et al.*, Louvain, Leuven UP, 2008 *sq*.

FRANÇOIS DE MEYRONNES, *In quatuor libros Sententiarum, ac quodlibeta, cum tractatibus formalitatum, et de primo principio, insuper explanatione divinorum terminorum, et tractatus de univocatione entis*, Venise, 1520.

FRASSEN (CLAUDE), *Scotus academicus seu universa Doctoris Subtilis theologica dogmata*, Rome, Typographia Sallustiana, 1900, 3 vol.

GALIEN, *Opera omnia*, éd. C. G. Kühn, Leipzig, C. Cnoblochii, 1822.
- *De placitis Hippocratis et Platonis*, éd. P. de Lacy, Berlin, Academia Scientarum, 1978-1984.

GARLANDUS COMPOTISTA, *Dialectica*, éd. L. M. De Rijk, Assen, Van Gorcum, 1959.

GILLES DE ROME, *De esse et essentia, de mensura angelorum et de cognitione angelorum*, Venise, S. de Luere, 1503.
- *Theoremata de esse et essentia*, éd. E. Hocedez, Louvain, Museum Lessianum, 1930.

AL-GHAZÂLÎ, *Tahâfut al-falâsifa*, éd. M. Marmura, Provo, Brigham Young UP, 1997.
- *Iqtiṣâd fî-l-i'tiqâd*, éd. H. Atay, Ankara, Nur Matbaasi, 1962.
- *Al-munqidh min al-ḍâlal* [1952], éd. F. Jabre, Beyrouth, Commission libanaise pour la traduction des chefs-d'œuvres, 1969.
- *Mi'yâr al-'ilm*, éd. D. Shararah, Beyrouth, Dar al-Andalus, 1964.
- *Al-Maqṣad al-asnâ fî sharḥ ma^cânî asmâ' Allāh al-ḥusnâ*, éd. F. Shehadi, Beyrouth, Dar el-Mashreq, 1971.
- *Kitâb al-arba'in fî uṣûl al-dîn*, éd. A. Arawni, Damas, Dar al-qalam, 2003.

GOCLENIUS (RUDOLPH), *Lexicon philosophicum*, Francfort, Becker, 1613, reprint : Hildesheim, Olms, 1980.

GODEFROID DE FONTAINES, *Quodlibeta*, éd. M. de Wulf et J. Hoffmanns, Louvain, Institut Supérieur de Philosophie de l'Université, 1904 *sq*.

GRÉGOIRE DE RIMINI, *Lectura super primum et secundum Sententiarum*, éd. D. Trapp et V. Marcolino, Berlin-New York, De Gruyter, 1979-1985, t. I-VII.

GUILLAUME D'ALNWICK, *Quaestiones disputatae de esse intelligibili et de quolibet*, éd. A. Ledoux, Florence, Quaracchi, 1937.

GUILLAUME D'AUVERGNE, *Guillelmi Alverni Episcopi Parisiensis Opera Omnia*, éd. B. le Féron, Paris, L. Billaine, 1674, 2 vol.
- *De Trinitate*, éd. B. Switalski, Toronto, Pontifical Institute of Mediaeval Studies, 1976.

GUILLAUME D'AUXERRE, *Summa aurea*, éd. J. Ribailler, Paris/Grottaferrata, CNRS/Collège Saint-Bonaventure, 1980-1987.

GUILLAUME D'OCKHAM, *Opera philosophica* (OP) et *Opera theologica* (OT), Saint-Bonaventure, Franciscan Institute, 1967 *sq*.

- *Summa logicae*, éd. J. Biard, Mauvezin, TER, 1988 *sq*.

GUILLAUME DE CONCHES, *Glosae super Platonem*, éd. E. Jeauneau, Paris, Vrin, 1965.

GUILLAUME DE LUCQUES, *Summa dialectice artis*, éd. L. Pozzi, Padoue, Liviana Editrice, 1975.

GUILLAUME DE LA MARE, *Scriptum in primum librum Sententiarum*, éd. H. Kraml, Munich, Bayerischen Akademie der Wissenschaften, 1989.

GUILLAUME DE SAINT-THIERRY, *Orationes meditativae*, PL CLXXX.

AL-ḤÂKIM AL-JISHUMÎ, *Kitâb al-ta'thîr wa-l-mu'aththir*, extraits édités par J. Thiele, *in* « La causalité selon al-Hâkim al-Jishumî », *Arabica*, 59, 2012, p. 291-318.

AL-ḤASAN AL-BAṢRÎ, *Rasâ'il al-'adl wa-l-tawḥîd*, éd. M. Amara, Le Caire, Dar al-Hilal, 1971.

HENRI DE GAND, *Opera omnia*, éd. R. Macken *et al.*, Louvain, Leuven UP, 1979 *sq*.

- *Summa*, art. 21-24 et 25-30, texte latin et trad. angl. R. Teske, Paris-Louvain-Dudley, Peeters, 2005 et 2006, 2 vol.

- *Quodlibeta*, éd. J. Badius, Paris, 1518, 2 vol.

- *Summa*, éd. J. Badius, Paris, 1520, 2 vol.

HENRY DE HARCLAY, *Quaestiones ordinariae*, éd. M. Henninger, Oxford, OUP, 2008, 2 vol.

HERVÉ DE NÉDELLEC, *De quattuor materiis*, vol. II, éd. L.-M. de Rijk, Turnoult, Brepols, 2013.

AL-ḤILLÎ (AL-'ALLÂMA), *Kashf al-murâd*, Qum, Mu'assasat al-nasr al-islami, 1986.

HILDEGARDE DE BINGEN, *Liber divinorum operum simplicis hominis*, PL CXCVII.

HROTSWITHA DE GANDERSHEIM, *Epistulae*, PL CXXXVII.

AL-ḤUSAYN IBN AL-QÂSIM, *Kitâb al-tawḥîd*, *in* J. Van Ess (Hrsg.), « Göttliche Allmacht in Zerrbild menschlicher Sprache », *Mélanges de l'Université Saint-Joseph*, XLIX, 1975-1976, p. 653-688 et p. 656-666.

IBN 'ABBÂS ('ABDULLÂH) ou AL-FIRÛZÂBÂDÎ, *Tafsîr Ibn 'Abbâs*, Beyrouth, Dar al-Kutub al-ilmiyah, 2000.

IBN MATTAWAYH, *Al-tadhkira fî aḥkâm al-jawâhir wa-l-a'râḍ*, éd. D. Gimaret, Paris, IFAO, 2009, 2 vol.

- *Kitâb al-Majmû' fî l-Muḥîṭ bi-l-taklîf*, éd. J. J. Houben et D. Gimaret, Beyrouth, Imprimerie Catholique/Dar el-Mashreq, 2 vol., 1965 et 1981.

IBN BÂJJA, *Shurûḥât al-samâ' al-ṭabî'î*, éd. M. Ziyada, Beyrouth, Dar al-Kindi, 1978.

- *Kitâb al-kawn wa-l-fasâd*, éd. J. Puig Montada, Madrid, CSIC, 1995.

- *Ta'âliq 'alâ Kitâb al-'ibâra li-l-Fârâbî*, éd. A. Alami-Hamedane, Fès, Jâmi'at Sidi Muhammad ben 'Abd Allâh, 2014-2015.

IBN DAWD, ABRAHAM, *Sefer ha-Emunah ha-Ramah*, trad. Solomon Ibn Labi, éd. S. Weil, Francfort, Sifriyat le-Mahshevet Yisrael, 1852.

IBN ḤAMZA (ABÛ AL-ḤUSAYN YAḤYÂ), *Kitâb al-Shâmil*, t. II, mns Téhéran, Majlis Shura Milli, 9682, f. 53a-57b, *in* M. Rashed (éd.), « Abû Hâshim al-Jubbâ'î et l'infini », *in* Ch. Grellard (éd.), *Miroir de l'amitié. Mélanges offerts à Joël Biard*, Paris, Vrin, 2017, p. 105-108.

IBN ḤAZM, *Al-fiṣâl*, Le Caire, 1899-1903, 5 t. en 2 vol.

IBN KHALLÂD, ABÛ 'ALÎ MUḤAMMAD, *Kitâb al-uṣûl*, *in* al-Buṭḥânî, *Kitâb ziyâdât sharḥ al-uṣûl*, *in* C. Adang, W. Madelung et S. Schmidtke (eds.), *Baṣran mu'tazilite Theology*, Leiden-Boston, Brill, 2011.

IBN AL-MALÂḤIMÎ (MAḤMÛD IBN MUḤAMMAD), *Kitâb al-mu'tamad fî uṣûl al-dîn*, éd. M. Mc Dermot et W. Madelung, Londres, al-Hoda, 1991.

- *Kitâb al-fâ'iq fî uṣûl al-dîn*, éd. W. Madelung et M. Mc Dermot, Teheran, Iranian Institute of Philosophy-Free University of Berlin-Institute of Islamic Studies, 2007.

- *Tuḥfat al-mutakallimîn fî-l-radd 'alâ al-falâsifâ*, éd. H. Ansari et W. Madelung, Teheran, Iranian Institute of Philosophy-Free University of Berlin-Institute of Islamic Studies, 2008

IBN AL-MUQAFFA', *Al-manṭiq*, éd. M. T. Daneshpazhuh, Téhéran, Imperial Iranian Academy of Philosophy, 1978.

IBN SHARWÎN, *Ḥaqâ'iq al-ashyâ'*, *in* H. Ansari et S. Schmidtke (eds.), « Mu'tazilism in Rayy and Astarâbâd », *Studia iranica*, 41, 2012, p. 57-100.

IBN AL-RAWANDÎ, *Kitâb faḍilat al-mu'tazila*, éd. des fragments par A. al-A'sam, Beyrouth-Paris, Editions Oueidat, 1975-1977.

AL-ÎJÎ ('AḌUD AL-DÎN), *Al-mawâqif fî 'ilm al-kalâm*, Beyrouth, 'alam al-kutub, s. d.

IRÉNÉE DE LYON, *Adversus haereses*, PL V.

AL-IṢFAHÂNÎ, MAḤMÛD IBN 'ABD AL-RAḤMÂN, *Maṭâli' al-anẓâr*, Istambul, Şirket-i İlmiye, 1305 [1887].

AL-IṢFAHÂNÎ, AL-RÂGHIB, *al-I'tiqâdât*, éd. S. al-Ajali, Beyrouth, Mu'assassat al-ashraf, 1988.

AL-ISFIZÂRÎ (ABÛ ḤÂMID), *Fî masâ'il al-umûr al-ilâhiyya*, *in* D. Gimaret (éd.), *Mélanges de l'Université Saint-Joseph*, L, 1984, p. 209-252.

ISIDORE DE SÉVILLE, *Etymologiarum sive originum libri XX*, éd. W. M. Lindsay, Oxford, Clarendon, 1911, 2 vol.

IZQUIERDO (SEBASTIAN), *Pharus scientiarum*, Lyon, Bourgeat et Lyetard, 1659, 2 vol.

JÂBIR IBN ḤAYYÂN, *Kitâb al-Aḥjâr*, *in* S. N. Haq (ed.), *Names, Natures and Things*, Dordrecht-Boston-Londres, Kluwer Academic Publishers, 1994.

JACQUES DE THÉRINES, *Quodlibets I et II*, éd. P. Glorieux, Paris, Vrin, 1958.

JACQUES DE VITERBE, *Quodlibeta*, éd. E. Ypma, Würzbourg, Augustinus-Verlag, 1968 *sq.*

JEAN DE SALISBURY, PL CXCXIX.

JEAN DU DOUET, *Formalitatum Doctoris subtilis Scoti, Ant. Sirecti,* Venise, Melchiore Sessa, 1587.

JEAN PECKHAM, *Quaestiones disputatae*, éd. G. Etzkorn *et al.*, Grottaferrata (Rome), Quaracchi, 2002.

JEHUDA HALEVI, *Kitâb al-radd wa-l-dalîl fî-l-dîn al-dhalîl* (*Al-Kitâb al-Khazarî*), éd. D. Baneth, Jérusulem, The Magnes Press, 1977.

- *Kitâb al-Kuzari/Sefer ha-kuzari*, texte arabe et trad. hébraïque de Jehuda Ibn Tibbon, éd. H. Hirschfeld, Leipzig, O. Schulze, 1887.

JÉRÔME (SAINT), *Dialogus adversus Pelagianos*, CCSL LXXX, Turnhout, Brepols, 1990.

- *Opera*, PL XXIII.

JOHN DUMBLETON, *Summa logicae et philosophiae naturalis*, mns Cambridge Peterhouse 272.

JOHN KENNINGHAM, *Determinationes contra Wyclif*, in *Fasciculi Zizaniorum Magistri Johannis Wyclif*, ascribed to Thomas Netter of Walden, éd. W. W. Shirley, Londres, Longman-Brow-Green-Longmans-Roberts, 1858, p. 4-104.

JOHN PUNCH (PONCIUS), *Philosophiae ad mentem Scoti cursus integer*, Lyon, Huguetan, 1659.

JOHN WYCLIF, *Summa de ente. Libri primi. Tractatus primus et secundus*, éd. S. Harrison Thomson, Oxford, Clarendon Press, 1930.

AL-JURJÂNÎ, *Sharḥ al-mawâqif*, éd. M. al-Na'sani, Le Caire, Matba'at al-Sa'ada, 1907, 8 vol.

- *Kitâb al-ta'rifât*, éd. G. Flügel, Leipzig, Vogel, 1845.

AL-JUWAYNÎ (IMÂM AL-ḤARAMEIN), *Textes apologétiques*, éd. M. Allard, Beyrouth, dar El-Mashreq, 1968

- *Kitâb al-irshâd*, éd. J.-P. Luciani, Paris, Imprimerie Nationale-E. Leroux, 1933.

- *Kitâb al-Burhân fî uṣûl al-fiqh*, Beyrouth, Dar al-kutub al-ilmiyah, 1997, 2 vol. en 1 t.

- *al-Shâmil fî usûl al-dîn*, éd. H. Klopfer, Le Caire, Dar al-arab,1959.

- *al-Shâmil fî usûl al-dîn*, éd. A. S. al-Nashar, Alexandrie, Mansha'at al-Ma'arif, 1969.

- *al-kitâb al-Shâmil fî usûl al-dîn*, éd. R. M. Frank, Téhéran, Haidari Press-Mac Gill University-Tehran Branch, 1981.

AL-KHAYYÂṬ, *Kitâb al-intiṣâr. Le livre du triomphe et de la réfutation d'Ibn al-Rawandi l'hérétique*, éd. A. Nader, Beyrouth, Les lettres Orientales, 1957.

AL-KINDÎ, *Œuvres philosophiques et scientifiques d'al-Kindī*, vol. II : *Métaphysique et cosmologie*, éd. J. Jolivet et R. Rashed, Leiden, Brill, 1998.

LANGTON (STEPHEN/ETIENNE), *Quaestiones theologiae*, liber I, éd. R. Quinto et M. Bieniak, Oxford, The British Academy-OUP, 2014.

AL-LAWKARÎ, *Bayân al-ḥaqq bi-ḍimân al-ṣidq. Al-'ilm al-ilâhî*, éd. I. Dibaji, Téhéran, ISTAC, 1995.

LEIBNIZ, *Sämtliche Schrifte und Briefe*, hrsg. v. Akademie der Wissenschaft [Ak], Darmstadt-Leipzig-Berlin, Akademia Verlag, 1923 *sq*.

- *Die Philosophischen Schriften*, C. Gerhardt (éd.), Berlin, 1875-1890.

- *Textes inédits*, éd. G. Grua, Paris, P.U.F., 1943, 2 vol.

LEVI BEN YEFET, *Kitâb al-ni'ma*, éd. D. Sklare, *in* C. Adang *et al.* (eds.), *A Common Rationality : Mu'tazilism in Islam and Judaism*, Würzbourg, Ergon Verlag, 2007, p. 157-216.

MAIGNAN, EMMANUEL, *Cursus philosophicus*, Lyon, 1673.

MAÏMONIDE, *Dalâlat al-ḥâ'irîn*, éd. H. Atay, Ankara, Matba'at Jami'at Ankara, 1974 ; trad. fr. S. Munk, Paris, Maisonneuve et Larose, 1981, 3 vol.

- *Traité de logique*, éd. I. Efros, trad. fr. R. Brague, Paris, DDB, 1996.

- *Igrot ha-Rambam*, éd. I. Shailat, Jérusalem, Hotsa'at Ma'aliyot le-yad Yeshivat "Birkat Mosheh" Ma'aleh Adumim, 1987.

MALEBRANCHE, *Œuvres complètes*, éd. A. Robinet, Paris, Vrin/CNRS, 1958-1968, 20 t. en 18 vol.

MANEGOLD DE LAUTENBACH, *Liber contra Wolfelmum*, éd. W. Hartmann, Münich, Monumenta Germaniae Historica (MGH), 1991.

MARANDÉ, LÉONARD DE, *La clef des philosophes. Abrégé curieux et familier de toute la philosophie*, Lyon, Antoine Cellier, 1648.

MARIUS VICTORINUS, *Traités théologiques sur la Trinité*, I, éd. P. Henry, trad. fr. P. Hadot, SC LXVIII, Paris, Cerf, 1960.

MARSILE D'INGHEN, *Quaestiones in Physicam*, Lyon, 1518.

- *Quaestiones in De caelo*, I, q. 14, éd. E. P. Bos, *in* H.A.G. Braakhuis and M. J. F. M. Hoenen (eds.), « Marsilius on the Principles of Natural Philosophy », Marsilius of Inghen, Nimègue, Ingenium Publishers, 1992, p. 97-116.

MASTRIUS DE MELDULA (BARTOLOMEUS) et BELLUTO (BONAVENTURA), *Cursus philosophicus*, Venise, apud Nicolaum Pezzana, 1727, 5 vol.

AL-MAS'ÛDÎ, SHARAF AL-DÎN, *Al-mabâḥith wa-l-shukûk*, *in* A. Shihadeh (ed.), *Doubts on Avicenna*, Leiden-Boston, Brill, 2016, p. 195-289.

MATTHIEU D'AQUASPARTA, *Quaestiones disputatae de fide et de cognitione*, Quaracchi, Collège Saint-Bonaventure, 1957.

– *Quaestiones disputatate de productione rerum*, Quaracchi, Collège Saint-Bonaventure, 1956.

AL-MÂTURÎDÎ, *Kitâb al-tawḥîd*, éd. B. Topaloglu et M. Aruci, Istambul/Beyrouth, Irshad/Dar Sader, 2010.

MAXIME LE CONFESSEUR, *Ambigua*, PG XCI.

MERSENNE (Marin), *L'impiété des déistes*, Paris, Billaine, 1624, 2 t.

AL-MIKLÂTÎ, *Lubâb al-'uqûl*, éd. A. Alami-Hamdane, Fès, Jâmi'at Sidi Muhammad ben 'Abd Allâh, 2012.

MEURISSE (MARTIN), *Rerum metaphysicorum libri tres ad mentem Doctoris subtilis*, Paris, D. Moreau, 1623.

MOÏSE DE NARBONNE, *Maamar bi-beḥirah*, *in* M. Hayoun (éd.), « L'épître sur le libre arbitre de Moïse de Narbonne », *Revue des études juives*, CXLI, 1982, p. 139-167.

AL-MUFÎD, IBN AL-MU'ALLIM (AL-SKAYKH), *Awâ'il al-maqâlât fî l-madhâhib al-mukhtârât*, éd. A. S. Wajdî, 2e éd., Tabriz, Charadabi, 1952.

AL-MUFÎD (?), *al-Nukat al-i'tiqâdiyya*, éd. M. T. Danish Pazhuh, Téhéran, Iqbal, 1906.

AL-MUTAWALLÎ, *Mughnî*, éd. M. Bernand, Le Caire, Institut Français d'Archéologie Orientale, 1986.

AL-NAJRÂNÎ (TAQÎ AL-DÎN) (?), *Al-Kâmil fî-l-istiqṣâ'*, éd. M. Shahid, Le Caire, Wizarat al-awqaf, 1999.

NÂSHI' AL-AKBAR, *Kitâb al-awaṭ*, *in* J. Van Ess (Hrsg.), *Frühe mu'tazilitische Häresiographie*, Beyrouth/ Wiesbaden, Imprimerie Catholique/Steiner, 1971.

AL-NAWBAKHTÎ (AL-ḤASAN IBN MÛSÂ), *Kitâb al-kawn wa-l-fasâd*, éd. M. Rashed, Berlin, W. de Gruyter, 2015.

NICOLAS DE CUSE, *Trialogus de possest*, *in* R. Steiger (Hrsg.), *Opera Omnia*, XI-2, Hambourg, Meiner, 1973.

NICOLAS ORESME, *Quaestiones super Physicam*, éd. S. Caroti *et al.*, Leiden-Boston, Brill, 2013.

– *Quaestiones super Aristotelis librum De Caelo*, éd. C. Kren, Madison, University of Wisconsin, 1965 ; rééd. : Ann Arbor, UMI, 1982.

– *Le livre du ciel et du monde*, éd. A. D. Menut et A. J. Denomy, Madison, University of Wisconsin, 1968.

– *Ad pauca respicientes*, éd. E. Grant, Madison-Milwaukee-Londres, The University of Wisconsin Press, 1966.

AL-NÎSÂBÛRÎ (ABÛ RASHÎD), *Kitâb al-masâ'il fî-l-khilâf bayn al-Baṣriyyîn wa-l-Baghdâdiyyîn*, *in* A. Biram (Hrsg.), *Die atomistische Substanzlehre aus dem Buch der Streitfragen zwischen Basrensern und Bagdadensern*, Leiden, Brill, 1902.

– *Al-masâ'il fî-l-khilâf bayn al-Baṣriyyîn wa-l-Baghdâdiyyîn*, Beyrouth, Ma'had al-inma' al-'arabi, 1979.

OLIVI (PIERRE-JEAN), *Quaestiones in IIum librum Sententiarum*, éd. B. Jansen, Quaracchi, Collège Saint Bonaventure, 1922, 3 vol.

ORIGÈNE, *Contre Celse*, SC, Paris, Cerf, 2005 *sq.*

PAPIAS, *Glossarium sive Elementarium Doctrinae Rudimentum*, Venise, 1496.

PÉLAGE, PL suppl. I, 1101-1570.
PETRUS THOMAE, *Quodlibet*, éd. M. R. Hooper et E. M. Buytaert, Saint-Bonaventure/Louvain/Paderborn, The Franciscan Institute/Nauwelaerts/Schöningh, 1957.
- *Quaestiones de esse intellegibili*, éd. G. R. Smith, Leuven, Leuven UP, 2015.
PHILOPON, *In Physicam*, CAG VI-XVII, éd. H. Vitelli, Berlin, Reimer, 1887-1888.
- *In Analytica priora*, CAG XIII-2, éd. M. Wallies, Berlin, Reimer, 1905.
- *De aeternitate mundi contra Proclum*, éd. H. Rabe, Leipzig, Teubner, 1899.
PIERRE D'AILLY, *In De consolatione philosophiae*, q. 1, éd. M. Chappuis, Amsterdam-Philadelphie, Grüner, 1993.
- *Quaestiones super Ium, IIIum et IVum librum Sententiarum*, éd. M. Brinzei, CCCM CCLVIII, Turnoult, Brepols, 2013.
PIERRE AURIOLE, *Scriptum super primum Sententiarum*, éd. E. M. Buytaert, Saint-Bonaventure, the Franciscan Institute, 1952, 2 vol.
PIERRE D'AUVERGNE, *Quaestiones in De caelo*, éd. G. Galle, Louvain, Leuven UP, 2003.
PIERRE DAMIEN, *De omnipotentia divina*, éd. A. Cantin, SC CXCI, Paris, Cerf, 1972.
PIERRE DE FALCO, *Quaestiones disputatae ordinariae*, éd. A.-J. Gondras, Paris-Louvain, Nauwelaerts, 1968, 3 vol.
PIERRE LOMBARD, *Sententiae in IV libris distinctae*, Grottaferrata, Collège Saint-Bonaventure, 1971, 2 vol.
- *Glossae in Epistulas s. Pauli*, PL CXCI.
PIERRE DE POITIERS, *Sententiae*, PL CCX.
PLAUTE, *Comédies*, Paris, Les Belles Lettres, 7 vol.
PLINE, *Historia naturalis*, Paris, Les Belles Lettres.
PLOTIN, *Ennéades*, éd. É. Bréhier, Paris, Les Belles Lettres, 7 vol., 1924 *sq.*
PS-PLUTARQUE, *De fato* (*Peri eimarmenès*), éd. E. Valgiglio, Rome, Signorelli, 1964.
PORPHYRE, *Isagogè*, texte grec, « translatio Boethii », éd. A. de Libera et A.-Ph. Segond, Paris, Vrin, 1998.
- *Sentences*, éd. L. Brisson, 2 t., Paris, Vrin, 2005.
PROCLUS, *Eléments de théologie* [1963], éd. E. R. Dodds, Oxford, Clarendon Press, 2004.
- *De decem dubitationibus circa providentiam, De providentia et fato, De malorum subsistentia*, éd. F. Paparella, Milan, Bompiani, 2004.
POLQAR (OU POLGAR, ISAAC), *Ezer ha-dat*, J. Levinger (éd.), Tel Aviv, The Chaim Rosenberg School of Jewish Studies, 1984.
AL-QÂSIM IBN IBRÂHÎM, *Kitâb al-dalîl al-kabîr*, *in* B. Abrahamov (ed.), *Al-Kâsim b. Ibrahîm on the Proof of God's existence*, Leiden-New York-Copenhague-Cologne, Brill, 1990.
QUINTILIEN, *Institutio oratoria*, éd. E. Bonnell, Leipzig, Teubner, 1891, 2 vol.
AL-QUSHAYRÎ (ABÛ L-QÂSIM 'ABD AL-KARÎM IBN HAWÂZIN), *Luma' fî l-i'tiqâd*, *in* R. Frank (ed.), *Philosophy, Theology and Mysticism in Medieval Islam*, Aldershot, Ashgate, 2005, art. XIV.
- *Laṭâ'if al-ishârât*, éd. I. Basyuni, Le Caire, Dar al-Katib al-Arabi, 1968-1971, 6 vol.
AL-RAṢṢÂṢ, *Al-Barâḥîn al-ẓâhira al-jaliyya 'alâ anna al wujûd zâ'id 'alâ l-mâḥiyya*, éd. H. Ansari, *in* C. Adang *et al.* (eds.), *A Common Rationality : Mu'tazilism in Islam and Judaism*, Würzbourg, Ergon Verlag, 2007, p. 337-348.
- *Kitâb al-mu'aththirât wa miftâḥ al-mushkilât*, *in* J. Thiele (Hrsg.), *Kausalität in der mu'tazilistichen Kosmologie*, Leiden-Boston, Brill, 2011.
RATRAMNE DE CORBIE, *De anima ad Odonem*, éd. C. Lambot, Louvain/Namur/Lille, Nauwelaerts/Godenne/Giard, 1951.

AL-RÂZÎ (FAKHR AL-DÎN), *Muḥaṣṣal afkâr al-mutaqaddimîn wa al-muta'akhkhirîn min al-'ulamâ' wa al-ḥukamâ' wa al-mutakallimîn*, Beyrouth, Dâr al-Fikr al-Lubnânî, 1992.

- *Kitâb ma'alim uṣûl al-dîn*, éd. S. Dughaym, Beyrouth, Dâr al-Fikr al-Lubnânî, 1992.
- *Al-mabâḥith al-mashriqiyya*, Beyrouth, Dhawy Al Qorbah, 2008, 2 vol.
- *Munâẓarât*, *in* F. Kholeif (ed.), *A Study on Fakhr al-Dîn al-Râzî and his Controversies in Transoxiana*, Beyrouth, Dar el-Mashreq, 1984.
- *al-maṭâlib al-'âliyya min al-'ilm al-ilahî*, Beyrouth, Dar al-Kitab al-arabi, 1987, 9 t. en 5 vol.
- *Ithbât juz' lâ yatazzâ, Risâla fî l-hayûlâ*, *in* B. Eftekhari (ed.), *Edition and Translation of the Arabic Manuscript Collection belonged to Fakhr al-Dîn al-Râzî on kalâm Atomism*, thèse de doctorat, Université Lyon III, 2017.

RÉMI D'AUXERRE, *Commentum in Martianum Capella*, éd. C. Lutz, Leiden, Brill, 1962, 2 vol.

RHODES, GEORGES DE, *Philosophia peripatica ad veram Aristotelis mentem digesta*, Lyon, J. A. Huguetan et G. Barbier, 1671.

RICARDUS SOPHISTA (MAGISTER), *Abstractiones*, éd. M. Sirridge, S. Ebbesen, E. J. Ashworth, Oxford, British Academy-OUP, 2016.

RICHARD DE MEDIAVILLA, *Super Quatuor Libros Sententiarum*, Brescia, 1591, 4 vol.

- *Quaestiones disputatae*, éd. A. Boureau, Paris, Les Belles Lettres, 2011 *sq*.

RICHARD RUFUS DE CORNOUAILLES, *Scriptum in Metaphysicam*, redactio brevior, transcription R. Wood *et al.*, projet Richard Rufus of Cornwall. url : rrp.stanford.edu/editions.shtml.

RICHARD SWINESHEAD, *Liber calculationum*, Venise, 1520.

ROBERT HOLCOT, *Quaestiones de futuris contingentibus* (extraits de : *Quodlibet*, III ; *In Sententias*, II, q. 2), éd. P. Streveler et K. Tachau, Toronto, PIMS, 1995.

ROBERT GROSSETESTE, *Die philosophischen Werke des Robert Grosseteste, Bischofs von Lincoln*, éd. L. Baur, Münster, Aschendorff, 1912, p. 143-145.

ROBERT KILWARDBY, *Quaestiones in librum primum Sententiarum*, éd. J. Schneider, Munich, Bayerische Akademie der Wissenschaften, 1986.

- *Quaestiones in librum secundum Sententiarum*, éd. G. Leibold, Munich, Bayerische Akademie der Wissenschaften, 1992.

ROGER BACON, *Opera hactenus inedita*, éd. R. Steele, Oxford, Clarendon Press, 1909-1940, 16 vol.

- *De multiplicatione specierum*, éd. D. Lindbergh, Oxford, Clarendon Press, 1983.

ROGER MARSTON, *Quodlibeta quatuor*, éd. G. Etzkorn et I. Brady, Grottaferrata, Quaracchi, 1994.

ROHAULT (JACQUES), *Entretiens sur la philosophie*, *in* P. Clair (éd.), *Jacques Rohault (1618-1672)*, Paris, CNRS, 1978.

RUFIN D'AQUILÉE, *In epistulam ad Romanos*, trad. de Origène, PG XIV.

RUFIN LE SYRIEN, *De fide*, éd. M. W. Miller, Washington, The Catholic University of America Press, 1964.

AL-ṢÂḤIB IBN 'ABBÂD, *Kitâb nahj al-sabîl fî uṣûl al-dîn*, éd. W. Madelung et S. Schmidtke, *al-Ṣâḥib Ibn 'Abbâd Promoter of Rational Theology*, Leiden, Brill, 2017.

AL-SANUSÎ (MUḤAMMAD IBN YÛSUF), *Sharḥ al-muqaddimât*, *in* J.-D. Luciani (éd.), *Les prolégomènes théologiques de Senoussi*, Alger, Fontana, 1908.

SCIPION DUPLEIX, *La logique ou art de discourir et raisonner*, Paris, Corpus, 1984.

- *La métaphysique ou science surnaturelle*, Paris, Corpus, 1992.
SEDULIUS SCOTTUS, *In Matthaeum*, éd. J. Löfstedt, Fribourg, Verlag Herder, 1989-1991.
SEBASTIAN IZQUIERDO, *Pharus scientiarum*, Lyon, Bourgeat et Lyetard, 1659, 2 vol.
AL-SHAHRASTÂNÎ, *Al-milal wa al-niḥal*, éd. W. Cureton, Londres, Society for the Publication of Oriental Texts, 1842.
- *Kitâb nihâyat al-iqdam fi 'ilm al-kalâm*, éd. A. Guillaume, Oxford/Londres, OUP/Milford, 1934.
AL-SHÎRÂZÎ (ABÛ ISḤÂQ), *Al-ishâra ilâ madhhab ahl al-ḥaqq, 'Aqîdat al-salaf*, éd. M. Bernand, Le Caire, Institut Français d'Archéologie Orientale, 1987.
SIGER DE BRABANT, *Quaestiones in Metaphysicam*, reportations de Munich et de Vienne, éd. W. Dunphy, Louvain, Institut Supérieur de Philosophie, 1981.
- *Quaestiones in Metaphysicam*, reportations de Cambridge et de Paris, éd. A. Maurer, Louvain, Institut Supérieur de Philosophie, 1983.
- *Quaestiones in Metaphysicam*, éd. C. A. Graiff (éd.), Louvain, Institut Supérieur de philosophie, 1948.
- *Ecrits de logique, de morale et de physique*, éd. B. Bazan, Louvain/Paris, Publications Universitaires/Nauwelaerts, 1974.
- *De necessitate et contingentia causarum*, *in* J. J. Duin (éd.), *La doctrine de la providence dans les écrits de Siger de Brabant*, Louvain, Institut Supérieur de philosophie, 1954, p. 14-50.
SIMPLICIUS, *In Aristotelis Physica commentaria*, éd. H. Diels, CAG IX-X, Berlin, Reimer, 1882-1895
- *In Categorias*, C. Kalbfleisch (éd.), CAG VIII, Berlin, Reimer, 1907
- *In Aristotelis 'De caelo' commentaria*, J. L. Heiberg (éd.), CAG VII, Berlin, Reimer, 1894.
- *In de Caelo*, trad. Guillaume de Moerbeke, éd. F. Bossier, Louvain, Leuven UP, t. I, 2004.
SPINOZA, *Opera*, éd. C. Gebhardt, Heidelberg, C. Winters, 1925, 4 vol.
(STOICIENS ANCIENS), *Tutti frammenti*, d'après l'éd. de H. von Arnim (SVF), éd. bilingue R. Radice, Milan, Bompiani, 2002.
SUÁREZ (FRANCISCO), *Disputationes metaphysicae*, Paris, Vivès, 1856, 2 vol., réimp. : Hildesheim, Olms, 1998.
AL-ṬABARÎ, *Tafsîr al-Ṭabarî*, Beyrouth, Dar al-Kutub al-ilmiyyah, 1999.
AL-TABRÎZÎ (MUḤAMMAD IBN ABÎ BAKR), *Sharḥ fî muqaddima Dalâlat al-ḥâ'irîn*, éd. M. Mohaghegh, Teheran, Mc Gill University-Teheran University, 1981.
TEMPIER (ETIENNE), *La condamnation parisienne de 1277*, éd. D. Piché, Paris, Vrin, 1999.
TERTULLIEN, *De anima*, éd. J. H. Waszinck, Amsterdam, Meulenhoff, 1947.
THÂBIT IBN QURRA, *Fî talkhîṣ mâ atâ Ariṣṭûṭâlîs fî kitâbi-hi fî mâ ba'd al-ṭabî'a*, éd. D. C. Reisman et A. Bertolacci, *in* R. Rashed (ed.), *Thâbit Ibn Qurra. Science and Philosophy in Ninth-Century Baghdad*, Berlin, W. de Gruyter, 2009, p. 715-776.
- *Min al-masâ'il allatî sa'ala Abû Mûsâ 'Isâ Ibn Ussayid*, éd. M. Rashed, « Thâbit Ibn Qurra sur l'existence et l'infini », *in* R. Rashed (ed.), *Thâbit Ibn Qurra. Science and Philosophy in Ninth-Century Baghdad*, Berlin, W. de Gruyter, 2009, p. 619-673.
THÉODORE ABÛ QURRA, *La libertà*, éd. S. K. Samir, P. Pizzi, Turin, Zamorani, 2001.
THÉOPHRASTE, *Métaphysique*, éd. A. Laks et G. W. Most, Paris, Les Belles Lettres, 2002.
THIERRY DE CHARTRES, *Commentaries on Boethius*, éd. N. M. Häring, Toronto, PIMS, 1971.

THOMAS BRADWARDINE, *De causa Dei contra Pelagium*, opera et studio Henrici Savili, Londres, 1618.
THOMAS BUCKINGHAM, *De contingentia futurorum*, *in* B. R. De la Torre (ed.), *Thomas Buckingham and the Contingency of Futures*, Notre Dame, University of Notre Dame Press, 1987.
THOMAS D'AQUIN, *Opera omnia*, éd. par la Commission Léonine, Rome-Paris, 1882 *sq.* ; édition électronique en ligne : http://www.corpusthomisticum.org/iopera.html.
THOMAS DE BAILLY, *Quodlibets*, éd. P. Glorieux, Paris, Vrin, 1960.
THOMAS DE SUTTON, *Quodlibeta*, éd. M. Schmaus, Munich, Verlag der Bayerischen Akademie der Wissenschaften, 1969.
– *Quaestiones ordinariae*, éd. J. Schneider, Munich, Verlag der Bayerischen Akademie der Wissenschaften, 1977.
THOMAS HOPTON (?), *De veritate et falsitate propositionis*, éd. avec les œuvres de William Heytesbury, Venise, 1494.
TÛSÎ (NASÎR AL-DÎN), *Sharḥ li-Kitâb al-ishârât wa al-tanbîhât*, éd. S. Dunya, Le Caire, Dar al-Maaref, 1983-1994, 4 vol.
– *Tajrîd al-i'tiqâd*, *in* al-Ḥillî, *Kashf al-murâd*, Qum, Mu'assasat al-nasr al-islami, 1986.
AL-USTÂDH ABÛ ISḤÂQ AL-ISFARÂ'ÎNÎ, *'Aqîda* et fragments, *in* R. M. Frank (ed.), *Classical Islamic Theology*, Aldershot, Ashgate, 2008, art. XIV.
VAZQUEZ (GABRIEL), *Commentaria in Iam partem*, Ingolstadt, A. Angermarius, 1609, 2 vol.
VIVIEN DE PREMONTRÉ, *Harmonia*, PL CLXVI.
WALTER CHATTON, *Reportatio super Sententias*, I, d. 10-48, Toronto, PIMS, 2002.
WIGBALD, *Quaestiones in Octateuchum*, PL XCVI.
WILLELMUS DE MONTE, *Fallacie Magistri Willelmi*, *in* L. M. De Rijk (ed.), *Logica modernorum*, II-2, Assen, Van Gorcum, 1967, p. 679-702.
WILLIAM HEYTESBURY, *Tractatus Gulielmi Hentisberi de senso composito et diviso, Regulae eiusem cum Sophismatibus*, Venise, 1494.
– *Sophismata asinina*, éd. F. Pironnet, Paris, Vrin, 1996.
YAḤYÂ IBN 'ADÎ, *The Philosophical Treatises*, éd. S. Khalifat, Amman, Presses de l'Université de Amman, 1988.
– *Petits traités apologétiques de Yaḥyā Ben 'Adī*, éd. A. Périer, Paris, Gabalda/Geuthner, 1920.
– *Fî ithbât ṭabî'a al-mumkin*, éd. C. Ehrig-Eggert, *Zeitschrift für Geschichte der arabischen-islamischen Wissenchaften*, 1989, p. 63-97.
– discussion avec Quryâqus, « Trois traités contre les Nestoriens », *in* E. Platti (éd.), *Yaḥyā Ibn 'Adi. Théologien chrétien et philosophe arabe. Sa théologie de L'Incarnation*, Louvain, Peeters, 1983, p. 5*-68*.
– *Fî mâ ikhtalafâ min anna al-jism jawhar wa-'araḍ*, discussion avec Ibrâhîm Ibn 'Adî et Sayf al-Dawla, éd. S. Menn et R. Wisnovski, *Arabic Sciences and Philosophy*, XXVII, 2017, p. 1-74.
YÛSUF AL-BAṢÎR, *Al-Kitâb al-Muḥtawî*, éd. D. Blumenthal et G. Vajda, trad. G. Vajda, Leiden, Brill, 1985.
– Réfutation d'Abû al-Ḥusayn al-Baṣrî (extrait d'un traité dont le titre n'est pas connu), *Rational Theology in Interfaith Communication*, éd. W. Madelung et S. Schmidtke, Leiden-Boston, Brill, 2006, p. 37-59.

- *Naqḍ*, éd. W. Madelung et S. Schmidtke, *in* C. Adang *et al.* (eds.), *A Common Rationality : Mu'tazilism in Islam and Judaism*, Würzbourg, Ergon Verlag, 2007, p. 229-296.

AL-ZAMAKHSHÂRÎ (JÂR ALLÂH MAḤMÛD IBN 'UMAR), *Al-minhâj fî uṣûl al-dîn*, éd. S. Schmidtke, Stuttgart, F. Steiner, 1997.

LITTÉRATURE SECONDAIRE

ABRAHAMOV, Binyamin, « al-Ghazâlî's Theory of Causality », *Studia Islamica*, LXVII, 1988, p. 65-98.

ADAMS, Robert Merrihew, *Leibniz. Determinist, Theist, Idealist*, New York-Oxford, OUP, 1994.

ADAMSON, Peter, « The Arabic Sea Battle : al-Fârâbî on the Problem of Future Contingents », *Archiv für Geschichte der Philosophie*, LXXXVIII, 2006, p. 163-188.

ADOUHANE, Yamina, *Une critique ash'arite post-rushdienne de la cosmologie d'Avicenne : traduction et commentaire de la Quintessence des Intellects d'Abû al-Hajjâj al-Miklâtî (m. 1229)*, thèse de doctorat, Université Paris-Sorbonne, 2015, 2 vol.

AERTSEN, Jan A., *Medieval Philosophy as Transcendantal Thought*, Leiden-Boston, Brill, 2012.

AFNAN, Soheil, *Philosophical Terminology in Arabic and Persian*, Leiden, Brill, 1964.

- *A Philosophical Lexicon in Persian and Arabic*, Beyrouth, Dar el-Mashreq, 1969.

ALAMI, Ahmed, *L'ontologie modale. Etude de la théorie des modes d'Abū Hāšim al-Jubbā'i*, Paris, Vrin, 2001.

ALANEN, Lili, « Descartes, Duns Scotus and Ockham on Omnipotence and Possibility », *Franciscan Studies*, XLV, 1985, p. 157-188.

- « Some Questions concerning Objective Reality and Possible Being in Descartes and his predecessors », *in* R. Työrinoja *et al.* (eds.), *Knowledge and the Sciences in Medieval Philosophy*, Helsinki, Annals of the Finnish Society, 1990, t. III, p. 553-565.

- « Descartes, Conceivability and Logical Modality », *in* T. Horowitz (ed.), *Thought Experiments in Science and Philosophy*, Savage, Rowman and Littlefield, 1991, p. 65-84.

ALBERTINI, Tamara, « Crisis and Certainty of Knowledge in al-Ghazâlî and Descartes », *Philosophy. East and West*, LV/1, 2005, p. 1-14.

ALFÉRI, Pierre, *Guillaume d'Ockham le singulier*, Paris, Éditions de Minuit, 1989.

ALI, Ghazoan, *Substances and Things. Dualism and Unity in the Early Islamic Cultural Field*, thèse de doctorat, Université d'Exeter, 2012.

ALLARD, Guy H., « The Primacy of Existence in the Thought of Eriugena », *in* D. O'Meara (ed.), *Neoplatonism and Chritian Thought*, Albany, SUNY, 1982, p. 89-96.

ALLARD, Michel, *Le problème des attributs divins dans la doctrine d'al-Ash'arî et de ses premiers grands disciples*, Beyrouth, Imprimerie Catholique, 1965.

- « Le rationalisme d'Averroès d'après une étude sur la création », *Bulletin d'études orientales*, 1952-1953, p. 7-59.

ALON, Ilai, « al-Ghazâlî on Causality », *Journal of the American Oriental Society*, C, 1980, p. 397-405.

ALPER, Omer Mahir, « Avicenna's Argument for the Existence of God : was he really influenced par the *mutakallimûn* », *in* J. Mc Ginnis (ed.), *Interpreting Avicenna*, Leiden-Boston, Brill, 2004, p. 129-141.

ALQUIÉ, Ferdinand, *La découverte métaphysique de l'homme chez Descartes* [1950], Paris, P.U.F., 1996.

– *Leçons sur Descartes*, Paris, La Table Ronde, 2005.

ALTMANN, Alexander et STERN, Samuel Miklos, *Isaac Israeli. A Neoplatonic Philosopher of the early tenth century* [1958], Chicago-Londres, The University of Chicago Press, 2009.

ANSARI, Hassan et SCHMIDTKE, Sabine, « Al-Shaykh al-Ṭûsî : his Writings on Theology and their Reception », *in* F. Daftary et G. Miskinzoda (eds.), *The Study of Shīᶜī Islam : The State of the Field, Issues of Methodology and Recent Developments*, Londres, I. B. Tauris, p. 475-497.

ARBIB, Dan, *Descartes, la métaphysique et l'infini*, Paris, P.U.F., 2017.

ARFA-MENSIA, Mokdad, « Regards d'Ibn Rushd sur al-Juwaynî. Questions de méthode », *Arabic Sciences and Philosophy*, 22, 2012, p. 199-216.

ARNALDEZ, Roger, *Grammaire et théologie chez Ibn Ḥazm de Cordoue* [1956], Paris, Vrin, 1981.

– *Averroès, un rationaliste en Islam*, Paris, Balland, 1998.

– *Fakhr al-Dîn al-Râzî, commentateur du Coran et philosophe*, Paris, Vrin, 2002.

ARNZEN, Rüdiger, *Averroes on Aristotle's Metaphysics*, Berlin, W. de Gruyter, 2010.

ASTREN, Fred, *Karaite Judaism and Historical Understanding*, Columbia, University of South Carolina Press, 2004.

ASIN PALACIOS, Miguel, *Abenhazam de Cordoba y su historia critica de las ideas religiosas*, Madrid, Revista de Archivos, 1927-1932, 5 vol.

AUBENQUE, Pierre, *Le problème de l'être chez Aristote* [1962], Paris, P.U.F., 1997.

– *La prudence chez Aristote* [1963], Paris, P.U.F., 1997.

– *Problèmes aristotéliciens. Philosophie théorique*, Paris, Vrin, 2009.

AUBRY, Gwenaëlle, *Dieu sans la puissance.* Dunamis *et* energeia *chez Aristote et chez Plotin*, Paris, Vrin, 2006.

– *Genèse du Dieu souverain*, Paris, Vrin, 2018.

BÄCK, Alan, « Avicenna and Averroes : Modality and Theology », *in* T. Buchheim *et al.* (Hrsg.), *Potentialität und Possibilität. Modalaussagen in der Geschichte der Metaphysik*, Stuttgart-Bad Cannstatt, Frommann-Holzboog, 2001, p. 125-145.

BADAWI, Abdurahman, « Averroès face au texte qu'il commente », *in* J. Jolivet (éd.), *Multiple Averroès*, Paris, Les Belles Lettres, 1976, p. 59-90.

BAFFIONI, Carmela, *Atomismo e antiatomismo nel pensiero islamico*, Naples, Istituto Universitario Orientale, 1982.

– « Un citazione di *De interpretatione*, 9, in Abû Ma'shar », *in* C. D'Ancona et G. Serra (eds.), *Aristotele e Alessandro di Afrodisia nella tradizione araba*, Padoue, Il Poligrafo, 2002, p. 113-132.

— et Mauro NASTI DE VINCENTIS, *Il Cap. 9 del de Interpretatione di Aristotele nel commentario di al-Fârâbî*, Naples, Istituto Orientale, 1981.

BAKAR, Osman, *The History and Philosophy of Islamic Science* [1991], Cambridge, Islamic Texts Society, 1999.

BALADIER, Charles, « *Intensio* de la charité et géométrie de l'infini chez Guillaume d'Auxerre », *Revue de l'histoire des religions*, 2008, p. 347-392.

BARDOUT, Jean-Christophe, *Malebranche et la métaphysique*, Paris, P.U.F., 1999.

- *Penser l'existence*, Paris, Vrin, 2013 *sq.*, 2 vol.
- « Le déclin des universaux dans l'école cartésienne », *in* V. Carraud et S. Chauvier (éd.), *Le réalisme des universaux, Cahiers de philosophie de l'Université de Caen*, XXXVIII-XXXIX, 2002, p. 275-300.
- « Remarques sur l'impossibilité cartésienne des mondes possibles », in *Les mondes possibles, Cahiers de philosophie de l'Université de Caen*, XLII, 2006, p. 47-70.
- « Représentation et existence. Eléments d'un débat entre Descartes et les scolastiques », *in* J.-L. Marion (éd.), *Descartes*, Paris, Bayard, 2007, p. 293-324.
- « Malebranche et les mondes impossibles », *Revue Philosophique*, 4, 2015, p. 473-490.

BATUT, Jean-Pierre, *Pantokrator. Dieu le Père tout-puissant dans la théologie pré-nicéenne*, Paris, IEA, 2009.

BECKER-FREYSENG, Albrecht, *Vorgeschichte des philosophischen Terminus « contingens »*, Heidelberg, F. Bilabel, 1938.

BEERE, Jonathan, *Doing and Being. An Interpretation of Aristotle's* Metaphysics *Theta*, Oxford, OUP, 2009.

BELAVAL, Yvon, *Leibniz critique de Descartes* [1960], Paris, Gallimard, 2003.

BELO, Catarina, *Chance and Determinism in Avicenna and Averroes*, Leiden, Brill, 2007.

BENES, Jaroslav, « Valor possibilium apud s. Thomam, Henricum Gandavensem, b. Iacobum de Viterbio », *Divus Thomas*, 1927.

BENMAKHLOUF, Ali et DIEBLER, Stephane, *Averroès. Commentaire moyen sur le* De interpretatione, Paris, Vrin, 2000.

BERMON, Pascale, *L'assentiment et son objet chez Grégoire de Rimini*, Paris, Vrin, 2007.

BERNAND, Marie, « Le *'ilm* chez les premiers mutazilites », *Studia Islamica*, XXXVI, 1972, p. 23-45 ; XXXVII, 1973.
- « La critique de la notion de nature (*ṭab'*) par le *kalâm* », *Studia islamica*, LI, 1980, p. 59-101.

BÉRUBÉ, Camille, *La connaissance de l'individuel au Moyen Âge*, Paris, P.U.F., 1964.

BERTI, Enrico, *Aristotele. Dalla dialettica alla filosofia prima* [1962], Milan, Bompiani, 2004.

BEYSSADE, Jean-Marie, *La philosophie première de Descartes*, Paris, Flammarion, 1979.

BIANCHI, Luca et RANDI, Eugenio, *Vérités dissonantes. Aristote à la fin du Moyen Âge*, Paris/Fribourg, Cerf/Editions Universitaires, 1993.

BIANCHI, Luca, *Censure et liberté intellectuelle à l'université de Paris*, Paris, Les Belles Lettres, 1999.
- « *Potentia Dei absoluta* : logique de la découverte ou rhétorique de l'argumentation scientifique », *in* S. Knuuttila, R. Työrinoja et S. Ebbesen (eds.), *Knowledge and the Sciences in Medieval Philosophy*, Helsinki, Luther Agricola Society, 1990, p. 138-145.

BIARD, Joël, *Science et nature. La théorie buridanienne du savoir*, Paris, Vrin, 2012.
- « La signification d'objets imaginaires dans quelques textes anglais du XIVe siècle », *in* O. Lewry (ed.), *The Rise of British Logic*, Toronto, PIMS, 1985, p. 265-283.
- « Le statut du mouvement dans la philosophie naturelle buridanienne », *in* S. Caroti et P. Souffrin (éd.), *La Nouvelle Physique au XIVe siècle*, Florence, Olschki, 1997, p. 141-159.
- « The Natural Order in John Buridan », *in* J. M. M. H. Thijssen et J. Zupko (eds.), *The Metaphysics and Natural Philosophy of John Buridan*, Leiden-Boston-Cologne, Brill, 2001, p. 77-95.

- « Les controverses sur l'objet du savoir et les "complexe significabilia" à Paris au XIVe siècle », *in* S. Caroti (éd.), *Quia inter doctores est magna dissensio*, Florence, Olschki, 2004, p. 1-31.

- « Signification et statut du concept de vide selon Albert de Saxe et Jean Buridan », *in* J. Biard et S. Rommevaux (éd.), *La nature et le vide dans la physique médiévale*, Turnhout, Brepols, 2012, p. 269-292.

— et Roshdi RASHED (éd.), *Descartes et le Moyen-Âge*, Paris, Vrin, 2000.

BLUMENFELD, David, « Leibniz's Theory of the Striving Possibles », *Studia Leibniziana*, V, 1973, p. 163-177.

BOBZIEN, Suzanne, *Determinism and Freedom in Stoic Philosophy* [1998], Oxford, Clarendon Press, 2005.

BOCHET, Isabelle, articles « potestas », « potentia », in *Augustinus Lexikon*, IV/5-6, Bâle, Schwabe, 2016, col. 811-821.

- « Quel pouvoir du libre arbitre ? Augustin en débat avec Pélage », *in* C. Brouwer et O. Gilon (éd.), *La liberté au Moyen Âge, Annales de l'Institut de Philosophie de l'Université Libre de Bruxelles*, 2017, p. 53-77.

BOEHM, Alfred, *Le* « vinculum substantiale » *chez Leibniz*, Paris, Vrin, 1962.

BOEHM, Rudolf, *La Métaphysique d'Aristote, Le fondamental et l'essential*, trad. fr. E. Martineau, Paris, Gallimard, 1976.

BOEHNER, Philotheus, « The Metaphysics of William Ockham », *The Review of Metaphysics*, 1948, p. 59-86.

BOH, Ivan, « Consequences », *in* N. Kretzmann, A. Kenny, J. Pinborg (eds.), *The Cambridge History of Later Medieval Philosophy* [1982], Cambridge, CUP, 1997, p. 300-314.

- « Medieval Rules of Consequences and the Idea od Demonstrative Science », *in* S. Knuuttila, R. Työrinoja et S. Ebbesen (eds.), *Knowledge and the Sciences in Medieval Philosophy*, Helsinki, Luther Agricola Society, 1990, p. 436-444.

BONADEO, Cecilia Martini, *'Abd al-Laṭîf al-Baghdâdî's Philosophical Journey*, Leiden-Boston, Brill, 2013.

BOS, Egbert P., « John Buridan and Marsilius of Inghen on Consequences », *in* J. Pinborg (ed.), *The Logic of John Buridan*, Copenhague, Museum Tusculanum, 1976, p. 61-69.

- « Marsilius of Inghen on the Subject of a Science », *in* S. Knuuttila, R. Työrinoja et S. Ebbesen (eds.), *Knowledge and the Sciences in Medieval Philosophy*, Helsinki, Luther Agricola Society, 1990, p. 12-24.

- « Marsilius of Inghen on the Principles of Natural Philosophy », *in* H. A. G. Braakhuis et M. J. F. M. Hoenen (eds.), *Marsilius of Inghen*, Nimègue, Ingenium Publishers, 1992, p. 97-116.

- « The Theory of Ideas according to Francis of Meyronnes », *Néoplatonisme et Philosophie Médiévale. Actes de Colloque international de Corfou*, Turnhout, Brepols, 1997, p. 211-227.

BOSEMBERG, Zoe, « Nicole Oresme et Robert Grosseteste. La conception dynamique de la matière », *in* S. Caroti et J. Celeyrette (éd.), *Quia inter Doctores est Magna Dissensio*, Florence, Olschki, 2004, p. 119-133.

BOU AKL, Ziad, *Averroès : le philosophe et la loi*, Boston-Berlin-Munich, W. de Gruyter, 2015.

– « Des mégariques aux asharites : le commentaire d'Averroès à *Métaphysique* », *Rursus*, 9, 2016, revue en ligne, mise en ligne le 28 juillet 2016, http://rursus.revues.org/1235.

BOULNOIS, Olivier, *La puissance et son ombre*, Paris, Aubier, 1994.

– *Être et Représentation – une généalogie de la métaphysique moderne à l'époque de Duns Scot*, Paris, P.U.F., 1999.

– *Duns Scot. Le principe d'individuation*, Paris, Vrin, 2013.

– *Métaphysiques rebelles. Genèse et structure d'une science au Moyen Âge*, Paris, P.U.F., 2013.

– « Théologie, métaphysique et représentation de l'être selon Duns Scot », *in* C. Chieza et L. Freuler (éd.), *Métaphysiques médiévales*, en l'honneur d'A. de Muralt, *Cahiers de la revue de théologie et de philosophie*, 1999, p. 83-102.

– « Liberté, causalité, modalité : y a-t-il une préhistoire du principe de raison ? », *Quaestio*, 2002/2, p. 291-336.

– « Une métaphysique nominaliste est-elle possible ? Le cas d'Occam », *in* V. Carraud et S. Chauvier (éd.), *Le réalisme des universaux*, Caen, Presses Universitaires de Caen, 2013, p. 187-228.

BOUYGES, Maurice, *Essai de chronologie des œuvres de al-Ghazâlî*, édité et mis à jour par M. Allard, Beyrouth, Imprimerie Catholique, 1959.

BRAGUE, Rémi, *Aristote et la question du monde*, Paris, P.U.F., 1988.

– « La porte de la nature. Note sur la nature et la loi selon Maïmonide », *in* éd. T. Lévy et R. Rashed (éd.), *Maïmonide, philosophe et savant*, Louvain, Peeters, 2004, p. 193-213.

BRENET, Jean-Baptiste, *Les possibilités de jonction. Averroès – Thomas Wilton*, Berlin, W. de Gruyter, 2013.

BRUCE, Frederick F., « Marius Victorinus and his Works », *The Evangelical Quarterly*, XVIII, 1946, p. 132-153.

BRUNSCHVIG, Robert, « Mutazilisme et acharisme à Baghdâd », *Arabica*, IX, 1962, p. 345-356.

– « Devoir et pouvoir. Histoire d'un problème de théologie musulmane », *Studia islamica*, XX, 1964, p. 5-46.

– « Valeur et fondement du raisonnement par analogie d'après al-Ghazâlî », *Studia Islamica*, XXXIV, 1971, p. 57-88.

– « Mu'tazilisme et *optimum* (*al-aṣlaḥ*) », *Studia Islamica*, XXXIX, 1974, p. 5-23.

BURNYEAT, Miles, « *Kinèsis* vs *energeia*. A much read passage in (but not of) Aristotle's *Metaphysics* », *in* D. Sedley (ed.), *Oxford Studies in Ancient Philosophy*, XXXIV, Oxford, OUP, 2008, p. 219-292.

DE BUZON, Frédéric et CARRAUD, Vincent, *Descartes et les Principia II. Corps et mouvement*, Paris, P.U.F., 1994.

CALVERLEY, Edwin E. et POLLOCK, James W., *Nature, Man and God in Medieval Islam*, Leiden-Boston-Cologne, Brill, 2002.

CANTIN, André, *Foi et dialectique au XIe siècle*, Paris, Cerf, 1997.

– *Les sciences séculières et la foi. Les deux voies de la science au jugement de Pierre Damien*, Spoleto, Centro Italiano di Studi sull' Alto Medievo, 1972.

CAROTI, Stefano, « Eléments pour une reconstruction de la philosophie de la nature dans les *Quodlibeta* de Nicole Oresme », *in* J. Quillet (éd.), *Autour de Nicole Oresme*, Paris, Vrin, 1990, p. 85-118.

CARRAUD, Vincent, *Causa sive ratio. La raison de la cause, de Suárez à Leibniz*, Paris, P.U.F., 2002.

– « L'esistenza dei corpi è un principio della fisica cartesiana ? », *in* J. R. Armogathe et G. Belgioioso (eds.), *Descartes. Principia Philosophiae (1644-1994)*, Naples, Vivarium, 1996, p. 153-177.

– « Connaître comme Dieu connaît : omniscience et principe de raison suffisante », *in* O. Boulnois, J. Schmutz et J.-L. Solère (éd.), *Le contemplateur et les idées*, Paris, Vrin, 2002, p. 249-269.

– « L'invention de l'existence. Note sur la christologie de Marius Victorinus », *Quaestio*, III, 2003, p. 3-25.

– « Impossibilité, incapacité, disproportion », *Archivio di filosofia*, LXXVIII/1, 2010, p. 159-173.

CELEYRETTE, Jean, « Apparences et imaginations chez Nicole Oresme : Question III. 1 sur la "Physique" et question sur l'apparence d'une chose », *Revue d'histoire des sciences*, LX, 2007, p. 83-100.

CERAMI, Cristina, *Génération et substance. Aristote et Averroès entre physique et métaphysique*, Berlin, W. de Gruyter, 2015.

CERIC, Mustafa, *Roots of Synthetic Theology in Islâm. A Study of the Theology of Abû Manṣûr al-Mâturîdî*, Kuala Lumpur, ISTAC, 1995.

CEYLAN, Yasin, *Theology and Tafsîr in the Major Works of Fakhr al-Dîn al-Râzî*, Thèse de Doctorat, Université d'Edimbourg, 1980.

CHADWICK, Henry, « Philoponus the Christian Theologian », *in* R. Sorabji (ed.), *Philoponus and the Rejection of Aristotelian Science*, Londres, Duckworth, 1987, p. 41-56.

CHARLES, David, « The *Eudemian Ethics* on the Voluntary », *in* F. Leigh (ed.), *The Eudemian Ethics on the Voluntary, Fridenship and Luck*, Leiden-Boston, Brill, 2012, p. 1-27.

CHAUMONT, Eric, « Encore au sujet de l'Ash'arisme d'Abû Isḥâq al-Shîrâzî », *Studia islamica*, LXXIV, 1991, p. 167-177.

CHAUVIER, Stéphane, *Le sens du possible*, Paris, Vrin, 2010.

CHENU, Marie-Dominique, *Introduction à l'étude de s. Thomas d'Aquin* [1950], Paris, Vrin, 1993.

CHERIF ZAHAR, Farah, « L'éternité du mouvement chez Ibn Bâjja », *Les études Philosophiques*, 2016, p. 161-216.

CHEVALLEY, Catherine, *Pascal. Contingence et probabilité*, Paris, P.U.F., 1995.

COOMBS, Jeffrey, « The Ontological Source of Logical Possibility in Catholic Second Scholasticism », *in* R. I. Friedman et L. O. Nielsen (eds.), *The Medieval Heritage in Early Modern Metaphysics and Modal Theory (1400-1700)*, Dordrecht-Boston-Londres, Kluwer, 2003, p. 191-229.

COURCELLE, Pierre, *La Consolation de Philosophie dans la tradition littéraire. Antécédants et postérité de Boèce*, Paris, Etudes Augustiniennes, 1967.

– *Les lettres grecques en Occident de Macrobe à Cassiodore*, Paris, E. de Boccard, 1943.

COURTENAY, William J., « The Debate over Ockham's Physical Theories at Paris », *in* S. Caroti et P. Souffrin (éd.), *La nouvelle physique du XIVe siècle*, Florence, Olschki, 1997, p. 45-63.

COURTINE, Jean-François, *Suárez et le système de la métaphysique*, Paris, P.U.F., 1990.

– *Les catégories de l'être*, Paris, P.U.F., 2003.

CRAIG, William Lane, *The Problem of Divine Foreknowledge and Future Contingent from Aristotle to Suárez*, Leiden, Brill, 1988.
- *The Kalâm Cosmological Argument*, Londres, Mac Millan Press, 1979.
CROMBIE, Alistair Cameron, *Robert Grosseteste and the Origins of Experimental Science 1100-1700* [1953], Oxford, Clarendon Press, 1970.
CROSS, Richard, « *Scotus's Collatio Oxoniensis*, 17, and the ontological Status of *impossibilia* », *Recherches de Théologie et Philosophie Médiévales*, 2017, p. 383-406.
- « Henry of Ghent on the reality of non-existent Possibles - Revisited », *Archiv für Geschichte der Philosophie*, 2010, p. 115-132.
CUPERLY, Pierre, « Le *Kitâb uṣûl al-Dîn* de Tibghûrîn », *Studia Islamica*, LVI, 1982, p. 69-96.
D'ALVERNY, Marie-Thérèse, *Avicenne en Occident*, Paris, Vrin, 1993.
D'ANCONA, Cristina, *La casa della sapienza. La trasmissione della metafisica greca e la formazioe della filosofia araba*, Milan, Guerini, 1996.
- compte-rendu de al-Nawbakhtî, *Kitâb al-kawn wa-l-fasâd* (éd. M. Rashed, Berlin, W. de Gruyter, 2015), *Studia Graeco-Arabica*, 6, 2016, p. 316-320.
DAIBER, Hans, *Das Theologisch-Philosophische System des Mu'ammar Ibn 'Abbâd as-Sulamî (gest. 830n Chr.)*, Beyrouth, Steiner, 1975.
- *Islamic Thought in the Dialogue of Cultures*, Leiden-Boston, Brill, 2012.
- « God *versus* causality. Al-Ghazâlî's Solution and its Historical Background », *in* G. Tamer (ed.), *Islam and Rationality*, Leiden, Brill, 2015, t. I, p. 1-22.
DAVIDSON, Herbert A., *Proofs for Eternity, Creation and the Existence of God in Medieval Islamic and Jewish Philosophy*, New York-Oxford, OUP, 1987.
- *Moses Maimonides. The Man and His Works*, Oxford, OUP, 2005.
- « Arguments for the Concept of Particularization in Arabic Philosophy », *Philosophy East and West*, XVIII, 1968, p. 299-314.
DE ANGELIS, Michele Angela Margherita, *The Collected Fragments of Hisham Ibn al-Hakam imamite mutakallim of the second century of the Hegira*, thèse de doctorat, New York University, 1974
DE CARVALHO, Mário Santiago, « Para a história da possibilidade e da liberdade : João Duns Escoto, Guilherme de Ockham e Henrique de Gand », *Itinerarium*, 40, 1994, p. 145-180.
DE MURALT, André, *L'enjeu de la philosophie médiévale*, Leiden, Brill, 1991.
- *Néoplatonisme et aristotélisme* [1995], Paris, Vrin, 2008
- « La toute-puissance divine, le possible et la non-contradiction. Le principe de l'intelligibilité chez Occam », *Revue Philosophique de Louvain*, LXXXIV, 1986, p. 345-363.
DE RIJK, Lambert Marie, « Quaestio de ideis. Some Notes on an Important Chapter of Platonism », *in* J. Mansfeld et L. M. De Rijk (eds.), *Kephaleion*, Assen, Van Gorcum, 1975, p. 204-213.
- « Logic and ontology in Ockham. Some notes on his view of the Categories of Being and the nature of its basic principles », *in* E. Bos et H. Krop (eds.), *Ockham and Ockhamists*, Nimègue, Ingenium Publishers, 1987, p. 25-40.
- « Un tournant important dans l'usage du mot *idea* chez Henri de Gand », *in* M. Fattori et L. Bianchi (eds.), *Idea*, Rome, Edizioni dell'Ateneo, 1990, p. 89-98.
- « Einiges zu den Hintergründen der scotischen Beweistheorie : Die Schlüsselrolle des Sein-könnens (*esse possibile*) », *in* A. Zimmermann (Hrsg.), *Die Kölner Universität im Mittelalter : geistige Wurzeln und soziale Wirklichkeit*, Berlin, De Gruyter, 1989, p. 176-191.

DE WULF, Maurice, *Etude sur la vie, les œuvres et l'influence de Godefroid de Fontaines*, Bruxelles, Hayez, 1904.

DEMANGE, Dominique, *Jean Duns Scot. La théorie du savoir*, Paris, Vrin, 2007.

DHANANI, Alnoor, *The Physical Theory of Kalam. Atoms, Space and Void in Basrian Mu'tazilî Cosmology*, Leiden-New York-Cologne, Brill, 1994.

DOMINCZAK, Stanislas, *Les jugements modaux chez Aristote et les scolastiques*, Louvain, Nova et Vetera, 1923.

DOYLE, John P., *Collected Studies on Franciscus Suárez*, Louvain, Leuven UP, 2010.

– *On the Borders of Being and Knowing. Some Late Scholastic Thoughts on Supertranscendental Being*, éd. V. M. Salas, Louvain, Leuven UP, 2012.

DUBA, William O., « What is actually the matter with Scotus ? Landolfo Caracciolo on objective potency and hylomorphic unity », *in* F. Fiorentino (ed.), *Lo Scotismo Nel Mezzogiorno D'italia*, Turnoult, Brepols, 2010, p. 269-301.

– « Francis of Marchia's Distinction between determination *de possibili* and *de inesse* », *in* G. Alliney, M. Fedeli, A. Pertosa (eds.), *Contingenza e libertà. Teorie francescane del primo Trecento*, Macerata, EUM, 2012, p. 177-201.

DUHEM, Pierre, *Le système du monde*, Aris, Hermann et fils, 1913-1959, 10 vol.

– *Sôzein ta phainomena. Essai sur la notion de théorie physique, de Platon à Galilée*, rééd. Paris, Vrin, 2003.

DUMONT, Stephen D., « The Question on Individuation in Scotus's *Quaestiones super Metaphysicam* », *in* L. Sileo (ed.), *Via Scoti. Methodologica ad mentem Joannis Duns Scoti*, Rome, Antonianum, 1995, t. I, p. 193-227.

DUMOULIN, Bertrand, *Analyse génétique de la Métaphysique d'Aristote*, Montréal/Paris, Bellarmin/Les Belles Lettres, 1986.

DUTTON, Blake D., « Al-Ghazâlî on Possibility and the Critique of Causality », *Medieval philosophy and theology*, X, 2001, p. 23-46.

DE SMET, Daniel, « L'impuissance de Dieu. Un débat récurrent en théologie musulmane », *Revue Philosophique*, 2010, p. 321-337.

DE VAUX, Roland, *Notes et textes sur l'avicennisme latin aux confins des* XIIe *et* XIIIe *siècles*, Paris, Vrin, 1934.

DOLNIKOWSKI, Edith, *Thomas Brawardine. A View of Time and a Vision of Eternity in Fourteenth Century Thought*, Leiden, Brill, 1995.

EBBESEN, Sten, « The Chimera's Diary », *in* S. Knuuttila et J. Hintikka (eds.), *The Logic of Being. Historical Studies*, Dordrecht-Boston-Lancaster-Tokyo, Reidel, 1986, p. 115-143.

EICHNER, Heidrun, « Dissolving the Unity of Metaphysics : From Fakhr al-Dîn al-Râzî to Mullâ Ṣadra al-Shîrâzî », *Medioevo*, XXXII, 2007, p. 139-197.

– « Handbooks in the Tradition of Later Eastern Ash'arism », *in* S. Schmidtke (ed.), *The Oxford Handbook of Islamic Theology*, Oxford, OUP, 2016, p. 494-514.

ELIE, Hubert, *Le signifiable par complexe. La proposition et son objet : Grégoire de Rimini, Meinong, Russell*, Paris, Vrin, 1936.

ELLIS, John, « Alexander's Defence of Aristotle's Categories », *Phronesis*, XXXIX, 1994, p. 69-89.

EFROS, Israel, *Philosophical Terms in the Moreh Nebukim*, New York, Columbia UP, 1924.

– *Studies in Medieval Jewish Philosophy*, New York-Londres, Columbia UP, 1974.

EL OMARI, Racha, *The Theology of Abû l-Qâsim al-Balkhî/Al-Ka'bî (d. 319/931)*, Leiden-Boston, Brill, 2016.

ERISMANN, Christophe, *L'homme commun. La genèse du réalisme ontologique durant le haut Moyen Âge*, Paris, Vrin, 2011.

EVRARD, Etienne, « Les convictions religieuses de Jean Philopon et la date de son commentaire aux *Météorologiques* », *Bulletin de la classe des lettres et des sciences morales et politiques de l'Académie Royale de Belgique*, 1953, p. 299-357.

FAKHRY Majid, *Islamic Occasionalism and its Critique by Averroes and Aquinas*, Londres, Allen and Unwin, 1958.

– « The Mu'tazilite View of Man », *Recherches d'islamologie. Recueil d'articles offerts à Georges C. Anawati et Louis Gardet*, Louvain, Peeters/ISP, 1977, p. 107-121.

– « Aristotle and Ibn Sînâ », *in* M. E. Marmura (ed.), *Islamic Theology and Philosophy*, Albany, SUNY, 1984, p. 137-147.

FAUST, August, *Der Möglichkeitsgedanke*, Heidelberg, Winter, 1931-1932, 2 vol.

FAZZO, Silvia, *Aporia e sistema. La materia, la forma e il divino nelle Quaestiones di Alessandro di Afrodisia*, Pise, Edizioni ETS, 2002.

– « Alexandre d'Aphrodise contre Galien. La naissance d'une légende », *Philosophie Antique*, 2002/2, p. 109-144.

FERRIER, Francis, *William Chalmers. 1596-1678*, Paris, P.U.F., 1968.

FOREST, Aimé, *La structure métaphysique du concret selon s. Thomas d'Aquin*, Paris, Vrin, 1956.

FORLIVESI, Marco, « La distinction entre concept formel et concept objectif : Suárez, Pasqualigo, Mastri », *Les Études Philosophiques*, 2002, p. 3-30.

FRANK, Richard M., *Creation and the Cosmic System : al-Ghazâlî and Avicenna*, Heidelberg, C. Winter, 1992.

– *Al-Ghazâlî and the Ash'arite School*, Durham-Londres, Duke UP, 1994.

– *Early Islamic Philosophy : The Mutazilites and al-Ash'arî*, Aldershot, Ashgate Variorum, 2007.

– *Classical Islamic Theology : the Ash'arites*, Aldershot, Ashgate Variorum, 2008.

– « Can God do what is Wrong ? », *in* T. Rudavsky (ed.), *Divine Omniscience and Omnipotence in Medieval Philosophy*, Dordrecht, Reidel, 1985, p. 69-79.

FREUNDLIEB, M, « Zur Entstehung des Terminus *contingens* », *Philosophisches Jahrbuch*, XLVII, 1934, p. 432-440.

FROST, Gloria, « Thomas Bradwardine on God and the Foundations of Modality », *British Journal for the History of Philosophy*, 2012, p. 368-380.

FUNKENSTEIN, Amos, *Maïmonide. Nature, histoire et messianisme*, Paris, Cerf, 1988.

– *Théologie et imagination scientifique, du Moyen Âge aux Lumières*, trad. fr. J.-P. Rothschild, Paris, P.U.F., 1995.

GANNAGÉ, Emma, « Matière et éléments dans le commentaire d'Alexandre d'Aphrodise *In De generatione e corruptione* », *in* C. D'Ancona et G. Serra (eds.), *Aristotele e Alessandro di Afrodisia nella tradizione araba*, Padoue, Il Poligrafo, 2002, p. 133-149.

– « Sur les *Catégories* d'Aristote. Un fragment inédit en version arabe », *Mélanges de l'Université Saint-Joseph*, LVIII, 2005, p. 81-105.

GARBER, Dan, « Descartes et les aristotéliciens en 1637 », *in* H. Mechoulan (éd.), *Problématique et réception du Discours de la méthode et des Essais*, Paris, Vrin, 1988, p. 199-212.

GATTI, Roberto, *Be-re'shit. Interpretazioni filosofiche della creazione nel Medioevo ebraico e latino*, Gènes, Melangolo, 2005.

GAUTHIER, René-Antoine et JOLIF, Jean-Yves, *Ethique à Nicomaque. Introduction, traduction et commentaire*, Louvain-Paris-Sterling (Virginie), Peeters, 2002, 2 t. en 4 vol.

GELBERT, Hester Goodenough, *It could have been otherwise. Contingency and Necessity in Dominican Theology at Oxford (1300-1350)*, Leiden-Boston, Brill, 2004.

GENEST, Jean-François, *Prédétermination et liberté créée à Oxford au* XIV*e siècle*, Paris, Vrin, 1992.

GIANNAKIS, Elias, « Abû l-Ḥusayn al-Baṣrî's Copy of the Physics », *Zeitschrift für Geschichte der Arabisch-Islamischen Wissenschaften*, VIII, 1993, p. 251-258.

GIARDINA, Giovanna R., « Jean Philopon, Commentateur d'Aristote, *Physique* II 8 », *Revue de Philosophie Ancienne*, XXXII, 2014, p. 179-224.

GILLIOT, Claude, *Exégèse, langue et théologie en Islam*, Paris, Vrin, 1990.

– « Deux professions de foi du juriste-théologien Abû Isḥâq al-Shîrâzî », *Studia Islamica*, LXVIII, 1988, p. 170-186.

– « La théologie musulmane en Asie centrale et au Khorasan », *Arabica*, XLIX, 2002, p. 135-203.

GILSON, Etienne, *L'être et l'essence* [1948], Paris, Vrin, 1987.

– *René Descartes. Discours de la méthode*, Paris, Vrin, 1947.

– *Jean Duns Scot. Introduction à ses positions fondamentales*, Paris, Vrin, 1952.

– *Etudes sur le rôle de la pensée médiévale dans la formation du système cartésien*, Paris, Vrin, 1984 (5 e éd.).

– *Index scolastico-cartésien* [1966], Paris, Vrin, 1979 (2 e éd.), 2006.

– « La notion d'existence chez Guillaume d'Auvergne », in *Etudes Médiévales*, Paris, Vrin, 1986, p. 105-141.

GIMARET, Daniel, *Théories de l'acte humain en théologie musulmane*, Paris/Leuven, Vrin/Peeters, 1980.

– *Les noms divins en Islam*, Paris, Cerf, 1988.

– *La doctrine d'al-Ash'arî*, Paris, Cerf, 1990.

– *Une lecture mutazilite du Coran. Le Tafsîr d'Abû 'Alî al-Djubbâ'î (m. 303/915) partiellement reconstitué à partir de ses citateurs*, Louvain-Paris, Peeters, 1994

– « Un problème de théologie musulmane : Dieu veut-il les actes mauvais ? », *Studia islamica*, XL, 1974, p. 5-73.

GHISALBERTI, Alessandro, *Giovanni Buridano, dalla metafisica alla fisica*, Milan, Vita e Pensiero, 1975.

GLUCKER, John, « The Origin of Ὑπάρχω and Ὕπαρξις as Philosophical Terms », *in* F. Romano et D. P. Taormina (eds.), *Hyparxis e Hypostasis nel neoplatonismo*, Florence, Olschki, p. 1-23.

GODDU, André, *The Physics of William of Ockham*, Leiden, Brill, 1984.

– « The Dialectic of Certitude and Demonstrability among Fourteeth Century Occkhamists », *in* S. Knuuttila, R. Työrinoja et S. Ebbesen (eds.), *Knowledge and the Sciences in Medieval Philosophy*, Helsinki, Luther Agricola Society, 1990, p. 171-179.

GOICHON, Amélie-Marie, *Lexique de la langue philosophique d'Avicenne*, Paris, Desclée de Brouwer, 1938.

– *La philosophie d'Avicenne et son influence en Europe médiévale*, Paris, Maisonneuve, 1951.

GOLDZIHER, Ignaz, *Schools of Koranic Commentators*, Wiesbaden, Harrassowitz Verlag, 2006.

GOLITSIS, Pantelis, *Les commentaires de Simplicius et de Jean Philopon à la Physique d'Aristote*, Berlin-New York, W. de Gruyter, 2008.

GOODMAN, Lenn Evan, « Did al-Ghazâlî Deny Causality », *Studia islamica*, XLVII, 1978, p. 83-120.

- « Ghazzali and the Philosophers : The Defence of Causality », *in* A. Paya (ed.), *The Misty Land of Ideas and The Light of Dialogue*, Londres, ICAS Press, 2013, p. 49-80.

GOUHIER, Henri, *La pensée métaphysique de Descartes* [1962], Paris, Vrin, 1999.

GOURINAT, Jean-Baptiste, *La dialectique des stoïciens*, Paris, Vrin, 2000.

GRAHAM, Daniel W., *Aristotle's Two Systems* [1987], Oxford, Clarendon Press, 2010.

GRANT, Edward, *Much Ado about Nothing. Theories of space and vacuum from the Middle Ages to the Scientific Revolution*, Cambridge-Londres-New York, CUP, 1981.

- *La physique au Moyen Âge*, trad. fr. P.-A. Fabre, Paris, P.U.F., 1995.

- *A History of Natural Philosophy* [2007], Cambridge, CUP, 2008.

- « God, Science and Natural Philosophy in the late Middle Ages », *in* L. Nauta et A. Vanderjagt (eds.), *Between Demonstration and Imagination : Essays in the History of Science and Philosophy Presented to John D. North*, Leiden, Brill, 1999, p. 243-267.

GRANT, Robert M., *Miracle and Natural Law in Graeco-Roman and Early Christian Thought* [1952], Eugene (Oregon), Wipf and Stock, 2011.

GRIFFEL, Frank, *Al-Ghazâlî's Philosophical Theology*, Oxford, OUP, 2009.

GRUA, Gaston, *Jurisprudence universelle et théodicée selon Leibniz*, Paris, P.U.F., 1953.

GUEROULT, Martial, *Descartes selon l'ordre des raisons*, Paris, Aubier, 1968, 2 vol.

GUTAS, Dimitri, *Pensée grecque, culture arabe* [1998], Paris, Flammarion, 2005.

- *Avicenna e la tradizione aristotelica*, Bari, Edizione di Pagina, 2007.

GUYOMARC'H, Gweltaz, *L'unité de la métaphysique selon Alexandre d'Aphrodise*, Paris, Vrin, 2015.

HAAS, Frans A. J. de, *John Philoponus's New Definition of Prime Matter*, Leiden-New York-Cologne, Brill, 1997.

HADOT, Pierre, *Porphyre et Victorinus*, Paris, Etudes Augustiniennes, 1968, 2 vol.

- *Marius Victorinus. Recherches sur sa vie et ses œuvres*, Paris, Etudes augustiniennes, 1971.

HALIVA, Rachel, *Isaac Polqar : a Jewish Philosopher, or a Philosopher and a Jew*, thèse de doctorat, Montreal, Mc Gill University, 2015.

HAMELIN, Octave, *Le système d'Aristote*, Paris, Alcan, 1920.

HAMESSE, Jacqueline, « *Idea* chez les philosophes des XIIe et XIIIe siècles », *in* M. Fattori et L. Bianchi (eds.), *Idea*, Rome, Edizioni dell'Ateneo, 1990, p. 99-135.

HÄRING, Nicolas M., « The Creation and Creator of the World according to Thierry de Chartres and Clarembaldus of Arras », *Archives d'Histoire Doctriale et Littéraire du Moyen Âge*, 22, 1955, p. 137-216.

HARVEY, Warren Zev, *Physics and Metaphysics in Ḥasdai Crescas*, Amsterdam, Gieben, 1998.

HASNAWI, Ahmed, « La terminologie logique du *Guide* de Maïmonide », *in* T. Lévy et R. Rashed (éd.), *Maïmonide, philosophe et savant*, Louvain, Peeters, 2004, p. 39-78.

HEIDEGGER, Martin, *Aristote. Métaphysique, ϑ, 1-3*, trad. fr. B. Stevens et P. Vandevelde, Paris, Gallimard, 1991.

HISSETTE, Roland, *Enquête sur les 219 articles condamnés à Paris le 7 mars 1277*, Paris/Louvain, Vander-Oyez/Publications Universitaires, 1977.

HINTIKKA, Jaakko, *Time and Necessity : Studies in Aristotle's Theory of Modality*, Oxford, Clarendon Press, 1973.

– *Aristotle on Modality and Determinism*, Amsterdam, North Holland Publishing Company, 1977.

HOCEDEZ, Edgar, *Richard de Middleton. Sa vie, ses œuvres, sa doctrine*, Louvain/Paris, Spicilegium Sacrum Lovaniense/E. Champion, 1925.

HOFFMANN, Tobias, *Creatura intellecta. Die Ideen und Possibilien bei Deuns Scotus mut Ausblick auf Franz von Mayronis, Poncius und Mastrius*, Münster, Aschendorff, 2002.

– « Les idées comme essences créables chez François de Meyronnes », *in* O. Boulnois, J. Schmutz, et J.-L. Solère (éd.), *Le contemplateur et les idées*, Paris, Vrin, 2002, p. 129-147.

– « Duns Scotus on the Origin of the Possibles in the Divine Intellect », *in* F. Brown, T. Dewender, T. Kobusch (eds.), *Philosophical Debates at Paris in the Early Fourteenth Century*, Leiden, Brill, 2009, p. 359-379.

HOLOPAINEN, Toivo, *Dialectic and Theology in the Eleventh Century*, Leiden-New York-Cologne, Brill, 1996.

HONNEFELDER, Ludger, *Scientia transcendens. Die formale Bestimmung der Seiendheit und Realität in der Metaphysik des Mittelalters und der Neuzeit*, Hambourg, Meiner, 1990.

– *La métaphysique comme science transcendantale, entre le Moyen-Âge et les Temps modernes*, Paris, P.U.F., 2002.

HORTEN, Max, *Die Philosophie des Abû Raschîd (um 1068)*, Bonn, P. Hanstein, 1910.

– *Die philosophischen Ansichten von Râzî und Tûsî*, Bonn, P. Hanstein, 1910.

– *Die spekulative und positive Theologie des Islam*, Leipzig, Harrasowitz, 1912.

HÜBENER, Wolfgang « Idea extra artificem », *in* L. Grisebach et K. Renger (Hrsg.), *Festschrift für Otto v. Simson*, Francfort-Berlin-Vienne, Propyläen, 1977, p. 27-52.

HUDRY, Françoise, *Le livre des XXIV philosophes, résurgence d'un texte du* IVe *siècle*, Paris, Vrin, 2009.

HUGONNARD-ROCHE, Henri, « Modalités et argumentation chez Nicole Oresme », *in* P. Souffrin et A. Ph. Segonds (éd.), *Nicolas Oresme. Tradition et innovation chez un intellectuel du* XIVe *siècle*, Paris, Les Belles Lettres, 1988, p. 145-163.

– « Remarques sur la tradition arabe de l'*Organon* d'après le manuscrit Paris, Bibliothèque nationale, ar. 2346 », *in* C. Burnett (ed.), *Glosses and Commentaries on Aristotelian Logical Texts*, Londres, The Warburg Institute, 1993, p. 19-28.

– « L'hypothétique et la nature dans la physique parisienne du XIVe siècle », *in* S. Caroti et P. Souffrin (ed.), *La nouvelle physique du* XIVe *siècle*, Florence, Olschki, 1997, p. 161-177.

– « Un manuscrit savant mémoire de quatre siècles de philologie : le *Parisinus ar.* 2346 », *Revue des Mondes Musulmans et de la Méditerranée*, 99-100, 2002, p. 147-155.

– « Logique modale et science médiévale », *Medioevo*, XXIX, 2004, p. 15-42.

– « Questions de logique au VIIe siècle. Les épîtres syriaques de Sévère Sebokht et leurs sources grecques », *Studia Graeco-Arabica*, 5, 2015, p. 53-104.

IMBACH, Ruedi, *Quodlibeta*, Fribourg, Universitätsverlag, 1996.

ISAAC, J., *Le Perihermeneias en Occident de Boèce à saint Thomas. Histoire littéraire d'un traité d'Aristote*, Paris, Vrin, 1953.

ISMAIL, Ahmed, « The Theory of Atom in the Ibâdî, ash'arite and mu'tazilite Schools », *in* E. Francesca (ed.), *Ibadi Theology: Rereading Sources and Scholarly Works*, Hildesheim-Zurich-New York, Olms, 2015, p. 207-221.

IVRY, Alfred L., « Maimonides on Possibility », *in* J. Reinharz et D. Swetschinski (eds.), *Mystics, Philosophers and Politicians*, Durham, Duke UP, 1982, p. 67-84.

– « The *Guide* and Maimonides'Philosophical Sources », *in* K. Seeskin (ed.), *The Cambridge Companion to Maimonides*, Cambridge, CUP, 2005, p. 58-81.

IWAKUMA, Yukio, « Pierre Abélard et Guillaume de Champeaux dans les premières années du XIIe siècle : une étude préliminaire », *in* J. Biard (éd.), *Langage, sciences et philosophie au XIIe siècle*, Paris, Vrin, 1999, p. 93-123.

JABRE, Farid, *Essai sur le lexique de Ghazali*, Beyrouth, Publications de l'Université Libanaise, 1985.

– *La notion de certitude selon Ghazali*, Beyrouth, Publications de l'Université Libanaise, 1986.

– « La logique modale d'Averroès chez Albert le Grand », *in* A. Zimmermann (Hrsg.), *Die Kölner Universität im Mittelalter, Miscellanea Mediaevalia*, Berlin, de Gruyter, 20, 1989, p. 144-175.

JADAANE, Fehmi, *L'influence du stoïcisme sur la pensée musulmane*, Beyrouth, Dar el-Mashreq, 1968.

JAFFER, Tariq, « Mu'tazilite Aspects of Fakhr al-Dîn al-Râzî's Thought », *Arabica*, 59, 2012, p. 510-535

JANOS, Damien, *Method, Structure and Development in al-Fârâbî's Cosmology*, Leiden-Boston, Brill, 2012.

JANSSENS, Herman F., *L'entretien de la sagesse. Introduction aux œuvres de Bar Hebraeus*, Paris/Liège, Droz/Faculté de Philosophie et de Lettres, 1937.

JANSSENS, Jules, *Ibn Sînâ ans his Influence on the Arabic and Latin World*, Aldershot, Ashgate, 2006.

– « Al-Lawkarî's Reception of Ibn Sînâ's Ilâhiyyât », *in* D. N. Hasse et A. Bertolacci (eds.), *The Arabic, Hebrew and Latin Reception of Avicenna's Metaphysics*, Berlin, W. de Gruyter, 2012, p. 7-26.

JEANGÈNE-VILMER, Jean-Baptiste, « Possibilité et existentiabilité chez Leibniz », *Revue Philosophique de Louvain*, CIV, 2006, p. 23-45.

JOLIVET, Jean, *Arts du langage et théologie chez Abélard*, Paris, Vrin, 1982.

– *Philosophie médiévale arabe et latine*, Paris, Vrin, 1995.

– *Perspectives médiévales et arabes*, Paris, Vrin, 2006.

– *Medievalia et arabica*, Paris, Vrin, 2013.

– « Sur les prédicables et les catégories chez Abélard », *in* J. Biard (éd.), *Langage, sciences et philosophie au XIIe siècle*, Paris, Vrin, 1999, p. 165-175.

JOMIER, Jacques, « La faiblesse ontologique de l'homme selon le Coran », *Recherches d'islamologie. Recueil d'articles offerts à Georges C. Anawati et Louis Gardet*, Louvain, Peeters/ISP, 1977, p. 149-158.

– « La toute-puissance de Dieu et les créatures dans le Coran », *MIDEO*, XVI, 1983, p. 31-58.

KARAYIANNIS, Vasilios, *Maxime le Confesseur. Essence et énergies de Dieu*, Paris, Beauchesne, 1993.

KAUFMANN, Matthias, « Gottes Allmacht und die Wahrheit modaler Sätze. Potentialität und Possibilität bei Wilhem von Ockham », *in* T. Buchheim *et al.* (Hrsg.),

Potentialität und Possibilität. Modalaussagen in der Geschichte der Metaphysik, Stuttgart-Bad Cannstatt, Frommann-Holzboog, 2001, p. 201-217.

KING, Peter, « Duns Scotus on Possibilities, Powers and the Possible », *in* T. Buchheim *et al.* (Hrsg.), *Potentialität und Possibilität. Modalaussagen in der Geschichte der Metaphysik*, Stuttgart-Bad Cannstatt, Frommann-Holzboog, 2001, p. 175-199.

KNUUTTILA, Simo, *Modalities in Medieval Philosophy*, Londres, Routledge, 1993.

– « Time and Modality in Scholasticism », *in* S. Knuuttila (ed.), *Reforging the Great Chain of Being : Studies of the History of Modal Theories*, Dordrecht, Kluwer, 1981, p. 163-257.

– « Modal Logic », *in* N. Kretzmann, A. Kenny, J. Pinborg (eds.), *The Cambridge History of Later Medieval Philosophy* [1982], Cambridge, CUP, 1997, p. 342-357.

– « Nomic Necessities in Late Medieval Philosophy », *in* S. Knuuttila, R. Työrinoja et S. Ebbesen (eds.), *Knowledge and the Sciences in Medieval Philosophy*, Helsinki, Luther Agricola Society, 1990, p. 222-230.

– « Necessities in Buridan's Natural Philosophy », *in* J. M. M. H. Thijssen et J. Zupko (eds.), *The Metaphysics and Natural Philosophy of John Buridan*, Leiden-Boston-Cologne, Brill, 2001, p. 65-76.

– « On the History of Theory of Modality as Alternativeness », *in* T. Buchheim *et al.* (Hrsg.), *Potentialität und Possibilität. Modalaussagen in der Geschichte der Metaphysik*, Stuttgart-Bad Cannstatt, Frommann-Holzboog, 2001, p. 219-236.

– « Medieval Modal Theories and Modal Logic », *in* D. M. Gabbay et J. Wood (eds.), *Handbook of the History of Logic*, t. II, Amsterdam, Elsevier, 2008.

KOENIG-PRALONG, Catherine, *L'avènement de l'aristotélisme en terre chrétienne*, Paris, Vrin, 2005.

– *Être, essence et contingence*, Paris, Les Belles Lettres, 2006.

– *Le bon usage des savoirs. Scolastique, philosophie et politique culturelle*, Paris, Vrin, 2011.

KOBAYACHI, Michio, *La philosophie naturelle de Descartes*, Paris, Vrin, 1993.

– « Création et contingence selon Descartes et Duns Scot », *in* J. Biard et R. Rashed (éd.), *Descartes et le Moyen Âge*, Paris, Vrin, 1997, p. 75-89.

KOGAN, Barry S., *Averroes and the Metaphysics of Causation*, New York, SUNY, 1985.

– « Eternity and Origination » : Averroes'Discourse on the Manner of the World's Existence », *in* M. E. Marmura (ed.), *Islamic Theology and Philosophy*, Albany, SUNY, 1984, p. 203-235.

KOSMAN, Aryah, *The Activity of Being. An Essay on Aristotle's Ontology*, Harvard, Harvard UP, 2013.

KRETZMANN, Norman, *The Metaphysics of Creation. Aquinas's Natural Theology in Summa contra Gentiles, II* [1998], Oxford, Clarendon Press, 2001.

– « *Nos ipsi principia sumus.* Boethius and the Basis of Contingency », *in* T. Rudavsky (ed.), *Divine Omniscience and Omnipotence in Medieval Philosophy*, Dorcrechet, Reidel, 1985, p. 23-50.

– « Boethius and the Truth about Tomorrow's Sea Battle », *Ammonius – Boethius, On Aristotle On Interpretation 9*, Londres, Duckworth, 1998, p. 24-52.

KRIEGER, Gerhard, *Der Begriff der praktischen Vernunft nach Johannes Buridanus*, Münster, Aschendorff, 1986

KUKKONEN, Taneli, « "The impossible, insofar as it is possible" : Ibn Rushd and Buridan on Logic and Natural Theology », *in* D. Perler et U. Rudolph (Hrsg.), *Logik und*

Theologie. Das Organon *im arabischen und im lateinischen Mittelalter*, Leiden, Brill, 2005, p. 447-467.

- « Mind and Modal Judgment : Al-Ghazâlî and Ibn Rushd on Conceivability and Possibility », *in* V. Hirvonen, T. Holopainen et M. Tuominen (eds.), *Mind and Modality*, Leiden, Brill, 2006, p. 121-139.

KUPREEVA, Inna Veniaminovna, *Alexander of Aphrodisias on Soul as Form*, thèse de doctorat, Université de Toronto, 1999.

KUSCH, Martin, « Natural Necessity in William of Ockham », *in* S. Knuuttila, R. Työrinoja et S. Ebbesen (eds.), *Knowledge and the Sciences in Medieval Philosophy*, Helsinki, Luther Agricola Society, 1990, p. 231-239.

LAMMER, Andreas, « Defining Nature : from Aristotle to Philoponus to Avicenna », *in* A. Alwishah et J. Hayes (eds.), *Aristotle and the Arabic Tradition*, Cambridge, CUP, 2015, p. 121-142.

LANGSTON, Douglas C., « Scotus and Possible Worlds », *in* S. Knuuttila, R. Työrinoja et S. Ebbesen (eds.), *Knowledge and the Sciences in Medieval Philosophy*, Helsinki, Yliopistopaino, 1990, p. 240-247.

LATOUR, Annick, « Le concept leibnizien d'entéléchie et sa source aristotélicienne », *Revue Philosophique de Louvain*, C, 2002, p. 698-722.

LAURENT, Jérôme, *Les fondements de la nature selon Plotin*, Paris, Vrin, 1992.

LAVAUD, Laurent, *D'une métaphysique à l'autre. Figures de l'altérité dans la philosophie de Plotin*, Paris, Vrin, 2008.

- « L'Un puissance de toutes choses et la matière toutes choses en puissance dans la philosophie de Plotin », *in* C. Lavaud (éd.), *Itinéraires de la puissance*, Bordeaux, PUB, 2004, p. 33-47.

- « Substance et mouvement : Marius Victorinus et l'héritage plotinien », *Les Etudes Philosophiques*, 2012/2, p. 163-179.

LEFEBVRE, David, Dynamis. *Sens et genèse de la notion aristotélicienne de puissance*, Paris, Vrin, 2018.

- « Straton sur le poids », *in* M.-L. Desclos et W. W. Fortenbaugh (eds.), *Strato of Lampsacus*, Londres, Transaction Publishers, 2010, p. 313-352.

LEFF, Gordon, *Bradwardine and the Pelagians*, Cambridge, CUP, 1957.

- *William of Ockham. The Metamorphosis of Scholastic Discourse*, Manchester/Totowa (NJ), Manchester UP/Rowman and Littlefield, 1975.

LEPPIN, Volker, « Does Ockham's Concept of Divine Power Threaten Man's Certainty in His Knowledge of the World ? », *Franciscan Studies*, LV, 1998, p. 169-180.

LESIEUR, Thierry, *Devenir fou pour être sage. Construction d'une raison chrétienne à l'aube de la réforme grégorienne*, Turnoult, Brepols, 2003.

LETTINCK, Paul, *Aristotle's Physics and its Reception in the Arabic World*, Leiden-New York-Cologne, Brill, 1994.

- « The Transformation of Aristotle's Physical Philosophy in Ibn Bâjja's Commentaries », *in* F. J. et S. Ragep (eds.), *Tradition, Transmission, Transformation*, Leiden, Brill, 1996, p. 65-70.

LEVIN, Saül, « Le chameau et le trou de l'aiguille », *L'Information Grammaticale*, 51, 1991, p. 35-38.

LÉVY, René, *La divine insouciance. Etude des doctrines de la providence d'après Maïmonide*, Paris, Verdier, 2008.

LEWIN, Bernhard, « La notion de *muḥdath* dans le *Kalâm* et dans la philosophie », *Orientalia Suecana*, 3, 1954, p. 84-93.

LIBERA, Alain de, *La querelle des universaux. De Platon à la fin du Moyen Âge*, Paris, Seuil, 1996.
- *La référence vide*, Paris, P.U.F., 2002.
- « Bulletin d'histoire de la logique médiévale », *Revue des sciences philosophiques et théologiques,* 1985, p. 273-309.
- « Le développement de nouveaux instruments conceptuels et leur utilisation dans la philosophie de la nature au XIVe siècle », *in* M. Azstalos *et al.* (eds.), *Knowledge and the sciences in medieval philosophy*, t. I, Helsinki, Yliopistopaino, 1990, p. 158-197.
LIZZINI, Olga, *Fluxus (fayḍ). Indagine sui fondamenti della metafisica e della fisica di Avicenna*, Bari, Edizioni di Pagina, 2011.
- « Occasionalismo e causalità filosofica : la discussione della causalità in al-Ghazâlî », *Quaestio*, 2002/2, p. 155-186.
- « Il nulla, l'inesistente, la cosa : note interno alla terminologia e alla dottrina del nulla e della creazione dal nulla nel pensiero islamico », *in* M. Lenzi et A. Maieru (eds.), *Discussioni sul nulla tra Medioevo ed età moderna*, Florence, Olschki, 2009, p. 62-103.
- « Causality as Relation : Avicenna (and al-Ghazâlî) », *Quaestio*, 13, 2013, p. 165-195.
- « "A Mysterious Order of Possibles" : Some remarks on Essentialism and on Beatrice Zedler's Interpretation of Avicenna and Aquinas on Creation (*al-Ilâhiyyât*, the *Quaestiones de Potentia*) », *American Catholica Philosophical Quarterly*, LXXXVIII, 2014, p. 237-270.
LOVEJOY, Arthur, *The Great Chain of Being, A Study of the History of an Idea*, Harvard, Harvard UP, 1936.
MAC CARTHY, Richard *Al-Bâqillânî : Muslim Polemist and Theologian*, thèse de doctorat, Faculty of Oriental Studies of the University of Oxford, 1951, 2 vol.
MACIEROWSKI, E. M. et HASSING, R. F. « John Philoponus on Aristotle's Definition of Nature », *Ancient Philosophy*, VIII, 1988, p. 73-100.
MADELUNG, Wilferd, *Der Imam al-Qâsim Ibn Ibrâhîm und die Glaubenslehre der Zaiditen*, Berlin, W. de Gruyter, 1965.
- *Studies in Medieval Muslim Thought and History*, éd. S. Schmidtke, Franham-Burlington, Ashgate, 2013.
- « Abû l-Ḥusayn al-Baṣrî's Proof for the Existence of God », *in* E. Montgomery (ed.), *Arabic Theology, Arabic Theology*, Louvain-Paris-Dudley, Peeters, 2006, p. 273-280.
- « Mu'tazilî Theology in Levi ben Yefet's *Kitâb al-ni'ma* », *Intellectual Historory of the Islamicate World*, 2014/2, p. 9-17.
- « Al-Ghazâlî's Changing Attitude to Philosophy », *in* G. Tamer (ed.), *Islam and Rationality*, Leiden, Brill, 2015, t. I, p. 23-34.
MADELUNG, Wilferd et SCHMIDTKE, Sabine, *Rational Theology in Interfaith Communication*, Leiden-Boston, Brill, 2006.
MADKOUR, Ibrahim, *L'organon d'Aristote dans le monde arabe* [1934], Paris, Vrin, 1969.
MAHER, P., « Leibniz and Contingency », *Studia Leibniziana*, XII, 1986, p. 236-242.
MAKIN, Stephen, *Aristotle. Metaphysics, Book ϑ*, Oxford, Clarendon Press, 2006.
MANDONNET, Pierre, *Siger de Brabant et l'averroïsme latin au XIIIe siècle*, Louvain, Institut Supérieur de Philosophie, 1911.
MANDRELLA, Isabelle, « Le sujet de la métaphysique et sa relation au *conceptus entis trancendentissimi* aux XVIe et XVIIe siècles », *Medioevo*, XXXIV, 2009, p. 123-140.

MANEKIN, Charles, « Hebrew Philosophy in the XIV th and XV th Centuries », *in* D. Frank et O. Leaman (eds.), *History of Jewish Philosophy*, Londres, Routledge, 1997, p. 350-378.

MANSION Auguste, « Pour l'histoire du Commentaire de saint Thomas sur la *Métaphysique* d'Aristote », *Revue néo-scolastique de philosophie*, 1925, p. 274-295.

MANSION, Suzanne, « Sur la composition ontologique des substances sensibles chez Aristote (*Métaphysique*, Z, 7-9) », *in* R. B. Palmer et R. Hamerton-Kelly (éd.), *Philomathes*, La Haye, Nijhoff, 1971, p. 75-87.

MARENBON, John, *From the Circle of Alcuin to the School of Auxerre*, Cambridge, CUP, 1981.

– *The Philosophy of Peter Abelard* [1997], Cambridge, CUP, 1999.

– *Aristotelian Logic. Platonism and the Context of early Medieval Philosophy in the West*, Aldershot, Ashgate, 2000.

– *Le temps, l'éternité et la prescience de Boèce à Thomas d'Aquin*, Paris, Vrin, 2005.

– « Abelard's Concept of Possibility », *in* B. Mojsisch et O. Pluta (eds.), *Historia Philosophiae Medii Aevi*, Amsterdam, Grüner, 1991, p. 595-609.

MARION, Jean-Luc, *Sur l'ontologie grise de Descartes*, Paris, Vrin, 1976.

– *Sur la théologie blanche de Descartes* [1981], Paris, P.U.F., 1991.

– *Sur le prisme métaphysique de Descartes*, Paris, P.U.F., 1986.

– *Questions cartésiennes II*, Paris, P.U.F., 1996.

MARMURA, Michael E., « Al-Ghazâlî and Demonstrative Science », *Journal of the History of Philosophy*, III, 1965, p. 183-204.

– « Avicenna on Primary Concepts in the *Metaphysics* of his *al-Shifâ'* », *in* R. M. Savory et D. A. Agius (eds.), *Logos islamikos*, Toronto, PIMS, 1984, p. 219-239.

– « Ghazâlî's Chapter on Divine Power in the *Iqtiṣâd* », *Arabic Sciences and Philosophy*, 1994, p. 279-375.

– « Ghazâlî and Ash'arism Revisited », *Arabic Sciences and Philosophy*, 12, 2002, p. 91-110.

– « Efficient Causality in Avicenna », *in* M. Marmura (ed.), *Islamic Theology and Philosophy*, Albany, SUNY, 1984.

MARRONE, Francesco, *Res e realitas in Descartes*, Lecce, Conte editore, 2006.

MARRONE, Stephen, « Duns Scotus on Metaphysical Potency and Possibility », *Franciscan Studies*, LVI, 1998, p. 265-289.

MARTELLO, Concetta, *La dottrina dei teologi. Ragione e dialettica nei secoli XI-XII*, Catane, CUECM, 2005.

MARTIN, Aubert, *Averroès. Grand commentaire de la Métaphysique d'Aristote, livre Lam-Lambda*, Paris, Les Belles Lettres, 1984.

MARTIN, Christopher J, « Bradwardine and the Use of *Positio* as a test of Possibility », *in* S. Knuuttila, R. Työrinoja et S. Ebbesen (eds.), *Knowledge and the Sciences in Medieval Philosophy*, Helsinki, Luther Agricola Society, 1990, p. 574-585.

– « Abaelard on Modality : Some possibilities and Some Puzzles », *in* T. Buchheim *et al.* (Hrsg.), *Potentialität und Possibilität. Modalaussagen in der Geschichte der Metaphysik*, Stuttgart-Bad Cannstatt, Frommann-Holzboog, 2001, p. 97-124.

– « An Amputee is Bipedal : the Role of the Categories in the Development of Abaelard's Treatment of Possibility », *in* J. Biard et I. Rosier-Catach (éd.), *La tradition médiévale des catégories (XII e-XV e siècles)*, Louvain, Peeters/Institut Supérieur de Philosophie, 2003, p. 225-242.

MARTIN, G. H. et HIGHFELD, J. R. L., *A History of Merton College, Oxford*, Oxford, OUP, 1997.

MASSIE, Pascal, *Contingency, Time and Possibility*, Lanham-Boulder-New York-Toronto-Plymouth, Rowman and Littlefield, 2011.

MAURER, Armand, *Being and Knowing. Studies in Thomas Aquinas and Later Medieval Philosophers*, Toronto, PIMS, 1990.

– *The Philosophy of William of Ockham in the Light of his Principles*, Toronto, PIMS, 1999.

MAZET, Edmond, « Richard Swineshead et Nicole Oresme : deux styles mathématiques », *in* J. Celeyrette et C. Grellard (éd.), *Nicole Oresme philosophe*, Turnhout, Brepols, 2014, p. 105-137.

MCCORD ADAMS, Marilyn, « Ockham's Nominalism and Unreal Entities », *The Philosophical Review*, LXXXVI, 1977, p. 144-176.

MCDERMOTT, Martin J., *The Theology of al-Shaikh al-Mufîd (d. 413/1022)*, Beyrouth, Dar el-Machreq, 1986.

MC GINNIS, Jon, « Occasionalism, Natural Causation and Science in al-Ghazâlî », *in* J. E. Montgomery (ed.), *Arabic Theology, Arabic Theology*, Louvain-Paris-Dudley, Peeters, 2006, p. 441-463.

– « What Underlies the Change from Potentiality to Possibility? A Select History of Theory of the Matter from Aristotle to Avicenna », *Cadernos de História e Filosofia da Ciência*, XVII, 2007, p. 259-278.

MERLE, Hélène, « Aptum natum esse. Aptitudo naturalis », *Bulletin du Cange, Archivium latinitatis Medii Aevi*, XLIII, 1984, p. 122-141.

MERRIC PESSAGNO, J, « *Irâda, ikhtiyâr, qudra, kasb* : the view of Abû Manṣûr al-Mâturîdî », *Journal of the American Oriental Society*, CIV, 1984, p. 177-191.

MEWS, Constant J. « The Trinitarian Doctrine of Roscelin of Compiegne and its Influence », *in* A. de Libera *et al.*, *Langages et philosophie*, Paris, Vrin, 1997, p. 347-364.

MICHEL, Bruno, *Abélard lecteur de Boèce. Entre réalisme et nominalisme, la critique du logicisme boécien dans les œuvres logiques de Pierre Abélard*, thèse de doctorat, Université de Tours, 2009.

MICHON, Cyrille, *Nominalisme. La théorie de la signification de Guillaume d'Occam*, Paris, Vrin, 1994.

MOAD, Edward Omar, « Al-Ghazâli's Occasionalism and the Natures of Creatures », *International Journal for Philosophy of Religion*, LVIII, 2005, p. 95-101.

– « Al-Ghazâlî on Power, Causation and Acquisition », *Philosophy. East and West*, LVII, 2007, p. 1-13.

MOODY, Ernest Addison, *Philosophy, Science, and Logic : Collected Papers, 1933-1969*, Los Angeles, University of California Press, 1975.

MONDADORI, Fabrizio, « The Independence of the Possible According to Scotus », *in* O. Boulnois *et al.* (éd.), *Duns Scot à Paris, 1302-2002*, Turnhout, Brepols, 2004, p. 313-374.

– « "Il ne faut point dire avec quelques scotistes" : Leibniz on the Reality and the Possibility of the Possible », *Studia Leibnitiana*, XLVI/2, 2014, p. 206-233.

MORAN, Dermot, *The Philosophy of John Sottus Eriugena* [1989], Cambridge, CUP, 2004.

MORAUX, Paul, *Alexandre d'Aphrodise, exégète de la noétique d'Aristote*, Liège/Paris, Faculté de Philosophie et Lettres/Droz, 1942.

– *Der Aristotelismus bei den Griechen von Andronikos bis Alexander von Aphrodisias*, Berlin-New York, W. de Gruyter, t. I, 1973 ; t. II, 1984.

MUELLER-JOURDAN, Pascal, *Gloses et commentaire du livre XI du* Contra Proclum *de Jean Philippon*, Leiden, Brill, 2011.

MULLER, Robert, *Les mégariques*, Paris, Vrin, 1985.

MURDOCH, John E., « Philosophy and the Enterprise of Science in the Later Middle Ages », *in* Y. Elkana (ed.), *The Interaction between Science and Philosophy*, Atlantic Islands (N. J.), Humanities Press, 1974, p. 51-74.

NADER, Albert N., *Le système philosophique des mu'tazila*, Paris, Les Lettres, Orientales, 1956.

NARBONNE, Jean-Marc, *La métaphysique de Plotin*, Paris, Vrin, 2001 (2e éd.).

NGUYEN, Martin, *Sufi Master and Qur'an Scholar*, Londres, OUP, 2012.

NICHOLS, Stephen G., « Remodeling Models : Modernism and the Middle Ages », *in* B. Cazelles et C. Mela (éd.), *Modernité au Moyen Âge*, Genève, Droz, 1990, p. 45-72.

NOBLE, Samuel et Alexander TREIGER, « Christian Arabic Theology in Byzantine Antioch : 'Abdallāh Ibn al-Faḍl al-Anṭākī and *His Discourse on the Holy Trinity* », *Museon*, CXXIV, 2011, p. 371-417.

NOONE, Timothy, « Scotus's Critique of the Thomistic Theory of Individuation and the dating of the *Quaestiones in libros Metaphysicorum*, VII, q. 13 », *in* L. Sileo (ed.), *Via Scoti. Methodologica ad mentem Joannis Duns Scoti*, Rome, Antonianum, 1995, t. I, p. 391-406.

OGLIARI, Donato, *Gratia et certamen. The Relationship Between Grace and Free Will in the Discussion of Augustine with the So-called Semipelagians*, Louvain, Peeters, 2003.

OLIVO, Gilles, « L'impossibilité de la puissance : les conditions de la pensée de l'individu chez Suárez », *in* G. M. Cazzaniga et Y. Ch. Zarka (éd.), *L'individu dans la pensée moderne* XVIe-XVIIIe *siècles – L'individuo nel pensiero moderno secoli* XVI-XVIII, Florence, Edizioni ETS, 1995, p. 157-171.

– « "Le mystérieux critère de la distinction des vérités nécessaires et des vérités contingentes", ou l'embarras d'une solution », *Cahiers de Philosophie de l'Université de Caen*, 42, 2006, p. 93-130.

OLIVO-POINDRON, Isabelle, « Οὐσία ὡς ἐνέργεια, ou de l'existence chez Aristote », *Quaestio*, III, 2003, p. 71-109.

ORMSBY, Eric Linn, *Theodicy in Islamic Thought. The Dispute over al-Ghazali's Best of All Possible Worlds*, Princeton, Princeton UP, 1984.

OZCOIDI, Idoia Maiza, *La concepción de la filosofía en Averroes*, Madrid, Trotta, 2001.

PARK, Seung-Chan, « Die Differenz von Persönlicher und unpersönlicher Möglichkeit bei Thomas von Aquin », *Potentialität und Possibilität. Modalaussagen in der Geschichte der Metaphysik*, T. Buchheim *et al.* (éd.), Stuttgart-Bad Cannstatt, Frommann-Holzboog, 2001, p. 147-164.

PAQUÉ, Ruprecht, *Le statut parisien des nominalistes* [1970], Paris, P.U.F., 1985.

PARKINSON, George Henry Radcliffe, *Logic and Reality in Leibniz's Metaphysics*, Oxford, Clarendon Press, 1965.

PASNAU, Robert, *Metaphysical Themes (1274-1671)* [2011], Oxford, Clarendon Press, 2013.

PAULUS, Jean, *Henri de Gand. Essai sur les tendances de sa métaphysique*, Paris, Vrin, 1938.

PELLETIER, Jenny, *William Ockham on Metaphysics*, Leiden, Brill, 2013.

PÉRIER, Augustin, *Yaḥyâ ben ʿAdî*, Paris, Gabalda-Geuthner, 1920.

PERLER, Dominik et RUDOLPH, Ulrich, *Occasionalismus. Theorien der Kausalität im arabisch-islamischen und im europäischen Denken*, Göttingen, Vandenhoeck und Ruprecht, 2000.

PETAGINE, Antonio, *Matière, corps, esprit. La notion de sujet dans la philosophie de Thomas d'Aquin*, Paris/Fribourg, Cerf/Academic Press, 2014.

PETERS, Johannes, *God's Created Speech*, Leiden, Brill, 1976.

PINÈS, Shlomo, *La liberté de philosopher, de Maïmonide à Spinoza*, Paris, Desclée de Brouwer, 1997.

- *Studies in Abu'l-Barakât al-Baghdâdî Physics and Metaphysics, The Collected Works*, vol. I, éd. S. Stroumsa, Jérusalem /Leiden, The Magnes Press/Brill, 1979.

- *Studies in the History of Arabic Philosophy, The Collected Works,* vol. III, éd. S. Stroumsa, Jérusalem, The Magnes Press, 1996.

- *Studies in Islamic Atomism*, trad. angl. M. Schwarz, Jérusalem, The Magnes Press, 1997.

- « Philosophy, Mathematics and Concepts of Space in the Middle Ages », « Philosophy and the Enterprise of Science in the Later Middle Ages », *in* Y. Elkana (ed.), *The Interaction between Science and Philosophy*, Atlantic Islands (N.J.), Humanities Press, 1974, p. 75-90.

PIRO, Francesco, *Varietas identitate compensata. Studio sulla formazione della metafisica di Leibniz*, Naples, Bibliopolis, 1990.

PLATTI, Emilio, *Yaḥyâ Ibn ʿAdî. Théologien chrétien et philosophe arabe. Sa théologie de L'Incarnation*, Louvain, Peeters, 1983.

- « Yaḥyâ Ibn ʿAdî, Disciples and Masters », in *The Character of Christian-Muslim Encounter*, Leiden, Brill, 2015, p. 60-84.

PLINVAL, Georges de, *Pélage. Ses écrits, sa vie et sa réforme*, Lausanne-Genève, Payot, 1943.

PORRO, Pasquale, « *Possibile ex se, necessario ex alio* », *Medioevo*, XVIII, 1992, p. 231-273.

- « Possibilita ed *esse essentiae* in Enrico di Gand », *in* W. Vanhamel (ed.), *Henry of Ghent*, Louvain, Leuven UP, 1996, p. 211-253.

- « Duns Scot et le point de rupture avec Avicenne », *in* O. Boulnois *et al.* (éd.), *Duns Scot à Paris, 1302-2002*, Turnoult, Brepols, 2004, p. 195-218.

- « Contingenza e impedibilità della cause », *Rivista di Storia della Philosophia*, 2013, p. 113-147.

QUILLET, Jeannine, « L'imagination chez Nicole Oresme », *Archives de Philosophie*, L, 1987, p. 219-227.

- « Nicole Oresme et la science nouvelle dans le *Livre du ciel et du monde* », *in* S. Knuuttila, R. Työrinoja et S. Ebbesen (eds.), *Knowledge and the Sciences in Medieval Philosophy*, Helsinki, Luther Agricola Society, 1990, p. 314-321.

RASHED, Marwan, *L'héritage aristotélicien*, Paris, Les Belles Lettres, 2007.

- *Essentialisme. Alexandre d'Aphrodise entre logique, physique et cosmologie*, Berlin-New York, W. de Gruyter, 2007.

- *Alexandre d'Aphrodise, commentaire perdu à la Physique d'Aristote* (*livres IV-VIII*). *Les scholies byzantines*, Berlin-New York, W. de Gruyter, 2011.

- « Théodicée et approximation : Avicenne », *Arabic Sciences and Philosophy*, 2000, p. 223-257.

- « Thâbit Ibn Qurra, la *Physique* d'Aristote et le meilleur des mondes », in *id.* (ed.), *Thâbit Ibn Qurra. Science and Philosophy in Ninth-Century Baghdad*, Berlin, W. de Gruyter, 2009, p. 675-714.
- « Abû Hâshim al-Jubbâ'î et l'infini », *in* Ch. Grellard (éd.), *Miroir de l'amitié. Mélanges offerts à Joël Biard*, Paris, Vrin, 2017, p. 75-108.
- « Chose, *item* et distinction : "l'homme volant" d'Avicenne, avec et contre Abû Hâshim al-Jubbâ'î », *Arabic Sciences and Philosophy*, XXVIII, 2018, p. 167-185.

RAMÓN GUERRERO, Rafael, « De nuevo sobre la "izquierda aristotélica". Materia y posibilidad en al-Farabi y Avicena », *Anales del Seminario de Metafísica* (Madrid), 1992, p. 965-985.

RANDI, Eugenio, *Il Sovrano e l'Orologiaio. Due Immagini di Dio del Dibattito Sulla «Potentia Absoluta» fra* XIII *e* XIV *Secolo*, Florence, La Nuova Italia Editrice, 1987.
- « Plurality of Worlds : Fourteenth-Century Debates », *in* S. Knuuttila, R. Työrinoja et S. Ebbesen (eds.), *Knowledge and the Sciences in Medieval Philosophy*, Helsinki, Luther Agricola Society, 1990, p. 322-330.

RATEAU, Paul, *La question du mal chez Leibniz*, Paris, H. Champion, 2008.

RAYAN, Sobhi, « Al-Ghazâlî's Method of Doubt », *Middle East Studies Association Bulletin*, XXXVIII/2, 2004, p. 162-173.

REINA, Maria Elena, *Hoc hic et nunc. Buridano, Marsilio di Inghen e la conoscenza del singulare*, Florence, Olschki, 2002.

REINHARD, Hans G., *Admirabilis transitus a potentia ad actum. Leibniz' Deutung des aristotelischen Entelechiebegriffs*, Würzburg, Königshausen und Neumann, 2011.

RESCHER, Nicholas, *Studies in the History of Arabic Logic*, Pittsburgh, University of Pittsburgh Press, 1963.
- *Studies in Arabic Philosophy*, Pittsburgh, University of Pittsburgh Press, 1967.
- *The Philosophy of Leibniz*, Englewood Cliffs, Prentice Hall, 1967.
- *A Theory of Possibility*, Oxford, Basil Blackwell, 1975.

RESNICK, Irven Michael, *Divine Power and Possibility in St Peter Damians's De divina omnipotentia*, Leiden, Brill, 1992.

RIKER, Stephen, « Al-Ghazâlî on Necessary Causality in *The Incoherence of the Philosophers* », *The Monist*, LXXIX, 1996, p. 315-324.

ROBSON, J. A., *Wyclif and the Oxford Schools*, Cambridge, CUP, 1961.

RODIS-LEWIS, Geneviève, *Idées et vérités éternelles chez Descartes et ses successeurs*, Paris, Vrin, 1985.

ROLAND-GOSSELIN, Marie-Dominique, *Le* De ente et essentia *de Thomas d'Aquin*, Paris, Vrin, 1926.

ROQUES, Magali, *L'essentialisme de Guillaume d'Ockham*, Paris, Vrin, 2016.

ROSS, W. D., *Aristotle. Metaphysics* [1924], Oxford, Clarendon Press, 1997, 2 vol.

RUBIO, Luciano, *El ocasionalismo de los teologos especulativos del Islam*, El Escorial, Ediciones escurialienses, 1987.

RUDAVSKY, Tamar, *Time Matters. Time, Creation and Cosmology in Medieval Jewish Thought*, New York, SUNY, 2000.

RUDOLPH, Enno, « Die Bedeutung des aristotelischen Entelechiebegriffs für die Kraftenlehre von Leibniz », *in* A. Heidekamp (Hrsg.), *Leibniz' Dynamica*, Stuttgart, F. Steinr, 1984, p. 49-54.

RUDOLPH, Ulrich, *Al-Mâturîdî and the Development of Sunnî Theology in Samarquand*, trad. angl. R. Adem, Leiden, Brill, 2015.
- « Ibn Sînâ et le *kalâm* », *Bulletin d'études orientales*, XLVIII, 1996, p. 131-136.

SAARINEN, Risto, *Weakness of the will in medieval thought : from Augustine to Buridan*, Leiden, Brill, 1994.

SABRA, A. I, « *Kalâm* Atomism as an Alternative Philosophy to Hellinizing *Falsafa* », *in* J. E. Montgomery (ed.), *Arabic Theology, Arabic Theology*, Louvain-Paris-Dudley, Peeters, 2006, p. 199-272.

SAFLO, Mohammed Moslem Adel, *Al-Juwaynî's Thought and Methodology*, Berlin, K. Schwarz, 2000.

SAMIR, Samir Kh., « Rôle des chrétiens dans la *naḥda* abbasside en Irak et en Syrie (750-1050) », *Mélanges de l'Université Saint-Joseph*, LVIII, 2005, p. 541-572.

SAN MIGUEL, José R., « Los términos "acto" y "potencia" en la filosofía neoplatónica y agustiniana », *Augustinus*, IV/11, 1959, p. 203-237.

SANTOGROSSI, Ansgar, « Duns Scotus on Potency Opposed to Act in *Quaestions on the Metaphysics*, IX », *The American Catholic Philosophical Quarterly*, LXVI, 1992, p. 55-76.

SARANYANA, Josep Ignacio, « Posibilidad y necesidad en Avicena », *Anales del Seminario de Historia de la Filosofía* (Madrid), V, 1985, p. 239-248.

SARNOWSKY, Jürgen, « God's Absolute Power, Thought Experiments and the Concept of Nature in the New Physics of XIV th Century Paris », *in* S. Caroti et P. Souffrin (éd.), *La Nouvelle Physique au XIVe siècle*, Florence, Olschki, 1997, p. 178-201.

– « Nicole Oresme and Albert of Saxony's Commentary on the Physics : the Problems of Vacuum and Motion in a Void », *in* S. Caroti et J. Celeyrette (eds.), *Quia inter Doctores est Magna Dissensio*, Florence, Olschki, 2004, p. 161-174.

SCHABEL, Christopher, *Theology at Paris 1316-1345*, Aldershot, Ashgate, 1988.

SCHEPERS, Heinrich, « Zum Problem der Kontingenz bei Leibniz. Die beste der möglichen Welten », in *Leibniz. Logik und Metaphysik*, Darmstadt, Wissenchaftliche Buchgesellschaft, 1988, p. 193-222.

– « Möglichkeit und Kontingenz. Zur Geschichte der philosophischen Terminologie vor Leibniz », repris in *Leibniz : Wege zu seiner reifen Metaphysik*, Berlin, W. de Gruyter, 2014, p. 3-17.

SCHMIDTKE, Sabine, *The Theology of al-Allâma al-Ḥillî (d. 726/1325)*, thèse de doctorat, Saint-John's College, 1990.

– (ed), *The Oxford Handbook of Islamic Theology*, Oxford, OUP, 2016.

SCHMUTZ, Jacob, *La querelle des possibles. Recherches philosophiques et textuelles sur la métaphysique jésuite espagnole (1540-1767)*, Paris, EPHE, 2003, thèse de doctorat, 3 vol.

– « Gabriel Vazquez », *in* J.-C. Bardout et O. Boulnois (éd.), *Sur la science divine*, Paris, P.U.F., 2002, p. 382-411.

– « Sebastian Izquierdo », *in* J.-C. Bardout et O. Boulnois (éd.), *Sur la science divine*, Paris, P.U.F., 2002, p. 412-433.

– « Un Dieu indifférent. La crise de la science divine durant la scolastique moderne », *in* O. Boulnois, J. Schmutz et J.-L. Solère (éd.), *Le contemplateur et les idées*, Paris, Vrin, 2002, p. 185-221.

– « Qui a inventé les mondes possibles ? », *Cahiers de Philosophie de l'Université de Caen*, 42, 2006, p. 9-45.

SCHNEIDER, Jean-Pierre, *La liberté dans la philosophie de Proclus*, thèse de doctorat, Université de Neuchâtel, 2010.

SCHÖCK, Cornelia, *Koranexegese, Grammatik und Logik*, Leiden-Boston, Brill, 2006.

- « Möglichkeit und Wirklichkeit menschlichen Handelns. "Dynamis" (*quwwa/qudra/istiṭâ^ca*) in der islamischen Theologie », *Traditio*, 59, 2004, p. 79-128.
- « Jahm b. Ṣafwân (d. 128/745/6) and the Jahmiyya and Ḍirâr b. 'Amr (d. 200/815) », *in* S. Schmidtke (ed.), *The Oxford Handbook of Islamic Theology*, Oxford, OUP, 2016, p. 55-80.

SCHWARZ, Michael, *Theodicy in the early Scholastic Theology of Islam up to al-Ghazâlî*, thèse de doctorat, Université d'Oxford, 1966, 2 vol.
- « Who Were Maimonides'Mutakallimun? Some Remarks on Guide I. 73 », *Maimonidean Studies*, 2, 1991, p. 159-209 ; 3, 1992-1993, p. 143-172.

SERBAN, Claudia, « Le statut du possible dans le discours critique de Kant et la "philosophie transcendantale des Anciens" », *Les Études Philosophiques*, CV, 2013, p. 159-177.

SHANAB, R. E. A., « Ghazâlî and Aquinas on Causation », *The Monist*, 1974, p. 140-150.

SHAPIRO, Marc B., *The Limits of Orthodox Theology. Maimonides'Thirteen Principles Reappraised*, Oxford-Portland, The Littmann Library of Jewish Civilization, 2004.

SHARPLES, Robert, « Alexander of Aphrodisias : Problems about Possibility, *Bulletin of the Institute of Classical Studies*, 1982, p. 91-108 ; 1983, p. 99-110.
- « The School of Alexander ? », *in* R. Sorabji (ed.), *Aristotle Transformed*, Ithaca, New York, Cornell UP, 1990, p. 83-111.

SHIEL, James, « Boethius'Commentaries on Aristotle », *in* R. Sorabji (ed.), *Aristotle Tranformed*, Ithaca, New York, Cornell UP, 1990, p. 349-372.

SHIELDS, Christopher, « Shadows of Beings : Francisco Suárez's *Entia rationis* », *in* B. Hill et H. Lagerlund (eds.) *The Philosophy of Francisco Suárez*, Oxford, OUP, 2012, p. 57-74.

SHIHADEH, Ayman, *The Teleological Ethics of Fakhr al-Dîn al-Râzî*, Leiden-Boston, Brill, 2006.
- *Doubts on Avicenna*, Leiden-Boston, Brill, 2016.

SMITH, Andrew, *Porphyry's Place in the Neoplatonic Tradition*, La Haye, Nijhoff, 1974.

SMITH, Gerard, « Avicenna and the Possibilities », *The New Scholasticism*, XVII, 1943, p. 340-357.

SÖDER, Joachim Roland, *Kontingenz und Wissen. Die Lehre von den futura contingentia bei Johannes Duns Scotus*, Münster, Aschendorff, 1999.

SOLÈRE, Jean-Luc, « De la Bible à Aristote : Guillaume d'Auxerre », *in* O. Boulnois (éd.), *La puissance et son ombre*, Paris, Aubier, 1994, p. 87-127.
- « La logique d'un texte médiéval : Guillaume d'Auxerre et le problème du possible », *Revue Philosophique de Louvain*, XCVIII, 2000, p. 250-293.
- « Le possible selon Aristote », *Revue de Philosophie Ancienne*, XXII/2, 2004, p. 37-96.

SORABJI, Richard, *Matter, Space and Motion*, Londres, Duckworth, 1988.
- *Necessity, Cause and Blame. Perspectives on Aristotle's Theory*, Itaca (NY), Cornell UP, 1980.
- « John Philoponus », in *id.* (ed.), *Philoponus and the Rejection of Aristotelian Science*, Londres, Duckworth, 1987, p. 1-40.
- « Boethius, Ammonius, and their different Greek Backgrounds », *Ammonius – Boethius,* « On Aristotle On Interpretation » 9, Londres, Duckworth, 1998, p. 16-23.

STEEL, Carlos, « Puissance active et puissance réceptive chez Proclus », *in* F. Romano et R. Loredana-Cardullo (eds.), *Dunamis nel Neoplatonismo*, Florence, Olschki, 1986, p. 121-137.

STEIGERWALD, Diane, *La pensée philosophique et théologique de Shahrastânî*, Québec, PUL, 1997.

STEIN, Ludwig, *Die Willesfreiheit und ihr Verhältniss zur gottlichen Präscienz und Providenz bei den jüdischen Philosophen des Mittelalters*, Berlin, Kauffmann-Baer, 1882.

STERN, Josef, *The Matter and Form of Maimonides'Guide*, Cambridge (Mass.)-Londres, Harvard UP, 2013.

STERN, Samuel Miklos, « Ibn al-Samḥ », *The Journal of the Royal Asiatic Society of Great Britain and Ireland*, 1956, p. 31-44.

STEVENS, Annie, « La *dunamis* en *Métaphysique*, Δ, 12 », *in* M. Crubellier *et al.* (éd.), *Dunamis. Autour de la puissance chez Aristote*, Louvain, Peeters, 2008, p. 291-301.

STOCK, Brian, *Myth and Science in the XII th Cenury : a Study of Bernard Sylvester*, Princeton, Princeton I. P., 2015.

STOLARSKI, Grzegorz, *La possibilité et l'être. Un essai sur la détermination du fondement ontologique de la possibilité dans la pensée de Thomas d'Aquin*, Fribourg, Editions Universitaires, 2001.

STORCK, Alfredo C., « Eternidade, possibilidade e indiferença : Henrique de Gand leitor de Avicena », *Analytica*, 9, 2005, p. 137-172.

STREET, Tony, « Arabic Logic », *in* D. Gabey et J. Wood (eds.), *Handbook of the history of logic*, Amsterdam, Elsevier, 2004, p. 523-596.

STROUMSA, Sarah, *Maimonides in his World*, Princeton-Oxford, Princeton UP, 2009.

STUMP, Eleonore et SPADE, Paul Vincent, « Obligations », *in* N. Kretzmann, A. Kenny, J. Pinborg (eds.), *The Cambridge History of Later Medieval Philosophy*[1982], Cambridge, CUP, 1997, p. 315-341.

SPINOSA, Giacinta, « *Idea* e *idos* nella tradizione latina medievale », *in* M. Fattori et L. Bianchi (eds.), *Idea*, Rome, Edizioni dell'Ateneo, 1990, p. 43-61.

SYLLA, Edith Dudley, *The Oxford Calculators and the mathematics of motion, 1320-1350 physics and measurement by latitudes*, Thèse de Doctorat, Harvard, 1970, reprint : New York, Garland, 1990.

– « The Oxford Calculators », *in* N. Kretzmann, A. Kenny, J. Pinborg (eds.), *The Cambridge History of Later Medieval Philosophy* [1982], Cambridge, CUP, 1997, p. 540-563.

– « Mathematical Physics and Imagination in the work of the Oxford Calculator : Roger Swineshead's *On natural Motion* », *in* E. Grant (ed.), *Mathematics and Its Applications to Science and Natural Philosophy in the Middle Ages : Essays in Honour of Marshall Clagett*, Cambridge, CUP, 1987, p. 69-109.

– « Imaginary Space : John of Dumbleton and Isaac Newton », *in* J. Aertsen et A. Speer (Hrsg.), *Raum und Raumvorstellungen im Mittelalter*, Berlin, W. de Gruyter, 1998, p. 206-225.

SYLWANOWICZ, Michael, *Contingent Causality and the Foundations of Duns Scotus'Metaphysics*, Leiden-New York-Cologne, Brill, 1996.

THIELE, Jan, « La causalité selon al-Hâkim al-Jishumî », *Arabica*, 59, 2012, p. 291-318.

– « Between Cordoba and Nîsâbûr. The Emergence and Consolidation of Ash'arism (IV th-V th/X th-XI th century »), *in* S. Schmidtke (ed.), *The Oxford Handbook f Islamic Theology*, Oxford, OUP, 2016, p. 225-241.

THIJSSEN, Johannes, « The Buridan School Reassessed. John Buridan and Albert of Saxony », *Vivarium*, XLII, 2004, p. 18-42.

TODD, Robert B, « Alexander and the Alexandrian *Quaestiones*, II, 12 », *Philologus*, CXVI, 1972, p. 293-305.

– « Lexicographical Notes on Alexander of Aphrodisias'Philosophical Terminology », *Glotta*, 1974, p. 207-215.

– « *Epitèdeiotès* in philosophical litterature : Towards an Analysis », *Acta Classica*, 15, 1972, p. 25-35.

TREGO, Kristell, *L'essence de la liberté. La refondation de l'éthique dans l'œuvre de s. Anselme de Cantorbéry*, Paris, Vrin, 2010.

– *La liberté en actes. Ethique et métaphysique d'Alexandre d'Aphrodise à Jean Duns Scot*, Paris, Vrin, 2015.

– « Inhérence ou relation ? L'*ad aliquid* et la doctrine catégoriale de la substance chez Boèce », in *Quaestio* (Actes du colloque : *L'ontologie de la relation*), 13, 2013, p. 125-148.

– « La métaphysique de la cause. Note sur la cause agente, et la (re-)naissance de la cause efficiente », *Khôra – Revue d'études anciennes et médiévales*, 2014, p. 145-169.

– « Intention et réalité. Avicenne et les origines du concept de *ma'nâ* », *Revue Philosophique de Louvain*, 2016/3, p. 445-460.

– « La fiction du possible », *in* S. Van der Meeren et F. Pomel (éd.), *Philosophie et fiction*, à paraître.

TRITTON, A. S., *Muslim Theology*, Londres, Luzac and Co, 1947.

TROUPEAU, Gérard, « Le rôle des syriaques dans la transmission et l'exploitation du patrimoine philosophique et scientifique grec », *Arabica*, XXXVIII, 1991, p. 1-10.

URVOY, Dominique, *Averroès*, Paris, Champs-Flammarion, 1998.

VAJDA, Georges, *Isaac Albalag. Averroïste juif, traducteur et annotateur d'al-Ghazâlî*, Paris, Vrin, 1960.

– *Etudes de théologie et de philosophie arabo-islamiques à l'époque classique*, Londres, Variorum reprints, 1986.

– « Le *kalâm* dans la pensée religieuse juive du Moyen Âge », *Revue de l'histoire des religions*, CLXXXIII, 1973, p. 143-160.

VALLAT, Philippe, *Farabi et l'école d'Alexandrie. Des prémisses de la connaissance à la philosophie politique*, Paris, Vrin, 2004.

– « Du possible au nécessaire. La connaissance de l'universel chez Farabi », *Documenti e Studi sulla tradizione filosofica medievale*, XIX, 2008, p. 1-30.

VAN DER LECQ, Ria, « William Heytesbury on "Necessity" », *in* O. Lewry (ed.), *The Rise of British Logic*, Toronto, PIMS, 1985, p. 249-263.

– « Duns Scotus on the Reality of Possible Worlds », *in* E. P. Bos (ed.), *John Duns Scotus, Renewal of Philosophy*, Amsterdam-Atlanta, Rodopi, 1998, p. 89-99.

VAN ESS, Josef, *Zwischen Ḥadîth und Theologie. Studien zum Enstehen prädestitianischer Überlieferung*, Berlin-New York, W. de Gruyter, 1975.

– *Theologie und Gesellschaft im 2. Und 3. Jahrhundert Hidschra*, Berlin-New York, W. de Gruyter, 1991-1995, 6 vol.

– *Prémices de la théologie musulmane*, Paris, Albin Michel, 2002.

– « Göttliche Allmacht in Zerrbild menschlicher Sprache », *Mélanges de l'Université Saint-Joseph*, XLIX, 1975-1976, p. 653-688.

– « Wrongdoing and Divine Omnipotence in the Theology of Abû Isḥâq an-Naẓẓâm », *in* T. Rudavsky (ed.), *Divine Omniscience and Omnipotence in Medieval Philosophy*, Dorcrechet, Reidel, 1985, p. 53-67.

VAN STEENBERGHEN, Fernand, *Maître Siger de Brabant*, Paris/Louvain, Vaner-Oyez/Publications Universitaires, 1977.

VASALOU, Sophia, *Moral Agents and their Deserts. The character of mutazilite Ethics*, Princeton-Oxford, Princeton UP, 2008.

VASILIU, Anca, « Penser la réalité, réalité de la pensée entre l'acte et la puissance (Aristote, Plotin, Marius Victorinus »), *in* J.-C. Bardout (éd.), *Quaestio. Actes du colloque La réalité et ses concepts*, XVII, 2017, p. 57-81.

VENTURA, Moïse,. *Le kalâm et le péripatétisme d'après le Kuzari*, Paris, Vrin, 1987.

VERRYCKEN, Koenraed, « The Development of Philiponus'Thought and its Chronology », *in* R. Sorabji (ed.), *Aristotle Transformed*, Itaca-New York, Cornell UP, 1990, p. 233-274.

VOGT, Peter, *Kontingenz und Zufall : Eine Ideen- und Begriffsgeschichte*, Berlin, W. de Gruyter, 2011.

VOS, Anton, « Duns in Potency. The Dating of Scotus' *Quaestiones super libros Metaphysicorum Aristotelis* IX, 1-2 and its Concept of Possibility », *Medioevo*, XXX, 2005, p. 41-68.

— *et al.* (eds.), *John Duns Scotus. Contingency and Freedom*, Dordrecht-Boston-Londres, Kluwer, 1994.

VUILLEMIN, Jules, *Nécessité ou contingence. L'aporie de Diodore et les systèmes philosophiques*, Paris, Editions de Minuit, 1984.

WAITZ, Theodor, *Aristotelis Organon graece*, t. I, Leipzig, Hahn, 1844.

WALZER, Richard, *Greek into Arabic*, Oxford, Cassirer, 1962.

WATERLOW, Sarah, *Passage and Possibility. A Study of Aristotle's Modal Concept*, Oxford, Clarendon Press, 1982.

WATT, William Montgomery, *The Formative Period of Islamic Thought*, Oxford, Oneworld, 1998.

– « The Origin of the Islamic Doctrine of Acquisition », *The Journal of th Royal Asiatic Society of Great Britain and Ireland*, 1943/2, p. 234-247.

WÉBER, Edouard-Henri, *L'homme en discussion à l'Université de Paris en 1270*, Paris, Vrin, 1970.

WEISHEIPL, James A., *Early Fourteenth Century Physics of the Merton School, with special reference to Dumbleton and Heytesbury*, thèse de doctorat, University of Oxford, 1956 (*i. e.* 1957).

– « The Place of John Dumbleton in the Merton School », *Isis*, L, 1959, p. 439-454.

WELLS, Norman J., « Jean Capreolus et ses successeurs sur les vérités éternelles », *in* G. Bedouelle *et al.* (éd.), *Jean Capreaolus en son temps*, Paris, Cerf, 1997, p. 259-273.

WERNER, Hans-Joachim, *Die Ermöglichung des endlichen Sein*, Francfort-Berne, Lang, 1974.

WILSON, Curtis, *William Heytesbury. Medieval Logic and the Rise of Mathematical Physics*, Madison, The University of Wisconsin Press, 1960.

WIPPEL, John F., *The Metaphysical Thought of Godfrey of Fontaines*, Washington, The Catholic University of America Press, 1981.

– « The Reality of Nonexisting Possibles according to Thomas Aquinas, Henry of Ghent, and Godfrey of Fontaines », *The Review of Metaphysics*, XXXIV, 1981, p. 729-758.

WISNOVSKY, Robert, *Avicenna's Metaphysics in Context*, Londres, Duckworth, 2003.

– « One Aspect of the Avicennian Turn in Sunnî Theology », *Arabic Sciences and Philosophy*, XIV, 2004, p. 65-100.

– « New texts of Yaḥyâ Ibn ᶜAdî : A supplement to Endress' "Analytical Inventory" », *in* D. Reisman et F. Opwis (eds.), *Islamic Philosophy, Science, Culture, and Religion : Studies in Honor of Dimitri Gutas*, Leiden, Brill, 2012, p. 307-326.

– « Avicenna's Islamic Reception », *in* P. Adamson (ed.), *Interpreting Avicenna : Critical Essays*, Cambridge, CUP, 2013, p. 190-213.

– « Towards a Genealogy of Avicennism », *Oriens*, XLII, 2014, p. 323-363.

WOHLMAN, Avital, *Thomas d'Aquin et Maïmonide*, Paris, Cerf, 1988.

WOLFF, Michael, « Philoponus and the Rise of Pre-classical Dynamics », *in* R. Sorabji (ed.), *Philoponus and the Rejection of Aristotelian Science*, Londres, Duckworth, 1987, p. 84-120.

WOLFSON, Harry Austryn, *The Philosophy of the Kalam*, Cambridge (Mass.), Harvard UP, 1976.

– *Repercussions of the Kalam in Jewish Philosophy*, Cambridge-Londres, Harvard UP, 1979.

– *Crescas Critique of Aristotle*, Cambridge (Mass.), Harvard UP, 1929.

WOLTER, Allan B., *The Transcendentals and their Function in the Metaphysics of Duns Scotus*, Saint-Bonaventure (N. Y.), The Franciscan Institute, 1946.

WORMS, Moses, *Die Lehre von der Anfangslosigkeit der Welt bei den mittelalterlichen arabischen Philosophen des Orients und ihre Bekämpfung durch die arabischen Theologen (Mutakallimûn)*, Münster, Aschendorff, 1900.

ZAMIR, Zyed Rizwan, « Descartes and al-Ghazâlî : Doubt, Ceritude and Light », *Islamic Studies*, XLIX, 2010, p. 219-251.

ZAROUG, Abdullahi Hassan, *The Concept of Possibility in some Arabic Commentaries on Aristotle's* De interpretatione, thèse de doctorat, Warburg Institute, 1972.

ZIMMERMANN, Fritz, « Philoponus'Impetus Theory in the Arabic Translation », *in* R. Sorabji (éd.), *Philoponus and the Rejection of Aristotelian Science*, Londres, Duckworth, 1987, p. 121-129.

– *Al-Farabi's Commentary and Short Treatise on Aristotle's De interpretatione* [1981], Oxford, OUP, 1991.

ZONTA, Mauro, *La filosofia antica nel Medioevo ebraico*, Brescia, Paideia, 1996.

– *Hebrew Scholasticism in the Fifteenth Century*, Dordrecht, Springer, 2006.

– *Il commento medio di Averroè alla Metafisica di Aristotele nella tradizione ebraica*, Pavie, Pavia UP, 2011, 2 t. en 3 vol.

ZUPKO, Jack, *John Buridan. Portrait of a Fourteenth-Century Arts Master*, Notre Dame, University of Notre Dame Press, 2003.

– « On Certitude », *in* M. M. H. Thijssen et J. Zupko (eds.), *The Metaphysics and Natural Philosophy of John Buridan*, Leiden-Boston-Cologne, Brill, 2001, p. 165-182.

TABLE DES MATIÈRES

Achevé d'imprimer le 28 janvier 2019
sur les presses de
La Manufacture - Imprimeur – 52200 Langres
Tél. : (33) 325 845 892

N° imprimeur : 190089 - Dépôt légal : février 2019
Imprimé en France